21세기의
눈으로 본
조선시대

배항섭 | 성균관대학교 동아시아학술원
계승범 | 서강대학교 사학과 교수
이상국 | 아주대학교 사학과 교수
박종희 | 서울대학교 정치외교학부 교수
이경구 | 한림대학교 한림과학원
김지영 | 서울대학교 규장각한국학연구원 책임연구원
소진형 | 서울대학교 규장각한국학연구원 책임연구원
이왕무 | 경기대학교 인문대학 사학과 교수
허태구 | 가톨릭대학교 국사학과 교수
김경태 | 전남대학교 역사교육과 부교수
권내현 | 고려대학교 역사교육과 교수
송양섭 | 고려대학교 한국사학과 교수
권기중 | 한성대학교 크리에이티브인문학부 교수
이성임 | 서울대학교 법학연구소 책임연구원
정해은 | 한국학중앙연구원 책임연구원

조선시대사학회
연구총서 24

21세기의 눈으로 본 조선시대

배항섭 · 계승범 · 이상국 · 박종희 · 이경구
김지영 · 소진형 · 이왕무 · 허태구 · 김경태
권내현 · 송양섭 · 권기중 · 이성임 · 정해은

민속원

책을 펴내며

이 책은 2022년과 2023년 조선시대사학회가 개최한 학술회의 성과를 모은 것이다. 2000년대 이후 한국 사회가 급변하고 한국사학계를 둘러싼 연구 환경이 변하면서 연구자들의 문제의식이나 방법론도 크게 바뀌었다. 거대 담론은 뒤안길로 물러나고 연구자들은 사례연구와 실증주의에 매몰되면서 역사학은 그것이 가진 본연의 정체성조차 위협받는 지경에 이르렀다. 인공지능의 확산은 사회의 근간을 뒤흔들며 학문 영역까지도 감당하기 힘든 격랑과 마주하게 될지도 모른다. 이러한 변화의 한켠에서는 대중적 관심과 흥미에 집중한 소재주의적 콘텐츠들이 양산되고 있다. 연구자들의 책임과 역할이 어느 때보다 중요한 시기이다.

조선시대사 연구도 변화된 현실에 맞추어 그간의 연구 성과를 돌아보고 새로운 문제의식과 방법론을 개발하려는 노력을 기울여 왔다. 지금까지 학계의 주류적 자리를 차지해 왔던 내재적 발전론을 상대화하고 비판적으로 계승하고자 하는 시도가 여러 분야에서 진행되었다. 또한, 디지털 역사학의 발달로 관찬 사료는 물론 사회사 영역의 각종 일기나 고문서류 등에 대한 접근성이 좋아지면서 양반 사족의 농가 · 노비 경영이나, 평 · 천민들의 신분 상승, 여성 · 승려 · 장애인 등 소외된 계층이 새롭게 조명되기도 하였다.

연구 방법이나 주제 의식이 변화하면서 지금까지의 연구를 돌아보고 향후의 방향성을 점검해야 한다는 문제 제기는 자연스러운 것이었다. 조선시대사학회에서는 2022년 11월, 2023년 6월과 10월 고려대에서 '21세기 눈으로 본 조선시대'라는 대주제하에 학술회의를 개최하였다. 학술회의에서는 정치 · 경제 · 사회 · 사상 등 주요 분야의 세부 주제에 대한 집중적인 검토와 함께 향후 연구의 전망에 대한 심도 있는 논의가 이어졌다. 열띤 토론 과정에서 이를 종합하여 조선시대사 연구가 한국사, 크게는 역사학 전반에 어떠한 위상과 방향성을 가져야 할지에 대한 의견도 활발히 개진되었다. 학술회의에는 근래 보기 드물게 많은 청중이 장내를 메웠는데, 학계의 현실에 대한 연구자들의 갈증이 그만큼 컸기 때문일 것으로 짐작해 본다. 이 책은 이상의 성과를 하나로 묶은 것으로, 조선시대는 물론 타 시대 연구자들에게도 해당 분야의 지침으로서 역할을 할 수 있으리라 기대해 본다.

마지막으로 기꺼이 발표를 맡아주시고 이 책에 성과를 수록할 수 있도록 허락해 주신 필자 여러분께 깊은 사의를 표한다. 학술회의를 진행하고 이 책을 출간하기까지 여러 기관과 학회의 도움이 있었다. 국사편찬위원회, 고려대학교 민족문화연구원, 고려사학회 등이 지원과 협조가 없었으면 시도하기 힘든 기획이었다. 특히, 어려운 환경에서도 학회장을 맡아 학술회의를 조직하고 의미 있는 자리를 만들어준 고려대 송양섭 교수와 학회 운영진에게 깊은 감사의 말씀을 전한다. 상업성이 없음에도 선뜻 이 책의 출판에 응해주신 민속원의 홍종화 사장과 편집진 여러분의 노고는 두고두고 감사할 일이다. 모쪼록 이 책이 조선시대사 연구의 새로운 돌파구를 여는 작은 마중물로 소임을 다해, 의미있는 성과로 기억되기를 희망해본다.

2025년 12월

조선시대사학회 회장 이근호 삼가씀

목차
Contents

제1부
이론과 관점

제2부

정치와 사상

제3부

사회와 경제

1부

이론과 관점

1

조선후기사 연구의 '내재적 발전론'과 근대중심주의 비판*

배항섭
성균관대학교 동아시아학술원

1. 머리말 : 역사인식의 현재성과 조선시대사 연구

1990년을 전후한 시기 이래 조선시대사 연구에서 보이는 가장 큰 특징은 해방 이후 조선시대사 이해나 역사상을 지탱하는 핵심적 인식틀이었던 이른바 내재적 발전론(이하 내발론)에 대한 비판이라고 할 수 있을 것이다.[1] 이후 다양한 분야에서 내발론적 인식과는 결을 달리하거나, 내발론

---

* 이 논문은 2022년 11월 5일 조선시대사학회와 고려대학교 민족문화연구원이 공동주최한 학술대회 〈21세기의 눈으로 본 조선시대〉에서 발표한 내용을 수정 · 보완한 것으로 『조선시대사학보』 105호, 2023에 게재되었으며, 다시 일부 내용을 수정하여 배항섭, 『동아시아사연구와 근대중심주의 비판』, 성균관대학교출부, 2025에도 수록하였음.

1 金仁杰, 「1960, 70년대 '內在的 發展論'과 韓國史學」, 김용섭교수정년기념한국사학논총간행위원회 편, 『한국사 인식과 역사이론』, 지식산업사, 1997; 이정철, 「문제는 자본주의다 - 내재적 발전론 비판의 역사 인식」, 『내일을 여는 역사』 22, 서해문집, 2005; 최윤오, 「조선 후기 사회변동과 근대로의 이행 내재적 발전론의 역사인식」, 『내일을 여는 역사』 22, 서해문집, 2005; 박찬승, 「한국학 연구 패러다임을 둘러싼 논의 내재적 발전론을 중심으로」, 『한국학논집』 35, 계명대 한국학연구원, 2007; 이헌창, 「한국사 파악에서 내재적 발전론의 문제점」, 『한국사 시민강좌』 40, 일조각, 2007; 김정인, 「내재적 발전론과 민족주의」, 『역사와 현실』 77, 한국역사연구회, 2010; 이헌창, 「조선시대를 바라보는 제3의 시각」, 『한국사연구』 148, 한국사연구회 2010; 이영호, 「'내재적 발전론' 역사인식의 궤적과 전

이 구축해 놓은 조선시대 역사상과는 다른 연구들이 축적되어 왔다.

그러나 많은 연구자들이 지적하듯이 조선시대를 새롭게 이해하거나, 새로운 조선시대 역사상을 구축해나갈 수 있는 대안적 인식틀은 제시되지 않고 있다. 물론 대안이 당장 마련되기 어려울 것이고, 더구나 내발론처럼 한 시대를 관통하며 지배적 영향력을 행사하는 대안이 마련되어야 하는 것은 아니고 그럴 수도 없을 것이다. 그러나 역사학이 가지는 의미나 필요성을 생각할 때 내발론이 틀렸음을 확인하는 개별 구체적 사실들을 밝혀내는 것만으로 시종할 수는 없을 것이다. 그것만으로는 역사학의 존재 이유를 제대로 드러내지 못할 것이기 때문이다.[2] 역사 연구는 결국 현재를 살면서 과거를 바라보는 것이며, 현재와 그 속에서 살아가는 나와 나의 시대를 이해하기 위한 통로 같은 것이라 생각하기 때문이다.[3]

말하자면 역사 연구란 어디까지나 자신이 살아가는 현재라는 시대상황 속에서 과거의 경험적 사실들을 정리 · 분석하여 그 시대상을 만들어 가는 행위이고, 그 주체는 역사가 자신이다. 따라서 역사적 사실에 대한 '실

망」, 『한국사연구』 152, 한국사연구회, 2011; 권내현, 「내재적 발전론과 조선 후기사 인식」, 『역사비평』 111, 역사비평사, 2015; 최종석, 「내재적 발전론 '이후'에 대한 몇 가지 고민」, 『역사와 현실』 100, 2016; 염정섭, 「1960~70년대 조선시대 농업사 연구와 내재적 발전론, 근세사회론」, 『한국사연구』, 184, 2019.

2 역사학을 어떻게 이해하느냐에 따라 반드시 대안이 마련되어야 하는가에 대해 회의적일 수도 있을 것이다. 또 수 없이 쏟아지는 역사 지식의 홍수 속에서 전문 분야 이외의 연구 성과까지 포괄하여 그것을 종합적으로 이해하는 것 자체가 불가능해보이기도 하다. 그러나 종합적 인식을 포기할 경우 카(E. H. Carr)가 이미 60여년전에 말했듯이 "무미건조한 사실의 역사, 그리고 사실의 바다 속에 자취도 없이 가라앉은 하찮은 것들에 관해서 더욱 많이 알고 있는 자칭 역사가들의 세세하게 전문화된 논문들의 엄청난 양산"에 그치고 말 수도 있을 것이다(리처드 에번스 지음, 이영석 옮김, 『역사학을 위한 변론』, 소나무, 1999, 227~230쪽).

3 내재적 발전론, 특히 자본주의 맹아론이 한국 역사학계에서 주류의 위치를 오랫동안 차지한 것은 역사 연구에 과학적 방법론을 적용한 점과 시대적 과제 또는 당대 역사학의 과제를 연구에 실천적으로 접목시키려는 노력을 보였기 때문이다(권내현, 앞의 논문, 2015, 419쪽).

증' 행위는 결코 가치중립적이거나 투명하지 않으며, 그 과정은 연구자의 가치관이나 세계관에 기초한 역사인식의 영향을 받을 수밖에 없다. 자료의 바다에서 새로운 자료의 발굴을 위해 노력하거나 특정한 자료들을 자신의 연구 대상으로 선정하는 행위 역시 연구자 각자의 가치관이나 역사인식과 무관할 수 없다. 연구자만이 아니라 자료 역시 특정한 가치나 이데올로기로부터 자유로울 수 없다. 아무리 튼튼한 신빙성을 가진 원자료raw data라 하더라도 거기에는 그 자료를 남긴 시대와 당사자의 가치관이나 세계관이 개입되어 있을 것이기 때문이다. 이런 점을 전제로 할 때 역사연구에서 무엇보다 '현실'과 '현실'에 대한 연구자 개인의 입장이 중요할 수밖에 없다.[4]

따라서 무엇보다 현실에 대한 성찰이나 그에 근거한 미래에 대한 전망 여하에 따라 역사인식 역시 달라질 수밖에 없다. '현재'가 당면한 과제 가운데 무엇을 가장 중요하게 생각하는가도 연구자마다 다양할 수 있다. 또 그에 따라 조선시대이든 어느 시대이든 역사를 바라보는 시선도 다양할 수 있음은 물론이지만, 현실에 대한 입장을 분명히 가지고, 거기서 제기되는 과제와 도전들을 정면으로 받아들일 때 그에 대응하는 새로운 문제의식이나 역사구성 방법에 대한 고민이 시작되는 것이다. 때문에 현재의 과

4 이 점에서, 최근 포스트모더니즘에서 주장하듯이 역사연구에서 '객관성' 내지 '과학성' 등으로 표현되는 연구자의 투명성은 물론, 연구 대상인 사료의 투명성 역시 더 이상 신뢰할 수 없다는 점은 분명하다. 그렇다 하여 역사연구가 허구적이라거나 자의적으로 써도 그만이라는 것은 아니다. 어디까지나 사료를 근거로, 사료를 통해 과거를 재구성해내어야 하기 때문이다(사료구속성). 일본의 민중사상사 연구자인 安丸良夫는 역사가의 역사 인식은 ① 사료와 거기에서 도출되는 '사실', ② 우리가 살고 있는 현실 세계의 전체성, ③ ①과 ②를 대면하고 있는 연구자의 내면성이라는 세 개의 차원을 갖는다고 하였으며, 역사가는 세 개의 차원에 구속되고 있음을 자각하는 한, 사료 독해나 역사 인식에 있어 단순한 자의성을 피할 수 있는 길이 개척되어 있다고 지적했다(야스마루 요시오 저, 남춘모 역, 『방법으로서의 사상사』, 대왕사, 2010 참조). 제시된 3가지 층위야말로 역사인식의 자의성 여부를 진단하는 문제 이전에 역사 인식을 규정하고 구성하는 핵심적 요소라고 생각된다.

제와 현재를 살아가는 역사 연구자의 고민, 그리고 과거의 자료 간에는 긴장된 관계가 형성되는 것이다. 그 긴장 속에서 이루어지는 과거와 현재 간의 '대화'들을 통해 역사는 언제든지 새롭게 이해되고 구성될 수 있는 것이며, 또 그 과정에서 다시 자료에 대한 역사가의 인식이나 감수성도 조정되어가는 것이다.

문제는 지금 우리가 살아가는 '현재'가 나날이 가속도가 붙으며 감당하기 어려울 만큼 빠르게 변하고 있다는 점이다. 내발론이 발 딛고 있던 '현재성' 혹은 이념형이라 할 수 있는 서구적 근대를 구성하는 것들, 예컨대 자본주의 시장경제뿐만 아니라 국민국가도 더 이상 추구하고 도달해야할 목표라기보다 오히려 심각한 폭력성 · 억압성을 내포한 것으로 받아들여지고 있다. 특히 최근에는 근대가 발전과 해방이 아니라 생태환경 파괴와 기후위기를 초래하여 인류를 돌이킬 수 없는 파탄으로 몰아가는 주범으로 인식되기도 한다. 현실에서 '근대' 자체가 회의의 대상이 되고 있는 것과 짝하여 역사인식 면에서도 근대역사학을 지탱해왔던 서구중심주의eurocentrism와 '근대중심주의modernocentrism'가 비판되고 있다.[5] 기왕의 역사 연구를 지탱해온 인식론적 기반이 붕괴되고 있는 것이다.[6] 서구중심

5 '근대중심주의'에 대해서는 Bentley, Jerry H., "Beyond Modernocentrism : Toward Fresh Visions of the Global Past", in Victor H. Mair, ed., *Contact and Exchange in the Ancient World*, Honolulu, 2006; 배항섭, 「근대를 상대화하는 방법 : 민중사에서 바라보는 근대」, 『역사비평』 88, 2009; 「동아시아사 연구의 시각 - 서구 · 근대중심주의 비판과 극복」, 『역사비평』 109, 역사비평사, 2014; 「'탈근대론'과 근대중심주의」, 『민족문학사연구』 62, 2016; 「방법으로서의 '동아시아사' 연구와 새로운 역사상의 모색 - 근대중심주의(modernocentrism) 비판과 트랜스히스토리칼(transhistorical)한 접근」, 『대동문화연구』, 2020 참조.

6 전통적 역사 인식론의 동요와 관련하여 피터 버크는 "무엇이 좋은 역사적 설명을 구성하는지에 대한 전통적인 합의는 깨어졌다"고 하면서, 그러나 이것이 새로운 합의로 대체될 일시적인 국면인지, 아니면 미래에도 지속될 것인지는 불분명하다고 하였다(Burke, Peter, "Overture : the New History, its Past and its Future", Burke, Peter ed., *New Perspectives on Historical Writing*, University Park, PA : The Pennsylvania State

주의와 근대중심주의에 의거하여 어떤 역사적 경험이나 현상, 그것이 가진 의미 등을 이해하고 설명하는 기반이 되던 역사인식의 '자명한' 기준들은 사라졌다.[7] '자명했던 것들'은 회의의 대상이 되었으며, 양면적 내지 다면적, 복합적, 혼성적인 것들로 새롭게 이해되기 시작하였다. 이제 역사적 시간에서나 현재에서도 '자명한' 것이 있다면, 그것은 다만 "때로는 서로 충돌하기까지 하는 다양하고 혼성적인 것들로 구성되어 있다"는 명제뿐이라고 해도 과언이 아닐 것이다. 이러한 명제를 받아들인다 하여도 현실에 대한 성찰과 이해, 그에 근거한 연구자의 입장이 없다면 역사연구의 새로운 방향 설정이나 새로운 역사상 구축은 불가능할 것이다.

지금까지 한국을 포함한 비서구 지식인들은 서구 지식인들이 그들 나름의 현실과 역사적 경험에 기초하여 만들어간 문제의식, 그리고 그 결과인 서구의 인식론과 방법론을 수용하여 자국의 사회와 역사에 적용하는 소비자였다. 물론 서구 지식의 수용 자체가 문제라는 것은 아니다. 지식이든 이론이든 자기가 살고 있는 사회와 역사를 이해하는 데 도움을 준다면 얼마든지 수용할 수 있을 것이기 때문이다. 문제는 이론을 적용하고 소비하는데서 그칠 뿐, 거기에 이론적 개입을 한다거나 아니면 각주라도 하나 더 추가하는 접근과는 거리가 멀었다는 데 있다. 그 과정에서 창의적 사고나 독창적인 문제제기와 분석 방법의 제시가 어렵게 되고, 결과적으로 자기 사회의 문제들에 대해서 자신들의 언어로 말하는 것이 어렵게 되었기 때문이다.[8] 지식과 학문이 식민지화되었음을 의미한다. 이에 대해 라카 숌Raka Shome은 유럽의 식민주의 역사로 인해 아시아는 종종 서양의 지배

University Press, 1992, p.16).

7 鹿野政直, 「化生する歴史學」, 『鹿野政直思想史論集』 第7巻, 東京 : 岩波書店, 2008 참조.

8 Alatas, Syed Farid, "On Indigenization of Academic Discourse", *Alternatives : Global, Local, Political* Vol. 18, Issue 3, 1993, p.308.

적인 구조, 욕망 그리고 교육적인 텍스트를 통해서만 서로와 자신의 역사에 대해 알게 되기 때문임을 지적하였다. 또 때로 우리는 서로의 역사를 말하고 서로를 관계 짓는 데도 많은 어려움을 느끼는데, 이는 세계무대에서 비서구의 역사들이 그들 스스로에 의해 서술되도록 허락된 적이 없기 때문이라고 하였다.[9] 이러한 학문의 '식민지' 상태를 벗어나기 위해서는 비서구가 서구에서 생산된 이론을 소비만 하는 것이 아니라, 이론을 생산하는 기지가 되어 이론을 '현지화'하는 것이 필요하다는 주장은 설득력이 있다.[10]

'이론의 현지화'가 서양에서 만들어진 모든 이론들을 전면 거부하거나 비서구의 경험을 '보편화'하자는 것은 아니지만, '보편'으로서의 특권적 지위를 가진 서구의 경험과 그에 기초한 이론을 상대화하기 위해서는 반드시 요청된다.[11] 더구나 포스트 담론의 등장 이후 내발론 같은 거대 담론은 물론, 20세기까지 역사학을 지배했던 인식론이 심각하게 도전받고 흔들리는 시대를 맞이하고 있다. 뿐만 아니라, 우리는 이제 수용할만한, 따라서 우리의 현실을 설명할만한 이론을 외부에서 공급받기가 점차 어려워지고 있다. "서구 국가들도 엄청난 성차별, 인종차별, 사회적 차별과 불평등을 겪고 있으며, 비서구에게 해결 방법을 가르칠 처지가 아니다. 반대로 인도나 세계 다른 지역들의 경험을 살펴보고 배워야 할 형편이다."라고

---

9 Shome, Raka, "Asian modernities : Culture, politics and media", *Global Media and Communication* 8(3), 2012, p.205.

10 Peet, Richard, "Social Theory, Postmodernism, and the Critique of Development", Benko, Georges, Strohmayer, Ulf eds., *Space and Social Theory : Interpreting Modernity and Postmodernity*, Oxford : Blackwell, 1997, p.84.

11 차크라바르티는 유럽을 지방화하는 것, 곧 비서구를 '특수한 서구'의 역사에 의해 점유된 공간으로부터 해방시켜나가는 것은 이제 모든 사람의 유산이며, 우리 모두에게 영향을 주는 이 사상(유럽의 근대성)이 주변으로부터, 그리고 주변을 위해 어떻게 새로워질 수 있는지를 탐구하는 작업이 될 것이라고 했다(차크라바르티, 「인도 역사의 한 문제로서 유럽」, 『흔적』 1, 문화과학사, 2001, 86쪽).

한 토마 피케티Thomas Piketty의 주장도 같은 맥락에서 이해할 수 있을 것이다.[12] "전지구적 '보편' 가치가 있다면" 그것은 "누군가에 의해 주어지는 것이 아니라, 우리가 창조하는 것이다. 그러한 가치를 창출하려는 인간의 기획은 인류의 위대한 윤리적 기획이다"는 월러스틴Immanuel Wallerstein의 주장이[13] 더욱 실감나는 시대를 맞고 있다. 새로운 시대가 요구하는 새로운 역사상을 만들어 가기 위해서도 새로운 인식론에 대한 고민이 절실하다.

이글에서는 내발론과 최근 제시된 내발론 비판을 그것이 가진 역사인식이라는 면에서 살펴보고자 한다. 이는 무엇보다 다양한 분야에서 축적되어 온 연구들이 가지는 의미를 연구사적 맥락에서 이해하기에는 필자의 역량이 턱없이 부족하기 때문이지만, 다른 한편 역사인식에 대한 검토는 대안적 역사인식을 좀 적극적으로 모색하기 위한 전제라고 생각하기 때문이다. 이어서 내발론에 거리를 두거나 비판적인 시각을 담고 있는 조선시대사 연구 성과들의 핵심 논지나 문제의식을 간단히 살핀 후 그러한 연구들이 조선시대사의 전체상을 구성하기 위해 좀 더 고민해야할 점들을 제시해보고자 한다, 마지막으로 새로운 조선시대상 구축을 위한 역사인식이나 연구 방향 모색을 위해 고려해야 할 점들을 근대중심주의 비판이라는 맥락에서 살펴보고자 한다. 필자가 그 동안 공부해온 시대는 '개화기'이다. 조선시대에 관한 연구도 없는 것은 아니지만, 기껏해야 19세기, 그것도 주로 후반기이다. 그래서 최근 조선시대 연구의 동향을 검토하고 그 의미들을 살피기에는 적절치 않다. 그럼에도 〈조선시대사학회〉 측의 청탁을 받아들인 것은 무엇보다 이런 발표를 통해 최근 조선시대 연구에

12 토마 피케티 외 25인 지음, 유엔제이 옮김, 『에프터 피케티 : ≪21세기 자본≫ 이후 3년』, 율리시즈, 2017, 658~659쪽.

13 이매뉴얼 월러스틴, 김재오 옮김, 『유럽적 보편주의 : 권력의 레토릭』, 창비, 2008, 56쪽.

대해 배우고자 하는 욕심이 앞섰기 때문이다. 또 조선시대 가장 말기를 잠깐씩 기웃거려본 외부인의 '무지한 용기'가 혹 '내부자'들이 놓치고 있거나 차마 말하지 못하는 문제들을 운 좋게 '발견'하거나 드러낼 수도 있다는,[14] 그리하여 연구에 조금이라도 도움을 줄 수 있을지도 모른다는 막연한 기대 때문이었다. 그러나 이글에서는 특히 최근 쏟아져 나온 조선시대 연구들을 제대로 살펴보지 못했다. 개인적으로 관심이 있는 분야에 한해 일별하는 정도에 그치고 말았다. 부문별 연구 동향에 대해서는 『조선시대사학보』 105호(2023)에 게재된 이근호, 권내현, 허태구, 정해은 등의 글과 103호에 실린 허태용의 글을 참조하기 바란다.

2. 내재적 발전론의 역사인식: 서구중심주의와 근대중심주의

해방 이후 식민사학을 극복하고 새로운 한국사상을 구축하기 위한 노력의 방향은 1967년 12월에 창립된 한국사연구회의 「발기취지문」과 『한국사연구』 창간사에도 잘 드러나 있다. 취지문에서 밝힌 연구의 지향은 "한국사를 과학적으로 연구하고 이를 더욱 발전시킴으로써 한국사의 올바른 체계를 세우고, 아울러 한국사로 하여금 세계사의 일환으로서 그 정당한 위치를 차지하게끔 한다."는 것이었다. 창간사에서는 '국사'의 가장 중요한 목적을 "애국심과 민족정신의 앙양"에 두고 있었다.[15] 강한 내셔널

---

14 이매뉴얼 월러스틴은 역사적 사회체제의 관행과 정당화(그것을 행위의 규범이라 믿고, 그에 따른 실천과 믿음을 자명한 것으로 여기는)는 통상적으로 성찰이나 의심의 주제가 되지 않기 때문에 거기에 의문을 제기하는 것은 용감을 너머 무모하다는 현실을 전제로, 보편주의를 주장하는 것만큼 자민족중심적이고 특수주의적인 것은 없다고 하였다(이매뉴얼 월러스틴, 앞의 책, 74~75쪽). 이글을 쓰는 필자의 '무지'와 '무모'가 이런 의미와 닿아 있기를 기대해본다.

15 한국사연구회 창립 발기 위원회, 「발기취지문」, 『한국사연구』 79, 1992, 148~150쪽. 근대

리즘과 '과학적', '세계사의 일환' 등의 표현에서 내발론의 역사 인식과 겹침을 알 수 있다. 한국사의 전개가 세계사의 "온전한" 전개과정에 미달한 것으로 규정해온 식민사학을 불식하고, 세계사와 동일한 궤적을 "정당하게" 거쳐 왔음을 밝히겠다는 의지를 드러낸 것이다. 여기서 말하는 세계사가 유럽사임은 이미 잘 알려져 있다.

내재적 발전론은 "식민사학자들의 타율성론 · 정체성론을 비판하고 세계사적 발전 과정이라는 보편성을 전제하면서 한국사의 특수성을 밝혀 민족사를 발전적으로 체계화하고자 하는 이론"(김인걸), "식민사학에 대한 비판으로 타율이 아닌 내적 능력, 정체가 아닌 발전을 내용으로 한국사를 재구성하려 한 1960~70년대의 연구 경향을 총칭하는 용어"(이영호), 한국사가 "타율에 의해 움직여온 역사가 아니라 자율적으로, 내재적으로 움직여온 역사라는 것, 그리고 정체된 역사가 아니라 꾸준히 발전해온 역사"였음을 입증하고자 한 것(박찬승) 등으로 규정되고 있다. 조선 후기사로 한정할 경우 붕당정치론, 자본주의 맹아론, 신분제 해체론, 실학 연구 등이 내재적 발전론의 영향 아래 도출된 논리나 연구 경향으로 요약될 수 있다(권내현). 조선 후기에 들어 내부적 동력에 의해 자주적으로 근대사회를 열어갈 수 있는 에너지가 형성되고 있었다는 내발론은 일본 제국주의의 침략으로 그 길이 좌절되었다는 근대사 인식과 연결되는 것이다.

물론 내발론은 식민사학을 극복하려는 노력에서 나온 것이고, 또 식민사학의 정체성론 · 타율성론을 타파하는 데 결정적인 역할을 했다는 점,

---

역사학과 내셔널리즘이 불가분의 관계에 있다는 것은 이론의 여지가 없을 정도로 분명한 것으로 받아들여지고 있다. 이에 비추어 볼 때 '국민국가'와 조선의 '중앙집권적 왕조국가'의 관계를 어떻게 볼 것인가 하는 문제에 대해 아직 논의조차 제대로 이루어지고 있지 않다는 점은 기이하기조차 한 일이지만, 한국사에서도 다른 나라들과 마찬가지로 '국민국가'가 지향되고 형성되어 가는 과정에서 근대역사학이 제도적으로 성립해 갔다. 이는 위에서 언급한 「취지문」에서도 잘 보이고 있다. 이는 근대역사학이 떠안아야 하는 운명 같은 것이라 생각한다.

그를 위한 연구가 축적되는 과정에서 조선 시대의 역사상이 한층 풍부해졌다는 점 등에 대해서는 충분히 평가하여야 한다. 그러나 여기에는 서구가 경험한 역사 전개 과정을 '보편' 혹은 당위로서 선험적으로 전제하고 있다는 점, 조선 후기를 서구가 선취한 근대를 향해 달려가는 과정으로 이해한다는 점에서 서구중심적 · 근대중심적 역사인식, 그 속에 내포된 발전론적 역사인식이 자리 잡고 있음은 주지하는 대로이다.

사실 식민사학과 내발론은 서구중심적 · 근대중심적 발전론이라는 점에서 동일한 역사인식에 발 딛고 있는 것이다. 식민사학에 따르면 조선의 역사는 서구와 같은 정상적인 '발전' 과정을 거치지 못하였기 때문에 정체, 낙후된 역사였고, 스스로의 힘으로는 역사 '발전'의 끝에 자리한 '근대'에 도달할 능력이 없었다는 논리이다. 반면 내발론이나 자맹론은 조선이 스스로의 힘으로 발전해나가고 있었고, 제국주의 침략만 없었다면 스스로 '근대'에 도달할 수 있을 만큼 근대적 요소들이 각 분야에서 족출하고 있었다는 '이론'이다. 양자 모두 서구중심적, 근대중심적인 동시에 발전론적 역사인식의 전형이다.[16]

서구중심적 역사인식에 입각한 자맹론이 구성한 조선후기의 역사상은 서구에서 산업혁명이 일어날 때 조선에서는 겨우 자본주의의 맹아들이 나타나기 시작했음을 '실증적'으로 드러내는 것이기도 하였다. 조선후기사의 내재적 발전을 밝히려 한 자맹론은 결과적으로 같은 시기의 서구에 비해 사실상 많게는 수백 년이나 뒤진 조선후기상을 그려내고 말았다.[17] 이런 역사인식과 그에 근거한 역사상은 한국이라는 일국을 넘어서 '세계

16 배항섭, 「19세기를 바라보는 시각」, 『역사비평』 101, 2012 참조.

17 예컨대 영국의 경우 매뉴팩처 시대가 본격적으로 열리는 시대는 16세기 중반이고 18세기 후반 증기기관의 도입과 산업혁명이 시작되기까지 약 200여 년 지속된 것으로 이해되고 있다. 매뉴팩처 시대를 기준으로 할 때 19세기 후반까지도 매뉴팩처 시대가 본격적으로 시작되지 않았던 조선은 영국에 비해 300년 이상 뒤쳐져 있었다.

사' 속에 한국사를 위치시킬 때 독자적인 의미를 가지기 어렵다. 이미 서구가 몇 백년 앞서 걸어간 길을 뒤따라 간 것에 불과하기 때문이다. 따라서 자맹론에 입각한 한국의 역사상, 특히 무수한 사람들의 삶이 얽히고설키며 만들어간 역사과정, 그리고 그 속에서 이루어진 수많은 경험과 사유들은 세계적 차원에서 당면한 현재의 과제들을 이해 · 대응하고 미래를 통찰하는 데 별 도움을 주지 못한다. 오히려 서구중심주의와 발전론은 서구와 다른 비서구의 '차이' 내지 '독자성'이나 개성을 부정적인 것, 한계, 심지어 미개의 증표로 이해하기 때문에 역사 전개 과정을 매우 단조롭게 바라보도록 한다. 뿐만 아니라, 그러한 '차이'나 개성들이 가진 가능성이나 의미에 대한 이해를 근원적으로 차단한다.

이 같이 '정체'를 '발전'으로, '타율성'을 '자율성=내재성'으로 바꾸어 놓은 내발론은[18] 식민사학과 동일한 서구중심적, 근대중심적, 일국사적, 발전론적 역사인식에 근거하고 있지만, 그러한 역사인식은 이미 오래전부터 심각한 도전을 받고 있다. 주지하다시피 서구중심적 역사인식은 에드워드 사이드의 『오리엔탈리즘』을 비롯하여 이미 오래전부터 그 문제점이 지적되어 왔다. 또 방대한 데이터에 대한 분석을 토대로 서구중심적 세계사 구성을 비판한 대표적인 연구로는 이른바 캘리포니아학파의 연구 성과들을 들 수 있을 것이다.[19] 내발론이 기초하고 있는 일국사적 시각 역시 설 땅을 잃어가고 있다. 특히 외부적 요인 없이 내부적 동력과 요인만으로 '발전'한다는 발상은 이미 현재성을 잃었을 뿐만 아니라 황당하기 짝이 없

18 윤해동, 『근대 역사학의 황혼』, 책과함께, 2010, 58쪽.

19 이에 대해서는 강진아, 「동아시아로 다시 쓴 세계사 - 포머란츠와 캘리포니아학파」, 『역사비평』 82, 2008; 유재건, 「유럽 중심주의와 자본주의」, 한국서양사학회 엮음, 『유럽 중심주의 세계사를 넘어 세계사들로』, 푸른역사, 2009; 강성호, 「유럽 중심주의 세계사에 대한 비판과 반비판을 넘어」, 호남사학회, 『역사학연구』 39, 2010; 강진아, 「중국의 부상과 세계사의 재조명」, 『역사와 경계』 80, 2011; 배영수, 「'서양의 대두'와 인간의 본성」, 『역사학보』 216, 2012 등 참조.

는 것일 수 있다.[20] 나아가 최근에 영국을 근대화의 전형적인 모델로 인식하는 견해가 영국사 연구 자체에서 부정되고 있다.[21] 내부적 요인이나 힘만으로 '근대화'를 이룬 나라는 사실상 없었음을 의미한다. 또 20세기를 마무리하던 시기부터 일국사적 이해를 극복하기 위한 방법의 하나로 트랜스내셔널transnational한 역사가 주목받기 시작하였다.[22]

이 같이 서구중심주의나 일국사적 접근, 내재적 접근에 대한 비판들이 이어지고 있지만, 최근의 '내재적/발전론'에 대한 비판은 '발전론' 쪽보다는 대체로 내재성, 곧 일국사적 시야에 갇혀 있었음을 지적하는 논의가 주조를 이루고 있다. 반면 현재 당면한 역사인식의 재구축이라는 면에서 더욱 중요하다고 생각되는 발전론에 대해서는 제대로 된 비판이 이루어지지 않고 있다. 이는 무엇보다 근대중심적 역사인식에 대한 자각이 미흡하기 때문이라고 생각한다.

---

20 물론 외부와의 교류가 미친 영향의 정도나 내용, 의미를 충분히 확인하기 위해서는 비교사적 접근이 반드시 필요하다고 생각한다. 예컨대 제리 벤틀리는 로마제국, 당나라, 오스만 제국 등은 모두 다문화 사회로서, 그 속에서 사람들은 다양한 인종, 문화, 종교, 언어 사회를 구성하여 주기적으로 다른 사람들과 관계를 맺었고, 지중해와 인도양 유역은 엄청난 소통, 통신의 교환장으로서 다양한 사람들을 체계적인 상호작용 속으로 인도했다고 하였다. 그러면서 이미 중세부터 존재했던 글로벌한 교류와 무역의 사례로서 포르투갈 상인 Tomé pires(1465?~1524 or 1540)의 이야기를 들고 있다. 그의 여행기에는 16세기 초기 무역 도시인 말라카(Melaka = Malacca)의 거리에서 84개의 언어를 들을 수 있었다고 기록되어 있다는 것이다[Bentley, Jerry H., "Why Study World History?", *World History Connected*, October 2007(https://worldhistoryconnected.press.uillinois.edu/5.1/bentley.html) 참조]. 조선의 경우 말라카 같은 곳과는 당연히 비교하기 어려울 정도로 차이가 있었을 뿐만 아니라, 중국이나 일본, 동남아시아 국가들에 비해서도 대외적, 국제적 무역이나 인적 교류가 매우 적었다고 생각한다. 상대적으로 적었던 교류와 무역이 조선 사회의 어떤 점들과 상호 연결되었는지를(원인과 결과의 상호 작용) 역시 전체사의 맥락에서 파악하기 위해서도 비교사적 이해가 필요하다.

21 이영석, 「근대의 신화」, 『사회사의 유혹』 II : 다시, 역사학의 길을 찾다, 푸른역사, 2006.

22 조선시대사와 관련한 트랜스내셔널한 연구들에 대한 검토로는 정다함, 「1945년 이후의 조선시대사 연구와 유교근대론/동아시아론에 대한 post-colonial/trans-national한 관점에서의 비판적 분석과 제언」, 『코기토』 83, 2017 참조.

예컨대 내발론에서는 민중운동이나 민중사상을 파악할 때도 그것이 얼마나 근대적이었나 하는 점에 주목하거나 아니면 그 반대로 얼마나 근대적이 못하였는가를 주목하여 왔다.[23] 이러한 접근으로는 사회적, 역사적 존재로서의 민중이 살아간 삶의 모습, 지배체제나 이념에 규정되면서도 일상생활의 경험 속에서 형성해온 욕망이나 소망에 의거한 세계관, 가치관, 그리고 사회 속의 위치와 다른 계층 사람들과의 관계(다양함과 변화무쌍함 혹은 변하지 않는 관계의 강고함) 등을 이해할 수 없게 된다. 특히 문제가 되는 것은 근대적이지 않은 사고와 삶의 방식으로 고군분투해온 그들의 삶을 리얼하게 이해할 수 있는 가능성이 희박해진다는 것이고 근대적이지 않거나 거리가 멀다고 판단되는 점들은 외면되거나 왜곡되어 근대적인 것으로 전유되고 말았다는 점이다.[24] 근대적이지 않은 것들이 가진 가치와 그 가능성은 묻혀버리고 잊혀버리게 된 것이다.

조선의 역사는 체제나 이념, 지정학적 위치 등 많은 면에서 서구와 매우 다른 역사적 조건과 환경 속에서 전개되었다. 따라서 조선시대사에서 서구와 같은 역사 '발전'의 도정을 찾으려는 것은 연목구어일 수도 있다. 그럼에도 불구하고 그 동안 선험적으로 전제한 서구 역사의 경험에 우리 역사를 짜 맞추는 방식으로 이해하다보니 한국의 특정 시대가 어떤 원리에 의해 구성되고 운영되었는지에 대해서는 깊이 탐구하지 못하였다. 더욱 중요한 것은 서구와 결을 달리하는 경험과 체제, 이념이 서구적 근대와는

---

23 배항섭, 「임술민란의 민중상에 대한 재검토 - 근대지향성에 대한 비판과 동아시아적 시각의 모색」, 『역사와담론』 66, 2013; 「'새로운 민중사' 이후 민중사 연구의 진전을 위하여」, 『역사문제연구』 48, 2022.

24 차르테지는 근대 시민사회 바깥 영역에 있는 나머지 사회를 현(근)대/전통의 이분법을 사용하여 개념화하는 것은 '전통'을 탈역사화하고 본질화하는 함정을 회피하기 어려우며, 전통 쪽으로 내몰리는 영역이 근대적 시민사회의 원칙들에 부합하지 않는 방식으로 근대와 맞설 수 있는 가능성을 부정하는 것이라고 하였다. 파르타 차르테지, 「탈식민지 민주국가들에서의 시민사회와 정치사회」, 『문화과학』 25, 2001, 143쪽.

다른 방식으로 근대를 새롭게 하거나 근대의 문제들을 완화 내지 해결할 수 있는 가능성에 대해서는 확인해볼 생각조차 하지 못했던 것은 아닐까?

이와 관련하여 서구가 구성해놓은 근대와 그 근대의 시선으로 획정해 놓은 시대구분에 대한 비판적 인식이 필요하다는 점을 지적해 둔다. 현재 우리에게 익숙한 발전단계론이나 삼시대 구분법은 모두 근대중심적 발전사관에 근거한 것이다. 그것은 근대의 시선으로 전근대를 재단하는 역사인식에 근거한 것으로 기저에는 근대의 위상을 특권화하려는 전략이 깔려있다. 또 그것은 단선적 발전론 내지 목적론적 역사인식에 기초해 있으며, 거기에는 전근대에 대해 근대를 향해 발전해 나가야 할 숙명을 안은 시간으로 바라보는 시간관이 자리 잡고 있다. 바로 근대에 의한 전근대의 식민화이다. 하지만 근대나 전근대 할 것 없이 언제나 어느 시대 어느 사회에나 매우 다양한 시간들, 지향성 내지 방향성을 가진 요소나 움직임들이 있다. 역사의 전개과정은 그러한 무수하게 많은 요소와 움직임들이 서로 중층적, 복합적으로 얽혀 만들어 가는 것이다.[25] 그러나 서구 · 근대중심주의에서는 비서구 혹은 전근대의 제도나 사람들이 살아가는 방식과 생각 등에 대해 단지 근대나 서구의 역사적 경험과 얼마나 유사한지 혹은 근접한 것인지에 따라 '역사적' 의미를 부여할 뿐이다. 또한 서구나 근대와 무관하거나 거리가 먼 현상은 역사상을 구성하는 과정에서 배제되거나 은폐된다. 더욱 중요한 점은 그에 따라 비서구와 전근대의 역사에 대한 이해가 매우 제약되고 왜곡된다는 사실이다. 곧, 비서구나 전근대의 특정한 시

25 근대 역시 그러한 다양한 움직임들의 복합적 작용과 우연도 결부된 연쇄에 의해 이전과는 다른 새로운 시스템을 구축한 것일 따름이다. 문제는 그 과정에서 근대와는 어울리지 않는 무수한 요소나 움직임들이 근대에 의해 억압되고 배제되었다는 것이다. '근대중심주의'라는 개념을 사용하지는 않았지만, 톰슨이 지적했듯이 "산업혁명 이전의 사회가 본원적으로 산업혁명을 도모하고 있었다는 인식"이야말로 근대중심주의의 역사인식과 시간관을 잘 보여준다(Thompson, Edward Palmer[著], 近藤 和彦[訳解説], 「一七九〇年以前のイギリスにおける社会運動」(社会史〈特集〉), 『思想』 663, 1979, 90~105쪽 참조).

공간에 존재하던 제도나 문화, 사상, 질서 등 다양한 요소가 어떠한 운영 원리에 따라, 어떤 유기적 관계를 맺으면서 역사적 시간을 구성해나갔는지 등에 대한 질문이나 내재적 분석은 후순위로 밀려나거나, 거의 봉쇄되고 만다.

조선시대를 예로 들면, 법과 제도, 사상 면에서 서구가 구성해놓은 '근대성'을 얼마나 명확히 드러내었느냐는 점에만 주목하는 접근 방법으로는 조선시대의 '전체사' - 사실상 불가능한 것이기는 하지만 - 에 대한 이해가 불가능하다. 다양한 정치, 경제, 사회적 요소 등이 서로 어떤 방식으로 연결되어 있었는지, 근대적이지 않거나 반근대적인 요소들, 경우에 따라서는 탈근대적인 것들이 어떤 방식으로 얽히고 상호 연관되면서 체제를 구성하고 운영되었는지에 대한 이해는 관심 저편으로 사라지고 만다. 근대중심주의에 의거하여 근대지향적인 요소나 측면들만 강조하고 부각하는 접근이나 시각에서는 도저히 들여다 볼 수 없는 또 다른 가능성들은 모두 배제되거나 억압되고 만다. 근대중심주의의 맥락에서 '한계'로 지적할 수 있는 것들도 근대 너머를 보고자 할 때는 한계가 아니라 새로운 가능성, 새로운 전환의 단서가 될 수 있다. 물론 그러한 것들을 긍정적인 측면에 국한해서가 아니라 부정적인 측면도 동시에 포착하기 위해 다양한 시각에서 접근해보는 수고가 필요할 것이다.

3. 내재적 발전론 이후의 연구와 '전체성'

앞서 언급했듯이 내발론에 대한 회의가 심화 · 확산되면서 매우 다양한 분야에서 내발론적 인식을 벗어나거나 비판하는 구체적인 연구 성과들이 축적되고 있다. 문제의식이나 접근 방법 등의 면에서 다양한 편차를 보이지만, 대체적으로 사료에 입각하여 개별 연구 대상들을 '실증적'으로 분석해나가는 연구들이 대종을 이루고 있는 것으로 보인다. 이러한 연구들은 대체로 자맹론이나 내발론의 인식틀을 거부하고, 새로운 자료의 발굴 혹은 기왕의 자료에 대해 새롭게 읽기 혹은 '두텁게' 읽기를 통해 조선시대 역사상을 새롭게 이해해나가고자 하는 것이다.[26] 이것은 한편으로는 내발론이 발전단계론 같은 서구중심적 법칙이나 공식을 미리 전제하고 그것을 조선시대의 경험적 자료들에 덮어씌우는 방식으로 접근해왔다는.. 데 대한 반성의 결과라고 생각된다.

사례 연구들과 같이 특정한 대상에 대한 깊고 밀도 있는 연구들은 내발론적 시각에서는 놓치거나 외면하였던 사실들을 포함하여 좀 더 리어릴티가 풍부한 새로운 역사상을 구축하거나, 더 설득력 있고 새로운 '전체사'를 구성하는 바탕이 될 것이다. 물론 새로운 역사상, 설득력 있는 '전체사'를 구성하기 위해서는 개별 연구들을 좀 더 넓고 긴 시공간 속에서 맥락화하고 종합적으로 바라보는 노력이 요청된다. 이것은 어떤 면에서는 사료의 너머 혹은 사료의 이면에 숨겨져 있는 다양한 삶과 생각의 영역들을 포괄하는 작업일 수 있으며, 사료들의 연쇄나 개별적 실증 연구들의 단순한 누적만으로는 도달하기 어려운 만큼 실증과는 다른 차원의 수고로움을 요구하는 것이기도 하다.

사료에 입각하여 개별 연구 대상들을 '두텁게' 내지 '실증적'으로 접근한 연구들 가운데는 '실증' 자체에 머무는 연구도 없지 않지만, 내발론 같은 선험적 인식틀을 거부하고 조선사회의 구성 원리나 사회 편성원리, 운영원리를 새로운 시각에서 해명하려는 연구 역시 적지 않다고 생각한다. 여기서는 그러한 연구 가운데 특히 서구중심적인 역사상과 다른 조선시

26 이와 관련한 경제사 분야의 연구 동향에 대해서는 김미성, 「조선시대 경제사 연구의 현황과 전망 : 근대화 담론에서 벗어나기 및 실증의 누적」, 『경제사학』 46-1(통권 제78호), 2022 참조.

대사 구축과 관련하여 중요한 문제를 다루고 있다고 판단되는 몇 개의 사례를 간단히 살펴보기로 한다.

2000년대 들어 가장 눈에 띄는 연구 성과는 단성호적에 대한 공동연구와[27] 거기에 참여했던 연구자들을 중심으로 진행한 일련의 후속 연구들이다. 이들은 신분변동이나 신분해체 같은 내발론, 자맹론의 인식틀에 거리를 두고 호적대장을 통해 조선 왕조 국가의 인민에 대한 파악방식이나 사회 편성원리를 확인하고자 하였다. 또 호적대장의 자료적 성격을 다양한 각도로 규명함으로써 호적이라는 자료 자체의 성격(국가 규정성)에 대한 새로운 이해, 거기에 담긴 다양한 정보들을 당시의 사회상, 국가의 인민 파악방식과 부세운영 원리, 나아가 여성사나 미시사 등과 관련하여 새롭게 접근함으로써 기왕의 내발론적 인식과는 다른 조선시대상을 모색하였다.[28]

토지를 둘러싼 생산관계, 경영형태 등에 대해서도 기왕의 자맹론적 시각과는 다른 접근이 이루어졌다. 실증과 이론 양면에서 영국의 경험을 준거로 한 경영형 부농을 검출하여 '근대적' 농민층 분해론을 추구한 기존 연구와 달리 소농사회론,[29] 다품종 소량생산[30] 같은 새로운 개념들을 활용한

---

27 호적대장 연구팀, 『단성 호적대장 연구』, 성균관대 대동문화연구원, 2003.

28 호적 연구는 가장 활발하게 이루어진 분야였던 만큼 연구의 성과와 과제들을 정리한 글들도 많이 제출되었다. 노영구, 「조신후기 호적대장 연구현황과 전산화의 일례」, 『대동문화연구』 39, 성균관대 대동문화연구원, 2001; 심재우, 「조선후기 사회변동과 호적대장 연구의 과제」, 『역사와 현실』 62, 2006; 권내현, 「조선 후기 호적, 호구의 성격과 새로운 쟁점」, 『한국사연구』 135, 2006; 권기중, 「조선후기 호적 연구의 현재와 향후 과제」, 『대동문화연구』 100, 2017 등 참조.

29 미야지마 히로시(宮嶋博史), 「東アジア小農社會の形成」, 『長期社會變動 - アジアから考える』 (6), 東京大學出版會, 1994; 미야지마 히로시, 『나의 한국사 공부』, 너머북스, 2013; 이영훈, 「조선 후기 이래 소농사회의 전개와 의의」, 『역사와 현실』 45, 2002. 두 사람 모두 소농사회론을 주장하지만 역사인식 면에서는 매우 큰 차이를 보인다. 예컨대 이영훈의 경우 토지소유분화, 농업생산성 등에 대한 분석을 통해 내발론의 연구 성과를 부정하고 자본주의 근대는 식민지 시기 총독부에 의해 이식되었음을 강조하고 있어서 발전론적 시각에서 전혀 벗어나지 않고 있다. 반면 미야지마의 경우 농업만이 아니라 지배이념이나

비판적 성과들이 제출되었다. 특히 재정사 분야는 2000년대에 들어 매우 활발하게 연구가 이루어지고 있다.[31] 예컨대 손병규는 조선왕조 재정시스템은 정규의 중앙집권적 재정 부문과 비정규의 지방자치적 재정 부문이 공존했던 사실을 새롭게 조망하면서, 중앙집권적이냐 지방분권적이냐 하는 대립적 관점에서 벗어나 근대국가와 비슷하면서도 다른 나름의 합리적인 운영원리가 장기간 존속해왔음을 지적하였다.[32] 또 손병규 · 송양섭 등의 공동연구에서도 조선왕조 재정시스템을 중앙집권성과 운영방법으로서의 분권적 자율성이라는 '이중구조'로서 파악함으로써 국가와 사회, 중앙과 지방, 국가재정 - 지방부세 - 민(란)이라는 삼각관계 속에서 접근하고자 하였다. 이러한 연구들에는 서구와 달리 중앙집권적 체제를 가지고 있던 조선시대를 이해하는 관건이 되는 것이 국가이고, 국가 - 지방 - 민으로 이어지는 조선왕조의 정치 사회체제의 구성원리와 운영원리를 가장 잘 보여줄 수 있는 것이 재정이라는 발상이 자리 잡고 있다.[33]

한편 내발론과 매우 밀접한 주제가 될 수 있었음에도 연구가 미흡하였던 공개념이나 공공성에 대한 연구들도 이어졌다.[34] 송양섭은 현재 한국의 공공성 위기라는 문제의식에서 출발하여 조선시대로부터 이어져온 공공성을 역사적 과정 속에서 파악하려고 시도하였다. 이는 민에 대한 파악

정치체제, 생산력적 기반 등을 아우르는 전체성이라는 맥락 속에서 조선사회의 역사상을 재구성하려는 입장이다. 또한 내발의 가능성을 부정하지 않지만, 근대를 긍정하는 시각은 아니다.

30 김건태, 「19세기 집약적 농법의 확산과 작물의 다각화 : 경상도 예천 맛질 박씨가 가작 사례」, 『역사비평』, 2012 등.

31 2000년대 이후 재정사 연구의 흐름과 의미, 과제 등에 대한 자세한 내용은 최주희, 「2000년대 이후 조선후기 제정사 연구의 흐름과 과제」, 『한국사연구』 200, 2023 참조.

32 손병규, 『조선왕조 재정시스템의 재발견』, 역사비평사, 2008.

33 손병규 · 송양섭 편, 『통계로 보는 조선후기 국가경제』, 성균관대학교 출판부, 2013.

34 이에 대한 연구사적 검토로는 이근호, 「조선후기 '공'담론 연구의 현황과 전망」, 『역사와 현실』 93, 2014 참조.

과 지배 방식을 살펴봄으로써 국가체제의 공적인 운영원리를 이해하려는 의도이며, 나아가 그것을 통해 왕조국가의 사회적 통합력이나 새로운 질서로의 전망을 가늠해보고자 한 것이다.[35] 권내현은 조선후기에 체제의 원리를 받아들이는 속에서 작은 빈틈이라도 헤집고 200년에 걸쳐 노비에서 양반으로까지 상승해나간 어느 노비 집안의 가족사를 에고 다큐적인 방법으로 추적한 책, 그리고 실제 있었던 상속 관련 재판을 단서로 16세기의 일상과 욕망, 관행과 제도 등을 '두텁게' 묘사한 저작을 발간하였다. 양자 모두 조선시대만이 아니라 20세기 초반에 이르기까지 신분제와 상속제도의 변화 과정을 폭넓게 다루고 있으며, 지금까지의 연구들과 달리 미시사, 일상사적인 접근을 취함으로써 내발론과는 결이 다른 방법을 적극 활용하였다.[36] 이 밖에도 내발론의 실학 이해에 비판적으로 접근한 연구,[37] 역시 내발론에 의거하여 '반봉건' 내지 '근대지향'의 이미지로 구축된 19세기 민중상에 대해 비판적으로 접근하거나 '정치문화'라는 개념을 통해 민중의식을 지배이념과의 연관지어 이해함으로써 민중의식의 '비근대성'과 그것이 가진 가능성을 추구한 연구도 있다.[38]

이상과 같이 최근 연구들 가운데는 내발론과 다른 시각에서 조선시대를 이해하고 새로운 조선시대상을 구축하려는 의도가 깔려 있는 연구들이 적지 않다. 그러나 각자의 연구들을 조선시대의 전체적인 역사 과정과 구조 속에서 어떻게 위치 지울지, 다른 부문들과의 상호관계는 어떻게 이

35 송양섭, 『18세기 조선의 공공성과 민본이념』, 태학사, 2015.

36 권내현, 『노비에서 양반으로, 그 머나먼 여정 : 어느 노비 가계 2백 년의 기록』, 역사비평사, 2013; 『유유의 귀향 조선의 상속』, 너머북스, 2021.

37 이경구, 「개념사와 내재적 발전 : '실학' 개념을 중심으로」, 『역사학보』 213, 2012; 허태용, 「'성리학 대 실학'이라는 사상사 구도의 기원과 전개」, 『한국사상사학』 67, 2021 참조.

38 배항섭, 「19세기 지배질서의 변화와 정치문화의 변용 - 仁政 願望의 향방을 중심으로」, 『한국사학보』 39, 2010; 「19세기 향촌사회질서의 변화와 새로운 공론의 대두 - 아래로부터 형성되는 새로운 정치질서」, 『조선시대사학보』 71, 2014.

해할 것인지 등에 대해서는 좀 더 폭넓은 고민이 필요한 것으로 보인다. 이와 관련하여 권기중은 최근 호적대장을 이용한 연구가 국내외의 학계로부터 유의미하다는 것을 증명하기 위해서는 단지 호적대장에 대한 연구가 아니라 조선후기 사회를 재구성하는데 견인차가 될 수 있음을 증명해내야 한다고 하였다.[39] 허태구는 조선후기 사회경제사 연구 경향에 대해 "내발론이라는 거대 담론의 퇴조는 목적론적 역사 해석에서 탈출하는 계기가 되었지만, 동시에 시대사 · 분야사 · 지역사 연구의 단절과 소통 부재를 초래했다."고 지적하면서 특히 사회경제사와 타 분야사 간을 연결하여 이해할 필요가 있다고 하였다.[40]

개별적, 구체적 사실에 대해서는 무엇보다 주어진 사료를 바탕으로, 당대의 맥락 속에서 이해하려는 엄밀하고 절제된 분석과 접근이 이루어져야 할 것이지만 거기에 그치서는 안 될 것이다. 개별적이고 구체적인 분석의 결과들을 다른 개별 구체적인 것들과 연결하고 맥락화하는 속에서 당대의 전체적 역사상이 구성되는 것이기 때문이다.[41] 개별 연구 대상들이 당대 역사상의 전체성 속에서 어떤 위치를 가지는지, 또 당대의 역사상이 전체적인 역사 과정이나 구조 속에서 어떤 의미를 가지는지를 확인하기 위해서는 서로의 영역 간의 긴장관계를 의식하면서 상호 교차하는 방식으로 거듭 고민하는 수밖에 없다.

---

39 권기중, 앞의 글, 2017, 194쪽.

40 허태구, 「2019~2020년 조선후기사 연구의 현황과 과제 : 사료와 실증의 더미에서 탈출하기」, 『역사학보』 251, 2021. 서구에서도 이와 유사한 문제가 나타나고 있다. 예컨대 피터 버크는 역사 연구의 대상 영역이 확장되면서 다른 학문들과의 대화는 증가하고 있지만, 오히려 역사학자 간에 서로 대화하는 것은 점점 더 어려워지고 있음을 지적하였다 (Burke, Peter, op.cit,p.17).

41 "마치 모든 것이 어떤 더 큰 체계 전체의 일부가 아닌 것인 양 하는 방식으로 진공 속에서 역사화하는 것은 불가능하다. 모든 체계는 역사적이고 모든 역사는 체계적이다"(이매뉴얼 월러스틴, 『유럽적 보편주의』, 창비, 2008, 141~143쪽)

내발론이나 자맹론에 대한 비판도 마찬가지이다. 비판을 통해 기왕의 이해와 역사상에 균열을 내는 작업은 새로운 이해와 새로운 역사상 구축을 위한 출발이라는 점에서 거치지 않을 수 없는 필수적인 과정이고 의미도 크다. 그러나 거기에서 그쳐서는 곤란하다. 내발론에서 밝혀 놓은 다양한 '맹아'나 '발전상'들이 없었다거나, 근대성을 향해 나아간 것이 아니라 '봉건적' 혹은 전근대적, 아니면 '주자학'의 우주에 갇혀 있었음을 확인함으로써 내발론을 반박하는 것만으로는 새로운 역사상을 만들어 갈 수 없을 것이기 때문이다. 결국 설득력 있는 연구, 좋은 연구의 조건 가운데 하나는 개별 연구 대상에 대한 깊은 이해와 더불어 그것을 그 시기 역사상의 전체상 속에 위치지우고 개별 연구들을 다른 부문들과의 상호 관계 속에서 파악해나가는 구상력에 달려 있을 것이다. 이를 위해서는 새로운 고민이 요청된다. 조선시대사 연구에서도 이와 관련한 다양한 고민과 시도들이 이어지고 있지만, 아직 이에 대한 충분한 답변이 준비되었다고 볼 수는 없을 것이다.

이 같이 '전체사'의 구성을 지향하기 위해서는 그 보다 더 복잡한 시공간상의 관계와 그것들 간의 연쇄를 어떤 식으로든 구상해나가지 않을 수 없다. 그러나 그러한 관계들을 명확하게 보여주는 단서들은 실증적 연구나 개별 사례 연구에서 잘 드러나지 않는다. 따라서 상상력 내지 구상력이 요청된다. 그것은 각 부분 연구들에 대한 이해가 전제되어야 하는 것이고, 따라서 관련 부분의 연구성과들의 교차 분석과 해석이 필요함은 물론이다. 또 무엇보다 연구자가 발 딛고 있는 현재, 그리고 역사적 경험에 대한 연구 성과를 함께 들여다보며 새로운 역사상을 구상해나가야 할 것이다.

'전체사' 구성과 관련하여 앞서 언급한 재정사나 공공성 논의에서도 언급되었듯이 중앙집권적 국가체제가 중요하다는 점을 지적하고 싶다. 중앙집권적 국가와 그것을 운영하기 위한 관료제, 관료 선발제도 등은 서구에서는 근대로 이행하는 시기에 비로소 형성되는 시스템이고 제도들이다. 따라서 내발론이 기대고 있던 서구중심주의나 서구 역사의 경험으로는 이에 대해 설명하기가 어렵다.[42] 조선시대의 중앙집권적 정치체제와 그 속에서 만들어진 제도나 사회질서 등은 서구와 매우 두드러진 차이를 보이기 때문이다.

이러한 차이점들이 가진 중요성은 서로 다른 법과 제도, 질서가 그 이후 역사전개 과정에 커다란 영향을 미친다는 데서도 찾을 수 있다. 예컨대 '중세 말기' 중국과 유럽의 조세저항을 비교한 빈 웡R. Bin Wong은 중앙집권체제의 여부에 따라 민중운동과 체제변화의 상관관계에 간과할 수 없는 차이가 난다는 점을 지적하였다. 그에 따르면 중앙집권화 과정에 있던 유럽에서는 조세저항이 국가 건설 과정, 관료 기능의 성장, 그리고 정치적 정당성을 지닌 기관(의회)과 이데올로기의 발전으로 연결되었지만, 이미 중앙집권화 되어 있던 중국 정부는 조세저항운동이 새로운 정치체제나 기구로 연결되지 못하였음을 지적하고 있다.[43] 이 같이 조세문제를 둘러싼 저항이나 향촌레벨의 분쟁, '공론'의 작동 방식과 그것이 미치는 영향 등이 중앙집권체제의 여부에 따라 매우 다를 수 있음은 다른 연구에서도 확인된다. 최근 근대국가 수립과 대규모 민중 반란 간의 관계에 대해 접근한 한 연구에 따르면 프랑스뿐만 아니라 영국이나 스페인에서도 근대국

42 송양섭, 앞의 책, 2015, 7쪽. 이와 관련하여 주목되는 저작이 『잃어버린 근대성들』이다(알렉산더 우드사이드 지음, 민병희 옮김, 『잃어버린 근대성들』, 너머북스, 2012). 이 책 역시 서구중심적 근대성에 대한 비판의식에서 출발한 논의를 담고 있다. 관료제와 그것이 가진 문제점 등이 잃어버린 '근대성'이라는 차원에서 다뤄지고 있다. 다만 '근대성'을 '합리성'의 발전이라는 맥락에서 이해하고 있고, 조선왕조의 체제나 사회구성과 운영원리에 대한 전체사적 이해에는 소극적이지만, 서구중심적 역사 인식이 가진 문제점을 '현재성'이라는 맥락 속으로 끌고 들어와 논의하고 있다. 이론으로서의 '서양', 서구중심적 인식을 수용하더라도 자신들의 경험에 근거하여 '이론'에 문제를 제기하거나 한 줄의 주석이라도 덧붙이려는 자세가 사실상 부재한 한국사 연구에 비추어 볼 때 매우 인상적이다.

43 Wong, R. Bin, *China Transformed : Historical Change and the Limits of European Experience*, Cornell University Press, 1997, chaper 9~10 참조.

가 수립과 중앙집권적 행정 시스템의 강화, 그에 따른 세금 부담의 증가가 대규모 민중 반란에 부딪혔지만, 근대국가의 수립이 민중의 방해를 받지 않았다는 결론을 내리고 있다.[44] 두 개의 연구는 범주 면에서 차이가 나지만, 중앙집권적 정치체제의 존재 여부가 '근대이행기'의 정치과정, 근대국가의 성립 과정에서 저항의 강도나 근대국가의 특성 등의 면에서 적지 않은 차이를 가져올 수 있음을 시사한다는 점에서는 동일하다.[45]

한편 근대사 연구에서 포스트 담론과 함께 수용된 중요한 '이론' 가운데 하나가 국민국가론이다. 국민국가와 내셔널리즘, 또 그에 입각하여 서술된 역사상이 가지는 억압과 폭력성에 대해서는 충분히 지적되어 왔고, 앞으로도 끊임없이 경계해야 할 문제임에는 틀림없다. 그러나 그렇다하여 국민국가를 비판의 대상으로만 간주한다든가, 혹은 '국민국가'와 같은 또 다른 억압과 배제의 시스템이 되고야 말 것이라는 점을 꺼려하여 국민국가 너머의 질서 내지 체제에 대한 구상 자체를 거부해서는 곤란하다고 생각한다. 국민국가가 비판 받는 동안에도 자본의 힘은 끊임없이 팽창하여 갔고, '국민'들 간의 불평등은 더욱 심해졌으며, 환경은 더욱 심하게 파괴되어갔고, 기후변동에 따른 위기 상황은 턱밑까지 이르렀기 때문이다. 국민국가를 '악의 화신' 쯤으로 치부하여 '근대'가 드러내는 모든 부정적 면들의 원흉으로만 이해하거나, 국민국가의 너머에 대한 상상 자체를 봉쇄

---

44 Kiser, Edgar and Linton, April, "The hinges of history : state-making and revolt in early modern France", *American Sociological Review* 67:6, 2002.

45 이와 좀 다른 문제이기는 하지만, 예를 들면 중앙집권적 체제를 구축하고 있던 조선사회는 동리 → 면 → 군현 → 중앙으로 이어지는 동심원적 구조의 정치과정을 준비해두고 있었고, 이것은 특정 향촌사회의 작은 문제도 곧장 중앙권력까지 분쟁과 갈등의 장으로 이끌어 들일 수 있다는 점에서 문제가 해결되지 않을 경우 그를 위한 노력은 중앙권력 차원까지 포함하는 새로운 정치질서(의식)로 비화할 수 있을 것으로 보인다. 이에 대해서는 「19세기 후반 민중운동과 공론」, 『한국사연구』 161, 한국사연구회, 2013; 앞의 글, 2014 참조.

하고, '국민'으로 회수되지 않겠다는 '국민' 개개인의 결심에만 기대는 것은 문제이다. 국가가 덜 나빠지도록, 또 국가가 글로벌한 도전과 과제에 대응하는 순기능을 수행할 수 있도록 만들어 나가는 쪽으로 고민이 시작되어야 한다.[46] 이를 위해서는 '국민국가'의 (형성과) 변화를 조선시대부터 연결하여 접근함으로써 역사 과정 속에서 그려내고 근대국가가 가지는 역사적 위상과 의미를 새롭게 파악할 필요가 있다. 그를 통해 국가를 어떻게 새롭게 할 수 있는가에 대해 고민을 시작해야 한다.[47]

4. 새로운 연구 방향과 근대중심주의 극복

C-19바이러스의 팬데믹pandemic 이후 역사연구의 방향에는 큰 변화가 예상된다. 이미 21세기에 들어 인류세Anthropocene, 자본세Capitalocene 같이 새로운 지질학적 시기 규정이 대두될 근대 문명과 인간중심적 삶과 사

46 최근 한국 근현대사 분야의 연구에서 확인되는 키워드 가운데 하나는 다양성과 복합성이다. 이는 연구 분야를 다양화하였고 역사적 경험, 현상, 의미들을 매우 다양한 측면에서 풍부하게 해석할 수 있는 가능성을 열어주었다. 그러나 유독 국가에 대해서는 단지 억압과 배제의 주체라는 측면이 일방적으로 강조되고 있다. 이는 물론 국민국가의 폭력성에 대한 비판을 예각화하기 위한 전략에서 나온 것이겠지만, 최근 제기되고 있는 기후 환경 문제, 불평등과 차별, 부패문제의 글로벌하고 절실한 성격과 그에 대한 가장 강력한 현실적 대응 단위가 국민국가라는 점을 고려할 때 국민국가의 폭력성과 억압성의 비판과 고발에만 머무르는 것은 명백한 한계가 있다. 국민국가에 대한 새로운 이해가 필요하다고 생각한다.

47 오늘날 국가 없는 존재, 불법 이민자, 외국인 노동자, 그리고 망명 신청자들이라는 상태를 만든 것은 단순히 국민국가 때문만은 아니다. 이것은 자본의 '세계화'와 포스트 - 식민주의 발전의 불공평이 초래한 가난한 국가들의 인구 압박으로 인해 만들어진 더 깊은 곤경이라고 한 차크라바르티의 주장 역시 당면한 문제들을 지나치게 국민국가 탓으로 돌리는 이해는 문제의 본질을 왜곡시킬 수 있음을 시사한다(Chakrabarty, Dipesh, "Postcolonial Studies and the Challenge of Climate Change", *New Literary History* 43:1, 2012, p.7).

고 방식이 초래한 기후위기, 환경파괴에 대한 경종이 다급하게 울리고 있다. 그런 속에서 2019년 말부터 전세계를 휩쓴 C-19바이러스의 팬데믹이라는 재난은 역사학을 비롯한 인문학이나 사회과학 등 학문뿐만 아니라, 특히 근대 이후 인류가 살아온 방식, 나아가 근대문명 그 자체에 매우 근본적인 질문을 던지고 있다. 앞서 언급한 국민국가나 자본주의 시장경제뿐만 아니라 자유, 평등 같은 근대적 가치, 혹은 근대가 이룬 최대의 성취로 이해되고 있던 민주주의에 대해서도 근본적인 질문을 하지 않을 수 없게 되었다. 예컨대 근대적 가치나 법과 제도가 상대적으로 성숙된 대표적 '선진국'인 미국의 21세기는 인종차별, 그리고 현대사회의 가장 심각한 기저질환이라는 평가를 받고 있는 불평등 같은 온갖 병통들을 여지없이 드러내고 있다.[48] 최근의 연구에서는 기후변화가 사회적 불평등을 악화시킨다는 점을 확인해주고 있다. 대다수의 여성, 아동, 노인, 병자, 장애인 등이 재난에 가장 취약한 집단이라는 것이다.[49] 나아가 우리는 전지구적 차원에서 팬데믹이라는 전대미문의 대위기가 국가 간, 국내 계층 간 불평등과 차별을 더욱 심화해나가고 있음을 목도하고 있다. '근대'에 대해 다시 질문해야 하고, 근대의 너머를 상상하지 않을 수 없는 이유이다. 근대중심적 역사인식에 대한 근본적 성찰과 새로운 이해를 더 이상 외면할 수 없을 뿐만 아니라, 나아가 근대중심주의와 그에 내포된 인간중심주의에 대한 깊은 성찰이 요청된다.

역사에 대한 새로운 이해와 새로운 역사상 구축을 위해서도 서구중심

---

48 제러미 러프킨 외 인터뷰, 안희경 지음, 『오늘부터의 세계』, 메디치, 2020, 183~185, 159~160쪽. 미국은 다른 부유한 국가들과 비교할 때 소득격차가 가장 크고, 살인율과 정신질환자 비율, 십대 출산율이 가장 높은 반면, 기대수명, 아동의 행복 수준과 수학 성취도, 문해력은 가장 낮다.

49 Burnell, Peter, "Democracy, democratization and climate change : complex relationships", *Democratization* 19 : 5, 2012, pp.813~842.

주의, 그리고 그와 동전의 양면과 같은 관계에 있는 근대중심주의와 발전론은 극복되어야 한다.[50] 서구중심, 근대중심 이론의 선험적 적용을 배제할 때만, 조선시대가 가진 개성적 구성원리와 운영원리를 확인할 수 있다고 생각하기 때문이다. 그러나 앞서 언급했듯이 내발론에 대한 비판은 대체로 내재성, 곧 일국사적 시각에 중점을 두고 있는 반면, 발전론에 대해서는 제대로 된 비판이 이루어지지 않고 있다. 근대중심주의나 목적론적 발전론은 현재 한국이나 인류가 당면한 도전과 과제들을 이해하고 대응하는 데 별 도움을 주지 못한다. 그러기에는 낡은 인식일 뿐만 아니라 이미 넘칠 정도로 비판받고 있기 때문이다.

근대 세계는 '근대' 서구에 의한 전근대와 비서구의 정복을 통해 형성되었다. '보편적 이성'이라는 이름으로 수행된 그 과정에서 공간과 시간에 대한 정복이 동시에 진행되었다. 그 결과 '근대적' 진화론적 역사관과 그에 입각한 '보편적 역사'는 비서구인들의 인식까지 지배해버렸다. 이에 따라 근대성은 윤리적이자 역사적 필연성이 되었고, 전근대와 비서구의 역사적 경험은 죽임을 당하였다.[51] 또 거기에 내포되어 있을 수도 있는 다양한 가능성, 특히 근대 너머를 상상할 수 있는 가능성들도 압살되고 말았다.

따라서 근대중심적 역사인식은 서구중심주의와 뗄 수 없는 관계를 가지고 있다. 아리프 딜릭Arif Dirlik에 따르면 서구인들은 세계를 정복해나가면서 정복한 지역들을 재명명하였고, 경제 · 사회 · 정치를 재편성했다. 서구는 이성과 과학으로 무장하고 보편적 이성이라는 이름으로 비서구의 시간과 공간을 정복하고, 사회를 합리성의 영역 안으로 포함시키고자 재

---

50 서구 중심주의가 비서구를 서구에 종속시키는 개념이라면, 근대 중심주의는 서구와 비서구 어디에서든 전근대를 지배하기 위한 정치적 · 이데올로기적 의미를 가진다는 점에서 그것이 가지는 영향력은 서구 중심주의에 비해 훨씬 크다(배항섭, 앞의 글, 2014, 2016 참조).

51 이에 대해서는 이매뉴얼 월러스틴, 앞의 책 참조.

편성했다. 나아가 이 과정에서 장소와 시간, 그 외의 다른 많은 것들을 인지하는 전근대적 · 비서구적 방식들을 없애거나 혹은 주변부로 밀어냈다. 그것은 인류의 역사가 '진보'를 향한 인간의 요구를 충족시키는 방향으로 '발전'한다고 하는 '보편적 역사'를 만들어 내는 데 방해가 되는 대안적 역사의 궤적들을 통제하기 위해서였다. 그 결과 서구의 역사적 경험을 인류의 숙명으로 만들었고, 그에 따라 근대성이 서구중심주의에 대한 참조 없이 이해 불가능한 것처럼, 서구중심주의 역시 근대성의 맥락 안에서만 분명하게 드러내 보일 수 있게 되었다고 하였다.[52]

근대를 상대화하여 새롭게 만들거나 넘어서는 방법에 대해서는 앞으로 우리 스스로 시행착오를 거듭하는 속에서 찾아나가야 할 것이다. 그러나 역사학에서 할 수 있는 출발은 서구/근대에 억압되었던 경험 가치들에 대한 재검토이고 이를 위해서는 무엇보다 근대와 전근대의 이항대립적 인식에 대한 문제제기, 곧 근대중심주의에 대한 비판에서 출발하지 않을 수 없다고 생각한다.[53] 예컨대 근대 혹은 중세, 고대 등으로 근대인들이 구분

---

52 이에 대해서는 Dirlik, Arif, "Is There History after Eurocentrism? Globalism, Postcolonialism, and the Disavowal of History", edited by Dirlik, Arif, Bahl, Vinay, Gran, Peter, *History After The Three Worlds : Post-Eurocentric Historiographies*, Lanham, Md. : Rowman & Littlefield, 2000, pp.25~28 참조.

53 서구중심주의에 대한 회의와 근대/진보=유럽이라는 도식을 넘어서기 위해 다양한 지역, 국가에서 내재적으로 형성되어 온 자기 나름의 근대성들을 확인하려는 연구들이 이루어졌고, 그에 따라 다양한 근대성, 복수의 근대성 등이 제시되었다. 그러나 이러한 연구들은 대체로 근대에 대한 서구중심적 도식에 대한 반대에 그칠 뿐, 근대 그 자체에 대한 비판의식은 거의 없는 것으로 이해된다. 비서구 지역에서 잊혀졌거나 알려지지 않은 근대성들을 재발견함으로써, 비서구의 역사 경험을 더욱 풍부하게 이해하고, 그것이 세계사(의 근대)에 기여했음을 제기한다는 점에서 서구중심주의 비판에는 효과적일 수 있다. 그러나 그러한 논의는 '근대'를 자명한 전제로 한 위에 근대에 대한 서구와 비서구 간의 기여도 경쟁으로 흐를 위험이 있다, 이는 월러스틴의 지적처럼 "인식론적 문제들을 전적으로 다시 제기하는 대신 유럽인들이 근대세계에 부과하는 지식의 틀과 규정을 전적으로 받아들이고 있다"는 점에서 '반유럽중심적 유럽중심주의', 곧 재귀적 유럽중심주의에 빠지고 만다(월러스틴, 앞의 책, 86~88쪽). 나아가 '근대'가 회의되고 극복의 대상이 되고 있는 시대에 어떤

해놓은 역사의 각 시기들이 통일되고 완결된 시간이라는 근대 중심적 시간관에 대해 질문을 하자는 것이다.[54] '근대' 또는 '중세'로 구획된 각 시기는 단일하고 동질적이라는 것, 그리고 각 시기를 구성하는 영역이나 요소들은 서로 불가분의 관계를 맺으면서 균질적으로 형성된다는 인식은 근대가 구성해 놓은 것이다. 중세사 연구자들에 의하면 중세/근대 또는 중세시대/르네상스시대와 같은 구분은 각 시기에 균질성을 부과함으로써 중세에서 보이는 '근대적' 특성들과 근대에서 보이는 '중세적' 특징들을 은폐시킨다고 하였다.[55] 근대 중심주의에 의해 '중세상'과 '근대상'이 날조됨으로써 전근대는 물론 근대에 대해서도 왜곡된 이해를 초래했다는 것이다.

그러나 '오만한 심판자'인 근대의 주장과는 달리 근대 - 전근대 사이의 벽은 빈틈없는 촘촘하고 매끄러운 것이 아니라 구멍투성이이다. '중세'나 '근대'는 '중세적' · '근대적' 현상만으로 균질하게 구성되는 것이 절대 아니다. '중세'에도 '근대성'이, '근대'에도 '중세성'이 얼마든지 병존할 수 있는 것이다. '중세'나 '근대'라는 역사적 시간은 근대중심주의가 규정해 놓은 다양한 '중세적인 것' 혹은 그렇지 않은 것, '근대적인 것' 혹은 그렇지

'현재성'을 가질지 의문이다.

54 대부분의 현대인은 "지금 있는 것들이 과거에는 있지 않았으며, 모든 것이 (근대로의) 전환의 과정 속에서 생겨났다고 믿는다", 말하자면 "우리는 지나간 시대들이 언제나 새로운 발전을 통해 추월되기 마련이기 때문에, 과거를 파고드는 것은 더 이상 가치 있는 일이 아니라고 생각할 뿐만 아니라, 현재의 관점에서 과거에 대한 우월의식도 가지고 있다는 것이다", 또 "고대는 사실상 근대에 의존하고, 근대를 통해 그리고 근대의 관점으로부터 비로소 하나의 통일적인 시대가 된다"고 한 슈미트의 진술 역시 시대구분의 근대중심성을 잘 보여준다(아르보가스트 슈미트 지음, 이상인 편역, 『고대와 근대의 논쟁들』, 도서출판 길, 2017, 19쪽, 36쪽).

55 Davis, Kathleen, *Periodization and Sovereignty : How Ideas of Feudalism and Secularization Govern the Politics of Time*, Philadelphia : University of Pennsylvania Press, 2008, p.4.

않은 것들이 병존하며, 심지어 오랜 기간 동안 상호작용하며 조화롭게 공존하는 방식으로 구성될 수 있다.[56]

예컨대 서구중심주의와 근대중심주의를 수용함으로써 스스로의 역사상을 타자화 · 식민화한 조선시대라는 시공간도 마찬가지였다. 거기에서 살아가던 사람들의 삶과 생각, 그들이 만들어간 제도나 문화, 사상 등에 '근대'가 규정한 바에 따르면 다양한 시간들에 속하는 법과 제도, 질서, 관습이나 사상 등이 단지 일시적이거나 어느 구석진 곳의 한 자락 정도로서가 아니라 '구조적'으로 병존하고 있었다. 이에 대한 몇 가지 사례에 대해서는 후술하겠지만, 서구적 관점으로 보았을 때 전근대적인 것, 근대적인 것, 혹은 전근대적이나 근대적인 것으로 설명하기 어려운 다양한 시간들의 '구조적' 병존을 받아들일 때 비로소 그것들이 어떠한 운영원리에 따라, 어떤 상호 관련 속에서 '역사적 시간'을 - 그것도 길게는 500여년 동안이나 - 만들어갔는지에 대한 질문이 시작될 수 있다.

이와 관련하여 필자는 '역사적 시간을 넘나드는transhistorical' 방법을 통해 근대의 우월성과 전근대에 대한 특권적 지위에 의문을 제기하자고 제안한 바 있다.[57] '공간적' 접근인 '트랜스내셔널transnational'과 대비되는 시

---

56 이상 시기구분과 관련된 내용에 대해서는 배항섭, 앞의 글, 2016 참조.

57 조 굴디 등은 이와 유사한 맥락에서 트랜스템포럴(transtemporal)이라는 개념을 사용하면서 이것이 (영토적 경계를 의문시하는 것보다) 잠재적으로 더 전복적인 시도라고 하였다. 그러나 초국가적(transnational) 역사는 크게 유행하고 있는 반면 초시간적(transtemporal) 역사는 아직 유행을 하고 있지 않다고 하였다. 또 그는 장기 지속 연구에 힘입어 "더 다양해지고 있는 과거와 대안적인 사회의 모습은 우리가 대안의 지평과 미래의 가능성을 확장할 수 있도록 돕는다. … 다양한 과거의 대응과 미래의 가능성을 일깨워준다. 미래에 대한 대화가 깊은 과거의 맥락 속에서 다시금 가능해질 수 있는 것이다"(조 굴디 · 데이비드 아미티지 지음, 안두환 옮김, 『역사학 선언』, 한울, 2018, 41쪽, 76쪽)라고 하였다. 파멜라 콕스 역시 우리는 필요할 때 특정한 "시대(period)적 제한"을 넘어서야 하고, 우리의 정교한 붓을 좀 더 넓은 것으로 바꿔서 사회변화에 관한 새로운 "대서사"(결정론적이지 않으며 비평적이고, 구조적이고, 회의적인)를 작성해야 한다고 말한바 있다 (Cox, Pamela, "The Future Uses of History", *History Workshop Journal* 75:1, 2013,

간적인 면에서의 접근 방법이라고 할 수 있다. 근대중심적 인식을 넘어서는 데는 '시간을 넘나드는' 접근 내지 '역사적 시간들을 가로지르는' 접근이 유효하다고 생각했기 때문이다.[58] 이 같은 트랜스히스토리칼한 접근은 전근대와 근대를 비교하거나 서로 연결하여 이해할 뿐만 아니라 근대중심주의가 규정하고 있는 전근대적인 것과 근대적인 것이 병존, 공존할 수 있다는 점, 나아가 '전근대'와 '근대'의 가역성까지 열어둠으로써 다음과 같은 새로운 인식을 가능케 한다. 우선 트랜스히스토리칼한 접근에 의한 새로운 시간관은 근대가 차지하고 있는 특권적 지위를 무너뜨린다. 또 이것은 근대에 의해 억압 · 배제되었던 다양한 요소와 움직임들 속에 내포되어 있거나 잠재되어 있던 가능성들을 다시 돌아보게 한다.[59] 나아가 어떤 면에는 전근대가 근대보다 '선진적'이었음을 드러냄으로써 전근대의 선진성으로부터 근대를 심문하고 근대를 새롭게 이해할 수 있는 여지를 넓혀준다.[60] 또 근대가 구성한 것과는 달리 전근대이든 근대이든, 전근대

---

pp.141~42, https://doi.org/10.1093/hwj/dbs007). 이외에도 장기적 시각의 중요성에 대해서는 임현진 · 장진호, 「21세기 문명위기와 세계체제론 : 이매뉴얼 월러스틴의 비교역사적 전망」, 『아시아리뷰』 10권 2호(통권 20호), 2020 참조.

58 이에 대해서는 배항섭, 「"동아시아는 몇시인가?"라는 질문」, 미야지마 히로시, 배항섭 엮음, 『동아시아는 몇시인가』, 너머북스, 2015; 앞의 글, 2016 참조.

59 사실 전근대 - 근대를 연결하여 이해하는 것이 가지는 중요성은 근대의 형성 과정이 전근대가 가지고 있던, 적어도 많은 비엘리트들에게는 긍정적이었던 측면 내지 가능성(현실태 혹은 잠재적)이 억압되는 과정이었음을 드러내는 데 있다. 예컨대 프랑스 근대는 생존, 자유, 소유라는 가치를 둘러싸고 자유와 소유를 강조하는 부르주아들에 의해 생존 우선을 강조하는 민중의 가치가 억압되어 가는 과정이었다(박윤덕, 「민중의 "도덕경제"와 식량폭동 - 18세기 말 프랑스의 경우」, 『역사학연구』 38, 호남사학회, 2010). 물론 근대인들이 익히 알고 있듯이 그 반대의 점, 곧 전근대로부터 근대라는 시간의 변화에 따라 '발전'해 나간 것들 역시 무수히 많다는 점을 부인하는 것은 아니다.

60 시론적이지만, 지금까지의 이해와 달리 갑오개혁 시기 개화파의 향회론이나 독립협회의 의회개설론 등은 오히려 조선후기 이래 향촌 레벨에서 향촌주민들에 의해 아래로부터 형성되어 가던 새로운 질서를 향한 가능성을 억압하는 성격이 컸다. 이에 대해서는 배항섭, 「19세기 향촌사회질서의 변화와 새로운 공론의 대두」, 배항섭 엮음, 미야지마 히로시 외

적 요소와 근대적 요소들이 얼마든지 조화롭게 공존하는 것이 가능하다는 것을 보여줌으로써 '근대 이후'의 새로운 체제에 대한 매우 복합적이고 다양한 상상력을 열어준다.[61]

트랜스히스토릭칼한 접근의 필요성은 공동체 - 개인 혹은 사회의 관계에 대한 지금까지의 이분법적 이해 역시 전면적 재고가 요청되고 있는 데서도 확인할 수 있다. 예를 들면 르네상스와 종교 개혁이 중세 세계의 공동적 삶을 쓸모없게 만들고 근대의 개인주의로 안내했다는 인식이 서구학계를 지배해 왔지만, 찰스 파커Charles H. Parker는 사실 근대 초기 개인의 정체성은 공동체적 연대라는 전통적 형태로부터 생겨났기 때문에 근대 개인주의 대 중세 공동체주의라는 개념의 대조는 지나친 이분법이라고 주장한다. 말하자면 개인주의가 공동체적 삶과 무관하게 단선적으로 발전해 나갔다고 가정하는 근대 역사 이론은 더 이상 지탱할 수 없다는 점을 설파한 것이다.[62] 물론 공동체에도 부정적 억압적 측면이 존재하였음은 잘 알고 있다. 공동체 내부 구성원 간에도, 공동체 외부와의 관계에서도 그러하다.[63]

그러나 그렇다하여 공동체에 내포되어 있던 공동성까지 폐기 처분해서는 안 될 것이다. 앞서 언급했듯이 기후위기나 팬데믹의 경험은 국가 내부이든 글로벌한 차원에서든 공동성에 입각한 연대와 협력을 더욱 절실히

지음, 『동아시아의 근대 장기지속으로 읽는다』, 너머북스, 2021 참조.

61 배항섭, 앞의 글, 2016; 앞의 글, 2020 참조.

62 Parker, Charles H., "Introduction; Individual and Community in the Early Modern World", Charles H. Parker, eds. *Between the Middle Ages and Modernity : Individual and Community in the Early Modern World*, UNIVERSITY OF HAWAII PRESS, 2006, pp.1~9.

63 예컨대 폴라니는 공동체적 연대가 외부에 대해 적대적이었다는 점을 지적하고 있지만(칼 폴라니 지음, 이병천 · 나익주 옮김, 『인간의 살림살이』, 2017, 180쪽), 내부 구성원에 대한 공동체의 억압성에 대해서는 동서양을 막론하고 익히 알려져 있다.

요청하고 있다. 또 타인 및 사회와의 관계를 개인의 정체성에 구성적인 것으로 파악함으로써, 개인적 자율성의 조건으로서 고립과 분리를 강제 받아온 근대적 개인 개념의 맹점을 극복할 수 있는 가능성이 모색되기도 한다.[64] 해방된 개인은 자율적 주체라기보다 근대이념, 국민국가에 종속된 주체이며, 동원 조작의 대상이기도 하다. 반면 찰스 틸리Charles Tilly의 표현처럼 공동체의 해체는 국민국가 형성 과정을 방해하는 마지막 저항 기지의 해체를 의미하는 것이기도 하다.[65] 일본 민중사상사 연구자인 야스마루 요시오安丸良夫가 바라보는 촌락 공동체는 통속도덕으로 "자기형성", "자기단련"해 나간 민중이 근대화에 대응하여 인간적 에너지를 충실하게 함으로써 자기 해방의 의식을 낳은 동적動的인 장소였다. 이는 마루야마 마사오丸山眞男이 촌락 공동체를 개인의 이탈을 허용하지 않고 "전근대성"의 지속을 가능하게 하는 근거지로 이해한 점과 대조적이다.[66]

역사적 경험을 근대중심적 인식, 혹은 단절론적 발전사관에 근거한 공동체 대(vs.) 개인, 내지 공동체 대 사회라는 이분법을 넘어서서 이해할 것이 요청됨을 시사한다. 물론 공동체 혹은 공동성을 어떻게 규정할 것인가의 문제가 남아 있지만, 근대중심주의에 의해 억압된 가능성을 발견하기 위해서는 앞서 언급했듯이 공동체(=전근대)로부터 자유로운 개인(=근대)에 의해 구성되는 근대 (시민)사회라는 논리를 넘어서야 할 것이다. 트랜스

---

64 진태원, 「코기토, 소유적 개인주의, 예속적 주체화」, 『민족문화연구』 89, 2020.

65 찰스 틸리에 따르면 프랑스 혁명 이후, 19세기 중반까지도 "지역 공동체 사회는 지역연대의 주요한 장이며 농촌주민들이 많은 투자를 해온 권리의 주요한 보고였"고, "(중앙)권력과 지주 등에 대한 공동체적인 경쟁자"였다. 또 '전통적' 공동체가 근대 권력에 저항하는 중요한 기제가 되었음을 지적하고 있다(찰스 틸리 저, 양길현 외 역, 『동원에서 혁명으로』, 서울 프레스, 1995, 313쪽, 299~326쪽). 다른 한편으로 이는 촌락공동체의 규율이 민란 같은 집합행동을 독려하고 강제하는 규율로서의 성격을 동시에 가지고 있었음을 의미하는 것으로 보인다.

66 喜安朗, 「安丸民衆史の感性と全体性」, 安丸良夫 · 磯前順一 編集, 『安丸思想史への対論 : 文明化 · 民衆 · 両義性』, ぺりかん社, 2010.

히스토리칼, 혹은 트랜스템포럴한 시각 내지 다양한 시간들 간의 병존을 열어두는 시각이 필요하다.

예를 들면, 자유주의는 한편으로는 전통적인 유대관계로부터 인간을 해방시키고 자유로운 개인들이 '공공영역' 혹은 '공론장'에서 형성된 합의에 의해 사회를 운영해 나간다고 하는 새로운 질서를 의도하고 있다. 이 점에서 확실히 '해방'의 이데올로기이며, 근대사회의 기초를 이루는 주요한 규범의 하나다. 그러나 다른 면에서 자유주의는 자본의 자유, 계약의 자유, 노동의 자유 등의 이름으로 자본의 무제한적인 축적을 긍정하고 민중에 대한 억압과 착취를 정당화하는 것이기도 했다. 이러한 양면성은 신자유주의 이전에 이미 고전적 자유주의에 내포되어 있었다. 신자유주의와 자본의 글로벌화 이후 이에 대한 비판 역시 더 절실해지고 있다. 예를 들어, 오자와小沢弘明는 "시민사회론을 배경으로 근대인으로서 자립한 개인이라고 하는 관점에서 개성과 개별을 중시한다면, 현재에는 보편주의를 부정하는 낭만주의적 언설에 접근하거나, 사회나 공동성을 말소한 국가와 개인의 이원론에 봉착하게 된다. 시민사회론의 언어는 이미 신자유주의에게 횡령당하고 있는 것이다."라는 말로 공동체 - 개인의 이분법적 이해의 문제점을 지적하고 있다.[67]

'전근대'의 공동체적 전통이나 국가 - 민의 관계 등을 미화하자는 것이 아니라, "특권화된 근대"라는 인식에 기초한 근대중심주의를 넘어서야 전근대의 경험들이 가진 의미가 새롭게 발견될 수 있다는 점을 다시 한번 강조하자는 것이다. 근대중심주의가 가진 또 다른 문제점은 근대를 과거의 역사와 구별하고 특권화하기 위해 전근대를 열등한 요소들의 유기적 연결에 의해 구성된 시기로 만든다는 점이다. 그것은 근대가 규정해놓은

---

67 小沢弘明,「新自由主義の時代と歴史学の課題 I」, 歴史学研究会 編,『第4次現代歴史学の成果と課題』1 - 新自由主義時代の歴史学, 績文堂出版, 東京, 2017.

시대구분을 넘어서 '전근대적' 혹은 '근대적'의 요소들이 얼마든지 조화롭게 병존하며 하나의 의미 있는 질서를 만들어 낼 수 있다는 상상력을 억압한다.[68]

한편 내발론이나 자맹론과 결을 달리하는 연구성과들 가운데도 발전론적인 인식보다는 조선사회의 구성원리나 운영원리를 종합적으로 바라보려는 연구들도 적지 않다. 앞서 언급했듯이 재정사 분야에서는 근대성 여부나 '발전'보다는 18세기 이후 중앙재정의 집권성과 지방재정의 자율성, 분권성이 동시에 나타나는 모습을 그려내고 있다.[69] 손병규는 조선시대 재정사를 갑오개혁과 광무연간의 재정개혁을 연결하여 이해하면서, 재정개혁의 이념이 조선왕조 전 시기를 통해서 진행되어 온 재정의 중앙집권화를 실현하고자 하는 것이라고 하였다.[70] 환과고독鰥寡孤獨 같은 사회적 약자들의 호가 일정한 비율로 호적대장에 기재된 점을 성리학적 민본이념의 실현이라는 면과 연결하여 이해한 연구, 그리고 19세기 호적대장 유학호에 1명의 노비가 거의 일률적으로 포함되어 있는 현상을 노명출포奴名出布나 호명戶名과 연관시켜 이해한 연구들은 국가의 호구파악 방식을 지배이데올로기와 관련한 당시 사회의 관념이나 관습을 연계함으로써 조선사회를 좀 더 총체적으로 이해하려는 의도에서 나온 것이다.[71] 모두 근

---

68 예를 들면 '오염에 대한 규제'가 성장에 어떠한 심각한 충격도 가하지 않았다는 경제사 연구는 '경제성장'이 환경보호와 배치되지 않음을 경험적 연구를 통해 드러내고 있다는 점에서 적지 않은 의미를 가진다. 또 환경 문제나 부패와 관련한 글러벌한 거버넌스 강조되고 있는 현재, 19세기에 생태붕괴의 위기와 무정부 상태라는 시련이 새로운 거버넌스의 구상으로 연결된 적이 있다는 경험도 새로운 상상력과 관련하여 중요한 시사점을 제공한다(조 굴디 외, 앞의 책, 129~132쪽).

69 최주희, 앞의 글, 132~135쪽.

70 권기중, 「서평, 손병규 著, 『조선왕조 재정시스템의 재발견 - 17~19세기 지방재정사연구』(역사비평사, 2008)」, 『역사교육』 108, 2008 참조.

71 김경란, 「『丹城戶籍大帳』의 女戶 편제방식과 의미」, 『한국사연구』 126, 2004; 송양섭, 「19세기 유학호의 구조와 성격 - 『단성호적대장』을 중심으로」, 『대동문화연구』 47, 2004;

대성 여부보다는 조선사회 내부의 구성원리나 운영원리를 추구한 것이지만, 여전히 조선사회의 전체적 이해를 위해서는 좀 더 종합적이고 정합적 이해와 이를 겨냥한 과감한 시론적 입론도 요청된다.

이와 관련하여 주목되는 견해가 미야지마 히로시의 유교적 근대론이다. 미야지마 히로시는 1994년에 '동아시아 소농사회론'을 제시하면서 서구와 달랐던 동아시아의 개성적이고 독특한 정치(과거제도와 집권적 국가), 사상(주자학), 경제(집약적 벼농사), 사회(종법제도)적 역사 경험들을 상호 유기적으로 관련지어 이해한 바 있다. 서구와 달랐던 동아시아 사회의 독자적 구성원리와 그에 입각한 조선시대의 총체상을 구상하려 했다는 점에서 의미가 적지 않다. 미야지마는 이후 중국의 명대 이후를 '근대'로 이해하는 '유교적 근대론'을 내놓았다.[72] 그 스스로도 밝히고 있듯이 소농사회론이나 유교적 근대론에는 서구중심주의에 대한 비판과 극복이라는 문제의식이 자리 잡고 있었다. 그러다보니 그 역시 근대를 긍정적인 것으로 보는 것은 아니었지만, 주자학의 근대성을 '공공적 공간'이라는 서구 근대의 요소와 연결하여 파악한 데서 드러나듯이 서구 중심적 근대성을 반영적/재귀적으로 드러내고 있다는 비판으로부터 자유로울 수 없다.

근대성 여부를 확인하기보다는 그 자체의 구성 및 운영원리에 대한 이해가 전제되어야 할 것이다. 근대성 여부나 또 다른 성격 규정은 그 다음 문제라고 생각한다. 사실 조선사회에는 앞서 언급했던 중앙집권적 국가체제 이외에도 서구적 근대 개념으로는 설명할 수 없는 면들이 적지 않다. 예를 들면 조선 후기의 토지소유권은 서구의 중세와 달리 '근대적' 내지

김건태, 「호명을 통해 본 19세기 직역과 솔하노비」, 『한국사연구』 144, 2009.

72 宮嶋博史, 「儒教的近代としての東アジア'近世'」, 『東アジア近現代通史』 1. 東アジア世界の近代, 岩波書店, 2010. 이 글은 미야지마 히로시, 『나의 한국사 공부』, 너머북스, 2013에 번역 수록됨.

'일물일권적 배타적' 성격을 가지고 있었다. 서구나 일본의 경우 지주제가 배타적 소유권의 확립과 시장경제의 발달이 함께 진행된 '근대' 이후에 본격적으로 전개되었다. 이와 달리 조선에서는 늦어도 조선 후기에 배타적 소유권과 활발한 토지 매매가 일어났고 '지주제' 역시 발달했다. 당시 조선사회는 자본주의적 질서와 무관했을 뿐만 아니라, 동아시아 3국 가운데서도 시장경제가 가장 덜 발달되어 있었다. 또 배타적 소유권이나 자유로운 매매가 서구처럼 자본주의적 질서와 연결되어 있거나 시장경제를 창출해 나가지도 않았고, 영국과 같이 농민층이 대토지소유자와 영세농·무토민으로 양극분해되거나 이른바 '자본가적 차지농'을 형성해 나가지도 않았다. 이런 현상은 서구의 경험으로는 설명이 불기능하다. 서구·근대 중심적 역사인식에 입각하여 서구가 규정해 놓은 근대성 여부에 초점을 맞출 경우 조선의 토지소유권관 관련한 특징이 정치나 사회질서 같은 다른 분야와 어떤 내적 연관을 가지는지에 대한 이해, 곧 조선사회에 대한 전체적 이해는 처음부터 차단되어버린다. 조선사회의 성격은 물론 그것이 인류사의 경험 속에서 어떤 의미를 가지는지 이해하기 위해서는 서구중심적·근대중심적 역사인식을 넘어서는 새로운 인식론이 요청된다.[73]

이상의 연구들은 대체로 아직까지 근대중심주의 비판이라는 면에서는 선명하지 못하고, 저마다의 과제를 남기고 있다. 그러나 근대가 가진 특권적 지위를 상대화함으로써 전근대를 근대의 억압으로부터 해방시키고, 나아가 전근대로부터 근대를 심문하는 방식으로 근대를 새롭게 이해할 수 있는 가능성을 열어 나가는 데 도움을 줄 것이다. 또한 그러한 과정 속에서 전근대의 경험, 혹은 비근대적 경험은 다만 억압되고 청산되어야 할 구닥다리 고물이 아니라, '근대 이후' 혹은 '근대 너머'에 대한 새로운 상상

---

73 배항섭, 「조선 후기 토지소유구조 및 매매관습에 대한 비교사적 검토」, 『한국사연구』 149, 2010 참조.

력과 가능성을 만들어 나가는 자원으로 재발견 될 수 있을 것이다.

5. 맺음말

20세기를 대표하는 역사학 연구의 세 가지 조류, 곧 마르크스주의, 프랑스의 아날Annales 학파, 그리고 미국의 근대화 이론은 모두 서구중심적 · 발전론적 인식을 전제하고 있었다.[74] 20세기 후반이 되면 역사학에도 포스트모더니즘이나 언어론적 전환linguistic turn 같은 새로운 역사인식이나 방법론이 제기되면서 큰 변화가 있었다. 실증주의에 대한 근본적인 회의가 일어났고, 객관적인 역사 기술의 불가능성이 주장되면서 역사학의 기반 자체가 크게 흔들리기도 했다. 이러한 변화들은 대체로 인식론적 측면에 대한 문제제기였다. 또한 국민국가론이나 포스트구조주의의 영향을 받은 젠더론, 페미니즘 연구, 그리고 다양한 마이너리티에 대한 관심도 본격적으로 일어났다. 이에 따라 역사학에도 큰 전환이 일어난 것이 사실이다. 연구 대상 면에서도 근대 역사학이 자명한 전제로 삼았던 국민국가라는 단위에 수렴되지 않는 다양한 차원의 지역에 대한 연구가 대안으로 주장되었다. 글로벌히스토리, 로컬히스토리, 트랜스내셔널 히스토리, 글로컬히스토리 등이 그것이다.

포스트담론과 그에 의거한 역사연구는 '근대'에 대한 비판적 인식을 전제로 하고 있다는 점에서 이전의 역사 인식론과는 차이가 있지만, 여전히 근대중심적인 인식을 벗어나지 못하고 있다. 특히 한국에서는 근대 비판의 핵심이 '근대성' 그 자체에 대한 비판이 아니라 국민국가 비판, 내셔널

74 Appleby, Joyce, Hunt, Lynn, Jacob, Margaret, *Telling the Truth about History*(1st. pbk), New York : Norton, 1994, p.78.

리즘 비판에 치우쳐 있기 때문이다.[75] 물론 이것이 국민국가와 민족주의가 가진 함정이나 억압의 측면을 드러내었다는 점에서 중요하다. 또 자본주의적인 생산양식이 글로벌한 차원으로 확산해나가는 과정에서 그에 대응한 '현실적' 정치체제가 국민국가라는 단위였음을 생각할 때 국민국가에 대한 비판은 근대를 상대화할 수 있는 단서가 될 수 있다. 그 결과 정치적, 사회적 질서, 개인과 국가권력/내셔널리즘의 관계가 새롭게 이해되었지만, 현재 인류의 삶에 더욱 큰 영향을 미치고 있는 자본의 폭력적 행태와 지배력에 대한 비판적 접근은 취약하였다. 또한 근대 역사학의 단선적 발전론이 근거한 시간관과 그 위에 구축된 역사인식에 대한 성찰과 비판도 충분히 이루어지지 않았다고 생각한다.

이에 더하여 최근 글로벌화와 기후 위기는 근대 이후 인류가 살아온 삶의 방식에 대한 더 근원적인 전환을 압박하고 있다. 그러나 이러한 글로벌한 문제들을 해결할 수 있는 뾰족한 방법이 있는 것은 아니다. 기후변동이나 글로벌한 불평등 문제에 대해 선진국들이 가장 큰 책임이 있다는 점은 말할 것도 없지만, 이러한 문제를 해결하는 데 더 이상 서구 선진국들에게 기대할만한 것이 없다. 사실 선진국 시민들의 안일과 욕망은 국가간 불평등과 환경 파괴를 대가로 한 것이었다.[76] 불평등과 환경문제가 밀접한 관

75 배항섭, 앞의 글, 2016 참조.

76 불평등과 차별/빈곤, 그리고 그와 연결된 부패문제를 해결하기 위해서도 글로벌한 접근이 요청되고 있다. 예컨대 개발도상국의 여성들은 어류 공급망에서 노동 집약적이고, 가장 급여가 낮고, 가장 인정받지 못하는 일자리에 있는 반면, 선진국의 더 나은 사람들은 그들의 생산으로부터 이익을 얻는다(Choo PS, Nowak BS, Kusakabe K, Williams MJ, Guest editorial : gender and fisheries, *Development* 51:2, 2008, p.176. 나아가 토마스 포기(Thomas Pogge) 등은 지속적 빈곤의 결정적 원인인 부패는 글로벌한 네트워크 속에서 이루어지는 것임을 강조하였다. G7 같은 부유한 국가들의 시민들은 그들의 정부가 만들어낸 글로벌 질서와 그 질서가 사람들의 삶에 미치는 영향에 대해 책임을 공유하지 않을 수 없다고 하면서 빈곤과 부정의에 대응하는 공평한 교환과 분배 정의 등을 실현하기 위한 글로벌한 비국가적 기구의 필요성을 제시하고 있다. 물론 이러한 문제들의 근저에 글로벌

련이 있음을 고려할 때 인간 사회 내부의 질서나 체제의 '민주적', '평등지향적' 변화가 가지는 의미는 적지 않다. 그러나 그러한 '민주'와 '평등'이 국민국가 내부에만 닫혀버릴 때 그것이 제국주의적, 식민주의적 파괴와 약탈로 비화하는 파국적 전개 과정은 근대 이후 인류의 역사가 증언하고 있다. 또한 '민주'와 '평등'이 매우 진전된다 하더라도 지금과 같은 문명, 삶의 방식이라면 그것이 인간들의 욕망을 충족시키기에는 족할지 몰라도,[77] 자연 환경에는 재앙으로 귀결될 것이고, 그 재앙은 다시 인간을 역습할 것이며 그 끝은 인류의 파멸일 수 있기 때문이다.

사실 근대 인류의 역사를 살펴볼 때 선진국의 민주주의는 식민주의와 침략에 의한 억압과 파괴를 예비한 것이라는 혐의를 부정하기 어렵다. 누구보다 먼저 민주주의를 실시한 국가들은 대체로 제국주의로 나아갔으며, "민주 시민"들의 협조 속에 제국주의적 침략과 폭력, 그에 수반된 노예무역과 인종차별 등 다른 나라에 대해서는 국내의 "민주주의"와 반대되는 야만적 행위를 무수하게 자행했다. 그러나 아직까지 그에 대한 반성과 화해는 일부 국가들에서 이제 막 시작되었을 뿐이다. 많은 제국주의 침략 국가들은 여전히 외면하고 있다.

이 점에서 근대가 만들어낸 가장 훌륭한 시스템이자, 근대인들에 의해 "압도적 믿음" 가운데 하나라는 위상을 가지고 있던 민주주의조차도 이제

한 자본이 자리 잡고 있음은 물론일 것이다. Forst, Rainer. "Justice, morality and power in the global context." In Follesdal, Andreas , Pogge Thomas (eds), *Real world justice: Grounds, principles, human rights, and social institutions,* Springer : Dordrecht, 2005, p.28; Follesdal, Andreas and Thomas Pogge, "Introduction", *Ibid*, p.8.

77 명말의 유학자 왕부지도 天의 理는 民만이 아니라 物에도 관련이 되지만, 백성은 物과의 접하는 방법에 節度가 없기 때문에 物의 측에서 교란적 영향을 입으며, 民意는 자칫하면 사려 깊지 않고 무정견한 것으로 되기 쉬우며 질서 파괴적 성격조차 띄게 되는 원인이라고 하여 민과 물의 관계에 대해 일종의 생태론적 인식을 보여주고 있다(林 文孝, 「中國における公正 - 生存と政治」, 三浦徹 · 岸本美緒 · 関本照夫 編, 『比較史のアジア : 所有 · 契約 · 市場 · 公正』, 東京大学出版会, 2004, 239쪽).

는 새롭게 질문해야 할 과제가 되었다. 여전히 국민국가 내부에서만, '국민'들의 욕망에 복무하는 모습을 드러내고 있는 이러한 민주주의를 우리는 어떻게 이해하여야 할 것인가? 민주주의에 대해 지적한 것은 다름이 아니라 서구 · 근대중심적, 발전론적 역사인식을 근원적으로 성찰, 재인식해야 함을 강조하고 싶어서이다. '근대'가 성취한 대표적 성과로 받아들여지는 '민주주의'만 하더라도 보는 시각과 범위 등에 따라 양면적(해방 · 자유와 억압 · 노예화) 성격을 가진다는 점을 확인해두고자 한 것이다. '근대'가 성취하였거나 그렇다고 인식되는 많은 가치나 법과 제도, 질서 사상 등도 모두 마찬가지라고 생각한다. 따라서 역사 인식도 '발전'이 아니라, 체제, 사상, 질서의 구성과 운영원리에 대한 이해, 그것이 변화, 전개되어 가는 모습과 배경, 그것이 가지는 현재적 의미에 대한 이해라는 입장에서 접근할 필요가 있다고 생각한다. 그래야 근대중심주의가 기초한 '발전'의 논리에 의해 억압된 가능성들도 새롭게 이해될 수 있을 것이고, 전근대의 지나간 경험들은 끊임없이 재해석되어 '근대' 너머의 미래에 대한 가변적이고 열려 있는 상상력으로 연결될 것이다.[78] 조선시대 연구, 무엇을 어떻게 연구해 나갈 것인가? 많은 고민이 필요한 시점이다.

78 마크 피셔(M. Fisher)는 미래를 고갈시키면 과거도 남아 있지 않게 된다고 하였다. 전통이 더 이상 논쟁되거나 변경되지 않을 때 그 전통은 아무 쓸모도 없어지기 때문이다. 이는 인류가 처한 현실을 "자본주의 리얼리즘", 곧 자본주의가 최선의 대안은 아니지만 현실적으로 가능한 유일한 대안임을 받아들이게 된 준 - 종말론적 상황, 내지 "자본주의가 유일하게 존립 가능한 정치 · 경제 체계일 뿐 아니라 이제는 그에 대한 일관된 대안을 상상하는 것조차 불가능하다는 널리 퍼져 있는 감각"이 지배하고 있다는 판단에서 나온 것이다. 자본주의는 스스로를 자연화함으로써 자신이 역사적으로 유한한 체계임을 은폐하는데, 이는 '시간성의 붕괴', 시간에 초점을 맞추고 시간을 실천의 공간으로 만들었던 모든 활동과 지향성에서 현재의 시간을 갑작스레 해방시켰음을 의미한다고 하였다(마크 피셔 지음, 박진철 옮김, 『자본주의 리얼리즘 : 대안은 없는가』, 리시올, 2018, 11~12, 14, 56쪽). 근대 이후 인간 삶을 '발전'으로만 이해하고, 자본주의를 자연적인 것으로 받아들여서 그 너머를 상상할 수 없게 된다면 역사 연구 역시 존립 근거를 상실할 것이다.

얼마나 근대적이었는가? 혹은 서구가 구성해 놓은 근대성과 얼마나 유사하였는지, 거리가 멀었는지는 더 이상 역사인식의 준거가 될 수 없다. 근대와 무관하거나 비근대, 반근대적이었다 하더라도 그것이 기후위기를 비롯하여 현재가 당면한 과제들에 대응하는 데 잠재적이라 하더라도 가능성이 있다면 새로운 역사 이해와 구성을 위해 적극적으로 끌어안아야 할 것이다.

| 참고문헌 |

1. 저서

권내현, 『노비에서 양반으로, 그 머나먼 여정 : 어느 노비 가계 2백 년의 기록』, 역사비평사, 2013.

______, 『유유의 귀향 조선의 상속』, 너머북스, 2021.

리처드 에번스 지음, 이영석 옮김, 『역사학을 위한 변론』, 소나무, 1999.

마크 피셔 지음, 박진철 옮김, 『자본주의 리얼리즘 : 대안은 없는가』, 리시올, 2018.

미야지마 히로시, 『나의 한국사 공부』, 너머북스, 2013.

배항섭 엮음, 미야지마 히로시 외 지음, 『동아시아의 근대 장기지속으로 읽는다』, 너머북스, 2021.

손병규, 『조선왕조 재정시스템의 재발견』, 역사비평사, 2008.

손병규 · 송양섭 편, 『통계로 보는 조선후기 국가경제』, 성균관대학교 출판부, 2013.

송양섭, 『18세기 조선의 공공성과 민본이념』, 태학사, 2015.

아르보가스트 슈미트 지음, 이상인 편역, 『고대와 근대의 논쟁들』, 도서출판 길, 2017.

알렉산더 우드사이드 지음, 민병희 옮김, 『잃어버린 근대성들』, 너머북스, 2012.

야스마루 요시오 저, 남춘모 역, 『방법으로서의 사상사』, 대왕사, 2010.

이매뉴얼 월러스틴, 김재오 옮김, 『유럽적 보편주의 : 권력의 레토릭』, 창비, 2008.

윤해동, 『근대 역사학의 황혼』, 책과함께, 2010.

제러미 러프킨 외 인터뷰, 안희경 지음, 『오늘부터의 세계』, 메디치, 2020.

조 굴디 · 데이비드 아미티지 지음, 안두환 옮김, 『역사학 선언』, 한울, 2018.

찰스 틸리 저, 양길현 외 역, 『동원에서 혁명으로』, 서울 프레스, 1995.

칼 폴라니 지음, 이병천 · 나익주 옮김, 『인간의 살림살이』, 2017.

토마 피케티 외 25인 지음, 유엔제이 옮김, 『에프터 피케티 : ≪21세기 자본≫ 이후 3년』, 율리시즈, 2017.

호적대장 연구팀, 『단성 호적대장 연구』, 성균관대 대동문화연구원, 2003.

2. 논문

강성호, 「유럽 중심주의 세계사에 대한 비판과 반비판을 넘어」, 호남사학회, 『역사학연구』 39, 2010.

강진아, 「동아시아로 다시 쓴 세계사 - 포머란츠와 캘리포니아학파」, 『역사비평』 82, 2008.

______, 「중국의 부상과 세계사의 재조명」, 『역사와 경계』 80, 2011.

권기중, 「서평, 손병규 著, 『조선왕조 재정시스템의 재발견 - 17~19세기 지방재정사연구』(역사비평사, 2008)』, 『역사교육』 108, 2008.

______, 「조선후기 호적 연구의 현재와 향후 과제」, 『대동문화연구』 100, 2017.

권내현, 「조선 후기 호적, 호구의 성격과 새로운 쟁점」, 『한국사연구』 135, 2006.

______, 「내재적 발전론과 조선 후기사 인식」, 『역사비평』 111, 2015.

김건태, 「호명을 통해 본 19세기 직역과 솔하노비」, 『한국사연구』 144, 2009.

______, 「19세기 집약적 농법의 확산과 작물의 다각화 : 경상도 예천 맛질 박씨가 가작 사례」, 『역사비평』, 2012.

김경란, 「『丹城戶籍大帳』의 女戶 편제방식과 의미」, 『한국사연구』 126, 2004.

김미성, 「조선시대 경제사 연구의 현황과 전망 : 근대화 담론에서 벗어나기 및 실증의 누적」, 『경제사학』 46-1(통권 제78호), 2022.

金仁杰, 「1960, 70년대 '內在的 發展論'과 韓國史學」, 김용섭교수정년기념한국사학논총간행위원회 편, 『한국사 인식과 역사이론』, 지식산업사, 1997.

김정인, 「내재적 발전론과 민족주의」, 『역사와 현실』 77, 2010.

노영구, 「조선후기 호적대장 연구현황과 전산화의 일례」, 『대동문화연구』 39, 2001.

박윤덕, 「민중의 "도덕경제"와 식량폭동 - 18세기 말 프랑스의 경우」, 『역사학연구』 38, 2010.

박찬승, 「한국학 연구 패러다임을 둘러싼 논의 내재적 발전론을 중심으로」, 『한국학논집』 35, 2007.

배영수, 「'서양의 대두'와 인간의 본성」, 『역사학보』 216, 2012.

배항섭, 「근대를 상대화하는 방법 : 민중사에서 바라보는 근대」, 『역사비평』 88, 2009.

______, 「조선 후기 토지소유구조 및 매매관습에 대한 비교사적 검토」, 『한국사연구』 149, 2010.

______, 「19세기 지배질서의 변화와 정치문화의 변용 - 仁政 願望의 향방을 중심으로」, 『한국사학보』 39, 2010.

______, 「임술민란의 민중상에 대한 재검토 - 근대지향성에 대한 비판과 동아시아적 시각의 모색」, 『역사와담론』 66, 2013.

______, 「19세기 후반 민중운동과 공론」, 『한국사연구』 161, 2013.

______, 「19세기 향촌사회질서의 변화와 새로운 공론의 대두 - 아래로부터 형성되는 새로운 정치질서」, 『조선시대사학보』 71, 2014.

______, 「동아시아사 연구의 시각 - 서구 · 근대중심주의 비판과 극복」, 『역사비평』 109, 2014.

______, 「"동아시아는 몇시인가?"라는 질문」, 미야지마 히로시, 배항섭 엮음, 『동아시아는 몇시인가』, 너머북스, 2015.

______, 「'탈근대론'과 근대중심주의」, 『민족문학사연구』 62, 2016.

______, 「방법으로서의 '동아시아사' 연구와 새로운 역사상의 모색 - 근대중심주의(modernocentrism) 비판과 트랜스히스토리칼(transhistorical)한 접근」, 『대동문화연구』, 2020.

______, 「'새로운 민중사' 이후 민중사 연구의 진전을 위하여」, 『역사문제연구』 48, 2022.

송양섭, 「19세기 유학호의 구조와 성격 - 『단성호적대장』을 중심으로」, 『대동문화연구』 47, 2004.

심재우, 「조선후기 사회변동과 호적대장 연구의 과제」, 『역사와 현실』 62, 2006.

유재건, 「유럽 중심주의와 자본주의」, 한국서양사학회 엮음, 『유럽 중심주의 세계사를 넘어 세계사들로』, 푸른역사, 2009.

이경구, 「개념사와 내재적 발전 : '실학' 개념을 중심으로」, 『역사학보』 213, 2012.

이근호, 「조선후기 '공'담론 연구의 현황과 전망」, 『역사와 현실』 93, 2014.

이정철, 「문제는 자본주의다 - 내재적 발전론 비판의 역사 인식」, 『내일을 여는 역사』 22, 2005.

이헌창, 「한국사 파악에서 내재적 발전론의 문제점」, 『한국사 시민강좌』 40, 일조각, 2007.
______, 「조선시대를 바라보는 제3의 시각」, 『한국사연구』 148, 2010.
염정섭, 「1960~70년대 조선시대 농업사 연구와 내재적 발전론, 근세사회론」, 『한국사연구』 184, 2019.
이영석, 「근대의 신화」, 『사회사의 유혹』 II : 다시, 역사학의 길을 찾다, 푸른역사, 2006.
이영호, 「'내재적 발전론' 역사인식의 궤적과 전망」, 『한국사연구』 152, 2011.
이영훈, 「조선 후기 이래 소농사회의 전개와 의의」, 『역사와 현실』 45, 2002.
임현진 · 장진호, 「21세기 문명위기와 세계체제론 : 이매뉴얼 월러스틴의 비교역사적 전망」, 『아시아리뷰』 10권 2호(통권 20호), 2020.
정다함, 「1945년 이후의 조선시대사 연구와 유교근대론/동아시아론에 대한 post-colonial/trans-national한 관점에서의 비판적 분석과 제언」, 『코기토』 83, 2017.
진태원, 「코기토, 소유적 개인주의, 예속적 주체화」, 『민족문화연구』 89, 2020.
최윤오, 「조선 후기 사회변동과 근대로의 이행 내재적 발전론의 역사인식」, 『내일을 여는 역사』 22, 2005.
최종석, 「내재적 발전론 '이후'에 대한 몇 가지 고민」, 『역사와 현실』 100, 2016.
최주희, 「2000년대 이후 조선후기 제정사 연구의 흐름과 과제」, 『한국사연구』 200, 2023.
차크라바르티, 「인도 역사의 한 문제로서 유럽」, 『흔적』 1, 문화과학사, 2001.
파르타 차르테지, 「탈식민지 민주국가들에서의 시민사회와 정치사회」, 『문화과학』 25, 2001.
한국사연구회 창립 발기 위원회, 「발기취지문」, 『한국사연구』 79, 1992.
허태구, 「2019~2020년 조선후기사 연구의 현황과 과제 : 사료와 실증의 더미에서 탈출하기」, 『역사학보』 251, 2021.
허태용, 「성리학 대 실학'이라는 사상사 구도의 기원과 전개」, 『한국사상사학』 67, 2021.

3. 해외논저

Appleby, Joyce, Hunt, Lynn, Jacob, Margaret, *Telling the truth about history*(1st. pbk), New York : Norton, 1994.
Davis, Kathleen, *Periodization and Sovereignty : How Ideas of Feudalism and Secularization Govern the Politics of Time*, Philadelphia : University of Pennsylvania Press, 2008.
Follesdal, Andreas , Pogge Thomas (eds), *Real world justice: Grounds, principles, human rights, and social institutions*, Springer : Dordrecht, 2005.
Wong, R. Bin, *China transformed : historical change and the limits of European experience*, Cornell University Press, 1997.
鹿野政直, 『鹿野政直思想史論集』 第7巻, 東京 : 岩波書店, 2008.

Bentley, Jerry H., "Why Study World History?", *World History Connected*, October

2007(https://worldhistoryconnected.press.uillinois.edu/5.1/bentley.html)

Burke, Peter, "Overture : the New History, its Past and its Future", Burke, Peter ed., *New Perspectives on Historical Writing*, University Park, PA : The Pennsylvania State University Press, 1992.

Burnell, Peter, "Democracy, democratization and climate change : complex relationships", *Democratization* 19 : 5, 2012.

Chakrabarty, Dipesh, "Postcolonial Studies and the Challenge of Climate Change", *New Literary History* 43:1, 2012.

Cox, Pamela, "The Future Uses of History", *History Workshop Journal* 75:1, 2013.

Dirlik, Arif, "Is There History after Eurocentrism? Globalism, Postcolonialism, and the Disavowal of History", edited by Dirlik, Arif, Bahl, Vinay, Gran, Peter, *History After The Three Worlds : Post-Eurocentric Historiographies*, Lanham, Md. : Rowman & Littlefield, 2000.

Kiser, Edgar and Linton, April, "The hinges of history : state-making and revolt in early modern France", *American Sociological Review* 67:6, 2002.

Parker, Charles H., "Introduction; Individual and Community in the Early Modern World", Charles H. Parker, eds. *Between the Middle Ages and Modernity : Individual and Community in the Early Modern World*, UNIVERSITY OF HAWAII PRESS, 2006.

Peet, Richard, "Social Theory, Postmodernism, and the Critique of Development", Benko, Georges, Strohmayer, Ulf eds., *Space and Social Theory : Interpreting Modernity and Postmodernity*, Oxford : Blackwell, 1997.

Shome, Raka, "Asian modernities : Culture, politics and media", *Global Media and Communication* 8(3), 2012.

Thompson, Edward Palmer[著], 近藤 和彦[訳解説], 「一七九〇年以前のイギリスにおける社会運動」(社会史<特集>), 『思想』 663, 1979.

喜安朗, 「安丸民衆史の感性と全体性」, 安丸良夫・磯前順一 編集, 『安丸思想史への対論 : 文明化・民衆・両義性』, ぺりかん社, 2010.

小沢弘明, 「新自由主義の時代と歴史学の課題 Ⅰ」, 歴史学研究会 編, 『第4次現代歴史学の成果と課題』 1 - 新自由主義時代の歴史学, 績文堂出版, 東京, 2017.

宮嶋博史, 「儒教的近代としての東アジア'近世'」, 『東アジア近現代通史』 1. 東アジア世界の近代, 岩波書店, 2010.

林 文孝, 「中國における公正 - 生存と政治」, 三浦徹・岸本美緒・関本照夫 編, 『比較史のアジア : 所有・契約・市場・公正』, 東京大学出版会, 2004.

2

최근 조선시대사 영어권 학술서 현황과 선별 비평*

계승범
서강대학교 사학과 교수

1. 연구 성과 개괄

2000년까지만 해도 개항(1876) 전의 조선시대를 역사학 시각에서 다룬 영어 학술서는 대략 22종 정도였다.[1] 많다고 볼 수는 없어도, 한국에 대한 서양인의 관심도가 중국이나 일본에 비해 현저히 낮았음을 고려하면, 적다고도 할 수 없다. 목록을 일견할 때, 유교Confucianism 관련 저서가 압도적으로 많은 점이 한눈에 들어온다. 이는 영어권 학자들이 전통시대 조선을 유교라는 프리즘을 통해 이해하려 했음을 시사한다. 또한 중국의 유교와 비교함으로써,[2] 한국사의 범주를 넘어 동아시아 맥락에서 접근하는 시각이 강한 편이다. 개중에는 유교를 다루더라도 철학 자체보다는 정치 · 사회 · 사상사 시각에서 접근한 저서도 있지만,[3] 순수 철학이라 할 수 있는

* 이 글은 2024년『朝鮮時代史學報』108집에 게재된「최근 조선시대사 영어권 학술서 현황과 선별 비평」의 내용을 수정 · 보완한 것임.

1 글 뒤에 붙인 목록 참조할 것.

2 Theodore Wm de Bary and JaHyun Kim Haboush, eds., *The Rise of Neo-Confucianism in Korea*, New York: Columbia University Press, 1985.

유교 연구가 더 많은 점이 두드러진다. 어떤 접근법을 활용하는지와 상관없이 조선을 이해하기 위한 첫 키워드이자 관심이 유교(주자학)였음은 분명하다.

다른 한 갈래의 연구로는 국내 학계의 통설에 대한 비판과 대안 설명 틀을 제시한 저서를 꼽을 수 있다. 이를테면 신진사대부 학설 비판,[4] 사림파 학설 비판,[5] 실학 학설 비판[6] 등이 대표적이다. 처음에 국내 학계에서는 이들 저서에 무관심으로 일관하거나 혹은 일부 반박을 제기하였다. 하지만 권문세족-신진사대부 학설과 훈구파-사림파 학설이 이제는 국내 학계에서도 힘을 잃은 현실을 보면,[7] 아울러 20년쯤 전에 실학 개념의 해체 논의가 일었던 점을 고려하면, 영어권의 연구가 갖는 중요성을 인정하지 않을

---

3 JaHyun Kim Haboush, *A Heritage of Kings: One Man's Monarchy in the Confucian World*, New York: Columbia University Press, 1988; JaHyun Kim Haboush, *The Confucian Kingship in Korea: Yŏngjo and the Politics of Sagacity*, New York: Columbia University Press, 2001; Martina, Deuchler, *The Confucian Transformation of Korea: A Study of Society and Ideology*, Cambridge: Harvard University Press, 1992; Mark A. Peterson, *Korean Adoption and Inheritance: Case Studies in the Creation of a Classic Confucian Society*, Ithaca, New York: East Asian Program, Cornell University, 1996; Chai-sik Chung. *A Korean Confucian Encounter with the Modern World*, Berkeley: Institute of East Asian Studies, UC Berkeley, 1995; James B. Palais, *Confucian Statecraft and Korean Institutions: Yu Hyŏngwŏn and the Late Chosŏn Dynasty*, Seattle: University of Washington Press, 1996.

4 John B Duncan, *The Origins of the Chosŏn Dynasty*, Seattle: University of Washington Press, 2000.

5 Edward W. Wagner. *The Literati Purges: Political Conflict in Early Yi Korea*, Cambridge, MA: Harvard University Press, 1974.

6 James B. Palais, *Confucian Statecraft and Korean Institutions: Yu Hyŏngwŏn and the Late Chosŏn Dynasty*, Seattle: University of Washington Press, 1996.

7 최근 국내 연구서 가운데 전자에 대해서는 정요근 외, 『고려에서 조선으로: 여말선초, 단절인가 계승인가』, 역사비평사, 2019, 1장을 참조, 후자에 대해서는 계승범, 『중종의 시대: 조선의 유교화와 사림운동』, 역사비평사, 2014; 윤인숙, 『조선 전기의 사림과 소학』, 역사비평사, 2016 참조.

수 없다.

금세기에 들어와서는 20년 남짓 동안 40여 종의 저서가 나왔다. 20세기 후반 약 40년(1960~2000) 사이에 22종이 출간된 것에 비해 괄목할 만한 양적 증가라 할 수 있다. 목록을 일견하면, 이전과 확연히 달라진 연구 동향을 첫눈에 알 수 있다. 무엇보다도 유교 관련 저서의 비중이 현저히 낮아졌다. 40여 종 가운데 둘[8] 정도가 눈에 들어온다. 그 대신, 여러 분야로 연구 주제가 확장하는 추세가 확연하다.

주제를 좀 더 세분해 보면, 먼저 사회 · 문화사 분야가 활발하다. 사회신분이나 사회질서 및 저항을 다룬 저서,[9] 여성에 중점을 둔 접근,[10] 지방사 local history라 할 수 있는 연구[11] 등을 꼽을 수 있다. 문화사를 세분해 보자

---

8 Edward Y. J. Chung, *A Korean Confucian Way of Life and Thought: The Chasŏngnok (Record of Self-Reflection) by Yi Hwang*, (T'oegye), Honolulu: University of Hawai'i Press, 2016; Youngsun Back and Philip J. Ivanhoe, eds., *Traditional Korean Philosophy: Problems and Debates,* New York: Rowan and Littlefield, 2017.

9 Hwang, Kyung Moon. *Beyond Birth: Social Status in the Emergence of Modern Korea*, Cambridge, MA: Harvard University Press, 2004; Eugene Y. Park, *Between Dreams and Reality: The Military Examination in Late Chosŏn Korea, 1600~1894*, Cambridge, MA: Harvard University Press, 2007; Eugene Y. Park, *A Family of No Prominence: The Descendants of Park Tŏkhwa and the Birth of Modern Korea*, Stanford, CA: Stanford University Press, 2014; Jisoo Kim. *The Emotions of Justice: Gender, Status, and Legal Performance in Chosŏn Korea*, Seattle: University of Washington Press, 2015; John Jorgensen, *The Foresight of Dark Knowing: Chŏng Kam Nok and Insurrectionary Prognostication in. Pre-modern Korea*, Honolulu: University of Hawaii Press, 2018; Eugene Y. Park, *A Genealogy of Dissent: The Progeny of Fallen Royals in Chosŏn Korea*, Stanford, CA: Stanford University Press, 2019.

10 Young-Key Kim-Renaud, *Creative Women of Korea: The Fifteenth Through the Twentieth Centuries*, Armonk, NY: M. E. Sharpe, 2004; Youngmin Kim and Michael J. Pettid, eds. *Women and Confucianism in Chosŏn Korea*, Albany: SUNY Press, 2012.

11 Sun Joo Kim. *Marginality and Subversion in Korea: The Hong Kyŏngnae Rebellion of 1812*, Seattle: University of Washington Press, 2007; Sun Joo Kim, ed. *The Northern Region: History, Identity, and Culture*, Seattle: University of Washington Press, 2010.

면 종교를 프리즘으로 삼은 연구가 돋보인다. 이를테면, 동학,[12] 불교,[13] 신·구 기독교[14] 등 모두 일곱 편의 저서가 나왔다. 미술사도 지난 10년 사이에만 네 편[15]이 나왔으니, 괄목할 만하다. 고전문학 분야에서도 세 권의 저서[16]가 잇달았다. 정치사도 빼놓을 수 없다. 국내 정치로는 18세기를 다룬 두 종의 저서[17]가 있으며, 국제질서 맥락의 외교사로는 세 권의 단행본[18]이

---

12 Paul Beirne, *Su-un and His World of Symbols: The Founder of Korea's First Indigenous Religion*, Burlington, VT: Ashgate, 2009; George F. Kallander, *Salvation through Dissent: Tonghak Heterodoxy and Early Modern Korea*, Honolulu: University of Hawaii Press, 2013; Carl F. Young, *Eastern Learning and the Heavenly Way: The Tonghak and Ch'ŏndogyo Movements and the Twilight of Korean Independence*, Honolulu: University of Hawaii Press, 2014.

13 Hwansoo Ilmee Kim, *Empire of the Dharma: Korean and Japanese Buddhism, 1877-1912*, Cambridge, MA: Harvard University Press, 2012; Gregory N. Evon, *Salvaging Buddhism to Save Confucianism in Chosŏn Korea (1392-1910)*, Amherst, NY: Cambria Press, 2023.

14 Sung-Deuk Oak. *Making Korean Christianity: Protestant Encounters with Korean Religions, 1876-1915*, Waco, Texas: Baylor University Press, 2013; Baker, Don. *Catholics and Anti- Catholicism in Joseon Korea*, Honolulu: University of Hawaii Press, 2017.

15 Young Kyun Oh. *Engraving Virtue: The Printing History of a Premodern Korean Moral Primer*, Leiden: Brill, 2013; Sunglim Kim, *Flowering Plums & Curio Cabinets: The Culture of Objects in Late Chosŏn Korean Art*, Seattle: University of Washington Press, 2018; J. P. Park, *A New Middle Kingdom: Painting and Cultural Politics in Late Chosŏn Korea (1700-1850)*, Seattle: University of Washington Press, 2018; Maya Stiller, *Carving Statues in Kŭmgangsan: Elite Graffiti in Premodern Korea*, Seattle: University of Washington Press, 2021.

16 Si Nae Park, *The Korean Vernacular Story: Telling Tales of Contemporary Chosŏn in Sinographic Writing*, New York: Columbia University Press, 2020; Hwisang Cho, *The power of the Brush: Epistolary Practices in Choson Korea*, Seattle: University of Washington Press, 2020; Ksenia Chizhova, *Kinship Novels of Early Modern Korea: Between Genealogical Time and the Domestic Everyday*, New York: Columbia University Press, 2021.

17 Andrew David Jackson. *The 1728 Musin Rebellion: Politics and Plotting in Eighteenth-century Korea*, Honolulu: University of Hawai'i Press, 2016; Christopher Lovins, *King Chŏngjo: An Enlightened Despot in Early Modern Korea*, Albany, NY: SUNY Press, 2019.

나왔다.[19] 비국가적 관계를 트랜스내셔널 시각에서 다룬 저서[20]도 흥미롭다. 특히 임진왜란 및 그 여파 등을 살핀 연구가 세 편이나 나왔는데,[21] 트랜스내셔널transnational 시각을 활용하기 좋은 연구 주제인데도, 대체로 인터내셔널international 시각에 머문 점이 못내 아쉽다.[22]

이런 추이를 염두에 두고, 이 글에서는 크게 정치사 네 종[23]과 문화사 세 종[24] 등 모두 일곱 편의 저서를 검토한다. 되도록 최근에 나오고 한글 번역

---

18 James B. Lewis, *Frontier Contact between Chosŏn Korea and Tokugawa Japan*, New York: Routledge, 2003; Kirk W. Larsen, *Tradition, Treaties, and Trade: Qing Imperialism and Chosŏn Korea, 1850-1910*, Cambridge, MA: Harvard University Press, 2008; Sixiang Wang, *Boundless Winds of Empire: Rhetoric and Ritual in Early Chosŏn Diplomacy with Ming China*, New York: Columbia University Press, 2023.

19 이 가운데 Larsen의 책은 '개항 후' 청나라의 조선 개입과 그 성격을 주로 다루었는데, 기존 연구를 잘 정리한 점에서 목록에 포함하였다.

20 Seonmin Kim. *Ginseng and Borderland: Territorial Boundaries and Political Relations Between Qing China and Chosŏn Korea, 1636-1912*. Oakland, CA: University of California Press, 2017; Adam Bohnet, *Turning Toward Edification: Foreigners in Chosŏn Korea*, Honolulu: University of Hawai'i Press, 2020.

21 Kenneth M. Swope. *A Dragon's Head and a Serpent's Tail: Ming China and the First Great East Asian War, 1592-1598*, Norman, OK: University of Oklahoma Press, 2009; Samuel Hawley. *The Imjin War: Japan's Sixteenth-century Invasion of Korea and Attempt to Conquer China*, Seoul: Royal Asiatic Society, Korea Branch; Berkeley: Institute of East Asian Studies, University of California, 2015; James B. Lewis, ed. *The East Asian War, 1592-1598: International Relations, Violence, and Memory*, New York: Routledge, 2015.

22 이들 세 권에 대한 종합 비평으로는 계승범, 「임진왜란을 보는 세 가지 시각: 영어권 역사가 턴불, 헐리, 스와프의 저서에 대한 종합 비평」, 『한국사학사학보』 34, 2016 참조.

23 Andrew David Jackson. *The 1728 Musin Rebellion: Politics and Plotting in Eighteenth-century Korea*, Honolulu: University of Hawai'i Press, 2016; Christopher Lovins, *King Chŏngjo: An Enlightened Despot in Early Modern Korea*, Albany, NY: SUNY Press, 2019; Eugene Y. Park, *A Genealogy of Dissent: The Progeny of Fallen Royals in Chosŏn Korea*, Stanford, CA: Stanford University Press, 2019; Adam Bohnet, *Turning Toward Edification: Foreigners in Chosŏn Korea*, Honolulu: University of Hawai'i Press, 2020.

24 Sunglim Kim, *Flowering Plums & Curio Cabinets: The Culture of Objects in Late Chosŏn Korean Art*, Seattle: University of Washington Press, 2018; J. P. Park, *A New Middle*

본이 없는 것으로 선정하였다. 다른 분야의 저서를 제외한 특별한 이유는 없다. 다만 예닐곱 편이 넘어가면, 분량상 아무래도 이 한 편의 비평논문에 담아내기 힘든 점을 고려하였다. 먼저 2장에서는 정치사 분야 네 편을 개별적으로 검토하고, 3장에서는 문화사 세 권을 같은 방식으로 다룬다. 결론에 해당하는 4장에서는 종합 비평을 시도한다.

2. 정치사 분야 개별 비평

Andrew David Jackson, *The 1728 Musin Rebellion: politics and plotting in Eighteenth century Korea*, Honolulu: University of Hawai'i Press, 2016.

이 책은 영조 재위 초반에 발생한 무신란(1728)을 집중적으로 다루었다. 무신란을 단독으로 다룬 학술 저서는 국내에도 이미 두어 편 있다. 난의 배경으로는 대개 17~18세기 초의 정치 · 사회적 불안과 영조의 정통성 문제를 꼽았고, 난의 전개 양상과 진압 과정 및 중앙 조정과 삼남 지역 사림(사족)의 대응 등을 고찰하였다. 실패 원인으로는 피지배층을 규합할 사상이나 명분이 부족했음을 들었다.[25] 이에 비해 Jackson은 당쟁이 심했을지라도 그것이 왜 무장 반란의 형태로 나타났는지에 관심을 기울였다.

그에 따르면, 17세기 이래 여러 모반 사건이 있었는데, 중앙의 관군을 동

Kingdom: Painting and Cultural Politics in Late Chosŏn Korea (1700-1850), Seattle: University of Washington Press, 2018; Maya Stiller, *Carving Statues in Kŭmgangsan: Elite Graffiti in Premodern Korea*, Seattle: University of Washington Press, 2021.

25 단독 저서로는 고성훈, 『영조의 정통성을 묻다: 무신란과 모반 사건』, 한국학중앙연구원출판부, 2013; 장필기, 『영조 대의 무신란, 탕평의 길을 열다』, 한국학중앙연구원출판부, 2014 등을 참조.

원해 권력을 장악하려는 패턴을 보였다. 또한 영조가 즉위하면서 입지가 약해진 소론, 특히 준소峻少와 남인 일부가 노론에 대한 반격으로 거사를 준비하였다. 먼저 지지자를 삼남 지역과 중앙 조정에 걸쳐 많이 확보하는 쪽으로 접근하였다. 이런 차에 발생한 정미환국(1727)으로 소론 일부가 정계에 복귀하면서 관군을 지휘할 수 있는 자리에 앉았고, 준비도 본격화하였다. 그러나 1728년 정월의 도목정사都目政事에서 일부 주동자가 관직을 상실했고, 이탈자도 나오면서 준비는 난항을 겪었다. 이때 그동안 핵심 그룹에 들지 못했던 이인좌 등이 먼저 행동하면서 난이 발생하였다.

영조는 조정에 있던 완소緩少 인물에게 진압군의 지휘를 맡겼다. 관군은 치열한 전투도 없이 손쉽게 난을 평정하였다. 진압 후 영조는 이 난리를 당쟁 때문으로 규정하고 탕평책에 더욱 박차를 가하였다. 또한 처벌을 최소화함으로써, 영조는 자신이 노론뿐만 아니라 소론과 남인 모두의 왕임을 과시하였다. 하지만 이후로도 당쟁은 격렬하게 이어졌다. 완소와 노론은 반란 진압의 공이 서로 자기들에게 있다며 충돌했으며, 각기 송덕비를 세우는 등 경향에 걸쳐 대립하였다.

이런 연구 과정을 거쳐, Jackson은 무신란의 특징으로 네 가지를 꼽았다. 첫째, 관군과 연동된 권력의 중앙 집중 현상을 강조하였다. 둘째, 반란의 원인을 대개 정치 · 사회적 구조 문제로 보는 국내 학계와는 달리, 경신환국(1680) 이래 격화한 당쟁 같은 정치 행위의 발로, 곧 일반적인 정치 사건으로 규정하였다. 셋째, 피지배층이 반란에서 중요한 역할을 감당했음에도 정치에 개입할 수 없었던 점에도 주목하였다. 넷째, 무신란을 동시대 청나라나 일본에서 발생한 농민 반란과도 비교하였다. 공통점으로는 반란을 통해 정치 · 경제 구조를 개혁하려는 움직임이 별로 없었던 점을 꼽았다. 차이점으로는 청과 일본의 반란은 대개 지역의 문제로 발생한 데 비해, 무신란은 중앙정부를 전복시킨다는 목표가 분명했던 점을 들었다. 따라서 그 방법이 중앙의 관군을 적극적으로 이용하려 한 특색이 있었다고 거듭 강조하였다.

Jackson의 연구는 무신란을 종합적이면서 구체적으로 다룬 점에서 수작이라 할 수 있다. 또한 무신란을 논하면서도 당쟁 문제를 되도록 희석하려는 국내 학계와 차별을 꾀한 점에서도 의미가 있다. 다만 몇 가지 논의할 점은 있다.

첫째, Jackson은 인조반정(1623) 이래 여러 모반 사건이 중앙의 관군을 이용하려 한 패턴을 강조하고 그런 맥락에서 무신란의 특징을 찾았는데, 다소 허전한 느낌이다. 고려 때와는 달리 조선왕조에서는 지방에서 봉기하여 특정 지역을 기반으로 삼아 장기간에 걸쳐 중앙과 대치한 반란이 거의 없었다. 15세기 후반 이시애의 난이나 19세기 초 홍경래의 난이 그나마 지역을 장악한 반란이었는데, 모두 몇 달을 버티지 못하고 끝나버렸다. 이는 조선의 중앙집권이 행정 · 군사 차원만이 아니라 사회적 · 정신적으로도 상당한 수준이었음을 시사한다.

실제로, 조선왕조를 통시적으로 볼 때, 성공 여부를 떠나 대개의 반란은 '궁정 쿠데타palace coup'의 성격이 매우 짙었지, 지방에서 봉기한 민간 반란군이 중앙을 점령하고 정치를 뒤바꾼 일은 없었다. 요컨대, 무신란에서 엿볼 수 있는 중앙집권 양상이나 관군을 이용하는 반란 패턴이 조선 후기만의 특징은 아니다. 조선왕조를 통시적으로 관통하는 일반적 패턴이다.

둘째, Jackson은 난의 발생을 지나치게 구조적으로 보는 국내 학계의 시각과는 일정한 선을 그었다. 나름대로 의미는 있지만, 그 대안 설명이 분명하지 않다. 그런데 책을 전체적으로 보면, Jackson이 가장 강조한 요인은 결국 경신환국 이후의 격한 당쟁factionalism이자 그런 환경을 이용하려는 자들의 정치 행위였다. 이를 뒷받침하기 위해, Charles Tilly의 "반란이 어떤 구조적 결함 때문에 발생하지는 않는다."라는 명제에 의존하였다. 하지만 인류 역사상 허다한 민란 중에는 구조적 문제가 누적되면서 발생한 사례가 훨씬 많다.

멀리 다른 나라 사례를 볼 것도 없다. 한국사만 보더라도, 19세기 조선 각처에서 일어난 다양한 민란이나 반란은 당시 조선 사회의 구조적 문제와 무관했을까? 구조적 문제가 아닌 채 발생한 민란이나 반란 사례를 인류 역사에서 찾는 일이 더 어렵지 않을까? 요컨대, Tilly의 명제는 인류 역사상에 보이는 확실성과 인과성(합리성)이 부족하다. 따라서 그런 Tilly의 견해에 너무 의존한다면, 되레 역효과를 부를 수도 있다. 특히 장기간에 걸친 당쟁이라면 그 자체로 이미 어떤 구조적 속성이 강하게 형성되었음을 부정하기 힘들다. 따라서 국내 학계의 이해와 차별화를 시도하더라도, 구조적 접근 자체를 굳이 부정할 필요가 있는지 다소 의문이다.

셋째, 무신란과 같은 큰 규모의 반란이 조선시대에 자주 발생하지 않은 이유에 대하여, 반란 주모자들이 중앙의 관군을 이용할 수 없었기 때문이라는 설명도 좀 약하다는 느낌이다. 일단 이시애 난(1467), 이괄의 난(1624), 홍경래 난(1911), 동학농민전쟁(1894) 등과 같이 반란 기간과 효과 면에서 무신란을 능가하는 반란이 적어도 네 차례나 더 있었다. 따라서 얼마나 자주 발생했어야 하는가, 라는 반문을 피하기 어렵다.

조선왕조는 상당히 안정적인 지배구조를 유지하였다. 양반 사족은 경향에 걸쳐 독점적 지배구조를 구축했으며, 조선은 전주 이씨의 나라라기보다는 바로 양반 사족이 집단 지배체제를 강고히 한 나라였다. 토지와 노비를 지배 기반으로 삼은 양반 사족이 경향에 걸쳐 같은 이념(주자학)으로 무장한 자급자족 농업경제 국가에서는 대규모 반란이 쉽지 않았다. 따라서 단지 중앙군을 지휘할 수 없었기 때문이라는 설명보다는, 조선 사회의 이런 양반 지배구조와 그 속성에도 주목할 필요가 있지 않을까 생각한다.

넷째, 비교의 격格을 지적하고 싶다. 동아시아 맥락의 비교사 연구가 일천한 국내 학계의 현실을 고려할 때, 무신란을 통해 동시대 주변 나라의 반란과 비교한 점은 매우 고무적이다. 다만 청나라와 일본의 반란은 대개 하층민의 민란이었다. 이에 비해, 무신란은 명백히 지배엘리트들이 주도하고 일으킨 정치적 반란이었다. 이런 결정적 차이를 별로 고려하지 않은 채 기계적으로 비교한 점은 못내 아쉽다.

Christopher Lovins, *King Chŏngjo: An Enlightened Despot in Early Modern Korea*, Albany, NY: State University of New York Press, 2019.

30여 년 전에 영조의 kingship을 다룬 저서[26]가 큰 관심을 받은 이래, 정조를 다룬 학술 저서로는 영어권에서 처음이다. Lovins는 책의 제목에 자신의 결론을 그대로 노출하였다. 정조는 계몽절대군주라는 것이다. 대개 영어권의 학술서가 국내 학계의 통설을 비판하고 차별화를 시도하는 것과는 달리, 이 책은 오히려 국내 학계의 일부 학설을[27] 매우 충실하게 따른 점에서 특이하다. 아마도 저자가 국내(서울대)에서 박사학위를 받았기 때문일 듯하다.

정조를 계몽절대군주로 명시한 이 책에서는 무엇보다도 절대주의와 계몽주의의 의미를 먼저 정리할 필요가 있었다. Lovins는 몇몇 선학의 학설을 수용하여, 'early modern'의 조건으로 중앙집권과 관료제의 발달 및 유일한 통치자로서의 군주권 강화 현상을 들고, 18세기 조선을 근세 국가로 규정하였다. 절대주의absolutism는 군주와 귀족층이 서로 연합 · 견제하되 군주의 초월적 지위를 상호 인정하는 체제로 정의하였다. 이를 토대로 그는 18세기 후반 정조를 절대군주로 단정하였다.

26 JaHyun Kim Haboush, *A Heritage of Kings: One Man's Monarchy in the Confucian World*, ; JaHyun Kim Haboush, *The Confucian Kingship in Korea: Yŏngjo and the Politics of Sagacity*, New York: Columbia University Press, 2001.

27 대표적으로 이태진, 「정조, 유교적 계몽절대군주」, 『한국사 시민강좌』 13, 1993; 김백철, 「1990년대 한국사회의 '정조신드롬' 대두와 배경: 나약한 임금에서 절대계몽군주로의 재탄생」, 『국학연구』 18, 2011; 김백철, 『정조의 군주상: 허상과 실상의 경계』, 이학사, 2023 등을 들 수 있다.

하지만 계몽주의Enlightenment에 대해서는 정확한 개념을 제시하지 않았다. 정조의 정치에 대해서는 그가 유교 지식을 바탕으로 군사君師의 면모를 갖춤으로써 유학자 관료들을 압도한 점, 군주의 재량권을 확대한 점, 당색과 출신지를 초월하여 인재를 등용한 점, 일련의 개혁을 시도한 점, 民과 직접 소통하려 한 점 등을 근거로 삼아 정조의 절대군주的 왕권 확립을 강조하였다. 또한 정조를 동시대 프랑스의 루이 14세와 비교하며, 세습 귀족층의 견제를 받으면서도 그들을 지적·군사적으로 누르거나 타협하면서 절대주의적 행보를 보인 점이 유사하다고 평가하였다.

이처럼 정조의 kingship을 종합적으로 다룬 영어권 연구라는 점에서 이 책은 의미가 있다. 하지만 적잖은 문제를 안고 있다. 지면 관계상, 여기서는 가장 중요한 '계몽절대군주'의 개념을 정리하는 것으로 갈음하고자 한다.

계몽절대군주enlightened absolute monarch는 유럽사에서 등장한 학술 전문용어이다. 계몽주의Enlightenment라는 말도 전문 개념어다. 유럽의 계몽주의에도 시공간적으로 다양한 버전이 있지만, 그래도 이렇게 설명할 수 있다. 신으로 대표되는 중세 사회의 가치와 질서에 반기를 들고 인간의 이성과 합리적 사고를 중시한 르네상스 시기를 거치면서 축적된 지성사의 바탕 위에 18세기 서유럽에서 꽃을 피운 일단의 사조를 말한다. 로크(1632~1704), 몽테스키외(1689~1755), 루소(1712~1778), 볼테르(1694~1788), 칸트(1724~1804) 같은 사상가들이 바로 계몽사상을 주도하였다. 고대사회에서 원론적으로 이미 등장했던 자연법·천부인권론·평등과 같은 인식뿐만 아니라, 삼권분립이나 사회계약론 같은 새로운 가치를 망라한 사회사상이자 인간론이었다.

그러면 일견 모순처럼 보이는 '계몽'과 '절대'라는 두 성격을 겸비한 '계몽절대군주'란 어떤 군주를 말하는가? 18세기 유럽의 계몽사상을 섭취한 군주로서 일련의 개혁을 추진하되, 자국의 현실과 이해관계에 따라 적절히 변용하여 정책에 반영한 군주를 일컫는다.[28] 그런데 이런 군주는 대개

18~19세기 동유럽에서 나타났다. 프랑스나 영국의 절대군주제가 자본주의 발달에 이은 시민혁명이나 명예혁명으로 종말을 고한 데 비해, 동유럽의 절대군주제는 비록 계몽사상이라는 외피를 입기는 했으나 실제로는 군주의 절대 권력을 계속 유지하는 방향으로 나아갔다. 대표적인 계몽절대군주로 꼽히는 프로이센의 프리드리히 2세(재위 1740~1786), 오스트리아의 요제프 2세(재위 1765~1790), 러시아의 예카테리나 2세(재위 1762~1796) 같은 군주가 모두 동유럽에서 등장한 것은 바로 이 때문이었다.

서유럽보다 산업 · 경제적으로 낙후한 동유럽의 계몽절대군주는 경제적으로는 대개 중농정책을 펼쳤다. 봉건 영주(귀족)의 기득권 철폐에는 완전히 성공하지 못했지만, 그래도 정치적으로 조세제도 개편, 관세 철폐, 길드 폐지 등 일련의 변화를 꾀하였다. 사회적으로는 시민계급과 농민의 지위 향상에 일정 부분 공헌하였다. 이를 거시적 · 역사적으로 보면, 계몽절대주의는 서유럽의 경우라면 중상주의에 기초한 봉건적 절대주의가 자유주의에 토대를 둔 자본주의로 진화하는 과도기에 나타난 현상으로 볼 수 있다. 그런데 동유럽에서는 절대군주제 자체가 19세기에도 줄곧 이어져, 1차 대전을 겪고서야 종말을 고하였다. 이런 이유도 한몫 거들어, 마르크스주의자를 비롯해 서구 학자들은 대개 계몽절대군주를 반동적이라 하여 부정적으로 본다.

요컨대, 서유럽에서 발흥한 계몽사상의 근간은 기존 권위와 가치체계로부터의 이탈이자 도전이었으며, 그것을 수입해서 십분 이용한 동유럽의 정치적 주체가 바로 계몽절대군주였다. 전자는 보편적 신에 의한 신정神政을 부정하고 인간의 합리적 이성과 합의된 법에 따른 정치를 지향하는

28 계몽절대주의와 그것을 실천에 옮기고자 한 계몽절대군주에 대해서는 Hamish M. Scott, *Enlightened Absolutism: Reform and Reformers in Later Eighteenth-Century Europe*, London: Macmillian, 1990 참조.

사상적 흐름이었다. 후자는 그것을 일부 섭취한 국왕이 스스로 철인 행세를 하면서 국내의 봉건영주를 누르고, 국왕이 주민을 직접 편제하여 제도적 변화를 추진하고, 자국의 이익을 위한 부국강병을 추진한 군주를 가리킨다. 계몽사상이라는 외피를 입었으나, 실제로는 오히려 반대 방향으로 나아간 면이 강했다.

이런 계몽절대군주 모습이 같은 시기(18세기) 조선에서도 뚜렷이 나타났다면, 정조 대(1776~1800) 조선에서는 어떤 현상이 시대적 흐름으로 부상했을까? 교회 중심의 중세적 질서로부터의 이탈 현상과 교회의 자국적自國的 세속화 현상이라면, 조선에서는 공자 · 맹자 · 주희로 이어지는 유교 권위의 부정이 도도한 흐름으로 나타났을 것이다. 탈중화 현상도 뚜렷했을 것이다. 유럽식의 봉건영주 억압이라면, 조선에서는 세습적 기반이 강한 붕당과 양반 명문거족에 대한 제어가 시대적 흐름을 이루었을 것이다. 국왕의 주민 직접 편제와 제도적 변화 추진이라면, 조선에서는 전통적 토지제도 · 군역제도 · 관리임용제도 · 신분제도 등의 전반적인 개혁이 시대 흐름으로 도도히 떠올랐을 것이다. 부국강병이라면, 조선에서는 해외무역 권장, 국가 상비군의 확대, 양반의 병역의무 부활, 상공업 장려, 무기와 전술 개발, 장교(무반) 우대, 군관학교 신설 등 일련의 조치가 시대의 흐름을 주도했을 것이다.

그러나 정조의 가치관이나 정책 및 당시 조선에서 그런 면을 찾기는 쉽지 않다. 정조는 주자학적 유교 질서의 탈피가 아니라 그 회복 내지는 강화를 추진한 군주였기 때문이다. 정조가 재위 기간 내내 심혈을 기울인 각종 편찬 사업의 목적과 성격 및 그가 집필한 『홍재전서』나 『군서표기』 등을 보면 쉽게 간파할 수 있다. 정조는 당시를 법과 질서가 무너지고, 이단 사설과 퇴폐풍조가 판치는 시대로 규정하고, 늘 그것을 한탄하곤 했다. 전형적인 유학자의 고뇌 모습이다. 여기서 법과 질서라면 당연히 조선왕조가 전통적으로 강조한 유교적 예법과 명분론名分論 · 분수론分數論적 위계질서를 말한다. 그러므로 국왕으로서 그가 펼칠 정책의 기본 틀이 어떤 의도와 방향으로 나아갈 것인지는 어렵지 않게 예측할 수 있다. 실제로도 그랬다. 유럽의 계몽절대군주가 그나마 근대 국민국가nation-state 형성에 중요한 디딤돌 역할을 한 데 비해서, 정조의 정치는 事大와 유교 질서 재확립이라는 기존의 가치를 회복하는 것이었다. 그런 정조를 과연 계몽절대군주에 견줄 수 있을까?[29]

무엇보다도 '탈중화'는 커녕 청의 황제에게 구조적으로 속박되어 정기적으로 조공을 바치고 책봉을 받던 속국屬國의 왕을, 또한 이념적으로는 이미 망해 사라진 명을 흠모하여 대보단大報壇 제사에 열심이던 왕을 청의 건륭제나 프랑스의 루이 14세와 유비한 점은 지나치다. 국내 학자도 아니고 영어권의 학자인데, '계몽절대군주'라는 전문용어의 의미를 충분한 개념 정의도 없이 자의적으로 사용한 점도 의문이다. 조선의 왕이 국제무대에서 가진 위상을 도외시한 채 조선 내부의 시각으로만 정조의 kingship에 접근하는 방법이 과연 얼마나 합리적일까? 참고로, JaHyun Kim Haboush는 영조의 kingship을 논하면서[30] 그가 청나라 황제의 제후(왕)였음을 고려하였다.

국내 문제만 보더라도 정조의 왕권은 과연 얼마나 강했을까? 과연 조선 초기(15세기)의 태종 · 세종 · 세조 · 성종보다 더 강했을까? 군사君師의 면모를 갖춰야 왕권을 누릴 수 있었다면, 사師의 덕목도 필요 없이 그저 君이라는 kingship 하나만으로도 왕권을 행사하던 선왕先王들보다 18세기의

29 계몽절대군주라는 역사학 전문용어 개념을 정조에게 그대로 적용하기는 어렵다는 비판은 계승범, 『정지된 시간: 조선의 대보단과 근대의 문턱』, 서강대학교출판부, 2011, 162~170쪽 참조.

30 JaHyun Kim Haboush, *A Heritage of Kings: One Man's Monarchy in the Confucian World*; JaHyun Kim Haboush, *The Confucian Kingship in Korea: Yŏngjo and the Politics of Sagacity*.

정조는 훨씬 더 '피곤한' 왕이 아니었을까? 이제는 공부도 필수가 되었으니 말이다.[31] 더 원론적으로, 왕권이란 구체적으로 무엇을 이르는가? '왕권 강화'라는 표현을 흔히 쓰면서도, 그 정확한 의미를 비교사 차원에서 접근하였는가? 이는 단지 Lovins뿐만 아니라, 군사君師라는 표현을 들어 18세기 국왕을 무조건 왕권 강화 맥락에서 해석하려는 국내 학계를 향한 질문이기도 하다.

Lovins의 책에는 이 밖에도 지적하거나 논의할 문제가 많지만, 본론 내용은 국내 학계의 이해와 대동소이하다. 따라서 여기서는 '계몽절대군주' 개념을 정조와 그의 시대에 그대로 적용할 수 있는가, 라는 문제 제기만으로도 충분하다고 생각한다.

Eugene Y. Park, *A Genealogy of Dissent: The Progeny of Fallen Royals in Chosŏn Korea*, Stanford: Stanford University Press, 2018.

저자 Park은 조선에서 주류에 들지 못한 집안이나 신분을 추적하여 살피는 사회사 분야의 저서를 이미 두 권이나 출간하였다.[32] 이 책에서도 고려 멸망 후 왕씨가 조선에서 주변인으로 살아간 여정을 장기간에 걸쳐 살폈다. 자료가 많지 않은 탓에, 야사나 전승까지 자료로 활용하였다. 조선시대 500년을 커버한 장기사長期史이자, 일종의 미시사라고도 할 수 있다.

건국 초에는 새 왕조의 안정을 위해 잠재적 위협 세력인 고려의 왕씨들을 대대적으로 숙청하였다. Park은 왕씨 숙청 규모를 입체적으로 파악하

---

31 이런 문제 제기는 계승범, 『모후의 반역: 광해군 대비폐위논쟁과 효치국가의 탄생』, 역사비평사, 2021, 357~360쪽 참조.

32 Eugene Y. Park, *Between Dreams and Reality: The Military Examination in Late Chosŏn Korea, 1600-1894*; Eugene Y. Park, *A Family of No Prominence: The Descendants of Pak Tŏkhwa and the Birth of Modern Korea.*

기 위해 비교사적 접근을 시도하였다. 이를테면 원 · 명 교체 당시, 카마쿠라 · 무로마치 막부 교체 당시, 오스만 제국 등장 당시 이전 핵심 지배층의 숙청 양상과 비교하였다. 왕씨가 상대적으로 급속히 몰락한 요인으로는 고려 멸망 후 피신할 공간이 한반도 안에 거의 없었던 지정학적 환경을 강조하였다. 하지만 새 왕조가 안정을 취한 태종 대부터 더 이상의 숙청은 없었다.

15세기 후반에 이르면, 그동안 끊겼던 숭의전崇義殿 제례를 재개하도록 나라에서 왕씨 봉사손을 선별하였다. 이때 봉사손은 서출이었지만, 16세기에 들어서면서 서출을 배척하는 시대 분위기에 따라 봉사손 선정에서도 서출은 제외하였다. 다만 봉사손이 정말로 왕씨의 후손인지는 분명하지 않았고, 이에 따라 왕씨 후예임을 자처하는 현상도 일부 나타났다. 16세기 이후로는 일부 왕씨가 재지 사족으로 자리를 잡으면서 간혹 무과 급제자를 배출했지만, 유의미한 관계 진출은 별로 없었다.

17세기에는 숭의전 의례가 평양에 세운 숭인전崇仁殿 의례의 기준이 될 정도로 의례의 격식이 분명하였다. 아울러 일부 고려 왕릉에 대한 국가 차원의 정비사업도 벌였다. 또한 이덕형李德泂(1566~1645)의 『송도기이松都記異』처럼, 일부 사대부 중에서도 폐가입진廢假立眞이라는 전승의 진실성에 의문을 제기하는 글이 등장하기도 하였다. 18세기 영 · 정조 시대에는 왕씨에 대한 국왕의 관심이 커지면서 두문동 72현을 칭송하고, 개성을 친히 둘러보고, 숭의전과 고려 왕릉들을 새롭게 보수하고, 왕씨를 등용하고, 왕씨 성을 가진 노비를 면천하는 등 획기적 조치가 잇달았다. 관계 진출이나 승진이 쉽지는 않았지만, 그래도 이런 분위기에 힘입어 18세기 말에는 마침내 왕씨 대동보를 편찬하기에 이르렀다. 약 반세기가 지난 19세기 중엽에는 개정판을 낼 정도였다.

개항 후에는 문과 급제자를 여러 명 배출하면서 당상관에 오르는 이가 나타났으며, 고종의 개성 행차를 계기로 개성 일대 왕씨의 위상은 이전에 비해 괄목할 만하게 올라갔다. 대한제국이 망하면서 왕씨도 여느 사족 문중처럼 향촌사회의 엘리트로서 지위를 이어갔다. 일부는 독립운동에 뛰어들기도 했지만, 대개는 현실에 순응하며 동족 의식 강화 작업에 힘을 기울였다.

국내 학계에서 거의 관심을 보이지 않던 조선시대 왕씨의 삶을 통시적으로 살핀 Park의 연구는 흥미롭다. 특히 망해버린 나라의 왕족이 자기들 나라를 멸망시킨 새 왕조에서 살아간 자취를 일일이 추적한 점에서 충분히 미시사적的이며 포스트모던하다. 조선시대 관련으로 이런 시각의 연구서가 썩 활발하지 않은 국내 학계의 현실을 볼 때, 이 책은 저자 Park의 문제의식과 주제 선정 그리고 방법론만으로도 학계에 어필할 수 있다. 다만 몇 가지 논의할 문제도 있다.

첫째, 왕씨의 족적을 장기적으로 추적하기는 했어도, 사료나 야사에서 채집한 내용을 단지 시대순으로 열거한 느낌이다. 역사적 배경과 연동한 분석적 해석이 상대적으로 부족하다는 의미다. 왕씨에 대한 예우를 조선왕조의 정통성 문제로 풀이한 부분도 좀 이상하다. 왕씨를 예우한다고 하여 그것이 조선왕조의 정통성에 실질적으로 무슨 의미를 갖는지, 그렇다면 애초에는 왜 왕씨를 일망타진했는지 의문이다.

한 예로 정몽주를 복권하고 왕씨 숙청을 금지한 태종이지만, 동시에 그는 그때까지 잘 보관 중이던 고려 국왕들의 초상화를 죄다 태워버렸다. 이런 이중 행보가 갖는 실제 의미를 좀 더 입체적으로 설명했으면 책의 완성도가 훨씬 올라가지 않았을까 생각한다. 조선 후기에 영조와 정조가 보인 관심도 숙종 이래 꾸준히 추구한 정통성을 재수립하는 맥락에서 살필 필요가 있다. 고려에 대한 관심 급증도 삼한정통론과 어떤 식으로든 연관이 있을 듯한데, 책에서는 다양한 시대 분위기의 변화라는 배경 설명이 좀 약한 편이다.

둘째, 왕씨가 몰락한 고려의 왕족이기는 해도, 고려의 '유산legacy'이라는 표현을 남발한 면이 있다. 고려 멸망 후 두어 세대가 지난 15세기 중반 무렵이면, 고려의 유산과 왕씨들 삶 사이의 인과관계는 그 긴밀도나 긴장도가 별로 없다고 보는 게 합리적이다. 그런데 이 책에서는 16세기와 17세기를 지나 심지어 18~19세기에도 고려의 유산이라는 표현이 자주 등장한다. 증거만 확실하다면 유산이라는 설명 틀을 활용해도 문제가 없을 텐데, 문제는 유산에 대한 구체적 설명이 별로 없다는 점이다.

Legacy의 실체는 무엇이며, 시대별로 각기 어떻게 변화하며 현실에서 작동하였는가? 18세기에 각종 추숭 · 현창 사업을 전개했는데, 거기서 고려에 대한 것은 과연 몇 % 정도였는가? 전체 그림 속에서 고려의 유산을 본다면, 얼마나 의미 있는 비중을 차지했을까? 조선 후기 왕씨들을 여전히 'Fallen Royals'로 이해해야 하는 이유는 무엇인가? 향촌의 일반 사족이나 평민과 무슨 차이가 현저했을까? 왕씨는 고려 멸망 후 어떻게 살았을까, 라는 질문은 당연히 흥미를 자아낸다. 하지만 18~19세기를 지나 심지어 20세기까지 포함해 다룰 만한 문제는 아닌 듯하다. 이 책을 통해서도 16세기부터 왕씨는 이미 일반 향촌의 평범한 사족과 별로 다를 게 없었음이 드러나기 때문이다.

셋째, 책의 주인공 문제를 꼽지 않을 수 없다. 책의 제목으로는 왕씨가 주인공인데, 내용으로 보면 그렇지 않다. 조선이라는 국가 또는 중앙 조정이 주인공이다. 본론을 구성하는 무수한 문장의 주어를 보아도 대개 국가(조정)이다. 정작 왕씨들은 객체일 뿐이다. 이런 문제는 물론 사료의 부족 때문에 나타났을 테다. 그럴지라도, 왕씨를 주인공으로 충분히 드러내지 못한 점은 못내 아쉽다. 그렇다 보니, 미시사적 문제의식으로 이 책을 시작했음에도, 결과적으로는 거시사의 한 사례 연구에 가까운 면도 있다.

넷째, 사료 비판과 활용 문제가 있다. 신문화사new cultural history에서는 야사나 구전 · 전승도 매우 중요한 사료이다. 그래도 사료 비판은 필요하다. 그런데 이 책에서는 그런 과정 없이, 이런저런 야사나 전승이 있다는 식으로 나열하는 데 그친 느낌이다. 특히 지역에 따라 일정한 차이마저 보이는 야담을 만들어 낸 주체가 누구인지에 대해서는 별로 관심을 두지 않았다. 아울러 그런 각 야사가 등장한 시기는 언제쯤인지도 간과하였다. 후기로 내려올수록 해당 야사의 신뢰도는 떨어질 수밖에 없지만, 동시에 그런 이야기를 만들어 낸 당시의 새로운 시대 분위기를 알려주는 중요한 단초이기에, 어떤 식으로든 사료 비판 작업은 불가피하다.

왕씨의 의병 활동이 과연 역사적 사실인지도 엄정히 조사할 필요가 있다. 당쟁이 심하던 조선 후기의 문집이나 문중 자료에서 처음 등장하는 의병 기록이라면 더더욱 의심해 봐야 한다. '역사 만들어 내기' 혹은 의도적 '기억 조작'일 가능성이 크기 때문이다. 만약 왕씨의 의병 기록이 이에 해당한다면, 그것은 오히려 그 시기에 이르러 왕씨의 일부 집안에서 왜란 때 의병장을 배출했다는 '조작된 기억'을 기록으로 당당히 남길 정도로 가세가 커졌다는 새로운 해석도 가능할 것이다.

Adam Bohnet, *Turning toward Edification: Foreigners in Chosŏn Korea*, Honolulu: University of Hawaii Press, 2020.

이 책은 한반도로 들어와 정착한 외국인foreigners 사례와 그 양상을 조선시대 전반에 걸쳐 고찰한 연구서이다. 저자 Bohnet은 한국인이 단일민족임을 사실로 믿는 국내의 민족주의적 경향을 비판하는 문제의식을 기저에 깔았다. 구체적으로는 향화인向化人(여진 · 강왜降倭)과 황조인皇朝人(한인)의 사례를 시기별로 추출하고, 그들에 대한 조선 조정의 대우와 그들의 실제 삶의 족적을 고찰하였다. 이런 작업을 통해, 조선이 이미 오래전부터 '다문화 사회'였음과 조선의 자체적 교화 정책에 따른 외국인 수용이라는 맥락에서 접근하였다.

Bohnet에 따르면, 원元이 한반도에서 물러갔어도 일부 몽골인은 남았으며, 고려·조선 왕조 교체 와중에는 여진인도 일부 동참하였다. 국경 일대의 외국인을 조선의 세력권 안에 잡아두기 위해 그들을 향화인이라 칭하며 포섭하는 정책을 추진하였다. 하지만 그들을 조선인과 같은 존재로 여기지도 않았다. 임진왜란은 조선에 외국인이 대거 정착하는 주요 계기였다. 명군과 일본군 일부가 체류나 투항 등 여러 이유로 조선에 남았다. 전쟁 통에 인구 감소 여파도 컸으므로, 나라에서는 조선에서 살기 원하는 외국인에게 결혼을 주선하는 등 선처하였다.

17세기에 들어 후금이 조선 영토 안의 번호藩胡에 대한 송환을 줄기차게 요구하자, 번호 일부는 다시 여진으로 넘어가고 일부는 송환을 피해 한반도의 남쪽으로 이동하였다. 다만 조선 조정은 확실한 대응 방안을 내지 못했다. 후금의 요동 장악을 계기로 한인漢人 등 훨씬 많은 외국인이 조선으로 밀려들었다. 1637년 조선을 평정한 후 청은 조선 내 여진인을 대거 송환하려 했으나, 이미 조선화한 일부 여진인은 송환을 거부하였다. 한반도 중부 지역으로 거주지를 옮긴 여진인은 점차 조선 사회에 녹아들었다. 명의 유민을 조선이 계속 수용했지만, 지정학적으로 배후의 위협 세력을 이미 제압했다고 판단한 청은 크게 문제 삼지 않았다.

다만 귀화 당시 지위의 고하에 따라 조선의 대우도 달랐다. 일부는 고위 벼슬에 오르거나 무기 기술자로 복무했으나, 다른 부류는 대개 일반 민民으로 남았다. 항왜 출신이나 박연 같은 외국인은 대개 군인이나 화포 기술자로 대우받았다. 18세기 벽두 숙종 때 대보단을 세우고 명에 대한 의리를 강조하는 분위기가 무르익으면서 명나라 유민에 대한 다양한 우대 조치가 나왔다.

이 책은 국내에서 파편적으로 다루던 귀화인 문제를 통시적이고도 종합적으로 엮어 학술 저서로 발전시킨 점에서 의미가 남다르다. 조선시대 외국인의 조선 귀화 양상의 시대별 추이와 조정의 대응 등을 쉽게 파악하는 데 큰 도움이 된다. 다만 몇 가지 논의할 점이 있다.

첫째, 무엇보다도 제목과 본문 내용의 불일치 문제를 들 수 있다. 제목 "Toward for Edification'은 향화인을 묘사하는 표현으로는 무난하나, 황조인의 의미까지 포섭하기는 어렵다. 나는 이 책을 처음 읽을 때, 제목을 보는 순간 바로 향화인을 떠올렸다. 그런데 책의 목차와 내용을 보면 황조인에 대한 논의가 훨씬 더 많다. 지금 21세기에도 외국인을 차별 대우하듯이, 조선 조정도 외국인을 차별화하여 대하였다. 아예 명칭을 교화를 원해 스스로 내복한 향화인과 상국上國(명)에서 넘어온 황조인으로 구별하였으며, 그 둘을 한데 묶어서 부르는 명칭조차 없었다. Bohnet이 이런 문제를 모를 리 없을 텐데도, 아무런 구분이나 설명을 제시하지 않은 점이 못내 의아하다.

둘째, 귀화인을 통시적으로 다룬 점은 고무적이나, 귀화인의 비율이 시대별로 어느 정도였는지 보여주는 자료를 제공하지 않았다. 한국이 조선시대부터 이미 다문화 국가였음을 강조한 연구이기에, 그런 이해가 과연 타당한지 논증하기 위해서는 어떤 식으로든 통계가 필요하다. 이 책에서 다룬 귀화인이 당시 조선 전체 인구의 0.1% 정도였거나 거기에도 채 미치지 못했다면, 몇몇 귀화 사례만으로 과연 조선이 다문화 국가였다고 단정해 말할 수 있을까? 인류 역사상 일정 수준의 문명을 갖춘 국가라면, 외부에서 흘러들어온 이주 귀화인이 없을 수 없다. 그런 귀화인이 만일 1,000명에 한 명꼴이었다면, 우리는 그 사회를 'homogeneous'와 'diverse · heterogeneous' 가운데 어떤 성격으로 설명해야 합리적일까? 당연히 전자 아닐까? 요컨대, 전체 그림을 보여주는 통계 자료나 다문화 사회로 판정하는 일정한 기준 제시도 없이, 그저 사료에 보이는 귀화 사례들만 나열해서는 조선에서 그런 사례들이 갖는 역사적 의미와 중요성을 제대로 설명하기 어렵다.

셋째, 'Foreigner'의 상대 집합인 'Korean'의 개념이 드러나지 않았다. 책에서는 정의조차 시도하지 않았다. 그런데 이 책의 주제로 볼 때,

Korean에 대한 정의는 매우 중요하다. Bohnet은 Korean이라는 집합에 non-Korean (foreigner)이 적지 않았음을 책의 앞뒤에서 조응시켜 강조하였다. 하지만 그런 식이라면, Chinese는 어떤가? 같은 논리로, non-Chinese가 셀 수 없을 정도로 숱하게 섞였는데도 왜 죄다 Chinese라고 통칭하는가? Chinese보다 더 다양한 이주 · 귀화 종족이 뒤섞인 사례가 인류 역사에서 과연 흔할까?

Chinese가 갖는 이런 허구성에는 함구한 채 조선에 정착한 지 100년, 200년도 지난 여진인을 계속 외국인으로 분류하는 저자의 기준과 그 타당성은 무엇인지 의문이다. 단일민족이라는 이념을 부정하는 것이라면, 나도 저자에 적극적으로 동의한다. 하지만 정녕 그렇게 하겠다면 Chinese나 Korean의 범주도 마찬가지로 해체하는 시도를 기저에 깔고 이 책을 집필했어야 하지 않을까?

넷째, 조선시대 대표적 향화인이던 여진 번호藩胡의 영어 표기 문제를 지적하지 않을 수 없다. 책에서는 그들을 Korea's Jurchen vassals라고 하였는데(75쪽), 이는 오해의 소지가 크다. 두만강 너머의 여진 부족까지 포함할 수 있는 모호성 때문이다. 또한 이미 조선에 정착한 지 200년이 지났는데도 그들을 계속 Jurchen vassal이라고 불러야 하는지도 의문이다.

요즘 말로 번역하자면, 내가 보기에 Jurchen-Korean이 최선이다. 함경도 번호라면 이미 조선의 통치 영역으로 들어오고 하위 관직을 가진 지 200년이 지난 상태였다. 청이 등장한 후에도 조선으로 더 깊숙이 스며든 Jurchen-Korean은 꽤 많았다. 요컨대, 번호라고 하여 모두 동질의 집단은 아니었으므로, 정확히 구분해 호칭하는 게 안전하다. 참고로, 항왜의 후손이라면, Japanese-Korean으로 칭하는 게 합리적이다.

다섯째, '사대주의'의 영어 표기도 문제가 적잖다. 책에서는 사대주의를 Toadyism으로 번역하였다. 비록 'serving the great'라고 부연했지만(5쪽), 그래도 심각한 오역이자 영어권 독자에게 잘못된 정보를 제공한다. 강자

앞에서 살랑살랑 아첨하는 toady에서 연유한 toadyism이라는 용어로 조선의 사대주의를 단순화하여 논할 수 있을까? 특히 조선 후기 사대의 대상은 이미 망한 명나라 또는 주-한-당-송-명으로 이어진 유교적 중화 문명이었다. 그래서 남한산성의 극한 상황에서도 척화론이 우세하였다. 전쟁에 질 줄 뻔히 알면서도 강대국 청과 전쟁을 불사한 행위가 어떻게 toadyism인가? 명이 망하고 청나라 천지가 된 후에도 왜 여전히 조선의 지배 엘리트들은 숭명배청崇明排淸 의식으로 무장했을까? 표피적인 정치적 관계만으로 17~19세기 한중관계를 toadyism이라는 용어로 함부로 재단하면 곤란하다.

이 책에 대한 전체 비평은 앞서 Eugene Park의 책과 비슷하다. 다분히 포스트모던 취향의 주제를 잡았으나, 이 책의 주인공도 향화인(귀화인)은 전혀 아니다. 책의 전편에 걸쳐 그들은 그저 객체로만 등장한다. 주인공은 국가이다. "그래서 결론이 뭐냐?"는 질문도 (앞서 Eugene Park의 저서처럼) 피하기 힘들 것이다. 물론 예전에도 결론이 따로 없는 저서가 있었다. 대표적으로 JaHyun Kim Haboush의 *Confucian Kingship*(Haboush 1988 & 2001)을 들 수 있다. 하지만 그 논지의 참신성과 종합성은 당시 영어권 학계는 물론이고, 동시대 국내 학계에서도 솔직히 필적할 만한 게 없었다. 다섯 개 chapter의 논지가 일관성을 가지며 정연하였다. 따라서 에필로그 식의 "뒷이야기"를 굳이 별도의 chapter로 구성하지 않았어도, 그 책을 관심 있게 읽은 독자라면 결론이 왜 없냐는 시비를 걸지 않을 수준이었다. 그런데 Park과 Bohnet의 책이 그 정도는 아니다.

3. 문화사 분야 개별 비평

J. P. Park, *A New Middle Kingdom: Painting and Cultural politics in Late*

Chosŏn Korea, 1700-1850, Seattle: University of Washington Press, 2018.

저자 Park은 미국에서 16세기 명나라 미술을 전공하였다. 그는 이 책에서 명이 망한 이후 스스로 '새 중화New Middle Kingdom'라 자부하던 조선 후기의 회화를 크게 풍속화(2장)와 진경산수화(3장)로 나누어 사회문화적 시각에서 살폈다. 회화 자체를 천착한 미술사라기보다는, 회화를 사료로 활용하여 당대를 읽어낸 역사서라 할 수 있다. 특히 동시대 중국(청)·일본(에도막부)과의 교류 흔적을 생생하게 논증함으로써(4·5장) 동아시아 맥락에서 조선 후기의 회화사를 조명하였다. 그래서인지, 민족적 기조와 내재적 발전론에 발맞춰 '진경문화'니 '진경시대'니 '르네상스'니 운운하는 국내의 미술사 연구 경향에 매우 비판적이다.[33]

먼저 Park은 풍속화를 실학 풍조와 연결해 파악하기를 지양하였다. 사회질서의 동요에 따른 빈부격차나 빈민의 곤궁한 삶을 외면한 채 지배 엘리트의 생각을 반영해 그려낸 평화롭고 이상적인 사회상이 풍속화로 나타났다고 해석하였다. 진경산수화도, '조선 중화주의'라는 민족적 기조의 국내 통설과는 달리, 엘리트층의 취향과 요구에 따른 작품이 많다고 보았다. 거주지 풍광을 그린 작품도 많았는데, 대개 후원자 소유의 정원이나 별장을 그리는 경향이 두드러졌다. 그림에서 묘사한 산수는 후원자의 재산이자 권력의 상징이었다는 것이다. 하층 빈민의 모습이 그림에 사실적으로 등장할 수 없었던 이유이기도 하다.

조선 후기 사람들이 주목한 중국(명)의 화첩으로는 『고씨화보顧氏畫譜』

33 국내의 진경산수화 학설로는 최완수, 『우리 문화의 황금기 진경시대』 1·2, 돌베게, 1998; 한국민족미술연구회 편, 『진경문화, 찬란한 우리 문화의 꽃』, 현암사, 2014 참조. 다만 이들 모두 논증이 부실하며, 학술적이라기보다는 지나치게 웅변적이다. 이에 대한 국내 학계의 비판으로는 이성현, 『노론의 화가, 겸재 정선: 다시 읽어내는 겸재의 진경산수화』, 들녘, 2020 참조. 다소 거친 면은 있으나, 그래도 이만한 비판서도 드물다.

(1603)가 단연 으뜸이었다. 중국(명 · 청)에서는 별로 권하지 않던 이 책이 조선에서는 마치 교과서처럼 자리 잡았다. 연경에서 그림을 직접 구입하기에는 위작의 위험성이 워낙 컸으므로, 아예 명대에 나온 컬렉션 화집을 택한 것이다. 물론 조선 후기에는 청대淸代 '중화'의 미술을 어떻게 볼 것인지 논란이 있었다. 중국풍을 여전히 강조하면서, 조선의 풍속이나 진경을 그리는 풍토를 비판한 사람들이 있었다. 반면에, 조선의 풍속화와 산수화를 강조하면서, 중국풍에서 벗어나야 한다고 목소리를 높인 자들도 있었다.

조선은 일본에 파견한 통신사를 통해 문화적 우월성을 선전하고자 했다. 하지만 통신사를 조공 사절로 여긴 일본은 자국 문화에 대한 자부심이 컸고, 조선의 문화를 낮게 보는 경향이 강했다. 통신사를 통해 조선은 일본에 문화를 전하기도 했지만, 동시에 일본의 문화를 들여오기도 하였다. 통신사절단은 일본 물질문화의 풍성함에 놀랐으며, 화려함을 추구하던 일본 회화에도 큰 관심을 보였다. 정조가 김홍도에게 모사하도록 명한 김계도金鷄圖나 박제가(1750~1805)가 후지산을 배경으로 서양식 건물을 일본풍으로 그린 그림 등은 18세기 조선의 회화에 일본의 영향이 적지 않았음을 보여준다.

조선 후기의 회화를 국내 시각에서만 다루는 경향이 압도적인 국내 학계의 현실을 고려할 때, 이 책은 일단 동아시아 맥락에서 살핀 점에서 큰 의미가 있다. 어떻게 문화라는 게 중국(서양) → 한국 → 일본 방향으로만 일방적으로 흐를 수 있는가, 라는 Park의 질문은 국내 학계에서 꼭 경청할 필요가 있다. 조선 후기의 진경 화풍도 중국(청)의 사조를 수용한 결과이되, 소중화 의식이 강하던 시대 분위기에 따라 '조선적的'으로 발전했다는 해석도 설득력이 있다. 다만 몇 가지 아쉬움도 있다.

첫째, 문화사로 볼 때 조선 후기는 과연 'early modern'이었나, 라는 의문이 여운으로 남는다. Park은 early modern의 조건으로 급속한 인구 증가, 도시화, 문맹률의 감소, 경제 발전 등을 들었는데, 대체로 피상적이다.

사회경제적으로 동시대 중국(청)이나 일본(에도막부)보다 크게 뒤처진 조선 후기의 인구 증가율, 도시화의 정도, 문맹률 비교, 경제 발전의 정도나 의미 등과 같은 기본적 비교 작업 없이, 1970~80년대 국내 개설서의 논조를 거의 그대로 수용한 느낌이 강하기 때문이다.

이런 점은 특히 1장에서 두드러진다. 회화 분야에 국한해 보아도, 조선 후기에 과연 르네상스와 같은 대전환이 발생했는지 의문이다. 저자 자신도 2장에서 18세기의 풍속화는 대개 이상적인 광경만 주로 그렸으므로, 그런 그림만으로 르네상스를 떠올리면 곤란하다고 하였다. 따라서 자기모순의 우려도 있다. 요컨대, early modern의 개념을 구체적으로 제시하고 논지를 전개했으면 더 좋았을 것 같다.

둘째, *A New Middle Kingdom*이라는 제목이 본론을 제대로 커버하지 못한다. 소중화小中華, 곧 '조선적 중화'를 제목으로 잡은 셈인데, 네 개의 장으로 구성한 본론 가운데 중국에서 들어온 그림을 조선화하는 내용을 다룬 4장 정도가 제목과 그나마 좀 어울린다. 다른 부분은 솔직히 제목과는 꽤 동떨어지는 내용이다. 조선화하는 과정에서 중국의 화첩을 오독misreading했지만, 그로 인해 오히려 창조적 발전이 가능했다는 설명도 다소 의문이다. 무엇보다도 오독의 실체가 불분명하다. 중국에서는 非엘리트층에서 유행하던 화첩이 조선에서는 엘리트층이 전유한 점을 오독으로 본 듯한데, 화첩에 담긴 작품에 대한 오독은 아니기 때문이다. 이와 관련하여, 소중화의 영어 번역도 재고할 필요가 있어 보인다. 문명론적 의미의 '중화'를 'kingdom'이라 하여 마치 국가political entity인 것처럼 풀이했기 때문이다.

셋째, 저자는 중국풍의 수용에 시간적 격차가 컸음을 지적했는데(114쪽), 그 이유가 석연치 않다. 산간 지역의 유교화 작업이 중국(명)에서는 16세기에 이미 절정을 이루었는데, 같은 유교 국가라 할 수 있는 조선에서는 왜 200년 정도 늦게 그런 현상이 나타났을까? 단순히 문화 전파에 걸리는 시간상의 차이인가? 만약 그렇다면 왜 50년이나 100년이 아니고 하필 200년 정도의 차이를 보일까? 혹은 유교화의 갈래나 성격이 서로 달랐기 때문일까? 독자라면 이런 일련의 궁금증은 필연인데, 책에서는 답을 찾을 수 없다. 단지 조선에서 출판을 엄히 통제했기 때문이라는 설명만으로는 아무래도 좀 부족하다. 회화를 중심으로 동아시아 3국의 교류를 강조한 이 책이기에 더욱 그러하다.

Sunglim Kim, *Flowering Plums and Curio Cabinets: The Culture of Object in Late Chosŏn Korean Art*, Seattle: University of Washington Press, 2018.

저자 Kim은 이 책에서 조선 후기 미술품을 책거리와 매화 그림에 중점을 두어 살피되, 사회경제적 지위를 올리려고 노력하던 중인 신분층을 주어로 삼아 고찰하였다. 이에 따르면, 조선 후기는 사회신분 구성과 물질문화의 변화가 역동적으로 일어나던 시기였다. 미술 분야에서도 회화의 상품화와 미술품 시장이 출현하였고, 상업적 목적으로 그림을 그리는 전문화가도 등장하였다. 이런 현상을 주도한 주인공은 당시 새롭게 부상하던 한양의 중인층이었다. 그들은 북경 방문을 통해 회화의 교류를 선도하였으며, 국내에서도 미술 작업을 후원하거나 직접 제작하고, 유통망의 중개인으로 활약하였다. 미술사와 사회경제사를 접목하여, 18~19세기 중인의 성장을 문화사로 읽어냈다.

Kim에 따르면, 미술 분야에서는 중인이 양반에 종속되지 않았다. 상호의존적이거나, 상황에 따라서는 경쟁 관계이기도 하였다. 그들은 미술 분야의 소비문화를 주도했으며, 특히 매화를 주제로 한 회화와 책거리 문화의 유행을 선도하였다. 이런 여세를 몰아, 중인은 근대 시기에도 한국 미술의 보존에 크게 기여하였다. 중인보다는 양반 중심의 문인화에 주목하는 국내 학계의 동향과는 결을 달리한 셈이다.

중인의 성장을 소개한 후에 Kim은 조선 후기 물질문화의 발전에 영향을 받은 대표적 미술 분야로 책거리의 유행에 먼저 주목하였다. 당시 유럽과 중국(청)에서 유행하던 책거리 회화작품이 양반과 중인들 사이에 널리 유행한 추세 및 청과는 달리 도자기보다는 책을 더 많이 그린 조선의 특색도 잘 잡아내었다. 책거리의 주 소비자는 아무래도 양반이었지만, Kim은 중인에 더 주목하였다. 조선 후기의 미술 시장과 회화의 제작 및 유통 상황에서 활약한 중인을 꼼꼼하게 다루었다. 특히 책거리 장르에서 중인은 화가일 뿐만 아니라, 구매자, 수집가, 후원자, 판매자, 그리고 거래상이었다. 주로 소비자 역할에 머문 양반보다 중인에 주목한 이유이기도 하다.

이어서 Kim은 매화 그림 제작과 유통 상황을 다루었다. 18세기에는 양반가에서 사군자 그림을 주로 출입구 현관에 걸어두는 풍조가 유행하였고, 19세기 중반이면 이미 그림이 특수 상류층의 범주를 넘어 누구라도 광통교의 그림 시장을 통해 향유할 수 있었다. 이에 따라 사군자나 특히 매화를 전문적으로 그리는 중인 화가도 등장하였다. 매화 그림으로 명성을 날린 조희룡도 바로 중인이었다. 다만 그의 매화 그림은 대개 중국(청)의 제작법을 그대로 따른 것이 많았다.

조선 후기에 양반과 중인 사이에서 매화 열풍은 정말로 대단하였다. 18세기까지 매화는 고난을 극복하는 기풍의 상징으로 유행했는데, 19세기에는 매화 그림이 화려해지기 시작하였다. 이후 Kim은 고희동 · 오세창 · 전형필의 사례를 들어 식민지 시기에 한국 전통 미술을 지키는 과정에서도 중인의 역할이 컸음을 강조하였다.

이 책은 조선 후기 미술사를 중인을 중심으로 살핀 점에서 의의가 있다. 미술사를 위한 미술사가 아니라, 회화를 사료로 활용한 사회문화사 연구라 해도 손색이 없다. 또한 대개 조선 후기를 민족적 기조의 내재적 발전론 시각에서 해석하는 국내 미술사학계 동향과는 다소 결을 달리하여, 유럽과 중국(청)을 통해 부단히 교류하고 영향을 받은 정황을 잘 드러내었다. 다만 몇 가지 논의할 부분이 있다.

첫째, Kim은 책의 전편에 걸쳐 중인의 성장과 주도적 역할을 강조하였는데, 중인의 성장이 의미하는 실상이 무엇인지 잘 드러나지 않는다. 조선 후기에 일부 중인의 경제력이 상승하면서 양반과 교유하기는 했으나, 중인이 수집하고 소비한 그림을 보면 거의 다 양반의 생활양식을 그대로 모방한 것에 가깝다. 엘리트임을 과시하는 그림에 중인을 양반처럼 집어넣은 그림이 대부분이라는 의미다. 따라서 '성장'이나 '경쟁'이라는 용어보다는 '모방'이라는 용어가 조선 후기 중인을 묘사하는 최선의 키워드일 것이다. 참고로 당시 중인의 동향을 보면, 양반지배구조를 무너트리려는 움직임은 찾아보기 힘들다. 우리도 본래 양반가의 후예이니 양반으로 인정해달라는 외침이 거의 전부였다. Kim은 책거리나 매화 그림 등을 통해 중인의 정체성을 강조하였으나, 평자인 내가 보기에는 그런 그림이야말로 오히려 중인이 양반을 모방한 증거에 훨씬 가깝다.

둘째, 중인의 범주를 너무 동일시한 느낌이다. 저자도 조선 후기 중인을 크게 다섯 부류로 나누었는데(17쪽) 중인이라 해도 사회경제적 지위는 경향에 걸쳐 천차만별이었다. 그렇다면 그들 사이에서 과연 같은 중인이라는 동류의식이 얼마나 강했는지, 어떤 중인이 주로 미술 분야에서 활약했는지 등과 같은 기본 작업이 필요한데, 이 책에서는 그런 점이 충분하지 않다. 중인에 착목한 의미가 큼에도 불구하고, 결과적으로는 책의 주인공 중인의 실체가 다소 애매하다. 한양의 역관만으로 조선 후기의 중인을 대표할 수는 없기 때문이다.

셋째, 논증 면에서도 다소 의문점이 남는다. 2장을 보면, 현전 150개 책거리 중 작자(화가)를 알 수 있는 그림은 다섯 개뿐이다. 제작 시기도 가늠하기 쉽지 않다. 화가와 연대를 특정할 수 없는 책거리 그림이 절대다수라면, 적어도 책거리 장르에 한해서는 중인을 크게 강조하기 어려울 수밖에 없다. 또한 중인의 활약을 부각하려면 중인이 그린 그림과 양반 화가들의 그림을 비교하고, 혹시라도 책거리의 구성 내용이나 유통 과정상의 차이점은 없는지 등을 두루 살필 필요가 있다. 그런데 책에서 양반의 그림이라며 다룬 사례는 김정희(1786~1856) 외에는 별로 없다.

넷째, 18~19세기 조선의 시장경제와 소비문화를 다소 과장한 면이 있다. 조선의 운종가에는 개항 시기까지도 이렇다 할 서점이나 인쇄소가 없었다. 은을 매개로 한 16세기 이후의 글로벌 유통망에서도 조선은 솔직히 좀 벗어나 있었다. 외국과의 접촉은 주로 북경을 통했는데, 그나마도 국가 차원의 대규모 무역과는 거리가 멀었다. 바로 이어서 다룰 Maya Stiller의 금강산 기행을 보아도, 18세기 내내 한양에서 금강산에 이르도록 여관이나 식당조차 없었다. 유람이나 암각巖刻에 따른 경비 지출도 상업적 관계는 약한 편이었다. 지배 양반층이 노비나 승려를 부리는 구조였기 때문이다.

미술 분야라고 하여 특이했을 것 같지는 않다. Kim은 광통교의 그림 시장을 강조했지만, 그것이 상설시장이었는지 혹시라도 5일장은 아니었는지 등의 기본 정보를 분명하게 제시하고 논지를 전개할 필요가 있다. 동시대 중국(청)이나 일본(에도)에 비해 유독 조선에서만 큰 규모의 무역상이나 대상이 제대로 성장하지 못한 사실을 염두에 두고 시장경제나 소비문화를 논할 필요가 있겠다.

Maya Stiller, *Carving Statues in Kŭmgangsan: Elite Graffiti in Premodern Korea*, Seattle: University of Washington Press, 2021.

이 책은 조선 사람들이 금강산을 유람하면서 여기저기 새겨 넣은 암각문 5,000여 개를 DB화하여 일정한 패턴을 읽어낸 연구서다. 미술사만이 아니라 사회사 · 문화사 등 다양한 장르로 분류할 수 있다.

저자 Stiller에 따르면, 금강산에서도 특정 명소에 암각문을 남기려고 다양한 층위의 사람들이 경쟁하였다. 금강산 방문에는 많은 경비와 인력이 필요했으므로, 17세기까지만 해도 경제력과 권력을 독점한 중앙의 고위 관료들이 방문의 주인공이었다. 암각문은 바로 그들의 사회문화적 권력 관계를 여실히 드러내었다. 자기가 속한 가문이나 정치집단의 정체성과 결속력을 과시하려는 의도로 이름을 군집적으로 새겨 넣었다. 이런 암각문은 18세기에 급증하였고, 암각 수요가 늘어나면서 전문적으로 글자를 새겨주는 자들도 자연스레 등장하였다. 그들은 대개 금강산 일대의 승려였다.

18세기 후반에서 19세기에는 비非양반층도 금강산 방문길에 오르면서, 이름을 새길 바위의 공간 면적을 확보하는 문제가 심각해졌다. 오래되어 흐릿해진 암각문을 덮어쓰는가 하면, 새로운 바위를 찾아 더 깊은 산중으로 들어가기를 마다하지 않았다. 그래서인지, 금강산의 암각문은 대개 군집을 이루었다. 따라서 암각 서명의 크기나 위치 및 서체를 통해 elites(양반)와 non-elites(비양반) 등 신분 계층의 차이를 간파할 수 있다. 18세기 말부터는 중인 · 환관 · 평민 · 노비 등 다양한 계층의 명문이 등장하면서 기존의 엘리트와 경쟁하였다.

금강산 유람이 엘리트의 필수코스로 자리하고 비非엘리트층의 모방 추세가 이어지면서, 금강산을 간접적으로 경험하는 가상여행virtual travel 방식도 크게 유행하였다. 금강산 관련 이야기나 전설을 그림에 적는 서사화敍事畵(narrative paintings)는 5세기 중국의 와유臥遊문화와도 흡사하였다. 초기에는 화첩의 형태로 나타났다가 18세기 이후로는 열 폭 안팎의 대형 병풍으로 진화하였다. 사실을 그대로 묘사하지는 않았어도, 금강산을 마치 가본 듯이 기억할 수 있는 학습 자료로 기능하였다.

그림 대신 지도에 서사를 적는 형태나 그림이 없는 기행문 형태도 유행하였다. 금강산의 명소와 방문 여정을 소재로 한 일종의 보드게임도 유행했는데, 이는 동시대 중국과도 비슷한 현상이었다. 이런 가상여행 자료는 대개 금강산을 직접 유람할 형편이 안 되는 하위 엘리트층이나 일반 평민 사이에서 인기 있었다.

금강산 암각문을 중심으로 금강산 관련 각종 자료를 DB화하고 그것을 통시적으로 고찰하며 변화 추이를 잡아낸 이 연구는 금강산과 암각문이라는 새로운 소재로 조선의 사회문화사를 잘 그려냈다. 다만 몇 가지 아쉬운 점이 있다.

첫째, 금강산이라는 공간을 두고 관료 엘리트와 비엘리트가 과연 '경쟁' 관계였는지 재고할 필요가 있다. 이 책의 전편에 흐르는 설명 틀이 바로 '경쟁'인데, 책의 내용을 전체적으로 보면, 상위층의 행위를 하위층이 모방함으로써 상위층의 흉내를 내려던 양상만 두드러진다. Stiller 자신도 금강산의 암각 공간에서조차 사회적 위계질서가 명확했다고 했으므로(104쪽), 자기모순이기도 하다. 조선 후기에 비양반층이 학문 · 사회경제적으로 성장했음은 국내 학계에서도 통설이지만, 그것이 곧 기존 양반층(저자에 따르자면 경화사족)에 도전하고 경쟁했음을 의미하지는 않는다. 오히려 상위 양반의 행태를 모방함으로써 현실에서 이루기 힘든 신분 상승의 기분을 낼 수 있었다고 해야 사실에 더 부합할 것이다.

무엇보다 큰 문제는 18세기 말부터 금강산의 공간을 놓고 기존의 엘리트층과 경쟁을 벌였다는 하위 계층의 암각문 사례가 이 책에 별로 등장하지 않는 점이다. 19세기 사례로는 강희영姜羲永(1796~?) 사례가 사실상 유일한데, 그의 부와 조부가 모두 정3품의 고위 관료였던 점을 고려하면, 넌센스라 할 수 있다. 비엘리트층이 금강산에 가서 서명을 새겼을지라도, 혹은 가상여행 자료를 통해 금강산 관련 지식을 쌓았을지라도, 그것을 활용해 과연 어떤 식으로 경화사족 같은 최고 엘리트층과 경쟁할 수 있었을까? 그런 정도의 암각 행위로 자신을 과시할 수 있었다면, 그 대상은 자신과 비슷한 처지의 사회계층이되 금강산을 가보지 못한 사람들 아니었겠는가? 요컨대, 경쟁 구도를 강조하면서도 정작 경쟁 양상에 대한 정치한 논증이 없어서 아쉽다.

둘째, 유람은 사회경제적 능력과 불가분의 관계인데, 책 전체를 유람과 그 족적으로 채운 이 책에서 조선시대 사회경제 상황과 연동한 설명이나 해석이 약한 편이다. 17~19세기 중국(청)이나 일본(에도)에 비해 한국(조선)의 경제구조와 상업화의 정도가 낮았다고 언급은 했지만(1장), 금강산 유람의 유행을 경제적 발전 덕분으로 설명한 부분과는 상충의 소지가 있다. 18세기 후반부터 19세기에 걸쳐 유람인의 수가 급증하면서 금강산이 몸살을 앓을 지경이었는데, 그런데도 왜 금강산 인근에는 숙박업소나 식당조차도 없었을까? 한양에서 출발할 때 왜 돈을 넉넉히 휴대하기보다는 노비를 대동하고 심지어 간장독이나 소금 항아리까지 일일이 짊어지고 갔을까? 시기가 내려올수록 금강산 인근 사찰의 승려들은 왜 대거 뿔뿔이 흩어졌을까?

DB에 잡힌 암각 양상에만 집중한 나머지, 그런 결과를 가능케 한 다양한 실상은 놓쳐버린 느낌이다. 그래서 책의 내용과 설명이 다소 평면적이며 적이 허전하다. 조선 후기의 경제적 낙후성을 언급하면서도 동시에 18세기 금강산 유람의 유행 현상과 관련해 조선의 경제적 발전을 강조하는 등 논지에 일관성이 없는 점도 문제라 할 수 있다.

셋째, 조선 후기 산수 유람 유행 현상으로는 국내에서도, 특히 문학 분야에서 연구가 적지 않으며, 역사학 시각에서도 일부 연구가 있다. 특히 사족Confucian elites은 명승지를 방문하면서 그곳의 토착 · 불교식 지명을 유교식으로 바꾸는 작업을 즐겼다. 조선이 아무리 유교 사회로 나아갔을지라도 17세기가 지나도록 유교화에서 사실상 제외된 곳이 무속과 불교가 장악한 산간 지역이었는데, 18세기부터는 이제 산간 지역까지 유교화의 바람이 불면서 그에 따른 renaming 현상이 발생했다는 흥미로운 연구도 있다.[34] 이는 영어로 발표한 논문인데도, Stiller가 참고하지 않은 점은 못내 아쉽다.

4. 종합 비평

요즘에는 영어권에서도 조선시대사 관련 학술 저서가 1년에 한 권 이상으로 꾸준히 나온다. 다양한 분야에 걸쳐 조선시대를 다루는데, 정치 · 경제 · 사회 · 문화 같은 전통적 구분법을 따른다면 정치사와 문화사 분야의 약진이 돋보인다. 이 비평논문에서는 넓은 의미의 정치사 네 종과 문화사 세 종 등 모두 일곱 편의 저서를 간략히 검토하였다. 모든 논저를 망라하지는 못했지만, 이들 저서를 통해 영어권 학계의 최근 동향을 아래와 같이 정리할 수 있겠다.

먼저 국내 학계 동향 대비 영어권 학계의 고무적 현상을 보자. 첫째, 무엇보다도 해당 주제를 통시적으로 고찰하는 전통이 여전함을 꼽을 수 있다. Eugene Park과 Adam Bohnet의 저서가 대표적이며, J.P. Park, Sunglim Kim, Maya Stiller의 문화사 3종도 모두 300여 년을 넘나드는 통시적 시각이 빛난다. 역사 진행상의 단절보다는 연속성을 강조하는 포스트모던 사조가 한국을 강타한 지 어언 30년이 지나도록, 국내 학계의 조선시대사 학술서를 보면 통시적 시각이 의외로 흔치 않다. 역사학의 생명은 시간성이고 시간성의 핵심은 장기적 변화임을 고려한다면, 저서 급의 연구에서는 통시적 문제의식을 좀 더 강화할 필요가 있다. 이런 점에서, 영어권 학술 저서는 고무적이다.[35]

---

34 대표적으로 Kyungsoon Lee, "The Confucian Transformation of Mountain Space: Travels by Late-Chosŏn Confucian Scholars and the Attempted Confucianization of Mountains", *Journal of Korean Religions*, 5-2, 2014 참조.

35 참고로, 조선시대 전공자가 한국연구재단에서 연구자 등록을 할 때 세부 전공에서 "조선시대"를 택할 길은 아예 없다. 조선 전기와 후기 가운데 어느 하나를 골라야만 한다. 이런 몰역사적 시스템에 대해 이의를 제기한 지 10여 년이 지났건만 달라진 점은 아직 없다. 이는 단순히 교육부 관료의 문제라기보다는, 그런 변경을 결정할 수 있는 조선시대사 전공 학자들 사이에서조차 아직 문제의식이 약하기 때문일 것이다.

둘째, 포스트모던 경향의 문제의식이 유행하는 양상이 뚜렷하다. 특히 미시사로 분류할 수 있는 저서가 적잖다. 몰락한 고려 왕족의 후예를 다룬 Eugene Park, 조선에 정착해 주변화한 귀화인을 추적한 Adam Bohnet, 금강산의 암각에서 출발하여 조선 후기의 시대상을 조망한 Maya Stiller, 중인이라는 비주류 소외 계층을 주인공으로 삼아 조선 후기 회화사와 그 시대적 의미를 읽어낸 Sunglim Kim 등의 저서는 모두 넓은 의미의 미시사로 볼 수 있다.

서구 학계에서는 이미 80여 년 전 신문화사new cultural history의 대두 이래 미시사microhistory 연구가 꾸준히 이어졌다. 이를 통해, 문명사 · 국가사 · 민족사 중심의 거시적 근대역사학이 놓치거나 오해했던 부분을 매우 성공적으로 찾아내어 역사학의 중심 무대에 올려놓았다.[36] 이에 비해, 국내 학계에서 조선시대 관련으로는 미시사가 아주 약한 편이다. 대중 · 교양서로는 일부 있으나, 전문 학술서는 그렇지 않다. 오히려 한문학 분야에서 강명관이 진행한 일련의 연구가 압도적이다.[37] 그가 역사학자는 아니지만, 조선시대 전공 역사학자라면 당연히 귀감을 삼아야 할 테다.

셋째, 이 글에서 검토한 J.P. Park, Sunglim Kim, Maya Stiller의 저서를 통해 잘 드러나듯이, 문화사 특히 art history의 약진 현상이 최근에 뚜렷하다. 2018년과 2021년에 University of Washington Press에서 세 권이나 집중적으로 나왔다. 모수가 적은 편이라 이것만으로 어떤 경향을 특정해 논하기는 어려우나, art history가 워낙 강한 서구 학계의 전통을 고려하면,

---

36 국내에도 잘 알려진 저서로는 카를로 진즈부르그, 김정하 · 유제분 옮김, 『치즈와 구더기: 16세기 한 방앗간 주인의 우주관』, 문학과 지성사, 2001; 로버트 단턴(Robert Danton), 『고양이 대학살: 프랑스 문화사 속의 다른 이야기들』, 문학과 지성사, 1996 등이 있다.

37 강명관, 『조선의 뒷골목 풍경』, 푸른역사, 2003; 강명관, 『노비와 쇠고기: 성균관과 반촌의 조선사』, 푸른역사, 2023 외 다수가 있다. 아울러, 권내현, 『노비에서 양반으로, 그 머나먼 여정』, 역사비평사, 2014도 참조.

이제는 한국사 분야에서도 art history가 본격적으로 궤도에 진입했다고 보아도 무방할 것이다. 역사학 시각의 미술사 연구 저서가 '의외로' 일천한 국내 학계에서 주목할 현상이다. 그림을 새로운 사료로 적극적으로 활용하는 연구가 지금보다는 훨씬 더 활발할 필요가 있다.

넷째, 조선시대 관련 주제를 탐구하되 동아시아 차원의 교류나 비교사적 접근이 활발하다. 전 세계를 대상으로 한 제국 경험에 어려서부터 익숙하기 때문인지는 몰라도, 한국사를 전공하는 서구 학자들에게 세계사 맥락의 비교사적 접근은 기본 상식이다. 이 글에서 검토한 일곱 권 모두 이에 해당한다. 일국사 시각의 연구 저서는 아예 없다. 한국사 관련 영어권의 학술 저서가 으레 책의 서두에서 국내 역사학계의 민족주의 경향을 비판하면서 논지를 전개한 공통점을 보이는 이유는 바로 이런 세계사적 연구 시각이 기본적으로 몸에 배어있기 때문이다. 비교의 적절성 여부는 일단 차치하더라도, 조선시대를 다루면서 같은 시기 중국이나 일본 사정과의 비교에 인색한 국내 학계의 동향은 문제라 하지 않을 수 없다. 민족주의적 내재적 발전론이 강하면 강할수록 이런 문제는 계속될 것이다.

영어권 학계의 고무적인 연구 동향은 이 정도로 정리하고, 이제는 아쉬운 점도 몇 가지 함께 생각해 보자. 첫째, 포스트모던 · 미시사 느낌이 강하지만, 정작 책을 읽어보면 대개 사례 연구에 그친 느낌이다. 앞서 개별 비평 때 가볍게 지적했듯이, 미시사의 외피를 입었으나 실제로는 거시사의 사례 연구에 머문 면이 강하다는 뜻이다.[38]

이를테면, 연구 주제 선정에서는 미시사의 느낌이 꽤 강하나, 정작 내용을 보면 조선 조정(왕 · 신료)을 중심에 놓고 소수자들minorities을 객체화하여 바라보았기 때문이다. 이런 모습은 *A Genealogy of Dissent*보다

38 미시사 장르와 일반적인 사례 연구의 차이에 대해서는 곽차섭, 『다시, 미시사란 무엇인가』, 푸른역사, 2017 참조. 특히 한국사 분야를 다룬 내용은 396~425쪽 참조.

*Turning Toward Edification*에서 두드러진다. 미시적 접근을 통해 당시의 (새로운) 역사상을 보여주는 데에도 그다지 성공적이지 않다. 이런 현실은 조선시대사 관련 국내 학계도 별반 다르지 않다.

둘째, 연구 주제가 다양화하는 추세에도 불구하고 조선시대 사회경제사 관련 저서가 없는 점이 특이하며 크게 아쉽다. 조선 후기에 국한해 보아도 중국(청)과 일본(에도)의 사회경제사 학술서는 두 손으로 꼽기가 벅찰 정도이다. 17~19세기에 아무리 국력의 차이가 컸을지라도, 2020년대에 이르도록 조선 후기 경제사를 다룬 저서가 없다시피 한 현실은 무슨 의미일까? 국내에서는 조선 후기의 경제 발전을 부각한 학술 저서가 적지 않은 점을 보면, 이는 고민해 볼 가치가 있다. 국내 학계와 영어권 학계의 시각에 어떤 큰 차이가 있음을 시사해주기 때문이다. 여러 가지 해석이 가능하겠지만, 아마도 동아시아 맥락에서 볼 때 조선의 경제력이 주변 나라보다 현저히 떨어졌던 사정과 무관하지 않을 것이다. 그래서 영어권 외국인 학자가 조선을 이해하기 좋은 프리즘을 고를 때, 국제관계나 정치나 문화 분야에 비해 아무래도 '경제 프리즘'은 우선순위에서 밀리는 현실을 에둘러 보여준다고 할 수 있다.

셋째, 결론이 약하거나 아예 없는 저서가 일부 있어서 좀 의아하다. 이 글에서 다룬 일곱 권 중에서는 Eugene Park과 Adam Bohnet의 저서가 이에 해당한다. 아무리 21세기 사조를 따를지라도 적어도 학술서라면 결론은 분명할수록 좋다. 학설까지는 아니더라도 에필로그 식의 통시적 담론 정도는 담담하게 제시할 필요가 있다. 나에게는 이런 점이 아쉽게 다가왔는데, 특히 전후 1 · 2세대 영어권 선학들의 저서와 비교할 때 더욱 그렇다.

5. 부록 : 조선시대 관련 영어권 학술 저서 목록[39]

〈20세기〉

Benjamin B. Weems. *Reform, Rebellion, and the Heavenly Way*, Tucson, Arizona: University of Arizona Press, 1964.

Gari Ledyard. *The Dutch Come to Korea*, Seoul: Taewon Publishing, for the Royal Asiatic Society, Korea Branch, 1971.

Ching Young Choe. *The Rule of the Taewŏn'gun, 1864-1873: Restoration in Yi Korea*, Cambridge, MA: Harvard University Press, 1972.

Edward W. Wagner. *The Literati Purges: Political Conflict in Early Yi Korea*, Cambridge, MA: Harvard University Press, 1974.

James B. Palais, *Politics and Policy in Traditional Korea*, Cambridge, MA: Harvard University Press, 1975.; 이훈상 역, 『전통 한국의 정치와 정책』, 신원문화사, 1993.

William Shaw, ed., *Legal Norms in a Confucian State*, Berkeley, CA: Institute of East Asian Studies, University of California, Berkeley, 1981.

Eui-young Yu and Earl H. Phillips, eds., *Traditional Thoughts and Practices in Korea,* Los Angeles: Center for Korean- American and Korean Studies, California State University, Los Angeles, 1983.

Theodore Wm de Bary and JaHyun Kim Haboush, eds., *The Rise of Neo-Confucianism in Korea,* New York: Columbia University Press,

---

39 이 목록은 영어권의 한국사 연구 동향을 다룬 Don Baker, "Moving Beyond Politics: Western Scholarship on Joseon", *Korean Journal* 61-3, 2021에 나오는 목록에 기초하되, 시기를 개항 전으로 국한해 저서만 추렸다. 또한 해당 논문 이후(2021~2023)에 나온 일부 학술서를 추가하였다. 출판 연도순으로 배열하였고, 한글 번역본이 있으면 함께 제시하였다. 참고로, Don Baker의 논문에 대한 비평으로는 Seung B. Kye, "Review of 'Moving Beyond Politics: Western Scholarship on Joseon'", *Korean Journal* 61-3, 2021 참조. 목록에 보이는 밑줄 표시는 이 chapter에서 다룬 저서를 가리킨다.

1985.

Joseph Needham, et al, *The Hall of Heavenly Records: Korean astronomical instruments and clocks: 1380~1780*, Cambridge, UK: Cambridge University Press, 1986.

Michael C. Kalton, *The Ten Diagrams on Sage Learning*, New York: Columbia University Press, 1988.

JaHyun Kim Haboush, *A Heritage of Kings: One Man's Monarchy in the Confucian World*, New York: Columbia University Press, 1988. → *The Confucian Kingship in Korea: Yŏngjo and the Politics of Sagacity*, New York: Columbia University Press, 2001; 김백철 · 김기연 옮김, 『왕이라는 유산: 영조와 조선의 성인군주론』, 너머북스, 2017.

Young-chan Ro. *The Korean Neo-Confucianism of Yi Yulgok*, Albany, NY: State University of New York Press, 1989.

Martina, Deuchler, *The Confucian Transformation of Korea: A Study of Society and Ideology*, Cambridge: Harvard University Press, 1992; 이훈상 옮김, 『한국 사회의 유교적 변환』, 아카넷, 2003.

Michael C. Kalton, et al, *The Four-Seven Debate: An Annotated Translation of the Most Famous Controversy in Korean Neo-Confucian Thought*, Albany, NY: State University of New York Press, 1994.

Chai-sik Chung. *A Korean Confucian Encounter with the Modern World*, Berkeley: Institute of East Asian Studies, UC Berkeley, 1995.

Edward Y. J. Chung, *The Korean Neo-Confucianism of Yi T'oegye and Yi Yulgok: A Reappraisal of the 'Four-Seven Thesis' and Its Practical Implications for Self-Cultivation*, Albany: State University of New York Press, 1995.

Mark A. Peterson, *Korean Adoption and Inheritance: Case Studies in the Creation of a Classic Confucian Society*, Ithaca, New York: East Asian

Program, Cornell University, 1996; 김혜정 옮김, 『유교사회의 창출: 조선 중기 입양제와 상속제의 변화』, 일조각, 2000.

James B. Palais, *Confucian Statecraft and Korean Institutions: Yu Hyŏngwŏn and the Late Chosŏn Dynasty*, Seattle: University of Washington Press, 1996; 김범 옮김, 『유교적 경세론과 조선의 제도들: 유형원과 조선 후기』, 산처럼, 2008.

Mark Setton, *Chong Yagyong: Korea's Challenge to Orthodox Neo-Confucianism*, Albany: State University of New York, 1997.

Palais, James B., *Views on Korea Social History*, Seoul: Instotute for Modern Korean Studies, Yonsei University, 1998.

JaHyun Kim Haboush and Martina Deuchler, eds. *Culture and the State in Late Chosŏn*, Cambridge, MA: Harvard University Press, 1999.

John B Duncan, *The Origins of the Chosŏn Dynasty*, Seattle: University of Washington Press, 2000; 김범 옮김, 『조선왕조의 기원』, 너머북스, 2013.

〈21세기〉

James B. Lewis, *Frontier Contact between Chosŏn Korea and Tokugawa Japan*, New York: Routledge, 2003.

Hwang, Kyung Moon. *Beyond Birth: Social Status in the Emergence of Modern Korea*, Cambridge, MA: Harvard University Press, 2004; 백광열 옮김, 『출생을 넘어서: 한국 사회 특권층의 뿌리를 찾아서』, 너머북스, 2022.

Young-Key Kim-Renaud, *Creative Women of Korea: The Fifteenth Through the Twentieth Centuries*, Armonk, NY: M. E. Sharpe, 2004.

Sun Joo Kim. *Marginality and Subversion in Korea: The Hong Kyŏngnae Rebellion of 1812*, Seattle: University of Washington Press, 2007; 김범 옮김, 『조선의 변방과 반란, 1812년 홍경래 난』, 푸른역사, 2020.

Eugene Y. Park, *Between Dreams and Reality: The Military Examination in Late Chosŏn Korea, 1600~1894*, Cambridge, MA: Harvard University Press, 2007; 유현재 옮김, 『조선 무인의 역사, 1600~1894』, 푸른역사, 2018.

Kirk W. Larsen, *Tradition, Treaties, and Trade: Qing Imperialism and Chosŏn Korea, 1850~1910*, Cambridge, MA: Harvard University Press, 2008.

Kenneth M. Swope. *A Dragon's Head and a Serpent's Tail: Ming China and the First Great East Asian War, 1592~1598*, Norman, OK: University of Oklahoma Press, 2009.

Paul Beirne, *Su-un and His World of Symbols: The Founder of Korea's First Indigenous Religion*, Burlington, VT: Ashgate, 2009.

Sun Joo Kim, ed. *The Northern Region: History, Identity, and Culture*, Seattle: University of Washington Press, 2010.

Youngmin Kim and Michael J. Pettid, eds. *Women and Confucianism in Chosŏn Korea*, Albany: SUNY Press, 2012.

Hwansoo Ilmee Kim, *Empire of the Dharma: Korean and Japanese Buddhism, 1877~1912*, Cambridge, MA: Harvard University Press, 2012.

George F. Kallander, *Salvation through Dissent: Tonghak Heterodoxy and Early Modern Korea*, Honolulu: University of Hawaii Press, 2013.

Young Kyun Oh. *Engraving Virtue: The Printing History of a Premodern Korean Moral Primer*, Leiden: Brill, 2013.

Sung-Deuk Oak. *Making Korean Christianity: Protestant Encounters with Korean Religions, 1876~1915*, Waco, Texas: Baylor University Press, 2013; 옥성득, 『한국 기독교 형성사: 한국 종교와 기독교의 만남, 1876~1910』, 새물결플러스, 2020.

Carl F. Young, *Eastern Learning and the Heavenly Way: The Tonghak and*

Ch'ŏndogyo Movements and the Twilight of Korean Independence, Honolulu: University of Hawaii Press, 2014.

Eugene Y. Park, *A Family of No Prominence: The Descendants of Park Tŏkhwa and the Birth of Modern Korea*, Stanford, CA: Stanford University Press, 2014.

Martina Deuchler, *Under the Ancestors' Eyes: Kinship, Status, and Locality in Premodern Korea*, Cambridge, MA: Harvard University Press, 2015; 김우영 · 문옥표 옮김, 『조상의 눈 아래에서: 한국의 친족, 신분 그리고 지역성』, 너머북스, 2018.

Samuel Hawley. *The Imjin War: Japan's Sixteenth-century Invasion of Korea and Attempt to Conquer China*, Seoul: Royal Asiatic Society, Korea Branch; Berkeley: Institute of East Asian Studies, University of California, 2015.

Jisoo Kim. *The Emotions of Justice: Gender, Status, and Legal Performance in Chosŏn Korea*, Seattle: University of Washington Press, 2015.

James B. Lewis, ed. *The East Asian War, 1592~1598: International Relations, Violence, and Memory*, New York: Routledge, 2015.

JaHyun Kim Haboush, *The Great East Asian War and the Birth of the Korean Nation*, New York: Columbia University Press, 2016; 주채영 옮김, 『임진전쟁과 민족의 탄생』, 너머북스, 2019.

Edward Y. J. Chung, *A Korean Confucian Way of Life and Thought: The Chasŏngnok (Record of Self-Reflection) by Yi Hwang*, (T'oegye), Honolulu: University of Hawai'i Press, 2016.

Andrew David Jackson. *The 1728 Musin Rebellion: Politics and Plotting in Eighteenth-century Korea*, Honolulu: University of Hawai'i Press, 2016.

Youngsun Back and Philip J. Ivanhoe, eds., *Traditional Korean Philosophy:*

Problems and Debates, New York: Rowan and Littlefield, 2017.

Seonmin Kim. *Ginseng and Borderland: Territorial Boundaries and Political Relations Between Qing China and Chosŏn Korea, 1636~1912.* Oakland, CA: University of California Press, 2017; 최대명 옮김, 『인삼과 국경: 청 · 조선의 영토 인식과 경계 형성』, 사계절, 2023.

Don Baker, *Catholics and Anti-Catholicism in Joseon Korea*, Honolulu: University of Hawaii Press, 2017.

Sunglim Kim, *Flowering Plums & Curio Cabinets: The Culture of Objects in Late Chosŏn Korean Art*, Seattle: University of Washington Press, 2018.

John Jorgensen, *The Foresight of Dark Knowing: Chŏng Kam Nok and Insurrectionary Prognostication in. Pre-modern Korea*, Honolulu: University of Hawaii Press, 2018.

J. P. Park, *A New Middle Kingdom: Painting and Cultural Politics in Late Chosŏn Korea (1700~1850)*, Seattle: University of Washington Press, 2018.

Eugene Y. Park, *A Genealogy of Dissent: The Progeny of Fallen Royals in Chosŏn Korea*, Stanford, CA: Stanford University Press, 2019.

Christopher Lovins, *King Chŏngjo: An Enlightened Despot in Early Modern Korea*, Albany, NY: SUNY Press, 2019.

Si Nae Park, *The Korean Vernacular Story: Telling Tales of Contemporary Chosŏn in Sinographic Writing*, New York: Columbia University Press, 2020.

Hwisang Cho, *The power of the Brush: Epistolary Practices in Choson Korea*, Seattle: University of Washington Press, 2020.

Adam Bohnet, *Turning Toward Edification: Foreigners in Chosŏn Korea*, Honolulu: University of Hawai'i Press, 2020.

Sang-ho Ro. *Humanity and Nature, 1706~1814*, New York: Routledge, 2021.

Maya Stiller, *Carving Statues in Kŭmgangsan: Elite Graffiti in Premodern Korea*, Seattle: University of Washington Press, 2021.

Byonghyon Choi, *Ryu Sŏngnyong, Chancellor of Chosŏn Korea: On the Battlefield and in Memory*, Institute of East Asian Studies, UC Berkeley, 2022.

Ksenia Chizhova, *Kinship Novels of Early Modern Korea: Between Genealogical Time and the Domestic Everyday*, New York: Columbia University Press, 2021.

Sixiang Wang, *Boundless Winds of Empire: Rhetoric and Ritual in Early Chosŏn Diplomacy with Ming China*, New York: Columbia University Press, 2023.

Gregory N. Evon, *Salvaging Buddhism to Save Confucianism in Chosŏn Korea (1392~1910)*, Amherst, NY: Cambria Press, 2023.

| 참고문헌 |

1. 단행본

강명관, 『조선의 뒷골목 풍경』, 푸른역사, 2003.

______, 『노비와 쇠고기: 성균관과 반촌의 조선사』, 푸른역사, 2023.

계승범, 『정지된 시간: 조선의 대보단과 근대의 문턱』, 서강대학교출판부, 2011.

______, 『중종의 시대: 조선의 유교화와 사림운동』, 역사비평사, 2014.

______, 『모후의 반역: 광해군 대비폐위논쟁과 효치국가의 탄생』, 역사비평사, 2021.

고성훈, 『영조의 정통성을 묻다: 무신란과 모반 사건』, 한국학중앙연구원출판부, 2013.

곽차섭, 『다시, 미시사란 무엇인가』, 푸른역사, 2017.

권내현, 『노비에서 양반으로, 그 머나먼 여정』, 역사비평사, 2014.

김백철, 『정조의 군주상: 허상과 실상의 경계』, 이학사, 2023.

로버트 단턴(Robert Danton), 조한욱 옮김, 『고양이 대학살: 프랑스 문화사 속의 다른 이야기들』, 문학과 지성사, 1996.

윤인숙, 『조선 전기의 사림과 소학』, 역사비평사, 2016.

이성현, 『노론의 화가, 겸재 정선: 다시 읽어내는 겸재의 진경산수화』, 들녘, 2020.

장필기, 『영조 대의 무신란, 탕평의 길을 열다』, 한국학중앙연구원출판부, 2014.

정요근 외, 『고려에서 조선으로: 여말선초, 단절인가 계승인가』, 역사비평사, 2019.

최완수, 『우리 문화의 황금기 진경시대』 1 · 2, 돌베게, 1998.

카를로 진즈부르그(Carlo Ginzburg), 김정하 · 유제분 옮김, 『치즈와 구더기: 16세기 한 방앗간 주인의 우주관』, 문학과 지성사, 2001.

한국민족미술연구회 편, 『진경문화, 찬란한 우리 문화의 꽃』, 현암사, 2014.

2. 논문

계승범, 「임진왜란을 보는 세 가지 시각: 영어권 역사가 턴불, 헐리, 스와프의 저서에 대한 종합 비평」, 『한국사학사학보』 34, 2016.

김백철, 「1990년대 한국사회의 '정조신드롬' 대두와 배경: 나약한 임금에서 절대계몽군주로의 재탄생」, 『국학연구』 18, 2011.

이태진, 「정조, 유교적 계몽절대군주」, 『한국사 시민강좌』 13, 1993.

3. 해외도서

Bohnet, Adam, *Turning Toward Edification: Foreigners in Chosŏn Korea,* Honolulu: University of Hawai'i Press, 2020.

Jackson, Andrew David, *The 1728 Musin Rebellion: Politics and Plotting in Eighteenth- century Korea,* Honolulu: University of Hawai'i Press, 2016.

Kim, Sunglim, *Flowering Plums & Curio Cabinets: The Culture of Objects in Late Chosŏn Korean Art,* Seattle: University of Washington Press, 2018.

Lee, Kyungsoon, "The Confucian Transformation of Mountain Space: Travels by Late-Chosŏn Confucian Scholars and the Attempted Confucianization of Mountains", *Journal of Korean Religions*, 5-2, 2014.

Lovins, Christopher, *King Chŏngjo: An Enlightened Despot in Early Modern Korea*, Albany, NY: SUNY Press, 2019.

Park, Eugene Y., *A Genealogy of Dissent: The Progeny of Fallen Royals in Chosŏn Korea,* Stanford, CA: Stanford University Press, 2019.

Park, J. P., *A New Middle Kingdom: Painting and Cultural Politics in Late Chosŏn Korea* (1700~1850), Seattle: University of Washington Press, 2018.

Scott, Hamish M., *Enlightened Absolutism: Reform and Reformers in Later Eighteenth-Century Europe,* London: Macmillian, 1990.

Stiller, Maya, *Carving Statues in Kŭmgangsan: Elite Graffiti in Premodern Korea,* Seattle: University of Washington Press, 2021.

3

과거제는 "위대한 균형자(The Great Equalizer)"였는가?: 『문과방목』을 통한 조선시대 지배엘리트의 관직 이동 분석*

이상국
아주대학교 사학과 교수

박종희
서울대학교 정치외교학부 교수

1. 서론

조선시대는 일반적으로 신분제 사회이며 지배엘리트인 양반에 의해 주도되는 관료제 사회로 알려져 있다. 이에 대한 가장 일반적인 서술은 국사편찬위원회에서 발행한 『신편 한국사』 25권 - 조선 초기의 사회와 신분구조 - 중 양반의 특권 부분에 나타나 있다.

> 조선 사회는 과거 우선주의 · 시험 주의를 표방하는 관료제 사회라고는 하지만 그 바탕에는 엄격한 신분제의 제약이 수반되어 있었으며, 신분제 사회라고는 하지만 몇몇 귀족들에 의하여 농단되는 귀족제 사회가 아니라 보다 폭넓은 양반 신분의 계층적 지배를 기저로 하는 양반 관료제 사회였던 것이다.[1]

---

* 이 글은 2023년 『朝鮮時代史學報』 105집에 게재된 「과거제는 "위대한 균형자(the Great Equalizer)"였는가? - 『문과방목』을 통한 조선시대 지배엘리트의 관직 이동 분석 - 」의 내용을 수정 · 보완한 것임.

1 李成茂, 「양반」, 『신편 한국사 - 조선 초기의 사회와 신분구조 - 』 25, 국사편찬위원회, 1994, 70쪽.

조선 사회는 과거를 통해 선발된 관료들이 국가 운영에 참여하는 관료제 사회라고는 하지만 '엄격한' 신분제의 제약이 따르고, 소수의 귀족이 권력을 전횡하는 전형적인 귀족 신분제 사회라기보다는 보다 폭넓은 양반이 계층적으로 지배하는 양반 관료제 사회에 가깝다. '엄격'하지만 '전형적'이지 않은 관료제와 신분제가 혼용되어 작동하고 있었다는 것이다. 이러한 '모호한' 신분제 사회에서[2] 지배엘리트는 그들의 자산property이나 사회적 지위office를 자녀 세대에 전달하기 위한 다양한 전략을 마련해야 했는데,[3] 가장 대표적인 전략 중 하나는 그들과 같은 관료를 다음 세대에서도 배출하는 것이었다. 지배엘리트 가문은 유력한 양반 가문으로서의 권위와 평판을 유지하기 위해 세대를 잇는 관료의 배출을 다른 무엇보다 우선순위에 두지 않을 수 없었으며, 비지배 엘리트 집단은 유력한 양반 가문으로 도약하기 위해 과거에 합격한 가문 출신의 관료를 배출하고자 노력했다.

과거제는 시험을 통해 관료를 선발하는 관료 충원 방식으로, 중국에서 처음 등장하여 고려시대에 받아들여졌고 조선시대에 이르러 전면적으로 시행되었다.[4] 그간 연구자들은 과거제의 성격 및 운용과 관련한 방대한 연구를 수행했는데,[5] 특히 과거 급제자들의 명단인 『문과방목』을 통해 조선

---

2 미야지마 히로시, 「조선시대의 신분, 신분제 개념에 대하여」, 『大東文化硏究』 42, 2003.

3 Jack Goody는 각 사회가 기반한 사회경제적 토대에 따라 다양한 방식으로 자산과 사회적 지위가 전해졌는데, 아프리카 사회에서는 방계(collateral line)에, 유럽과 아시아 사회에서는 직계(direct line of descent)에 전달되었다고 했다("Strategies of Heirship", *Comparative Studies in Society and History* 15-1, 1973).

4 金諍, 金曉民 옮김, 『중국 과거 문화사』, 동아시아사, 2003; 李成茂, 『韓國의 科擧制度』(改正增補), 集文堂, 1994.

5 과거제와 관련된 최근 연구 동향에 대해서는 차미희, 「조선시대 문과연구의 동향과 전망」, 『역사교육논집』 49, 역사교육학회, 2012; 元昌愛, 『朝鮮時代 文科及第者 硏究』, 韓國精神文化硏究院 韓國學大學院 博士學位論文, 1997; 박현순, 『조선 후기의 과거』, 소명출판, 2014, 9~26쪽.

시대 지배엘리트의 사회 이동성social mobility 문제에 주목했다. 과거에 응시하여 합격에 이르는 과정과 관직 진출 후 관직 이동 과정에서 개인의 능력 또는 가족 배경이 미친 영향을 살펴보는 것이다. 연구자들의 견해는 과거 합격과 관직 이동이 기본적으로 가족의 배경에 힘입었다든가, 아니면 개인의 능력에 더 좌우되었다든가로 극명하게 나뉘었다. 전자 - 가족 배경 중심의 사회 - 의 입장에서 조선 사회는 사회유동성이 낮은 폐쇄적인 사회로, 후자 - 개인 능력 중심의 사회 - 의 입장에서 조선 사회는 사회유동성이 높은 개방적인 사회로 서로 다르게 평가된다.

연구자들의 견해가 극명하게 나뉜 이유로는 우선 『문과방목』 기록 자체의 불완전성을 들 수 있다. 『문과방목』에 기록된 자료는 1393년부터 1894년까지 과거에 합격한 14,639명의 시험정보이다. 시험에 응시했으나 불합격한 개인들의 정보는 배제되어 있으며 급제자의 개인에 대한 포괄적인 정보를 포함하고 있지 않다. 급제자 개인정보 - 가족, 시험 기록, 관직 등 - 에 대한 연구자의 보완 정도가 분석 결과에 크게 영향을 미칠 수밖에 없다. 다음으로 분석 대상의 차이를 들 수 있다. 분석 대상인 가족 배경을 직계 3대로 제한하거나, 아니면 성관이 같은 친족으로 범위를 확대할 경우, 그 분석 결과는 다르게 나타날 수밖에 없으며 심지어 조선 사회의 실제 사회유동성이 왜곡될 우려가 있다.[6]

본 논문은 '모호한' 신분제 사회에서 과거시험에서의 성적과 가족 배경이 과거 급제자의 관직 "성공"에 어떤 영향을 미쳤는지를 분석한다.[7] 기존에 축적된 『문과방목』 자료와 관련 연구를 기반으로 조선시대 전시기를

6 박현순, 앞의 책, 2014, 14쪽.

7 과거 합격에 미친 개인의 능력과 가족 배경의 영향에 관해서는 필자의 "Family Background and Meritocracy Over Time Evidence from Pre-modern Korea's Civil Service Examination Records 1393~1894", 2023, under review)에서 다뤘다.

아우르는 장기 거시적 시각을 견지한다. “정치사는 그 특성상 한 논문에서 긴 기간을 다루기가 어렵기 때문에 한 연구자가 관심을 두고 연구하는 시기도 짧아질 수밖에” 없고, 이에 따라 “구조적이고 계기적인 인식을 결여한 채 자신이 연구하는 시기와 주제에 매몰되어 그것을 과도하게 부각시킬 위험”[8]에서 벗어나기 위함이다. 또한 개인의 관직 이동을 관직 진출 여부에만 초점을 둔 정태적인 분석이 아니라 생애 전반에 걸쳐 진행되는 하나의 동적 과정으로 간주한다. 관직 이동은 과거 급제자의 생애 전반에 걸쳐 진행되는 하나의 개인사적 과정이며 관직 진출의 여부로 축약될 수 없는 매우 복잡한 사건 자료이기 때문이다. 관직에 도달한 시점이나 관직에 머문 시간을 무시하고 관직 진출 여부만을 0 또는 1로 기록하는 이분법적 자료기록방식에 머물러서는 안 되며, 당상관에 매우 일찍 도달한 급제자와 매우 늦은 시점에 도달한 급제자의 차이, 그리고 “일찍”과 “늦은”의 기준 또한 개인사에 따라 다를 수밖에 없음을 함께 고려해 분석해야 한다. 이를 위해 우리는 사건사 분석 방법event history method을 이용하여 급제자의 생애 전반에 걸쳐 진행되는 관직 이동 과정과 급제자 특성(예 : 가족 배경, 시험성적)의 상관관계를 추적한다.[9] 이러한 장기 거시적인 관점에서 사건사 분석을 통해 급제자의 관직 성공에 과거시험 결과가 가족 배경보다 더 체계적이고 일관된 영향을 미친 것이 확인된다면, 우리는 과거제가 조선시대 사회 이동성에 상당한 긍정적 영향을 주었다고 평가할 수 있을 것이다. 반면 급제자의 관직 성공이 대부분 가족 배경에 의해 결정되었으며 과거시험에서의 성적은 큰 영향을 미치지 못했다면, 우리는 과거제가 사회 이

8 홍순민, 「정치세력과 정치운영」, 『한국역사입문』 ②, 한국역사연구회, 1995, 359쪽.

9 사회과학 자료에 대한 사건사 분석 방법에 대한 개괄적인 소개로는 Janet M. Box-Steffensmeier and Bradford S. Jones. *Event History Modeling: A Guide for Social Scientists*, Cambridge University Press, 2004를 참고하라.

동성을 높였다는 주장에 상당한 의문을 가져야 할 것이다.

본 연구에서는 기존에 축적된 『문과방목』 자료와 관련 연구를 기반으로 '조선 문과 데이터'를 구축했다. '조선 문과 데이터'에는 『문과방목』뿐만 아니라 『조선왕조실록』, 『족보자료』에서 추출한 과거 급제자 14,639명 중 시험 성적과 관직 이력 정보를 포함하고 있는 4,237명을 분석 대상으로 하였다.[10] '조선 문과 데이터'에 양적 방법론을 결합할 때 발생할 수 있는 중요한 오류[11]를 범하지 않고자 다음과 같은 연구 방법을 적용한다. 첫째, 서로 다른 역사적 맥락에서 다른 정치 사회적 환경에 노출된 과거 급제자들을 비교한다. 이를 위해 같은 시기 과거시험 급제자를 코호트cohort로 설정하고 각 코호트 간 특성의 차이를 통제한 후 분석하였다. 이를 통해 각 코호트 간 특성의 차이가 분석 결과에 미치는 영향을 최소화하였다. 둘째, 과거 합격 이후 과거 급제자의 관직 경로를 추적하는 사건사 연구event history research의 생존분석survival analysis을 수행한다. 생존분석은 관직 성공을 생애 전반에 미친 하나의 과정으로 이해하는 본고의 목적에 부합하는 방법론이며, 관직 성공에 이르지 못한 과거 급제자도 분석 대상에 포함할 수 있다. 구체적으로 문과의 대과 3등 이내 급제자들이 1) 당상관에 도달한 시간, 2) 당상관에 머무는 시간, 3) 청요직에 도달한 시간 등 각 '시간'에 도달하거나 머무는데 미친 개인 능력과 가족 배경의 영향을 측정하였다.

본고의 첫 부분에서는 사회 이동성 관련 연구사를 간단히 검토한다. 조선시대 사회 이동성 연구는 중국사의 그것에 영향을 받아 진행되었으므

10 시험 성적과 관직 이력 자료를 포함하고 있는 4,237명 중 가족 배경에 대한 정보도 포함하고 있는 과거 합격자는 2,938명이다. 본 연구에서는 시험 성적과 관직 이력 관련 분석은 4,237명, 가족 배경과 관련된 분석은 2,938명을 대상으로 분석한다.

11 이상국, 「한국사 연구와 디지털역사학 연구방법론 - 양적분석을 중심으로」, 『한국사연구』 97, 2022 : 박종희, 『사회과학자를 위한 데이터 과학』, 사회평론아카데미, 2022, 10~11장 참조.

로, 한국과 중국의 연구 경향을 함께 살펴봄으로써 과거제와 사회 이동성에 대한 기존 논의의 흐름을 정리한다. 다음으로 분석 대상 자료인 '조선 문과 데이터'의 구축 과정과 방법론에 관해 설명한다. 이 과정에서 본고에서 시도하는 분석 방법론의 특성과 차별성이 드러날 것이다. 마지막으로 분석 결과를 바탕으로 과거제가 '위대한 균형자the Great Equalizer'였는가를 검토하고, 조선시대 사회 이동성 연구에 시사하는 바가 무엇인지 살펴본다.

2. 사회 이동성 연구사

조선시대 지배엘리트의 사회 이동성 연구는 주로 과거제와 과거 급제자 명단인 『문과방목』의 분석을 통해 이루어졌다.[12] 그중 『문과방목』을 본격적으로 연구에 활용한 연구자는 와그너Edward W. Wagner와 송준호이다. 이들은 조선시대 『문과방목』 프로젝트를 공동으로 진행하면서, 관직 획득이 기본적으로 조상의 영향보다는 개인의 역량에 더 좌우되었고 이에 따라 사회적 유동성이 컸다는 연구 결과를 내놓았다.[13] 사실 와그너와 송준호의 연구는 중국의 과거 급제자 연구의 초창기 연구자였던 크라케Edward A. Krake[14]와 호Ho, Ping-ti의 연구에 영향을 받은 것으로 보인다. 특

12 조선시대 과거제도에 대해서는 이미 방대한 연구가 축적되었고, 이들 연구로 인해 과거제도에 대한 이해는 더 깊어졌다. 본고에서는 지면 관계상 사회이동성과 직접적인 관련이 있는 연구만 소개하고, 과거제도와 관련된 연구에 대해서는 일일이 소개하지 않는다.

13 Wagner, Edward W., "The Ladder of Success in Yi Dynasty Korea", *OccaSEOnal Papers on Korea*, 1974, pp.1~8; 에드워드 와그너, 송준호, 『보주 조선 『문과방목』 CD-ROM』, 동방미디어, 2001.

14 Krake, Edward A., "Family vs. Merit in Chinese Civil Service Examinations under the Empire", *Harvard Journal of Asiatic Studies* 10-2, 1947.

히 호Ho는 중국 역대 과거 급제자의 가족 배경을 검토한 결과, 과거에 급제하여 진사가 된 자 가운데 부 · 조부 · 증조부 등 3대에 걸쳐 관직이나 학위가 없는 자들의 수가 지속해서 높게 유지되었음을 보고하였다. 이를 토대로 그는 중국의 과거제는 신분 상승 또는 신분의 하향 이동을 촉진하는 위대한 균형자였다고 평가했다.[15]

조선과 중국의 과거제도에 관한 관심은 와그너와 송준호, 그리고 호의 연구 결과를 재검토하는 방향으로 이어졌다. 한국의 경우, 과거제도가 조선 초기부터 양반들의 기득권을 보호하고 유지하기 위한 장치로 활용되었으며,[16] 조선 전기에서 후기에 이를수록 특정 성관과 서울지역 출신자들이 문과를 독차지하였다는 연구가 연속해서 제출되었다. 분석 대상을 성관으로 한 연구에 따르면, 1명 이상 급제자를 배출한 성관은 총 664개였으며, 이들 중 10명 이상의 급제자를 배출한 성관은 29.97%인 199개였다. 이들은 『세종실록지리지』(1432)에 수록된 4,477개 성관 중 4.44%에 해당하며, 이들 4.44%의 성관이 조선시대 문과 급제자의 90% 정도를 배출하였다.[17] 이들 연구는 와그너와 송준호와는 달리 양반의 관직 획득에 가족 배경이 더 큰 영향을 미쳤으며, 이를 근거로 조선은 사회 이동의 가능성이 낮은 폐쇄적인 사회였다고 하였다. 중국도 호의 가설-과거제도가 사회적 성공의 가장 중요한 사다리였다는 주장-에 의구심을 보내는 연구들이 이어졌다. 하임스Robert P. Hymes는 송대 과거 급제자 분석을 통해 과거제도가 사회 이동성에 미치는 영향이 과대평가 되었다고 보고했다.[18] 또한 송

15 Ho, Ping-ti, *The Ladder of Success in Imperial China : Aspects of Social Mobility, 1368-1911*, Columbia University Press, 1962.

16 김창현, 『朝鮮初期 文科及第者研究』, 1999, 一潮閣.

17 이원명, 『조선시대 문과급제자 연구』, 국학자료원, 2004.

18 Hymes, Robert P., *Statesmen and Gentlemen : The Elite of Fu-chou, Chiang-hsi, in Northern and Southern Sung*, Cambridge University Press, 1986.

대 과거제도로 인해 촉발된 교육의 확대가 오히려 하층으로부터의 상승 기회를 축소하였다는 주장도 제기됐다. 가족 내에서 관직자를 배출하기 어려워지면서 친족집단이 중요시되었고,[19] 상당한 공부량과 많은 자원이 투자되어야 하는 과거제도는 하층민들의 상향 이동에 오히려 방해되었다는 것이다.[20]

족보 등 관련 사료를 기반으로 문과급제자 정보를 보완하여 분석한 연구도 이어졌다. 한영우는 보완한 데이터를 정량적으로 분석하여 조선 전기 - 태조~선조 - 까지 조상 가운데 관직이 없는 자의 비율이 24.29%였고, 숙종과 영조 대 30% 중반, 그리고 정조 대 그 수치가 급상승하여 53%까지 이르렀다고 보고하였다. 이를 근거로 그는 조선 후기에 이르러 사회 이동성이 점차 높아졌다는 결론을 끌어내 와그너와 송준호의 연구 결과를 뒷받침하였다.[21] 이외에도 기존의 문과 급제자 분석에 문제를 제기하는 연구가 연속으로 제출되었다. 조선 후기에는 친족집단이 점차 중요해지므로, 성관이 아닌 친족집단 및 특정 가계 단위로 분석해야 한다.[22] 이러한 현상은 친족집단 및 특정 가계 중심의 소수가 권력을 독점하는 현상으로 이해하고,[23] 이들 57개 벌열 친족집단이 조선 후기 정치적 · 사회적 특권을 세습했다는 연구로 이어졌다.[24]

---

19 존 샤피, 양종국 옮김, 『송대 중국인의 과거생활 : 배움의 가시밭길』, 신서원, 2001.

20 Elman, Benjamin A., *A Cultural History of Civil Examinations in Late Imperial China*, University of California Press, 2000.

21 한영우, 『과거, 출세의 사다리 - 족보를 통해 본 조선 문과급제자의 신분이동』 1 · 2 · 3 · 4, 지식산업사, 2014.

22 崔在錫, 『韓國家族制度史硏究』, 一志社, 1983. 미야지마 히로시는 분석단위로 문중을 주목했고(「조선 후기 지배 계층의 재생산 구조 - 비교 연구를 위한 초보적 연구」, 『한국사학보』 32, 2008), 최근에 한상우는 문중마저도 비균질적인 집단이었다는 견해를 제기했다(「조선후기 鄕戰을 통해 본 양반층의 親族, 婚姻 - 안동의 屛虎是非를 중심으로」, 『大東文化硏究』 81, 2013).

23 홍순민, 「정치집단의 성격」, 『조선정치사(1800~1863)』 상, 청년사, 1990.

사회 이동성 연구는 분석 대상을 어떻게 설정했는가에 따라 그 결과가 극명하게 갈렸지만, 방법론에 있어서는 대부분 유사하다. 각자 설정한 분석 대상별로 과거에 합격한 자의 수와 비율을 계산하는 '정태적인 양적 측량'[25]을 시도한 것이다. 최근에는 대규모 역사 자료의 발굴과 다양한 분석 방법론의 적용으로 새로운 전환점을 맞고 있다.[26] 이에 따라 사회 이동성에 영향을 미치는 대상을 부자父子 관계뿐만 아니라 더 다양한 가족관계로 확대해야 한다는 다세대 연구multi-generational studies가 확산하고 있다.[27] 그중 중국사에서는 사회과학의 통계적 방법론을 활용해 사회 이동성에 미친 직계와 방계 가족의 영향을 분석하고 있으며,[28] 한국에서도 개인의 관직 획득에 미치는 직계 및 방계의 영향력을 통계적 방법론에 따라 측정

---

24 車長燮, 『朝鮮後期閥閱研究』, 一潮閣, 1997.

25 '정태적 양적 측량'이란 설정한 분석 대상 - 성관, 조상 등 - 중 특정한 시점에서의 문과 급제자 수, 관직자 수 등을 성공한 과거 급제자 총수로 나누어 비율을 구하는 연구 방식을 의미한다. 이 경우 '생존자 편향(survivorship bias)의 오류'에 빠져 '성공의 사다리'에 미친 과거제의 영향을 과대 측정할 위험성이 있다.

26 역사 연구에서 양적분석의 문제점에 대해서는 이상국, 앞의 논문, 2022, 7~8쪽. 또한 Fogel과 Elton은 기존의 전통적인 역사학자(traditional history)와 양적 분석 연구자(scientific history)의 특성을 다음과 같이 설명하였다(Fogel, Robert William & G. R. Elton, *Which Road to the Past?: Two Views of History*, Yale University Press, 1983). 우선 전통적인 역사학자는 주로 개인의 특성과 사건의 고유한 측면에 초점을 맞추고 자신의 연구에서 해답을 찾을 수 없는 문제라도 숨기지 않는다. 그리고 문헌 증거를 기반으로 '확립된 권위'를 역사 해석에 있어 신성불가침으로 간주한다. 이에 반해 양적 분석 연구자는 개인보다는 집단 연구에 초점을 맞춰 반복적 사건에서 공동 요소를 찾는 경향이 있다. 광범위한 조사 영역을 무시하고 특정 사건만을 다루는 대규모 분석 및 계획 작성에 전념한다. 이들은 양적 데이터를 주요한 근거로 삼는다.

27 Mare, Robert D., "A Multigenerational Vew of Inequality", *Demography* 48, 2011; "Multigenerational aspects of Social Stratification: Issues for Further Research", *Research in Social Stratification and Mobility* 35, 2014.

28 대표적으로 Cameron, Campbell & Lee James, "Social mobility from a kinship perspective: Rural Liaoning, 1789~1909", *International Review of Social History* 47, 2003; "Kinship, Employment and Marriage: The Importance of Kin Networks for Young Adult Males in Qing Liaoning", *Social Science History* 32-2, 2008.

한 연구가 제출되었다.[29] 여기에 사회과학적 통계 방법론을 활용해 분석할 때 역사 자료의 특성을 고려해야 한다는 연구도 이어졌다. 통계적 추정 알고리즘이 세대 간 유사한 관직을 가질 때 그 영향력이 높게 측정되도록 설정되었기 때문에, 기존의 사회 이동성 연구에서는 가용 자산을 한 사람에게 집중하는 가족의 영향력이 실제보다 낮게 측정될 수 있다. 그러므로 통계적 방법론을 활용해 사회 이동성을 분석할 때, 개인은 가족의 일원이라는 점과 다세대 간 직접적인 영향력을 산정하는 방법을 고려해 분석해야 한다.[30]

3. 데이터 : '조선시대 문과 데이터'

장기간에 걸친 조선시대 지배엘리트의 사회 이동성 추이를 분석하기 위해서는 다음과 같은 요건을 갖춘 자료가 필요하다. 우선, 일관된 원칙에 따라 장기간에 걸쳐 기록된 공신력 있는 자료여야 한다. 같은 목적과 일관된 기준으로, 전체 관측 수가 많은 것보다는 전체 관측 기간에 개별 건의 관측 수가 일정해야 한다. 다음으로 개별 건의 정보 내용이 유효하고 균질적이어야 하고, 서로 다른 내용의 정보가 기록되거나 기록된 정보의 오류

29 이상국, 「『安東權氏成化譜』에 나타난 13~15세기 관료 재생산과 혈연관계」, 『대동문화연구』 81, 2013; Lee, Sangkuk & Jong Hee Park, "Quality Over Quantity : A Lineage-Survival Strategy of Elite Families in Pre-Modern Korea", *Social Science History* 43-1, 2019; Christopher Paik, Sok Chul Hong and Yangkeun Yun, "The Road to Ascension: Exams, Lineages and Civil Servants of the Joseon Dynasty." Available at SSRN: https://ssrn.com/abstract=4104063; Robin Wooyeong Na & Javier Cha. "Snakes or Ladders? Measuring the Intergenerational Performance of Chosŏn's Munkwa Exam Candidates", *International Journal of Korean History* 26, No.1, 2021.

30 이상국, 앞의 논문, 2022, 19쪽.

가 적어야 한다.[31] 이러한 요건에 적합한 자료로 우리는 『문과방목』을 주목한다.[32]

『문과방목』에는 조선시대 왕대별로 문과 시험과 급제자의 다음과 같은 정보가 기록되어 있다. 과거 응시 당시의 관직, 이름, 출생연대, 성관, 거주지, 생부 혹은 양부의 이름과 이들의 관직, 과거 응시 이전의 관직, 조, 증조, 외조, 장인, 과거에 합격한 형제 등이 그것이다. 현재 조선시대 전시기 736회 문과 시험에서 선발된 총 14,639명의 과거 급제자 명단이 남아있다.[33] 그림 1에서 확인할 수 있는 것처럼 『문과방목』에는 조선시대 왕의 재위 기간에 따라 문과 시험 횟수와 급제자 수가 일정하지 않다. 736회 실시된 문과 시험마다 급제자 수도 일정하지 않으며, 문과 시험 급제자들의 정보도 조선 후기보다 조선 전기가 소략하다는 단점도 있다. 이처럼 조선시대 지배엘리트의 사회 이동성을 분석하기 위한 자료로서 그 요건을 충분히 만족하지는 못한다.

31 오효정 & 윤보현, 「기계학습에 유효한 데이터 요건 및 선별 : 공공데이터포털 제공 데이터 사례를 통해」, 『사물인터넷융복합논문지』 8-1, 2022.

32 『문과방목』에 대해서는 Song, June-ho, "The Government Examination Rosters of the Yi Dynasty", *Studies in Asian Genealogy* (Ed. Spencer Palmer), Brigham Young University Press, 1971; 박현순, 「조선시대 科擧 榜目의 편찬과 간행」, 『한국문화』 84, 2018; 원창애, 「『문과방목』(文科榜目) 해제」, http://people.aks.ac.kr/front/haeje/haeje.aks?h=MN

33 과거 급제자 명단은 다음의 웹사이트에서 확인할 수 있다. http://people.aks.ac.kr/index.aks. 과거 급제자 수는 연구자마다 조금씩 차이가 있다. 와그너와 송준호는 14,620명, 김영모는 14,991명, 차장섭은 14,681명, 원창애는 14,684명, 한국학중앙연구원의 한국역대인물 종합정보시스템에서는 15,151명이다. 본고에서는 한국학중앙연구원의 한국역대인물 종합정보시스템에서 제공하는 15,151명 중 정보가 취약한 인원을 제외한 14,639명을 분석 대상으로 하였다.

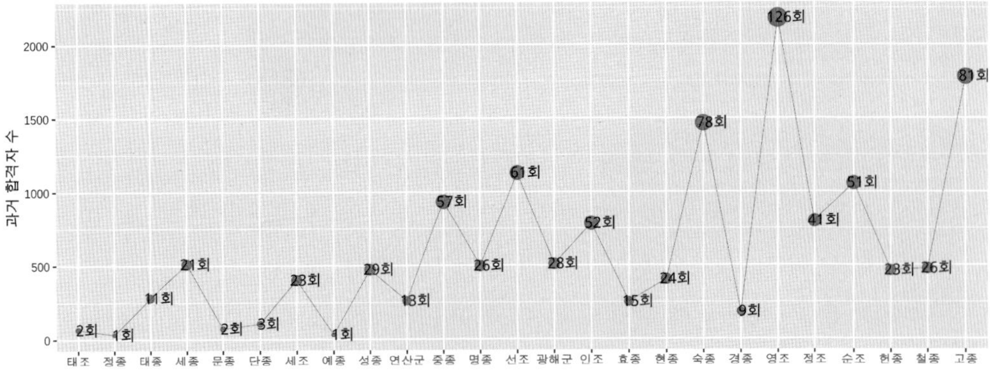

〈그림 1〉 조선시대 역대 왕별 과거 급제자 수(세로축)와 과거 횟수

그런데도 『문과방목』은 그 어떤 자료보다 조선시대 지배엘리트를 대표하는 자료로 평가할 수 있다. 문과 시험은 3년마다 시행된 정기 시험과 수시로 열린 부정기 시험으로 나뉘어 대부분의 왕대별 급제자를 배출했다. 또한 『문과방목』은 급제자 명부로서 기록되었으므로, 시기별로 상세함과 소략함의 편차가 있을지라도, 같은 목적과 일관된 기준으로 작성되었다. 그리고 이들은 관료로서 각 시기 지배엘리트로 공식적으로 편입되었고, 중요 관직을 역임하면서 정치 · 사회적 지위를 그들의 자손에게 대물림하기 위해 노력했다. 그러므로 『문과방목』 자료를 다른 사료로 보완하고, 동일 시점에 합격한 문과 급제자들을 해당 시기의 역사적, 정치적, 경제적, 문화적, 사회적 특성을 공유한 코호트cohort[34]로 설정한다면, 양반의 정치 · 사회적 지위가 시대별로 어떻게 형성되고 유지되는지를 대략 파악할 수 있다. 이와 같은 이유로 우리는 『문과방목』과 관련 사료를 이용하여

34 코호트를 설정하는 원칙은 첫째, 각 코호트 집단 간 유사한 샘플 수, 둘째, 각 코호트 집단 간 유사한 시간적 차이, 마지막으로 일반적인 경향을 보여주기에 충분한 그룹 등이다. 이에 대해서는 Hollingsworth, T. H., "A Demographic Study of the British Ducal Families", *Population Studies* 11-1, 1957 참고.

조선시대 사회 이동성 분석을 위한 '조선 문과 데이터'를 구축하였다.

'조선 문과 데이터' 구축의 출발점은 『문과방목』의 가족 정보를 족보 등 다른 자료로부터 보완하는 것이다. 구축한 데이터의 가족 정보에는 과거 급제자의 이름, 성관, 거주지, 출생과 사망 연도, 과거시험 당시 직위, 최종 관직, 4조(부, 조, 증조, 외조), 형제의 정보 등이 포함되는데,[35] 이로부터 문과급제자 가족의 사회적 배경 - 일례로 4조 중에서 과거 급제자가 존재했는가? 4조의 관직은 어떠했는가? - 을 확인할 수 있다. 구축된 데이터에는 시험정보도 포함되는데 시험정보란 응시했던 과거시험 유형, 개별 시험의 급제자 수, 합격 등수, 합격했을 당시의 시험 종류, 문과 합격 시점의 왕 등이다.

관직 이력 자료는 개인의 능력과 가족 배경이 과거제도와 조선의 관료제 운용에 미친 영향을 측정하는 데에 필수적인 자료이다. 그런데 조선 전시기 과거 급제자의 관직 이력 정보를 보여주는 자료는 현재까지 없다. 다행히도 『조선왕조실록』은 왕과 신하의 통치행위와 관련된 사실들을 기록할 때, 관련된 인물들의 관직과 이름을 충실히 기록하여 양반의 관직 이력 정보를 상당 부분 포함하고 있다. 본 연구는 관직 이력 정보를 더욱 체계적으로 수집하기 위해서 아주대학교 학제간융합연구팀이 개발한 AHTA (Ajou History Text Analyzer)를 활용하였다.[36] AHTA를 활용해 『조선왕조실록』에서 다음과 같은 작업을 수행하였다. 우선, 텍스트 내에 존재하는 인물의 임면 상벌-관직의 임명, 관직으로부터의 면직, 포상 및 징벌 - 사건을 추출하였고, 이들 인물에 대해 특정 시기 특정 관직을 수행하고 있는 문

35 가족 정보의 보완을 위해 문과 급제자의 가족 정보를 족보 등을 검토하여 보완한 한영우(앞의 책, 2014)의 연구, 한국학중앙연구원의 한국역대인물 종합정보시스템(http://people.aks.ac.kr/index.aks), 각종 족보 자료 등을 활용하였다.

36 AHTA와 관련한 자세한 설명은 이상국, 앞의 논문, 2022, 11~12쪽.

장을 추출하였다. 또한, 임면 상별 추출 기능의 경우 단순히 임면 상별과 관련한 키워드들만을 검색하여 저장하는 데 그친 것이 아니라, 해당 사건에 관계되는 필수적 요소들까지 함께 찾았다. 이 과정에서 과거 급제자가 합격 이후 관직을 떠날 때까지 거쳐 간 관직에 대한 정보를 수집했다. 관직 이력은 관직의 이름, 등급, 머문 시간 등의 정보가 포함된 경로 자료path data라고 볼 수 있다.

우리가 구축한 '조선 문과 데이터'에는 대과 급제자 14,639명의 개인정보, 가족 정보, 그리고 관력 정보가 들어 있다. 다만 합격정보 외에 보완자료 - 가족 정보 및 관력 정보 - 에 상당한 누락자료 또는 일치 여부를 확인할 수 없는 자료가 있으므로, 식별할 수 있는 자료만을 보수적으로 집계한 결과 현재 2,938명의 가족 배경과 과거시험 성적, 그리고 관직 이동을 결합한 데이터를 구축했다.

표 1은 가족배경 및 관직 경로가 모두 확인되어 본 연구에 포함된 대과 급제자(나)와 전체 대과 급제자의 가족배경에서의 차이를 비교하고 있다. 가족배경 및 관직 경로가 모두 확인된 2,938명의 급제자는 조선시대 과거 급제자 중 20%에 해당한다. 4대 선조 중에서 당상관이 하나도 없는 급제자들은 전체 급제자 중 약 21%가 포함됐지만, 4대 선조 중에서 당상관이 하나 이상 있는 급제자들은 45% 이상의 비율로 포함되었음을 확인할 수 있다. 즉, 가족 배경이 좋은 급제자들이 그렇지 못한 급제자들보다 가족 배경 및 관력 정보가 존재할 가능성이 약 두 배에서 세 배에 이른다는 점을 확인할 수 있다.

반면 〈표 1〉의 (다)와 (라)는 가족 배경별로 5개의 서로 다른 급제자 집단에서 대과 3위의 비율의 차이(전체 급제자 대 본 연구에 포함된 급제자)를 보여주고 있다. 대과 3위의 비율이 전체 자료에서는 10% 내외로 고르게 분포해 있으며 본 연구에 포함된 자료에서는 20~30% 범위에 분포해 있음을 확인할 수 있다. 즉, 대과 3위 이내의 성적을 낸 급제자들이 약 두 배에서 세배 정도 더 많이 본 연구에 포함되어 있다고 볼 수 있다. 따라서 본 연구에서 추정된 가족 배경의 영향은 실제보다 고평가되었을 가능성이 있다는 단서를 밝혀두는 바이다. 앞으로 더욱 광범위한 자료구축 작업을 통해 자료의 완결성을 높이는 것이 필요한 이유이다.[37]

〈표 1〉 가족 배경 및 관력 정보가 확인되어 본 연구에 포함된 대과 급제자(나)와 전체 대과 급제자(가)의 가족 배경에서의 차이

	전체 대과 급제자(가)	가족 배경 및 관력 정보가 확인된 대과 급제자(나)	비율 (=나/가)	전체 대과 급제자 중 대과 3위 비율(다)	가족 배경 및 관력 정보가 확인된 대과 3위 비율(라)
4조 중 당상관 없음	10,050명	2,071명	0.21	0.08	0.21
4조 중 당상관 1명	1,167명	520명	0.45	0.09	0.20
4조 중 당상관 2명	311명	172명	0.55	0.14	0.26
4조 중 당상관 3명	193명	123명	0.64	0.10	0.21
4조 중 당상관 4명	76명	52명	0.68	0.11	0.29

4. 방법론 : 사건사 연구

1) 사건사 분석 방법

본 연구에서는 조선시대 지배엘리트의 관직 성공에 가족 배경과 개인

37 본 연구에서는 전체 급제자에 대한 분석이 제외되었기 때문에 길게 언급하기는 어렵지만 (다)열의 결과는 조선 시기 전체를 통해 평균적으로 대과 3위의 시험 성적이 가족 배경과 높은 상관성을 갖지 않는다는 사실을 잘 보여준다. 이에 대한 자세한 논의는 Park, Jong Hee & Sangkuk Lee, 앞의 논문, 2023에 소개되어 있다.

능력이 어떤 영향을 미쳤는지 살펴보기 위해 사건사 분석 방법을 사용하였다. 사건사 연구event history research는 사회적 행위자 - 개인, 집단, 사회 - 가 겪게 되는 사건의 발생 시기 또는 지속성에 영향을 미친 요인들의 효과를 측정한다. 본 연구에서는 과거 합격 후 관직 이동 과정에서 당상관에 오르고 머물며 청요직에 임명되는 것을 사건으로 보았고, 이러한 사건이 발생하는 시간을 종속변수dependent variable로 설정했다. 그리고 이 사건이 발생하는 시간을 결정하는 요인인 가족 배경과 개인 능력을 독립변수independent variable로 취급했다.

우리는 세 가지 시간을 종속변수로 설정했다. 첫 번째 종속변수 Y_1은 문과 합격 이후 당상관 이상에 도달하는 데 걸린 시간(단위 : 日)이다. 만약 특정 문과 급제자의 Y_1 값이 같은 코호트 내의 다른 급제자에 비해 더 작다면, 이는 해당 급제자가 다른 급제자보다 더 빨리 당상관에 도달했다는 것을 의미한다. 이러한 차이에 영향을 미치는 독립변수로는 가족 배경과 개인 능력이 포함된다. 두 번째 종속변수 Y_2는 생애 전체에 걸쳐 당상관에 머물렀던 시간(단위 : 日)이다. 만약 특정 문과 급제자의 Y_2 값이 같은 코호트 내의 다른 급제자에 비해 더 크다면, 이는 해당 급제자가 다른 급제자보다 더 오래 당상관에 머물렀다는 것을 의미한다. Y_1과 마찬가지로, 가족 배경과 개인 능력이 두 급제자 간의 차이에 영향을 미치는 요인으로 고려되었다. 조선 사회의 사회 이동성 수준에 따라, Y_1과 Y_2 값에 영향을 미치는 요인이 달라질 수 있다. 만약 조선 사회가 사회 이동성이 큰 개방적인 사회였다면, 당상관에 머문 시간은 가족 배경보다는 개인 능력에 더 큰 영향을 받았을 것이다. 그러나 만약 조선 사회가 사회 이동성이 낮은 폐쇄적인 사회였다면, 가족 배경이 좋은 급제자는 당상관에서 일찍 물러나야 하는 위험에서 상대적으로 벗어날 수 있었을 것이다. 즉, 파직이나 강등과 같은 중대한 과실로 인해 처분이 달라질 수 있는 상황에서는 가족 배경이 당상관에 도달한 시간뿐만 아니라 당상관에서 머물렀던 시간에도 영향을 미친 것이라 할 수 있다. 따라서 Y_1과 Y_2는 서로 상호보완적인 관계라 할 수 있다.

세 번째 종속변수 Y_3은 급제자가 조선시대의 중요한 기관인 청요직에 도달하는 데 걸린 시간(단위 : 日)이다. 청요직은 사헌부, 사간원, 홍문관, 예문관, 육조 낭관, 의정부 낭관 등의 직위를 통칭하여, 조선 관료제 운용과 왕권의 견제, 그리고 관료의 인사에 중요한 역할을 했다. 조선시대 지배 엘리트들은 청요직에 진출하여 당상관 이상의 직위를 획득하는 것을 중요한 목표로 삼았다. 따라서 청요직에 진출한 여부와 그 진출에 걸린 시간은 관직 이동에서 관직 성공을 평가하는 중요한 지표가 되었다.[38] 청요직 진출에 걸린 시간은 개인 능력과 가족 배경 등의 영향을 비교하여, 관직 자원의 배분이 어떤 기준으로 이루어졌는지 파악할 수 있다.

본고는 설정한 종속변수와 독립변수를 바탕으로 사건사 연구의 생존분석survival analysis을 수행한다. 생존분석은 문과 합격 이후 생애 전반에 걸쳐 일어나는 관직 이동을 분석하는 방법으로, 당상관이나 청요직에 오르지 못한 자들을 모두 포함한다. 따라서 당상관이나 청요직에 오른 문과 급제자의 출신을 각각 분류하여 출신별로 당상관이나 청요직에 오른 자가 몇 명인지를 세는 정태적이고 정량적인 방법과는 다르다. 〈표 2〉의 가상 자료를 통해 가족 배경과 관직 성공에 대한 생존분석 방법을 구체적으로 소개한다.

---

38 원창애의 연구에 의하면 청요직 중 홍문관의 관직은 관직 성공의 중요한 경로였다. 그에 따르면 문과 급제자 가운데 당상관을 지낸 자는 44.7%인데, 그중 홍문관의 관직을 역임한 자는 48.3%였다(원창애, 「조선시대 문과 급제자의 관직 진출 양상」, 『조선시대사학보』 43, 2007).

〈표 2〉 가족 배경과 관직 성공에 대한 가상자료

가족 배경	급제자 집단	관측치	당상관 진출자 수	당상관 진출까지의 평균시간*
비엘리트 가문	가	100	0	6,993일 (~N(7000, 100))
	나	100	100	5,009일 (~N(5000, 100))
엘리트 가문	다	100	0	7,013일 (~N(7000, 100))
	라	100	100	2,041일 (~N(2000, 400))

※ 당상관에 도달하지 못한 사람들의 경우, 그들의 전체 재임 시간은 평균적으로 당상관에 오르기까지 걸린 시간으로 계산된다. 이럴 경우, 통계학 용어로는 종료되지 않은 데이터 또는 우측 중도 절단 데이터(right-censored data)라고 부른다.

〈표 2〉는 400명의 문과 급제자를 대상으로 한 가상자료이며, 가족 배경에 따라 200명의 비엘리트 가문 급제자(가와 나)와 200명의 엘리트 가문 급제자(다와 라)로 구분하여 시뮬레이션한 것이다. 모든 출신 집단에서 동일한 비율로 당상관직에 오른 것으로 설정되었으며, 출신별 당상관 진출률은 엘리트 출신과 비엘리트 출신 급제자 모두 50%로 설정되어 매우 개방적인 엘리트 충원구조를 나타낸다. 하지만, 엘리트 출신과 비엘리트 출신 급제자의 당상관 진출 시점은 다르게 설정되어 있다. 예를 들어, 엘리트 가문 출신 급제자는 합격 후 평균 2,041일 만에 당상관에 오르지만, 비엘리트 가문 출신 급제자는 합격 후 평균 5,009일이 지나야 당상관에 오를 수 있었다. 이러한 차이는 출신별 당상관직 진출률이라는 정태적인 자료만으로는 파악할 수 없는 중요한 사실로, 관직 이동을 하나의 과정으로 보고 그 안에서 벌어진 사건을 추적하는 사건사적 관점에서 중요하다.

〈그림 2〉는 〈표 2〉의 데이터를 카플란 - 마이어 생존확률분석Kaplan Meier estimation method으로 분석한 것이다. 카플란 - 마이어 생존확률분석은 급제자의 관직 이동 기간을 합격 후부터 관직이 끝나는 기간까지 순서대로 정렬한 뒤, 구간별로 급제자 중 당상관 미진출자(생존자)의 비율을 구간생존율의 형태로 계산하여 시각화하는 방법이다. 당상관 미진출자(생존자)의 비율은 곧 그 기간에서의 당상관 미진출에 대한 경험적 확률이

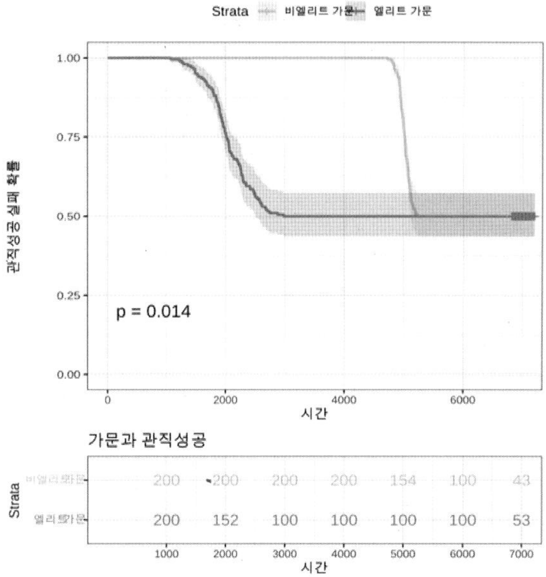

〈그림 2〉 가상자료에 대한 카플란 - 마이어 분석 결과

된다. 〈그림 2〉의 위에 있는 그래프는 당상관 미진출자의 확률을 엘리트 가문 출신과 비엘리트 가문 출신에 대해 각각 비교한 것이다. 〈그림 2〉에서 볼 수 있듯이 합격 직후에는 두 그룹 모두 실패 확률이 1이며 관직 이동이 끝난 시점에는 실패 확률이 모두 0.5가 된다. 왜냐하면 두 그룹 모두 자신의 재임 기간 당상관직에 도달하지 못한 급제자의 수가 절반이기 때문이다. 관직 진출 여부에만 초점을 둔 기존 분석 방법으로는 출발점과 종착점을 제외한 중간 과정에서의 차이(확률 곡선의 격차)를 제대로 설명하지 못한다는 것을 쉽게 확인할 수 있다. 엘리트 가문 출신의 확률 곡선이 비엘리트 가문보다 더 빨리 하락하는 것은 엘리트 가문 출신의 급제자가 당상관직에 더 빨리 도달했다는 것을 보여준다. 이 두 집단의 차이가 거의 없음에도 이런 큰 차이의 자료를 우연히 관측할 가능성은 매우 낮은 것으로($p=0.014$) 나타났다. 또한, 아래 패널의 표에서는 각 시점에서 당상관 직위에 도달하지 못한 사람들의 관측치가 나와 있다. 이것은 2,000일과 5,000일 사이에 두 그룹 간의 차이가 가장 크게 나타나는 것을 보여준다.

2) 콕스비례위험모형 분석방법

카플란 - 마이어 분석이 종속변수에서 나타나는 차이를 생존확률로 확인하는 방법이라면, 콕스비례위험모형Cox proportional hazards model은 특정한 설명변수(예 : 급제자의 시험 성적이나 가족 배경)가 종속변수에 미친 영향을 계수로 추정하여 가설을 검증하는 회귀분석 방법의 하나이다. 콕스비례위험모형은 특정한 성향을 보인 개인에게서 사건이 발생할 위험성이 얼마나 높은지를 개인별 위험비를 계산하여 추정한다. 콕스비례위험모형은 개별 관측치 간 숨은 상관성이 있는 경우 이를 통제하기 위해 임의효과random effects 변수를 모형에 넣는데, 이를 프레일티frailty[39]라고 부른다. 우리는 동시대의 시험에 합격한 합격자들의 공유하는 역사 사회적 공통성을 통제하기 위해 시험 코호트(α_j)프레일티 변수를 모형에 추가하였다. 이를 반영한 모형은 다음과 같다:

$$\begin{aligned} h(t|X,\alpha_j) =& \ h_0(t)\exp(x_{i1}\beta_1 + \cdots x_{ik}\beta_k + \alpha_j) \\ \alpha_j \sim& \ N(0,\sigma_\alpha^2). \end{aligned}$$

위 모형에서 기저 위험함수[40] - t 시점에서의 $h_0(t)$ - 는 설명변수와 임의

---

39 프레일티(frailty)는 임의효과(random effects) 모형에서 사용되는 변수이다. 프레일티는 개인의 고유한 특성이나 다른 측정되지 않은 요인에 대한 효과를 나타낸다. 이 방법을 사용하면 개인이 당상관에 머문 기간과 같은 이벤트가 발생하는 시점 등과 같은 결과를 예측할 수 있다. Janet M. Box-Steffensmeier and Bradford S. Jones. *Event History Modeling: A Guide for Social Scientists,* Cambridge University Press, 2004, pp.142~148.

40 기저 위험함수(baseline hazard function)란, 생존분석에서 사용되는 개념 중 하나로, 시간에 따른 사건 발생 위험률(hazard rate)의 기본적인 패턴을 나타내는 함수이다. 기본적

효과가 0일 때 t 시점에서 사건이 발생할 위험이 어느 정도인지를 보여준다. 당상관 도달 시간의 경우를 예로 들면, $h_0(1825)$은 1,825일, 즉 과거급제 후 약 5년이 지난 뒤 당상관에 올랐을 가능성을 나타낸다. 모형에 등장한 x는 개인의 특성을 측정하는 설명변수로 개인의 능력을 반영한 시험성적과 가족 배경, 두 가지로 나뉜다.

시험 성적을 통한 개인 능력을 측정하기 위해 우리는 합격자가 대과 시험에서 3위 안에 들었는지를 나타내는 "대과 3위"라는 더미변수를 이용했다.[41] 대과 3위를 기준으로 한 이유는 갑과 급제자에 대한 독특한 제수 규정 때문이다. 식년시 대과 1위 급제자 중 현직자가 아닌 자는 종6품에 제수하여 참외직을 거치지 않고 참상관에 임용하는 특혜를 주었다. 2, 3위 급제자는 정7품에 제수되었으며 현직자는 별도의 품계 상승이 있었다. 별시의 경우에도 식년시 기준에 준하여 제수되었다. 다만 갑과 급제자가 배출되지 않는 경우가 더러 있었고 갑과 급제자의 수도 3인이 되지 않는 때도 있었다. 따라서 본 논문의 분석에서 사용하는 "대과 3위" 급제자 중 일부는 갑과 급제자가 아닌 경우가 존재한다. 그러나 대과 3위 중에서 "비갑과 급제자"의 존재는 시험성적의 영향을 과소 추정하게 할 것이므로, 본 논문에서 말하는 "능력주의" 가설의 검증을 더욱 어렵게 만들 것이다. 따라서 "대과 3위" 변수에서 비갑과 급제자의 포함으로 인한 측정오차measurement error

---

으로 생존분석에서는 시간에 따른 사건 발생의 위험률을 추정하는 것이 목적인데, 이때 모든 개인이 같은 위험률을 가지는 것이 아니라, 각 개인이 가진 특성에 따라 위험률이 달라질 수 있다. 따라서 개인의 특성을 고려하지 않은 기본적인 위험률을 나타내는 함수인 기저 위험함수를 추정해야 한다 (Box-Steffensmeier and Jones, 앞의 책, 2004, pp.48~51).

41 더미변수란 범주형 변수를 콕스비례위험모형 등에 사용하기 위해 0 또는 1의 값을 가지는 새로운 변수로 변환하는 것을 말한다. 예를 들어, "대과 3위" 여부라는 범주형 변수를 사용하려면 시험성적 등수 자료를 토대로 대과 3위 이내 급제자를 1, 대과 3위 밖 급제자를 0의 값으로 변환한다.

문제는 논문의 결론에 중대한 오류를 초래하지 않을 것이라 할 수 있다.

각 설명변수(x)의 계수 β는 해당 변수가 사건 발생까지의 시간을 단축 또는 연장함을 나타낸다. 즉, 양의 계수($+\beta$)는 해당 설명변수가 사건 발생까지의 시간을 단축함을 의미하고, 음의 계수($-\beta$)는 해당 설명변수가 사건 발생까지의 시간을 연장함을 의미한다. α_j는 시험 코호트 내의 관측되지 않은 공통요인의 영향을 통제하는 임의 효과이다. 이러한 코호트 통제가 필요한 이유는 같은 코호트에서 시험에 응시한 사람들은 이들의 시험 성적, 관직 이동 경로에는 개인들의 특성(x)뿐만 아니라 비슷한 종류의 미관측 교란 요인(α_j)에 노출되어 영향을 받게 되기 때문이다. 예를 들어, 임진왜란 직후 과거 급제자들은 전란으로 인한 인원 부족을 채워야 한다는 특수한 사정으로 인해 가족 배경의 영향이 과거급제나 관직 이동에서 그리 크지 않았을 수 있다. 이러한 특수한 상황을 통제하지 않으면 개인의 능력이나 가족 배경의 영향 추정치에 큰 오차가 발생할 수 있다.

다음으로 가족 배경의 측정 방식은 두 가지이다. 첫 번째 방식은 4대조 조상 중에서 당상관을 지낸 조상의 수를 더한 변수를 가족 배경으로 정의한 것이다. 이 변수는 0에서 4까지 변위를 가진다. 두 번째 방식은 부, 조부, 증조부, 외조부의 당상관 여부를 각각 기록하는 더미변수를 만들어 가족 배경의 영향을 낱개로 나누었다.

5. 분석결과

1) 카플란 - 마이어 분석 결과

먼저 우리는 개인의 특성을 보여주는 두 가지 조건(대과 3위와 가족 배경)에 따라 관직 이동에서의 세 가지 사건(당상관 진출, 당상관 종료, 청요직 진출)

발생 확률이 어떻게 달라지는지를 카플란 - 마이어 추정 방법으로 분석한 결과를 확인한다. 그림 3의 왼쪽은 4,274명[42]의 관측자료 중에서 959명의 대과 3위 내 급제자와 3,315명의 그 외 급제자의 비당상관직 잔존확률을 비교한 것이다. 대과 3위 내 급제자의 생존확률 그래프가 대과 3위 밖 급제자의 비당상관직 잔존확률 그래프보다 아래에 위치하고 그 차이가 유의(p 값이 0.05보다 작음)하다는 것은 대과 3위 내 급제자 중에서 당상관 진출이라는 사건이 더욱더 빨리 일어났음을 의미한다.

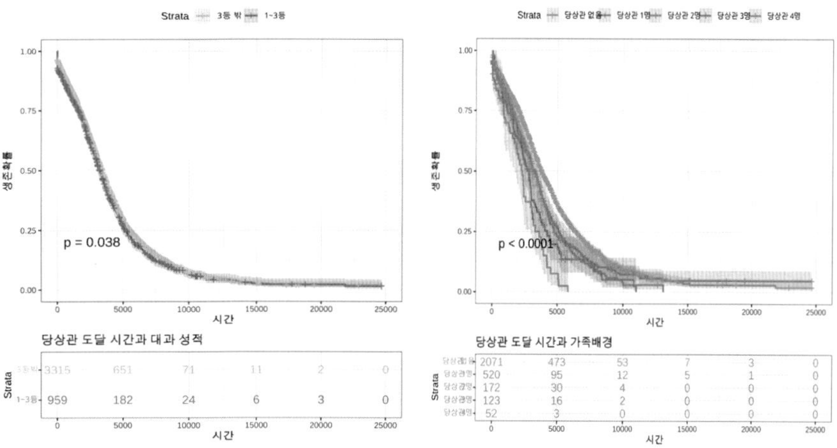

〈그림 3〉 당상관에 도달하는 시간과 대과 성적(왼쪽) 그리고 가족 배경(오른쪽)

〈그림 3〉의 왼쪽 아래의 표는 이 두 집단의 당상관 진출 시점의 차이를 숫자로 보여준다. 예를 들어 과거급제 후 5,000일이 지난 시점에 대과 3위 내 급제자는 약 19.0%(182/959)가 당상관에 오르지 못하였지만, 대과 3위 밖 급제자는 19.6%(651/3315)가 당상관에 오르지 못한 것으로 집계된다.

42 카플란 - 마이어 분석에서는 시험 성적과 관직 이력 정보를 포함한 4,274명을 대상으로 하였다.

10,000일이 지난 시점에서는 대과 3위 내 급제자는 2.5%(24/959)가 당상관 진출에 실패해서 남아있지만, 대과 3위 밖 급제자는 2.1%(71/3315)가 당상관 진출에 실패해 남아있는 것으로 집계된다. 통계적 유의미성에도 불구하고 실제 차이의 크기는 그리 크지 않음을 알 수 있다. 마지막으로 과거 합격 후 약 27년이 지난 뒤에도 관직에 남아있는 경우에는 대부분 당상관으로 진출하였음을 확인할 수 있다.[43]

〈그림 3〉의 오른쪽은 가족 배경에 따른 비당상관직 잔존확률 그래프이다. 가족 배경이 0인 경우는 4대조 조상 중 당상관 이상의 관직에 오른 사람이 없는 경우이며, 4인 경우는 부, 조부, 증조부, 외조부가 모두 당상관 이상의 관직에 오른 경우이다. 먼저 그림 4 아래 표를 보면, 4대조 조상 중 당상관 이상의 관직에 오른 사람이 없는 경우, 과거급제 5,000일이 지난 뒤 당상관에 오르지 못한 급제자 비율은 23%(473/2017)이다. 그러나 4대조 조상이 모두 당상관 이상의 관직에 오른 경우, 겨우 5.8%(3/52)만이 당상관에 오르지 못한 것으로 나타난다. 즉, 4대조 조상 중 당상관 이상의 관직에 오른 사람이 없는 경우 4명 중 1명만이 5,000일이 지난 뒤에 당상관 이상의 관직에 올랐지만, 4대조 조상 모두가 당상관 이상의 관직에 오른 경우에는 20명 중 19명이 당상관에 올랐음을 확인할 수 있다. 비당상관직 잔존확률 그래프가 가족 배경이 0에서 4로 증가함에 따라 급격하게 떨어짐을 쉽게 확인할 수 있다.

43 다만 이러한 해석은 본 분석이 급제자 전체 자료에 대한 분석이 아니라는 점을 고려하여 재해석될 필요가 있다. 식년시 33명 급제자 기준으로 3위 내 급제자는 9.1% (=3/33)이므로 관측자료에서 3위 내 급제자가 22.4% (959/(3315+959))인 것은 3위 밖 급제자 자료가 상대적으로 많이 누락되어 있음을 의미한다. 대과 3위 밖 급제자 중에서 분석에 포함된 경우는 그렇지 않은 경우보다 더 높은 관직을 유지했다고 가정해 보면, 실제 3위 밖 급제자의 당상관 진출확률은 본 분석에서 나타난 것보다 더 낮을 것으로 보아야 한다.

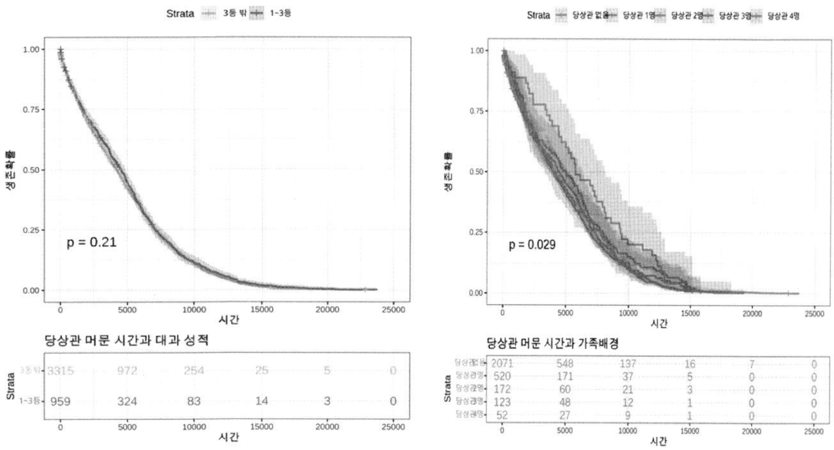

〈그림 4〉 당상관에 머문 시간과 대과 성적 (왼쪽) 그리고 가족 배경 (오른쪽)

〈그림 4〉의 왼쪽은 당상관에 머무는 시간과 대과 성적 간의 상관관계를 나타내고 있다. 그러나 대과 성적이 3등 이내인지와 당상관에 머무는 시간 사이에는 통계적으로 유의미한 상관관계가 없는 것으로 나타났다. 반면, 그림 4의 오른쪽에서 가족 배경과 당상관에 머무는 시간 간에는 통계적으로 유의미한 상관관계가 확인되었다. 특히, 4대 이상의 선조 중에서도 당상관 이상의 관직을 가진 경우가 많을수록 당상관에 머무는 시간이 더 길다. 당상관에 머무는 시간이 더 긴 이유 중 하나는 가족 배경이 좋을수록 당상관 이상의 관직에 처음으로 올라가는 시점이 더 빠르기 때문이다.

〈그림 5〉의 왼쪽은 청요직에 도달하는 시간과 대과 성적의 상관관계를 보여준다. 대과 성적 3등 이내의 여부와 청요직에 도달하는 시간에는 통계적으로 유의미한 상관관계가 있음을 확인할 수 있다. 다만 그 차이의 크기는 그림 3에서와 같이 그리 크지 않다. 대과 성적 3등 이내의 급제자는 8.1%(292/3315)만이 5,000일 이후에도 청요직에 도달하지 못했으나, 그 외 급제자의 경우 약 8.8%(78.959)가 5,000일 이후에도 청요직에 도달하지 못했다.

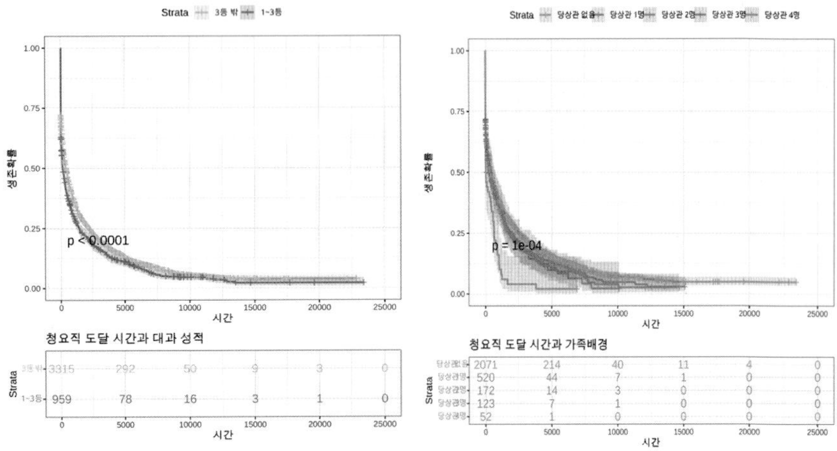

〈그림 5〉 청요직에 도달하는 시간과 대과 성적(왼쪽)과 가족배경(오른쪽)

〈그림 5〉의 오른쪽은 청요직에 도달하는 시간과 가족 배경의 상관관계를 보여준다. 청요직에 도달하는 시간에 가족 배경이 미치는 영향은 매우 큰 것을 알 수 있다. 예를 들어, 4대조 조상 중에서 당상관 이상의 관직자가 없는 급제자 중 약 10%(214/2071)는 과거급제 5,000일이 지난 뒤에도 청요직에 도달하지 못하였지만, 4대조 조상 모두가 당상관 이상의 관직자인 급제자 중 단 약 2%(1/52)만이 과거급제 5,000일이 지난 뒤에 청요직에 오르지 못했다.

2) 콕스비례모형 분석 결과

이제 대과 성적과 가족 배경을 독립변수와 관직 이동에서의 사건 발생 시점의 관계를 분석하는 콕스비례모형 분석 결과를 살펴볼 것이다. 이 분석에서 우리는 조선시대 과거제에서 개인의 검증된 "능력"을 대표하는 대과 시험성적과 조선 사회의 신분제적 요인을 대표하는 4대조 선조의 당상관 보유 여부가 관직에서의 성공적인 이동을 보여주는 세 가지 종속변수에 미친 영향을 살펴볼 것이다.

시대적 변화를 반영하기 위해 조선시대 전체, 그리고 세 시기로 나누어서 동일한 모형을 활용해 추정한 결과를 보여준다. 1기는 태조에서 성종까지, 2기는 연산군에서 경종까지, 그리고 3기는 영조에서 고종까지의 시기로 나누었다.[44] 세로줄은 세 개의 종속변수에 따라 독립변수의 영향이 어떻게 다르게 추정되었는지를 비교하고 있다. 당상관에 도달한 시간, 당상관에 머문 시간, 그리고 청요직에 도달한 시간순으로 배치되었다. 주의할 점은 당상관에 도달한 시간과 청요직에 도달한 시간은 짧을수록 관직 이동에서의 성공을 의미하지만, 당상관에 머문 시간은 길수록 관직 이동에서의 성공을 의미한다. 따라서 첫 번째와 세 번째 분석에서는 양의 계수가 관직 성공에 기여한 변수이고, 두 번째 분석에서는 음의 계수가 관직 성공에 기여한 변수라는 점을 구분할 필요가 있다. 변수의 부호를 살피기 전에 먼저 변수의 부호가 통계적으로 유의미한지를 구분하는 것이 중요하므로 유의미성 여부를 *로 따로 표시하였다. 유의미성은 통계적 관례를 따라 95% 신뢰구간에 의해 판정되었다.

당상관에 도달하는 시간을 분석한 결과 중, 조선시대 전체를 분석한 결과에서는 시험성적과 가족 배경이 모두 당상관에 도달하는 시간과 통계적으로 유의미한 상관성을 나타낸다. 시험성적의 경우, 상위 3위 내의 성적을 받으면 당상관에 도달하는 시간이 약 12%(exp(0.11)) 단축되는 경향이 있다. 반면에 가족 배경의 경우, 당상관 지위를 가진 부를 가진 경우 시험성적보다 약 두 배 더 큰 효과(23%)를 나타낸다. 조부와 증조부, 외조부도

44 우리는 '조선시대 문과 데이터'를 기반으로 가족 배경이 과거 합격에 미치는 영향을 파악하는 척도(FEO, Formal Equality of Opportunity)와 가족 배경이 문과 3등 이내에 합격하는 데 미친 영향을 파악하는 척도(SEO, Substantive Equality of Opportunity)를 개발하여 조선시대 전체 추이를 파악하였다(그림 7 참고). 그 결과 조선시대를 다음의 세 클러스터, 즉 태조~성종 대, 연산~경종 대, 영조~고종 대로 구분할 수 있었다.

시험성적보다 더 강한 효과를 나타내고 있다.

세 시기별 당상관에 도달하는 시간의 경우, 조부의 영향력이 매우 일관되게 유의미함을 나타내고 있다. 조부가 당상관을 가졌다는 것은 지배엘리트 내에서 가문의 영향력이 상당히 자리를 잡았음을 의미하며, 그러한 안정된 가문의 영향력이 당상관 도달시간에 지속해서 영향을 주었음을 확인할 수 있다. 반면, 부의 영향력은 조선 후기로 갈수록 증가하여 3기(영조~고종대)에 오면 다른 조상들의 영향력보다 훨씬 커지는 것으로 확인된다. 외조부의 영향력은 2기(연산~경종대)에서만 확인되어, 가족 배경의 영향력이 2기에 가장 두드러지는 모습을 보인다. 시험성적이 당상관에 도달하는 시간에 미친 영향력은 3기에 와서 두드러짐을 확인할 수 있다. 3기에서 과거제 개혁과 사회질서의 급변이 일어나고 있으며,[45] 이는 시험성적의 영향력 증가와 연관되어 있다는 것을 추론할 수 있다.

당상관에 머문 시간에서는 조선 전체에 걸쳐 조부의 영향력이 유의미한 것으로 확인되었으나 대과 3위의 영향력은 신뢰수준 90% 수준에서 유의미한 것으로 확인된다. 즉, 조부의 영향력이 가장 일관되고 두드러졌지만, 시험성적 역시 당상관에 머무는 시간에 일정한 영향력을 가지고 있었다고 평가할 수 있다. 시대별로 살펴보면, 조부의 영향력은 특히 2기에 두드러지지만, 조부 외의 다른 선조의 영향력은 뚜렷하지 않다. 이러한 양상은 2기에서 가족 배경의 중요성이 증가한 것과 일관된 양상이라고 볼 수 있다. 또한 시험성적이 당상관에 머문 시간에 미치는 영향력이 3기에 집중되어 있다는 점도 주목할 필요가 있다. 당상관에 도달하는 시간에서 드러난 바와 같이, 3기에 와서 가족 배경의 영향력이 증가함과 동시에 개인 능력의 중요성 역시 증가하는 양상을 보인다는 점이 흥미롭다.

45 박현순, 앞의 책, 2014.

마지막으로, 청요직에 도달하는 시간을 보면 가족 배경과 시험성적의 평균적인 영향이 모두 확인된다. 시대별로 보면 2기와 3기가 차이를 보이는데, 2기에서는 시험성적의 중요성과 가족 배경의 영향력이 동시에 확인되지만, 3기에서는 시험성적의 중요성만 남고 가족 배경의 영향이 희미해지는 것이 확인된다. 이러한 모습은 청요직을 지배하는 엘리트 가문 간의 경쟁이 치열해지면서 가족 배경의 영향이 상쇄되었을 가능성과 과거제 개혁으로 인해 엘리트 가문의 영향력이 감소하였을 가능성에 대해 열린 해석이 필요하다.

그렇다면 콕스비례모형 분석 결과가 조선시대 사회 이동성에 대해 함의하는 바는 무엇인가? 이를 위해 먼저 우리는 표 3의 결과를 다음과 같이 해석하고자 한다. 〈표 2〉에서 모든 변수는 더미변수이므로 계수의 크기를 비교하여 효과의 크기를 서로 직접 비교하는 것이 가능하다. 이를 통해, "관직 상승의 각 차원에서 대과 3위의 성적이 4대조 선조 중 한 명이라도 당상관이 있는 경우보다 더 큰 영향을 가졌는가?"라는 질문에 대한 답을 찾고, 콕스비례모형 분석 결과가 조선시대 사회 이동성에 던지는 함의를 다음과 같이 요약해 보고자 한다.

첫째, 당상관에 도달하는 시간은 대과 3위의 성적보다 4대조 한 명의 당상관 여부가 더 큰 영향을 갖는다. 따라서 가족 배경이 당상관에 도달하는 시간에 미치는 영향이 대과 3위보다 평균적으로 더 크다고 볼 수 있다.

둘째, 당상관에 머무는 시간은 가족 배경이나 시험성적이나 그 효과를 쉽게 확인하기 어렵다. 90%까지 신뢰수준을 낮춰보면, 부나 조부의 당상관은 대과 3위의 영향과 거의 유사하다. 조부의 영향이 2기에서 강해지고 대과 3위의 영향은 3기에 강해지는, 시간적 격차는 주목할 만하다.

셋째, 청요직에 도달하는 시간에서 대과 3위가 가족 배경의 영향보다 약간 우세를 보인다. 대과 3위는 부나 조부의 영향의 두 배이며 외조부의 영향보다 크다. 시간상으로 볼 때도, 대과 3위는 2기와 3기에 모두 유의하지만, 가족 배경의 영향은 2기에 집중되어 있음을 알 수 있다.

요약하면, 시험성적의 영향은 청요직에 도달하는 시간에서 가장 두드러진 관직 상승의 요인이었던 반면, 가족 배경은 당상관에 도달하는 시간에서 가장 두드러진 관직 상승 요인이었음을 알 수 있다. 당상관에 머무는 시간에서는 시험 성적과 가족 배경의 영향이 모두 크게 두드러지지는 않았다. 두 요인의 영향은 시기에 따라 큰 차이를 보였는데, 1기에는 조부의 당상관 진입 시점에 미친 영향을 제외하면 시험 성적이나 가족 배경의 영향이 크게 두드러지지 않았다. 2기에는 가족 배경의 영향이 가장 두드러진 시기로, 관직 상승의 3가지 차원 모두에서 가족 배경의 영향이 최대치를 기록했다. 3기에 오면 2기에 상승한 가족 배경의 영향력이 잔존하나 대폭 미약해지는 경향이 확인되며, 이를 대신하여 시험성적의 영향이 3가지 차원 모두에서 가족 배경의 영향을 압도하는 양상을 확인할 수 있었다.

〈표 3〉 대과 성적과 4대조 조상지위의 영향력

		전체		1기 (태조 - 성종)		2기 (연산군 - 경종)		3기 (영조 - 고종)	
종속변수	설명 변수	추정치	표준 오차	추정치	표준 오차	추정치	표준 오차	추정치	표준 오차
Y_1 : 당상관에 도달하는 시간	대과 3위	0.11*	0.05	0.07	0.13	0.07	0.06	0.18*	0.08
	부	0.21*	0.04	-0.02	0.13	0.15*	0.06	0.48*	0.08
	조부	0.18*	0.05	0.32*	0.15	0.16*	0.06	0.18*	0.08
	증조부	0.17*	0.05	0.27	0.15	0.12	0.06	0.19*	0.08
	외조부	0.14*	0.06	0.31	0.18	0.18*	0.07	-0.06	0.12
Y_2 : 당상관에 머무는 시간	대과 3위	-0.08	0.04	-0.09	0.12	0.00	0.06	-0.18*	0.08
	부	-0.08	0.04	-0.20	0.12	-0.02	0.06	-0.13	0.08
	조부	-0.11*	0.05	0.13	0.14	-0.14*	0.06	-0.08	0.08
	증조부	-0.02	0.05	-0.19	0.14	-0.03	0.06	0.02	0.08
	외조부	-0.08	0.06	-0.20	0.17	-0.10	0.07	-0.07	0.12

Y_3 : 청요직에 도달하는 시간	대과 3위	0.18*	0.04	0.15	0.11	0.14*	0.06	0.22*	0.08
	부	0.08*	0.04	-0.04	0.11	0.09	0.05	0.13	0.08
	조부	0.09*	0.04	-0.02	0.14	0.12*	0.06	0.05	0.08
	증조부	0.05	0.04	0.12	0.14	0.08	0.06	-0.01	0.08
	외조부	0.12*	0.05	-0.15	0.17	0.17*	0.07	0.14	0.11

※ (+)의 유의미한 추정치(*로 구분)는 시간을 단축시키는 요인

6. 결론

본고는 '엄격'하지만 '전형적'이지 않은 관료제와 신분제가 혼용되어 작동하고 있었던 조선 사회에서 가족 배경과 개인 능력(시험 성적)이 과거 급제자의 관직 성공에 미친 영향을 분석했다. 우리는 조선시대 전시기를 아우르는 장기 거시적 시각을 견지하고, 개인의 관직 이동을 관직 진출 여부에만 초점을 둔 정태적인 분석이 아니라 생애 전반에 걸쳐 진행되는 하나의 동적 과정으로 파악하여 분석했다. 기존에 축적된 『문과방목』 자료와 관련 연구를 기반으로 과거 급제자 14,639명 중 시험 성적과 관직 이력 정보만 가지고 있는 4,237명, 시험 성적과 관직 이력 정보뿐만 아니라 가족 배경도 가지고 있는 2,938명을 대상으로 분석했다. 앞서 언급하였듯이 가족 배경이 좋은 급제자들이 그렇지 못한 급제자들보다 가족 배경 및 관력 정보가 존재할 가능성이 약 두 배에서 세 배에 이를 수 있으므로, 본 연구에서 추정된 가족 배경의 영향은 실제보다 고평가되었을 수 있다. 더욱 광범위한 자료구축 작업을 통해 자료의 완결성을 높이는 것이 필요한 이유이다.

구축한 조선시대 문과 급제자의 관직 이동자료를 사건사적 관점에서 분석한 결과, 가족 배경은 당상관에 도달하는 시간에 상당한 영향을 미쳤으며 대과 3위 내의 과거시험 성적은 청요직에 도달하는 시간에 상당한 영

향을 미쳤음을 확인하였다. 가족 배경의 영향은 조선 중기에 가장 큰 것으로 확인되지만, 시험 성적의 영향은 조선 중기보다 후기에 더욱 두드러지는 양상을 보여 지배엘리트 충원구조의 개방성이 시간이 지남에 따라 일관되게 감소된 것이 아니었음을 알 수 있었다.

〈그림 6〉은 본 연구에서 구축한 전체 급제자 자료를 토대로 4대 선조 중 당상관이 없는 급제자의 비율을 왕별로 계산한 것이다. 점의 크기는 대과 합격자 수를 나타낸다. 왕 단위로 묶었을 때, 조선 전체의 평균적인 4대 선조 중 당상관이 없는 급제자 비율은 0.68로 대단히 높은 수준을 보여준다. 〈그림 6〉은 그 비율이 조선 중기에 와서 최하로 하락했다가 다시 상승하는 모습을 보여준다. 〈그림 6〉의 결과를 본 연구의 결과와 결부시켜 보면, 시험 성적으로 확인된 "능력"의 영향이 조선 후기에 들어 가족 배경의 영향력과 함께 반등한 것은 제도사적 관점에서 볼 때 매우 흥미로운 현상이라고 할 수 있다.

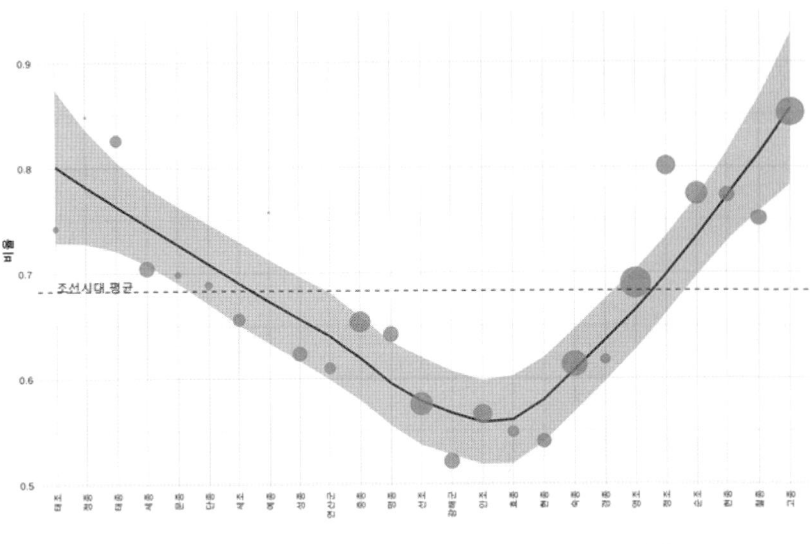

〈그림 6〉 과거 전체 급제자 (14,636명) 중에서 당상관 4대 선조 없는 급제자 비율
※ 점의 크기는 합격자 수에 비례

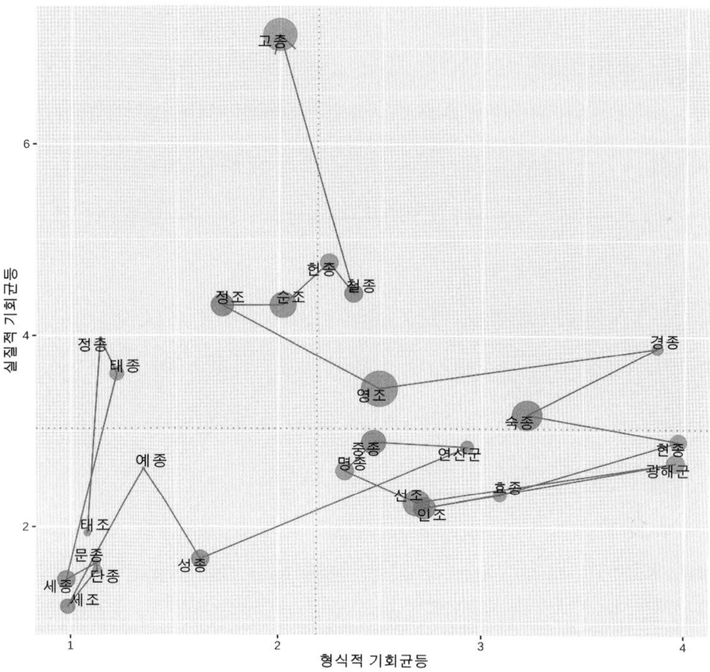

〈그림 7〉 과거시험 합격에서의 형식적 기회균등과 실질적 기회균등의 시대적 변화

※ 그래프의 수치가 1에 가까울수록 기회균등에 더 근접함을 의미한다. 예를 들어 형식적 기회균등이 1인 것은 가족 배경이 좋은 응시자(4대 선조 중에서 당상관이 한 명 이상인 응시자)가 그렇지 않은 응시자에 비해 시험에 합격할 가능성의 같음을 의미하며, 2인 것은 그 가능성이 두 배임을 의미한다. 실질적 기회균등이 1인 것은 가족 배경이 좋은 응시자(4대 선조 중에서 당상관이 한 명 이상인 응시자)가 그렇지 않은 응시자에 비해 대과 3위에 들 가능성의 같음을 의미하며, 2인 것은 그 가능성이 두 배임을 의미한다 (Park and Lee. 앞의 논문, 2023).

이러한 경향은 과거시험 합격에 가족 배경과 개인의 능력이 미친 영향을 살펴본 본 연구자들의 다른 연구[46]에서도 확인된다. 조선시대 과거제의 변화를 형식적 기회균등(시험합격에서의 개방성)과 실질적 기회균등(대과 3위 진입에서의 개방성)으로 나누어 살펴본 결과, 〈그림 7〉과 같이 조선의 과

46 Park, Jong Hee & Sangkuk Lee, 앞의 논문, 2023.

거제는 형식적 기회균등과 실질적 기회균등이 모두 유사한 상태에서 출발하여 형식적 기회균등이 성종 이후 급속하게 악화하였다가 영조·정조 시대에 오면서 형식적 기회균등은 대폭 개선되지만, 실질적 기회균등이 점차 상승하는 S자 패턴을 보였다. 과거 합격에서도 지배엘리트 충원구조의 개방성이 조선 후기에 일관되게 확인된다는 점은 향후 이 부분에 관한 다각도의 검토를 촉구한다.[47]

본 연구는 제한된 관직 자원의 배분이라는 측면에서 조선시대 과거제도가 과연 지배엘리트의 신분을 재생산하는 신분제적 장치였는지, 아니면 시험이라는 제도를 통해 엘리트 충원구조의 개방성을 담보한 균형자였는지 질문하였다. 19세기 미국에서 보편적 공교육의 중요성을 설파한 맨Horace Mann은 "교육은 다른 모든 인간이 만든 장치를 제치고 인간 조건의 위대한 균형자이자 사회적 기제의 균형 잡는 축"이라고 말한 바 있다.[48] 자료의 제약과 분석의 한계에도 불구하고 본 연구의 잠정적 결론은, 조선시대 과거 급제자의 시험 성적과 가족 배경은 관직 상승에 각각 일관된 영향을 미쳤으며, 이러한 능력주의적 요소와 신분제적 요소의 병존이 조선 과거제의 중요한 특징이라는 점이다.

47 이러한 현상은 우선 조선 후기까지 가족 배경의 누적된 영향력이 시험 성적을 통해 부분적으로 나타났거나, 조선 후기에 들어 과거 경쟁률이 급증했기 때문이라고 이해할 수 있다. 그렇지만 다각도의 검토를 통한 추가적인 분석이 필요하다. 더 적확한 요인에 대한 학계의 추가 연구를 기대한다.

48 Holmes, Christopher J., & Anna Zajacova, "Education as 'the Great Equalizer' : Health Benefits for Black and White Adults", *Social Science Quarterly* 95-4, 2014, p.1064.

| 참고문헌 |

1. 단행본

金諍, 金曉民 옮김, 『중국 과거 문화사』, 동아시아사, 2003.

김창현, 『朝鮮初期 文科及第者研究』, 一潮閣, 1999.

박종희, 『사회과학자를 위한 데이터 과학』, 사회평론아카데미, 2022.

박현순, 『조선 후기의 과거』, 소명출판, 2014.

李成茂, 『韓國의 科擧制度』(改正增補), 集文堂, 1994.

이원명, 『조선시대 문과급제자 연구』, 국학자료원, 2004.

존 샤피, 양종국 옮김, 『송대 중국인의 과거생활 : 배움의 가시밭길』, 신서원, 2001.

車長燮, 『朝鮮後期閥閱研究』, 一潮閣, 1997.

崔在錫, 『韓國家族制度史研究』, 一志社, 1983.

한영우, 『과거, 출세의 사다리 - 족보를 통해 본 조선 문과급제자의 신분이동』 1 · 2 · 3 · 4, 지식산업사, 2014.

2. 논문

미야지마 히로시, 「조선시대의 신분, 신분제 개념에 대하여」, 『大東文化研究』 42, 2003.

____________, 「조선 후기 지배 계층의 재생산 구조 - 비교 연구를 위한 초보적 연구」, 『한국사학보』 32, 2008.

박현순, 「조선시대 科擧 榜目의 편찬과 간행」, 『한국문화』 84, 2018.

에드워드 와그너 & 송준호, 『보주 조선『문과방목』 CD-ROM』, 동방미디어, 2001.

元昌愛, 『朝鮮時代 文科及第者 研究』, 韓國精神文化研究院 韓國學大學院 博士學位論文, 1997.

원창애, 「조선시대 문과 급제자의 관직 진출 양상」, 『조선시대사학보』 43, 2007.

______, 「『문과방목』(文科榜目) 해제」, http://people.aks.ac.kr/front/haeje/haeje.aks?h=MN

이상국, 「『安東權氏成化譜』에 나타난 13~15세기 관료 재생산과 혈연관계」, 『대동문화연구』 81, 2013.

______, 「한국사 연구와 디지털역사학 연구방법론 - 양적분석을 중심으로」, 『한국사연구』 97, 2022.

李成茂, 「양반」, 『신편 한국사 - 조선 초기의 사회와 신분구조』 25, 국사편찬위원회, 1994.

차미희, 「조선시대 문과연구의 동향과 전망」, 『역사교육논집』 49, 2012.

한상우, 「조선후기 鄕戰을 통해 본 양반층의 親族, 婚姻 - 안동의 屛虎是非를 중심으로」, 『大東文化研究』 81, 2013.

홍순민, 「정치집단의 성격」, 『조선정치사(1800~1863)』 상, 청년사, 1990.

______, 「정치세력과 정치운영」, 『한국역사입문』 2, 한국역사연구회, 1995.

3. 해외논문

Box-Steffensmeier, Janet M. and Bradford S. Jones. *Event History Modeling: A Guide for Social*

Scientists, Cambridge University Press, 2004.

Cameron, Campbell and& James Lee, "Social mobility from a kinship perspective : Rural Liaoning, 1789~1909", *International Review of Social History* 47, 2003.

________________________________, "Kinship, Employment and Marriage : The Importance of Kin Networks for Young Adult Males in Qing Liaoning", *Social Science History* 32-2, 2008.

Elman, Benjamin A., *A Cultural History of Civil Examinations in Late Imperial China*, University of California Press, 2000.

Fogel, Robert William and G. R. Elton, *Which Road to the Past? Two Views of History*, Yale University Press, 1983.

Goody, Jack, "Strategies of Heirship", *Comparative Studies in Society and History* 15-1, 1973.

Ho, Ping-ti, *The Ladder of Success in Imperial China : Aspects of Social Mobility, 1368-1911*, Columbia University Press, 1962.

Hollingsworth, T. H., "A Demographic Study of the British Ducal Families", *Population Studies* 11-1, 1957.

Holmes, Christopher J., and Anna Zajacova, "Education as 'the Great Equalizer' : Health Benefits for Black and White Adults", *Social Science Quarterly* 95-4, 2014.

Hymes, Robert P., *Statesmen and Gentlemen: The Elite of Fu-chou, Chiang-hsi, in Northern and Southern Sung*, Cambridge University Press, 1986.

Krake, Edward A., "Family vs. Merit in Chinese Civil Service Examinations under the Empire", *Harvard Journal of Asiatic Studies* 10-2, 1974.

Lee, Sangkuk & Jong Hee Park, "Quality Over Quantity : A Lineage-Survival Strategy of Elite Families in Pre-Modern Korea", *Social Science History* 43-1, 2019.

Mare, Robert D. "A Multigenerational View of Inequality", *Demography* 48, 2011.

______________, "Multigenerational Aspects of Social Stratification : Issues for Further Research", *Research in Social Stratification and Mobility* 35, 2014.

Na, Robin Wooyeong & Javier Cha. "Snakes or Ladders? Measuring the Intergenerational Performance of Chosŏn's Munkwa Exam Candidates", *International Journal of Korean History* 26, No.1, 2021.

Paik, Christopher, Sok Chul Hong and Yangkeun Yun, "The Road to Ascension: Exams, Lineages and Civil Servants of the Joseon Dynasty." Available at SSRN: https://ssrn.com/abstract=4104063.

Park, Jong Hee & Sangkuk Lee, "Family Background and Meritocracy Over Time Evidence from Pre-modern Korea's Civil Service Examination Records 1393~1894", Working Paper, 2023.

Song, June-ho, "The Government Examination Rosters of the Yi Dynasty", *Studies in Asian*

Genealogy (Ed. Spencer Palmer), Brigham Young University Press, 1971.
Wagner, Edward W., "The Ladder of Success in Yi Dynasty Korea", *OccaSEOnal Papers on Korea*, 1974.

2부

정치와 사상

4

19세기 전반기, 이른바 '세도정치기'에 대한 인식과 연구 전망*

이경구
한림대학교 한림과학원

들어가는 말

필자의 박사 논문은 세도가로 유명한 서울의 신新 안동 김씨 이른바 '안동 김문' 혹은 '장동 김씨'의 정치 · 사상 활동이었다.[1] 집중적으로 살핀 시기는 17~18세기였고, 19세기 전반기(필요에 따라 '세도정치기'를 혼용함)는 거의 다루지 못했다. 잘 알려져 있다시피 안동 김씨는 19세기 초에 사대부 명문가에서 외척 세도가로 변신하였다. 새로운 국면에 걸맞는 설명틀이 필요했고 이를 감당키 어려워 박사학위논문에서는 추후의 과제로 다짐했다. 그러나 필자는 '안동 김씨 2부'라 할 만한, 세도정치기의 안동 김씨에 대해서는 여태껏 착수하지 못했다.

일차적으로는 자료의 문제였다. 이 시기에 해당하는 실록, 구체적으로 순조 · 헌종 · 철종의 실록이 부실했다. 이를 보완할 수 있는 『승정원일기』,

---

* 이 글은 2023년 10월 14일 조선시대사학회 · 고려사학회 공동학술대회 〈21세기의 눈으로 본 조선〉에서 발표한 내용을 수정 · 보완한 것임.

1 이경구, 『17~18세기 壯洞 金門 연구』(서울대학교 박사학위논문)이었고 이를 2007년에 수정해서 『조선후기 安東 金門 연구』(일지사)로 출간했다.

『일성록』 등의 자료에서도 알맹이 있는 정보가 부족했다. 무엇보다 세도가문 주요 인물들의 문집이 부실했다. 이는 이 시기를 전공하는 연구자들이 대체로 겪는 난관인 듯했다. 단적으로 세도정치기의 정치 분야를 본격적으로 다룬 통사, 단행본, 논문은 손꼽을 정도다. 부실한 자료와 빈약한 연구가 서로 맞물리며 악순환하는 형편이었다.

필자의 관심은 세도가문에서 시대 자체로 이동했다. 동료 연구자 몇몇과 실록, 문집 등을 포괄한 신新 연대기를 작성해보고자 했으나, 몇 차례의 회의에서 그쳤다. 자료를 집성해보자는 프로젝트 구상이 미루어지면서, 필자는 개인적으로 19세기 전반기 특히 사상-지식 분야의 논문을 몇 편 작성했다.[2] 이러저러한 경로를 거치면서 필자는, 자료와 연구 모두가 소략해진 근본 이유는 이 시기의 특징과 후대에 중첩된 인식이 결합하여 빚어낸 결과라고 생각하게 되었다.

짧게나마 안동 김씨에서 출발해 자료의 문제, 시대의 특징 그리고 후대의 인식까지 초점을 바꾸어 온 필자의 여정을 밝혔다. 부끄러움을 무릅쓰고 굳이 소개한 것은 이 글의 취지를 소개하기 위해서이다. 이 글은 19세기 전반기의 시대적 특징과 그에서 파생한 문제들 그리고 현재 우리의 인식틀을 검토하고 연구를 활성화할 계기를 찾아보자는 제안이다. 제안이기에 치밀한 분석에 토대한 논문이라기보다 단상斷想 위주임을 밝힌다.

---

2 이경구, 「19세기 전반(前半) 민, 지식인, 문자관에 대한 시론」, 『개념과소통』 12, 2013; 「18세기 말~19세기 초 지식인과 지식계의 동향」, 『한국사상사학』 46, 2014; 「18세기 후반 ~19세기 조선의 언어와 문자 의식에 대한 시론」, 『조선시대사학보』 73, 2015; 「총론: 새롭게 보는 정조와 19세기」, 『역사비평』 115, 2016; 「18세기 중반~19세기 전반 서울-지방 격차와 지식인의 인식」, 『역사비평』 117, 2016; 「다산 정약용의 저술에서 해석과 용어 활용의 의미」, 『태동고전연구』 46, 2021. 이하는 위 연구들의 일부를 인용하거나 개작한 것이 있다. 그 부분들은 일일이 전거를 달지 않았다.

1. 19세기 전반기라는 시대

1) 돌이킬 수 없는 시공간

프랑스 대혁명 전후의 파리와 런던을 무대로, 찰스 디킨슨은 1859년에 소설 『두 도시 이야기』를 출간했다. 소설만큼이나 서문이 유명한데, 18세기 후반 이래 전개된 미증유未曾有의 세상을 접한 유럽 사람들의 심정을 잘 드러냈다.

> 최고의 시절이자 최악의 시절,
> 지혜의 시대이자 어리석음의 시대였다.
> 믿음의 세기이자 의심의 세기였으며,
> 빛의 계절이자 어둠의 계절이었다.
> 희망의 봄이면서 곧 절망의 겨울이었다.
> 우리 앞에는 모든 것이 있었지만 한편으로 아무것도 없었다.
> 우리는 모두 천국으로 향해 가고자 했지만 우리는 엉뚱한 방향으로 걸었다.

'AI 시대'를 주제로 했던 강연을 듣다가, 강사가 이 글을 인용한 데서 놀랐던 기억은 지금도 새삼스럽다. 미래에 대한 기대와 위기가 증가할수록 19세기 중반에 쓰여진 이 글은 더욱 생생해지고 있다. 위기와 기대는 대혁명과 산업혁명 이후의 시간, 우리가 통칭 '근대'라고 명명하는 시간의 초입부터 생겨났다. 인류는 이질적인 것들이 뒤섞이고 공존하는 미지未知의 시공으로 본격적으로 진입해 지금에 이르렀다.

'이질성의 공존과 전진하는 시간'이란 점을 염두에 둔다면 조선에서 18세기 후반 이래 종종 볼 수 있는 아래와 같은 발언들도 심상치 않다.

고관과 부귀한 가문에서 새로운 의관이나 기완을 만들면 사대부들이 정신 없이 본뜬다. 몇 해도 되지 않아 띠집에 사는 빈한한 선비도 이런 물건을 갖춘다. 또 몇 해가 못 되어 궁벽한 고을 먼 시골에서도 이를 본뜬다. 먼 시골에서 겨우 숭상할 때쯤 되면 높은 가문에선 이미 이 물건을 찾아볼 수가 없다. 벌써 다른 것으로 바꾸었기 때문이다.[3]

18세기 말~19세기 전반기를 살았던 서울의 문인 홍길주(1786~1841)의 글이다. 최신의 유행과 낡은 것의 공존, 유행이 생겨나고 전파되는 속도감이 인상적이다. 변화는 사회 전반 특히 도시를 중심으로 한 풍정에서 확연하였다.

천하가 버글거리며 온통 이익을 위하여 오고 이익을 위하여 간다. … 서울은 장인바치와 장사치들이 모이는 곳이다. 거래하는 물품과 가게들이 별처럼 벌여 있고 바둑판처럼 펼쳐져 있다. 남에게 자기 기술을 파는 사람이 있고, 자기 힘을 파는 사람이 있으며, 뒷간 치는 사람도 있고, 칼 갈아서 소 잡는 사람도 있고, 얼굴을 꾸며 몸 파는 사람도 있으니, 세상에서 사고파는 일이 극도에 달하였다.[4]

도시의 복잡화, 시장의 활성화, 상품의 교류, 다양한 직업 군상들, 그 저변에는 이익을 위해 움직이는 도시 사람들의 삶들이 쌓여가고 있었다. 이 모습들은 유교적 왕정 국가 조선에서는 이색적인 '세속화된 사회'의 부상이었다. 당시에도 눈 밝은 이들은 조선의 기반이 흔들리는 조짐을 감지할

---

3 홍길주 저, 정민 외 옮김, 『19세기 조선 지식인의 생각 창고: 홍길주의 수여방필 4부작』, 돌베개, 2006, 205~206쪽.

4 이옥 저, 실시학사 고전문학연구회 옮김, 『완역 이옥 전집』, 휴머니스트, 2009, 2책, 350쪽.

수 있었다.

> (정언 이경명 상소) 오늘날 세속에는 이른바 '서학'이란 것이 정말로 변괴입니다. … 서울에서 먼 시골에 이르기까지 서로 유혹하여 어리석은 농부와 무지한 촌사람들도 모두 서학의 책을 언문으로 읽고 신처럼 떠받들며 죽어도 후회하지 않습니다. 이렇게 계속되면 요망한 학설로 인한 화가 어느 지경에 이를지 모르겠습니다.[5]

> (정조가 이르기를) 대저 좌도左道를 가지고 사람들의 귀를 현혹시키는 것이 어찌 서학뿐이겠는가. … 근본을 따져보면 오로지 유생들이 글을 읽지 않은 데서 말미암은 일일 뿐이다. 근래 문체가 날로 더욱 난잡해지고 또 소설을 탐독하는 폐단이 있으니, 이 점이 바로 서학에 빠져드는 원인이다. … 근일에는 경학이 쓸은 듯이 없어져서 선비라는 자들이 장구章句에 좋은 글귀를 따다가 과거볼 계획이나 하는 데 지나지 않고, 그렇지 않으면 또 이러한 이학異學의 사설邪說에 빠지고 있으니 어찌 크게 탄식할 만한 일이 아닌가.[6]

새로운 가치 또는 세계관을 전하는 서학에 대한 우려이다. 그 저변에는 한글로 지식을 깨우치는 민들의 성장이 있었다. 400여 년이란 시간을 지탱해왔던 조선의 이데올로기 구조 즉 유학 - 한문 - 양반의 세 기둥을 흔드는 서학 - 한글 - 민의 꿈틀거림이 읽힌다. 그 시각에서 본다면 정조의 진단 역시 서학에 대한 관용으로만 읽히지 않는다. 아니 정조는 더 근본적인 해법을 제시했다. 문제는 유교국가 자체의 뿌리가 말라가는 것이다. 유학자들마저 이익에 휩쓸리고 경박한 한문을 구사한다면 어찌할 것인가. 정

5 『정조실록』 정조 12년 8월 2일 신묘 3번째 기사.

6 『정조실록』 정조 12년 8월 3일 임진 1번째 기사.

조의 문체반정은 '새로운 시간의 도래'를 근본적으로 차단하고픈 고심의 산물이기도 했다.

2) 변화를 바라보는 여러 인식

조선은 유교(보편문화)를 기점으로 정치와 사회 제도, 이념 구조가 비교적 일원적이었고. 끊임없이 이를 지향한 사회였다.[7] 조선 중기 이후 성리학의 보편화, 조선 후기를 풍미한 존주尊周 의식 그리고 19세기~20세기 초의 위정척사 운동까지 유학자들이 견고하게 작성해내는 유교 문명의 패러다임은 나름의 시의성과 설득력이 있었다. 그 구심력에 익숙한 이들에게서 18세기 후반 이래의 변화, 복잡하고 불균등한 사회의 출현과 같은 원천적으로 다른 문제들을 제대로 포착하기란 쉽지 않았다.

새로운 정보들을 기존의 지식체계에서 온건하게나마 수렴시킨 지식인 중 하나는 성대중(1732~1809)이었다.

> 같은 하늘 아래에 살고 있지만 사는 땅이 다르고, 같은 땅에 살지만 사는 사람이 다르고, 사람은 같지만 사는 시대가 다르다. 무엇을 가지고 같은 하늘 아래 살고 있지만 땅이 다르다고 하는가. 모든 땅은 똑같은 하늘 아래에 있다. 그렇지만 키다리 나라와 난쟁이 나라가 있으며, 팔이 긴 사람들이 사는 나라와 다리가 긴 사람들이 사는 나라가 있으며, 가슴에 구멍이 뚫린 사람들이 사는 나라와 여인들만 사는 나라가 있다. 모습과 언어가 다르고 복식과 습성이 달라 중국의 오행五行으로 다스릴 수 없고 오성五性으로 거느릴 수 없고, 오례五禮로 가르칠 수 없고 오륜五倫으로 바르게 인도할 수가 없음이 분명하다. 어찌 하늘

7 송호근은 조선에 대해 지식-교육, 종교-사상, 정치-향촌질서 사이에 선순환의 구조를 가진 일체적이고 장기 지속하는 사회로 보았다(송호근, 『인민의 탄생』, 민음사, 2011).

이 다르게 하였겠는가. 지역별 풍토의 차이가 갈라놓은 것이다. … 무엇을 가지고 사람은 같은데 시대가 다르다고 하는가. 장자莊子는 "그 시대와 풍속을 거역하는 자는 남을 해치는 사람이고, 그 시대와 풍속에 순응하는 자는 의로운 무리이다." 하였는데, 이는 사람의 도리가 다른 것이 아니라 당시의 가치관이 다르기 때문이다. [이전에는 이런 논리가 없었는데 얼마나 크고 정밀한가. 서양인들이 이런 논리를 폈지만 그래도 이처럼 공평하지는 못했다.][8]

인용문 마지막의 주석을 보면 그는 서학을 통해 전통적인 세계의 균질성에 의문을 갖게 된 듯하다. 그리고 서학을 의식하며 이 현상을 서학보다 더 '공평하게' 설명하려 했다. 취지는 칭찬받을 만했지만 그의 증명은 『산해경』 차원의 정보, 전통적 풍토론, 유교적 시의관 등이 뒤섞여 동원되었을 따름이었고 결과적으로 진부한 인식에 머물렀다.

장기 지속했던 유교 체제에 익숙한 조선의 지식인들에게서 이 정도의 정리라도 눈여겨볼 만하다. 물론 아주 드물게나마 더 개방적이거나 급진적이었던 지식인들도 있었다. 서학이 가진 이용후생의 장점을 도입하자던 박제가, 서학을 포함한 당대의 사상을 융통한 정약용, 그리고 신조어를 만들며 새로운 세계관을 구상한 최한기 등이 그들이다. 하지만 그들은 매우 이례적인 사례였고 후대에 크게 주목받았을 따름이었다. 서양의 문물이 압도적이었음을 목도한 19세기 중반 이후에도 '중국원류설'이 여전했음을 우리는 알고 있다.

18세기 후반 이후의 변화에 대한 당대인들의 주목할 만한 감지感知는 타성적이거나 희소했던 것이다. 보다 포괄적인 정리는 그 시대를 첫 번째로 계승했던 19세기 중후반에 두어질 것이다.

---

8 성대중, 『청성잡기』 권3, 「醒言」.

고종 대 이후 왕조의 중흥과 부강이 과제로 떠오르면서 모범이 될 만한 전범으로 정조가 소환되었다.[9] 자주와 자강을 지향했던 대한제국 시기에도 영 · 정조 시대는 '문화의 부흥기'로 여겨지며 자긍심을 만족시키는 시대가 되었다.[10] 그 시대에 비해 세도정치기는 영광의 좌절이자, 19세기 중후반기의 문제점을 배태한 시기로서 대비되었다.[11]

세도정치기에 대한 1차 정리를 담당한 19세기 중후반부터 정조 시대와 세도정치 시대는 여러모로 대조적인 시대로 설정된 것이다. 필자는 이를 간단히 도식하며 그 단순한 인식이 초래한 문제점을 지적한 적이 있다.

> 정조와 그에 따라오는 개혁, 실학, 도시화 등의 이미지 vs 세도정치, 매관매직, 삼정문란, 민란, 서학 · 동학 탄압 등 지배층의 타락과 혼란상 … 세도정치는 정조의 개혁을 무산시킨 대표적 사례로 거론되지만 실제 세조정치의 판을 깔아준 정조는 사라져버린다. 결과적으로 단순한 이분법이 되어 복잡한 링크를 생략한 꼴이 되었다.[12]

18세기 중후반과 19세기 전반기는 이행 또는 근대의 맹아 등의 거시틀에서는 동일한 시공에 놓여있었지만, 정치를 비롯해 사회 전반의 기풍은 상당히 이질적인 단계로 처음부터 구조화되었다.

그 결과는 무엇일까. 정조 시대의 건강한 분위기와 세도정치기 불건강은 영 · 정조 시대의 근본 지향, 즉 유교 · 왕정 체제의 보완이, 세도정치기에 견주어 도리어 옹호되는 폐쇄 회로를 만들게 되었다. 이 회로는 현대에

9 노대환, 「19세기에 드리운 정조의 잔영과 그에 대한 기억」, 『정조와 정조 이후』, 역사비평사, 2017.
10 노관범, 「한국 통사로 보는 '실학'의 지식사 시론」, 『한국문화』 88, 2019.
11 윤민경, 「19세기 후반~20세기 초반 '세도정치기' 역사 인식」, 『한국사학사학보』 43, 2021.
12 이경구, 「다시 보는 정조와 19세기」, 『정조와 정조 이후』, 역사비평사, 2017.

까지 암암리에 작동할 정도이다. 정조에 대한 연구가 단적이다. 흔히 그의 개혁을 '보수적 개혁'으로 부르는데, 보수의 지향과 개혁에 대한 긍정을 담아야하는 연구자의 애로점을 이해한다 할지라도, 결론은 보수와 개혁을 편리하게 절충했다는 한계를 드러냈다.

20세기 들어 근대 역사학이 뿌리를 내릴 때에도 이 시기 변화의 정체성이 해명되지 않았다. 일제의 이른바 '식민사관'이 조선의 정체성에 기반하였고, 이 오류에 대한 교정을 위해 1960년대부터 내재적 발전론에 입각한 조선후기 사회의 변화 · 발전이 주목받았고 마침내 조선후기 서술의 기본 입론이 되었음은 잘 알려진 바이다. 이 이론이 18~19세기 조선의 사회 변화를 하나의 시공으로 체계화한 것은 큰 진전이었다. 이에 기반하여 구체적으로는 농업의 변화, 상품 · 시장 · 자본의 확대에 집중한 경제사 방면의 연구, 민의 성장, 신분제의 동요와, 향촌 사회의 변화에 집중한 사회사 방면의 연구 등이 왕성했다. 단적으로 국편 『한국사』(1993~2002) 제36책의 부제가 '조선후기 민중사회의 성장'이다.

그러나 이 작업에도 맹점이 있었다. 암암리에 서양의 근대를 보편으로 기준 삼아 일제의 왜곡을 교정했기에 서양의 근대 자체에 대한 의문이 생략되었다. 서양 근대에 대한 반성의 기회를 가지지 않는다면, 반反식민사학에서의 탈출이 다시 서양 근대에 대한 강조로 제한되는 닫힌 논리에 빠지기 십상이었다. 심하게 말하면 서양의 근대에 비견되는 동양 혹은 한국의 자산을 찾아내 부각하는 작업이라고도 볼 수 있었다. 19세기 전반기에 대해서도 몇몇 특징을 추출하는 식이 되었기에 정치사를 비롯한 전체 부면이 소략해지며 시대성은 산화散化되었다. 19세기 전반기가 이전 즉 18세기와 대비되어 급격한 단절로 파악되는 논리와, 근대 기준에 따라 요소적으로 부각되는 두 개의 인식 속에서 해석의 틀은 여전히 제한당하고 있다.

2. 분야사의 가능성

지속하고 변화하는 양상을 입체적으로 그려내기란 지난한 작업이다. 예컨대 실록의 형해形骸와 문집 체제의 동요는 왕정 체제나 정치 주도층의 무능을 드러낸 이면에, 정치적 원심력의 성장과 사유 · 지식 재편의 계기이기도 했다. 영 · 정조의 지방 유학자 등용은 서울과 지방의 차별을 완화하는 긍정적인 측면이 있지만, 지방 소외를 상당히 유예시키는 작용이기도 했다. 정치 · 사상 등의 영역에서는 국가 · 중앙 · 전체를 기준으로 볼 때 동요 · 불안의 요인이, 지방 · 사회 계층으로 볼 때 활력과 전환으로 자라나는 해석은 충분히 가능하다. 이 양상은 대체로 왕조 체제의 균열과 새로운 질서의 태동으로 서술되었다. 필자는 국가의 경화硬化와 부문의 성장 즉 구심력의 이완과 원심력이 작동을 동시에 포착해야 하며 그 결과 분야사의 과제, 입론, 서술 등이 좀 다르게 진행될 수 있다고 본다.

1) 정치사 - 상실에 대한 보완

19세기 전반기를 그 이전, 이후 시기와 비교할 때 이질적이거나 단절로 보이게 하는 직접적인 기준은 무엇보다 정치사이다. 세도정치기 실록인 순종 · 헌종 · 철종실록의 부실은 각기 헌종 초, 철종 초, 고종 초의 부실한 정리가 직접 원인이다. 이어지는 19세기 후반~20세기 초에도 세도정치기를 쇠락으로 보는 저서가 광범위하게 유통되어 세도정치기는 적어도 정치 분야에서는 기초 정리를 거치지 못한 상실의 시대가 돼버렸다.

현대의 연구에서도 그렇다. 이 시기에 대한 정치사 연구는 다른 시기에 비해 유독 빈약하다. 한국사데이터베이스 키워드 분석을 통해 대략적으로 봐도 19세기 자체에 대한 연구는 꾸준히 증가했지만, 정치에 대한 연구, 19세기 초 · 중반에 대한 연구는 비중이 적다.[13]

이 시기 정치사 연구에서 거시성과 구조성을 갖춘 연구는 1990년에 출간된 『조선정치사』 상 · 하(19세기 정치사연구반, 청년사)가 거의 유일하다. 이 책은 세도정치기를 암울하게만 보았던 이전 경향에서 벗어나, 정국의 추이와 세력, 구조, 운영(론) 등을 구조적으로 파악하였다. 당대에 그치지 않고 지배층의 형성 과정을 거시적으로 다루었다는 점에서도 선구적이다. 이후 정치사 방면에서는 정국 동향 · 사건, 주요 정치인, 정치 세력, 정치 시스템 등에 대한 연구들이 지속되었다. 문제는 『조선정치사』를 발전적으로 계승하는 연구가, 한 세대 이상이 흘렀음에도 여전히 찾기 힘들다는 점이다.

정치사의 빈곤에는 이유가 있다. 실록을 비롯한 관찬 사료의 부실과, 국왕을 비롯한 정치 주도층의 능력치가 양과 질에서 현격하게 감소하였다. 아래 표에서 보듯 정조 대의 실록 연평균 책 수가 2.33인데, 순조 대는 1.06, 헌종 · 철종은 각각 0.6, 0.64에 불과해 정조대에 비해 1/2, 1/4 정도로 격감했다. 헌종과 철종대 실록에서 주요 정책에 대한 신하들의 상소, 국왕의 논의 과정 등은 소략하거나 아예 없다. 대신 『일성록』과 『승정원일기』는 순조 대는 물론, 헌종 · 철종 대에서도 분량에서는 크게 뒤지지 않는다.

	실록/연평균 책 수	일성록/ -	승정원일기/ -
정조	2.33	26.9	18.54
순조	1.06	18.7	14.32
헌종	0.60	13.2	12.40
철종	0.64	15.7	12.43

13 한상우, 「19세기, 그림자의 시대」, 『역사와 현실』 107, 2018, 179~180쪽.

그러나 『일성록』과 『승정원일기』가 활용되기 위해선 해결, 확인해야 할 과제가 있다. 방대한 『일성록』과 『승정원일기』를 원문으로 통독하는 일이 쉽지 않은 상황에서 국역의 중요성이 너무나 중요한데, 국역에서마저 두 사료는 다른 시기에 비해 뒤처져 있다.[14]

분량이나 국역 만큼이나 중요한 것은 내용의 충실성이다. 10여 년 전에 필자와 최성환 선생 등은 연대기 프로젝트를 준비했었고, 그 때 최성환 선생이 기획안을 발제했다. 공식 발표는 아니었으므로 요약해서 전한다.

> 헌종 초반, 순원왕후의 수렴청정에 대해 실록에는 대왕대비의 전교가 대부분 누락되었고 국왕은 대개 진강 중이라고만 전한다. … 그러나 해당 시기 『일성록』에는 대왕대비의 전교가 빠짐없이 수록되었다.
>
> 헌종은 친정 이후 12년(1846) 경에 정조의 장용영을 본받아 총위영을 설치하는 군제 개혁을 시행했다. 순조가 시도했다가 안동 김씨의 저지를 받아 실패했을 정도로 국왕과 세도가들이 첨예하게 대립하는 사안이다. 『헌종실록』에는 총위영 관련 기사가 대부분 누락되었다. … 그러나 『일성록』에는 헌종의 뜻과 사업의 진행 상황 및 신하들의 반대 등이 상세히 전한다.

국정에 대한 논의에서 공백은 없었다. 앞으로 국역을 통해 세도정치기 중앙정치의 운영이 구체적으로 밝혀지길 기대할 수 있는 이유이다.

반면에 우려되는 점도 있다. 필자는 실록·『일성록』·『승정원일기』에서 '이용후생', '향암鄕闇', '실학'에 대한 검색과 통계를 수행한 바 있다.[15]

---

14 2024년 10월 현재 한국고전번역원의 국역 서비스는 『일성록』은 순조 25년(1825), 『승정원일기』는 영조 20년(1744)까지이다.

15 이경구, 「19세기말~20세기초 한·중·일 삼국의 실학 개념」, 『개념과소통』 15, 2015; 「18세기 중반~19세기 전반 서울-지방 격차와 지식인의 인식」, 『역사비평』 117, 2016; 「조선시대 실학 용법에 대한 거시적 일고찰」, 『개념과 소통』 26, 2020.

이 용어들은 영 · 정조 대에 대폭 증가했다가 순조 대에 감소하고 헌종 · 철종 대에는 거의 용례가 사라졌다. 그리고 고종 대에 다시 늘었다. 그나마 검색된 세도정치기 기사들은 영 · 정조대와 같은 활력은 없었다. 필자가 드문드문 보았던 세도정치기 『일성록』과 『승정원일기』의 자료들은 국왕의 동선, 왕실 전례, 일상적 정치 활동이 주로 나열된 것이었다. 『일성록』 · 『승정원일기』를 많이 봤던 한 선배 학자는 '설령 완역된다 해도 내용에서 확연한 진전을 기대하기 어렵다'고 귀띔해 주기도 했다.

방대한 연대기가 완역되어 중앙정치의 면모가 지속적으로 공개된다 해도 정치 논의는 고식姑息을 면치 못했을 가능성이 크다. 『일성록』, 『승정원일기』의 국역의 중요성은 두말할 나위 없지만 대체로 왕실 위주일 것이므로 필자 등이 새 연대기로 보완을 구상했던 이유도 그래서였다. 예컨대 실록, 『일성록』, 『승정원일기』 및 당대의 사찬私撰 연대기를 뼈대로, 관료 · 지식인의 문집 · 일기 · 유서 등을 망라한 종합적 아카이빙이 필요하고, 그 작업이 정치사 연구의 실질적인 진전을 가능케 하는 기반이라고 본다. 아울러 고식으로 점철되는 중앙 정치의 속성을 다각도로 검토하고 새로운 정치 논의, 구조, 세력 등에 대한 연구를 병행해야 한다.

2) 사상사 - 사상에서 지식과 학문으로

상실된 기축을 기초적으로 정리하는 작업이 정치사의 과제라면, 사상사 혹은 그와 연관한 지식, 학문 등의 분야에서는 지식의 축적과 새로운 사유틀의 출현 등을 포착해 이행의 징후를 감지하는 게 중요할 듯하다.

19세기 전반기에 간헐적으로 일어났던 서학에 대한 탄압으로 학계의 위축은 있었다. 그렇지만 교류와 지식의 총량은 확장되고 있었다. 고증학 · 한학漢學 방면에서의 교류와 학문적 온축은 잘 알려져 있다. 김정희의 학문적 성과나, 4만 권의 장서를 보유했다는 심상규의 사례가 단적인 사례이다. 심지어 철종 대에는 천주교에 대한 사실상의 방기가 있었고, 고종 대의 병인박해 전까지 천주교는 꾸준히 교세를 확장하고 있었다. 천주교의 보급은 서학의 보급이기도 했다. 최한기, 오경석, 남병철 등이 첨단의 서학서, 국제 정보 등을 접했던 것이 이 시기이다.

내용에서도 내면 · 일상 · 전문 분과로의 침잠, 조선중화적 가치관의 동요 등이 돋보인다. 방대한 산문들 - 수필, 일기, 잡기雜記, 유서類書 형식의 지식 정리 등 이전 문집 체제와는 다른 글쓰기 방식도, 18세기를 이어 강화되고 있었다. 중인층의 참여 확대는 오래 전부터 주목되고 확인된 바이다. 문집 출간이나 유학 교육의 확대 등 유학 지식의 전통 방식도 저변화하는 추세였지만, 새로운 주체, 형식, 내용의 등장은 체제의 근간을 동요시키는 새로운 원심력이었다.

유학/남성이 전유한 지식 세계 바깥의 일상적인 문학, 교류의 확대도 주목할 현상이다. 이 시기에 소설 · 야사 · 야담 등 속화된 독서물의 생산 · 유통 · 소비는 나날이 왕성해지고 있었다.[16] 지식/정보의 생산, 유통에서는 정약용과 김정호의 사례가 주목할 만하다. 정약용의 저술 이면의 정보 수집과 정리, 효율적 저술 방식이 새삼 조명받았다.[17] 김정호의 『대동여지도』를 비롯한 지리학의 성과는 조선 지도학의 집대성이기도 하지만 인쇄를 통한 유통의 혁신이란 점에서도 신기원이었다.[18]

지식 전반을 둘러싼 새 현상은 가히 새로운 지식계知識界의 태동이라 명명해도 될 듯하다. 정치사 영역에서 실록과 문집의 부실이 국가의 경화硬化를 보여준다면 새로운 글쓰기와 사유는 여러 사회 계층의 활력을 보여

---

16 18~19세기 소설의 유통, 소품 문학의 성행에 대해서는 한국문학, 한문학 등에서 많은 연구 · 번역서가 진행되었다.

17 정민, 『다산선생 지식경영법』, 김영사, 2006.

18 이기봉의 일련의 저작 참조.

준다. 이렇게 보면 19세기부터 다채로운 지식-문화의 분과사가 가능할 듯하다. 이 연구들은 19세기 전반기에 대한 거시틀을 이미 확보하기 시작한 사회사, 경제사 방면의 성과와 맞물리지 않을까.

당대 학문의 성과와 한계를 동시에 보여주는 좋은 보기는 정약용과 최한기이다. 두 사람의 성과는 경이로운 수준이지만 그들에 대한 후대의 연구는 지나치게 불균등하다. 세대를 이어 등장한 두 사람 학문의 연원, 구성 · 지향, 영향은 시사적인 것이다. 이를 찬찬히 짚어보자.

두 사람이 당대의 지식을 망라했다는 점은 같다. 그러나 내용에서는 차이가 크다. 당시 첨단이라 할 만한 서양학 특히 의학과 천문학 등에서 최한기가 습득, 저술한 수준은 정약용 단계와는 다르다.[19] 동서양 학문, 정보의 차이가 그만큼 좁혀졌다.

학문의 스타일과 지향도 달라졌다. 두 사람은 유학에서 출발해 새 패러다임을 정립하는 수준까지 나아갔으나 차이가 크다. 정약용은 유학 경전과, 인간의 본성론 등 유학 체계를 크게 이반하지 않았고 그 토대에서 서학 등을 수용하며 물질과 기술을 적극적으로 긍정하는 패러다임을 구축했다. 최한기는 독창적인 기론氣論에 토대해 새롭고 포괄적인 개념들 - 운화運化, 신기神氣, 추측推測, 공학共學, 인정人政, 섭력攝力 등 다소 생경할 정도의 신조어를 발명했다. 동서양을 혼융한 형이상의 세계를 선보이며 구체적인 학문 체계를 구현했다.

두 사람의 비교를 여기서 길게 할 수는 없지만 18세기 체제의 끝자락에서 새로운 유교 패러다임을 구상한 정약용과, 서학에 더욱 자극받거나 이를 의식하며 독창적인 학문관을 선보인 최한기의 사례는 당시 학자들의

19 최한기는 벤자민 홉슨(1816~1873)의 『全體新論』(1851)을 보고 「身機踐驗」(1866)을, 존 허셜(1792~1871)의 *Outlines of Astronomy*(1851)의 번역서인 『談天』(1859)을 보고 「星氣運化」(1867)를 저술했다.

역동성을 보여준다.

한편 정약용과 최한기에 대한 후대의 연구 성과는 매우 대조적이다. 주지하다시피 정약용은 20세기 초부터 한국학의 정점이자 실학의 집대성자로 추앙받았다. 그에 비해 최한기는 1960년대 이후에나 활발하게 연구되었다. 18세기의 후광과 19세기 전반기의 쇠락을 사상계에서 보여주는 사례로 보면 지나친 비약일까.

최한기에 대한 연구가 부진했던 데에는 개인 정보의 소략함이나 후학을 남기지 못했다는 이유도 있었다. 그와 교류했던 김정호 역시 비슷한 사례이다. 왜 그들의 성과는 고독한 섬이 되었을까. 아쉬움이 앞서지만, 그들의 작업이 개인 활동에만 침잠했었다고 속단하긴 이르다. 예컨대 중인 지식인들의 네트워크를 보자. 영조 때 활동했고 요절했던 역관 시인 이언진(1740~1766)은 죽기 전에 자신의 시고詩稿를 불살랐는데 아내가 일부 빼돌렸다. 이 시들은 「송목각시고」(필사본, 연세대), 「송목각유고」(필사본, 고려대)로 전해졌고, 100여 년이 흐른 1860년에 자손들이 『송목관신여고』로, 역관 김석준(1831~1915)이 『송목관집』으로 각각 간행했다.[20] 박제가를 숭상했던 오경석이 철종 대부터 중국을 다녀오며 다수의 신서新書를 구입했고, 유홍기 등과 함께 개화의 방략을 수립한 일도 최근 다시 조명받고 있다.[21]

우리에게 깜깜해 보이지만 당대 지식인들의 저류의 동향, 네트워크는 작동하고 있다고 봐야하지 않을까. 개인에 대한 연구는 지속하면서, 중인-주변 지식인들의 교유와 활동을 저인망으로 훑으며 지식계를 구성하는 작업이 절실하다.

---

20 박희병, 『저항과 아만』, 돌베개, 2009.

21 김종학, 『개화당의 기원과 비밀외교』, 일조각, 2017.

3) 문화사 - 재현과 상상의 가능성

『일성록』과 『승정원일기』의 강점은 정치사보다는 왕실의 문화, 일상의 정무政務에서 확연히 드러난다. 필자는 2023년 국립한글박물관에서 주최한 학술대회에서, 김지영 선생이 발표한 「〈한양가〉 속 화성 행차 - 사실, 재현, 상상」의 토론을 맡았다. 발표 제목이 흥미롭게도, 필자가 이 절의 제목으로 생각하고 있었던 '문화사 - 재현과 상상의 가능성'과 거의 일치했다. 비슷한 문제의식에서 출발한 발표이기에 간단히 소개한다.

헌종 9년(1843) 3월 15일에서 18일까지 헌종의 화성 능행이 있었다. 이 행사는 『헌종실록』에 '15일 : 홍직필 소견, 화성 행궁에 나아감. / 16일 : 건릉·현륭원 친제, 70세 이상의 조관과 사서에게 사미. / 17일 : 화령전 작헌례. 수원 유생 응제. 동장대 야조. / 18일 : 환궁.' 등 극히 간략한 일정만 소개되었다. 그러나 15일 하루의 행사만 관련해서도 『일성록』과 『승정원일기』는 훨씬 자세한 정보를 전한다. 『일성록』은 창덕궁에서 출발하여 화성 행궁에 이르기까지의 세부 동선, 경연관 홍직필과의 대화 등이 자세하다. 『승정원일기』의 동선은 『일성록』보다 더 자세하고, 국왕은 물론 관료들의 움직임까지 전했다. 나머지 일정도 마찬가지이다.

주목할 만한 점은 행차가 1844년에 작성된 「한양가」에 직간접으로 영향을 주었을 가능성이다. 김지영 선생은 이에 착안해 실제의 행차와 「한양가」의 '춘삼월 능행'의 관계를 살폈다. 나아가 능행을 접한 작가의 상상 또는 암암리에 작가에게 필터로 작용했을 시대 상황을 추측했다. 이를 위해 정조 대에 작성된 「성시전도시」와 19세기 후반에 작성된 「남원고사」를 끌어왔다. 두 작품에서는 군주에 대한 기대와 유교의 이상을 향한 희망이 있었다. 그에 비한다면 「한양가」는 화려한 이미지와 감각에 충실한 편이고 세속적 욕망이 두드러졌다.[22]

한편 「성시전도시」가 정조 대 개혁의 분위기가 빚어낸 '사대부의 이상적 공간'이며, 「한양가」는 19세기 중반 '사치와 유흥이 넘치는 중간층의 세속적 공간'이라고 포착한 연구도 있다.[23]

도덕적 가치가 투영된 유교적 공간과 화려하고 사치스러운 세속적 공간 사이에는 직접적으로 드러나는 차이를 넘어서는 긴장이 감지된다. 도덕적 이념의 긴박이 풀려나가는 징후인 것이다. 유교적 이상을 지향한 「성시전도시」가 표면적으로 건강해 보일지는 몰라도 「한양가」는 감각과 이미지 그리고 욕구가 드러나는 새로운 시야를 선사한다.

새롭게 포착되는 세계는 당대의 재현과 상상에 국한하지 않고 현대의 재현과 상상을 위한 보고이기도 하다. 『일성록』과 『승정원일기』가 전하는 국왕과 신료들의 방대한 동선 정보는 재현의 공간을 한층 현실화시킨다. 다시 「한양가」를 거론해보자.

강명관 선생은 『조선 뒷골목 풍경』에서 「한양가」 승전놀음 대목에 신윤복의 이른바 「야금모행」에 등장하는 별감 캐릭터 그리고 노리개들까지 함께 넣은 본문을 구성했다.(그림 1)[24] 독자는 조선시대 최고로 화려한 남성 패션을 선보인 별감을 '읽고, 보고, 살피는' 흥미로운 체험을 할 수 있었다. 최근 디지털 기술의 발전은 별감들의 생동감을 더 편하게 제공한다. 구글 Arts&Culture 사이트를 검색하면 「화성능행도」의 미세한 부분까지 확대해 볼 수 있는데, 별감이 등장하는 많은 이미지에서 우리는 행차 안의 그들은 물론 그들을 바라보는 관찰자까지 자세히 확인할 수 있다.(그림 2) 「한양가」의 작자인 한양거사 역시 그들과 크게 다르지 않았으리라. 이상의 예들을 차례로 인용하면 다음과 같다.

---

22 이상 2023년 국립한글박물관에서 주최한 학술대회 '〈한양가〉로 그려낸 조선 후기 한양'에서 김지영이 발표한 「〈한양가〉 속 화성 행차 - 사실, 재현, 상상」에 의거하였다.

23 노경희, 「〈성시전도시〉와 〈한양가〉에 나타난 조선후기 상업정책과 한양 시장의 풍경」, 『서울학연구』 120, 2018.

24 강명관, 『조선의 뒷골목 풍경』, 푸른역사, 2003, 300~306쪽.

저 별감의 거동 보소, 난번 별감 백여 명이
맵시도 있거니와 치장도 놀라울사.
편월상투 밀화동곳 대자동곳 섞어 꽂고
곱게 뜬 평양 망건 외점박이 대모관자
상의원의 자지팔사 초립 밑에 팔괘 놓고
남융사 중두리의 오동 입식 껴서 달고
손뼉 같은 수사갓끝 귀를 가려 숙여 쓰고

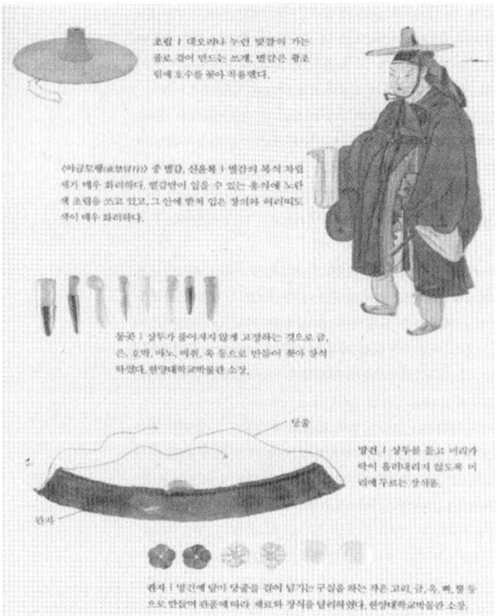

그림 1. 신윤복의 「야금모행」에 등장하는 별감과 노리개들 강명관, 『조선의 뒷골목 풍경』, 푸른역사, 2003, 303쪽에서 재인용.

그림 2. 구글 Arts&Culture로 확인할 수 있는 '화성능행도' 이미지 일부

과거의 역사 정보들은 최근의 디지털 기술의 발전과 만나 차원이 다른 역사 경험들을 선사하고 있다. 그 추세에서는 18세기 이후 점점 늘어난 정밀한 회화, 방대한 정보 등이 일차로 주목되고 활용되는 형편이다.

단정하기는 어렵지만, 전문 역사학에서 역사의 재현은 다소 주변적인 지대에 머물러 있었다고 본다. 현대의 민주주의 사회에서 역사는 과거의 사실과 현재 역사가와의 상호 작용을 통해 미래의 진보를 지향하는 학문으로 주로 정의되었다. 한국에서도 '역사란 무엇인가'를 물으면 E.H.카의 유명한 경구 '역사는 과거와 현재의 대화이다'로 정리하는 게 상식이다. 그러나 문헌 너머의 개연성을 역사가의 상상으로 메워 과거를 추적하거나, 심지어 영화 등 다른 장르와 협업하여 역사를 체험케 하는 또 다른 경로들은 역사가 자신들의 저술 속에 산개散開되었거나, 때론 나탈리 제먼 데이비스의 일련의 문화사 연구처럼 직접 드러나곤 했다.

최근에 디지털 기술이 진전되면서 과거를 실증, 재현하는 작업은 차원이 다르게 진척되고 있다. 너무나 단순하거나 지나치게 일상적이어서 역사가의 관심 밖이었던 파편적인 정보들이 컴퓨터의 힘을 빌어 조합되는 순간 생각해보지 못한 과거의 실상들이 드러나는 것이다. 물론 이런 작업이, 역사학의 범주인가를 따지는 논쟁을 제기할 수도 있겠다. 이 글에서 그에 대한 정리는 미루고자 한다. 다만 재현을 위한 협업의 장場들이 늘어갈 때 그동안 고식적으로 여겼던 19세기 전반기의 방대한 일상 기록들 특히나 왕실의 기록들이 실감實感이란 표어 아래서 새롭게 활용되는 일은 충분히 가능할 것이다.

3. 결론

19세기 전반기는 장구했던 전근대의 종착지이자 근대의 출발지 또는 배경이 되었다. 문명권 충돌 이전에 동아시아 체제가 도달한 마지막 지점이자, 중세 체제의 동요 · 해체기 또는 근대로의 이행기라고 명명될 수도 있겠다. 중요한 링크와 같은 이 시기가, 이전의 영 · 정조 시대 그리고 이후의 고종 시대에 비해, 많은 분야에서 지나칠 정도로 소략하게 다루어졌다. 그 원인은 무엇일까.

실록으로 대표되는 자료의 부실이 이 시기 구심력의 부재를 상징한다면, 산만할 정도로 쌓여나가는 방대한 정보들은 원심력의 작용을 보여준다. 여느 시기처럼 이 시기는 흥미로운 특징들을 지녔다. 이렇게 보면 문제의 원인은 이 시대를 단순하고 고정된 기준에서 평가했던 후대의 인식틀, 그것도 19세기 중후반 이래 지속한 유구한 인식틀이라고 할 수 있다.

필자는 이 시기를 근대성이 발현하는 복잡한 시간대로의 진입 초기로 설정해보자고 제안한다. 진입이 점차 가속화되었다는 점에서 이전, 이후 시기와의 단절은 없다. 다양한 변화의 경로, 새로 생겨나는 내 · 외부 요소들의 충돌과 작용 등이 포착되고, 새 시간으로의 진입을 더 일찍 경험한 서양의 근대 설정과 비교가 가능하리라 본다. 그러면 현대의 역사 서술은 그 복잡했던 현상과 관계를 기술하는데 주로 중점이 두어지지 않을까.

이를 위해선 현상과 관계의 기술을 위해서는 분야사, 다만 각 분야의 저변에 흐르는 구조적이거나 장기 변화의 흐름들을 포괄하는 분야사가 선차적일 것이다. 예컨대 독서 세계에서 경전이 위축되고, 언어에서 언문 · 구어가 힘을 얻으며, 서학과 동학이 발흥하고, 이익을 다투는 기풍이 조성되고, 도시와 향촌의 격차가 발생하며, 개인적 취향이 존중받는 현상 등이 포괄되는 것이다. 이 성과들이 축적된 후에 종횡으로 연결된다면 19세기 전반기는 새로운 모습으로 비춰지리라 기대한다.

| 참고문헌 |

성대중, 『청성잡기』.

이옥 저, 실시학사 고전문학연구회 옮김, 『완역 이옥 전집』, 휴머니스트, 2009.

최한기, 「신기천험身機踐驗」, 「성기운화星氣運化」.

홍길주 저, 정민 외 옮김, 『19세기 조선 지식인의 생각 창고; 홍길주의 수여방필 4부작』, 돌베개, 2006.

강명관, 『조선의 뒷골목 풍경』, 푸른역사, 2003.

김종학, 『개화당의 기원과 비밀외교』, 일조각, 2017.

김지영, 「<한양가> 속 화성 행차_사실, 재현, 상상」, 국립한글박물관 학술대회 '<한양가>로 그려낸 조선 후기 한양', 2023.

노경희, 「<성시전도시>와 <한양가>에 나타난 조선후기 상업정책과 한양 시장의 풍경」, 『서울학연구』 120, 2018.

노관범, 「한국 통사로 보는 '실학'의 지식사 시론」, 『한국문화』 88, 2019.

노대환, 「19세기에 드리운 정조의 잔영과 그에 대한 기억」, 『정조와 정조 이후』, 역사비평사, 2017.

박희병, 『저항과 아만』, 돌베개, 2009.

송호근, 『인민의 탄생』, 민음사, 2011.

윤민경, 「19세기 후반~20세기 초반 '세도정치기' 역사 인식」, 『한국사학사학보』 43, 2021.

이경구, 「19세기 전반(前半) 민, 지식인, 문자관에 대한 시론」, 『개념과소통』 12, 2013.

______, 「18세기 말 ~ 19세기 초 지식인과 지식계의 동향」, 『한국사상사학』 46, 2014.

______, 「18세기 후반 ~ 19세기 조선의 언어와 문자 의식에 대한 시론」, 『조선시대사학보』 73, 2015.

______, 「19세기말~20세기초 한 · 중 · 일 삼국의 실학 개념」, 『개념과소통』 15, 2015.

______, 「총론: 새롭게 보는 정조와 19세기」, 『역사비평』 115, 2016.

______, 「18세기 중반~19세기 전반 서울-지방 격차와 지식인의 인식」, 『역사비평』 117, 2016.

______, 「다시 보는 정조와 19세기」, 『정조와 정조 이후』, 역사비평사, 2017.

______, 「조선 시대 실학 용법에 대한 거시적 일고찰」, 『개념과 소통』 26, 2020.

정 민, 『다산선생 지식경영법』, 김영사, 2006.

한국역사연구회 19세기정치사연구반, 『조선정치사 1800~1863』 상 · 하, 청년사, 1990.

한상우, 「19세기, 그림자의 시대」, 『역사와 현실』 107, 2018.

5

조선시대사 연구로서 조선후기 국가의례 연구의 기여와 과제*

김지영
서울대학교 규장각한국학연구원 책임연구원

1. 머리말

작년 말부터 올해 초까지 국립중앙박물관에서 외규장각의궤 반환 10주년 기념 특별전시회가 열렸다. 전시 준비의 일환으로 2010년 이후 역사학 분야의 의궤 연구사를 정리해 달라는 글을 요청받아, 최근 의궤 연구 동향을 돌아볼 기회를 가졌다. 역사학 분야에서의 의궤는 주로 국가의례 연구 자료로 활용되었기에 자연스럽게 의궤 자료가 남아있는 조선후기 국가의례 연구 동향을 정리하였고, 조선후기 국가의례 연구로부터 파생된 역사상이 어떤 것이었는지를 전체적으로 살펴볼 수 있었다.[1] 의례 연구의 실증적 성과, 의례 용어를 이해하고 행례 사실들을 있는 그대로 재구성하는 차원에서의 성과 축적이 상당하지만, 의례 행위를 해석하고 의미를 부여해 그려내는 역사상들은 되짚어볼 부분이 많다고 생각되었다. 다시 3년의 시

* 이 글은 2023년 『朝鮮時代史學報』 107집에 게재된 「조선시대사 연구로서 조선후기 국가의례 연구의 기여와 과제」의 내용을 수정 · 보완한 것임.

1 김지영, 「한국사 분야의 의궤 연구사」, 『외규장각의궤연구:공신녹훈』(외규장각의궤학술총서6), 2022.

간이 흘렀지만, 본고의 문제의식은 의궤 연구사 정리 때의 것과 크게 다르지 않다.

최근 한국역사연구회 의례연구반에서는 『조선시대 의례 연구의 현황과 지평의 확장』이라는 책을 냈다.[2] 1980년대부터 최근까지 조선시대 '국가의례' 연구의 성과와 전망을 논의한 총론과 길례, 가례, 빈례, 군례, 흉례 분야의 연구사, 길례 · 흉례 공예품 연구 현황, 실학의 예론과 예학 연구사 등 모두 여덟 편의 논문을 모았다.[3] 각 분야의 의례 연구로 박사학위를 한 전문 연구자들이 해당 분야의 연구사를 치밀하게 정리하고 성과와 전망을 정리한 것으로, 지금까지 조선시대사 의례 분야의 연구들이 망라되어 개별 연구들의 핵심 주장들을 거의 모두 살펴볼 수 있다. 본고를 작성할 때에는 이 연구사 정리 성과를 상당히 많이 참조하였다. 또 이 책이 있기 때문에 광범위한 분야에 걸쳐 있는 국가 의례 연구 현황을 소개하는 부담을 내려놓고, 국가 의례 연구의 문제의식을 점검하고 향후 연구 방향에 대한 제언이 될 수 있게끔 하는데 치중해 글을 작성하고자 했다.

조선후기 국가의례 연구는 양난 이후 국가 재건이라는 큰 목표와의 관련성 속에서 독해되어야 한다. 국왕, 왕실, 정부의 존재 이유를 설명하고 조선이라는 나라의 정체성을 설득해야하는 상황 속에서 국가의례는 제약을 받을 수 밖에 없었다. 양난 이후 17세기 후반까지의 시기, 즉 효종~숙종대 중반까지는 국가의 의례활동이 위축되었던 시기이다. 국가를 재건할 때 가장 중요한 것은 국가의 정당성을 다시 설득하는 일이었고, 국가의례 또한 재정 상황이나 군사외교적 위기 상황을 고려하면서 최소한의 비용으로 왕조 체제를 정당화하는데 기여하는 방식으로 수행되어야 했다. 안

---

2 한국역사연구회 의례연구반, 『조선시대 의례 연구의 현황과 지평의 확장』, 민속원, 2022.

3 총론 및 각론 연구자는 다음과 같다. 총론(나영훈), 길례(신진혜), 가례(박미선), 빈례(김성희), 군례(윤혜민), 흉례(김동근), 의례공예품(구혜인), 실학 예론과 예학(이병유) 등이다.

민安民 또는 양민養民 위주로 국정 운영을 하더라도 교민敎民을 포기한 것은 아니었기에, 국가제향, 능행 및 왕가의 일생의례 차원의 의례들은 왕조의 정당성 재수립에 가장 적합한 '최소한'을 구성하며 실행되었다. 숙종대 후반 이후 국가의 의례활동이 회복된 이후에도 예를 제정하여 만민을 교육한다는 예교禮敎 원칙과 조선 현실의 타협 위에서 만들어졌던 조선 전기 국제國制의 선별적 수용은 불가피했다.[4] 그 선별 기준 역시 정당화하려는 '왕조체제' 구상이 무엇인가에 따라 다를 수 밖에 없었다. 18세기 〈속오례의〉와 〈춘관통고〉, 〈오례통편〉에는 17~18세기 국왕과 정부가 해석하고 합의했던 재건 조선 체제의 구상과 실천을 담고 있다.[5] 〈속오례의〉가 20년도 안되어 보완되고, 〈춘관통고〉나 〈오례통편〉이 미완의 책이 되었던 것은 국가 예제의 외연과 내포가 끊임없이 의례 활동을 통해 재구성되었기 때문이다. 19세기 전반기는 정조대까지의 국가의례 실천 방향을 크게 벗어나지 않았던 것으로 보이지만, 새로운 어젠다 세팅을 명확하게 드러내는 의례적 대응이 필요한 시기였다.

4　조선전기 국제는 중국 당 · 송 · 원 예제와 고려의 예제, 時王之制인 명의 예제 등을 참조하고 조선의 현실을 감안해 절충한 결과물이다. 당 · 송의 국가 예전은 예를 제정해 천하만민을 가르친다는 예교 이념에 입각해 제정되었다. 五禮로 단순히 황제와 황실, 조정의 활동 영역과 방식을 규정하는데 그치지 않고, '사서인 예제'를 국가예전 안에 명시하며 일반평민까지 예교의 대상이자 주체가 되도록 했다.(張文昌, 『制禮以教天下-唐宋禮書與國家社會』, 臺大出版中心, 2012) 조선은 부유하고 번성하게 하는 '養民'을 넘어 사람답게 살아가도록 가르치는 '教民'의 정치를 추구했고, 예제와 이에 토대한 의례 활동을 통해 이와 같은 국가의 지향을 드러내고 공유하고자 했다. 이 글에서는 조선 후기 국가의 의례활동을 조선이라는 국가 체제의 가치지향과의 연관성 속에서 독해하고자 했다.

5　조선후기 편찬된 전례서에 대한 주요 연구는 다음과 같다.
김지영, 「18세기 후반 국가전례의 정비와 春官通考」, 『한국학보』 30, 2004; 김문식, 「國朝五禮通編의 자료적 특징」, 『한국문화연구』 12, 2007; 김문식, 「東國文獻備考 禮考의 자료적 특징」, 『진단학보』 104, 2007; 탁신희, 「국조속오례의의 편찬과 왕권의 위상」, 서울시립대학교 국사학과 석사학위논문, 2009; 송지원, 「정조대 의례 정비와 春官通考 편찬」, 『규장각』 38, 2011; 박수정, 『영조대 國朝續五禮儀 편찬과 정치적 성격』, 한국학중앙연구원 박사학위논문, 2017.

결국 조선후기 의례 연구는 여러 시기에 수행된 국가의례들이 합법적 왕조체제의 어떤 측면을 정당화하고 설득하려던 것인지를 밝히고, 의례 활동은 그 목표에 따라 어떻게 달라졌는지 실증하는 한편, 이러한 의례가 당시 정치와 사회를 어떻게 새롭게 구성해냈는지 해석하는 작업이어야 한다. 시간과 지면의 한계가 있기에 각 분야 의례 연구들의 성과를 일일이 다룰 수는 없다. 오례五禮에 속하는 의례들을 고르게 다루지 못했을 뿐 아니라 군사의례와 외교의례 부분은 전혀 언급하지 못한다는 사실도 미리 밝힌다. 주로 길례, 가례, 흉례 부문의 연구 중에서 역사 연구자들이 공유해야 할 성과 및 한계를 되짚어보고 향후 연구에서 유의해야 할 문제들이 무엇인지를 논의해보고자 한다.

2. '왕실의례' 재건의 문제의식과 방향성(1): 왕실 혼례

조선시대 국가의례의 상당 부분은 국왕의 가족, 즉 왕가 구성원인 국왕과 왕비, 세자와 세자빈, 왕자녀의 관례, 혼례, 장례 등 일생의례에 해당된다. 기존 연구자들은 이런 국가의례들을 '왕실의례'로 지칭해왔다. 『국조오례의』, 『국조속오례의』, 『춘관통고』, 『국조오례통편』 등 조선시대 국가전례서에서는 모두 국왕 가족의 일생의례를 국가의례[왕조례]의 주요 내용으로 포함시켰고, 이는 이 '왕실'의 의례가 나라 안 사람들에게 본보기로서 작동하기 때문이었다. 따라서 왕실의 일생의례의 변화상은 조선의 모범 가정의 구성-유지라는 차원의 문제의식과 연동되어 있다.

여러 주제 중 가장 많은 연구가 집중된 분야는 왕실 혼례이다.[6] 연구자

6 김세은, 「규장각소장 가례도감의궤를 통해 본 조선후기의 가례의식」, 『규장각』 28, 2005; 심승구, 「조선시대 왕실 혼례의 추이와 특성-숙종 · 인현왕후의 가례를 중심으로」,

들은 왕실 결혼식의 의례 절차와 의례 구조를 밝히는데 집중했고, 그 과정에서 국왕 · 세자 · 세손 혼례의 특수성을 강조했다. 개별 혼례에 대한 고증 연구가 어느 정도 이루어진 지금, 더 중요한 것은 왕가의 결혼식이 조선 역사에 미친 영향과 의미를 해석하는 일이다.

물론 혼례 의례에서는 왕실의 차별적 지위가 드러났다. 왕실 혼례가 있기 전 광범위하게 내려지는 금혼령, 이후 이루어지는 세 차례의 간택은 왕실의 혼례가 극심한 신분적 불균형 위에서 진행된다는 것을 매우 명확하게 보여준다. 간택 절차를 마친 후 왕비나 세자빈을 왕가의 일원으로 맞아들이는 '납비納妃', '납빈納嬪'의식이 진행될 때에도, 사서인士庶人 혼례 절차와 다른 왕실만의 특수성을 강조했다. 납비의식은 세차례 간택 절차를 거쳐 예비 왕비가 결정되었음을 공개적으로 선언하는 절차로 시작된다. 이어 육례의 절차인 납채納采 - 납징納徵 - 고기告期 - 책비冊妃 - 친영親迎 - 동뢰연同牢宴이 진행된다. 가장 문제가 된 절차는 친영의식이다.

왕실 혼례 중 친영의식의 독특한 양상에는 많은 연구자들이 주목했지만, 장병인은 '가관친영假館親迎'과 '별궁친영別宮親迎'이라는 조선 왕실 혼례의 고유한 의식의 형성 과정과 그 역사적 의미를 천착하며 논의를 진전시켰다.[7] 왕실 혼례와 사서인 혼례 사이의 차별성을 설명하는데 집중하기

『조선시대사학보』 41, 2007; 신병주, 「1762년 세손 정조의 혼례식과 『(정조효의후)가례도감의궤』, 『규장각』 30, 2007; 이미선, 「가례도감의궤를 통해 본 조선 왕실의 혼례 문화」, 『한국계보연구』 2, 2011; 임민혁, 「조선시대 등록을 통해 본 왕비의 친영과 권위」, 『한국사학사학보』 25, 2012; 임민혁, 「조선시대 국왕 가례의 정차와 규범」, 『동양고전연구』 47, 2012; 장병인, 「조선시대 왕세자의 혼인의례」, 『한국사연구』 161, 2013; 박미선, 「조선후기 세자 국혼의례의 구조와 의미」, 『한국사학보』 58, 2015; 이욱, 「조선시대 왕세자 혼례의 절차와 의미-1882년 왕세자 가례를 중심으로」, 『고문서연구』 48, 2016; 신병주, 「조선 왕실 혼례의 사례와 그 의미」, 『동국사학』 71, 2021.

7 장병인, 「조선전기 국왕의 혼례형태-'가관친영례'의 시행을 중심으로」, 『한국사연구』 140, 2008; 장병인, 「조선 중기 이후 국왕의 혼례형태의 변화-별궁의 운영과 별궁친영례의 성립」, 『조선시대사학보』 55, 2013; 장병인, 『조선왕실의 혼례』, 민속원, 2017.

보다는 혼례 문화를 새롭게 바꾸려는 노력과 전통적인 관행들을 유지하려는 힘들이 만나면서 어떤 '조선적' 혼례 관행들이 생겨났는지 이해하고자 했다. 조선 초에는 국왕의 존엄한 지위를 고려해 국왕을 대리하는 사신을 왕비의 집으로 보내 궁궐로 맞이해 들이는 '명사봉영命使奉迎' 방식을 운영했다. 이후 중종대 고례파古禮派 사림들의 주장에 따라 '가관친영假館親迎', 즉 왕비를 임시로 정해진 혼례 장소인 관소館所[태평관]로 모셔온 다음 국왕이 관소로 가서 친영을 행하는 방식으로 바뀌었다. 조선후기에는 한단계 더 고례에 가깝게 변화하여, 의제적 왕비집인 별궁에서 국왕이 직접 친영을 행하는 '별궁친영'이 실행되었다. 이는 국왕 혼례의 독자성[차별성]을 유지하면서도 사서인의 혼례와 같은 방식의 혼인의례를 수행하는 절묘한 절충이었다고 보았다.

이러한 과정을 살펴보면 국왕이나 왕실을 그 밖의 피통치자와 구별짓는 차별적 의례 요소가 존재했지만, 조선 현실의 특수성이나 왕가의 특수성, 의례 공간상의 한계 등에도 불구하고 친영의식을 왕실에서도 실천하고자 했던 점을 알 수 있다. 왕실에서도 친영례를 실천해야 한다고 할 때 사용한 논리가 "천하가 예를 함께 한다[天下同禮]"는 것이다. 역사학계에서 군권君權에 대한 신권臣權의 우위, 군신공치를 주장하는 서인西人의 예론으로 해석해왔지만, 이는 단지 군신간 권력 우열의 문제가 아니다. "천하 사람들이 예를 함께 한다"는 주장은 현대 사회에서 "누구도 법 적용에서 예외가 될 수 없다"고 주장하는 것과 같다. 국왕을 지존至尊이며, 특수하고 예외적 존재로서 강조하게 되면 자의적인 군주권 행사를 제어하기 어렵다. 국왕 역시 신민臣民들과 마찬가지로 보편적 예제를 따라야 한다는 주장은 왕권을 낮추어보는 것이라기보다 왕권 역시 보편칙에 의해 제약받아야 한다는, 일종의 헌정주의적 입장 표명이다. 이러한 제약을 수용함으로써 왕조 체제는 합법화되고 왕권은 강화된다. 물론 이를 받아들여도 남는 문제는 있다. 왜 친영례가 왕도 따라야하는 보편칙에 해당하는가의 지점이다.

왕실 결혼식을 혼례라고 하지 않고 가례嘉禮라고 부르기도 하지만, 두 남녀가 부부로 맺어져 하나의 가정을 꾸린다는 건 마찬가지다. 왕은 지존이고, 왕실은 다른 가정에 비해 특별하기도 하다. 그러나 왕이 꾸리는 가정은 조선 백성들이 제각각 가정을 꾸릴 때 이상적인 상을 제공하기도 한다. 『가례家禮』라는 책을 통해 조선 문화에 큰 영향을 끼친 주희는 부부를 가정을 이루는 두 기둥이라고 했고, 혼례를 새로운 가정의 출발을 알리는 의식으로 중요시했다. 신중하게 배우자를 고르고 상대를 정성을 다해 청하며, 많은 사람들이 모인 자리에서 혼례를 실행함으로써 부부가 만나 공동체를 이루는, '의합義合'이라 부르는 이 결합을 혈친 간의 결속만큼이나 중요한 것으로 만들고자 했다.[8] 신랑이 신부 집으로 가서 새 가정의 여주인이 될 신부를 정중하고 정성스럽게 맞이해오는 친영의식이 유교식 혼례에서 가장 성대하고 중요한 절차가 된 것 또한 '의합'의 의미를 직접적으로 외재화하는 의례였기 때문이다.[9] 대리인을 보내도 귀하게 맞이해올 수 있지만, 한 소열제[유비]가 세 번씩이나 찾아가 제갈량을 모시려 했던 삼고초려의 고사처럼, 직접 나아가 청하는 것이 가장 강하게 마음을 전달하는 형식이라고 여긴 것이다. '직접 맞이해오기[친영]' 퍼포먼스를 통해 혼례 예식에 담긴 의미를 조선의 모든 가정이 공유하고 실천하기를 바라는 마

---

8 조선시대 예제 기획의 의미와 혼례의 의미에 대해서는 김지영, 『정조의 예치』, 휴머니스트, 2020, 서론 및 2장 참조.

9 부부의 의리를 중시하며 중종의 폐비 반대론을 과감하게 제기했던 충암 金淨은 고전에서 세 가지의 전거를 끌어와 배우자를 맞는 일을 인륜의 시초이며, 교화의 근원이고, 王道의 처음이라고 강조했다. 그 세가지는 ① 『주역』에서 建坤을 앞에 실은 것, ② 『시경』이 關雎편으로 시작된다는 것, ③ 공자가 면류관을 쓰고 親迎하는 것이 과하다는 노 애공의 질문에 대해 "二姓이 결합하는 경사로, 선왕의 뒤를 계승하여 천지 · 종묘 · 사직의 주인이 되는 일이기에 매우 중요하다"고 답한 일이다.(『己卯錄別集』, 諸賢封事, 丁丑訥齋冲庵請復廢妃愼氏 - 冲庵製)

음, 그것이 왕실에서도 친영의식을 포함한 결혼식을 국가의례로 제도화하고 실행하게 된 동기이다.[10]

가정은 보육 · 양육 · 교육이 이루어지는, 국가-사회에서도 중요한 공간이다. 단단하게 결속되고 유지되는 가정, 가정을 책임지고 꾸려나가는 부부는 조선의 근간이었기에 조선후기 예제 담론의 공통 관심사였다. 때문에 왕실에서도 아니 왕실이니까 더더욱 친영의례를 실천해야 했다. 인조 이후에는 국왕들도 결혼할 때 별궁에서 직접 가 새 신부를 맞이해서 궁궐로 돌아갔고, 1759년 영조와 정순왕후 결혼식 때에는 처음으로 국왕이 새 왕비와 함께 궁으로 돌아가는 반차도가 제작되었다.[11] 이 기록화는 지존이 몸소 나아가 신부를 귀하게 맞아들이는 것이 당연하고, 여러 차이에도 불구하고 부부는 가정을 이루고 이끌어나가는 두 주체로서 의례적으로 동등한 지위에 있어야 한다는 인식이 점차 상식이 되어가고 있다는 점을 보여주는 시각적 징표였다.

조선후기 왕실 가례(혼례) 연구는 국왕-왕후, 왕세자-세자빈, 왕세손-세손빈 가례 외에도 왕자, 공주의 결혼식까지 확장되고 있다.[12] 왕자녀의 결혼은 가례 대신 길례吉禮라는 이름을 사용했다. 조선시대 왕의 아들과 딸이라도 성인이 된 후에는 단 한명의 후계자를 제외하고는 모두 궁궐 밖으로 나가야 했다. 왕자는 10세 무렵에 관례冠禮를, 12세 무렵에 혼례婚禮를

---

10 세종은 왕자녀의 혼례에 친영을 포함시키면서 '以爲民先[이로써 백성들의 본보기가 되라]'고 하였다.(『국조보감』 권6, 세종조2, 16년(갑인, 1434))

11 김지영, 『조선후기 국왕 행차에 대한 연구』, 서울대학교 박사학위논문, 2005, 92~93쪽.

12 김문식, 「1823년 명온공주의 가례절차」, 『조선시대사학보』 56, 2011; 이욱, 「『덕온공주가례등록』을 통해 본 가례절차」, 『한국복식』 30, 2012; 임민혁, 「조선후기 공주와 옹주, 군주 가례 비교 연구」, 『온지논총』 33, 2013; 이미선, 「1749년 화완옹주와 부마 정치달의 가례」, 『한국사학보』 58, 2015; 나영훈, 「17세기 중반 낙선군 이숙의 생애와 혼례의 특징」, 『동서인문학』 55, 2018; 김지영 외, 『17세기 조선 로열패밀리의 결혼』, 2021; 김지영 외, 『17세기 조선 왕실 가족의 혼례: 가례등록 · 명안공주가례등록』, 한국학중앙연구원출판부, 2022.

치렀고, 대궐 밖 거처를 정해 나가야 했다. 이를 출합出閤이라고 한다. 왕자녀의 길례 의식을 상세하게 기록한 등록을 통해 혼례 과정 뿐 아니라 출합을 위해 집과 살림살이를 마련하는 일까지 알 수 있다. 왕자녀의 혼례 때에도 신분 차이보다는 두 남녀가 '부부'가 된다는 사실을 중시해 별궁 친영을 실행했다.[13] 왕자녀 혼례에서도 왕으로부터 사서인까지 모두 예를 함께 한다는 중요 원칙을 엿볼 수 있다.

한편 숙종대 이래 왕실 혼례에서는 두 가지 중요한 의례가 실행되었다. 하나는 후궁 가례의 실행이다. 조선에서는 첩 자손에 대한 신분 차별을 통해 부부를 중심으로 구성되는 가족에 정당성과 안정성을 부여했다. 왕실의 경우에는 조선의 모든 가정의 모범이 되어야 한다는 원칙을 지키면서도 왕가 후손을 넓히기 위해 빈어嬪御 제도를 공식적으로 운용했다. 숙종대 간택 후궁 제도는 왕비를 학사대부 가문에서 잘 교육받은 여사女士로 고른다는 선조대 이래의 왕실 혼례 전통을 확대한 것이다.[14] 첫 간택후궁은 숙종의 후궁인 영빈寧嬪 김씨이다. 안동 김씨 김창국金昌國의 딸로, 후궁으로 간택되어 들어와 숙의淑儀에 책봉되었다. 영빈 김씨의 가례는 영조대 『국혼정례』에 포함됨으로써 국가전례로 공식화되었다. 간택 후궁의 혼례 관련 기록은 〈가례청등록〉으로 남아 있어 왕후, 세자빈 가례를 기록한 의궤들과 비교하여 왕실 가례의 전모를 비교해 볼 수 있다.[15]

---

13 조선후기 왕족의 성인식과 결혼식, 출합에 대해서는 김지영 외, 『대궐 밖의 왕실, 한양의 별궁』, 서울역사박물관, 2020, 114~128쪽.

14 선조의 두 번째 국혼 때 국구 김제남의 집에 내린 잔치에 참여했던 최립은 "조종조에선 벌족 · 세가의 여성만을 간택했을 뿐 학사대부 출신은 드물다."고 하며 학사대부 가문에서 좋은 가르침을 받은 '女士' 간택의 중요성을 논했다.(『簡易集』 卷3, 「國舅延興府院君第燕會序」) 정치사에서는 조선후기 서인이 암묵적인 '국혼물실' 원칙 위에서 외척 지위를 활용해 군권 · 금권 · 정치권력을 독점적으로 행사했던 점을 주목했지만, 이런 전환 이면에는 아이러니하게도 권력과 이익을 탐하지 않는 맑은 '학사대부'에 대한 광범위한 사회적 존경이 자리잡고 있었다.

15 이미선, 「헌종의 후궁 경빈 김씨의 생애와 가례-『경빈가례시가례청등록』을 중심으로」,

간택 후궁 제도의 의미에 대해서는 주로 왕실의 이해관계나 주요 정치 가문의 이해관계와 연관해 해석이 시도되었다. 예를 들어 서인 안동김씨 가문의 영빈 김씨 간택과 남인 견제, 원빈 홍씨 가례와 외척세도를 누리려는 홍국영의 야심 등에 주목한 것이다. 이런 시각은 조선 당대에도 존재했지만 이에 대한 반박 또한 있다.

추가적으로 검토해야 할 당대의 맥락들은 다음과 같다. 적어도 17세기 후반까지는 '청의淸議'를 가문의 중요 자산이라 여기고 왕실과의 혼인관계를 꺼리는 분위기가 존재했다는 점,[16] 따라서 청의로 이름난 가문과 연혼 관계를 맺는 것은 왕가의 입지 확보에 더 도움이 되기도 했다는 점 등이 후궁의 혼례를 공적 의례화하는 데 영향을 주었다고 볼 수 있다. 가장 중요한 것은 통제되지 않는 군주 권력에 대한 공동의 경계심이 관료 집단 내부에 있었다는 사실이다. 왕의 총애를 받는 신하, 왕의 총애를 받는 후궁은 최고 권력을 폭주할 수 있게 하기 때문에 위험하다. 조정에 간언하는 신하가 있듯이 왕가 내부에도 그런 역할을 할 사람이 많을수록 좋았다. 영빈 김씨 이후에도 정조대 원빈 홍씨, 유빈 박씨, 헌종대 경빈 김씨 등이 가례를 통해 왕가의 일원이 되었다.

숙종대 마련된 또 하나의 변화는 혼례를 마친 왕비나 세자빈이 종묘에 직접 찾아가 선조들에게 인사를 올리는 예식이 마련되었다는 점이다.[17]

『지역과 역사』 44, 2019; 임민혁, 「조선시대 후궁 숙의의 간택과 그 지위」, 『역사와 실학』 48, 2012; 임민혁, 「조선후기 후궁의 가례와 예제」, 『역사와 담론』 64, 2012.

16 김수항은 미모[姿色]가 아니라 덕을 기준으로 빈첩을 뽑아야 한다고 숙종에게 간언했지만, 조카딸[김창국의 딸]이 후궁으로 간택되었다는 소식을 듣고서는 직접 상소를 올려 혼례를 막고자 했다. 김창협은 이 일을 선부군행장에 상세하게 기술했는데, '힘껏[力]', '거듭[反覆]' 청했지만 윤허받지 못했다는 점을 매우 강조했다.(『農巖集』 續集, 「先父君行狀」)

17 박미선, 「숙종 22년 王世子 · 王世子嬪 廟見禮 시행과 그 의미」, 『역사학연구』 48, 2012; 신진혜, 「숙종~영조대 왕비 · 왕세자빈 묘현의례의 정치성-명대 사례와의 비교를 중심으로」, 『조선시대사학보』 91, 2019.

사대부 집안에는 새 신부를 맞이한 후 시부모를 뵙고, 집안의 사당에 고하는 의식이 있었다. 친영이 부부의 결합을 널리 알리는 의식이라면, 사당에 고하는 의식은 '가문家門'으로 지칭되는 확대된 가족의 일원이 됨을 알리는 절차였다. 왕실에서도 중종대에 이미 친영례와 함께 비빈의 묘현례廟見禮가 논의되었지만, 친영례와 달리 묘현례는 실행되지 않았다. 숙종대(1696, 숙종 22)에 와서야 세자였던 경종이 세자빈을 맞아들일 때 조정에서는 오랜 논의 끝에 새 신부의 알묘謁廟 의식을 의주로 마련했다. 이를 숙종대 남인의 축출과 노소론의 정치적 대립 속에서 취약해진 세자[경종] 및 세자빈 지위의 정당화라는 관점 또는 명 계승의식과 왕권강화론의 관점에서 해석하기도 하지만, 조선전기 이래 오래된 고례古禮 실천 의지 즉, 고례라는 이상적 제도와 문화[문명]를 기준으로 조선의 풍속과 관행들을 더 낫게 개선해 나가려는 의지가 끝내 관철된 것으로 보아야 한다. 세자빈의 알묘 의식이 거행되면서, 수행 궁인들도 종묘에 들어갔다. 종묘에 여성을 들이지 않는 오랜 전통과 금기는 왕실 혼례의식이 조선 모든 가정에 본보기가 되어야 한다는 당위론에 밀려 깨졌고, 새로운 조선 문화와 조선의 상식이 형성되었다.

3. '왕실의례' 재건의 문제의식과 방향성(2): 왕실 상장례

조선후기 흉례, 즉 왕실 상장례에 대한 연구는 왕실 지위별로 상장례가 어떤 차이를 보이는가를 밝히는 사례 연구가 주로 이루어졌다.[18] 조선전

18 이현진, 「정조대 문효세자의 상장의례와 그 특징」, 『규장각』 40, 2012; 김윤정, 「18세기 端懿嬪의 喪禮와 服制論議 -『端懿嬪喪葬謄錄』을 중심으로」, 『장서각』 32, 2014; 이현진, 「영조대 의소세손의 예장과 그 성격」, 『한국사상사학』 46, 2014; 이현진, 「순조대 惠慶宮의 喪葬 의례와 성격」, 『조선시대사학보』 74, 2015; 이현진, 「조선후기 세자빈 예장의례와

기의 국상의례에 대한 실증 연구도 진행되었고, 조선후기 국상의례의 계기적 발전과 변화를 논할 수 있게 되었다.[19] 정조의 국상 관련 의궤 기록과 국휼등록 등의 자료들을 바탕으로 3년이라는 긴 시간동안 거행되는 국장의례를 복원하기도 했다. 애통의 의례로서 국휼의례가 가지는 종교문화적 의미에 대한 연구, 왕실의 사적 의례와 국가의 공적 의례를 넘나들며 가족에서 국가에 이르는 안정된 질서체계를 구성하는 의례로서 흉례를 바라보는 연구도 진행되었다.[20]

조선시대 왕실 흉례는 성종대 『국조의례의』가 편찬된 이래 이에 준해서 실행되었지만, 조선후기에도 꾸준히 변화가 있었다. 영조대에는 이런 변화를 반영해 『국조상례보편』이라는 상장례 전례서를 편찬했다. 1751년 의소세손懿昭世孫의 장례와 효순현빈孝純賢嬪[효장세자의 부인]의 장례, 1757년 정성왕후[영조 부인]와 인원왕후[숙종 부인]의 장례를 치르면서, 과도한 국장의식은 덜어내고 부족한 점은 보태서 마련한 것이었다. 『국조상례보편』 편찬 전후 시기를 비교하여 국장 의례의 원칙이 어떻게 변화하며 어떤 역사문화적 의미를 가진 것인지를 탐구하는 것도 중요한 과제로 남아있다.

한편 왕보다 먼저 세상을 떠난 왕후의 국장의례를 '내상재선의례內喪在

그 특징-현빈의 예장을 중심으로」, 『한국문화』 73, 2016; 이현진, 「조선후기 綏嬪 朴氏의 喪葬 의례와 성격」, 『조선시대사학보』 76, 2016; 김윤정, 「17세기 昭顯世子 喪禮의 성격과 의미」, 『한국학연구』 40, 2016; 이현진, 『조선 왕실의 상장례; 국왕 국장과 세자 세손 예장』, 신구문화사, 2017.

19 양정현, 「조선 초기 원경왕후 상장례 의식과 그 특징」, 『역사민속학』 45, 2014; 석창진, 「조선 세종비 소헌왕후 국상의례와 그 의미」, 『역사민속학』 45, 2014; 조용철, 「조선 세조대 의경세자 상장례 구성과 특징」, 『역사민속학』 45, 2014; 이지훈, 「조선 세종 국상의 의식 구성과 진행」, 『역사민속학』 45, 2014; 홍근혜 「조선 성종대 정희왕후 국상 의례와 그 특징」, 『조선시대사학보』 80, 2017.

20 이현진, 『왕의 죽음, 정조의 국장』, 글항아리, 2015; 이욱, 『조선시대 국왕의 죽음과 상장례』, 민속원, 2017; 이재정, 「외규장각 흉례 관련 의궤 연구 서설」, 『외규장각의궤학술총서 3: 흉례1』, 국립중앙박물관, 2015.

先儀禮'로 따로 분류하여 그 의례적 특징들을 고찰하기도 했다.[21] 선조 부인 의인왕후나 인조 부인 인열왕후, 영조 부인 정성왕후의 국장 기록을 검토하여 어떤 등급의 상복을 입는지[服制], 국상의 주체가 누가 되는지[主喪]를 살폈다. 같은 국장이라 하더라도 왕후의 국상은 국왕의 국상과 차등화 되었다. 특히 왕이 살아있을 때 왕후가 세상을 떠난 경우에는 세자가 상례의 주체[주상]가 되어 상을 치렀다. 국왕을 제외하고 세자와 백관들만 자최상복을 입었고, 상기도 '기년朞年[13개월]'으로 정했다. 15개월 째에 거행하는 담제禫祭 이후에는 혼전에서도 길례를 회복했다. 영조대에는 정성왕후의 국상을 치를 때 국왕 또한 자최복의 상복을 입었을 뿐 아니라, 이전의 내상재선의례 때와 달리 15개월 담제까지 혼전에서의 의례를 모두 국왕이 주관하여 행했다. 또 재기인 25개월까지 혼전과 산릉에서의 조석상식을 유지했다.

상장례는 그 의례절차가 복잡하고 의례 용어가 어려워 내용을 이해하는 것만도 벅차다. 의례 절차상 변화 사실을 따라가는 것만도 어렵지만, 그 변화의 방향성과 의미를 설명하려는 노력이 필요하다. 그렇다면 내상재선 의례에 나타난 변화의 의미는 무엇일까. 服制는 망자에 대한 공식적 슬픔이 어느 정도인지를 가시화해서 보여주는 장치였다. 17세기 후반 조선 조정을 떠들썩하게 했던 예송논쟁도 왕대비[효종비 인선왕후]가 죽었을 때 대왕대비[인조비 장렬왕후]가 입을 상복 문제에서 비롯되었다. 며느리 상에 시어머니가 어떤 상복을 입을 것인지가 논란거리나 될까 싶겠지만, 며느리라도 집안을 잇는 적장자의 아내인지 아닌지에 따라 상복에도 차이

21 김윤정, 「宣祖代 懿仁王后 國恤의 성격과 의미」, 『규장각』 50, 2017; 김윤정, 「英祖代 貞聖王后 國恤의 성격과 의미」, 『서울과역사』 98, 2018; 김윤정, 「인조대 인열왕후 국휼의 절차와 의미」, 『장서각』 40, 2018; 김윤정, 「조선후기 內喪在先 의례의 변화와 의미-仁敬王后 國恤을 중심으로」, 『규장각』 53, 2018; 김윤정, 「『國朝五禮儀』 內喪在先 의례의 성격과 의미」, 『한국학연구』 59, 2020.

가 있었다. 개인적으로 슬픔에 차이가 없다 하더라도, 공적으로 더 중요한 책임과 역할을 했던 것에 대해 예우를 보이기 위해 차등을 둔 것이다. 왕후 국상이 있을 때 국왕이 왕후를 위해 입는 복제에는 아내에 대한 남편의 애통과 예우가 표현되었다. 국왕이 여전히 생존해 국가의 공적인 일을 담당하더라도, 부부의 예를 다해야 한다는 것이다.

이는 단지 상례를 바꾼 왕 혼자의 결단이 아니었다. 16~17세기 이래로 주자가례, 즉 고례의 정신과 이를 이은 주자예학의 수용을 강조했던 사람들은 개별 가정의 변화로부터 지역 사회, 국가의 변화가 가능하다고 보았다. 개별 가정은 소가족이든 확대가족이든 '부부'가 가장 중요한 두 주체이다. 남편과 함께 종묘[가묘]를 받드는 부인, 즉 적처는 가족구성원 뿐 아니라 남편에게도 마땅히 존중받아야 한다. 고례와 가례에서 제안하는 '부부'에 대한 인식이 조선에서 한 번에 완전하게 수용될 수 없었다. 그러나 조선은 왕가의 예제가 조선 문화를 이끄는 전범이 된다고 여겼다. 왕조례의 특수성을 고려하더라도, 부모-자식간, 부부간 올바른 도리가 무엇인지, 그러한 도리가 어떻게 예의 세세한 절목을 통해 드러나게 할 것인지를 중요하게 생각했다. 왕실의 차별적 권력을 드러내는 것 뿐 아니라 조선에 모범적인 '가정'의 상과 가족 구성원들의 역할을 제시하는 것이 왕가 가례家禮의 역할이었다.

조선후기에 있었던 왕후 관련 예제 변경인 신덕왕후 추부 의례나 단경왕후 복위의례 역시 그 근간에는 정상적인 '부부'상을 왕실이 제시하고 실천해야 한다는 인식이 있었다. 통상 '폐비 신씨', '신비愼妃'로 불리는 단경왕후 신씨 복위 의례는 1739년(영조 15)에 단행되었다. 신비는 중종이 왕위에 오르기 전 혼인하여 중종반정 직후 왕비로 책봉되었다가 연산군 정권에 깊이 연루된 가족 때문에 폐출되었다. 이미 중종대에 새 왕비와 쟁쟁한 외척 가문이 자리 잡은 후였지만, 아무 잘못없는 처를 쫓아낸 것은 잘못이며 바로잡아야 한다는 공론이 분분했다. 조선후기에도 모든 사람들이 똑

같이 억울하다고 느끼는 '천리天理'에 관계된 사안이라 여겨 복위 논의가 일어났고, 왕가도 천하 공공의 예법을 따라야 한다는 압력 속에서 단경왕후의 복위가 단행되었다.[22] 이렇듯 개별 의례가 구성해내는 가족-친족 모델과 그 함의에 대한 해석에 보다 유의하면서 왕가 가례家禮에 대한 연구와 해석이 이루어져야 한다. 이런 연구들이 축적될 때 조선후기 왕실 예제 및 의례 연구는 특수사에 머물지 않고 조선 사회 및 조선 문화 연구와 만날 수 있다.

4. 국가 제사를 받을 자격: 추숭부묘와 궁원 의례

조선후기 길례吉禮 즉 국가 제향 부문에서도 많은 변화가 있었다. 조선시대 국가제사는 "신에 대한 감사와 봉헌이 국가의 복록으로 이어질 것이라는 기대" 위에서 이루어졌다.[23] 국가 사전 체계는 내치內治의 측면에서는 "조선이 상정한 국가의 역할이 무엇인지"를 고민하는 동시에 "천하 즉 여러 국가가 함께 살아가는 세계 속에서 조선의 역할은 어떠해야하는지 문제"를 고려하며 정립 · 운용되었다. 종묘 제향의 정비, 조선후기 사직 기곡제의 실행, 교단 기우제의 확대, 친행 기우제 및 기양의례 확대, 대보단 · 관왕묘 · 선무사 등 새로운 제향의 실행, 진전의 재건, 궁원제향의 확대 등의 사안은 조선이라는 국가, 왕조체제의 정당화라는 사안과 깊게 연관되어 있다.

---

22 단경왕후 복위 의례 논의를 누가 주도하고 있는가 주목해서 정치 권력론 차원에서의 분석한 논문으로 김우진, 「영조의 단경왕후 신씨 복위와 의의 - 복위부묘 의례를 중심으로」, 『동양고전연구』 90, 2023 참조.

23 이욱, 『조선 왕실의 제향공간』, 한국학중앙연구원출판부, 2015, 11쪽.

가뭄, 홍수, 전염병 등의 자연 재해와 개인적인 재난 상황에서 국가는 친행 기우제, 사직 기곡제, 여제 등 기양의례를 실행했다.[24] 일시적인 재난에 대한 대응을 넘어 지속적인 안민安民의 토대 마련하기 위한 왕조의 노력을 보여주기 위해 친림 사직 기곡제가 대사에 속하고 정례화되었다.[25] 임진왜란 때 명나라 군대를 위한 제사처로 출발했던 동 · 남 관왕묘 역시 명의 파병에 대한 기억과 보은을 넘어 국방, 안민의 중요 수단인 '무武'란 어떤 것이어야 하는지, '무'라는 수단이 헌신할 가치과 국가 정체성을 표상하는 제장으로 정립되며 국가 제향과 의례의 중요 장소가 되었다.[26]

역사학 분야의 의례 연구자들은 사직 기곡이나 교단 기우 등 제후국의 제천祭天 · 사천祀天이라는 새로운 현상, 대보단 제향 등 현대적인 국가-국제 관념을 넘어선 조선후기 제향의 의미를 해명하고자 했고 그 의미를 '탕평군주로서의 왕권강화'나 '조선이 유일한 중화라는 자부심'과의 관련성을 강조하였다.[27] 이들 제향의 의미는 조선의 내치 문제로 한정해서는 제대로 이해할 수 없고, 앞서 언급했듯 천하 즉 여러 국가가 함께 살아가는 세계 속에서 조선의 역할은 어떠해야하는지 문제를 고민하는 가운데 정립 · 운용되었음을 이해해야 파악할 수 있다고 본다.[28]

국가 제사 의례 중 역사학 연구자들이 가장 즐겨 다룬 주제는 종묘 의례

---

24 이욱, 『조선시대 재난과 국가의례』, 창비, 2009.

25 이욱, 「조선후기 기곡제 설행의 의미 - 장서각 소장 사직서의궤와 등록을 중심으로」, 『장서각』 4, 2000; 김지영, 「전향사 『제례등록』을 통해 본 조선후기 국가제례와 일상」, 『사학연구』 116, 2014, 271~273쪽; 김지영, 『길 위의 조정』, 민속원, 2017, 337~339쪽.

26 이성형, 「대명의리론의 추이와 조선 관왕묘-선조~숙종년간을 중심으로」, 『한국한문학연구』 53, 2014; 김지영, 「조선후기 관왕묘 향유의 두 양상」, 『규장각』 49, 2016.

27 이욱, 앞의 책, 2009, 207~220쪽.

28 조선은 천하의 일원으로서 세력이 불일치하는 여러 나라의 공존과 세계 평화를 모색하고 실천하는 주체가 되고자 했다. 조선후기의 '외교의례'와 일부 '길례'의 개정과 변화의 기저에는 이러한 조선의 국가 인식이 깔려 있었다. 이런 관점에서의 연구는 김지영, 『정조의 예치』, 「천하례: 대명의리와 정조의 사대예설」, 휴머니스트, 2020 참조.

이다. 양난 이후 국내외적으로 매우 어려운 상황 속에서도 단순 종묘 복구를 넘어 종묘에 대한 대대적인 정비가 있었고, 과연 그 의미가 무엇인지 답하고자 한 것이다.[29] 종묘를 포함한 공적 제장 정비에서 가장 중요한 개념은 '공덕功德'이었다.[30] 국왕과 왕비로서 나라를 위해 공덕이 있는 이들을 제향하는 공간이 종묘이다. 그런데, 조선에서는 왕비가 아니었던 인물을 왕비로 추숭하거나, 왕이 아니었던 인물을 왕으로 추숭하는 일, 즉 추숭부묘의례가 적지 않게 있었다.

추숭부묘는 조선시대사 연구의 중요 주제 중 하나였다. 주로 국왕의 권력적 정통성 차원에서 다루어져 왔는데, 많은 연구자들이 왕 · 왕비의 아들이 아니면 신분상 하자가 있고 정통성에 흠이 생긴다는 생각을 갖고 이 주제를 다루었다.[31] 성종의 친아버지 의경세자懿敬世子[德宗], 인조의 친아버지 정원군定遠君[元宗]은 왕의 아버지라는 이유로 사후 조선의 왕으로 추대되었다. 왕의 어머니도 마찬가지다. 연산군은 폐출되었던 어머니 윤씨를 제헌왕후齊憲王后로 추숭해서 별묘에 모셨고, 광해군은 선조의 후궁이었던 어머니[공빈 김씨]를 공성왕후恭聖王后로 추숭한 후 봉자전奉慈殿이라는 별묘에 모셨고, 중국에서 왕후로 추책봉하는 고명을 받은 후 태묘에 부묘했다.[32]

이러한 의례가 주는 메시지는 분명하다. 국왕이 사적 감정 때문에 공공의 계보와 역사를 바꾼다는 것이다. 아무리 효자라도 해서는 안 되는 효가 있다. 이런 입장에서 정치 생명을 건 추숭[추왕]반대론이 전개되었고, 이를 억지로 돌파했을 때 오히려 왕은 중요한 지지자들을 잃었다. 추숭반대론

29 이현진, 『조선후기 종묘전례 연구』, 일지사, 2008.

30 이욱은 조선후기 陵祭, 原廟, 宮園, 시조묘 등에서의 다양한 '俗祭'가 증가하고, '功德' 대신 왕실의 혈연적 요소의 개입이 늘어나는 양상에 주목했다.(이욱, 앞의 책, 2015, 5~7쪽)

31 '무수리 출신의 어머니로 인한 영조의 신분 콤플렉스'가 대표적이다.

32 『광해군일기』 권26, 2년 6월 6일(기묘); 『광해군일기』 권91, 7년 6월 13일(무자).

의 압력 위에서 조선후기 국가의례가 실행되었다는 점을 잘 살펴야 한다. 선조가 자기 아버지 생부를 덕흥대원군으로 추존했을 뿐 왕의 칭호를 주지 않았고, 이는 1592년 전쟁이 일어나기 전까지 선조 조정에 대한 많은 기대의 원천이 되었다. 선조의 전례는 새로운 전범이 될 수 있었지만, 인조는 다시 추숭전례를 실행했고, 반정反正으로 고조된 새 정치에 대한 기대를 무너뜨렸다. 경종은 죽은 생모 장희빈에게 '옥산부대빈玉山府大嬪'이라는 존호를 올리는 데에서 그쳤다.[33] 영조의 경우에 사친에게 '육상'이라는 시호를 올리고, 사당과 묘소를 궁과 원으로 칭했다. 궁원제宮園制라고 잘 알려진 이 제도는 일반 후궁보다 더 융숭한 대접을 받은 점이 강조되었지만, 조선시대 역사를 돌아보면 자기 친부모를 추숭 부묘했던 다른 왕들보다 자제한 것으로 볼 수 있다.[34]

조선후기 추숭부묘 관련 의례 가장 많이 연구된 것은 정조의 아버지 사도세자 의례이다. 궁원제라는 틀 안에서 복권을 추진했다고 알려진 사도세자 의례는 2010년대에 이른바 '복수'의 서사 위에서 새롭게 쟁점화되었다. 주요 논지는 정조가 왕으로 즉위한 이후로 사도세자의 복수를 치밀하게 이뤄나갔으며, 현륭원 조성, 을묘년 원행, 화성 건설 등이 모두 이러한 복수 또는 복권 과정의 일환이었다는 것이었다.[35] 특히 정조는 사도세자를 왕으로까지 추숭하고자 했으며, 영조와의 약속과 여기에 기댄 추숭반

33 김윤정, 「장희빈 상례와 추보 논의의 성격」, 『국학연구』 48, 2022.

34 궁원제를 '존왕적 예학' 즉 신권에 대비되는 강력한 왕권을 표상하는 것으로 해석한 연구들은 다음과 같다. (정경희, 「조선후기 궁원제의 성립과 변천」, 『서울학연구』 23, 2004; 임민혁, 「조선후기 영조의 효제 논리와 사친추숭」, 『조선시대사학보』 39, 2006; 이현진, 「영정조대 육상궁의 조성과 운영」, 『진단학보』 107, 2009)

35 유봉학, 『꿈의 문화유산, 화성』, 신구문화사, 2001; 정해득, 『정조시대 현륭원 조성과 수원』, 신구문화사, 2009; 최성환, 「사도세자 추모 공간의 위상 변화와 영우원 천장」, 『조선시대사학보』 60, 2012; 이현진, 「1789년(정조 13) 영우원에서 현륭원으로의 천원 절차와 의미」, 『서울학연구』 51, 2013; 김문식, 「을묘년 정조의 수원행차와 그 의의」, 『정조 8일간의 수원행차』, 수원화성박물관, 2015; 김문식, 『원행을묘정리의궤』, 아카넷, 2020.

대파를 의식해 본인 당대에는 이루어주지 못하더라도, 아들이 어느 정도 장성하게 되면 왕위를 물려주고 화성에서 상왕으로 있으면서, 사도세자를 왕으로 추숭하려 했다고 보았다.

왕세손 시절부터 1800년까지의 사도세자 추숭 전례와 관련된 의례 및 관련 논의를 분석하여 이에 대한 반박이 제기되었다.[36] 정조는 사도세자에 대한 기념을 종묘보다 한 등급 낮추는 선에서 행하고자 했으며, 실제로도 현륭원 조성이나 사도세자 · 혜경궁에 대한 추숭 · 존숭의례는 왕릉이나 왕/왕비보다 한 단계 낮추어 실행되었다. 정조도 거듭 추숭을 하지 않는 것이 자신의 본뜻이며 자신은 '갚지 않는 갚음'을 하려고 한다고 강조했다. 이 입장은 왕에 즉위하기 전 세손시절부터 정조가 죽기 직전까지 한번도 바뀌지 않았다. 이는 정조가 영조의 명령을 거역할 수 없거나 정치적 반대세력을 고려했기 때문이 아니라, 추왕 의례가 생성해낼 메시지가 정조의 의리정치와 어긋났기 때문이다. 즉 '의리[도덕적 올바름]를 중심으로 시세와 이익에 휩쓸려가는 조선을 바로세우겠다는 방침'을 내세우고 정파를 초월한 지지를 이끌어내려고 했던 정조 자신의 의리정치-의리탕평정치를 스스로 무너뜨리는 행위였기 때문이었다. 왕의 지위와 권력이 있어도 마음대로 바꿀 수 없는 것이 과거이고 역사이다. 사도세자는 죄인이어서가 아니라 생전에 왕이 아니었기 때문에 왕으로 추숭부묘하지 않는 것이었다.

영조와 정조대 의례에서는 어느 시기보다 '효'라는 덕목이 강조된다. 조선시대 주자학의 경세기획에서 '효'는 개인 윤리를 넘어선 공공적 의미가 있다. 정조의 '절제하는 효'는 조선이 오랫동안 가족 구성원 사이의 사랑과 공경, 책임의식을 기르기 위해 강조했던 효孝 · 제悌 · 자慈의 감정들이,

36 김지영, 「정조대 사도세자 추숭전례논쟁의 재검토」, 『한국사연구』 163, 2013; 김지영, 「1795년 『정리통고』 편찬과 '정리'의 의미」, 『역사학보』 228, 2015.

가족 간 즉 사회 속에서 극심한 경쟁과 분열을 빚어내고 있는 상황을 막기 위해 필요했다. 조선 사람들이 어린 시절부터 읽던 『효경』에서 강조한 '효치孝治'를 제대로 구현하기 위해서도 중요했다. 1795년 을묘년 원행은 사도세자에 대한 복권을 넘어 "부모님에 대한 사랑[효]의 마음을 이웃과 지역사회와 나라 전체에 이르게 한다"는 효에서 확장한 사회적 실천을 예시하는 차원에서 의례화되었다.[37] 아버지 묘소 근처에 개혁을 위한 시범도시를 건설하고, 어머니를 모시고 가 성대한 회갑연을 열었다. 공공 비용을 절제하고, 남은 재원으로 민간 구호를 위한 기금[정리곡]을 마련했다. 어머니의 회갑연과 함께 화성 지역 노인을 위해 양로연을 열었다. 행궁 궁문에서 직접 나눔의 의례도 실행했다. 왕가의 결혼의례와 장례의례를 통해 바람직한 가정의 형상을 조선 사람들에게 제시하려 했듯이, 1795년 원행의례를 통해 가정 뿐 아니라 바람직한 사회의 형상을 제시하고자 했다.[38]

5. 왕실의 재구성과 상징체계의 수립

국왕이나 왕비, 왕대비, 대왕대비, 왕세자, 세자빈 등 왕실 구성원의 지위는 책봉의례를 통해 확정된다. 조선시대 국왕은 대부분 '사위嗣位'의 의례 절차에 따라 즉위했다. 3년상을 마치고 선왕의 신주를 종묘에 모시는 부묘의식을 끝내고서야 새 왕의 즉위를 축하하거나, 새 왕의 즉위에 따라 왕실이 재구성되는 공식 의례가 거행되었다.[39] 이미 세자빈은 왕비가 되

37 김지영, 『정조의 예치』, 휴머니스트, 2020, 224~239쪽, 4부 방례: 국가례의 시행과 왕조 이상의 설득.

38 원행의례를 마친 후에 정조는 국조 전례 체계 내에 있던 사회의례를 재정비하고 활성화시키고자 했다. 이에 대해서는 김지영, 위의 책, 2020, 2부 향례, 참조.

39 김지영, 「선왕 부묘 후 왕실 지위의 조정과 상징체계의 마련」, 『외규장각의궤연구: 책례

었고, 본래 안주인이었던 왕비는 왕대비가 되었지만, 새 왕대비와 왕비, 세자는 이름에 걸맞는 새 의장과 가마, 법복을 갖추고 공적인 자리에서 의례적 지위를 획득했다. 친어머니 대신 새 왕대비가 '자전' 즉, '어마마마'가 되어 자애로운 어머니와 효성스런 아들의 관계를 재정립하고, "효성과 자애의 마음을 미루어 만민에게 인정을 펼치는 국왕"이라는 정치적 레토릭의 중요한 토대를 마련했다. 의례 명칭은 왕대비의 경우에는 존숭의례, 왕비의 경우에는 책례로 각기 달랐지만, 새로운 지위로 변경되었음을 대대적으로 공표한다는 점에서는 차이가 없었다. 새 지위에 부합하는 새로운 복식, 연여, 의장을 준비했는데, 국왕도 이 때가 되어서야 왕을 위해 준비된 새 가마와 의장을 사용할 수 있었다.

지위를 획득한 후에도 특별한 공덕이 있을 경우 존호, 휘호를 올리는 존숭의례를 거행하여 공덕을 공인했다. 어떤 것을 공인할만한 '공덕'으로 삼을 것인가는 첨예한 정치적 사안이기 때문에 의례 거행을 좁은 의미에서 정치적 사건으로 다루어왔던 연구자들이 관심을 가질만한 주제이다. 최근 10년 동안에는 정치사 연구의 일환으로 존호의식을 다룬 연구를 넘어 18세기 존호 · 존숭의례와 관련된 의례를 전반적으로 검토하며 그 의례적 의미를 검토한 연구가 이루어졌다.[40] 영조대 이전까지는 국왕에게 직접 존호를 올리는 의식은 매우 드물게 이루어졌으나, 영조대 이후로는 국왕이나 왕비, 왕대비에 대한 존숭의식이 크게 증가하였다. 특히 영조는 직접 다섯차례 존호를 받았다. 효종, 현종, 숙종 등 선왕에 대해서도 존호를 올려 그 공덕을 기렸다.

왕대비나 대왕대비에 대해서도 여러 차례 존호를 올려 왕실의 어른에

와 존숭의례』 5, 2020.

40 정재훈, 「18세기 존호 · 존숭 의궤와 그 의의 - 외규장각의궤를 중심으로」, 『외규장각의궤총서』 5, 2020.

대한 존경과 효성을 보였다. 정조가 존호를 받지 않아 국왕에 대한 존숭의례는 뒤로 이어지지 않았지만, 왕대비 또는 대왕대비에 대한 존숭의례는 정조, 순조, 헌종, 철종, 고종대까지 하나의 관행적 의례로 굳어졌다. 왕대비나 대왕대비에 대한 진연·진찬의례가 자주 거행되는 것과 연관되어 있기도 하다. 왕실 어머니에 대한 효성과 공경을 표하는 가시화된 의례가 많아지는 속에서 왕실 의례 속 여성의 활동도 더욱 증가하였고, 의궤 외에도 다양한 왕실고문서 등 기록물들이 생산되었다. 왕실 속 여성문화를 볼 수 있는 기회가 더불어 증가하게 된 셈이다.

한편, 왕세자 책례에 대한 연구도 진척되었다. 조선시대 왕세자는 7~8세 무렵 책봉의례를 거쳐 왕세자의 지위에 오르고, '세자궁'이라는 독립된 관부를 갖게 된다. 정치적 상황과 연관되어 책례가 비정상적으로 앞당겨지는 경우도 있었다. 후계자의 자리가 비워져 있어 그 불확정성이 왕권의 안정적 행사에 영향을 미칠 때에는 2~3세의 나이에도 책례를 거행하여 후계자의 지위를 공식화했다. 그렇지 않은 경우에는 왕위계승자를 원자로 부르고 보양청을 설치하여 조기 교육을 실행했으며, 어느 정도 의례를 거행할 수 있는 나이가 되었을 때 책례를 거행했다. 책례 외에 성인의 학문을 시작함을 표상하는 입학례, 성인으로 예를 책임질 수 있는 자격을 갖추었음을 공인하는 관례 등을 치러 후계자의 자격을 차례로 공식화했다.[41] 책례, 관례, 입학례 등 의례를 통해 우리는 조선에서 왕이 되기 위해 어떤 자질이 가장 필수적이라고 여겼는지를 알 수 있다. 혈통에 의해 적장자를 후계자로 정하지만, 국가를 이끌어나갈 지도자로서 가장 필요한 덕성은 타인을 배려하는 마음과 공감 능력이었다. 타고난 덕성을 이후의 교육을 통

---

41 임민혁, 「조선시대 왕세자 책봉례의 제도화와 의례적 성격」, 『조선 왕실의 가례』 1, 한국학중앙연구원출판부, 2008; 김문식, 「조선 왕실의 입학례 연구」, 『조선 왕실의 가례』 2, 한국학중앙연구원출판부, 2010; 김문식, 『왕세자의 입학식』, 문학동네, 2010; 김지영, 『숙종대왕 이순의 성인식』, 한국학중앙연구원출판부, 2017.

해 더 잘 발휘할 수 있게 되었음을 의례 내용을 통해 드러냈는데, 정당화 의례의 핵심 내용을 이와 같은 차원에서 구성해냈다는 사실 자체가 조선의 정치문화 형성과 관련해 중요하다.

한편, 숙종, 영조, 정조대, 순조대에는 2~3세의 어린 나이에 세자를 책봉하기도 했다. 차기 권력을 둘러싼 정쟁이 뜨거워졌고, 왕의 자리가 신하의 손에서 결정된다는 자조 섞인 우려도 높아져 갔다. 1800년 순조 책봉, 1812년 효명세자 책봉의례를 거행되었던 시기의 정치적 상황과 연결짓고, 특정한 정치적 목적과 연관되어 있다고 해석하기도 했다.[42] 즉 1800년 순조 책봉은 사도세자를 왕으로 추숭하려는 갑자년(1804) 구상과 연관되어 있으며, 1812년 효명세자 책례는 정조를 계술하려는 의지를 드러내 홍경래의 난 등으로 초래된 왕조의 위기상황을 돌파하기 위해 거행되었다고 보았다.

특정 의례를 의례가 거행된 시점의 정치적 상황이나 의례 주인공의 정치적 입지를 강화하려는 시도로 보는 연구방법은 조선후기 의례 연구에서 자주 볼 수 있다. 조선시대 전례화典禮化된 의례는 일정한 루틴을 따르며, 전례를 따라 의식절차와 의례 내용을 구성한다. 왕세자 책례는 선조들을 이어 왕가를 계승할 공식 후손이 결정되었고 왕가가 단절되지 않고 계속 미래로 이어질 수 있다는 사실을 확인하는 의식이다. 정조가 종묘의 선왕들 뿐 아니라 아버지 장헌세자를, 순조가 정조를 의례의 장에 소환하는 것은 당연한 일이었다. 일정한 루틴과 상식을 벗어난 파격이나 변화가 있는 경우가 아니라면 특정 시기의 전례를 참조한다거나 특정 시기의 선택한 사실을 특정의 정치적 목적을 달성하기 위한 것이라고 보기 어렵다. 의례 연구와 정치사 연구의 적절한 결합방식에 대한 고민이 필요하다.

---

42 박나연, 「정조대 후반 왕세자 관련 의례의 진행과 그 의미」, 『동양학』 64, 2016; 박나연, 「1812년 왕세자 책봉의례의 진행과 그 의미」, 『인문학연구』 62, 2021.

6. 국가 의례의 실천과 '조선 문화'의 형성

앞서 살펴본 연구들 외에도 진전과 영정 · 어진 관련 의례에 대한 연구,[43] 태실 관련 의례에 대한 연구, 출판 관련 의궤 및 의례에 대한 연구, 공신녹훈의례, 행차의례에 대한 연구도 진행되었다.

우선 진전과 영정 · 어진 관련 의궤에 대한 연구는 크게 도성 내 공식 진전이었던 영희전과 궁궐 내 진전이었던 선원전, 강화도의 장녕전, 화성의 화령전, 경기전 · 준원전 등 외방의 태조진전 등에서 이루어진 의례의 내용에 대한 연구와 어진을 봉안하고 제향하는 의례의 정치적 효과에 대한 연구로 구분된다. 선왕의 어진에 대한 제향은 종묘 제향과 구분되는 형식으로 거행되었다. 영조는 진전 외에도 다양한 어진봉안처를 마련했고, 국왕이 그 곳에 임재하는 것과 같은 의미를 부여하며 봉안장소에 특별한 위상을 더해주었다. 이 의례행위는 영조 이후로도 계속되었고, 모든 왕들이 복수의 어진을 복수의 장소에 봉안하며 일종의 '어진정치'를 해나갔다. 진전은 조선전기 원묘와 마찬가지로 유교식 종묘제향과 다른 속제俗祭이다. 같은 진전이라도 영희전과 궁궐 안 선원전은 그 의미가 다르며 제향대상도 다르고, 18~19세기 활용방식에서도 차이가 난다. 특히 선원전 공간을 통해 19세기 종묘 계보와 다른 계보의식이 중시되는데, 이는 18세기까지 종묘를 중심으로 구축해왔던 합법성 체계의 균열이라는 점에서 주목할 만하다.[44]

---

43 김지영, 「19세기 진전 및 어진봉안처 운영에 대한 연구」, 『장서각』 26, 2011; 김세은, 「조선시대 진전의례의 변화」, 『진단학보』 118, 2013; 이민아, 「고종대 궁궐내 현왕 어진봉안처의 변화와 '규장각' 계승」, 『한국문화』 95, 2021.

44 '속제'의 증가가 곧 '공덕' 중시의 국가제사 체계의 공적 성격을 약화시키는 것으로 볼 수는 없다. 다만 18세기 궁원제에서 볼 수 있었던 '절제'가 19세기에 다시 약화되는 양상과 그 역사적 의미에 대해서는 주목할 필요가 있다.

생활사, 일상문화사에 대한 관심 속에서 태실 의례도 관심의 대상이 되었다. 1600년에 이루어진 세종 태실 수리 과정과 영조대 세종과 단종 태실 수개 과정을 고찰한 연구 등 태실 의궤를 기본 자료로 하여 지방에서 이루어진 태실 수리 공역의 실상을 밝혔다.[45] 동일한 자료를 놓고 전혀 다른 각도에서 해석한 연구도 있었다. 영조대 경상도 곤양 지역에 있던 단종의 옛 태실을 국왕의 태실로 재조성하는 과정 이면에 무신란의 핵심 지역에서 숙종을 계술한 사업을 행함으로써 왕위 계승의 정당성을 설파하려는 정치적 목적이 있었다고 본 것이다.[46]

한편, 태실 관련 의궤와 태실 의례를 조선의 출산과 장태문화와 연결하여 해석한 연구도 있었다.[47] 태실의 석물단장과 수리, 태실 조성의 특징과 수호사찰의 운영 등 태실 조성과 관련된 사실을 의궤에 기반하여 충실하게 재구성했다. 여기에서 머물지 않고 조선시대 장태의례의 의미를 천착하는 데까지 나아갔다. 장태 의례의 핵심이 아기씨의 무병장수와 왕실의 안녕을 축원하는데 있음을 살피고, 장태가 왕실 아기의 안녕을 기원하는 의식에서 출발했지만, 영정조대를 거치면서 왕실의 복록을 백성과 함께 나누려는 민본 이념이 강하게 투영되면서 장태의례가 간소화되는 변화가 나타났다고 보았다.

국조보감 등 책의 출판, 간행, 배포, 봉안관련 의례 연구도 있었다.[48] 편찬 · 출판 관련 의궤 및 의례가 아닌 국장도감의궤 기록을 바탕으로 왕릉

---

45 김해영, 「『세종대왕태실석난간수개의궤』에 대하여」, 『고문서연구』 45, 2014; 「영조조 세종, 단종 태실의 수개 역사」, 『남명학연구』 44, 2014.

46 윤정, 「영조대 곤양 '단종태실' 건립의 정치사적 의미 - 무신란에 대한 이념적 대책」, 『역사와 실학』 64, 2017.

47 윤진영 외, 『조선왕실의 태실 의궤와 장태 문화』, 한국학중앙연구원출판부, 2018.

48 허태용, 「정조의 계지술사 기념사업과 『국조보감』 편찬」, 『한국사상사학』 43, 2013; 김해영, 「『國朝寶鑑』의 편찬과 편찬 의례 - 헌종조의 『三朝寶鑑』 續纂 과정을 중심으로 」, 『남명학연구』 56, 2017.

에 봉안된 어제, 서책들의 종류, 서책을 부장하기 위한 행렬에의 배치 등을 연구한 글도 있다.[49] 왕이 무덤으로 가져간 책은 왕정의 지향을 가장 핵심적으로 보여주는 상징이었다. 상장례의 부장품 뿐 아니라 혼례나 연향 때의 방 꾸밈 그림, 조각과 공예품 등 '의례용품'을 보다 넓은 차원에서 규정하고 그 의미를 밝히는 한 연구들이 속속 이루어지고 있어 국가 의례의 안팎에서 형성된 조선 문화의 의미들을 밝혀 나가고 있다.

조선후기 중요 정치의례 중 하나인 공신 책봉 의례에 대한 종합적 연구도 있었다. 1680년(숙종 6)의 보사공신의 녹훈과 1694년(숙종 20)의 복훈, 1728년 분무공신 녹훈 관련 의궤 및 공신 화상을 다각도로 분석한 연구이다.[50] 왕조 내부의 변란이 평정된 후에 공로가 있는 인물에게 차등을 두어 훈작을 내리고, 전란 이후 황폐해진 궁궐을 지나 회맹단會盟壇에 모여 새로운 맹세로 형제와 다름없는 피의 유대가 맺어졌음을 선언한다. 한밤중에 행해지는 이 의례는 직접 외부에 공개되지는 않았지만 의례의 참여자인 국왕 행차를 통해 주목을 끌었다.[51] 숙종과 영조는 회맹제 장소인 광화문에서 시어궁궐인 돈화문에 이르는 구간에서 상언上言을 받아들이게 함으로써 변란 이후 민심을 다독였고, 영조는 별도의 '어제수서'를 내려 대화합을 권면했다.[52]

---

49 조계영, 「조선후기의 왕릉 봉안 서책과 원릉의 특징」, 『한국문화』 85, 2019; 조계영, 「건릉 봉안 서책과 규장각의 역할」, 『규장각』 56, 2020.

50 윤혜민, 「보사공신의 녹훈과 정치적 의미」, 『외규장각의궤연구 - 공신 녹훈』, 국립중앙박물관, 2022; 김우진, 「숙종대 보사공신의 복훈과 보사복훈도감의궤」, 『외규장각의궤연구 - 공신 녹훈』, 국립중앙박물관, 2022 ; 신진혜, 「분무녹훈도감의궤를 통해 본 영조대 분무공신 녹훈과정」, 『외규장각의궤연구 - 공신 녹훈』, 국립중앙박물관, 2022; 민길홍, 「분무녹훈도감의궤와 1728년 공신화상 제작」, 『외규장각의궤연구 - 공신 녹훈』, 국립중앙박물관, 2022; 유새롬, 「보사녹훈도감의궤와 이십공신회맹축 제작」, 『외규장각의궤연구 - 공신 녹훈』, 국립중앙박물관, 2022.

51 김지영, 앞의 논문, 2005, 208~209쪽.

52 김지영, 위의 논문, 2005, 209쪽; 신진혜, 앞의 논문, 2022, 120~124쪽.

의궤, 반차도 및 등록, 연대기 자료를 활용한 행차의례 연구는 2000년대에 본격화되었고, 최근 10년 동안 관련 연구의 최종 결과물들이 잇달아 출간되었다. 전례서 상의 길례 행행과 능행, 원행의 실상, 능행시의 숙위체계와 시위진법, 노부의장의 종류의 의례적 의미를 밝히거나,[53] 조선시대 국왕 어가행렬과 행차의례를 고려와 다른 조선식 정치문화의 표현으로 읽어낸 연구이다.[54] 행차의례에 갖추어진 시각 · 청각 · 후각 등 다양한 차원의 상징들, 어가행렬이 이르는 장소와 그곳에서의 의례적 행동, 행차가 지나는 연도에서의 소통 등을 통해 왕조가 선택한 정치의 방법과 행차 주변에서 역동적으로 형성 · 변화해간 조선 사람들의 정치적 심성들을 읽어내고자 했다. 행차 의례 등 조선시대 국가 의례를 행위자의 측면에서만이 아니라 수용자의 측면에서도 바라보고, 수용자와 행위자가 역전되기도 한다는 점에 주목하며, 의례의 장에서 '조선 사람'과 '조선 문화'가 구성되어가는 양상을 기술했다. 조선시대 국가의례의 참여자의 외연은 끊임없이 변화한다. 행차 뿐 아니라 다른 국가 의례도 마찬가지다. 의례 과정 속에서 '조선 사람'과 '조선 문화'가 구성되는 양상들이 본격적으로 다루어지길 기대해본다.

7. 맺음말: 의례 연구를 통해 우리가 보아왔던 것, 그리고 보아야 할 것들

이상에서 최근 조선후기 국가 의례 분야의 주요 연구들을 살펴보았다. 조선후기 국가 의례 연구는 가례, 국장, 책례, 존숭, 부묘의례 등의 의례 절차, 실행 방식을 실증적으로 재구성하는 초기 연구를 넘어 각 의례의 사상

53 이왕무, 『조선후기 국왕의 능행 연구』, 민속원, 2016.
54 김지영, 『길 위의 조정 - 조선시대 국왕 행차와 정치적 문화』, 민속원, 2017.

문화, 정치문화적 의미를 찾는 연구로 진전되고 있다. 개별 국가의례를 일종의 '정치적 사건'으로 보고, 그 '사건'의 의의를 밝히는 연구도 여전히 진행되고 있다. 상당한 물리력과 자원을 동원해서 실행하는 이벤트인 만큼 최고 권력자의 입지 강화와 관련되기는 하겠지만, 모든 의례와 행사의 목적을 왕, 왕실, 정치세력의 권력 강화로만 설명하는 연구를 넘어설 필요가 있다. 왜 권력을 강화하고 입지를 마련하기 위해 '이러한 행사'를 '이같은 자원'을 동원해서 '이같은 방법'으로 실행했는지, 또 이것이 조선 사회에서 정치권력을 어떻게 받아들이고 상상하게 만들었는지 더 묻고, 더 설명해야 한다.

조선후기 국가의례 연구사에서 영조대 『국조속오례의』와 『국조속오례의보』, 『국조상례보편』, 정조대 『춘관통고』, 『국조오례통편』 출간도 중요한 주제지만, 이 글에서는 본격적으로 다루지 않았다. 앞서 살펴보았던 것처럼 조선후기에는 전쟁 등의 여파로 중단되었던 의례들이 다시 실행되는가 하면, 많은 의례들이 개정되고, 동몽의례童蒙儀禮나 성균관 식당례, 연사례燕射禮처럼 이전에 없던 새로운 의례들이 만들어졌다.[55] 이들 의례의 목표가 무엇인지, 19세기 전반기 활발한 국가의 의례활동들이 위와 같은 18세기까지의 국가 의례와 동일한 기조와 목표를 갖고 있었는지 여부, 만일 아니라면 어떤 방향으로 전환되었고 그 의미는 무엇인지도 본격적으로 검토해야 한다. 조선후기 국가의례는 무너져 가는 조선 사회를 아래로부터 재건하는 것을 목표로 적극적인 '교민敎民'의 메시지를 담고 있었다. 이를 실체화하기 위한 체계적인 전략의 수립과 굴절이라는 차원에서 조선후기 국가 의례 및 예제 변통의 과정을 재독할 필요가 있다. 조선후기 시대적 문제들을 풀어나가기 위한 방법으로 고안되고 실행된 국가의례의 기여와 한계를 풍부하게 설명하는 연구가 더 많아지길 기대해본다.

55 김지영, 『정조의 예치』, 휴머니스트, 2020, 180~197쪽, 〈정조대 태학 식당례의 예교적 의미〉; 윤혜민, 「정조대 연사례의 설행과 그 의미」, 『역사와 현실』 125, 2022.

| 참고문헌 |

1. 단행본

김문식, 『원행을묘정리의궤』, 아카넷, 2020.

김지영, 『길 위의 조정 - 조선시대 국왕 행차와 정치적 문화』, 민속원, 2017.

______, 『정조의 예치』, 휴머니스트, 2020.

김지영 · 조재모 · 조영준, 『대궐 밖의 왕실, 한양의 별궁』, 서울역사박물관, 2020.

이왕무, 『조선후기 국왕의 능행 연구』, 민속원, 2016.

이　욱, 『조선시대 재난과 국가의례』, 창비, 2009.

______, 『조선 왕실의 제향공간』, 한국학중앙연구원출판부, 2015.

______, 『조선시대 국왕의 죽음과 상장례』, 민속원, 2017.

이현진, 『조선후기 종묘전례 연구』, 일지사, 2008.

______, 『왕의 죽음, 정조의 국장』, 글항아리, 2015.

『외규장각의궤연구 - 공신녹훈』, 국립중앙박물관, 2022.

『외규장각의궤연구 - 존숭존호』, 국립중앙박물관, 2020.

『외규장각의궤연구 - 흉례1』, 국립중앙박물관, 2015.

『외규장각의궤연구 - 흉례2』, 국립중앙박물관, 2018.

張文昌, 『制禮以教天下-唐宋禮書與國家社會』, 臺大出版中心, 2012.

장병인, 『조선왕실의 혼례』, 민속원, 2015.

정해득, 『정조시대 현륭원 조성과 수원』, 신구문화사, 2009.

한국역사연구회 의례연구반, 『조선시대 의례 연구의 현황과 지평의 확장』, 민속원, 2022.

2. 논문

김문식, 「國朝五禮通編의 자료적 특징」, 『한국문화연구』 12, 2007.

______, 「東國文獻備考 禮考의 자료적 특징」, 『진단학보』 104, 2007.

______, 「조선 왕실의 입학례 연구」, 『조선 왕실의 가례』 2, 한국학중앙연구원출판부, 2010.

______, 『왕세자의 입학식』, 문학동네, 2010.

______, 「을묘년 정조의 수원행차와 그 의의」, 『정조 8일간의 수원행차』, 수원화성박물관, 2015.

______, 「조선시대사 연구와 의궤」, 『조선시대사학보』 79, 2015.

김세은, 「조선시대 진전의례의 변화」, 『진단학보』 118, 2013.

김우진, 「영조의 단경왕후 신씨 복위와 의의 - 복위부묘 의례를 중심으로」, 『동양고전연구』 90, 2023.

김윤정, 「18세기 端懿嬪의 喪禮와 服制論議 -『端懿嬪喪葬謄錄』을 중심으로」, 『장서각』 32, 2014.

______, 「17세기 昭顯世子 喪禮의 성격과 의미」, 『한국학연구』 40, 2016.

______, 「宣祖代 懿仁王后 國恤의 성격과 의미」, 『규장각』 50, 2017.

______, 「英祖代 貞聖王后 國恤의 성격과 의미」, 『서울과역사』 98, 2018.

______, 「인조대 인열왕후 국휼의 절차와 의미」, 『장서각』 40, 2018.
______, 「조선후기 內喪在先 의례의 변화와 의미-仁敬王后 國恤을 중심으로」, 『규장각』 53, 2018.
______, 「『國朝五禮儀』 內喪在先 의례의 성격과 의미」, 『한국학연구』 59, 2020.
______, 「장희빈 상례와 추보 논의의 성격」, 『국학연구』 48, 2022.
김지영, 「18세기 후반 국가전례의 정비와 春官通考」, 『한국학보』 30, 2004.
______, 「19세기 진전 및 어진봉안처 운영에 대한 연구」, 『장서각』 26, 2011.
______, 「정조대 사도세자 추숭전례논쟁의 재검토」, 『한국사연구』 163, 2013.
______, 「전향사 『제례등록』을 통해 본 조선후기 국가제례와 일상」, 『사학연구』 116, 2014.
______, 「1795년 『정리통고』 편찬과 '정리'의 의미」, 『역사학보』 228, 2015.
______, 『숙종대왕 이순의 성인식』, 한국학중앙연구원출판부, 2017.
______, 「선왕 부묘 후 왕실 지위의 조정과 상징체계의 마련」, 『외규장각의궤총서』 5, 2020.
김해영, 「영조조 세종, 단종 태실의 수개 역사」, 『남명학연구』 44, 2014.
______, 「『세종대왕태실석난간수개의궤』에 대하여」, 『고문서연구』 45, 2014.
______, 「『國朝寶鑑』의 편찬과 편찬 의례 – 헌종조의 『三朝寶鑑』 續纂 과정을 중심으로 」, 『남명학연구』 56, 2017.
박나연, 「정조대 후반 왕세자 관련 의례의 진행과 그 의미」, 『동양학』 64, 2016.
______, 「1812년 왕세자 책봉의례의 진행과 그 의미」, 『인문학연구』 62, 2021.
박미선, 「숙종 22년 王世子 · 王世子嬪 廟見禮 시행과 그 의미」, 『역사학연구』 48, 2012.
박수정, 『영조대 國朝續五禮儀 편찬과 정치적 성격』, 한국학중앙연구원 박사학위논문, 2017.
석창진, 「조선 세종비 소헌왕후 국상의례와 그 의미」, 『역사민속학』 45, 2014.
송지원, 「정조대 의례 정비와 春官通考 편찬」, 『규장각』 38, 2011.
양정현, 「조선 초기 원경왕후 상장례 의식과 그 특징」, 『역사민속학』 45, 2014.
윤　정, 「영조대 곤양 '단종태실' 건립의 정치사적 의미 – 무신란에 대한 이념적 대책」, 『역사와 실학』 64, 2017.
윤진영 외, 『조선왕실의 태실 의궤와 장태 문화』, 한국학중앙연구원출판부, 2018.
윤혜민, 「정조대 연사례의 설행과 그 의미」, 『역사와 현실』 125, 2022.
이미선, 「1749년 화완옹주와 부마 정치달의 가례」, 『한국사학보』 58, 2015.
______, 「헌종의 후궁 경빈 김씨의 생애와 가례 – 『경빈가례시가례청등록』을 중심으로」, 『지역과 역사』 44, 2019.
이민아, 「고종대 궁궐내 현왕 어진봉안처의 변화와 '규장각' 계승」, 『한국문화』 95, 2021.
이　욱, 「조선후기 기곡제 설행의 의미 – 장서각 소장 사직서의궤와 등록을 중심으로」, 『장서각』 4, 2000.
이재정, 「외규장각 흉례 관련 의궤 연구 서설」. 『외규장각의궤학술총서 3 - 흉례1』, 국립중앙박물관, 2015.
이지훈, 「조선 세종 국상의 의식 구성과 진행」, 『역사민속학』 45, 2014.

이현진, 「정조대 문효세자의 상장의례와 그 특징」, 『규장각』 40, 2012.
______, 「1789년(정조 13) 영우원에서 현륭원으로의 천원 절차와 의미」, 『서울학연구』 51, 2013.
______, 「영조대 의소세손의 예장과 그 성격」, 『한국사상사학』 46, 2014.
______, 「순조대 惠慶宮의 喪葬 의례와 성격」, 『조선시대사학보』 74, 2015.
______, 「조선후기 綏嬪 朴氏의 喪葬 의례와 성격」, 『조선시대사학보』 76, 2016.
______, 「조선후기 세자빈 예장의례와 그 특징-현빈의 예장을 중심으로」, 『한국문화』 73, 2016.
______, 『조선 왕실의 상장례; 국왕 국장과 세자 세손 예장』, 신구문화사, 2017.
임민혁, 「조선시대 왕세자 책봉례의 제도화와 의례적 성격」, 『조선 왕실의 가례』 1, 2008.
______, 「조선시대 후궁 숙의의 간택과 그 지위」, 『역사와 실학』 48, 2012.
______, 「조선후기 후궁의 가례와 예제」, 『역사와 담론』 64, 2012.
______, 「조선후기 공주와 옹주, 군주 가례 비교 연구」, 『온지논총』 33, 2013.
장병인, 「조선시대 왕세자의 혼인의례」, 『한국사연구』 161, 2013.
정재훈, 「한국사 분야의 의궤 연구성과와 전망」, 『조선왕조의궤 현황과 전망』, 국립중앙박물관, 2012.
______, 「18세기 존호 · 존숭 의궤와 그 의의 - 외규장각의궤를 중심으로」, 『외규장각의궤총서』 5, 2020.
조계영, 「조선후기의 왕릉 봉안 서책과 원릉의 특징」, 『한국문화』 85, 2019.
______, 「건릉 봉안 서책과 규장각의 역할」, 『규장각』 56, 2020.
조용철, 「조선 세조대 의경세자 상장례 구성과 특징」, 『역사민속학』 45, 2014.
최성환, 「사도세자 추모 공간의 위상 변화와 영우원 천장」, 『조선시대사학보』 60, 2012.
탁신희, 「국조속오례의의 편찬과 왕권의 위상」, 서울시립대학교 국사학과 석사학위논문, 2009.
허태용, 「정조의 계지술사 기념사업과 『국조보감』 편찬」, 『한국사상사학』 43, 2013.
홍근혜, 「조선 성종대 정희왕후 국상 의례와 그 특징」, 『조선시대사학보』 80, 2017.

6

조선후기 서학 연구의 주제 확장: 번역 그리고 척사파 연구와 서학의 관계*

소진형
서울대학교 규장각한국학연구원 책임연구원

1. 들어가며

조선 시대 서학西學의 연구는 철학, 천주교, 과학사 영역에서 한역서학서漢譯西學書와 지도 및 교리서를 중심으로 이루어져 왔다. 한역서학서는 16세기 말 이후 선교를 위해 중국에 들어온 유럽의 예수회원들이 유럽의 과학기술 및 윤리서부터 철학, 신학, 교리서를 중국어로 번역하거나 저술한 책들부터 20세기 초까지 한문으로 번역된 서양서를 지칭한다.[1] 서학에

* 이 글은 2023년『조선시대사학보』107호에 게재한「조선후기 서학 연구의 주제 확장에 대한 제언-번역, 척사파 연구와 서학의 관계를 중심으로」를 대폭 수정한 것임을 밝힌다.

1 한역서학서는 일반적으로 명청대에 이루어진 예수회의 번역뿐만 아니라 19세기부터 20세기 초까지 한문으로 번역되어 출판된 인문학과 과학기술 전반의 서적을 지칭한다. 그러나 한국에서 서학은 대체로 명청대에 번역된 한역서학서와 그 영향을 중심으로 연구가 되어 왔고, 본 연구도 그러한 연구사의 맥락에 따라 서학 개념을 한정적으로 사용한다. 참고로 16세기 말부터 1940년대까지 중국 예수회가 저술하거나 번역한 서적과 20세기 초까지 한문으로 번역된 철학, 논리학 관련 서학서에 대해서는 다음의 책을 각각 참조할 것. 徐宗澤,『明清間耶穌會士譯著提要』, 中華書局, 1958; 張曉,『近代漢譯西學書目提要: 明末至1919』, 北京大學出版社, 2012. 중국 예수회원들의 생애와 작업에 대해서는 Pfister, Louis, *Notices biographiques et bibliographiques sur les Jésuits de l'ancienne mission de Chine*

는 동아시아인들이 전통적으로 생각하던 천원지방天圓地方적 세계관과 중국을 중심으로 인식하는 중화질서적 공간관과 충돌하는 지구론이 세계지도와 지구의, 지리서도 포함된다. 새로운 세계관을 체계적으로 소개한 서학서는 연행燕行을 통해 조선으로 들어와 조선의 지식장에 영향을 주었다.

서학의 탄생과 전개가 천주교 선교사들의 번역으로부터 시작되었고 구축되었기 때문에, 현재 조선의 서학연구는 이에 따라 이루어져 왔다. 당시 조선에 수용된 서양 지식의 성격과 영향을 이해하기 위해서는 일차적으로 당연히 한역서학서와 지도를 통해 지식과 세계의 지평을 넓혔던 개방적 지식인들이나 서적을 통해 개종한 천주교인들을 중심으로 연구가 진행되어야 한다. 다만 서학과 관련된 연구대상의 설정과 서양 학문 및 신앙에 대한 접근 방식이 "개방성" 혹은 "근대성"이라는 측면에 초점을 맞추는 것은 연구 대상에 대한 오해에서 비롯된 것이 아닌가라는 대한 의문이 생긴다.

기존 연구는 서학을 긍정적으로 수용했던 지식인들의 저술과 활동에 초점을 맞추었고, 따라서 조선 사회에서 서학의 수용 양상과 그로부터 찾아볼 수 있는 외부에 대한 개방성과 근대의 가능성을 가늠해 보고자 하였다. 서학의 "내용"에 초점을 맞춘 연구는 조선의 것과 대비되는 서양의 지식의 형태에 주목하거나, 서학의 영향을 받은 인물들의 개방성을 서학/서양을 배척한 인물들의 폐쇄성과 비교하는 경우가 많았다. 서학을 배척한

1552-1773, Imprimerie dela Mission Catholique, 1932를 참조할 것. 19세기부터 20세기 초까지 중국에서 출판된 서양 과학 및 기술과 관련된 서학서의 목록은 余瀛鳌, 『中国科学技术典籍通汇』, 大象出版社, 1994; 李亚舒, 『中国科学翻译史』, 湖南教育出版社, 2000; Fu, Liangyu, "Found in Translation: Western Science Books, Maps, and Music in China, 1860s-1920s", Doctoral Dissertation, University of Pittsburgh, 2013; Tsu, Jing and Benjamin A. Elman eds, Science and Technology in Modern China, 1880s-1940s, Brill, 2014; Wright, David C., *Translating Science: The Transmission of Western Chemistry Into Late Imperial China, 1840-1900*, Brill, 2021을 참조할 것.

척사파는 서학과 무관한 것처럼 이해되기 쉬운데, 이는 수용reception이 외부의 지식을 받아들이는 것 뿐만 아니라 변형하고 배척하는 것까지를 포함할 수 있는 개념임을 간과한 것이다. 척사파를 배제한 수용사는 결과적으로 조선에서 서학 수용의 다층적이고 복잡한 과정을 충분히 조명하지 못하는 결과로 이어질 수밖에 없다.

서학의 수용은 단순히 지식의 전파로 끝나지 않았다는 것은 의식적으로 지적하지 않았다 하더라도 기존 연구에서 이미 직간접적으로 드러난 사실이다. 조선 사회 내에서 지식인들은 자신들의 필요와 문제의식에 따라 서학을 선택적으로 수용하거나 변형했으며, 더 나아가 서학에 대한 반응은 단순한 긍정과 부정의 이분법을 넘어, 비판, 저항, 변형 등 다양한 양상으로 나타났다. 또한 서학에 대한 부정적인 반응과 오독은, 새로운 지식에 대한 거부감도 있었겠지만, 예수회가 유교의 개념을 차용하여 서양의 개념들을 번역하는 데에서도 발견된다. 따라서 언어와 수용이라는 문제의 측면에서 서학을 바라보는 것은, 서학의 새로운 언어가 당대인들의 언어구조에 삽입되고 이에 대한 논쟁이 시작되면서 어떻게 유교적 언어 및 사유구조가 흔들렸는지, 만약 지식인들의 태도가 개방적이거나 배타적이었다면 어떤 정치적 · 사회적 조건들이 그들의 태도를 규정했는지를 생각해 할 수 있다. 다시 말해 수용사는 지식의 측면에서만 말할 수 없고 지식의 수용자들이 처해 있는 맥락과의 연관성 하에서 볼 필요가 있다.

본 연구는 조선 후기 서학의 수용 과정에서 나타난 번역과 언어의 역할에 주목한다. 위에서 언급한 수용의 맥락은 사실 기존 연구들도 지적하지 않은 것은 아니다. 그러나 본 연구는 번역과 수용에 대한 보다 깊이 탐색할 필요가 있다는 점에 착목한다. 번역은 단순히 텍스트를 다른 언어로 옮기는 작업을 넘어, 지식과 개념의 재구성 과정을 내포한다. 특히 서학의 수용이 지식인들의 언어적, 사유적 변화를 촉진했다는 점에서 번역은 중요한 연구 주제가 된다. 서학서 번역에서 나타난 언어적 선택과 그에 따른 개념적 변화를 분석은 조선 후기 지성사에서 서학이 가지는 의미를 새롭게 조명하기 위해서 반드시 필요한 부분이라 할 수 있다.

아울러, 서학 수용의 범위를 기존의 연구 주제에서 확장하여 척사파의 비판과 반응을 포함한 보다 포괄적인 접근을 시도해야 한다. 수용은 수동적 뉘앙스를 가진 용어로 생각되지만 외부의 사유에 대한 반응과 변형을 내포하며 수동적인 수용부터 비판, 저항, 거부까지를 포함하는 개념이다. 서학에 관심이 없거나 반응하지 않은 경우를 제외한다면 수용사로서 서학의 연구 대상은 서학에 의해 촉발된 변화 전체로 확장되어야 하며, 반작용으로서 척사, 위정척사까지 포함하는 것이어야 한다. 일차적인 이유는 19세기 관점에서 서학서를 가장 적극적으로 검토한 집단 중 하나가 척사론자들이기 때문이다. 현재 서학연구는 척사와 같은 새로운 사상에 대한 비판 및 저항까지 확장되고 있음이 확인되는데, 이는 이미 연구자들이 서학 및 그 수용의 범주를 넓게 보고 있다는 방증이다.[2] 본 연구는 이러한 문제의식 하에서 언어와 번역, 그리고 수용의 범주 확장이라는 측면에 주목해 서학 연구를 확대시킬 필요성에 대해서 논하고자 한다.

본 연구는 다음의 구조로 진행된다. 먼저 서학연구가 서학 수용사라는 관점에서 이루어져야 한다는 점을 주장하되, 수용의 의미를 확장적으로 보아 번역의 문제와 당대 배척의 태도까지를 포괄해야 하는 이유에 대해

---

2 서학의 반응으로서 척사론에 대한 연구는 다음과 같다. 구만옥, 「조선후기 서학 수용과 배척의 논리 : 성호학파의 서학관을 중심으로」, 『동국사학』 64, 2018; 김선희, 「19세기 영남 남인의 서학 비판과 지식권력 : 류건휴의 『이학집변』을 중심으로」, 『한국사상사학』 51, 2015; 노대환, 『동도서기론 형성 과정 연구』, 일지사, 2005; 원재연, 「순암 안정복과 광암 이벽의 서학 인식」, 『교회사학』 4, 2007; 이명제, 「18세기 중반-19세기 전반 성호가문의 서학관 고찰 : 『벽이연원록』을 중심으로」, 『동국사학』 64, 2018; 이종록, 「전우의 서학인식과 척사론 - 「자서조동변」과 「양집제설변」을 중심으로」, 『조선시대사학보』 80; 조지형, 「『벽위신편평어』를 통해 본 환재 박규수의 천주교 인식과 대응론」, 『누리와 말씀』 29, 2011; 최보윤, 「『벽위신편』을 통해서 본 윤종의의 서양인식」, 서강대학교 석사학위논문, 2007.

설명한다. 둘째, 서학의 번역 과정에서 나타난 언어적 복잡성과 신조어, 차용어 등이 기존 성리학 개념 및 언어에 가져왔을 진동과 교란의 가능성을 설명한다. 마지막으로, 척사파의 논리와 담론을 서학 수용의 반작용으로 검토한다. 이를 통해 서학 연구의 범위를 확장적으로 이해하는데 작게나마 기여하고자 한다.

2. 조선서학사의 범주와 대상: 왜 번역의 문제와 척사파 연구가 서학 수용사에 포함되어야 하는가?

현재 학계에서 조선시대 서학의 연구 범주는 서론에서 언급했듯이 한역 서학서, 지도 및 교리서 등으로 한정되어 있으며, 이는 기본적으로 조선시대에 서학이라는 용어가 사용되었던 방식과 밀접한 관련이 있다. 서양의 학문과 종교라는 관점에서의 접근은 이에 대해 긍정적으로 수용했던 인물들과 그들의 저술을 중심으로 연구로 이어졌으며, 서학의 개념과 범주라는 관점에서 접근할 때 연구의 방향과 대상은 당연히 긍정적 수용과 반응을 보인 지식인들이나 신앙공동체의 족적이다.

서학과 근대성이 연관이 있다고 주장하는 경우 서학을 실학과 더불어 조선시대의 지식과 윤리, 질서의 토대로서의 유교의 대안으로 인식하고 접근한다. 그와 같은 접근의 기저에는 유교 사회인 조선이 서학을 적극적으로 수용하지 못해서 결국 자력으로 근대이행이 불가능했다는 인식이 전제되어 있다.[3] 이 전제는 근대 사회에서 유교의 한계 및 조선의 폐쇄성

---

3 이 관점에서 진행된 연구는 상당히 많은데, 그 중 대표적인 단행본만 언급하자면 다음과 같다. 강재언, 『조선의 서학사』, 민음사, 1990; 금장태, 『동서교섭과 근대한국사상』, 성균관대학교 출판부, 1993; 『한국실학사상논문선집 19-서학(1)』, 불함출판사, 1994; 『조선후기 유교와 서학 : 교류와 갈등』, 서울대학교 출판부, 2003; 『실학과 서학』, 지식과교양,

이 부각되는 방식의 결론으로 이어진다. 즉, 이러한 연구들에서는 성리학으로부터 벗어나 서구적 근대성으로 가고자 했던 당대 지식인들의 욕망이나 개방성에도 불구하고 유교라는 사상적 · 사회적 · 정치적 제약 때문에 합리적이고 근대적인 사회로 나가지 못했다는 한계가 크게 부각된다.

하지만 이와 같은 결론은 현재의 관점에서 당대를 바라보는 사후적인 평가이다. 그 첫 번째 이유는 조선의 서학 수용이 근대성의 지향을 목적한 것도 아니었고, 천주교 선교사들이 서학책을 번역한 목적, 그리고 이들이 번역한 텍스트들도 통상적으로 생각되는 서양의 근대성과 밀접하게 연관된 것이 아니기 때문이다. 이는 일본 역시 마찬가지인데, 메이지 유신 전후에 일본 지식인들을 중심으로 서양지식에 대한 적극적인 수입을 그 이전까지 소급해서 설명하고자 하는 것은 도쿠가와 막부 시기의 쇄국정책을 이해하지 못하고 전체 일본이 외부에 대해 개방적이었다는 잘못된 인식으로 이어질 수 있다. 이러한 인식으로부터 당대의 지정학적 조건이나 맥락 없이 조선을 바라보면 조선은 중국과 일본에 비해 더 폐쇄적이고 덜 발전되었다는 주장으로 이어지는, 현대적 관점에서 과거를 규정하는 탈역사적인 결론일 수밖에 없다

무엇보다 이러한 주장은 전근대 시대의 번역이 어떤 문제를 갖고 있는지를 이해하지 못한 결과이다. 서구 문명을 기준으로 설정하고 국가가 주도하여 서구화와 근대화를 지향하며 서구의 시스템을 수용하고 교육체계

2012; 윤사순, 「천주교가 조선 후기 사상사에 끼친 영향」, 『동양철학연구』 29, 2002; 김용헌, 『주자학에서 실학으로 : 조선후기 서양 과학기술의 수용과 주자학적 사유의 균열』, 고려대학교 민족문화연구원, 2019; 이원순, 「조선후기 실학자의 서학의식」, 『역사교육』 17, 1975; 『조선서학사연구』, 일지사, 1986; 『 조선후기 서구사상의 도입과 서학』, 불함문화사, 2000; 이현구, 『최한기의 기철학과 서양 과학』, 성균관대 대동문화연구원, 2000; 차기진, 『조선 후기의 西學과 斥邪論 연구』, 한국교회사연구소, 2002; 최소자, 『명청시대 중한관계사 연구』, 이화여자대학교 출판부, 1997; 최재건, 『조선후기 서학의 수용과 발전』, 한들출판사, 2005.

를 만들어 서양의 지식을 번역하던 19세기 중후반의 상황과 달리 17세기의 번역은 개별적이고 산발적이며 비체계적으로 이루어졌다. 따라서 서학서의 본래 내용과 별개로 서학 수용은 당대의 맥락 뿐만 아니라 언어적 매개를 동반한 복잡한 전달 과정을 포함한다.

우리는 17세기 예수회의 번역이 유럽의 학문과 동아시아의 학문, 문화 및 제도가 일대일로 대응되지 않는, 또 표준어도 존재하지 않고 번역의 기준도 존재하지 않는, 그리고 원전에 조응하는 번역어가 없는 상황에서 이루어졌다는 사실을 상기할 필요가 있다. 중국 예수회는 초기 번역 과정에서 한문을 배워 사전을 만들어가며 신조어를 만들거나 유교나 불교 용어를 차용하여 서양의 학문과 교리서를 번역했는데, 이러한 번역 방식은 유교와 불교 용어에 익숙한 수용자들에게 많은 오해를 불러일으켰다.

따라서 조선에서의 서학은 첫째, 몇 차례의 굴절을 거쳐 번역된 서학서가 17세기 이후 조선의 지적 · 언어적 맥락에서 지식인들의 관심과 필요에 의해 선택적으로 수용되고 변형된 무엇으로 보아야 한다. 조선에서의 서학 수용은 원본에 대한 정확한 이해라는 기준에서 평가해야 할 대상이 아니다. 자신의 문제를 해결하고자 한 조선인들의 관점에서 지식의 재구성이 일어나는 과정이라는 전제 속에서 볼 때에 비로소 서학 연구는 서학을 수용했던 당대인들의 관점을 재구성하는 출발점이 될 수 있다.

조선 후기 서학 연구는 1970년대 실학 및 근대성과의 연관성 속에서 조명된 이래[4] 현재까지 단행본, 논문, 학위논문을 모두 합해 270여 건의 관련

4 1970년대에 서학과 관련되어 출판된 초기 학위논문 및 논문은 다음과 같다. 강연희, 「조선후기 사회에 있어서 서학의 조상 제사문제」, 이화여자대학교 석사학위논문, 1974; 금장태, 『동서교섭과 근대한국사상의 추이에 관한 연구 : 18 · 19세기 조선사회에 있어서 유학과 서학의 교섭을 중심으로』, 성균관대학교 박사학위논문, 1978; 이원순, 「조선후기 실학자의 서학의식」, 『역사교육』 17, 1975, 135~185쪽; 하우봉, 「정다산의 서학 관계에 대한 일고찰」, 동아대학교 석사학위논문, 1976.

연구가 진행되었다. 그 영역은 철학, 사상사, 과학사, 종교사를 망라하며 조선 지식인들의 서양 과학 및 철학적 개념에 대한 이해부터 천주교 신앙의 수용까지 상당히 넓은 범주를 대상으로 연구가 이루어졌다. 한국학계에서 서학은 예수회 선교사들이 중국에 들어와 본격적으로 활동을 하기 시작한 17세기 이래 이들의 번역을 통해 중국에 수용된 유럽의 신학, 철학, 자연학, 자연학, 수학, 기술, 예술과 관련된 문헌의 수용과 이에 의한 사회 전 영역에서의 파장을 포괄적으로 지칭하는 용어[5]라 할 수 있다.

그 의미와 대상이 광범위하지만 서학은 조선시대에 사용되었던 용례에 따라 다르게 이해되기도 한다. 과학사에서 서학은 조선에 유입된 수학, 천문학, 기술 영역을 지칭하는 반면 종교사에서 천주교와 동일한 의미로 사용된다. 이는 조선의 경우 시대에 따라 서학에 대한 명칭 및 대상이 바뀌었다는 사실과 연관되어 있다. 18세기 서학이 다양한 학문을 포괄하는 의미로 이해되었다면 18세기 후반부터 천주교의 신앙이 확산되면서 천주학天主學이라는 용어가 적극적으로 사용되기 시작한다.[6]

이때 천주학은 포괄적인 용어인 서학과는 달리 신앙에 초점이 맞춰져 있고, 관련 서적들도 교리서나 기도서라는 점이 특징적이다.[7] 또, 이 시기 전후로 천주학이 사학邪學이라는 비판을 받기 시작한다. 서학의 번역자 및 저자인 선교사들이 교리서와 기도서 역시 번역하고 저술했다는 사실, 그리고 서학을 수용한 지식인 중에서 천주교인이 나왔다는 사실은, 천주교를 공격하는 사람들이 서학과 천주교를 구분하지 않고 비판하게 만들

---

5 김선희, 「조선 서학을 조망하는 하나의 경로 - 정민, 『서학, 조선을 관통하다』(김영사, 2022)」, 『개념과 소통』 30, 2022, 419쪽.

6 일반적으로 서학서에 천주학이나 천주교, 천주라는 용어가 사용되지 않는 것은 아니었으나, 『조선왕조실록』이나 『승정원일기』를 보면 1791년 신해박해 때부터 보다 많이 사용되는 것을 확인할 수 있다.

7 조광 역주, 『사학징의』, 한국순교자현양회, 2001, 379~386쪽의 「附妖書邪書燒火記」 참고.

었다. 이러한 사실로 인해 조선에서 서학은 서양의 지식을 의미하기도 하고, 천주교를 의미하기도 하며, 때로는 양자를 구분하지 않는 명칭으로 사용되기도 했다.

여기에 더해 우리가 또다른 측면에서 고민해 보아야 할 조선 서학의 특징은 무엇일까? 먼저 조선 서학의 특징은 두 가지 조건에 기인한다. 첫째, 중국이나 일본과 달리 서양인들과 교류가 없었다는 점, 둘째, 그렇기 때문에 지식이 사람이 아닌 책을 통해서 전파되었다는 것이다. 따라서 과학, 철학, 윤리학 뿐만 아니라 천주교 수용까지도 책을 통해서 이루어졌다. 중국이나 일본과 조선의 서학 수용 방식의 차이는 여기에 기인한다. 중국이나 일본의 경우의 경우 천주교 선교사들이 중국의 지식인들을 전도하는 과정에서 서양의 과학, 수학, 윤리학, 철학을 번역하여 신학의 체계를 보여주고자 했다. 낯선 지식의 체계를 번역을 통해 전달하는 과정에서 언어적 실험들이 어쩔 수 없이 이루어졌고, 그 과정에 유럽인들과 중국인, 일본인들이 개입하게 되었다. 중국의 경우 예수회의 전략에 따라 다수의 과학자들이 선교사로 파견되었기 때문에, 이들이 관료로 정부의 주요 인사들과 관계를 맺고 있었다는 점도 지적되어야 한다.

반면 조선은 선교사들이 조선에 들어오지 않은 상태에서 서학을 과학, 지도, 수학, 윤리학 관련 서적을 독서를 통해 수용하였다. 이는 조선인들이 새로운 참조점이나 문화적 경험의 확장 없이 기존의 일상적 언어관습과 성리학의 언어를 통해 번역된 개념들을 이해할 수밖에 없었다는 것을 의미한다. 한편 18세기 말로 가면 서학을 공부한 지식인 중 천주교 개종자들이 나오며 또한 한역서학서들을 언해한 책들이 사회에 확산되면서 천주교가 사회 저변에 스며들기 시작한다.

박지원과 같은 개방적이고 진보적이라 평가받는 지식인조차 천주교의 확산에 대해 심각하게 문제제기를 하며 배타적인 태도를 보이는데, 지식인들의 비판은 18세기 말 정치이념으로써 성리학이 확고한 위상을 상실함에 따른 무질서에 대한 두려움의 방증일 수 있다.[8] 또한 천주교가 확산됨에 따라 18세기 중후반에는 남인들이, 19세기로 들어오면서부터는 노론들도 천주교를 본격적으로 비판하며 서학서들을 통해 천주교와 서양을 파악하고 비판하는 경향을 보인다. 남인들의 경우 초기 지식인들 중 개종한 천주교인들이 남인에게서 나옴에 따라 비판의식이 강화되었던 것으로 보이며, 19세기로 들어와서 특히 1840년대를 전후로 노론들의 서양에 대한 관심이 확대되는 것은 아편전쟁과 같은 동아시아 정세변화와 서양 국가 전함의 경내 침입 등으로 인한 해방海防의 필요성과 연관되어 있다고 짐작된다.

서학서와 관련하여 조선 서학의 조건을 생각해보자. 서학이 중국을 경유해 조선으로 들어왔고, 17세기부터 19세기까지 동아시아의 세 국가가 서로 다른 서학사를 갖고 있기 때문에 조선의 서학사는 비교사적으로, 그리고 보다 넓은 역사적 맥락에서 접근할 필요가 있다. 그런데 이렇게 볼 때 직접 서양과 교류했던 중국, 일본에 비해 조선의 서학사는 빈약했던 것은 아닌가,라는 생각이 들 수 있다. 조선에 수입된 책의 수와 종류만 보더라도 중국과 일본보다 현저하게 적기 때문에 수용 자체가 매우 제한된 범주 내에서 이루어진 것은 사실이며, 지식의 폭과 깊이의 차원에서 보면 조선 서학 수용의 한계라고도 말할 수 있다. 그러나 수용이라는 개념을 확장해서 생각한다면 그러한 조건 자체를 조선 서학 수용의 특징으로 규정하고 다른 측면에서 조선의 지성사를 조망할 수 있다.

다른 한편 고민해 보아야 할 것은 조선과 비교해 볼 때 중국과 일본은 외부와의 접촉이 많고 많은 책이 번역되고 문화적 교류도 풍성했던 것은 사

---

8 18세기 말 지식인들이 천주교의 확산에 따라 유교적 질서가 혼란해질 것을 두려워했다는 사실에 대해서는 소진형, 「신유사옥(辛酉邪獄) 이전 천주교에 대한 국가적 대응과 그 정치적 의미 : 천주교에 대한 여론형성과 사회의 보수화적 관점에서」, 『정치사상연구』 28-1, 2022를 참조할 것.

실이나, 그 사실이 전근대 시대에 서양의 지식이 온전히 중국과 일본사회에 흡수되었다는 증거가 되지 않는다는 점이다. "번역은 반역"이라는 말에서 짐작되듯이 현대에도 번역이라는 매개를 통해 특정 사회의 지식이 다른 사회에 그대로 수용되는 경우는 없기 때문이다. 특히 교육제도, 번역어의 표준화, 표준어의 제정 등 지식을 체계적으로 수용할 수 있는 국가차원의 제도가 마련되지 않은 전근대시대에 비체계적으로 번역되고 수용된 지식은 오독과 오해로 이어지거나 기존 지식 체계를 바꾸는 대신 확장시키는 형태로 기존 지식 체계 내에 불안정하게 자리잡게 된다. 문화적 교류와 접촉이 무의미하다는 것이 아니라, 번역을 통한 지식의 수용을 언어라는 측면에서 접근하면 훨씬 복잡한 문제를 발견할 수 있다는 의미이다.

서학사는 조선 지식인들의 서학에 대한 관심이 어떻게 선택적으로 구성되는지의 측면에서도 접근할 수 있다. 예를 들어 마테오 리치Matteo Ricci(利瑪竇, 1552~1610)나 선교사들이 17세기 초반 출판했던 저술이나 지도의 경우 지식 그 자체에 대한 것이라기보다는 예수회가 처음 활동했던 시기가 명대였다는 사실에 기인했을 가능성, 즉 중화주의로 명나라에 대해 조선인들이 가졌던 관심이 명대 출판된 예수회 서적을 받아들일 수 있는 기제로 작동했을 수 있다.[9] 수용은 일방적으로 지식이 전달되는 것을 의미하는 것이 아니다. 따라서 당대 지식인들의 서학 수용 방식을 연구하기 위해서는 지식인들이 무엇에 주목했는지를 검토함으로써 그들이 국가, 사회, 문화, 학문 등에 대해 갖고 있었던, 혹은 서학을 접하면서 갖게 된 문제의식이 무엇이었는지를 추적하는 것으로부터 시작해야 한다. 그러나 만

---

9 예수회의 세계지도가 지리적 확장과 관련이 있지만 본질적인 변화를 의미하는 것은 아니었다는 점은 과학사에서 지적되었다. 이에 대해서는 구만옥, 「"리마두"에 대한 조선후기 지식인들의 이해와 태도」, 『한국사상사학』 36, 2010; 오상학, 『조선시대 세계지도와 세계인식』, 창비, 2012; 임종태, 『17, 18세기 중국과 조선의 서구 지리학 이해 : 지구와 다섯 대륙의 우화』, 창비, 2012; 배우성, 『조선과 중화』, 돌베개, 2014를 참조할 것.

약 조선에서의 제한된 서학 수용을 한계로 보고 근대라는 기준에서 서학 수용을 접근한다면, 당대 지식인들의 관심사와 사유를 깊이 있게 연구하기 어렵다.

이처럼 조선의 서학 수용사는 맥락을 배제하고 연구하기 어려운데, 그렇지 않을 경우 지식의 수용 과정을 탈역사적으로 오해할 수 있기 때문이다. 만약 서학 연구를 지식의 내용 수용 여부에만 초점을 맞출 경우 수용자들의 오독은 습득이나 이해의 부족으로 폄하되기 쉽다. 이는 언어를 매개로 한 지식의 전달 과정에 대한 이해를 배제한 평가라고 할 수 있는데, 지식의 내용 및 형태가 언어라는 필터에 의해 번역자의 의도와 다르게 바뀌어 독자에게 전달될 수 있다는 점을 간과한 것이다. 따라서 지식의 내용 수용 여부보다 우선적으로 이루어져야 하는 것이 번역어 연구이다. 이는 서학서가 담고 있는 번역어들이 당대 중국의 학술언어 혹은 일상어를 차용하거나 신조어를 만들어 개념을 설명하고자 하는 과정에서 어떤 오해가 발생하는 지를 보여주는 작업이다. 즉, 지식을 전달하는 매개인 언어를 문제삼아 조선 지식인들이 성리학의 한계 때문에 서양 지식을 온전히 받아들이지 못했다는 비판을 유보시키고 조선의 서학 수용의 맥락 및 의의를 적극적으로 부각시키기 위한 전단계의 작업이라고 할 수 있다. 그리고 이 작업은 안정복을 비롯한 척사의 입장에서 서학과 천주교를 비판했던 척사파의 언어를 이해하기 위해 선행되어야 하는 것이기도 하다.

3. 번역이라는 관점에서 바라본 서학 수용의 복잡성

앞에서 언급했듯이 서학 연구의 어려움은 일차적으로 서학이 복잡한 의미의 장을 가진 대상이라는 데 있다. 서학은 조선시대에 뚜렷한 개념 정의 없이 사용되었기 때문에 그 의미를 이해하고 규정하기 위해서는 용례 분석이 필요하다. 조선시대 지식인들이 서학을 이해하여 풀어낸 서술이나 배척하기 위한 주장을 정당화하는 논리, 도구적으로 서학을 수용하기 위해 과학 기술과 천주교를 구분하는 논리를 제시하는 그 모든 순간순간마다 번역어로 인한 언어적 중층성과 복잡성이 발견된다. 조선 서학의 조건을 이해하기 위해서는 한역서학서의 성립사정을 이해해야 한다.

이를 위해 우선적으로 살펴보아야 할 것은 예수회에 의해 번역된 서학의 논쟁적인 특징이다. 최근 연구에 따르면 동아시아에서 번역되고 수용된 서학은 동시대 유럽의 학문 전체를 대표할 수 없는, 당시 철학사적 · 과학사적 맥락에서 볼 때 보수적이고 다소 시대착오적인 구교舊教로서의 천주교적 세계관을 담고 있는 학문이었다. 천주교 선교사들에 의해 번역된 유럽의 학문이 구교적 세계관을 담고 있는 한, 이에 대한 수용이 우리가 상상하는 근대성과 일치하는 것일 수 없다.[10]

예수회원들이 중국에서 번역하거나 저술한 텍스트의 내용을 그 번역의 의도라는 측면에서 보면 서학서는 천주교 신앙의 체계적이고 전면적인 전파라는 목적과 분리되어 이해되기 어렵다는 것이 확인된다. 『천문략天文略』, 『환유전寰有詮』 같은 천문학 관련 서적은 천주교가 인정하는 천동

---

10 이와 같은 점을 지적하며 서학의 복잡성에 접근한 대표적인 한국의 연구들은 다음과 같다. 김선희, 『마테오 리치와 주희, 그리고 정약용』, 심산, 2012; 김선희, 「신체성, 일상성, 실천성, 공공성 : 성호 이익의 심학」, 『한국실학연구』 28, 2014; 김선희, 「19세기 조선 학자의 자연철학에 관하여」, 『철학사상』 60, 2016; 김선희, 「도, 학, 예, 술 : 조선 후기 서학의 유입과 지적 변동에 관한 하나의 시론」, 『한국실학연구』 35, 2018; 전용훈, 「서양사원소설에 대한 조선후기 지식인들의 반응」, 『한국과학사학회지』 31-2; 전용훈, 『조선후기 서양천문학과 전통천문학의 갈등과 융화』, 서울대학교 박사학위논문, 2004; 전용훈, 「17세기 서양 세차설의 전래와 동아시아 지식인의 반응」, 『한국실학연구』 20, 2010; 전용훈, 「정조대의 역법과 술수학 지식 : 『천세력』과 『협길통의』를 중심으로」, 『한국문화』 54, 2011; 전용훈, 「조선후기 『만물진원』의 유통과 서학 비판론」, 『교회사연구』 58, 2021; 조현범, 「조선 후기 유학자들의 서학인식 : 종교/과학 구분론에 대한 재검토」, 『한국사상사학』 50, 2015; 박혜민, 「성재 허전의 「외국기」에 관한 소고」, 『동양한문학연구』 60, 2021.

설과 아리스토테렐스의 우주론의 관점에서 기술된 것이다. 동아시아 지식인들에게 인기가 있었던 『교우론交友論』과 『칠극七克』과 같은 격언집 등은 신앙공동체와 기독교적 인간관계를 전제하지 않으면 그 내용을 구체적으로 이해하기 어렵다. 『직방외기職方外紀』나 『곤여도설坤輿圖說』처럼 세계와 국가에 대한 정보로 채워진 지리 관련 서적도 "객관적" 지식을 전달하는 것이 아니라 중국 독자들이 흥미로워할 만한 부분에 주목하여 당시 유행하던 패관소설과 같은 글쓰기 전략을 취하고 있다.[11] 선교사들이 흥미를 돋우는 글쓰기를 하고 있음에도 그들의 목적과 의도를 모르면 지리정보가 어떤 기준에 의해 선택되고 정리되는지를 짐작할 수 없다.[12] 게다가 18세기 조선에서 사대부들이 많이 읽었던 수학이나 과학서적은 이지조李之藻(1571~1630)가 정리하여 편집, 1629년에 출판한 『천학초함天學初函』에 포함되어 있는 것으로, 16세기 혹은 17세기 초반 유럽의 기준에서 볼 때 가장 발전되거나 진보적인 지식이 아닌, 구교적 세계관과 절충된 것이었음 역시 지적되어야 한다.[13]

---

11 명대 사대부인 許胥臣은 『직방외기』가 패관문학과 비슷하다고 지적한 바 있다. 이에 대해서는 『職方外紀』 권1, 「職方外紀小言」 3b를 참조.

12 예를 들어 『직방외기』의 유럽 부분은 선교에서 중요한 역할을 한 스페인으로 시작되며 남아메리카의 경우도 역시 천주교의 관점에서 중요한 국가인 페루로 시작하는 것이 확인된다. 유럽은 『직방외기』 권2, 남아메리카는 권3을 확인할 것.

13 이지조가 1620년대까지 중국에서 발간된 예수회의 저술 혹은 번역서 중 중국인들에게 호소력이 있다고 판단되는 서적을 모아서 편찬한 『천학초함』은 理編과 器編으로 나눠져 있고, 이편에는 『西學凡』, 『唐景教碑附』, 『畸人十篇』, 『交友論』, 『二十五言』, 『天主實義』, 『辯學遺牘』, 『七克』, 『靈言蠡勺』, 『職方外紀』, 기편에는 『泰西水法』, 『渾蓋通憲圖說』, 『幾何原本』, 『表度說』, 『天問略』, 『簡平儀』, 『同文算指)』, 『圜容較義』, 『測量法義』, 『測量異同』, 『勾股義』로 구성되어 있다. 이 중 조선 유학자들이 크게 주목했던 서적은 『서학범』, 『천주실의』, 『칠극』, 『영언여작』, 『직방외기』, 『태서수법』, 『기하원본』, 『천문략』 등으로 보인다. 그 이유는 서학에 관심있는 학자들은 물론 서학에 비판적이었던 학자들도 이 책들을 언급하는 것이 확인되기 때문이다. 물론 조선에 들어온 한역 서학서가 『천학초함』에 실린 책에 한정된 것은 아니다. 예를 들어 『국조보감』 인조 9년(1631)을 보면 정두원이 연행을 갔다가 주앙 호드리게스(João Rodrigues 陸若漢, 1561/1562~1633)로부터 받은 서

예수회 선교사들의 번역 방식과 의도를 염두에 두면, 서학을 수용한 조선 지식인들의 사유를 서양 지식을 완전히 이해하지 못했다거나 "하이브리드적" 지식이라고 규정하는 것은 문제적이다. 또한 하이브리드라고 조선인들의 지식을 규정하는 것이 의미가 있으려면 조선인들의 언어적 실천과 예수회에 의해 번역된 텍스트들 사이의 관계가 명확하게 규명되어야 한다. 단지 그들이 서양의 지식을 온전히 수용하지 못해서 동양 전통에도 서양 전통에도 완전히 속하지 않는 무엇인가를 만들어냈다는 사실에 대한 구체적인 기술description 없이 혼종적이라고 환원시키는 것은 설명이 되지 못하기 때문이다. 게다가 현대에도 특정한 언어와 뉘앙스를 완벽하게 번역할 수 있지 않다는 사실을 염두에 두면, 거의 모든 지식은 하이브리드적일 수밖에 없다. 무엇보다 이와 같은 평가의 문제는 서학을 수용했던 사람들의 문제의식과 서학 수용의 결과로서 그들이 재구축한 지식의 의의, 즉 "변화"의 의미를 설명하지 못한다는 점에 있다. 그렇다면 서학의 수용과정에서 나타난 변화를 읽어내기 위해 우리는 무엇에 착목할 것인가?

적에 『遠鏡說』, 『千里鏡說』, 『神威大鏡疏』 등도 있었다고 기록되어 있다. 또 이규경은 『五洲衍文長箋散稿』 경사편 3 「斥邪教辨證說」에서 테렌츠(Johann Terrenz Schreck 鄧玉函, 1576~1630)가 지은 『奇器圖說』, 페르디난트 페르비스트(Ferdinand Verbiest 南懷仁, 1623~1688)가 지은 『西方要紀』, 경사편 5 「洋通中國辨證說」에 아담 샬의 『進呈圖像說』(이규경은 進圖像說라고 오기) 등이 나온다. 그 외에도 다양한 교리서와 서학서들이 들어온 것은 『강화부외규장각봉안책보보략지장어제어필급장치서적형지안(江華府外奎章閣奉安冊寶譜略誌狀御製御筆及藏置書籍形止案)』에서 확인된다. 그러나 서학을 언급한 지식인들이나 천주교를 배척했던 사람들이 주로 언급한 책들은 『천학초함』과 연관되어 있다. 물론 천주교 교리서는 별도로 보아야 한다. 그 외 조선후기 유학자들이 읽은 서학서에 대해서는 노대환, 「조선후기 실학자들의 서학서 읽기」, 『한국사시민강좌』 37, 2005를 참조. 조선에 들어온 천주교 교리서에 대해서는 배현숙, 「17 · 8세기에 전래된 천주교 서적」, 『교회사연구』 3, 1981; 이석원, 「18~19세기 천주교 서적의 언해 - 언해 주체와 대상 서적」, 『한국사상사학』 60, 2018을 참조할 것.

1) 번역어의 문제: 차용, 음차, 신조어

서학 연구가 서학 텍스트를 문제삼는 한 그 연구의 토대는 '언어'에 대한 것일 수밖에 없다. 지식인들이 사용하는 개념 및 언어 구조의 변화에 천착할 때에만 사유의 변화도 이해할 수 있다. 서학 텍스트들이 조선인들의 사상적 변화를 가져 온 균열점이 되었다면, 이는 지식과 관계된 언어가 바뀌는 계기로 작동했다는 의미가 되며, 서학 연구는 그 텍스트의 언어 구성에서부터 시작해야 한다. 그것은 번역자들이 번역어를 선택하고 만들어 냈던 상황에 대한 이해에서 출발한다. 전근대 시대의 번역은 번역어가 거의 일대일로 정립된 현대와 전혀 다른 상황에서 이루어졌다. 사회의 전 영역을 번역의 대상으로 삼기 이전 시기의 번역은 따라서 그 과정이 현대보다 더욱 쉽지 않으며 결과 역시 의도와 다를 수 있다.

먼저 시대에 따른 조건과 맥락의 차이를 인식해야 한다. 명말 청초나 조선 후기처럼 국가나 지식인들이 굳이 서양의 지식을 번역해야 할 필요성을 느끼지 않았던 시대와 19세기 후반 동아시아 국가들이 국가 차원에서 서양 지식을 적극적으로 수용하려고 했던 시대는 번역의 맥락이 같을 수 없다. 중국 예수회에 의한 초기 번역은 외국인들의 주도하에 이루어졌다.[14] 동아시아의 언어 및 문화를 완전히 이해하지 못한 상황에서, 서양 문화의 전체가 아닌 일부분을, 대체로 의역과 번안을 통해 전달하고자 한 이들의 시도는 출발어와 도착어 사이의 상당한 의미적 손실 및 변형으로 이어질 수밖에 없었다.[15] 따라서 서양의 학문에 대한 번역서가 존재했거나

14 Lackner, Michael, Ameling Iwo, Joachim Kurtz eds., *New terms for new ideas : Western knowledge and lexical change in late imperial China*, Leiden · Boston · Köln : Brill, 2001.

15 예수회의 번역은 교리서와 코임브라 텍스트 정도를 제외하면 텍스트 전체를 번역한 경우가 거의 없으며 대체로 번안이거나 의역이 많다.

사람들이 번역서를 읽었다는 사실이 있다 하더라도 그 자체로 서양 사상에 대한 완전한 이해를 담보해 줄 수 없는데, 번역이 지식의 전달의 장벽으로 작동했기 때문이다.[16]

동아시아에서 서양 사상의 초기 번역 과정 및 번역된 개념의 의미에 주목한 기존의 작업들은 서양의 사유가 투명하게 동아시아에 수용되는 것이 불가능했다는 점을 지적해왔다.[17] 그 연장선상에서 조선 서학을 보면, 크게 두 가지 측면에서 유사한 문제가 발견된다. 하나는 스콜라철학이 유교적 언어, 즉 유교적 개념으로 번역되었을 때 원본 개념과 번역된 개념 사이의 긴장이 드러난다는 것이고, 다른 하나는 조선에 번역된 개념들이 들어왔을 때, 이 개념들로 인해 촉발된 개념 논쟁이 일어난다는 것이다. 이 두 가지는 조선인들이 클리셰처럼 사용하던 유교 개념을 다시 생각하고 재규정하며 기존의 의미를 강화시키거나 개념 범주를 변화시키는 계기로 작동한다.

서학이 조선에 유입되어 지식인들의 사유가 변화했다는 주장은 지식인들이 사용하는 언어가 기존 언어와 어떤 차이를 보이는지를 검토함으로

---

16 소진형, 「조선 지식인의 서양 번역서 독해방식 : 전병훈, 『정신철학통편(精神哲學通編)』의 사례를 중심으로」, 『한국사상사학』 70, 2022.

17 개념사나 번역사 연구자들은 일대일 번역이 거의 불가능했던 근대 이전 시기, 한 언어에서 다른 언어로 번역할 때 발생하는 오독가능한 번역의 문제를 지속적으로 지적해왔다. 예를 들어 중국 근대의 번역 문제에 대해서는 Michael Lackner, Ameling Iwo, Joachim Kurtz eds., Op. cit; Joachim Kurtz, *The Discovery of Chinese Logic*, Brill, 2011이 있다. 중국 예수회의 번역 문제를 다룬 연구로는 다음을 참고할 수 있다. Canaris, Daniel, “Mediating humanism and scholasticism in Longobardo’s “Resposta breve” and Ricci’s reading of Confucianism”, *Renaissance Quartaerly* 74 : 2, 2021, pp.498~527; Collani, Claudia von, “The Treatise on Chinese religions (1623) of N. Longobardi, S.J.”, *Sino-Westerm Cultural Relations Journal* 17, pp.29~37, 1995; Kim, Sangkeun, *Strange names of God : the missionary translation of the divine name and the Chinese responses in Late Ming China, 1583~1644*, Oxford : Peter Lang, 2004; 潘鳳娟, 「龍華民《論中國宗教的幾點問題》翻譯初探 : 以考證邊欄中文和比對註釋為中心」, 『哲學與文化』 44, 2017.

써 일차적으로 증명할 수 있다. 서학의 유입으로 인한 언어적 변화는 몇 가지 개념어가 기존 언어에 포함되는 것을 넘어서는 문제였다는 점을 주목해야 한다. 개념어를 한문으로 번역하는 과정에서 번역자들은 한자어를 조합해서 신조어를 만들 것인지, 음차를 할 것인지, 아니면 기존의 중국어에서 유사한 의미의 단어를 차용할 것인지를 고민했다. 이 세 가지 방법 중 어떤 것도 원래의 의미를 전달하기 어렵다는 한계를 갖는다. 신조어와 음차 번역어는 동아시아인들에게 낯선 단어를 서양의 지식이 동아시아의 지식과 다른 새로운 것이라는 인상을 줄 수 있는 장점이 있다. 하지만 그 용어 자체만으로는 의미를 알 수 없기 때문에 직관적으로 이해하기 어렵고, 또 복잡한 설명과 해설을 동반할 수밖에 없다. 반면 차용어는 기존의 언어 체계에서 쉽게 받아들여질 수 있지만 동시에 기존의 개념어나 일상어와의 유사성 때문에 오해를 가져올 수 있다.

예를 들어 이지조와 포르투갈 예수회원인 프란시스코 푸르타두Francisco Furtado(1589~1653)가 번역한 『명리탐明理探』은 1606년에 포르투갈의 코임브라 대학에서 출판된 코임브라 텍스트 중 아리스토텔레스의 논리학 교과서에 해당되는 *Commentarii Collegii Conimbricensis e Societate Jesu. In universam dialecticam Aristotelis Stagirita* 중 『이사고게』와 『범주론』을 1631년(출판은 1636년)에 출판한 것이다. 이 책은 『명리탐』의 원본은 신플라톤학파와 천주교 신학자들의 복잡한 개념과 설명이 포함되어 있는 코임브라 대학 교재였고, 이 개념과 설명을 일대일로 번역할 수 있는 중국의 개념어가 존재하지 않았다. 따라서 이지조와 푸르타두는 수많은 신조어를 만들어내야 했는데, 이것이 『명리탐』을 읽히지 않는 텍스트로 만든 원인이기도 했다.

쿠르츠Kurtz에 따르면 이지조와 푸르타두는 서양논리학을 위치시킬 수 있는 적합한 중국적 맥락을 생각할 수 없었다. 이지조가 번역과정에서 발명한 수많은 기술적 용어들 중 어떤 것도 중국의 논리적 전통과 연속적인 텍스트나 컨텍스트로부터 도출되지 않았으며, 게다가 이 작업은 목적을 위해 만들어진 어려운 전문적인 용어들로 가득 차 있기 때문에, 중국문학에 익숙하거나 이전의 예수회 저술들에 익숙한 사람이라고 하더라도 전문가의 도움없이 그 의미를 간취하기 어려웠다.[18]

신조어를 통한 번역보다 당시 동아시아 지식인들에게 친근했던 것은 차용어를 통한 번역이었다. 그런데 신조어를 통한 번역이 텍스트에 대한 무관심으로 이어졌다면, 차용어를 통한 번역은 텍스트에 대한 오해와 곡해로 이어지기 쉬웠다. 선교사들은 성리학의 개념들을 가져와서 신학적 개념들을 설명하되, 그 개념의 의미를 바꾸고자 하였다. 이들은 1) 이기심성理氣心性과 같은 핵심적인 유교적 용어를 새롭게 의미 규정했고, 2) 당시 유럽의 철학 · 신학적 용어 및 학문의 방법을 새롭게 정의된 유교적 용어와의 관계 속에 배치했으며, 3) 결과적으로 새로운 문법을 제안했다.

개종자를 제외한 일반적인 지식인들에게 신조어나 차용어는 지나치게 낯설거나 유교를 잘못 이해한 오류로 인식되어 번역자의도대로 독자들에게 수용되지 않았다. 예를 들어 보자. 천주교 철학과 신학의 중요한 개념인 사물의 본질essentia rei은 유교의 본성에 해당되는 성性으로, 성질affectio는 유교의 감정이나 특징을 의미하는 정情으로 번역되었다.[19] 『천

18 Kurtz, Joachim, "Matching Names and Actualities", Michael Lackner, Natascha Vittinghoff eds. *Mapping Meanings: The Field of New Learning in Late Qing China*. Leiden, Boston: Brill, 2004, pp.473~476.

19 『名理探』「五公」第一. "問, 五公稱之序, 謂何. 曰, 此本物理, 亦教規也. 物理者, 物有性情先後. 宗也, 殊也, 類也, 所以成其*性*者, 固在先. 獨也, 依也, 所以具其*情*者, 固在後. 物生之序, 亦然. 先有質, 能受緣引, 次, 模入而結之, 次, 合質模二分以成其物. 次, 內情由是而發, 次, 乃有依附者. 夫宗, 應質, 殊, 應模, 類, 應質模合成之全. 獨, 應內發之情, 依, 應外來之依附者也." 이 부분에 대한 원문은 "Notant interpretes servare Porphyrium his vocibus numerandis Naturae ordinem. Tum quia prius eas subicit, quae rei Naturam declarant; nimirum Genus, Differentiam, & Speciem : deinde quae Proprietates, & adventitias Affectiones indicant; videlicet Proprium, & Accidens. Tum quia hic ordo repraesentat modum, quo

주실의』의 본문이나 『기하원본』의 서문에서 마테오 리치는 천주의 개념을 지식인들에게 심어주기 위해 아리스토텔레스의 범주론을 통해 존재를 분류하면서 이理=태극을 개별 사물의 원리로 격하시킨다. 이러한 번역의 시도는 예수회 입장에서는 성리학적 개념으로서의 성과 정의 의미를 전환시키려는 의도에서 비롯된 것이지만 실제로 이 번역을 비판적으로 읽는 독자는 예수회가 성과 정을 성리학적으로 이해하지 못하여 오용하고 있다고 판단했다.[20] 이 사례들은 번역자와 독자 사이에는 동일한 개념어를 두고 서로 다른 해석이 가능하며, 양자 사이의 충분한 대화가 존재하지 않는 한 번역자는 자기의 언어적 맥락 속에서 발화하고 수용자는 자신이 이해하는 언어적 관습 속에서 그 개념어를 받아들이고 해석하는 상황이 발생함을 보여준다.[21]

음차를 통한 번역은 특히 차용어의 한계에 대한 번역자들의 고민에서

Natura in ortu cuiuslibet compositi naturalis progreditur. Prius enim Materia disponitur, in quam deinde Forma recipitur; postea ex Materia, & Forma totum emergit; quarto loco oriuntur proprietates; tandem adveniunt Accidentia. At Genus Materiae respondet, Differentia Formae, Species toti composito, Prorium nativis affectionibus, quae ab essentia rei manant; Accidens iis, quae extrinsecus adveniunt, & adesse, atque abesse possunt."이다. 원문은 *Commentarii Collegii Conimbricensis e Societate Jesu in Universam Dialecticam Aristotelis*, Coimbra University, 1606, p.59를 볼 것. 밑줄 강조는 저자에 의한 것임.

20 그러한 인물 중 하나가 愼後聃(1702~1761)이다. 신후담의 아니마에 대한 이해는 손은석, 「조선 성리학 안에서 인간 아니마(anima humana)의 자립적(per se subsistens) 의미 충돌 - 신후담의 『서학변』에서 혼(魂)과 심(心)을 중심으로 -」, 『철학논집』 44, 2016을 참조할 것.

21 이러한 사례는 趙榮福(1672~1728)의 『연행일록』에서도 발견된다. 조영복은 1720년 2월 14일, 천주교 선교사들을 만나 대화를 한다. 이때 서양 선교사들은 조영복에게 중국 황제가 도교를 숭상하여 자신들을 스승으로 삼았다고 말하는데, 이때의 도교는 테올로기아(Theologia)를 의미하는데, 테올로기아는 예수회에 의해 道學 또는 陡錄日亞로 번역되었다. 그러나 조영복은 예수회의 맥락을 몰랐기 때문에 도교를 Daoism으로 이해하여 대화를 이어 나간다. 이에 대해서는 경기도박물관 편역, 『(조영복의)연행일록』, 서울 : 경기도박물관, 1998, 113~114쪽을 참조할 것.

비롯된 것이라 할 수 있다. 서학의 번역에서 출발어와 도착어의 의미 차이가 있다는 사실은 번역과 수용 과정이 쉽지 않았다는 증거이며, 이 어려움을 잘 보여주는 것이 1610년대부터 1640년대 사이에 예수회원들 사이에서 벌어졌던 번역 논쟁이다. 당시 예수회원들 중에는 자신들이 서학을 번역하는 과정에서 선택한 성리학적 용어가 오히려 독자들을 혼란스럽게 만들고 천주교를 불교의 아류나 성리학의 분파로 보일 가능성이 높다는 문제의식을 갖고 있는 사람들이 있었다. 정립된 번역어를 버릴 수 없다는 입장을 가진 사람들과 그 번역어가 오독을 유도한다는 비판자들 사이의 논쟁이 오랫동안 이어졌다.[22] 일반적으로 예수회의 번역이라고 하면 마테오 리치의 보유론補儒論적 번역을 떠올리지만, 보유론에 대해 회의적인 태도를 갖는 예수회원들도 많았다. 가장 큰 이유는 보유론적 번역이 천주교의 핵심 개념을 유교적으로 번역함으로써 신학적 사유 전달에 장애가 된다는 것이었고, 또 다른 이유는 예수회가 동아시아에서 처음에 취했던 지식인 중심의 포교방식, 즉 지식인들의 수준에 맞춘 번역어와 문체의 선택이 궁극적으로 확산, 즉 일반 백성들에 대한 선교에 크게 도움이 되지 않았다는 회의 때문이었다.[23]

논쟁 가운데에서 특히 예수회의 번역과 관련된 문제의식이 첨예하게 반영된 케이스가 아니마anima의 번역이다. 통상 영혼으로 번역되는 아니마는 예수회 내부에서 번역어의 적합성을 두고 오랜 논쟁이 있었다. 예수회들은 영혼이 성리학적 뉘앙스를 강하게 갖고 있기 때문에 아니마의 번

---

22 예수회 내부의 번역어 논쟁은 1611년부터 1633년까지 22년 동안 격렬하게 이루어졌으며, 그 과정에서 번역어들이 폐기되었다가 다시 사용되었다가를 번복한다. 예수회의 번역문제에 대해서는 다음 책을 참조할 것. Thierry Meynard, *Daniel Canaris eds. A Brief Response on the Controversies over Shangdi, Tianshen and Linghun*, Palgrave Macmillan, 2021.

23 Collani, Claudia von, "The genesis, editions and translations of Longobardo's treatise", in Thierry Meynard, Daniel Canaris eds. ibid., pp.2~26.

역어로 부적절하다고 보았다. 따라서 아니마를 음차로 번역하되, 이미 많이 알려져 있는 개념인 영혼과 병기하여 이 단어가 성리학에서 말하는 영과 혼을 가리키는 것이 아니라는 점을 보여주고자 하였다.

17세기 초반에 출판된 영혼과 관련된 텍스트 중 특히 『영언여작靈言蠡勺』, 『성학추술性學觕述』, 『영혼도체설靈魂道體說』은 예수회가 번역과 관련된 논쟁을 치열하게 벌였던 1624년에 번역의 초고가 완성되거나 출판되었다. 각 책의 번역자들인 프란체스코 삼비아시Francesco Sambiasi(畢方濟, 1582~1649), 줄리오 알레니Giulio Aleni(艾儒略, 1582~1649), 니콜로 롱고바르도Nicolò Longobardo(龍華民, 1559~1654)는 모두 번역 논쟁에 적극적으로 참여했던 예수회원들이다. 알레니는 마테오 리치식의 번역, 즉 유교적 용어를 빌어 신학 개념을 번역하는 방식을 지지했으나 삼비아시와 롱고바르도는 그 번역어가 원시유교가 아닌 그들이 비판했던 성리학적 지향성을 내포한다며 반대했다. 이러한 갈등은 번역에서도 드러난다. 『영언여작』과 『성학추술』은 아리스토텔레스의 『영혼론』과 『자연학』을 번안한 텍스트로 알려져 있는데, 삼비아시는 주요 철학 용어들의 음차역을 한역과 함께 제시했고 동일한 인명까지도 알레니와 다르게 번역하는 면모를 보여준다.[24] 상당수의 예수회원들, 특히 롱고바르도는 번역어 중 성리학의 뉘앙스가 강한 개념을 신학적 용어로 차용하는 것에 격렬하게 반대했는데, 무신론인 성리학의 개념을 빌어올 경우 천주교의 신학·철학적 개념이 왜곡되어 이해될 것이라고 생각했기 때문이다.[25]

---

24 예를 들어 알레니는 성 아우구스티누스를 聖奧斯定으로 음차하는 반면 삼비아시는 亞吾斯丁으로 음차한다.

25 롱고바르도의 리치식 번역에 대한 비판은 Thierry Meynard, Daniel Canaris, Op.cit 참조.

2) 번역의 비일관성

이처럼 예수회의 번역은 비록 중국 예수회 내에서도 논쟁의 대상이었고, 어느 정도 번역의 기준을 합의했다고 하더라도 시기에 따라 독자에 따라 변화하며 일관되게 적용되지 않았다. 예수회가 선교의 일차적 대상을 중국 사대부들로 설정했던 17세기 초에는 자연학, 실용과학, 철학, 신학 또는 인간학에 대한 번역에 초점을 맞췄다. 그러나 후대로 갈수록 교리서 번역이 많아지고 문체 역시 독자층에 따라 바뀐다는 점이 발견된다. 알레니의 『천주강생언행기략天主降生言行紀畧』과 루이 안투안 드 푸아로Louis Antoine de Poirot(賀淸泰, 1735~1813)의 『고신성경古新聖經』의 사복음서 번역의 문체를 비교해 보면 두 텍스트의 독자층이 다르게 설정되었다는 사실이 확인된다. 알레니의 번역이 중국 사대부들을 염두에 둔 우아한 문체로 이루어졌다면 푸아로는 대중들을 겨냥했기 때문에 다소 거칠게 느껴지는 구어체로 성경을 번역했다.[26]

번역의 비일관성 문제는 수학이나 과학의 번역에서도 찾아볼 수 있다. 마테오 리치의 『기하원본』(1607)은 그의 스승이었던 꼴레지오 로마노의 신학자이자 수학자였던 크리스토퍼 클라비우스Christopher Clavius(1538~1612)가 번역하고 주석을 단 *Euclidis Elementorum libri XV*(1591)의 앞의 여섯 권을 번역한 것이다. 이때 마테오 리치는 서문에서 『기하원본』을 통해서 배워야 할 것을 이성에 의한 추론이라고 주장하면서도 추론을 배우기 위해 핵심적인, 원본에서는 중요하게 다뤄지는 증명 과정을 많이 생략하여 번역한다.[27] 흥미롭게도 서양 수학을 중국식으로 완성했다고 알려져

26 余雅婷, 「聖書福音書の漢訳をめぐって：『天主降生言行紀畧』から『古新聖経』へ」, 『東アジア文化交渉研究』 10, 2016.

27 『기하원본』을 클라비우스의 원본과 비교한 연구는 Engelfriet, Peter M., *Euclid in China*

있는 매문정梅文鼎(1633~1721)의 『수리정온數理精蘊』을 보면, 마테오 리치가 『기하원본』에 삽입했던 증명과정이 더욱 생략되고 계산식 위주로 구성되었다는 점이 확인된다.[28]

『기하원본』의 번역에는 또다른 문제가 있었다. 그것은 정의definition을 내릴 때 개념을 설명하기 위한 서술어를 어떻게 정하는가의 문제이다. 기하, 즉 양quantity은 몸, 체적 등과 연관된 개념이기 때문에 실체substance를 설명할 때 동원되는 철학적 개념이기도 하다. 예수회가 신학을 위한 기초 학문으로 생각했던 아리스토텔레스의 『범주론』에서도 열 개의 범주 중 실체 다음에 바로 양, 즉 기하가 등장한다. 기하가 실체와 연결된다고 할 때 예수회가 개념적으로 중요하게 본 것은 기하는 나눠지고divide 연장되는extend는 무엇이라는 것이다. '나눠지다'와 '연장하다'는 신체를 가진 실체에만 해당되는 특징이다. 신체를 갖지 않아 체적이 없는 영혼이나 천사, 신과 같은 실체에 대해서는 분할과 연장은 그 특징을 설명하는 서술어가 될 수 없다.

아리스토텔레스는 양의 연장을 설명, 즉 "점이 연장되어 선이 되고 선이 연장되어 면이 되고 면이 연장되어 체가 된다"는 설명에서 "연장하다"는 서술어를 정의를 위해 반복해서 사용하는데, 서술어의 반복적 사용은 17세기 예수회 텍스트에서도 동일하게 발견된다. 당시 예수회 철학의 근간

: *The Genesis of the first Chinese Translation of Euclid's Elements Books I-VI (Jihe yuanben; Beijing 1607) and its Reception up to 1723*, Brill, 1998을 참조할 것.

28 최근 한 연구는 매문정 역시 서양 수학의 분류법을 채택했기 때문에 『수리정온』에 유클리드 기하학과 증명 과정이 포함되어 있다고 주장한다. 그러나 『기하원본』과 『수리정온』을 비교해보면 매문정이 『기하원본』의 증명과정, 설명 등을 많이 생략하고 있음을 확인할 수 있다. 매문정이 서양 수학의 증명과정을 수용해다는 주장은 다음 논문에서 확인할 것. Su, Jim-hong and Ying Jia-Ming, "What did they mean by "Calculation Principles?" : revising argumentative styles in late Ming to mid-Qing Chinese mathematics", *The Korean Journal for the History of Science* no. 38(2), 2016.

은 아리스토텔레스 철학이었고, 그 중에서도 『범주론』과 같이 실체와 속성을 구분하여 세계를 설명하는 논리학이 특히 중요했다. 이것이 제대로 전달되기 위해서는 실체를 정확하게 설명하는 서술어가 필요하고, 그 서술어를 개념과 연관해 일관되게 사용함으로써 실체의 특징을 정확하게 규정하는 것이 중요하다.

정의definition가 주어와 그에 대해 '참'인 서술어로 구성된다고 한다면, 그 서술어는 제한적이거나 일관되게 사용될 수밖에 없다. 그런데 동사를 반복해서 사용한 문장은 한문 문화권에서는 서툰 글쓰기로 보일 가능성이 높다. 이 문제는 마테오 리치 역시 인지하고 있었던 듯하다. 코임브라 텍스트에서는 점, 선, 면과 같은 기하가 연장된다고 할 때 동사를 라틴어로 "extendere"를 일관되게 사용한다.[29] 반면 『기하원본』에서는 점, 선, 면의 연장에 해당되는 동사로 인引, 전展, 적積이 선택된다.[30] 이 동사들은 일차원, 이차원, 삼차원의 측면에서 연장을 이해하게 만들지만 우리가 상기해야 할 것은 선교사들에게 중요한 것은 수학적 이해가 아니라 분할과 연장을 신학적 차원에서 이해하는 것이었다. 즉, 인, 전, 적은 "연장"을 신학적으로 이해하는데 적절한 용어 선택은 아니었다.

기하에 대한 이해가 신학에서 필요한 이유는 실체substance에 대한 규정 때문이다. 신학에서는 육체를 가진 존재들뿐만 아니라 신, 천사, 그리고 영혼도 실체이기 때문이다. 마테오 리치의 번역은 결과적으로 『영언여작』과 『성학추술』과 같은 영혼에 대한 저술에서 기하가 없는, 즉 신체가 없기 때문에 분할과 연장이 없는 실체로서 영혼을 설명하는 데 어려움을 겪게 만든다. 따라서 삼비아시는 "영혼을 기하로 논할 수 없다"라는 단언 말고

---

29 *Commentarii Collegii Conimbricensis e Societate Iesu in universam dialecticam Aristotelis Stagiritae*, 1606, pp.304~306.

30 『幾何原本』. "凡論幾何, 先從一點始. 自點引之爲線, 線展爲面, 面積爲體, 是名三度."

는 왜 그런지에 대한 설명을 할 수 없었고[31] 알레니는 "분할되는 육체와 달리 신이 분할되지 않기 때문에 인간의 영혼은 신의 부분이 아니"라고 주장하는데 그친다.[32] 영혼의 속성에 대한 설명이 이처럼 빈약했던 이유는 마테오 리치가 번역한 기하의 수학적 정의만으로는 '기하 없는 실체'를 설명할 수 없었기 때문이다.

기하의 번역 문제는 예수회가 번역한 수학과 천문학이 신학적 사유와 분리되어 이해될 수 없다는 것을 방증하는 것이기도 하다. 기하의 철학적 번역이 본격적으로 이루어진 것은 『명리탐』이 출판되면서이다.[33] 그러나 기하에 대한 엄밀한 번역이 이루어졌다고 해서 이 개념이 널리 유통된 것은 아니다. 앞에서 언급한 것처럼 푸르타두와 이지조는 중국어에 존재하지 않는 복잡한 신학, 철학적 신조어, 그에 맞는 서술어를 만들어 내야 했다. 결과적으로 이들의 번역서인 『명리탐』은 아주 까다로운 구문과 이해할 수 없는 개념들이 꽉 차 있는 책이 되었고, 당대에도 거의 읽히지 않았고 현재까지도 이해할 수 없는 책이라는 악명을 갖게 되었다.[34]

마지막으로 서학의 비일관된 번역에는 "번역의 협력자"라는 감춰진 문제가 있다. 서학의 번역을 한문을 열심히 배워 익힌 유럽인들만의 것이라

---

31 『靈言蠡勺』. "爲人之亞尼瑪, 是神類, 無幾何可論, 全在全體, 亦全在全體之諸分. 如天主無所不在, 全在天地之間, 亦全在天地間之諸分也."

32 『性學觕述』. "或又曰 [⋯] 蓋人物之形質, 雖不同, 而性則稟之造物故當同也 [⋯] 人物者, 亦造物主一體之分也 [⋯] 曰 [⋯] 凡屬可分之物, 必爲粗體, 悉落幾何之形. 何謂幾何. 有度有數者是也. 若造物主旣無度數至神無形, 何可分乎? 蓋造物主其本體, 超萬有而上, 至純至一, 絶不可分."

33 『名理探』「十輪」의 3권이 『범주론』의 기하를 번역한 것이다. 여기에서 푸르타두와 이지조는 점, 선, 면의 전개를 "點展而成線, 線展而成面, 面展而成體"와 같이 "展"이라는 동사만 사용해서 설명한다.

34 이에 대해서는 다음의 글을 참조할 것. Kurtz, Joachim, "Coming to Terms with Logic : The Naturalization of an Occidental Notion in China" in Michael Lackner, Ameling Iwo, Joachim Kurtz eds., Op. cit.

고 오해해서는 안된다. 예수회의 번역은 대부분 공역共譯인데, 언어적 한계 때문에 예수회는 중국인 협력자들의 도움을 필요로 했다. 많은 서학서에는 예수회사가 말로 의미를 전하면 중국인 협력자들이 그것을 받아적고 윤문했다는 기록이 나온다.[35] 알레니나 루도비코 불리오Lodovico Buglio(利類思, 1606~1682)처럼 중국어에 뛰어나다고 평가받는 사람도 있었지만,[36] 많은 예수회사들은 대부분 중국인 협력자들과 대화와 토론을 통해 서양 학문을 번역했고 그 과정에서 내용의 측면에서 일차적인 변용이 이루어졌을 가능성이 크다.[37] 또, 중국인 협력자들은 중국의 지식인들을 설득하기 위해 윤문 과정에 많은 노력을 기울이는데[38] 그 과정에서 동일한 개념

---

35 17세기부터 18세기까지 예수회가 중국에서 출판한 많은 책은 예수회원이 설명을 해주고 중국인 협력자가 그것을 중국어로 번역하거나 윤문했음을 표시하고 있다. 예를 들어 『직방외기』에는 알레니가 해석을 하고 그것을 양정균이 모아서 기술했다는 "西海艾儒略增譯, 東海楊廷筠彙記"라고 적혀 있고, 『기하원본』에는 마테오 리치가 말로 번역하고 徐光啟(1562~1633)가 붓으로 받아 적었다(泰西利瑪竇口譯, 吳淞徐光啟筆受)고 기록되어 있다.

36 알레니는 서양에서 온 공자라고 불렸고, 불리오는 토마스 아퀴나스의 『신학대전』을 중국어로 번역한 『超性學要』을 출판할 정도로 뛰어난 중국어 실력으로 유명했다고 알려져 있다.

37 조선 연행사들을 지속적으로 만났던 할러스타인, 즉 유송령(August von Hallerstein 중국명 劉松齡, 1703~1771)의 경우 중국어로 말할 수는 있어도 문자를 쓸 수 없었기 때문에 조선인들과 대화할 때 자신의 언어를 한문으로 옮겨 줄 일종의 통역을 필요로 했다. 이 사실은 이의봉의 『북원록』에서 확인된다. 이의봉이 할러스타인과 필담할 당시 한문에 익숙하지 않은 할러스타인을 돕는 徐承恩이라는 통역사가 대동했다. 이의봉이 할러스타인을 만난 것이 1761년이고, 그가 건륭제의 명으로 북경에서 천문역산서의 편찬에 참여한 것이 1739년, 흠천감 감정이 된 것이 1746년이라고 할 때, 중국에서의 생활이 상당히 길었음에도 불구하고 한문으로 글을 쓰는 것에 서툴렀다는 점을 확인할 수 있다. 이에 대해서는 『北轅錄』 4권, 1761년 1월 27일(丁卯); 1761년 2월 1일(辛未); 『北轅錄』 5권, 1761년 2월 6일(丙子)를 참조할 것.

38 프란시스코 푸르타두와 이지조가 같이 번역한 『명리탐』은 까다로운 번역어로 악명이 높다. 다만 아리스토텔레스의 원문에 해당되는 부분들은 모두 4자 혹은 5자로 자수를 맞춰 번역함으로써 마치 경전으로 보이도록 의도한 것이 확인된다. 또 양정균의 『代疑續編』(1635)은 장절의 제목을 천주교식이 아니라 原同, 崇一 등 간결하게 붙이고 있다. 이지조와 양정균은 당대 중국의 지식인들의 언어를 사용하는 기준에 맞춰서 형식을 만든 것이라고 할 수 있다.

어를 다르게 번역할 수도 있고, 의미적 탈루와 재구성이 필연적으로 생길 수밖에 없다.

이처럼 서학은 번역의 과정 자체도 복잡했을 뿐만 아니라 그 번역된 텍스트가 수용되는 과정 또한 사회적, 개인적 맥락에 따라 달랐다. 번역자들이 유교적 개념을 차용하고 언어적 문법에 따라 번역을 했기 때문에 그들의 언어의 선택은 기본적으로 조선 유학자들이 친숙하게 접근할 수 있는 것이었을 것이다. 그러나 성리학이나 불교 등에서 용어를 빌어왔더라도 그 의미의 범주와 규정이 번역을 통해 일상적 용례와 달라졌기 때문에 조선의 지식인들은 이에 대해 납득하기 쉽지 않았다. 그리고 지식인들의 새로운 언어를 이해하기 위해 노력이야말로 기존 지식이 새로운 지식과 접촉하면서 언어적으로 재배치되고 재구성되는 과정이며, 우리가 주목해야 하는 지점이다. 그리고 이 재배치와 재구성은 중국적 맥락과 또다른, 조선의 언어적 관습과 지적 맥락 위에서 이루어졌을 것이라는 가정을 타당하게 만든다. 그리고 우리는 이 지점에서 서학에 대한 이해와 수용 문제를 다시 생각할 필요가 있다.

4. 개방성과 배타성의 사이 : 서학의 적극적 수용은 개방성만을 의미하는가?

번역의 지난한 과정에 대한 추적은 17, 18세기의 서양과 그 번역서로서 서학 텍스트가 정확하게 번역되어 보편적으로 이해 가능한 내용을 담고 있을 것이라는 단순한 이해를 피하고 서학의 수용을 수용자들의 역동적이고 적극적인 해석과 자기 언어화를 동반한 과정으로 규정하는 것이다. 이는 서학에 대한 수용을 동서양의 융합 혹은 하이브리드라는 해석으로 보는 결론을 피하고 수용자들의 문제의식과 수용된 구체적인 내용, 이후 서학이 그들의 세계관 속에서 어떤 기능을 했는지 설명하려는 노력과 연결된다.[39]

우리가 서학이 번역되는 과정의 복잡성을 이해하면서 그 위에서 조선 지식인들의 서학 수용에 대해 접근하는 것은, 서학 수용방식을 지나치게 과장하거나 폄하하지 않고 다른 차원에서 바라볼 수 있게 해준다는 장점이 있다. 예를 들어 조선 후기의 몇몇 지식인들이 기하학을 공부했다는 사실은 기하학을 완전히 이해했거나 수용하지 못했다는 결론으로 이어지기 쉽다. 그런데 클라비우스가 증명과정을 강조하면서 설정했던 예수회의 수학 교육의 목표가 마테오 리치와 서광계의 번역 과정에서 수정되었고, 동아시아인들이 기하학을 자신들의 산학算學 전통 내에 위치시켰다는 사실은 우리에게 동아시아인들의 수학과 산학에 대한 지적 맥락 속에서 연구 질문들을 만들 것을 요청한다.

서양 지리 지식의 수용에 대한 연구도 마찬가지이다. 처음 서양의 지리 지식을 접한 조선의 지식인들은 자신들이 알고 있는 직방 세계 밖에 수많은 나라들이 존재한다는 것, 그리고 이 세계가 천원지방天圓地方과 같은 동아시아 전통의 지리관과 다른 세계라는 사실에 신선한 충격을 받았다. 당시 지식인들 사이에서 회자되었던 서양식 세계지도는 마테오 리치의 「곤여만국전도坤輿萬國全圖」, 알레니의 「만국전도萬國全圖」, 페르디난드 페르비스트Ferdinand Verbiest(南懷仁, 1623~1688)의 「곤여전도坤輿全圖」 등이 있으며, 지리와 관련된 텍스트로는 『직방외기』와 『곤여도설』 등이 있다. 이 중 특히 접근성이 용이했던 알레니의 「만국전도」는 현재 조선의 카피본이 세 부나 남아 있을 정도이다.[40]

---

39 지도학자인 매튜 에드니는 객관적인 사료로 보이는 지도가 특정 시대와 지역의 문화와 세계관을 반영한다고 주장한다. 서학을 수용하여 재기술한 조선 지식인들의 텍스트에 대해서도 동일하게 볼 수 있다. Edney, Matthew H., *Cartography : The Ideal and Its History*, Chicago : University of Chicago Press, 2019.

40 현재 예천박물관에 소장 중인 朴廷薛(1612~1693)의 「만국전도」, 규장각에 소장되어 있는 「天下都地圖」, 규남박물관에 소장하고 있는 河百源(1781~1845)의 「泰西會士利瑪竇萬國全圖」이 세 카피본이다.

실천적 측면에서 서학 수용은 서학이라는 낯선 지식을 자신들이 갖고 있는 기존의 지식들을 동원하여 이해하고 적극적으로 체계화하려는 노력과 그 과정을 수반한다. 이를 잘 보여주는 사례가 이종휘李鍾徽(1731~1797)이다. 이종휘는 「곤여만국전도」의 사본을 보고 감상을 담은 짧은 글인 「이마두남북극도기利瑪竇南北極圖記」라는 글을 남긴 것으로 잘 알려져 있다. 이 텍스트는 「곤여만국전도」에 나오는 대륙, 즉 아시아, 유럽, 아프리카, 마젤라니카, 남아메리카, 북아메리카를 묘사하는 것으로부터 시작한다. 이종휘에 의하면 아시아는 중국과 중앙과 동쪽, 북쪽, 남쪽의 오랑캐로 이루어져 있다. 그는 아시아를 "지방地方"으로, 그리고 다른 대륙을 "세계世界"로 명명한다. 예를 들어 아프리카는 "이미아세계利未亞世界"가 된다. 그는 그 이후 각 대륙은 "작은 바다" 즉, 소양해小洋海와 큰 바다, 대양해大洋海 사이에 있다고 말하면서 각각을 추연의 비해裨海와 대영해大瀛海에 비유한다. 그리고 그는 마테오 리치의 지도는 9대륙이 아닌 6대륙만을 묘사했기 때문에 전체 세계를 그린 것은 아니라고 결론을 내린다.[41]

또 이 글에는 이종휘가 어떤 순서로 지도를 어떻게 봤는지가 잘 드러나 있다.[42] 그는 각 대륙을 묘사할 때 자신이 생각하는 핵심 국가들을 선택하여 나열하는데, 국가와 지명, 도시명 등을 구별하지 못했기 때문에 국가라고 언급했더라도 국가가 아닌 장소명인 경우가 상당히 있다. 예를 들어 유럽에서 그가 첫 번째로 언급한 국가는 "고마니古禡泥"인데, 고마니는 국가

---

41 Soh, Jeanhyoung, "Utopia and Dystopia: *Cheonha do* and the Reception of Renaissance Geography in Late Joseon Korea," in Mario Cams and Elke Papelitzky eds, *Remapping the World in East Asia: Toward a Global History of the "Ricci Maps"*, University of Hawaii Press, pp.212~213; 『修山集』 권4, 「利瑪竇南北極圖記」. "嘗觀鄒衍云：神州赤縣爲一州, 而其外如神州赤縣者九. 乃所謂九州, 各有裨海環之, 又有大瀛海環其外, 天地之際焉. 其術皆此類, 而要其歸必止乎仁義節儉. 今圖所謂小洋海, 卽裨海, 大洋海, 卽瀛海也. 第自亞細亞爲六州而無其三, 豈瑪竇亦不能盡見耶?"

42 임종태, 앞의 책, 148~149쪽.

가 아니라 유라시아 스텝에 살고 있는 유목민들의 지역인 쿠마니아Cumania를 가리킨다.[43] 남아메리카의 경우도 마찬가지인데, 그가 남아메리카의 첫 번째 국가로 언급한 것은 국가가 아닌 파대온巴大溫, 즉 파타고니아이다. 또 페루를 언급하는 대신 페루의 수도인 이마利瑪를 기록한다.[44] 그는 또한 동남아시아의 남쪽이 마젤라니카의 남쪽 대륙에 속한다고 생각했다.[45] 이 모든 것은 이종휘가 『직방외기』나 『곤여도설』같은, 각 대륙 및 대륙의 대표 국가와 지리 정보를 정리해 놓은 책을 읽지 않은 채로 지도를 보았다는 증거가 된다.[46]

현재 호남을 대표하는 실학자 중 한 명으로 거론되는 위백규魏伯珪(1727~1798)는 도상을 모아서 만든 일종의 백과사전에 해당되는 『신편표제찬도환영지新編標題纂圖寰瀛誌』를 만들었다. 이 책은 여러 번에 걸쳐 수정된 것으로 알려져 있는데, 그 최종본이라 알려져 있는 1882년도 목판본에는 『직방외기』 중 중국의 조공국 외의 국가들에 대한 정보를 정리한 내용과 「서양제국도西洋諸國圖」라는 도상이 포함되어 있다. 「서양제국도」에서 특징적인 것은 다섯 대륙의 배치이다. 가장 오른쪽에 아시아가 있고, 그 옆에 유럽, 유럽의 남서쪽 방향에 아프리카, 그 서쪽에 아메리카 대륙이 있고, 아메리카와 아프리카 사이 남쪽에 마젤라니카가 위치한다. 아시아의 경우 중국과 조공체제 안에 속한 국가들은 빠져 있다. 이 모든 대륙의 국가들

43 『修山集』 권4, 「利瑪竇南北極圖記」. "曰歐邏巴世界, 卽所謂西洋也, 大洋海環其西南北. 其國曰古禡泥, 曰魯西亞, 曰瓚利亞, 曰矮人, 曰都力, 曰加西郎, 曰拂郎察, 曰莫勒亞, 曰甘的亞, 曰卧的亞."

44 『修山集』 권4, 「利瑪竇南北極圖記」. "由墨瓦蠟泥加於東, 直亞細亞, 東南爲南亞墨利加世界, 南北東西皆海環. 其國曰巴大溫, 古之長人國也. 曰祈勤, 曰帕齊那, 曰瑪八作, 曰利瑪, 其山鎭曰椰林峰, 曰潮水峰, 曰盤峩, 曰阿林答."

45 『修山集』 권4, 「利瑪竇南北極圖記」. "爲墨瓦蠟泥加世界, 其國曰蘇門答剌, 於洪武中, 奉金葉表貢方物."

46 Soh, Jeanhyoung, Op. cit.

을 “서양”이라는 이름으로 묶었다는 점에서 서양이 지금보다 훨씬 넓은 범주로 사용되었다는 것을 알 수 있다.

이종휘와 위백규가 새로운 지리지식을 적극적으로 받아들였다는 것은 부정할 수 없는 사실이다. 그러나 「곤여만국전도」나 『직방외기』가 그들의 공간에 대한 인식을 바꿨다거나 그들의 사유가 외부에 대한 개방성으로 이어졌다고만 말하기는 쉽지 않다. 만약 『신편표제찬도환영지』에서 「서양제국도」 및 『직방외기』의 수용 부분만 떼어 내서 읽으면 위백규가 새로운 지리지식을 받아들여 그의 세계관을 바꿨다는 결론을 내리게 될지도 모른다. 그러나 전체적인 체제로 볼 때 『신편표제찬도환영지』는 전형적인 동아시아의 백과사전의 순서를 반영하였으며, 상수학적 시공간관을 전제한 책이다. 그렇기 때문에 이 책에 『직방외기』를 자신의 책에 삽입하면서 동시에 『산해경』에 나오는 이상한 나라들을 병기된 것이 당대인들에게는 이상하지 않았던 것이다.[47]

한편 이종휘는 서양지도를 보고 문명의 중심으로서 조선의 가능성을 생각한다. 그는 『동사東史』에서 조선이 중화가 되기에 모자람이 없다고 주장한다. 그에 따르면 조선은 6천 년의 역사를 갖고 있고, 조선의 영토는 제주도까지 포함하면 충분히 크며, 관습도 다양하고 사계절을 갖고 있어 중화가 되기에 충분한 조건을 갖추고 있다고 주장한다.[48] 이종휘에게 「곤여만국전도」와 같은 새로운 지리 지식은 조선이 문명의 중심이 될 수 있다는 자신의 주장을 정당화해주는 도구일 수 있었다. 예수회가 그린 세계 지도에서 중국은 그저 많은 국가들 중 하나이며, 이전의 중국 중심적 지도와

47 『新編標題纂圖寰瀛誌』, 23~28쪽.

48 이종휘의 중화에 대한 관념에 대해서는 김영심 · 정재훈, 「조선후기 정통론의 수용과 그 변화 - 수산 이종휘의 『동사』를 중심으로」, 『한국문화』 26, 2000; 정재훈, 「조선후기 사서에 나타난 중화주의와 민족주의」, 『한국실학연구』 8; 장유승, 「18세기 소론계 학통의 다각적 조명 : 이종휘의 자국사 인식과 소중화주의」, 『민족문학사연구』 35, 2007 참조.

다르게 상대적으로 작고 덜 중요해 보이기 때문이다. 둥근 지구 위에서 지리적 중앙의 개념은 성립하기 어려웠고, 이는 역설적으로 조선의 문명국가로서의 가능성을 열어주는 무엇이 되었다.

서학에 대한 적극적 수용이 이처럼 반드시 서양 지식에 대한 완전한 이해와 수용을 의미하는 것이 아니라면, 서학이 조건적으로 수용되었던 맥락, 혹은 수용한 뒤의 맥락을 검토할 필요가 있다. 이러한 지적 맥락이 잘 드러나는 것이 천주교와 관련된 사건들이다. 18세기 후반부터 조선 사회에서 천주교를 문제삼기 시작하면서 서양의 과학 · 기술과 천주교의 구분이 생기기 시작하고 서학=천주교=사학邪學이라는 도식이 성립한다. 예를 들어 성호학파는 이익의 서학 수용을 정당화하기 위해 이익이 서양의 과학기술은 높게 평가했지만 천주교에 대해서는 배척했다는 주장을 한다.[49] 만약 이들의 주장이 당대인들에게 설득력이 있는 것이었다면, 서양의 과학 · 기술은 당대의 지적, 실천적 맥락에서 볼 때 어디에 위치하며 어떤 지식들이 천주교로 판단되어 배제되는지를 검토할 필요가 있다.

19세기 중반 노론의 텍스트는 서학 수용사 및 서학 개념사 안에서 다뤄져야 함을 보여주는데, 조선 지식인들의 정보 수집 방식과 사태에 대한 판단이 서학에 대한 규정과 밀접한 관련이 있기 때문이다.[50] 18세기 말 19세기에 남인들은 천주교를 공격하는 척사서를 많이 출판하는 반면[51] 노론들은 천주교에 대한 이론적 공격에 큰 관심이 없다. 이러한 노론의 태도가 변하는 계기는 19세기 중반 아편전쟁, 1846년 홍주 인근 연해 외연도에 프랑스 프리깃frigate 전함 클레오파트르Cléopâtre호, 1847년 프랑스 프리깃함

49 이명제, 앞의 논문.

50 이러한 관점에서 주목해야 할 것은 노론들의 척사론이다. 노론 척사론에 대해서는 노대환, 『위정척사』, 한국학중앙연구원출판부, 2023을 참조할 것.

51 李基慶(1756~1819)의 『벽위편』과 柳健休(1768~1834)의 『異學集辨』이 대표적이다.

글로와르la Gloire호와 코르벳함 빅토리외즈la Victorieuse호가 전라도 부안군 고군산도에 들어왔던 사건 때문이었다. 이 사건들 전후로 전쟁에 대한 위기의식 속에서 노론은 국가를 어떻게 방어할 것인지에 대해 본격적인 고민을 하기 시작했고, 그들 안에서 서양에 대한 개념도 구체화되기 시작했다.[52] 그 구체화 과정에서 조선인들은 서양과 관련된 정보를 수집하고 장악하려고 노력하지만, 정보의 소스가 매우 제한되어 있다는 점이 발견된다.

윤종의尹宗儀(1805~1886)가 쓴 『벽위신편闢衛新編』은 그러한 사정을 잘 보여주는 텍스트 중 하나이다. 윤종의는 서양의 학문과 천주교에 대한 비판적인 글들과 함께 세계의 지리 정보를 수집하여 『벽위신편』에 실었다.[53] 그런데 『벽위신편』의 주목할 만한 특징은 윤종의가 정보를 선택적으로 수집했다는 것이다. 그는 지리 정보를 수집할 때 『영환지략瀛環志略』, 『해국도지海國圖志』, 『황조경세문편皇朝經世文編』과 같은 중국을 통한 정보만을 제한적으로 받아들인다. 윤종의의 사례는 19세기 중반 지식인들이 무엇을 신뢰할만하다고 판단했는지를 보여주는 중요한 사례이다.

조선인들이 정보를 선택적으로 보고 있다는 것은 1847년 프랑스 전함의 고군산도 난파 사건에서도 드러난다. 고군산도에 프랑스인들이 한 달 이상 체류했음에도 불구하고 조선 정부는 프랑스 군함에 대한 정보를 파악하기 어려웠다.[54] 심지어 조선은 외연도와 고군산도에 온 이양인들이 프랑스인이라는 것조차 특정하지 못하고 마카오에 거주하는 것을 허가받은 이양인일 것이라고 추측한다.[55] 18세기에 이미 줄리오 알레니의 『직방외

52 이에 대해서는 노대환, 「18세기 후반-19세기 중반 노론 척사론의 전개」, 『조선시대사학보』 46, 2008; 「19세기 중반 이호면의 『원도고』와 척사론」, 『교회사연구』 36, 2011을 볼 것.

53 『벽위신편』의 편제와 전반적인 구성 및 내용에 대해서는 최보윤의 앞의 논문 참조.

54 『역주 패림』 「헌종기사」 1947년 7월. 당시 비변사는 문정이 잘 이루어지지 않고 있으며 보고도 제대로 이루어지지 않는다는 점을 거듭 강조하면서 관료들에 대한 조처를 촉구한다. 이러한 내용은 『비변사등록』에는 빠져 있고, 『패림』의 헌종기사에 자세하게 나온다.

기』나 마테오 리치의 「곤여만국전도」, 페르난드 페르비스트의 『곤여도설』과 같은 서양 지리 지식에 대한 정보가 사대부들 사이에서 광범위하게 읽혔다는 사실을 떠올릴 때 이들이 프랑스를 몰랐다는 것은 의외이다. 그 이유는 의외로 단순했는데, 프랑스의 한자 표기가 달라졌기 때문이다.

당시 충정도 덕산에 거주하고 있었던 이규경은 『오주연문장전산고』 「척사교변증설斥邪教辨證說」에서 『청일통지清一統志』, 『청삼통清三通』, 『명사』, 『곤여외기坤輿外紀』, 「곤여도」 등을 참고하며 대불랑서국大佛郞西國과 일치하는 국가가 어떤 것인지를 찾는데, "불랑찰"이거나 "불람제아", "불란기" 중 하나일 것이라고 추측하며 "대불란서국"이 자신들이 알고 있는 유럽의 한 국가라고 특정하지 못한다.[56] 이규경과 같이 서학 텍스트를 광범위하게 수집했던 사람조차 19세기 중엽 사건들에 제대로 대응하지 못하는 이유는 정보가 업데이트되지 못했기 때문이다. 특정 시점에 서학 텍스트가 한번 들어온 것만으로 서양 학문 전체를 논할 수 없다는 것을 보여주는 사례라고 할 수 있다.

이를 당대인들의 한계라고 하는 것은 너무 쉬운 결론이다. 오히려 19세기 전반과 중반의 척사론자들이 왜 서학 텍스트를 읽는 것을 터부시했는지, 국가의 위기와 직결될 수 있는 사건이 발생했을 때 좁은 범주, 즉 중국을 경유한 정보만을 위주로 보려고 했는지에 대해 질문을 던져야 한다. 그것이 당대인들의 상식을 구성하는 당대의 상황을 좀 더 잘 이해하게 해주는 개연성 있는 설명의 시작이기 때문이다.

서학의 수용사를 서학에 대해 배타적 태도를 보여주는 지식인들과 그

55 『備邊司謄錄』 헌종 13년 1847년 08월 11일(음).

56 김정희 역시 프랑스의 다양한 명칭에 대해서 언급한 바 있다. 이에 대해서는 『阮堂全集』 제 2권 與舍季[八]을 참조. 윤종의도 『闢衛新編』에서 유럽 국가들의 다양한 중국명칭을 계속 부기하는데, 이는 그렇게 함으로써 국가를 지리적으로 특정하기 위함이라고 볼 수 있다.

들의 글까지 확장해야 할 필요성은 첫째, 이들이 서학을 규정하는 방식이 자신들의 정치적 행위에 영향을 미치고 있다는 점, 둘째, 서학을 비판하고 논리에 반박하기 위해 적극적으로 서학서를 보고 분석하고 있다는 사실에서 찾을 수 있다. 서학 수용=개방성이라는 등식은 자칫 척사론자들이 서학을 전혀 수용하지 않는다는 착각을 하게 만들기 쉽다. 척사론자들은 우리의 예상보다 더 적극적으로 "서학"적 정보를 수집하는 데 적극적이었고, 그 서학의 의미와 범주는 이들이 역사적 사건을 겪으면서 변화한다고 볼 수 있다. 또한 당대인들의 서학의 의미와 범주를 통해 역으로 우리는 그들의 서학을 둘러싼 지적 맥락이 무엇이었는지를 재구성할 수 있는 단서를 얻을 수 있다.

5. 결론

지금까지 서학 연구의 주제 확장을 번역과 서학 수용의 범주 확대라는 측면에서 논의하였다. 앞에서 언급했듯이 조선 서학을 조선사 안에만 가두지 않고 연구할 수 있는 방법은 서학 수용사를 일방적인 지식 전달이 아닌, 수용자의 문제의식과 결합된 적극적인 실천과정으로 재구성하는 것이다. 그렇게 해야 하는 이유는 서학을 적극적으로 수용한 사람들부터 그에 저항한 사람들의 텍스트까지 모두 볼 때만 서학 수용의 조선적 맥락을 이해할 수 있기 때문이다. 애초에 수용이라는 용어가 긍정적, 부정적 반응을 모두 포괄하는 개념이라는 측면에서도 그렇고, 서학에 대한 비판글이 남아 있는 척사론자들이야말로 서학 텍스트를 자신들의 입장에서 적극적으로 독해하면서 유교의 의미를 다시 정립하고 서학의 한계를 노정한 사람들이라는 점에서도 그렇다. 18세기 말 19세기 초의 서학에 배타적인 지식인들은 천주교 교리서를 검토하기 위해 그대로 베껴서 텍스트 안에 삽입하기도 한다. 만약 서학에 비판적인 입장까지를 서학의 연구 범주에 넣게 되면 척사파나 19세기 말 위정척사파, 더 나아가 동학, 천도교를 그 자체로 보는 것이 아니라 사상 간의 상호작용 속에서 접근할 수 있다.

또한 이런 접근은 개화파의 대척점에서 서 있는 위정척사파들의 배타적 사유를 서구에 대한 지식의 부족에서 온 반동으로 단순하게 규정하지 않도록 한다. 그들의 맥락에서 서구에 반대하는 사상과 국가관, 문명관이 구축되고 정당화되었는지를 사상사적으로 연구하기 위한 토대를 이로부터 만들 수 있다. 척사론은 신유사옥辛酉死獄, 아편 전쟁 등과 같은 정치적·사회적 사건이 발생함에 따라 그 주체와 내용에 변화가 생기는데, 이때마다 외부에 대한 정보의 수집이 이루어진다. 이렇게 사건과 서학을 연관시킨다면 조선에서 서학에 대해 형성된 담론이 19세기 서양 국가들과의 충돌이라는 일련의 사건 속에서 어떻게 변화하는지를 추적할 수 있고 또한 이에 대한 사상사적 접근 역시 가능해진다.

기존의 발전론적 관점이나 비교사적 관점이 서학연구를 서양 학문을 얼마나 더 잘 수용했는지에 초점을 맞췄다면, 앞으로의 서학연구는 당대인들이 직면한 문제가 무엇인지를 이해하기 위한 연구로 확장될 필요가 있다. 이를 위해서는 우선적으로 번역으로서의 서학을 이해하고, 번역과정에서 출발어와 도착어 사이의 의미의 변용과 손실, 개념의 범주확장 등에 주목해야 한다. 번역자들의 의도가 번역어를 통해 굴절되거나 독자의 기존 사고를 강화시키는 방향으로 서학의 독해가 이루어질 수 있다는 점을 고민할 필요가 있기 때문이다. 또한 지식을 전달하는 매개인 언어를 우선적으로 문제삼아 조선 지식인들이 성리학의 한계 때문에 서양 지식을 온전히 받아들이지 못했다는 비판을 유보하고 조선의 서학 수용의 맥락을 확장시켜야 한다. 서학 수용의 범주를 척사론자들까지 확대할 때에야 서학을 사상의 수용사를 넘어서 사건사와 사회사적 관점에서 접근할 수 있는 가능성이 생길 것이다.

| 참고문헌 |

1. 사료

(출처가 생략된 경우 문집류는 한국문집총간 사이트, 연대기류는 국사편찬위원회 사이트로부터 인용했음을 밝힌다)

『江華府外奎章閣奉安冊寶譜略誌狀御製御筆及藏置書籍形止案』, 奎9139, 서울대학교 규장각한국학연구원, 1795.

『國朝寶鑑』

『幾何原本』, CHINOIS-4855, Bibliothèque nationale de France, 1607.

『代疑續編』, CHINOIS-7111, Bibliothèque nationale de France, 1635.

『靈言蠡勺』, 1624; 李之藻 編輯, 『天學初函』, 臺北 : 臺灣學生書局, 1965.

『名理探』, Chinois 3414, Bibliothèque nationale de France, 1636.

『北轅錄』

『備邊司謄錄』

『性學觕述』, CHINOIS-3409, Bibliothèque nationale de France, 1636.

『修山集』

『新編標題纂圖寰瀛誌』, 奎5477, 서울대학교 규장각한국학연구원, 1882.

『阮堂全集』

『天學初函』, 李之藻 編輯, 臺北 : 臺灣學生書局, 1965.

『稗林』, 서울 : 탐구당, 1969.

『職方外紀』 vol. 1; 2, Chinois 1519-1520, Bibliothèque nationale de France, 1623.

『五洲衍文長箋散稿』

『斥邪論』, 奎12251, 서울대학교 규장각한국학연구원, 1856.

조광 역주, 『사학징의』, 한국순교자현양회, 2001.

徐宗澤, 『明清間耶穌會士譯著提要』, 中華書局, 1958

Commentarii Collegii Conimbricensis e Societate Jesu in Universam Dialecticam Aristotelis, Coimbra : Coimbra University, 1606.

Pfister, Louis, *Notices biographiques et bibliographiques sur les Jésuits de l'ancienne mission de Chine 1552-1773*, Imprimerie dela Mission Catholique, 1932.

2. 단행본

강재언, 『조선의 서학사』, 민음사, 1990.

금장태, 『동서교섭과 근대한국사상의 추이에 관한 연구 : 18 · 19세기 조선사회에 있어서 유학과 서학의 교섭을 중심으로』, 성균관대학교 박사학위논문, 1978.

______, 『동서교섭과 근대한국사상』, 성균관대학교 출판부, 1993.

______, 『한국실학사상논문선집 19-서학(1)』, 불함출판사, 1994.
______, 『조선후기 유교와 서학 : 교류와 갈등』, 서울대학교 출판부, 2003.
______, 『실학과 서학』, 지식과교양, 2012.
김선희, 『마테오 리치와 주희, 그리고 정약용』, 심산, 2012.
김용헌, 『주자학에서 실학으로 : 조선후기 서양 과학기술의 수용과 주자학적 사유의 균열』, 고려대학교 민족문화연구원, 2019.
노대환, 『동도서기론 형성 과정 연구』, 일지사, 2005.
______, 『위정척사』, 한국학중앙연구원출판부, 2023.
배우성, 『조선과 중화』, 돌베개, 2014.
오상학, 『조선시대 세계지도와 세계인식』, 창비, 2012.
이원순, 『조선서학사연구』, 일지사, 1986.
______, 『 조선후기 서구사상의 도입과 서학』, 불함문화사, 2000.
이현구, 『최한기의 기철학과 서양 과학』, 성균관대 대동문화연구원, 2000.
임종태, 『17, 18세기 중국과 조선의 서구 지리학 이해 : 지구와 다섯 대륙의 우화』, 창비, 2012.
전용훈, 『조선후기 서양천문학과 전통천문학의 갈등과 융화』, 서울대학교 박사학위논문, 2004.
차기진, 『조선 후기의 西學과 斥邪論 연구』, 한국교회사연구소, 2002.
최소자, 『명청시대 중한관계사 연구』, 이화여자대학교 출판부, 1997.
최재건, 『조선후기 서학의 수용과 발전』, 한들출판사, 2005.

3. 논문
강연희, 「조선후기 사회에 있어서 서학의 조상 제사문제」, 이화여자대학교 석사학위논문, 1974.
구만옥, 「"리마두"에 대한 조선후기 지식인들의 이해와 태도」, 『한국사상사학』 36, 2010.
______, 「조선후기 서학 수용과 배척의 논리 : 성호학파의 서학관을 중심으로」, 『동국사학』 64, 2018.
김선희, 「신체성, 일상성, 실천성, 공공성 : 성호 이익의 심학」, 『한국실학연구』 28, 2014.
______, 「19세기 영남 남인의 서학 비판과 지식권력 : 류건휴의 『이학집변』을 중심으로」, 『한국사상사학』 51, 2015.
______, 「19세기 조선 학자의 자연철학에 관하여」, 『철학사상』 60, 2016.
______, 「도, 학, 예, 술 : 조선 후기 서학의 유입과 지적 변동에 관한 하나의 시론」, 『한국실학연구』 35, 2018.
______, 「조선 서학을 조망하는 하나의 경로 - 정민, 『서학, 조선을 관통하다』(김영사, 2022)」, 『개념과 소통』 30, 2022.
김영심 · 정재훈, 「조선후기 정통론의 수용과 그 변화 - 수산 이종휘의 『동사』를 중심으로」, 『한국문화』 26, 2000.
노대환, 「조선후기 실학자들의 서학서 읽기」, 『한국사시민강좌』 37, 2005.
______, 「18세기 후반-19세기 중반 노론 척사론의 전개」, 『조선시대사학보』 46, 2008.

______, 「19세기 중반 이호면의 『원도고』와 척사론」, 『교회사연구』 36, 2011.
노대환, 「신유사옥(辛酉邪獄) 이전 천주교에 대한 국가적 대응과 그 정치적 의미 : 천주교에 대한 여론형성과 사회의 보수화적 관점에서」, 『정치사상연구』 28-1, 2022.
박혜민, 「성재 허전의 「외국기」에 관한 소고」, 『동양한문학연구』 60, 2021.
배현숙, 「17 · 8세기에 전래된 천주교 서적」, 『교회사연구』 3, 1981.
소진형, 「조선 지식인의 서양 번역서 독해방식 : 전병훈, 『정신철학통편(精神哲學通編)』의 사례를 중심으로」, 『한국사상사학』 70, 2022.
원재연, 「순암 안정복과 광암 이벽의 서학 인식」, 『교회사학』 4, 2007.
윤사순, 「천주교가 조선 후기 사상사에 끼친 영향」, 『동양철학연구』 29, 2002.
이명제, 「18세기 중반-19세기 전반 성호가문의 서학관 고찰 : 『벽이연원록』을 중심으로」, 『동국사학』 64, 2018.
이석원, 「18-19세기 천주교 서적의 언해 - 언해 주체와 대상 서적」, 『한국사상사학』 60, 2018.
이원순, 「조선후기 실학자의 서학의식」, 『역사교육』 17, 1975.
이종록, 「전우의 서학인식과 척사론 - 「자서조동변」과 「양집제설변」을 중심으로」, 『조선시대사학보』 80, 2017.
장유승, 「18세기 소론계 학통의 다각적 조명 : 이종휘의 자국사 인식과 소중화주의」, 『민족문학사연구』 35, 2007.
전용훈, 「17세기 서양 세차설의 전래와 동아시아 지식인의 반응」, 『한국실학연구』 20, 2010.
______, 「서양사원소설에 대한 조선후기 지식인들의 반응」, 『한국과학사학회지』 31-2, 2009.
______, 「정조대의 역법과 술수학 지식 : 『천세력』과 『협길통의』를 중심으로」, 『한국문화』 54, 2011.
______, 「조선후기 『만물진원』의 유통과 서학 비판론」, 『교회사연구』 58, 2021.
정재훈, 「조선후기 사서에 나타난 중화주의와 민족주의」, 『한국실학연구』 8, 2004.
조지형, 「『벽위신편평어』를 통해 본 환제 박규수의 천주교 인식과 대응론」, 『누리와 말씀』 29, 2011.
조현범, 「조선 후기 유학자들의 서학인식 : 종교/과학 구분론에 대한 재검토」, 『한국사상사학』 50, 2015.
최보윤, 「『벽위신편』을 통해서 본 윤종의의 서양인식」, 서강대학교 석사학위논문, 2007.
하우봉, 「정다산의 서학 관계에 대한 일고찰」, 동아대학교 석사학위논문, 1976.

4. 해외도서

Cams, Mario and Elke Papelitzky eds, *Remapping the World in East Asia: Toward a Global History of the "Ricci Maps"*, University of Hawaii Press, 2024.
Canaris, Daniel, "Mediating humanism and scholasticism in Longobardo's "Resposta breve" and Ricci's reading of Confucianism", *Renaissance Quartaerly* 74(2), 2021.
Collani, Claudia von, "The Treatise on Chinese religions (1623) of N. Longobardi, S.J.", *Sino-Westerm Cultural Relations Journal* 17, 1995.

Edney, Matthew H., *Cartography : The Ideal and Its History*, Chicago : University of Chicago Press, 2019.

Engelfriet, Peter M., *Euclid in China : The Genesis of the first Chinese Translation of Euclid's Elements Books I-VI (Jihe yuanben; Beijing 1607) and its Reception up to 1723*, Brill, 1998.

Fu, Liangyu, "Found in Translation: Western Science Books, Maps, and Music in China, 1860s-1920s", Doctoral Dissertation, University of Pittsburgh, 2013.

Kurtz, Joachim, The Discovery of Chinese Logic, Brill, 2011.

Kim, Sangkeun, *Strange names of God : the missionary translation of the divine name and the Chinese responses in Late Ming China, 1583-1644*, Oxford : Peter Lang, 2004.

Lackner, Michael, Ameling Iwo, Joachim Kurtz eds., *New terms for new ideas : Western knowledge and lexical change in late imperial China*, Leiden · Boston · Köln : Brill, 2001.

Meynard, Thierry, "What the "Failure" of Aristotelian logic in seventeenth century China teaches us today : a case study of the Mingli tan", *Frontier of Philosophy in China* no. 14 (2), 2019.

Meynard, Thierry and Daniel Canaris eds., *A Brief Response on the Controversies over Shangdi, Tianshen and Linghun*, Palgrave Macmillan, 2021.

Su, Jim-hong and Ying Jia-Ming, "What did they mean by "Calculation Principles?" : revising argumentative styles in late Ming to mid-Qing Chinese mathematics", *The Korean Journal for the History of Science* no. 38(2), 2016.

Tsu, Jing and Benjamin A. Elman eds, Science and Technology in Modern China, 1880s-1940s, Brill, 2014.

Ucerler, M. Antoni, The Samurai and the Cross : The Jesuit Enterprise in Early Modern Japan, New York : Oxford University Press, 2022.

Wright, David C., *Translating Science: The Transmission of Western Chemistry Into Late Imperial China, 1840-1900*, Brill, 2021.

尾原悟 編,『キリシタン文庫 : イエズス會日本關係文書』, 東京 : 南窓社, 1981.

潘鳳娟,「龍華民《論中國宗教的幾點問題》翻譯初探 : 以考證邊欄中文和比對註釋為中心」,『哲學與文化』 44, 2017.

余雅婷,「聖書福音書の漢訳をめぐって :『天主降生言行紀畧』から『古新聖経』へ」,『東アジア文化交渉研究』 10, 2016.

余瀛鳌,『中国科学技术典籍通汇』, 大象出版社, 1994; 李亚舒,『中国科学翻译史』, 湖南教育出版社, 2000.

張　曉,『近代漢譯西學書目提要: 明末至1919』, 北京大學出版社, 2012.

7

조선 왕조의 병농일치 군사 운영 체제의 지향과 현실*

이왕무
경기대학교 인문대학 사학과 교수

1. 서언

20세기 최대의 전쟁이면서 냉전 구도를 양산시킨 2차세계대전은 세계사에서 차지하는 군사사의 역사적 면모와 위상을 대표적으로 보여주는 표상이다. 문명 시대라고 표방되던 20세기의 세계적 전쟁은 아이러니하게도 군사사 연구가 도약하기에 충분한 토양이었다. 세계대전이 정치 외교의 연장선이라는 시사성을 지니면서, 인류가 절멸의 위기에 내몰릴 수 있다는 위기감 조성의 상황을 직면함에 따라 그 원인의 탐구 및 대비 차원에서 군사사의 관심도가 높아졌다고 할 수 있다. 군사사의 비등이 서구적 역사관이 주도한 시각의 연장임은 부인하기 어렵다. 동시에 동양에서 중국의 국공내전과 일본 제국의 군국주의 팽창이 그들의 출현 및 가속화에 주요 배경이 되었다는 점도 분명하다.

한국사에서 서구적 연구 시각의 군사사가 등장한 것은 일제 강점기이

---

* 이 글은 2023년 『朝鮮時代史學報』 107집에 게재된 「조선시대 軍事史의 회고와 연구 동향」의 내용을 수정 · 보완한 것임.

다. 서구적 시각이라고는 하지만 일본 식민지의 특수한 상황 아래에서 과거를 정리해 주는 수준이었다. 서구에서 사용한 개념과 용어의 전환이 학술적 합의 아래에 진행된 것이 아니었고, 더욱이 한국사의 전통과 유래를 고려한 결과의 연구 진행으로 평가하기 어렵다.[1] 한국 군사사의 새로운 토대적 연구였음에도 그 시작부터 한국사에서 장기적으로 계승되던 역사적 안목 혹은 견해가 '근대적 역사관'이라는 미명에 따라 좌우되는 양상이 발생되었다. 이 양상은 조선시대 군사사에서도 현재 진행형인 과제라고 생각된다.

그런데 일반적인 국가의 통치 행정은 충분한 재정과 기능적 조직이 구비되어야 윤활 작동된다. 군사사의 시각에서는 거시적 차원의 병참이라고 할 사회적 기반이 구축되어야 한다. 무엇보다 행정 기구는 변화와 단절이라는 현상을 기피한다. 평범하면서 안정되고 예측 가능한 질서 및 규칙의 연속이 행정 기구의 일반적 성향일 것이다. 따라서 통치 행정의 현실이란 항상적인 장기 지속성을 보이는 것이 당연한 일이다.[2]

군사사에서 거시적 차원의 관료적 행정 관행을 주시하는 것이 현안의 하나라고 생각된다. 과연 왕조 국가의 군대가 그런 부분에서 일관성을 지니고 일정한 유지가 가능했던 것인가? 대개 조선 왕조는 문민 통치 위주의 文治 국가라고 보는 경향이 강하다. 왕조의 개창자인 태조 이성계는 마상에서 권력을 구축한 무반 출신이다. 그럼에도 국가의 운영은 군사적 입장보다는 유교적 이상이라는 문치에 치중한 것이 국정의 전반에서 나타난다. 예컨대 국제 관계는 외교라는 평화적 방법과 군대라는 폭력적 수단을

1 육군군사연구소, 『한국군사사』 개설, 육군본부, 2012, 3~9쪽; 麻生武龜, 「朝鮮軍制史 附警察制度史」, 『朝鮮史講座』, 朝鮮史學會, 1925.

2 John Brewer, 大久保桂子 譯, 『The Sinews of Power: War, money and the English State, 1688~1783, 財政=軍事国家 衝擊』, 名古屋大学出版会, 2003.

병행하는 것은 고금의 일반적 현상이다. 조선 왕조가 대외 관계를 외교에 보다 치중한 것을 보더라도 문치국文治國이라고 지칭할 수 있다. 더욱이 지배 세력의 공적인 권력이 무언의 복종을 유도하는 것이 강제적 권력보다 우위라는 것은 현재에도 통용되는 통치술이다. 따라서 무반 출신이 왕조를 건국했지만, 국정의 방향을 문치에서 좌우하도록 한 것은 당연한 결과라고도 할 수 있다. 무력으로 집권한 군사 정권은 전쟁과 같은 긴장 관계의 해소 여하에 따라 그 존립이 좌우되었다. 적이 사라지고 태평시대가 도래하면 조직이 분열되고 세력화되기 때문에 문치로 전환해야 한다는 것은 시대적 당면 과제였다.

물론 국초부터 문치에 치중할 여력은 없었다. 권력 지배 구조의 개편 때마다 등장하듯이, 폭력의 기능은 도덕적 이상이 뿌리 내릴 때까지 시간을 벌어주었다. 국왕 중심의 사람 통치, 사물 관리, 전쟁 잠재력 등의 운영은 합의보다 강압적 지시가 효율적일 수 있다. 그중 군사력은 국가의 제도, 자본, 기술, 노동 등의 다양한 투입의 함수라고도 할 수 있다.[3] 민산民産·인재人材·융정戎政·재용財用은 한 몸으로 인식되었다.[4] 통치 구도가 합리적으로 운영되면서 효율적이지 않으면 곤란한 부분이다. 따라서 국초의 국왕 위주의 무력 동원은 군사력의 효율적 적용으로 해석할 수 있다.

그런데 무치武治보다 문치에 치중한 것은 군대 양성이 재정 문제에 직결되는 국정 현안이었기 때문이다. 관료들이 군사 현안의 해결을 절용애민節用愛民의 입장에서 조절하려는 경우도 재정 문제의 해결 차원에서 진행한 것으로 보아야 할 것이다. 또한 왕조 군사력의 근간인 병력 동원은 징병제, 모병제라는 군사 전략적 차원의 접근보다는 병농일치兵農一致의 이상적 국

3 김재호, 「조선후기 군사재정의 수량적 기초: 규모, 구성, 원천-『부역실총』의 분석을 중심으로」, 『조선시대사학보』 66, 2013, 183쪽.

4 『정조실록』 권1, 정조대왕행장.

가 통치 모형에 부합시키려고 했다. 군사와 행정이 합일 체제로 운영된 것도 특징이었다. 진관체제鎭管體制처럼, 행정 비용을 간소화시키면서 신속한 행정 조치의 병행으로 군사 기능을 극대화 시킬 수 있는 방안이었다.[5]

이상에서 언급한 학계의 일반적이면서 개설적인 정의를 놓고 서술의 환기를 위해 다음의 몇 가지 논점을 제기해 보며 논고의 향방을 정리하고자 한다.

첫째, 조선 왕조가 사대에 치중하고 주변 국가의 정치적 변동에 경도되어 정치적 정당성 구축에만 몰두하였고, 자국민의 안전과 국가 정체성을 구축할 수 있는 군사력의 보유 혹은 증강에 등한시했던 무기력한 국가라고 지적하는 것은 500년 이상의 왕조 역사에 대한 편견이라고 대응해야 할 것이다. 15세기의 조선 왕조가 북방의 여진과 남방의 왜구를 정벌征伐하면서 대규모의 기병 및 전선이 동원되던 군대를 보유했던 것은 막강 군사력의 이미지를 보여주고도 충분하다.[6] 16세기의 위기를 극복한 것은 잠재되었던 군사력의 영향으로 보아야 할 것이다.

둘째, 조선 후기의 국정에서 일관되게 주장하던 병농일치와 오위제로 환원하자는 논의가 군사 개혁론인가하는 의문이다. 조선의 군대는 중앙군과 지방군으로 분류하여 기능과 역할은 물론 전략 자원에서의 차등이 있다고 언급된다. 중앙이라는 말이 지니는 정치적 성격 때문일 것이다. 실제로 중앙군이란 군주의 호위군 혹은 지배층의 정예군인 경우가 많았으므로 그렇게 해석될 여지가 충분하다. 지방군은 번상番上 정군과 향군이 귀향하면서 유방군留防軍으로 존재하던 병력이 대부분이다. 물론 중앙에 상주하는 급료병이나 번상 위주의 군병도 존재하였으나, 중앙군으로 활동한 군병이 귀향하여 훈련을 하면서 중앙의 기예를 확산시키던 매개라

5 김순남, 『세조, 폭군과 명군사이』, 푸른역사, 2022, 187~193쪽.

6 이규철, 『정벌과 사대』, 역사비평사, 2022.

고 할 수 있다. 이는 향군의 활동과 상번군의 근무 형태를 규명해야 확정될 사안이다. 따라서 오위제와 진관의 복구 논의보다는 상번 체제의 유지 여부가 군사력 강화에 주안점이었음을 살펴야 한다. 또한 병농일치가 군사비 지출을 최소화하는 것만이 아니라 중앙과 지방의 군사력을 강화시키는 매개로 해석할 여지가 충분하다.

셋째, 근대인의 시각으로 왕조의 역사 진행을 판명하려는 시도가 과연 그 실상을 보여주고 있는가하는 의문이다. 그런 차원에서 왕토의 안위를 종합적으로 담당하던 집단군 혹은 국방군의 존재 유무가 가능한가이다. 우선 조선의 군대에서 지금과 유사한 계급 체제가 존재하지 않는 사실을 직시할 필요가 있다. 신분제를 기반해 편제된 병종에게 공통된 계급 제도를 적용할 제도는 나타나지 않았다. 지위와 보직에 신분제가 개입되는 형태이므로 통일적인 체계를 구축하는 것이 어렵다. 오위의 병종들이 대전에 명시된 기능과 역할에 따라 각각의 조직 구성원의 성격을 지녔고 동시에 신분에 따른 위상을 가졌다. 정도전이 중앙군 지휘관들의 상하 명령 체계를 재편하고 군기를 세우고자 하여, 지위와 보직에 따른 계급의 형태를 만들고자 한 사례는 있다.[7] 다만 그의 시도도 장군부터 병졸에 이르는 계급 체계가 아닌 호군 이상의 상부 지휘 체계에 한정된 것이다. 오히려 병력의 운영을 문민 행정에 종속시켜 군조직의 지휘권을 다소 복잡하게 구조화해서 군사력의 독점을 저지하는 결과를 가져왔다. 유교적 이상을 지향한 군신君臣의 군대가 샐러리로 움직이던 로마군에 비정될 수 없다. '근대적' 군대의 유무를 논하는 것보다는 '근왕군勤王軍'이 20세기 초까지 활약한 것에 주목할 필요가 있다.

이와 같이 조선시대 군사사 연구의 시선은 정국 운영의 범주에서 추진

---

7 윤훈표, 「조선초기 階級法 運用에 관한 試論的 考察」, 『역사와 실학』 37, 2008, 9~18쪽.

되어야 한다고 본다. 실제로 왕조 집권층의 군사사에 대한 인식은 『고려사』 병지에서 『증보문헌비고』의 병고에 이르기까지 수백년간 사료를 통해 확인할 수 있다. 하나의 주제와 개념의 정합성을 위해 군사사를 활용하는 시각에 국한시키지 않고 왕조 통치 물력의 플랫폼 성격을 군사軍事의 제양상에서 파악해야 연구의 새로운 지평을 여는 계기가 될 것이다. 필자는 이러한 의식에서 군사사의 회고와 동향을 정리 및 파악하여 연구의 향방을 제시하고자 하였다. 또한 조선 왕조 군사사의 근본적 화두라고 할 수 있는 병농일치의 운영 양상을 조명하여 전근대의 군제 특성을 조명해 보고자 한다.

2. 조선 왕조 군사사의 회고

1) 분류사-분과사의 군사사

군사제도의 근원에는 군사 정책과 전략이 있다. 군사 정책은 군사력을 건설, 정비, 유지 및 관리하여 군사력의 기반을 배양하고 대내외적 운용의 환경과 조건을 조성하는 정치적 기능을 의미한다. 군사 전략은 상비된 군사력을 운용하여 주어진 군사 목표를 달성하는 작전, 용병의 기능을 말한다. 따라서 군사제도의 유지를 위해 일관적인 지속성을 지니면서 그 본질 자체를 저하시키지 않는 제도의 운영이 있어야 한다. 이를 위해 어느 시대라도 정책이 지속되어야 제도의 제정과 개정이 합리적 절차를 통해 진행된다.[8]

---

8 이종학, 「實戰에서의 兵力動員問題」, 『한국사론-조선전기 국방체제의 제문제』 7, 국사편찬위원회, 1981, 243~249쪽.

조선 왕조의 경제는 농업 위주로서 환경에 국가 재정이 좌우될 여지가 많은 경제 구조를 지니고 있었다. 군사의 동원과 운영도 농업 경제 구조를 적용시켜 농민의 계절적 유휴 노동력을 활용하는 병농일치제兵農一致制를 지향하였다. 병농일치제는 주周의 군제를 모델로 한 것이다. 주의 병농일치는 농한기를 이용해서 군사의 훈련을 진행하였던 것이 배경이다. 정부가 양병養兵의 비용이나 징병의 과정을 간략히 할 수 있었기 때문이다.

그런데 조선 왕조가 문민 우위의 군사력 통제를 진행했다는 것은 군사사가 국정의 한 분야사로 정리될 수 있는 접근로를 발견하기에 어려운 상황을 만들었다. 왕대를 막론하고 군사적 사안이 정치, 사회, 경제 분야의 일부분으로 처분되던 것에서 군사사만을 정리 분석하는 것이 용이하지 않았다고 본다.

이런 배경에서 현재까지 조선 왕조의 군사사 연구는 대부분 일시적, 단절적, 지엽적, 국지적 등의 일부 현상을 기준으로 전개되었다. 예컨대 전쟁사도 임진왜란의 경우에만 전법과 전술의 운영, 군대의 동원과 이동, 육전과 수전의 사례, 장병의 전공 활약 등의 연구가 비약적이며, 그 외의 전쟁사는 대부분 종합적 연구가 미진한 것이 현실이다. 물론 침략군인 일본군과 구원군인 명군의 활약, 경상도 의병을 중심으로 지역별 가문의 활동, 전투 기록을 통한 전쟁사 복원 등이 이루어진 것은 큰 성과이다.[9] 그럼에도 왜란시 행주대첩과 호란시 광교산 전승을 비롯한 주요 전투가 군사 전술 및 병참 등의 군사사 분야를 통합하는 연구로 완성되지 못한 것도 사실이다.

사실 조선시대 군사사는 분야사의 영역은 물론 그 자체로도 연구 성과

---

9 김경록, 『조선중기 한중군사관계사』, 군사편찬연구소, 2022; 임진란정신문화선양회, 『壬亂義兵史의 再照明』, 안동시, 2012; 임진란정신문화선양회, 『부산 경남북지역 임진난사』, 2022; 임진란정신문화선양회, 『충청 전라 강원지역 임진난사』, 2022.

가 타 분야에 비해 매우 부진한 실정이다. 군대의 정령政令과 군령軍令을 담당하던 병조 및 오위도총부의 장기적 존태存態, 군영의 시대별 운영 양상 등은 여전히 미완인 실정이다. 연구자의 문제라기보다는 군사사에 대한 기초적 연구의 구축이 다소 미완인 것이 연구 추진 미비의 주요 배경일 것이다.

이런 양상은 군사사 분야만이 아니라 다른 영역도 유사하다고 추정된다. 1945년 해방 이후 80여년이 되는 현재 시점에서도 여전히 식민지의 그림자에서 완전히 벗어나지 못하고 있는 것이 주요 장애 요인이다. 무엇보다 역사 용어는 물론 개념어에 이르기까지 식민 통치 행위에서 자생된 '학술'에서 탈출하지 못하는 것이 문제일 것이다.

이러한 학계와 연구자의 사정을 감안하여 군사사가 분야사로서 존재하는 것이 시급한 관건이다. 특히 조선 왕조사 연구에서 군사는 정치, 경제, 사회, 문화 등의 분야와 밀접하게 연계되어 있어서 별도의 연구 방법에 따라 정립해야 학문적 성과를 달성할 수 있다. 기존 역사 서술의 기전체와 본말체의 혼합 여부 수준에서 논하는 것이 아닌 분과로서 독립시키는 것에 역점을 두어야 한다. 예컨대 군영군의 이동시에 수행하던 군수품의 종류와 수량에 대한 정형화가 필요하다. 나폴레옹의 군대가 이동시 수행하던 마차의 밀가루 적재량에 따라 이동 병력의 규모를 파악할 수 있었으며, 병사당 휴대 탄환 수에 따라 화약의 분량을 가늠할 수 있기 때문이다. 과학 영역의 주기율과 같은 수치화 및 배열화를 통해 하나의 영역으로 기화시킬 수 있는 분과의 정착에 역점을 두어야 할 것이다.

2) 20세기 군사 연구 과정과 경향

군사사 연구의 시발점이라고 할 수 있는 연대기의 사전적 사실 정리는 『증보문헌비고』이다.[10] 군사사가 분류사로 정리된 것은 일제 강점기였다. 조선총독부가 『조선사』를 편찬하거나 관학자들의 조선사 연구가 진행된 것이 주요 배경이라고 할 수 있다. 또한 식민지 조선의 왕공족王公族이었던 이왕가李王家의 고종 및 순종 실록 편찬을 위한 자료의 조사와 수집에 관계된 인물들의 연구도 한 요인이었다. 특히 실록 편찬을 위해 왕조시대의 전적들이 수집 정리되면서 분야별 연구가 착안되는 효시를 제공하였다.

조선 왕조의 군사사軍事史가 서구식 학문 연구 방법에 의거해 정리된 첫 사례는 1925년에 간행된 아소 타케치麻生武龜의 『조선군제사 부경찰제도사朝鮮軍制史 附警察制度史』라고 조사된다.[11] 아소는 조선총독부 중추원 속屬의 지위에서 이 책을 작성했다. 아소麻生는 조선 왕조의 군제 유래를 고려 말기로 상정하였다. 아소의 연구는 『증보문헌비고』의 내용을 토대로 한 것이라고 보인다. 삼국시대부터 대한제국까지 군사 관련 제도 설치의 항목에 정리된 것을 인용한 것이다. 또한 조선의 군제가 임진왜란과 병자호란을 기점으로 오위가 혁파되면서 군문이 설치된 것을 제도의 변혁이라고 언급한 것도 동일하다. 그는 임진왜란이 군제의 개편이 전격적으로 시행된 기점으로 보았다. 훈련도감의 설립을 조선시대 군제 개혁의 제일보라고까지 했다. 아소는 오군영의 개략적인 설립 배경 및 주요 인물의 활약, 소정 임무와 확대, 군영별 고유 기능 등을 설명하였다. 동시에 궁궐의 호위군인 내삼청 근간의 용호영, 경기를 수호하던 기보병畿輔兵도 언급하였다. 임진왜란 이후 도성을 중심으로 한 중앙군의 면모를 체계적으로 제시한 것이다. 이후 고종대의 신군제 도입, 친위 및 진위대 병설에 이르는 대한제국기 군제 개혁까지 서술하였다.[12] 군영제부터 주군병의 서술은 『증

10 『증보문헌비고』 권109, 兵考1, 制置.

11 麻生武龜, 「朝鮮軍制史 附警察制度史」, 『朝鮮史講座』, 朝鮮史學會, 1925.

12 麻生武龜, 위의 논문, 172~215쪽.

보문헌비고』의 목차와 내용의 정리이다. 다만 고종대 군제 개편은 군문 항목 다음에 경장更張후 군액軍額으로 하였으며, 진위대는 주군병에 배치되었다. 기보병은 대한제국 시기 다음에 배치되어 있어서 아소의 목차와는 다소 차이가 있다.[13]

한국인이 군사사를 주목하기 시작한 것은 안확安廓이 시작이라고 할 수 있다. 안확이 1920년대에 간행한 정치사 저술의 일부에서 '조선육해군사'라는 제명의 초고로 제시한 것을 서구적 군사사 연구의 효시로 언급할 수 있다.[14] 다만 미완에 그쳐 본격적인 군사사 연구를 개통하는 역할은 부족했다. 따라서 일제 강점기의 군사사 연구는 아소 타케치麻生武龜에서 정리되어 해방 이후 한국 학계로 연계되었다고 파악된다. 다만 전쟁과 독재의 시기를 거치면서 군사사 연구 방향과 같은 것이 정립되지 못했고, 고도성장기라고 하는 1960년대에 진입하면서 본격적인 군사 연구의 엔진이 가동하기 시작했다.

오늘날 학계를 기준으로 조선 왕조 군사사 연구의 토대를 구축한 선두주자는 차문섭과 허선도라고 보는 것이 일반적일 것이다. 물론 천관우의 경우도 있지만 군사사만을 전공한 연구자라고 한다면 차문섭과 허선도라는 것에 동의할 것이다.[15] 또한 유승주, 민현구, 이장희, 이태진, 최효식으로 이어지는 연구들도 있으나, 군사사의 핵심인 군제와 무기라는 영역의 대표적 연구자라로 차문섭과 허선도를 부인하기 어렵다. 그런데 차문섭은 본인의 저서에서 양역良役 연구를 위해 군제를 하게 되었다는 소회를 밝힌 바가 있어서 여타의 군사 연구자들과 대동소이한 이유로 군사사 전공자가 되었다고 할 수 있다.

13 『증보문헌비고』 권116, 兵考8, 軍門; 兵考9, 畿輔兵; 兵考10, 州郡兵.

14 육군군사연구소, 『한국군사사』 개설, 경인문화사, 2012, 3~9쪽.

15 천관우, 「조선초기 「오위」의 병종」, 『사학연구』 18, 1964.

1960년대에 군사사가 본격적으로 시동하게 된 것은 육군 군사기관의 기획과 집단연구의 결실이었다.[16] 당시 정부에서는 전국의 조선시대 성곽과 돈대 등의 군사 시설들을 정책적으로 복구하도록 했다. 수원 화성이 한국전쟁으로 전파 된 이후 복구된 것도 이 시기이다. 특히 1968년 4월에 대통령이 주도하여 이순신 동상을 광화문에 설치하면서 조선시대 군사 유적에 대한 대중의 관심이 고조되었다.

군사 분야의 관심 고조는 연구 방법에도 영향을 주었다. 국사편찬위원회가 조선 왕조의 국방체제라는 제명 아래 임진왜란을 기준으로 전후의 양상을 보여준 연구가 대표적이다. 집필진에 군사사 전공자는 30% 정도이며 대부분 해당 전공의 시각에서 군사적 문제들을 왕조의 국방에 관련시켜 서술하였다. 중앙군의 집중화와 병력의 동원, 관방의 정비와 군사 통신 체계, 군수와 병참, 대외 정벌과 국방 의식 등을 연대기 중심으로 구성하였다.[17] 임진왜란은 국방체제 연구로부터 10년 이후에 작성되었다. 한국만이 아니라 일본 연구자들도 참여하였으며, 임난사에 대한 재조명, 명군과 왜군의 추이, 피로인과 의병 등으로 편집되었다. 1980년대 초기부터 1990년대 초까지 학계의 군사사 연구 경향을 정리한 집단 연구였다.[18]

그런데 조선 왕조사 연구 개설 및 안내서라고 할 수 있는 집단 연구에서도 군사사는 분류사에 포함되지 못하고 부수적 역할이었다. 1987년에 학계 소장들이 주도한 연구에서는 군사사 논저들을 정치제도사로 분류하였다. 또한 왕대별, 시기별 변화상을 정국 운영의 향방 및 세력 분할에 준하

---

16 陸軍士官學校 韓國軍事研究室, 『韓國軍制史 近世朝鮮前期編』, 육군본부, 1968; 陸軍士官學校 韓國軍事研究室, 『韓國軍制史 近代朝鮮後期編』, 육군본부, 1977.

17 국사편찬위원회, 『한국사론-조선전기 국방체제의 제문제』 7, 1981; 국사편찬위원회, 『한국사론-조선후기 국방체제의 제문제』 9, 1981; 국사편찬위원회, 『한국사론-임진왜란의 재조명』 22, 1992.

18 국사편찬위원회, 『한국사론-임진왜란의 재조명』 22, 1992.

여 서술하면서 군사사는 정치 현상의 사례로 인용하는 수준이었다. 왕권과 붕당의 양상에 대한 사례의 하나로 군영의 등장을 논하기도 하였다. 조선 왕조사를 붕당정치론으로 승화시켜 새로운 연구 경향을 분석 도입한 것은 긍정적이나 군사사를 정치의 일부로만 취급한 것이 한계이다. 군사 재정에서도 부세의 하나로만 취급한 것이 나타난다.[19] 그럼에도 군사사 연구의 시대적 변화와 양상을 정리 제시한 성과는 높이 평가해야 한다. 정치제도사의 범주로 군사제도의 연구 현황을 정리하면서 차문섭부터 최효식에 이르는 군사사 연구자의 성과를 분석한 것은 학계의 군사사 연구 풍토를 재고할 수 있는 기반을 제시한 것이라고 파악된다.[20] 특히 조선 후기 정국에서 군영의 설립이 차지하는 위상과 영향을 환국 등의 정치 변동에서 분석한 사례는 군사사 연구의 지평을 새롭게 개척한 것으로 판단된다.[21]

이러한 양상은 19세기 정치사 연구에서도 나타났다. 이 연구는 조선 후기 중앙 군영의 군사력을 평가하였으며, 군병과 재정의 분석이 별도로 이루어진 것이 주목할 성과이다.[22] 당시 군영의 성격을 서술한 연구자가 2000년대 초기에 조선시대 군제사의 회고와 전망이라는 제하에 연구 성과를 정리하였다.[23]

군사사가 집단 연구로서 최대 성과를 올린 것은 2012년에 간행된 『한국

---

19 근대사연구회, 『한국 중세사회 해체기의 제문제(上)-조선후기사 연구의 현황과 과제-정치 · 사상편』, 한울아카데미, 1987; 근대사연구회, 『한국 중세사회 해체기의 제문제(下)-조선후기사 연구의 현황과 과제-경제 · 사회편』, 한울아카데미, 1987.

20 근대사연구회, 『한국 중세사회 해체기의 제문제(上)-조선후기사 연구의 현황과 과제-정치 · 사상편』, 78~82쪽.

21 이태진, 『朝鮮後期의 政治와 軍營制 變遷』 한국연구원, 1985.

22 한국역사연구회 19세기정치사연구반, 『조선정치사 1800~1863 上』, 청년사, 1990; 한국역사연구회 19세기정치사연구반, 『조선정치사 1800~1863 下』, 청년사, 1990.

23 오종록, 「조선시기 군사사 연구의 동향-2001~2004년」, 『군사』 53, 2004.

군사사』이다. 기존 학계의 군제사 연구가 군사사로 구축되었다고 평가 받는 성과이다. 군사기관에서 근무한 군출신과 기존 집단연구에서 단련된 연구자가 공동으로 기획 집필한 완성물이다. 특히 신진연구자들이 대거 참여하여 완료한 연구 작업이었다. 기존 군사사의 대부분을 육군에서 운영하였듯이 이 연구도 육군군사연구소의 지원으로 수행되었다. 조선시대의 군사사는 물론 강역, 성곽, 통신, 무기, 사상 등의 세부 주제를 망라한 집대성이다.[24]

그럼에도 기존 연구에서 여전히 부족한 부분이 군사사의 핵심인 전략 전술 분야이다. 예컨대 관방 강화를 위해 설치한 비변사의 위상과 기능의 분석 및 성격 부여는 대개 완수되었다. 다만 군국기무軍國機務로 변경의 군사 문제를 논의했지만, 군대의 배치와 이동 등에 관한 전략 전술은 다소 미진하였다.[25] 왜란과 호란에 있어서도 동일하게 나타난다. 왜란 초기 조선군의 패전 요인에서, 대개 토요토미의 침략을 탐지하지 못한 문신 관료들의 무능으로 인한 전쟁 대책 미비로 설명한다. 또한 사대교린의 외교적 관계 내지는 국제관계의 연장선에서 그 현상의 일부로 취급하였다.[26] 호란의 경우에도 명군과 청군에 대한 전력 평가보다는 인조의 외교 혹은 정국의 정치적 갈등에 초점을 맞추어 전쟁 상황은 부수적인 서사로 종결되는 경우가 많았다. 철기鐵騎의 신속함, 몽골병의 잔혹함을 논하면서도 그들 부대의 편제 및 전투력이 상대적으로 분석되지 못했다. 최근에 군부대의 이동과 군량의 조달 등에 대한 결과가 등장하여 다소 해소되고 있으나, 조

24 육군본부 육군군사연구소, 『한국군사사』, 개설-16, 경인문화사, 2012.

25 이재철, 『조선후기 비변사 연구』, 집문당, 2001.

26 한명기, 『임진왜란과 한중관계』, 역사비평사, 1999; 한명기, 『정묘 · 병자호란과 동아시아』, 푸른역사, 2009; 계승범, 『조선시대 해외파병과 한중관계』, 푸른역사, 2011; 허태구, 『병자호란과 예, 그리고 중화』, 소명, 2019; 계승범, 「임진왜란 중 조명관계의 실상과 조공책봉관계의 본질」, 『한국사학사학보』 26, 2012.

선군과 청군의 기본 전략을 군사사 관점으로 보완할 필요가 있다.[27]

한편 조선시대 군사사 연구의 한 경향성이라고까지 할 수 있는 기관 중심의 집단 연구는 지속적으로 긍정적 효과를 양산하였다. 국사편찬위원회가 2000년대에 조선 초기부터 말기에 이르는 시기를 대상으로 무기의 변화상을 정리한 것이 주목된다. 냉병기와 화기의 양상을 해당 시기의 제조건 및 대외적 상황 변화에 따라 기술하였다. 예컨대 홍경래의 난에서 사용한 무기들을 사건들과 연계시켜 서술한 것은 전쟁사 혹은 무기사에 적합한 성과였다. 무기를 무예와 연계시켜 그 활용의 용도를 제시한 것도 특징이다. 무과 선발과 무예 훈련에 사용된 무구의 성능을 비교함과 동시에 전략 전술의 변화에 따른 무예의 쇠퇴 및 화기의 등장 등을 설명하였다.[28]

이러한 연구 경향은 병서의 병법 및 훈련 등을 무기와 연계시켜 탐색하는 성과를 양산하였다.[29] 무기 및 장비는 군기 제조기관의 운영과 관리 등에 연관시켜야 그 성능 및 활용을 검증할 수 있다. 최근 군기시의 종합 연구가 달성된 것이 주목된다.[30]

이와 같은 학계와 기관 중심의 집단연구는 군사사 연구자들을 양산하기에 충분한 환경을 제공하였다. 1990년대 말부터 현재까지 활동하는 군

27 구범진, 『병자호란, 홍타이지의 전쟁』, 까치, 2019; 최주희, 「16세기 말~17세기 전반 唐糧의 성격에 대한 검토」, 『조선시대사학보』 89, 2019.

28 국사편찬위원회, 『나라를 지켜낸 우리 무기와 무예』, 두산동아, 2007.

29 노영구, 「조선후기 短兵 戰術의 추이와 『武藝圖譜通志』의 성격 -兵書로서의 의미를 중심으로」, 『진단학보』 91, 2001; 박금수, 『朝鮮後期 陣法과 武藝의 訓練에 관한 연구 : 訓鍊都監을 중심으로』, 서울대학교 박사학위논문, 2013; 허대영, 「조선 초기 大閱의 정립과진법훈련의 변화」, 『군사』 122, 2022; 최형국, 「조선시대 片箭(애기살)의 활쏘기 특성과 위상」, 『역사와경계』 123, 2022.

30 조선시대사학회의 학술대회를 거쳐 학회지로 공간되었다.(문광균, 「조선시대 군기시의 직제 변천과 서반직화 양상」; 이왕무, 「조선시대 軍器寺의 火器 제조와 관리」; 김우진, 「조선전기 군기시의 냉병기 제작과 관리」; 임성수, 「대동법 시행 이후 군기시의 재정 변화」, 『조선시대사학보』 103, 2022)

사연구자들의 대부분이 집단연구를 통해 양성되었기 때문이다. 군사사가 종합적 통계와 수치, 국정 운영의 전반적 사안 등과 연계되어 있으므로 집단연구의 활성이 군사 연구의 토대를 강화할 수 있었다.

3. 왕조 국가 군제의 구조와 구성체

1) 대전大典의 군사제도와 외국 사례의 병용

조선 왕조의 국정 운영 체제는 『경국대전』을 근간으로 보는 것에 이견이 없을 것이다. 군사 제도의 근간도 대전 체제를 토대로 하였고 개항 이후 서구식 군제의 도입 이전까지 유지되었다. 왕조의 사회 경제적 토대를 고려하며 대전 체제의 군제를 본다면, 병농일치적兵農一致的 지향의 군사 운영이었다. 병농일치는 왕조의 토지 개념인 왕토주의王土主義를 바탕으로 한다. 현실적으로 왕토주의는 사적 토지 소유가 지배적이던 현실에서 관념화된 논리였다.[31] 조선 말기까지 정전제 등의 왕토사상에 기반하여 군병을 양성하자는 것도 동일한 개념의 논의라고 할 수 있다. 예컨대 강위는 국왕의 양병을 위해 정전제적 운영 방안을 제시했다. 정전법에 따라 민인을 병사로 제정하고 전결에서 병사를 배출하는 방식이었다.[32] 따라서 조선 왕조의 군사 동원 및 운영이 관념적 혹은 상충되는 허약한 제도였다고 보는 것은 일방적 판단이다. 통치 집단의 기획 및 의도 여부까지는 파악할

31 엄기석, 「丁若鏞의 正田制論과 兵農一致的 軍制改革案」, 『조선시대사학보』 79, 2016, 255~258쪽; 이왕무, 「정조대 수원 華城의 官屯과 田制論-柳馨遠의 『磻溪隧錄』과 李瀷의 『輯說』을 중심으로 - 」, 『한국사학보』 100, 2025.

32 임성수, 「임술민란기 秋琴 姜瑋의 현실인식과 三政改革論」, 『조선시대사학보』 79, 2016, 308~326쪽.

수 없으나, 왕조 경제 구조에 제일 적합한 요건을 국시에 연동되게 한 운용이라고 평가할 만하다.

반면 이른바 서구와 일본에서 영주 혹은 기사들이 가신 무장 집단을 구성하고 농민들을 군졸로 편제하던 '봉건제' 구조의 군대 조직은 등장하지 않았다. 여말선초의 국정 혼란기에 사병私兵을 보유한 집단이 나타나기는 했지만, 봉건제를 창출하는 토대로 결집되지는 않았다.[33] 오히려 왕명을 수행하는 행정 관료의 통제 아래에 군사력을 총괄하고자 하였다. 정부가 과거제를 통해 선발한 관료들이 파견되어 왕명을 집행한다는 연장선에서 군대를 운영하는 형태였다. 조선의 군제가 이른바 '근대'적이라고 할 수 있는 관료제 형태 속에서 유지되던 군사 행정의 하나였다고까지 볼 수 있다. 왕명에 의한 군 지휘관의 파견과 군대의 이동, 왕명의 재가를 받은 군사 시설의 축조와 군수 물자의 제조, 대전에 기초한 군사 지휘관들의 정기적 인사, 대전에 기초한 민인의 병역 의무 등이 장기적으로 지속되었던 것에서 관료제적 군정이라고 보아도 무방할 것이다.[34] 국가 경제의 근간인 농업의 생산력 수치를 토지 양안으로 정리하고 병력 동원의 근간인 양정良丁을 조사한 호구대장이 정기적으로 작성되는 구조로서, 시대별 경제 및 인구의 변화에 따라 대응할 수 있는 군사 시스템이 행정적으로 구축된 왕국이었다.

이러한 군제 구조의 해석은 국초부터 군정과 행정을 구별하는 취지에서 중추원을 폐지하고 삼군부를 창설한 것에서도 확인된다. 중앙의 국왕 호위군은 집중적으로 강화하면서 지방 군병들의 진퇴는 병조를 통한 행

---

33 민현구, 「조선초기의 私兵」, 『동양학』 14, 1984; 이장희, 「조선전기의 사병에 대하여」, 『藍史 鄭在覺博士 古稀紀念 東洋學論叢』, 1984; 윤훈표, 『麗末鮮初 軍制改革硏究』, 혜안, 2000; 平木實, 「高麗末 · 朝鮮初期の私兵と文 · 武官制の史的意義」, 『公家と武家』 IV, 2008.

34 전사편찬위원회, 『조선시대 군사관계법』, 국방부전사편찬위원회, 1986.

정적 관리로 수용한 조치의 하나였다. 이후 세종대에 병조가 군무를 전담한다고 한 것이나, 세조대에 오위도총부를 두게 된 것 등은 왕대별 군사 통치의 상이함이라기보다는 군대를 왕조 정부의 통제권 내부에서 총괄하려던 것으로 보아야 왕조 말기까지 진행된 군제의 변화 양상을 전체 구도에서 설명할 수 있다. 왕조의 영속성 강화라는 토대를 지지하는 군대, 그것이 국초부터 말기까지 지속된 군사 운영의 기본 성격이라고 주장할 수 있다.

조선 왕조의 수백년 장기 지속 과정에서 국왕과 지배 세력은 왕조의 군제가 변화되던 양상을 기억하고 있었다. 예컨대 정조는 부병府兵에서 삼군三軍이 되고 삼군에서 오위五衛로 했고, 내부內部에 총관摠管을 두고 외부에 진영鎭營을 설치하여 재정을 허비하지 않으면서 군사는 정예精銳였는데, 임진왜란을 계기로 모병하는 군영을 두게 되면서 군제가 번잡해지고 연혁沿革이 무상無常하게 되었다고 보았다. 또한 제승방략制勝方略은 위엄이 없는 장수가 오합지졸을 인솔할 염려가 있었으며, 군영의 병사는 가병家兵이 되는 폐단이 많다고 하였다. 특히 국가 재정의 반 이상이 소요되면서 관방이 작동되지 않는다고 지적했다. 문관 위주의 체제로 군사 운영을 하는 것에 한계가 있음을 인식하고 있었다.[35] 실제로 병자호란시 근왕병으로 동원된 지방군의 지휘관인 영장이 군사 전략에 능통하지 못한 문관인 경우가 많아 전투에서 참패했다고 볼 수 있다.[36] 또한 국왕이 통제하는 농민병 위주의 군대인 오위제의 유지를 주장하면서, 한편으로 임진왜란부터 도입된 명의 군제와 군영이 재원 낭비라고 지목하였다.[37]

대전 체제로 보면 군영은 병조의 지휘 계통과는 별개의 행정 조직 체계

35 『정조실록』 권5, 정조 2년 6월 4일 임진.

36 장정수, 「병자호란시 조선 勤王軍의 남한산성 집결 시도와 활동」, 『한국사연구』 173, 2016, 198~199쪽.

37 『정조실록』 권43, 정조 19년 8월 18일 병신.

였다. 군영은 육조와 같은 2품 아문으로 국왕에게 직계直啓할 수 있었다. 군영에 무장 병력이 상주한다는 것도 병조가 군대를 통솔하던 대전 체제와 상이한 모습이었다. 군영은 도성만이 아니라 지방에 둔전 등의 독자적 운영 기관을 보유할 정도로 관할 구역을 확대해 갔다. 왕궁과 도성은 군영이 중심이 된 군사 동원 체제, 지방은 병조의 군령에 의한 동원이 중첩적으로 병용되는 체제가 되었다.

대전의 병조 체제와 군영이 병용되던 양상은 군통수권이 일원화되지 못하는 단점을 양산할 수 있었다. 숙종대 환국에서 군영대장의 향방이 정국 주도 세력에 따라 좌우되던 것이 대표 사례이다. 국왕이 정국 운영의 파트너를 수차례 바꾸면서 군영대장을 장악하던 것에서 알 수 있다.[38] 국왕이 행차시 유도대장과 시위대장을 자신의 심복으로 정하거나, 시위 군사를 인도하는 대장이 휘하 군영군을 인솔하지 못하게 하는 등의 조치를 취하던 것에서도 군영의 무력 장악이 군통수권과 직결되었음을 보여준다.[39] 동시에 대전 체제인 병조의 행정을 통한 지방 영진군의 지휘관 교체도 국왕이 주도하면서 지속되었다.

따라서 오위의 진관체제를 기초로 한 병조와 속오법의 삼수병 체제를 유입한 군영의 군사 조직을 유기적으로 조절하며 구조화시키려고 한 것이 조선 후기의 군사체라고 볼 수 있다.[40] 이 양면적 유기체가 독립적으로 운영되면서 양산한 부작용만을 부각시키면 조선의 군사사가 과연 존재했는가의 왜곡된 시각으로 해석할 우를 범할 수 있다. 반면 대전 체제라고 하는 왕조의 기본 통치 구도 속에 군영이라는 외국 사례가 도입된 군사적 변

---

38 이태진, 『조선후기의 정치와 군영제 변천』, 한국연구원, 1985, 174~204쪽; 배우성, 「正祖年間 武班軍營大將과 軍營政策」, 『한국사론』 24, 1991.

39 이왕무, 「조선후기 순조의 擧動과 行幸에 대한 연구」, 『청계사학』 18, 2003, 174~186쪽.

40 송양섭, 「지방군의 개편과 정비」, 『한국군사사』 8, 2012, 2~3쪽.

화상을 인지하면서 조선의 군사사를 바라본다면 보다 다양한 형태로 해석이 가능할 것이다.

2) 중앙군과 지방군의 군사 기능적 운용

중앙군은 대체로 왕도王都인 경성京城 인근을 방어하는 군대이다. 지방군은 도호부와 변방의 영진보營鎭堡 등의 요지에 주둔하던 군대를 말한다. 중앙군과 지방군이 교대하며 국방군으로서 양성되는 근대적 군대의 양상은 보이지 않는다는 것이 일반적인 시각이다. 군사 전략적 차원의 설명보다는 왕조 국가의 통치 방향에서 군사 정책 및 제도의 변화를 바라보는 견해이다. 국초에 북방 영토의 확장 및 변경의 고착을 통해 체제의 안정을 추구하였으며, 수군의 창설이 남부 연안의 방어는 물론 지역별 안정을 위한 정책이었다고 평가하는 인식이다. 군사의 동원 및 거점의 구축을 전략 전술의 군사적 요인보다 정치의 연장선으로 보는 것이다.[41] 이런 시각으로 인해 조선 왕조의 군사사는 정치사의 연장선에서 매듭지으려는 경향이 강했다고 판단된다.

사실 개국 초기부터 지방군의 군사적 운영의 비중이 높았다. 북방 여진의 정벌과 남방 왜구의 진압은 숙원 사업이라고 해도 과언이 아니었다. 변경의 확보와 안정을 위한 군사 작전은 지방군의 육성을 강화하는 요인이었다. 왕조의 건국기 북방은 명과 원이 세력을 경쟁하고 있었으며, 만주의 여진은 그 사이에서 세력을 확장하며 침탈을 자행하고 있었다. 따라서 변경의 안정이 국방 과제의 우선이었다. 세종대의 변방 요해처 행성行城 구축부터 군진의 개척이 지방군의 양성과 운영에 따라 진행된 것에서도 확

41 김백철, 『왕정의 조건』, 이학사, 2021, 166~178쪽.

인된다.[42] 또한 거진巨鎭을 단위로 한 진관체제의 구축은 변방을 외선형 방위로만 하는 것이 아닌 종심 방어와 동시에 진행시킨 전략적 차원의 지방군 강화로 이어진 것에서도 나타난다.

그런데 중앙군과 지방군의 기능이 부각되고 구분되던 시점은 역시 왜란과 호란이었다. 왜란과 호란 이후에 부각된 보장처의 확보는 도성을 중심으로 하는 중앙군 조직의 확대 및 강화를 유도하였다. 숙종대의 도성 및 북한산성 개축도 중앙군의 방어 전략의 하나였으며, 영조대의 도성과 북한산성을 인후咽喉인 연융대鍊戎臺로 연결하는 도성수비체제의 구축도 중앙군 중심의 전략 개편이었다. 19세기의 해방론이 대두되기 이전까지 도성이 중심이 된 중앙군의 강화가 지속되었다고 할 수 있다.[43] 학계에서도 도성수비론 혹은 도성방어론-도성사수론은 70년대에 부각되기 시작하여 현재에도 언급되는 주제이다. 영조의 수성윤음守城綸音과 삼군문의 도성분계都城分界 선포 전후로 도성의 사수 및 왕성 수호를 바탕으로 한 정략적 구도를 강조하는 내용들이다.[44]

---

42 이규철, 『정벌과 사대』, 역사비평사, 2022.

43 강성문, 『한민족의 군사적 전통』, 봉명, 2000, 15~24쪽.

44 원영환, 「조선후기 도성수축과 수비에 대한 고찰」, 『향토서울』 33, 1975; 이태진, 「삼군문 도성수비체제의 확립과 그 변천」, 『한국군제사-근세조선후기편』 33, 1977; 오종록, 「조선후기 수도방위체제에 대한 일고찰」, 『사총』 33, 1988; 차문섭, 「조선후기 중앙군제의 재편과 수도방위」, 『조선시대 군사관계연구』 단국대, 1995; 김준석, 「조선후기 국방의식의 전환과 도성방위책」, 『전농사론』 2, 1996; 심승구, 「19세기 전반 군영의 변동과 수도방위체제의 변화」, 『조선후기의 수도방위체제』, 서울학연구소, 1998; 이근호, 「숙종대 중앙군영의 변화와 수도방위체제 성립」, 『조선후기의 수도방위체제』, 서울학연구소, 1998; 오종록, 「조선 초엽 한양 정도 과정과 수도 방위」, 『한국사연구』 127, 2004; 김웅호, 「조선후기 도성중심 방위전략의 정착과 한강변 관리」, 『서울학연구』 24, 2005; 나각순, 「서울 한양도성의 기능과 방위체제」, 『향토서울』 80, 2012; 정해은, 「조선초기 도성의 위상과 도성방어론」, 『서울학연구』 49, 2012; 이왕무, 「조선후기 수도권 방위체제의 정비와 군사도시화 경향」, 『군사』 90, 2014; 노영구, 『조선후기 도성방어체계와 경기도』, 경기문화재단, 2018.

왜란과 호란으로 도성의 함락 및 국왕의 항복이라는 전대미문의 역경을 거치면서, 청의 동북아시아 질서 안정기라고 할 수 있는 영조대에 이르러 이인좌를 진압하고 본격적으로 논의된 것이 도성수비론이다. 영조대 군영의 중앙군이 주축이 되었던 도성 수비 전략은 성벽과 돈대를 활용한 화기의 배치가 수성전의 효과를 높인 결과이기도 하였다. 또한 내면적으로는 도성 수비에 대한 지배층의 의지를 대외적으로 보여주면서 민심을 안정시켜 군사력 동원에 만전을 기하려고 한 국왕의 의중이 반영된 것이라고 볼 여지가 많다.[45]

다만 군사적으로 도성의 수비가 가능했는가의 여부는 심층적인 논의가 필요하다. 특히 병력의 동원과 무기 체제의 운용이라는 군사 역량 차원에서의 접근이 우선되어야 한다. 도성의 수축과 개축이 왕대별로 논란이 되고 연융대와 북한산성을 연계시키면서 도성의 범주를 확대하던 양상은 성곽 위주의 방어만으로는 도성 수비에 한계가 있음을 보여주는 것이다. 도성의 성곽에서 군사적으로 제일 취약한 부분은 외곽 방어망인 해자가 없는 점이다. 물론 서해와 한강, 임진강과 한탄강이 해자의 역할을 한다고 볼 수도 있으나, 성벽 위에서 외적을 방어할 경우 활용할 수 있는 해자가 없다는 점은 적을 근접시키는 취약점이다. 특히 도성 방어의 핵심인 군영의 병력이 보호할 비전투원의 수치가 높다는 것도 문제였다. 숙종대 훈련도감의 매번이 5천여명이었고, 상번군인 금위영 6천여명과 어영청 1천여명을 합해도 1만명대이다.[46] 18세기의 도성 인구가 대체로 20만명 전후라면 5%에 해당하는 병력이다. 물론 상번 교대병과 상주병 등을 합하면 그 수치는 증가되며, 훈련도감의 승호군 제도를 통한 도성 인구의 군인화 추

45 강성문, 앞의 책, 152~154쪽.

46 『증보문헌비고』 권116, 兵考8, 군문; 고동환 등, 『한양의 삼군영』, 서울역사박물관, 2019, 172~185쪽.

세도 군사도시화라고 할 정도로 도성에 병력 집중 현상이 나타났다고 할 근거이다.[47]

그러나 군영의 증설과 군영병의 증대로 인한 군사도시화 양상이 도성 성곽 방어력 상승으로 평가하기에는 논란의 여지가 많다. 예컨대 공성전에 필요한 대형 화기의 비치, 화성 공심돈과 같은 타워의 설치, 군영 간의 유기적 연계 조직 구성 등이 나타나지 않았기 때문이다. 따라서 영조대의 도성 방어론은 다분히 국정 운영을 위한 정치 이념적 해석이라고 생각되며, 중앙군의 위상이 군사적인 부분보다 정략적인 형태로 전환되었고 해석할 수 있는 부분이다.

이와 함께 중앙군의 강화를 왕권 및 정권의 향방이 걸렸다는 정치 권력 구도의 하나로만 해석하는 시각은 군사 운영의 효용성 차원에는 다소 상치되는 접근일 수도 있다. 왜란과 호란의 여파로 국왕과 왕도를 사수해야 한다는 정치적 고려도 있었겠으나, 지방과 변방의 군사적 위기 시점에 전력 보강 내지는 신속 지원군의 군사적 기능도 지니고 있었음을 염두에 둘 필요가 있다. 또한 변방 방어보다는 중앙군의 강화를 통한 수도 방위로 전환했다고 볼 수 있다.[48] 물론 그렇다고 국왕의 호위를 2선으로 물린 뒤에 고려한 것은 아니다. 국제 환경의 변화에 따라 중앙군의 기능이 왕도王都 사수인 경우도 있었지만, 신속 지원군 형태의 기동군으로서의 기능이 나타났다고 해석할 수도 있다.

중앙군이 국왕의 안위를 지키는 군대였다면 지방군은 변경을 책임지는 국방이 임무였다. 그런데 지방군의 지휘 체계가 지역 행정과 혼동되는 문제가 있었다. 절제사, 방어사, 첨절제사 등을 목사, 부사, 군수, 현령 등이 대부분 겸임하여 군정과 지방 행정을 혼잡하게 하는 문제이다.[49] 압록강

47 이왕무, 「조선후기 수도권 방위체제의 정비와 군사도시화 경향」, 『군사』 90, 2014, 91쪽.
48 강성문, 앞의 책, 143~144쪽.

과 두만강의 변경, 삼남의 연해 도서에 파견되는 군지휘관이 문신인 경우에 군정과 일반 행정을 구분하여 통솔하는 것이 용이하지 않았다. 동서 양계兩界는 장수와 수령을 모두 무예가 있는 인물로 선택하였지만, 남방은 예외인 경우가 많았다.[50] 물론 변경의 긴장 관계 강도 여하에 따라 용인할 수 있는 부분이다. 다만 평시라고 하여 비군사적 자질의 관료가 군대를 지휘하는 것이 일반화되면 전력의 저하는 당연한 결과이다. 이 부분에 대한 군사적 고려와 대처가 없었던 것도 아니다. 다만 그 과정을 정치적으로만 보는 것이 문제일 것이다.

또 하나의 문제는 왕대별로 중앙과 지방에서 진행되던 군제의 변혁을 왕권의 강화 혹은 정치 세력의 강약 조절에 따라 파생된 일이라고만 보는 견해이다. 왕조의 군대가 국왕의 정치적 위상에 따라 항상 변화 가능한 존재라고 해석할 수는 있다. 정조가 장용영을 설치한 이후 1798년(정조 22) 수원의 외부에 5위 제도를 창설시켜 1영 5사의 제도를 두거나, 순조가 즉위한 후 1802년 정조의 장용영 정책을 혁파시킨 것이나, 헌종이 1846년(헌종 12)에 총융청을 총위영으로 변경하고 삼군영의 군병을 이속시킨 것이나, 철종이 즉위한 1849년 총위영을 총융청으로 개칭하고 삼군영의 원액을 회복시키게 한 것, 고종이 무위소를 설치하여 궁궐 파수를 강화한 것 등의 왕대별 군제 개편이 정치적 해석으로 보게 하는 사례들이다.[51] 숙종대 군영대장들이 환국에 따라 당색의 인물들이 부임하던 것에서도 나타나던 현상이라고 주장할 수 있다.

그렇다면 조선 왕조의 중앙군과 지방군의 존재는 유기적이라기보다는 왕대별로 정치적 입지에 따라 언제나 조절이 가능하던 사적私的 무력에 근

49 麻生武龜, 앞의 논문, 215~220쪽.

50 『세종실록』 권88, 세종 22년 2월 7일 경진.

51 『증보문헌비고』 권110, 兵考2. 제치2.

접한다고 평가될 수 있다. 조선의 군대는 전형적인 봉건적 관계의 산물이라고 하면서 국왕과 지배층의 사적 무력으로 그들의 안위와 직결된 부분에서만 운영되고 기능하던 존재로 재단할 수 있는 것이다. 그러나 태종이 권력을 장악하면서 사병을 혁파하고 도총부 중심으로 병권을 소속시키던 것은 국왕의 군대라고만 평가하기 어려운 현상이다. 병권兵權이 공실公室에 있어야 한다는 주장이 지속되었던 것도 국왕이 주재하는 관료적 체계에서 군대를 통솔하겠다는 구도이다.[52] 중앙 관료들이 군사의 존재를 국가의 소유라고 인식한 것도 국왕의 사적 무력이라기보다는 국가의 공적 전력이라고 인식한 것에서 발현된 주장이라고 볼 수 있다.[53] 국왕이 신변을 우려하여 시위군을 증강하고자 한 것조차 사병이라고 공박하던 관료들의 인식에서는 왕조의 군대를 사적 무력이라고 볼 여지가 사라진다.[54] 따라서 조선의 군대를 사적 무력으로 평가하는 것은 대전 체제는 물론 문치적 통치를 지향한 관료들의 성향을 고려하지 않은 시각이다. 특히 국내외의 군사적 위기에 따라 국왕을 보위保衛해야 한다고 주장하던 의병이 수시로 등장하고 한말까지 근왕군勤王軍이 정부군으로 전이되던 현상을 이해하기 위해서는 중앙과 지방의 군대가 지니던 유기적 양상을 고려해야 이해가 될 것이다.

3) 재원 출처 혹은 신분 적용의 원천

왕조의 국방 정책이 사병적 요소를 혁파하고 정부군을 확충하는 것은

52 『중종실록』 권77, 중종 29년 7월 25일 경인; 민현구, 「朝鮮初期의 私兵」, 『동양학』 14, 1984.

53 『세조실록』 권19, 세조 6년 1월 9일 정해.

54 『숙종실록』 권19, 숙종 14년 3월 13일 병술.

공적 무력을 구축한다는 점에서 긍정적인 부분이다. 조선 후기의 군영 체제가 양역 변통을 통해 군액의 편제를 통일해서 가병적家兵的 병력을 공병화公兵化한 것도 공적 무력 증대를 의미하였다.[55] 그런데 사병적 요소의 혁파는 병력 양성 비용을 국가가 전담해야 한다는 재정 문제를 유발했다. 이 점은 재정의 확충을 위해 군액을 정액화하던 경향에서도 나타난다.

군액의 정액화는 재원 확충책이 강한 요인이었다. 예컨대 조선 후기의 군액 증가는 군보軍保 수의 변화가 한 배경이었다. 오군영의 설치에도 기존 군제는 해체되지 않고 병조의 수포군으로 유지되었다. 중앙군인 군영은 급료병을 위해 군보를 설정하였다. 지방군은 균역법 이후 재정 확보를 위해 군보를 확보해갔다.[56] 예컨대 지방군에서 주목되는 병종이 아병牙兵이다. 수령들은 치안과 공권력 유지에 충당하고자 하였다.[57] 아병은 소속 기관과 임무에 따라 다양한 형태로 존재했으며, 정해진 액수가 없었으므로 편의에 따라 증액될 수 있었다. 18세기 초에는 실병력의 의미보다 납세를 위한 재원 확보의 수단이 되었다.[58]

군액의 재원화 배경은 왕조 경제 체제의 특성과 군역 부과의 한계가 주요 요인이었다. 조선의 군사 조직은 장병만을 전담하는 것이 아니라 행정 조직도 활용한 체제였다. 군병력에서 직업 군인은 소수이며 대부분 농민으로, 행정 단위에서 대오를 편성해 운영하였다. 농민병 중심 운영의 장점은 국방비의 절약이다. 국가는 농민병을 위한 급료와 군장軍裝의 부담이

55 이근호, 「도성수비체제의 확립과 지휘체계의 조정」, 『한국군사사』 7, 2012, 453~455쪽.

56 김재호, 「조선후기 군사재정의 수량적 기초: 규모, 구성, 원천-『부역실총』의 분석을 중심으로」, 『조선시대사학보』 66, 2013, 221쪽.

57 김순남, 「16세기 지방군제의 동요-牙兵의 형성 배경, 『조선시대사학보』 101, 2015, 238~257쪽.

58 송양섭, 「17 · 18세기 아병의 창설과 기능」, 『조선시대의 과거와 벼슬』, 집문당, 2003, 353~379쪽.

낮았다. 국가가 농민에게 재정 부담을 요구하는 것보다는 노동력 동원이 용이하였다. 반면 농민병 제도의 취약점은 군사기술의 후진성이었다. 농민병이 장만한 무기로는 군사기술의 발전을 기대하기 어렵다. 동시에 농민은 국방의 주체였으나 부역과 공물의 부담을 병행했으므로 군역 부담이 가중될 수밖에 없었다. 그 부담을 경감시키거나 완화시키기 위해 대납납포代納納布, 방군수포放軍收布가 나타났다. 1541년(중종 7)의 번상 정병의 공식적인 납포화가 지방군의 허실화를 양산하게 되는 시점이 되었다고 할 수 있다.[59]

또한 왕조 국가는 군사 재정의 확보를 위해 군포의 수납, 둔전의 개간 등을 통해 부족분을 충당하고자 했다. 조선 후기의 군제 개혁과 군영의 치폐 혹은 통합은 양입위출量入爲出의 전원적田園的 재정에 의존하던 왕조 국가의 임계점을 드러내 보이던 것이다. 예컨대 홍경래의 난에 파견된 중앙군의 군량과 소모품을 지역에서 징발하여 민원을 야기하고 급기야 민인들이 반란군에 동조하게 하는 사태가 벌어진 것은 예견되던 난점이었다.

반면 반계와 다산을 위시로 조정의 관료 및 재야의 사대부들이 전제 개혁과 군제 변통을 동시에 주장하던 근저에는 병농일치를 지향해야만 하는 생산양식의 토대를 수용하고 있다. 물론 농경만이 유일하게 윤택한 민생을 보장한다고 주장하지 않았다. 군사 재정의 부담 해소책이 전면적으로 등장하지 못하던 실정에서는 병농을 연계하여 해결하는 것 외에 달리 방도가 없었다. 예컨대 대동법의 등장으로 각종 군기들의 가격이 공시되면서 제작 과정이 활성화되기도 하였다. 그러나 그 비용도 농업 위주 국가의 예기치 못한 재해시 진휼 혹은 구호용, 나아가 일반 회계로 전환되는 양상이 되어 지속적인 군기 개발에 투자되지 않았다. 훈련 비용조차 부담이

59 강성문, 앞의 책, 231~236쪽.

었다. 영장의 속오군 조련도 비용이 과중하다고 수시로 중지되었다. 정조대의 지방군 훈련은 80% 이상 정지되는 양상을 보였다. 청이 주도하는 국제 질서의 안정에 의한 평화의 도래는 형식적인 군대가 되게 하던 요인이기도 하였다. 급보나 급복도 없이 일신양역一身兩役이라는 과도한 역부담은 농민의 농경은 물론 생계조차 유지하지 못하게 하여 재생산 기반을 유지하지 못하는 위협 상황을 만들었다. 결국 속오군조차 물납을 하게 되었으며, 지방군들은 진문에 모여 점고點考만을 하는 관문취점官門聚點의 대상이 되었다.[60]

사실 군제가 시대와 영토의 시공간적 변화에 따라 상이하게 나타나는 것은 일반적 현상이다. 동서고금에서 당대의 정령政令이 파장되는 범위와 물적 토대의 규모에 따라 운영되던 군제의 양상은 상이하게 나타난다. 예컨대 전투 기병을 제어하기 위한 궁병弓兵의 양성과 총포류의 제작은 국가 재정의 세출입과 연관되면서 산업계 전반의 규모와도 밀접하게 직결된 사안이다. 조총과 화약에 대한 월과제도의 운영에서 병조를 위시한 군사기관이 아닌 호조와 진휼청이 재원 확보라는 명분에서 그 권한을 이양받았던 것에서도 확인된다. 또한 지방군의 공식적인 훈련 기간을 경제 상황과 연관시켜 축소시킨 뒤 소용되는 화약과 연환의 비용을 전용하던 것에서도 나타난다.[61]

한편 왕조의 군대는 철저히 신분제를 바탕으로 한 '중세적' 병력 동원 체제였다. 개국 초기 체제의 정비는 신분제의 개편과 연계되었다. 노비를 제외한 국민개병제의 성격을 지닌 체제였다. 농민이 대다수인 양인이 군역

60 송양섭, 「지방군 개편과 지역방어체제의 정비」, 『한국군사사』 8, 육군본부, 2012, 38~40쪽.

61 유승주, 『조선후기 군수광공업사 연구: 조총 · 화약 · 연환제조를 중심으로』, 고려대 민족문화연구원, 2022; 이왕무, 「조선후기 조총제조에 관한 연구-17 · 8세기를 중심으로」, 『경기사론』 2, 1998.

의 중추를 담당하였고, 지배층이던 종실과 공신 등은 충의위 등의 특수 병종에 소속되었다. 명목상으로는 왕조의 신민이 대부분 군대에 복역한 것이다.[62] 물론 지배층의 병종은 군사력 유무와 관계없이 국왕의 시위와 궁궐의 입직 정도를 담당하는 우대 차원의 역할이었다.[63] 반면 일반 군역 대상자들은 16세부터 60세까지 국방의 의무를 지녔으며 부세로 부담하기도 했다. 군역을 맡는다는 것은 신분을 보장하고 확증하는 수단이었다. 문제는 군역 대상자 중에서 지배층에 포함되던 양반 계층의 면제가 상대적으로 군역 대상자의 부담을 가중시킨 한 것이다. 그 고충은 군역 그 자체라기보다는 재정적 부담이었다.[64]

군역 대상자가 되면 가산家產 붕괴와 가족 이산으로 이어졌고, 인척과 동민들이 구타당하고 침징侵徵당하는 상황까지 나타났다. 반면 유관儒冠과 무복武服 차림의 사족士族은 제외되어 군사적 문제가 경제적 상황의 악화로 이어지다가 사회적 갈등 요소로 분화되던 양상이었다.[65] 특히 사족 계층의 군역 이탈은 양인 개병제의 원칙을 무너뜨리는 것은 물론 양인만이 군역을 부담하는 양역良役의 고착화를 야기하였다. 양역은 신분제의 차별에 따른 부세 부담으로 변모하여 왕조 사회의 서차적 질서를 분열시키는 휘발성 강한 폭발 요소로 성장해갔다.[66] 결국 군역은 군대 편성에 필요한 인력 동원이라는 군사적 목적에 한정해 운영된 것이 아닌 신분제의 재생산을 위해 작동되었던 제도로도 파악해야 할 것이다.

이와 같은 군사 재정의 원천인 군역 문제는 신분제의 갈등 요소가 되었고 그 완화책으로 등장한 것이 영조대의 균역법이다. 특히 지방군의 재정

62 이준구, 『조선후기 신분직역변동연구』, 일조각, 1993, 166~183쪽.

63 박진, 「族親衛의 설치와 성격」, 『사총』 65, 2007, 17~23쪽.

64 임용한, 「군역제도와 신분제」, 『한국군사사』 5, 육군본부, 2012, 434~466쪽.

65 『숙종실록』 권13, 숙종 8년 1월 22일 경오.

66 송양섭, 「균역법의 실시와 균역제 운영」, 『한국군사사』 8, 육군본부, 2012, 193~196쪽.

변화에서 중요한 계기는 균역법의 실시였다. 17세기 후반부터 제기되었던 양역변통론이 1751년(영조 27) 균역법의 실시로 귀결되었다.[67] 양역 변통은 군총의 증대와 군역 호구의 감소에 대한 변통이다. 양역 변통 논의는 두 가지 배경이 있었다. 첫째는 오군영 신설에 따라 군액이 증가된 것이고, 둘째는 군액 대비 실제 군역 자원이 감소하고 있었다는 점이다. 17세기 전반 인조 때 군영들이 설치되어 역총은 비약적으로 증가하였다. 현종대 증가 추세는 둔화되었으나, 훈련별대 창설 등으로 역총의 증가는 지속되었다. 그런데 현종대의 경신대기근[1670~1671]으로 50여만명, 숙종대의 을병대기근[1695~1699]으로 140여만명이 감소했다.[68] 역총의 비약적인 증가와 양역 자원의 급격한 감소에 따른 양자의 불균형으로 인해 변통 논의는 대두될 수밖에 없었다. 따라서 양역 변통 논의는 지나치게 늘어난 군액을 줄이거나, 감소된 만큼의 양역 자원을 늘리는 방법에 초점이 맞춰졌다. 군액을 줄이려는 군제변통론이 전개되고, 유포론, 호포론, 구전론 등이 등장하게 된 배경도 이 때문이었다.[69] 그 논의의 종합선물이 균역법이었다.

균역법은 영조의 남다른 애민愛民이 작용한 산물이기도 하지만, 공용公用 차원의 국가 재정 방안으로 추진되었고 사용私用의 흡수 통제가 모색된 결과였다. 18세기 왕조 재정의 30% 이상이 군사비로 추정되는 상황에서 병조와 삼군영은 재정적으로 균역청에 예속되는 양상을 보였다. 균역법으로 축소된 재정 손실을 균역청을 통해 보충하였기 때문이다. 물론 군영과 각사에서 수취하던 것을 균역청이 부과 운영한 결과였다. 병력을 관리하던 군사 기관의 재정이 균역청에서 좌우되는 현상을 발생시켰다. 또한

67 송양섭, 「균역법 실시와 균역청의 재정운영」, 『영조의 국가정책과 정치이념』, 한국학중앙연구원, 2012; 송양섭, 「조선후기 강진병영의 지휘체계와 군수조달」, 『역사학연구』 52, 2013, 50~54쪽.

68 정연식, 『영조 대의 양역정책과 균역법』, 한국학중앙연구원출판부, 2015, 21~22쪽.

69 정만조, 「朝鮮後期 良役變通論議에 對한 檢討-均役法 成立의 背景」, 『同大論叢』 7-1, 1977.

균역제의 운영은 중앙군보다 지방군의 경비를 전용하는 것이 다수를 차지하여 감영과 병영 등이 재정난에 봉착하게 했다. 사모속, 비총제, 동포제 등의 등장은 지방군의 부족한 군역세를 충당하려는 관의 시도에 대응하던 민의 대응이다. 왕조의 군역이 국방 의무가 아닌 조세로 변모되던 모습이며, 향촌에서 신분제적 모순이 납세 과정에서 증폭되어 더 이상 인신구속을 통한 지배가 어려운 단계로 나아가는 배경이 되었다.[70]

결국 병조의 양정 모집 충당이 사회적 문제로 확대되어 왕조의 도덕적 정당성이 훼손되는 위기가 유발됨에도 전면적 개편이 이루어지지 못한 것은 군역 자원을 국가 재원으로 전환 활용하던 정책이 주요 원인이라고 해야 한다. 그렇다고 군사와 재정이라는 두 가지를 모두 만족시킬 수 있는 여력은 없었기에 최선의 선택이라고 해석해야 하는 것인가 의문이다. 조선의 군역 제도가 단순히 저렴한 비용으로 병력 동원과 재원 확보라는 차원에서 접근하기에는 구도와 규모가 차원이 다르다는 것을 인지해야 할 것이다.

4. 결언

왕조의 통치 구도는 동태평형動態平衡의 안정이 필요하다. 통치는 안정이 주안점이며, 그 안정은 물리적 폭력의 장악 여하에 따라 좌우된다. 왕권-권위Authority의 향방은 권력을 지탱하는 폭력의 중력 강도에 따라 도덕적이거나 야만적이 되는 것이라고 한다. 조선 왕조의 장기 지속성은 그 폭력의 역학 관계를 대칭화 내지는 동태평형의 상태로 유지했기 때문에

70 송양섭, 「균역법의 실시와 균역제 운영」, 『한국군사사』 8, 육군본부, 2012, 254~282쪽.

가능했다고 평가된다. 왕조의 군사 운영을 바라본다면 전쟁이라는 경제 위기 포락선이 나타나지 않도록 통지의 질서를 유시하고 균형을 잡아주는 모습이었다고 할 수 있다. 조선 왕조는 도학적 정치 구조를 지향하거나, 시장 경제를 정부가 주도하여 공적 재분배의 틀에서 양성하거나 하는 문치 지향의 국가 경영에서 탄생된 것이라고 파악된다. 거대 규모의 정부를 구성하여 낭비성 행정과 전시성 군사력을 양산하는 것이 불가능한 국가 체제였다. 그렇다고 국가의 공식 행사와 민인의 재난 회복에 지출하는 비용을 궁색하게 하는 경우도 드물었다. 관료제 기구의 영속적 성격을 십분 발휘하였던 왕조라고 할 수 있다.

그럼에도 현재 시점에서 조선 왕조가 식민지의 구렁텅이에 빠지도록 한 원인 제공자라고 오롯이 공박 당하는 이유는 무엇인가? 그것은 왕조 군사력이 무기력하고 강한 군대가 아니었다고 보는 편견 내지는 외면에서 발생했다고 여겨진다. 지휘관을 양성하는 사관학교의 존재 여부, 장교와 하사관, 군병이라는 근대 유럽의 상비군 조직의 지향이 존재했는가? 전쟁을 대비한 군대가 아닌 상황에서 그런 것이 필요한가라는 지적이 우선 되어야 할 것이다. 문치 중심의 운영에서 전쟁과 전투라는 대외적 군사 전략의 구축이 필요한가라는 의문이다.

일반적으로 국가에서 군軍은 충격과 응전의 유기체적 존재로 국력이라고 하는 내부의 잠재력이 발휘되던 대상이다. 국가의 합법적 무력으로 그 '힘'을 사용하지 않으면 '힘'을 유지하기 위한 항상적 비용이 지속적으로 지출되어야 하는 존재이다. 군 지휘관에서 군수품에 이르기까지 무력을 유지하기 위한 요소들이 기본적으로 국가의 재정 투여분 아닌 것이 없다. 조선 왕조가 장기 지속 체제에 접어들면서 국시의 이념화와 더불어 민생의 안정을 위해 군사 운영을 어떻게 해야하는가라는 고민의 대안이 병농일치였다.

이러한 왕조 국가에서 서구 유럽의 18세기 이후에 나타난 군사 양상 유무를 찾는 것은 무리수이다. 오히려 전혀 반대의 양상들이 나타나던 것에 대한 심도 있는 관심이 필요하다. 신분제가 바탕이던 병력 동원 체제가 국가 재원의 요소로 전이되는 과정은 통치 구조의 혼란이거나 이질적 행정이 아닌 또 다른 '근대'적 국가로 변화해 가던 왕조 체제의 양상으로 주목할 필요가 있는 것이다.

| 참고문헌 |

1. 단행본

陸軍士官學校 韓國軍事硏究室, 『韓國軍制史 近世朝鮮前期編』, 육군본부, 1968.

______________________________, 『韓國軍制史 近代朝鮮後期編』, 육군본부, 1977.

육군군사연구소, 『한국군사사』, 육군본부, 2012.

강성문, 『한민족의 군사적 전통』, 봉명, 2000.

김순남, 『세조, 폭군과 명군사이』, 푸른역사, 2022.

노영구, 『조선후기 도성방어체계와 경기도』, 경기문화재단, 2018.

민현구, 『朝鮮初期의 軍事制度와 政治』, 한국연구원, 1983.

심승구 외, 『조선후기의 수도방위체제』, 서울학연구소, 1998.

송기중, 『조선후기 수군연구』, 역사비평사, 2019.

유승주, 『조선후기 군수광공업사 연구: 조총 · 화약 · 연환제조를 중심으로』, 고려대학교 민족문화연구원, 2022.

이규철, 『정벌과 사대』, 역사비평사, 2022.

이태진, 『朝鮮後期의 政治와 軍營制 變遷』, 한국연구원, 1985.

차문섭, 『朝鮮時代 軍事關係 硏究』, 단국대학교, 1996.

허선도, 『朝鮮時代火藥兵器史硏究』, 일조각, 1994.

2. 논문

김우철, 「조선후기 군사사 연구의 현황과 과제」, 『조선후기사 연구의 현황과 과제』, 창작과비평사, 2000.

김웅호, 「조선후기 도성중심 방위전략의 정착과 한강변 관리」, 『서울학연구』 24, 2005.

김재호, 「조선후기 군사재정의 수량적 기초: 규모, 구성, 원천-『부역실총』의 분석을 중심으로」, 『조선시대사학보』 66, 2013.

김준석, 「조선후기 국방의식의 전환과 도성방위책」, 『전농사론』 2, 1996.

송양섭, 「균역법 실시와 균역청의 재정운영」, 『영조의 국가정책과 정치이념』, 한국학중앙연구원, 2012.

오종록, 「조선후기 수도방위체제에 대한 일고찰」, 『사총』 33, 1988.

______, 「조선시기 군사사 연구의 동향-2001~2004년」, 『군사』 53, 2004.

윤훈표, 「조선초기 階級法 運用에 관한 試論的 考察」, 『역사와 실학』 37, 2008.

이왕무, 「조선후기 수도권 방위체제의 정비와 군사도시화 경향」, 『군사』 90, 2014.

이종학, 「實戰에서의 兵力動員問題」, 『한국사론-조선전기 국방체제의 제문제』 7, 국사편찬위원회, 1981.

麻生武龜, 「朝鮮軍制史 附警察制度史」, 『朝鮮史講座』, 朝鮮史學會, 1925.

8

21세기 조선시대 한중관계사 연구의 성과와 전망*

허태구
가톨릭대학교 국사학과 교수

1. 서론: 조선시대 한중관계사 연구와 사대사료事大史料

필자가 2022년 초 조선시대사학회로부터 의뢰받은 것은 21세기 조선시대 대외관계사의 흐름을 정리하고 관련 연구의 쟁점을 검토해달라는 제안이었다. 발표 기한도 여유 있게 잡혀 있었던 터라 강권強勸을 이기지 못하고 얼떨결에 수락했지만, 막상 집필을 구상하며 보니 그 범위가 너무나 광대했다. 좁은 의미의 대외관계사라 하면 보통 국가 간의 관계나 교섭이 먼저 떠오른다. 관련하여 인적 · 물적 · 문화적 교류, 외교제도나 외교의례, 사신 파견과 접대, 전쟁과 국경 분쟁, 대외인식 등의 주제도 포함된다. 여기에 조선시대 대외관계사라는 무대에 오르는 한국, 중국, 일본, 여진, 류큐 등의 주인공까지 고려하니 검토해야 할 대상이 기하급수적으로 늘었다.

오랜 고민 끝에 필자의 부족한 역량, 제한된 지면, 심도 있는 분석을 요

* 이 글은 2023년 『朝鮮時代史學報』 105집에 게재된 「21세기 조선시대 한중관계사 연구의 성과와 전망」의 내용을 수정 · 보완한 것임.

청한 학회 발표의 성격 등을 감안하여 그 범위를 다음과 같이 축소했다. 일단 그 대상을 2000년 전후 한국인 연구자가 한국어로 발표한 조선시대 한중관계사 관련 주요 연구논저로 설정하고, 검토 주제도 대외관계사의 본령에 해당하는 '국가 간의 관계 또는 교섭에 근접한 것'으로 한정했다. 아울러 조선시대를 전공하였거나 조선시대 관련 논저를 다수 발표한 박사학위 소지자가 집필한 논저로 그 대상을 다시 한번 축소했다.

이러한 과정에서 한일관계사, 연행사와 통신사, 역관譯官과 이문吏文, 조선중화주의, 지리인식 및 영토 분쟁과 같은 중요한 주제들이 누락되었다. 뿐만 아니라 한국사 밖의 전공자가 집필한 주요 저작도 대거 빠지고 말았다. 요컨대 이 글에서 다룬 논저의 선정 기준은 다소 편의적이고 자의적이다. 관련 연구자와 독자의 양해를 구한다.

이와 같은 기준에 근거해 총 14인의 연구자가 2000년 전후 공간公刊한 논저를 검토 대상으로 선정하고, 이들의 책과 논문을 다시 네 개의 범주로 묶었다. 1그룹은 「한중관계사의 복원, 변주, 교훈(한명기 · 계승범)」, 2그룹은 「변경과 여진, 그리고 조선(한성주 · 박정민 · 이규철 · 장정수)」, 3그룹은 「한중외교의 속살 파헤치기(정동훈 · 이재경 · 이명제 · 김창수)」, 4그룹은 「예禮 그리고 지성사와의 조우(구도영 · 윤승희 · 최종석 · 허태구)」라 명명하고 분류하였다. 본문에서는 위의 순서에 따라 21세기 조선시대 대외관계사 연구의 다양한 흐름과 문제의식을 검토할 예정이다.

주지하다시피 근대 역사학의 도입 이래 조선 망국亡國과 정체停滯의 원인으로 사대주의事大主義나 존화사관尊華事觀 등이 지목되었으며, 일제식민주의사학의 영향 아래 조선시대의 타율성과 반도적半島的 성격 등이 강조되었다. 해방 이후 한국의 민족주의 역사가들에게는 이와 같은 설명과 해석을 극복하고 대안적 서사를 제시하는 것이 최우선의 과제 중 하나였다. 그러나 대외관계사를 선구적으로 개척한 전해종의 회고에도 언급되었듯이, 당대 사료에 무수히 등장하는 사대事大 관련 기록은 조선시대 한중관계사 연구자들을 당혹스럽게 만들기에 부족함이 없었다.[1] 조공朝貢-책봉冊封 또는 사대事大-자소字小의 위계성이 명백히 드러난 대외관계사 관련 사료를 사대주의라는 낡은 틀에서 벗어나 어떻게 분석하고 평가할 것인가에 따라 현재 조선시대 한중관계사 연구의 여러 흐름이 형성되었다고 해도 과언이 아니다. 다시 말해, 이러한 사대사료事大史料의 해석은 조선시대 대외관계사 연구의 관건적關鍵的 문제였고, 앞으로도 그러하리라 예상한다.

이 글은 21세기 이후 공간된 조선시대 한중관계사 연구의 성과와 한계를 관련 연구자뿐 아니라 타 분야와 타 시대 전공자에게 소개하는 것을 최우선의 목표로 삼아 집필되었다. 따라서 해당 분야 전공자를 주요 독자로 설정하는 일반적 연구사 집필과 달리 개별 연구와 관련된 연구 쟁점을 세세하게 다루는 것은 지양하였다. 대신 각 연구자의 연구 동기나 문제의식을 좀 더 중심에 놓고 해당 연구의 논지와 특색이 선명하게 드러나도록 서술했다. 본문에서는 각 연구자의 성과와 특징을 정리한 다음 함께 고민해야 할 문제를 논쟁적으로 제시하고자 하였다.

이와 같은 시도의 궁극적인 목적 중 하나는 이 글의 검토 대상이 된 개별 연구를 조선시대 한중관계사 연구라는 큰 흐름 속에서 자리매김mapping하려고 한 것이다. 이를 통해 21세기의 조선시대 한중관계사 연구는 무엇을 질문하고 답변해 왔는지 분석하고, 그 전망과 과제를 결론에서 제시하고자 한다. 이러한 과정에서 논지의 단순화나 부정확한 파악, 부적절한 비판 또는 평가가 포함되었을 수도 있다. 전적으로 필자의 무지無知 및 불학不學의 소치所致임을 미리 고백한다. 부족한 내용이지만 이 논문을 소재로 삼아 21세기 조선시대 한중관계사 연구의 성과와 고민을 나누는 장場이 되

1 전해종, 「序」, 『韓中關係史硏究』, 일조각, 1970, 3~4쪽 참조.

기를 바란다.

2. 한중관계사의 복원, 변주, 교훈

본 장에서는 한명기, 계승범의 연구논저를 검토해보고자 한다. 이 둘을 같이 묶은 것은 1960년대 초반이라는 생물학적 출생 연대의 근접성이나 연구주제와 시기가 비슷하다는 점만을 고려했기 때문은 아니다. 우선 연구방법론적인 측면에서 두 연구자 모두 일국사적 관점을 탈피하면서, 정치사 또는 사상사와 대외관계사를 결합하여 기존 한중관계사의 서사를 질적 · 양적으로 도약시킨 기여가 있다. 아울러 양자는 이후 세대의 연구자와 문제의식의 측면에서도 확연히 구분되면서, 서로 공유하는 부분 또한 존재한다. 이들은 한국사 연구를 통해 현대 한국이 당면한 정치 · 외교적 문제 해결의 실마리를 찾고자 한 강렬한 실천 의지를 갖고 있었다. 따라서 시사적 발언이 포함된 신문칼럼의 연재나 집필도 꺼리지 않고 연구자의 중요한 책무로 삼는다는 공통점을 갖는다.

1999년 출간된 『임진왜란과 한중관계』는 '재조지은再造之恩의 형성 - 변형 - 복구'라는 거시적 틀로 선조 · 광해군 · 인조대 한중관계의 실상과 조선의 대응을 정리한 한명기의 첫 번째 학술서이다. 그는 이 책에서 명군 참전의 정치적 · 경제적 · 사회문화적 영향, 광해군대 조 · 명 관계와 갈등, 광해군의 대후금 정책과 정치적 몰락, 인조반정의 승인을 둘러싼 조 · 명 갈등, 인조의 일관성 없는 대외정책과 모문룡毛文龍 문제 등을 차례로 살펴보았다. 이후 그는 임진왜란~병자호란 전후 시기의 한중관계와 조선의 정치 · 외교적 대응에 대한 다수의 논저와 교양서를 꾸준히 집필하며 활발히 활동 중이다.[2]

그의 연구를 관통하는 문제의식은 첫 학술서인 『임진왜란과 한중관계』

의 서언preface격인 「책을 내면서」에 상세히 나온다.[3] 그는 우선 '재조지은'을 강조하는 중국 중심적 시각과 '중립외교'를 강조하는 일본인 학자들의 연구 시각을 넘어 광해군 중심, 나아가 조선 중심의 시각으로 한중관계의 실상을 살펴볼 것임을 천명했다. 그리고 해양세력과 대륙세력이 교차하는 한반도의 지정학적 중요성과 강대국에 좌우되는 동북아 국제질서의 변동성은 시간이 흘러도 불변하는 항구적恒久的 여건임을 강조했다. 외세의 극복과 한반도 평화의 염원을 피력한 그는 이러한 난제를 해결하기 위한 한국의 외교적 능력과 지혜를 배양하는 데 자신의 저술이 도움이 되기를 바란다는 취지로 글을 마무리했다. 이와 같이 한반도의 지정학적 약체성과 외세의 극복을 강조하는 그의 문제의식은 연구주제의 선택과 해석에도 적지 않은 영향을 끼쳤다.

그가 수행한 일련의 연구는 무엇보다 치욕의 역사로 기피되어온 재조지은과 明의 영향력, 정묘·병자호란과 같은 동아시아 차원의 역사적 주제와 사건을 정면으로 부각하여 심도 있게 분석했다는 점에서 그 의의가 크다. 아울러 필자를 포함한 여러 서평자가 반복해 언급하였듯이 한·중·일의 연구논저와 관련 사료를 폭넓게 구사하여 서사와 논증의 깊이를 더한 점, 한중 외교의 현장과 조선의 대외정책을 전례 없는 밀도로 치밀하게 복원한 점 역시 높이 평가할 만하다. 1990년까지 새로이 축적된 한국사 분야의 여러 연구를 적절히 소화하여 자신의 연구에 접목한 부분도 돋보인다. 이하 그의 연구가 지닌 특징과 쟁점을 차례로 살펴보겠다.

첫 번째 특징은 임진왜란 이후 명의 지배력을 강조한 점이다. 이나바 이

---

2 한명기, 『임진왜란과 한중관계』, 역사비평사, 1999; 『광해군』, 역사비평사, 2000; 『정묘·병자호란과 동아시아』, 푸른역사, 2009; 『역사평설 병자호란』 1·2, 푸른역사, 2013; 『최명길 평전』, 보리, 2019; 『원치 않은 오랑캐와의 만남과 전쟁』, 동북아역사재단, 2020 등.

3 한명기, 앞의 책, 1999, 5~8쪽.

와키치稻葉岩吉와 다카와 코조田川孝三가 서술한 광해군의 중립외교와 인조대 모문룡의 활동을 제외하면,[4] 명의 실리實利 추구적 참전 의도, 명군 파병의 영향과 피해상, 재조지은의 형성, 대외정세와 연관된 광해군대의 정국 변동과 인조반정의 발생 등은 선행 연구에서도 언급된 바 있지만 산발적 · 피상적 설명에 그친 감이 없지 않았다.[5] 그러나 그는 이상의 주제를 하나의 맥락 속에 묶어 임진왜란 이후 조선에 대한 명의 지배력 강화라는 역사상을 부각하고 이것이 결국 17세기 조선 외교의 유연성을 제약하여 정묘 · 병자호란을 초래한 결정적 원인이 되었다는 점을 수미일관한 서사로 강조하였다. 요컨대 그는 명 · 청 대결의 전장戰場에 원치 않게 개입된 조선이라는 점을 부각하고자 한 것이다.

아울러 그는 이러한 상황을 종속변수의 위치로 몰린 조선, 의제적擬制的 지배력을 갖게 된 명, 인계철선이 된 모문룡이라는 메타포 등으로 알기 쉽게 설명했다. 그의 연구는 '광해군(善, 유능) - 인조(惡, 무능)'이란 대중적 · 피상적 시각에서 탈피하여, 이 시기 동북아시아의 국제질서를 격동시킨 명 · 청 대결의 구도 아래 조선의 대응을 계기적 · 연속적으로 조망했다는 의의가 있다. 그의 입장에서 보면, 조선후기의 외교는 '책봉 - 조공 체제' 아래에서도 심각한 내정간섭 없이 자주성과 국익을 추구한 조선전기와 본질적으로 구분되는 것이었다.[6] 이러한 그의 설명은 방법론과 각론은 상당히 다르지만, 임진왜란 이후 명의 내정간섭을 강조한 계승범의 논지와 전체적 취지에서 묘하게 일치한다.[7]

---

4 田川孝三, 『毛文龍と朝鮮との關係について』(靑邱說叢 권3, 靑邱學會), 彙文堂書店, 1932; 稻葉岩吉, 『光海君時代の滿鮮關係』, 大阪屋號書店, 1933.

5 최소자, 「壬辰亂時 明의 派兵에 대한 論考(一) - 派兵의 背景과 軍事活動에 대한 評價」, 『동양사학연구』 11, 동양사학회, 1977; 이상백, 진단학회 『韓國史 近世前期篇』, 을유문화사, 1962, 678~679쪽; 이상백, 진단학회 『韓國史 近世後期篇』, 을유문화사, 1965, 16~18쪽 등.

6 한명기, 앞의 책, 1999, 13~16쪽.

조선 외교의 경직성과 정묘·병자호란의 발발을 단순한 군주君主의 교체 때문만으로 보지 않고, 임진왜란 이후 명의 지배력 강화라는 시각에서 탄탄한 실증을 토대로 설명한 그의 시도는 충분히 설득력이 있다. 이 글에서 이하 언급되는 무수한 반론은 그의 논지가 현재 어느 정도 통설에 가까운 지위를 차지하고 있는지, 아울러 조선시대 대외관계사 서술에서 얼마나 중요한 질문을 던졌는지 역설적으로 보여준다. 그러나 그의 연구가 임진왜란 이후 명의 지배력 또는 영향력을 과장한 측면도 없지 않다는 시각도 존재한다. 정묘·병자호란 전후 조선의 입장과 대응을 약소국의 측면만 부각해 지나치게 수동적으로 보았다는 반론,[8] 이 시기 조선에 대한 명의 영향력을 과장했다는 반론,[9] 인조 책봉에 대한 명의 영향력과 대후금 외교에서 모문룡이란 변수를 실체 이상으로 평가했다는 반론,[10] 명 사신에 대한 접대 비용 증가의 근본적 원인이 재조지은이라기보다 당시 전쟁 전후 일어난 다양한 국내외적 요인이 복합적으로 작용된 것이라는 반론도 최근 나왔다.[11]

필자의 경우 '명이 아닌 중화 문명이란 보편 가치를 보존하기 위한 조선의 선택'이 병자호란의 발발과 조선 내에서 명의 영향력이 발휘된 근본적

---

7 계승범, 「임진왜란 중 조명관계의 실상과 조공책봉관계의 본질」, 『한국사학사학보』 26, 한국사학사학회, 2012.

8 정해은, 「서평 : 정묘·병자호란 연구의 새로운 지평, 그리고 남아있는 문제 - 한명기, 『정묘·병자호란과 동아시아(푸른역사, 2009)』」, 『역사와 현실』 77, 한국역사연구회, 2010, 470~472쪽.

9 鈴木開, 『明清交替と朝鮮外交』, 刀水書房, 2021, 11쪽.

10 노영구, 「서평논문 : 동아시아 차원의 정묘·병자호란 이해와 새로운 출발점 - 한명기의 『정묘·병자호란과 동아시아』를 읽고」, 『역사비평』 90, 역사문제연구소, 2010, 508쪽; 오수창, 「반정, 조선시대 군주 축출의 논리와 성격」, 『한국정치연구』 28-2, 서울대학교 한국정치연구소, 2019, 16~18쪽; 허태구, 『병자호란과 예(禮), 그리고 중화(中華)』, 소명출판, 2019, 66쪽.

11 이재경, 『조선시대 명 사신에 대한 외교경비 연구』, 서울대학교대학원 국사학과 박사학위논문, 2022b, 280~322쪽.

원인이며, 군비 증강의 실패 역시 지도력의 우열이나 정책적 요인보다 조선 사회의 구조적 문제에서 근본적으로 기인했다고 보는 입장이다. 따라서 다음과 같은 질문이 필자의 머릿속에서 꼬리를 물고 이어졌다. 조선에 대한 모문룡의 영향력은 오로지 그가 조력한 봉전封典의 은혜에서 비롯된 것인가? 친명배금親明排金이라는 인조반정의 명분과 모문룡이란 변수가 없었다면 조선과 후금과의 갈등은 미약했으며 조선의 선택지는 달랐을까? 인조가 후금 토벌에 대한 협조 의사를 표명하지 않았을 경우 명은 과연 조선에 대한 군사적 공격을 실행할 의지와 능력이 있었는가?

두 번째 특징은 명군 참전의 영향과 피해상을 전방위적으로 그리고 밀도 있게 정리했다는 점이다. 그는 명군 참전이 조선에 남긴 정치 · 사회 · 경제 · 문화적 영향을 서술하면서 재조지은에 가려진 부정적 측면을 부각했다. 동시에 명군의 참전과 장기 주둔이 조선의 사정을 명이 면밀히 파악하는 계기가 됨으로써 이후 명의 지배력 증대에 획기적 계기가 되었다는 점을 강조했다.[12] 이러한 설명은 재조지은의 긍정적 측면을 강조하는 중국학계에 대한 대응이라는 점에서 충분한 의미를 지닌다. 다만 이 과정에서 당대 역사상에 대한 상대적 평가절하나 간과도 존재했다고 생각한다. 우선 명군이 조선에 주둔하며 끼친 여러 민폐民弊에도 불구하고 그 참전이 임진왜란의 전세를 역전시킨 가장 결정적 요인이었다는 점은 부인하기 힘들다.[13] 외국군 주둔에 따른 민폐가 동서고금의 보편적 현상이라는 점을 고려해 볼 때 당시 명군이 끼친 피해가 특별한 것이었는지에 대해서도 차분한 고찰이 필요하다. 많은 인명人命과 전비戰費를 소모한 명이 종전 후

12 한명기, 앞의 책, 1999, 6쪽.

13 조원래, 「明軍의 出兵과 壬亂戰局의 推移」, 『한국사론』 22, 국사편찬위원회, 1992, 124~127쪽; 노영구, 「공신선정과 전쟁평가를 통한 임진왜란 기억의 형성」, 『역사와 현실』 51, 한국역사연구회, 2004, 17~18쪽.

후금과의 갈등이 발생하자 조선에 파병을 집요하게 강요한 사실 역시 조선 입장에서 보면 강대국의 횡포로 볼 수 있지만, 명의 입장에서 보면 당연한 요구가 아니었을까?

세 번째 특징은 재조지은을 전면에 부각한 점이다. 그는 임진왜란 이후 조선 외교가 경직된 양상을 보이는 근본 요인으로 '재조지은에 보답해야 한다'는 의식이 이념화되었기 때문이라고 설명했다.[14] 따라서, '재조지은 체제의 형성 - 변형 - 복구'라는 틀로 16세기 말~17세기 초의 조 · 명 관계를 재구성하고 조선후기 정치사를 통관通觀하였다.[15] 그러나 '재조지은은 임진왜란 때 명이 베푼 시혜에 보답하는 정치적 레토릭에 불과한 것이지 조선 지배층 모두가 지니고 있던 이념이나 사상체계가 아니었다'는 반론,[16] '원동력이라기보다 숭명崇明 · 존명尊明 사상의 결과물에 가까운 재조지은을 광해군 대외정책의 사상적 기반이자 체제라 규정할 수 있는가'라는 반론도 나왔다.[17] 두 가지 다 '재조지은이 임진왜란 이후의 한중관계를 추동하는 핵심 동인動因이었다'라는 논지에 대한 반박이었다. 유사한 맥락에서 조선후기 내내 지속적이고 심대한 영향을 미친 재조지은 이데올로기의 형성이 임진왜란 초기의 패전 책임을 회피하기 위한 선조와 조정 신료들의 전략적 산물이었다는 그의 논지에 대한 근본적 의문과 반박 또한 제기된 바 있다.[18]

한 가지 더 눈여겨보아야 할 지점은 재조지은 형성 과정에 대한 설명이

---

14 한명기, 앞의 책, 1999, 417쪽.

15 한명기, 앞의 책, 1999, 407~418쪽; 「'再造之恩'과 조선후기 정치사 - 임진왜란~정조대 시기를 중심으로」, 『대동문화연구』 59, 성균관대학교 대동문화연구원, 2007.

16 김종원, 「서평 : 전근대 외교사 연구의 새로운 모색 - 『임진왜란과 한중관계』(한명기, 역사비평사)」, 『역사비평』 50, 역사비평사, 2000, 379~380쪽.

17 瀧澤規起, 「批評と紹介 - 韓明基著『壬辰倭亂と韓中關係』」, 『千葉大学大学院社会文化科学研究科研究プロジェクト報告書』 37, 2003, 17~18쪽.

18 허태구, 앞의 논문, 2017, 202~203쪽.

대외관계사를 연구하는 그의 입장을 명료히 보여준다는 사실이다. 성리학적 화이관華夷觀, 대명사대의식對明事大意識의 심화와 같은 기존의 사상사적 설명보다 구체적 사건, 현상, 계기, 논쟁 등에 주목하여 양국 관계의 작동과 변화를 설명하고자 하는 그의 방법론적 지향이 바로 그것이다.[19] 재조지은의 이데올로기성을 강조하는 한명기의 논지를 따라가다 보면 잠시 잊기 쉽지만, 그가 외교사가로서 가지는 관심은 이념보다 정치와 외교의 현장, 바로 그곳에 있었다는 점이 필자에게는 대단히 흥미로운 발견이었다.

네 번째 특징은 광해군에 대한 긍정적 평가이다. 그의 연구는 폭정을 일삼다 왕위를 빼앗긴 혼군昏君과 당쟁에 휩쓸려 축출당한 비운의 국왕이라는 평가 사이에서 표류하던 광해군을 탁월한 외교정책을 펼친 군주君主로 복권復權시키는 데 큰 기여를 했다. 기존 광해군 평가론의 유능 - 무능 구도를 탈피, 당시 국내외 정세를 거시적으로 조망하는 가운데 명의 압박 속에서도 유연한 외교정책을 펼친 광해군과 일관성 없는 외교정책을 펼친 인조를 대비對比하였다. 인조대의 대후금 외교노선에 대해서는 인조가 '화의론和議論에 기반한 기미책羈縻策', 즉 광해군의 유연한 외교정책을 답습하였지만 명의 압박과 모문룡이라는 변수가 이를 좌절시켰다고 설명했다. 국방 정책의 시행과 성과라는 측면에서도 광해군대를 인조대보다 훨씬 높게 평가했다. 그리고 광해군의 실각을 '외교의 성공과 내정內政의 실패'라는 구도 속에서 재조명하였다.

그의 이러한 설명이 인물 중심의 단순한 선 · 악 구도는 탈피하는 데에는 성공했지만, 광해군대와 인조대의 선명한 대비라는 기존의 역사상 자체를 바꾼 것은 아니었다. '외교의 성공과 내정의 실패'라는 구도에 대해

---

19 한명기, 앞의 책, 1999, 22~27쪽 참조.

오항녕의 전면적 반박과 계승범의 부분적 반론이 나왔다.[20] 국방 정책의 실행과 성과라는 측면에서 볼 때 광해군대와 인조대에 근본적 차이가 있었다고 보기 어려우며, 군비 강화의 실패는 국왕의 정치력보다 조선 사회의 구조적 문제에 기인한 측면이 크다는 반론도 제기되었다.[21] 오수창은 광해군대의 유연한 외교정책이 명 · 청 양자택일의 구도가 전면화될수록 작동하기 어려운 것이며, 조선의 정치 이념을 고려해 볼 때 청과의 전쟁 역시 불가피한 것이었다는 점을 일찍이 지적한 바 있다.[22] 이에 대해 한명기는 1996년 단국대학교에서 개최된 좌담회 중에 '광해군도 기본적으로 다른 동 시대의 인물과 마찬가지로 화이론자華夷論者에 속했기 때문에 끝까지 전쟁을 회피하지는 못했을 것이지만, 대신 시간을 벌며 왕권 안정과 군비 확충에 성과를 거두어 전쟁의 양상이 많이 달랐을 것이라고 예상된다는 점에서 인조 정권과는 차별된다'는 취지의 답변을 했다.[23] 이러한 점을 고려해 볼 때 『정묘 · 병자호란과 동아시아』(2009)와 『역사평설 병자호란』 1 · 2(2013)에서 공들여 부각한 인조 정권의 난맥상은 그가 역설한 광해군의 재평가라는 측면에서 볼 때 대단히 중요한 의미를 지닌다.

계승범은 미국에서 박사학위를 받았지만,[24] 한명기와 같은 시기 한국의

---

20 오항녕, 『광해군, 그 위험한 거울』, 너머북스, 2012; 계승범, 「광해군, 두 개의 상반된 평가」, 『한국사학사학보』 32, 한국사학사학회, 2015a, 496~508쪽.

21 허태구, 앞의 책, 2019, 33~117쪽 참조.

22 오수창의 발언 부분, 「座談會鈔」, 『동양학』 27-1, 단국대 동양학연구원, 1997, 414쪽; 오수창, 「청과의 외교 실상과 병자호란」, 『한국사시민강좌』 36, 일조각, 2005, 110쪽; 「오해 속 병자호란, 시대적 한계 앞의 인조」, 『내일을 여는 역사』 26, 서해문집, 2006, 36~41쪽 참조.

23 오수창 · 이홍종의 질문에 대한 한명기의 발언 부분, 1997, 「座談會鈔」, 『동양학』 27-1, 단국대 동양학연구원, 416쪽 · 418~419쪽 참조.

24 Seung B. Kye, "In the Shadow of the Father : Court Opposition and King Kwanghae in Early Seventeenth-Century Chosŏn Korea", Doctoral Dissertation, Seattle : University of Washington, 2006.

대학에 입학하여 수학修學한 연구자이다. 2005년도부터는 국내에서 다수의 논문과 학술서, 교양서 등을 출간하며 활발히 활동 중이다.[25] 한명기와 동일한 시기, 사건, 인물을 연구주제로 다루며 시사적 문제에 대한 발언도 즐겨한다는 점에서 비슷한 면모가 적지 않다. 물론 그와 대립하는 논지도 매우 많다. 방법론적 측면에서 보면, 대외관계사를 설명할 때 국제관계의 역학보다 조선의 통치를 담당한 양반 사대부의 사상과 이념에 주목한다는 점에서 한명기와 큰 차이가 있다.

그는 첫 번째 학술서인 『조선시대 해외파병과 한중관계』(2009)의 서언preface에서 자신의 문제의식과 연구 동기를 상세히 밝혔다. 이에 의하면 그는 '왜 한국(조선)이 19세기의 세계 조류에 합류하지 못한 채 일본의 식민지로 전락하고 그 충격의 여파로 강대국에 의해 분단되고 말았는가'라는 근본적 의문을 갖고 있었다. 그러나 식민주의사학 극복과 내재적 발전을 강조한 선행 연구는 그의 질문에 충분히 답하지 못했다고 회고했다. 그는 일시적 외교관계가 아니라 지속적 관계를 통해 형성된 조선 엘리트들의 중국 인식이야말로 조선의 역사 전개에 매우 중요한 요인으로 작용했을 것이라는 점에 착안하여, 파병 요구에 대한 조선 조정의 다양한 대응 태도에 주목했다. 왜냐하면, 이와 같은 사안을 다룰 때 조선인의 중국 인식이 가장 명료히 드러난다고 생각했기 때문이다.

아울러 이러한 유산이 후대 역사에 어떤 영향을 미치고 있는지도 같이 살펴보아야 한다고 역설하였다. 한명기가 대외관계사를 연구하면서 열강에 둘러싸인 현대 한국 외교의 진로를 고민했다면, 계승범은 조선 망국의

---

25 계승범, 『조선시대 해외파병과 한중관계』, 푸른역사, 2009; 『정지된 시간 - 조선의 대보단과 근대의 문턱』, 서강대학교출판부, 2011a; 『우리가 아는 선비는 없다 - 조선을 지배한 엘리트, 선비의 두 얼굴』, 역사의 아침, 2011b; 『중종의 시대 - 조선의 유교화와 사림운동』, 역사비평사, 2014; 『모후의 반역 - 광해군대 대비폐위논쟁과 효치국가의 탄생』, 역사비평사, 2021; 『아버지의 그림자 - 삼전도 항복과 조선의 국가정체성 문제』, 사계절, 2024 등.

원인과 그것이 현대 한국에 끼친 부정적 영향에 더 초점을 맞추었다. 그러나 그가 "국제무대에서 자주적 입지를 구축하지 못한 채 현대판 제국질서에 일방적으로 휘둘린다면 또 다른 전쟁이 한반도를 집어삼킬 수도 있다. 더욱이 지금은 한반도가 그 양대 제국질서로 인해 분단된 상태이므로 조선왕조 때보다 불리한 형세라고도 할 수 있다."라고 토로한 구절을 보면, 문제의식의 측면에서 한명기와 공유하는 지점도 적지 않다.[26] 조선시대 한중관계사의 전개에 있어 명의 북경 천도라는 변수와 조선(한국)의 지정학적 요인을 중시한다는 점 역시 한명기와 유사하다.[27]

계승범은 이와 같은 문제의식 아래 조선전기 4차례에 걸쳐 이루어진 파병派兵 논의와 중종대 사대事大 인식의 질적 변화를 고찰함으로써 당대 지배층이 가졌던 대명관對明觀의 변화를 고찰하였다.[28] 이후 대보단大報壇 제례祭禮,[29] 중종대의 역사상,[30] 광해군대의 대비폐위와 관련된 논쟁,[31] 삼전도 항복의 충격과 유산[32] 등을 다룬 학술서를 잇달아 출간했다. 조선왕조 지배엘리트층, 즉 선비에 대한 균형감 잡힌 평가를 촉구한 교양서도 집필했다.[33] 역대 해외파병에 대한 조선의 인식과 대응, 그리고 대보단 제례에 대한 통시대적 고찰은 전례 없는 시도로서 타 연구자의 후속 연구를 위해서도 중요한 발판을 놓았다고 평가할 만하다. 광해군대 정치 · 외교사에

---

26 계승범, 「동아시아 국제질서에서 임진왜란이 갖는 의미와 그 현재성」, 『한반도의 운명을 결정한 전쟁』, 주명건 외 7인 공저, 세종연구원, 2015b, 113쪽.

27 계승범, 「조선시대 한중관계 이해의 몇 가지 문제」, 『동아시아사 입문』, 동북아역사재단 편저, 530~531쪽, 2020; 한명기, 「조선시대 대외관계와 외교사 총론」, 『한국의 대외관계와 외교사 - 조선 편』, 동북아역사재단 한국외교사편찬위원회 편, 2018, 26~27쪽.

28 계승범, 앞의 책, 2009.

29 계승범, 앞의 책, 2011a.

30 계승범, 앞의 책, 2014.

31 계승범, 앞의 책, 2021.

32 계승범, 앞의 책, 2024.

33 계승범, 앞의 책, 2011b.

대한 선행 연구와는 결이 다른 그의 설명이나 문제 제기도 연구사적 의의가 없지 않다고 생각한다.[34] 요컨대 그의 연구는 기존과 다른 접근과 서사로 조선시대 정치·외교사의 서사를 변주變奏했다는 점에서 중요한 의의가 있다. 아래에서는 계승범이 수행한 연구의 성과와 특징, 쟁점 등을 세 가지로 나누어 정리해보겠다.

첫째, 그는 조선전기 대명 해외파병의 논의를 통시대적으로 점검함으로써, 당대인의 대명인식을 통해 엿볼 수 있는 역사의 단면을 부각했다.[35] 그의 연구에 따르면 임진왜란 이전 조선 조정에서는 1449년(세종 31), 1467년(세조 13), 1479년(성종 10), 1543년(중종 38) 등 총 네 차례 대명파병에 관한 논의가 있었다. 명의 파병 요청에 대해 조선은 앞선 세 차례 경우 국익을 신중하게 검토한 다음 파병 여부를 결정했지만, 마지막 사례에서는 명의 공식 요청조차 없었음에도 불구하고 미리 파병을 기정사실화하였다. 그런데, 이때는 출병 반대의 움직임도 없었고 파병 여부에 따라 국익을 저울질해보는 움직임도 없었다고 한다. 즉 16세기 전반 중종대에 이르면 모화적慕華的 화이관華夷觀의 확산과 더불어 대명 사대와 조선의 국익을 동일시하여 사고하는 움직임이 새로이 나타났다는 것이다. '재조지은 이전부터 대명사대의 절대화라는 경향이 싹 트고 있었다'는 점을 논증한 것이다.

이러한 그의 주장은 해외파병이란 색다른 통로로 접근했음에도 불구하고 '조선전기는 후기에 비해 실리적이고 유연한 외교였다'는 통설과 만난다는 점에서 강점과 약점을 동시에 갖는다. 군사 문제가 한 나라의 대외 정책이 구현되는 결정적 지점이라는 데에는 동의하지만, 앞의 네 가지 파병

34 계승범, 「조선감호론 문제를 통해 본 광해군대 외교 노선 논쟁」, 『조선시대사학보』 34, 조선시대사학회, 2005; 「광해군대 말엽(1621~1622) 외교노선 논쟁의 실제와 그 성격」, 『역사학보』 193, 역사학회, 2007; 「계해정변(인조반정)의 명분과 그 인식의 변화」, 『남명학연구』 26, 경상대학교 남명학연구소, 2008 등.

35 계승범, 앞의 책, 2009.

사례와 두 차례 호란기의 주화·척화 여부가 동일한 차원과 성격의 군사 문제였는지는 의문이다. 전자와 후자는 조선이 파병을 거부하거나 청과 화친을 맺을 경우 명이 받는 피해의 규모가 달랐으며, 대명관계의 단절까지 초래할 수 있다는 점에서 사대事大의 명분과 의리에 크게 저촉되는 사안이라는 차이가 있었다.[36]

둘째, 그는 중종대 사대 인식의 변화 원인으로 ① 천자天子와의 특별한 관계를 통해 자신의 왕권을 확립하려고 했던 중종의 저자세적 대명對明 태도, ② 한족漢族의 문화와 유교 예법을 흠모하는 소중화 의식의 확산과 내복內服 의식의 등장, ③ 주자학 발달에 따른 배타적 화이관의 팽배, ④ 그 결과 조선[陰]이 명[陽]에 순종하는 것을 음양 관계에 기초한 천리天理로 받아들이는 새로운 태도의 등장, ⑤ 더 나아가 명나라를 부모의 나라로 여기는 인식의 확산 등 다섯 가지를 제시했다.[37] 이러한 논지를 확장하여 임진왜란 이후 대명사대의 실상과 대보단 제례를 통시적으로 고찰하였는데, 척화론의 본질에 대한 하나의 견해-보편으로서 중화 문명에 대한 당대 조선인의 가치 공유-를 반박하면서 그는 아래와 같은 결론을 내렸다.

> 명의 건국은 조선에게 매우 특별한 의미였다.…특히 단순한 강대국 차원이 아니라, 주周 - 한漢 - 당唐 - 송宋으로 이어진 유교적 중화문명의 담지자, 곧

36 계승범이 언급한 세종대의 사례 - 몽골이 북경을 포위하여 명이 다급히 원병을 요청했으나 조선이 단호히 거절한 것 - 는 필자의 입론에 대한 적절한 反例라 보기 힘들다(계승범, 앞의 논문, 2019, 319쪽). 일단 인조대 북경이 후금에 의해 위협받는 사안이 발생해도 집권층의 다수는 명에 원병을 보내려 하지 않았고, 그러한 조치를 外服諸侯인 조선의 입장에서는 불가피한 것으로 인식했기 때문이다.

37 계승범, 앞의 책, 2009, 139~140쪽; 2014, 앞의 책, 111~150쪽 참조. 이에 대한 비판은 송웅섭, 「중종대 사대의식과 유교화의 심화 - '『중종의 시대』'의 사대와 유교화에 대한 이해」, 『조선시대사학보』 74, 조선시대사학회, 2015, 374~387쪽; 허태구, 앞의 논문, 2017, 204~207쪽 참조.

한족의 중화제국이자 천자국이었다. 특히 주자학을 하나의 국시로 천명하고 출범한 조선왕조에서는 주자학적 화이관이 매우 강고했다. 그 결과 16세기 접어들 무렵에는 명 - 조선 관계의 본질을 이전의 군신관계에 부자관계를 추가해 이해하기 시작했다. 이른바 충과 효에 동시에 기초한 군부君父 - 신자臣子 관계가 바로 그것이다. 임진왜란(1592~1598) 발발 이전부터 명과 조선은 단순히 군신관계를 넘어 부자관계로까지 이념화한 것이다.

그런데 군신관계(충)와 부자관계(효)는 유교에서 모두 중시하는 의리이지만, 이 둘 사이에는 결정적인 차이가 있다. 군신관계는 군주의 태도 여하에 따라 가변적이었다.…즉 군신관계는 영원불변의 절대적 관계가 아닌, 상대적 가치였다. 이에 비해, 부자관계는 부모가 아무리 패악하더라도 자식으로서는 부자관계를 스스로 끊을 길이 없는 영원불변의 절대적 가치였다.…

이런 이념 무장이 철저했기에, 삼전도항복(1637)이 갖는 의미는 엄청난 폭발력과 휘발성을 가질 수밖에 없었다. 신자臣子(조선국왕)가 자신의 군부君父(명황제)를 공격하여 죽이려는 원수(청태종) 앞에 나아가 항복한 것은 단순히 굴욕 차원을 넘어, 유교국가의 정체성이 뿌리째 흔들리는 중차대한 위기일 수밖에 없었다.…

충효의 가치가 무너진다면, 다른 말로 삼전도항복이 환경의 영향을 받는 상황논리로 정당화될 수 있다면, 이제는 더 이상 노비가 주인에게 무조건 복종하지 않을 것이며, 더 이상 상놈이 양반에게 무조건 순복하지는 않을 것이라는 우려를 담은 심각한 경고이기 때문이다.…

결국, 누란지세의 국가위기에서도 척화론이 여론을 주도한 연유를 단순히 사대의리나 재조지은이나 예교적禮敎的 의례儀禮만으로는 설명하기 힘들다. 가변적인 군신유의君臣有義(충)보다 훨씬 더 중요한 부자유친父子有親(효) 논리가 조선왕조의 국가정체성으로 확고하였기 때문이다. 또한 명에 대한 의리를 죽음을 불사하면서까지 강조한 이면에는 바로 양반지배층의 기득권(지배구조)을 고수하기 위한 현실적 이유도 강하게 흐르고 있었다.[38]

다소 길지만, 계승범의 문제의식을 관통하는 핵심이 담겨진 부분이라 생각되어 옮겨 보았다. 인용문에서도 보이듯이 이 시기 역사의 주요 동력으로 대명인식에 주목하는 것은 필자의 방법론과 유사하다. 그러나 그의 설명에 동의할 수 없는 부분도 적지 않다. 그 이유는 다음과 같다.

우선, 그가 언급한 부자관계 또는 군부君父라는 개념의 모호성이다. 계승범은 조선후기를 관통하는 대명인식의 불변성을 설명하는 용어로 이를 언급했다. 그러나, 당대인이 명과 조선의 관계를 부모지간으로 말하는 것은 그 관계의 불변함을 비유하는 결과물이지 그 관계의 불변함을 지속하게 하는 근본 원인은 아니다. 이와 관련해 그가 제시한 논거의 희소성과 부적절함을 지적한 선행 연구도 있다.[39] 임진왜란 이전부터 명이 부자관계로 인지되었다는 논지를 인정해도 문제는 여전히 남아있다. 그의 주장대로라면 대다수 조선 신료와 백성들에게 조선의 국왕은 명의 황제 못지않게 군부로 각인되었을 것이다. 그럼에도 불구하고, 광해군을 비롯한 조선의 국왕들은 축출이나 역모의 시도로부터 한 순간도 자유롭지 못했다. 따라서 군부라는 레토릭을 통해 조명관계의 불변성을 설명하려는 시도에 필자는 선뜻 공감할 수 없다. 임진왜란 이후 대명외교의 성격이 군신관계에 부자관계가 중첩된 절대적이고 불변적인 것이라면, 임진왜란 당시 발생한 조·명 양국의 수많은 외교 현안과 갈등, 천자天子가 책봉한 조선의 국왕을 철저한 중화中華 이념의 소지자로 알려진 이른바 순정성리학자純正性理學者들이 명의 승인 없이 반정反正으로 축출한 사실 또한 모순 없이 이해할 수 없다.

---

38 계승범, 「삼전도항복과 조선의 국가정체성 문제 - 허태구, 『병자호란과 예, 그리고 중화』(소명출판, 2019)에 대한 종합비평」, 『조선시대사학보』 91, 조선시대사학회, 2019, 322~326쪽.

39 송웅섭, 앞의 논문, 2015, 383~385쪽 참조.

현실국가 명에 대한 인식과 보편문명으로서 중화를 상징하는 명에 대한 인식을 구분하는 필자로서는 "조선 초기의 현실적인 사대, 곧 대명사대와 국익이 마찰을 빚을 경우에는 국익을 우선시한다는 조건부적인 대명사대관이 16세기 전반 중종대에 이르러 대명사대와 국익이 마찰을 빚을 수도 있다는 생각 자체를 아예 하지 않고, 사대와 국익을 거의 동일선상에서 이해하는 절대적인 사대관으로 바뀌었다."는 그의 주장[40]에 동의하기 힘들다. 나아가 필자는 이러한 사대관 자체가 병자호란 이후뿐만 아니라 조선시대 내내 존재한 적이 없다고 보는 입장이다. 양반 사대부의 기득권 고수라는 측면에서 본다 해도, 우경섭의 적절한 지적처럼 조선의 지배 세력은 청에 밀착하는 편이 이미 멸망한 명에 대한 의리를 고수하는 것보다 훨씬 더 유리했을 것이다.[41]

그의 연구는 위와 같이 당대 조선인의 대명인식이 갖는 지배이데올로기적 속성과 이것이 초래한 조선후기 역사의 경직성과 폐쇄성을 강조했다. 『정지된 시간 - 조선의 대보단과 근대의 문턱』(2011)은 그의 입장을 명확히 보여주는 서명書名이다. 망국亡國의 외인外因을 강조하는 통설에 문제를 제기하는 시도에는 일정 부분 공감하지만, 그의 해석은 결과적으로 '현재적 시각에서 망국의 내인內因을 지나치게 과장한 것이 아닌가'라는 생각도 든다. 그의 말대로 조선이 "명 · 청과의 관계를 끊고 어떤 내정간섭도 물리치고 그것을 국제무대에 천명함으로써 스스로 우뚝 서겠다는 의지와 결단"[42]을 표명한 적은 한 번도 없었지만, 이 기준으로 전근대 역사를 재단했을 때 긍정적 평가를 일관되게 받을 수 있는 동아시아의 국가나 민

40 계승범, 앞의 책, 2009, 282쪽.

41 우경섭, 「朝鮮中華主義에 대한 학설사적 검토」, 『한국사연구』 159, 한국사연구회, 2012, 247쪽.

42 계승범, 앞의 논문, 2020, 537쪽.

족은 별로 없을 것 같다. 그리고 실제 그런 결단을 조선이 실행에 옮겼더라면 '당대 조선이 처한 여러 조건, 특히 초강대국 중국에 인접한 지정학적 환경을 고려해 볼 때 현재 남 · 북한으로 존속 가능할 수 있었겠는가'라는 의문마저 든다.

우리 역사를 통관通觀하건대 중국으로 인하여 자주성을 제약받은 사례는 분명 적지 않다. 그러나 이러한 악조건 속에서도 유교 · 한자 · 불교 등과 같은 중국의 선진 문물을 열정적으로 수용하고, 그것으로써 한민족韓民族의 역사와 문화를 기록 · 발전하면서 장구長久하게 국가를 존속해 온 점 또한 높이 평가해야 하다고 생각한다.

유교적 이념을 철저하게 실천하지 못했다는 이유로 조선의 지배 엘리트를 비판한 그의 주장 역시 치우쳤다는 느낌을 지울 수 없다.[43] 이와 같은 해석이 설득력을 갖으려면 당대 조선의 양반이 중국 · 일본 · 서구의 지배 엘리트보다 훨씬 가혹하고 위선적이었다는 논증이 뒷받침되어야 한다. 과연 그러한가? 요컨대 '조선의 근대 진입 실패와 망국은 여러 복합적이고 우연적 요인이 중첩된 결과인데, 이것을 너무 한 측면에서만 바라본 것이 아닌가'라는 의문이 들었다.

셋째, 그는 광해군대의 기존 역사상에 대해서도 새로운 문제를 제기했다. 그는 이른바 반정의 3대 명분[44] 중 하나인 '배명친후금背明親後金'의 외교가 반정 주도 세력의 특정한 사상적 지향 때문이라기보다, 그것이 당대 조선 사대부들의 가장 보편적 불만을 대표하였기 때문에 선정된 것이라는 점을 선구적으로 지적하였다.[45] 그에 따르면 반정의 명분과 동기는 분리해 보아야 한다. 그리고 그는 오수창과 유사하게 광해군대의 중립적 외

43 계승범, 앞의 책, 2011b.

44 廢母殺弟, '배명친후금' 외교, 민생의 피폐와 내정의 문란.

45 계승범, 앞의 논문, 2008, 443~453쪽.

교 행보가 명과 후금 양자를 결코 근본적으로 만족시킬 수 없다는 점을 언급하였다. 나아가 광해군 긍정 평가론의 전제가 되는 중립 개념 자체가 애매하다는 점도 날카롭게 지적했다. 명의 원병 요구를 거부하는 것은 중립이 아니라 결과적으로 후금을 도와주는 것이며, 조선에 흘러들어온 명군 패잔병을 지원하지 말라는 후금의 요구를 거절한 것 또한 결과적으로 명을 도와준 것이 되기 때문이다.[46]

'광해군이 과연 내정內政에서는 소심하고 외정外政에서는 과단성 있었는지'라는 질문과 함께, 그를 세자 시절의 트라우마로 인해 피해의식이 컸던 인물로 규정한 점 역시 흥미롭다.[47] 이 견해에 따르면 광해군대 중립외교의 추진은 국제 정세를 거시적으로 파악한 군주君主 현능賢能의 소산이라기보다 왕권의 정통성과 관련하여 국왕이 지닌 심리적 콤플렉스, 즉 방어적 피해의식의 의도하지 않은 결과물에 불과한 것이 된다. 앞으로 다각도의 논증이 필요한 가설이지만, 광해군대 사료 독해와 관련된 필자의 선입견과 결과론적 해석을 돌아보게 하는 설명이라 인상 깊었다.

3. 변경과 여진, 그리고 조선

이 장에서 다루는 4인의 연구자, 한성주, 박정민, 이규철, 장정수는 '변경에 거주하며 조선과 접촉 · 충돌한 여진'이라는 주제를 고찰했다는 공통점이 있다. 검토 결과 그들의 연구에서는 단순히 연구주제의 일치 정도를 넘어, 연구 시각에 있어 일정 정도의 유사한 경향성도 발견되었다. 종

46 계승범, 「조선시대 동아시아 질서와 한중관계 - 쟁점별 분석과 이해」, 『한중일 학계의 한중관계사 연구와 쟁점』, 동북아역사재단, 2009, 150~152쪽 참조.

47 계승범, 앞의 논문, 2015a, 505~508쪽 참조.

합적으로 볼 때 초기 여진 연구에서 공유되는 주제나 관점에서 크게 벗어나지는 않았으나, 전체 사례의 집적이나 통시대적인 분석 등을 통해 선행 연구의 한계를 돌파하려 한다는 인상을 받았다. 아래에서는 이들의 문제의식과 연구논저를 소개하고 그 특징과 쟁점에 대해 검토하고자 한다.

손승철은 일찌기 조선시대의 교린交隣은 명의 책봉을 전제로 한 일본 막부 · 류큐 등과의 대등교린對等交隣과 대마도 · 일본 지방 세력 · 여진 추장 등과의 다원적이고 계층적인 기미교린羈縻交隣으로 분류된다고 주장한 바 있다.[48] 한성주는 첫 학술서인 『조선전기 수직여진인 연구』(2011)를 출간하면서 본인의 여진 연구가 조선의 대여진 · 대일본 교린정책에 대한 비교사적 관심에서 출발했다고 술회하였다.[49] 선행 연구를 검토한 그는 조선의 대여진 회유정책, 특히 수직정책受職政策 및 수직여진인受職女眞人에 대한 구체적 사례연구가 여전히 부족함을 지적했다.[50] 그는 이와 같은 문제의식 아래 수직정책의 전개와 확립, 수직여진인의 인명기록 및 좌차규정座次規正 분석, 조 · 명 이중수직여진인朝 · 明 二重受職女眞人의 양속兩屬 문제, 세조대世祖代 모련위毛憐衛 정벌征伐과 수직정책의 활용, 여진 번리藩籬 · 번호藩胡의 형성과 수직정책, 여진女眞 위사僞使의 발생과 수직정책의 한계 등을 집중적으로 검토하여 조선의 대여진 관계를 재고찰하였다. 그리하여, 조선전기의 수직정책에 대해 다음과 같은 결론을 내렸다.[51] 첫째, 여진세력을 조선에 복속시킴으로써 변경의 안정화를 도모하는 데 성공적으로 작용했다. 둘째, 조선에서 새로 설치한 6진 지역을 조선의 영토로 완전하게 편입하는 데 큰 기여를 했다. 셋째, 조선을 중심으로 한 기

48 손승철, 『朝鮮時代 韓日關係史研究』, 지성의 샘, 1994, 63쪽.

49 한성주, 「책머리에」, 『조선전기 수직여진인 연구』, 경인문화사, 2011, vi쪽.

50 위의 책, 12쪽.

51 위의 책, 248쪽.

미교린羈縻交隣 질서를 형성하는 데 일조했다.

후속 연구에 해당하는 『조선시대 藩胡 연구』(2018)에서는 번호藩胡의 형성과 발전, 번호의 침입과 조선의 대응, 번호를 둘러싼 교류와 인간상을 다루었다.[52] 전작의 끝부분에서 다루었던 번리 · 번호의 형성, 성장, 이탈을 추적 · 보완한 저서이다. 그리고 번리 · 번호의 형성을 근거로 두 개의 조선이라는 개념을 발전시켰다.

> 이렇게 보면 동북면에서 두만강 유역까지 조선의 실질적인 행정체제에 편입시킨 관할지역과 조선의 영토 및 영향력 하에 있다고 인식되어지는 영역지역이 서로 다른 양상으로 존재했다고 볼 수 있다. 어쩌면 두만강 유역에는 조선의 변장과 수령이 파견되어 행정체제로 편입된 '관할로서의 조선'과 왕의 영토이지만 비록 행정관원이 파견되지 않았더라도 조선의 法令과 王命이 미치는 '영역으로서의 조선'이 서로 다르게 존재한 것은 아니었을까?[53]

이상과 같은 그의 연구는 그동안 개괄적으로 다루어졌던 조선의 대여진 수직정책 전반과 이와 연관된 번호 · 번리의 동향을 총정리했다는 점에서 의의가 있다. 특히 조 · 명 이중수직여진인의 현황과 좌차규정座次規定 등을 정리 · 분석한 부분이 흥미로웠다. 좌차규정은 여진인이 조선에 내조하였을 때 조선인 관리와 수직여진인의 좌석배치 규정인데, 1433년(세종 15)부터 1472년(성종 3)까지 변동이 있었지만 '품계品階에 상관없이 조선인 관리가 여진인보다 높은 자리에 앉는 원칙'은 변하지 않았다고 한다. 다만, 앞서 보았듯이 『조선전기 수직여진인 연구』의 전체 결론은 다소 평이한 감이 없지 않다. 여진인과 왜인에 대한 수직정책만을 근거로 하여 조

52 한성주, 『조선시대 藩胡 연구』, 경인문화사, 2018.

53 위의 책, 19쪽.

선을 중심으로 한 기미교린 질서라 규정할 수 있는지도 의문이다. 두 개의 조선이란 시각 자체는 색달랐으나, '여진의 입장이나 인식은 고려되지 않은 채 너무 조선 중심적으로 해석한 것은 아닌가'라는 의문도 들었다.

박정민의 여진 연구 역시 한성주와 유사한 관심에서 출발하였다. 박사학위논문을 수정하여 간행한 『조선시대 여진인 내조 연구』(2015)에서 그는 조선이 일본의 중소 영주에게 구사한 적극적인 외교정책에 매력을 느껴 대여진 정책과 이와 연관된 여진인 내조來朝에 주목하게 되었다고 밝혔다.[54] 그는 조선 건국부터 인조대까지를 검토 시기로 잡고 조선의 외교구상, 여진인 내조 현황과 변동, 국왕권 강화 등과 연관된 대여진 정책의 운영과 의미, 여진 내조의 소멸과 번호 상실 과정 등을 분석하였다. 아울러 이러한 정책의 운영이 명의 질서와 충돌하지 않는 '조선 중심의 외교질서' 구축을 목적으로 한 것이었다고 주장했다. 결론에서는 조선시대 여진인 내조의 특징을 다음과 같이 정리했다.[55] 첫째, 조선은 여진인 통교규정을 계속 만들었다. 둘째, 조선은 수 회의 여진 정벌 이후 내조를 이용하여 이들을 위무하거나 자신의 영향력 아래 편입시켰다. 셋째, 조선은 내조를 통하여 두만강 유역의 여진인을 번리 혹은 번병藩屛으로 구축했다. 넷째, 조선은 여진인이 내조하면 철저히 조선의 의례를 따르게 했다. 다섯째, 왜인보다 여진이 조선의 통제에 순응하는 양상을 보인다.

이와 같은 결론은 다소 평이한 감이 없지 않지만, 그의 연구는 여진인 내조에 초점을 맞추어 대여진 정책의 변화 과정을 통시대적으로 살펴보았다는 점에서 그 의미가 있다. 이 과정에서 꼼꼼하게 정리된 여진인 내조의 실상과 데이터 또한 향후 관련 연구의 디딤돌이 될 만하다. 선행 연구에서 내조의 쇠퇴기로 규정했던 연산군~명종대 사이의 시기도 실상이 그랬던

54 박정민, 「책머리에」, 『조선시대 여진인 내조 연구』, 경인문화사, 2015.

55 위의 책, 259~260쪽.

것이 아니라, '『실록』 편찬자들이 내조 자체를 중요하지 않은 상례常例로 여겨 그 사례를 생략했기 때문'이라는 새로운 해석도 제기했다. 한성주가 여진인 수직 등을 근거로 조선을 중심으로 한 기미교린 질서를 강조한 반면, 박정민은 이를 비판하며 여진인 내조 등을 근거로 들며 '조선 중심의 외교질서'의 구축을 개념화했다.[56] 나아가 그는 이것이 당시 동아시아가 명을 정점으로 한 일원론적 세계가 아니었으며 조선이 독자적 외교질서를 추구한 점을 입증하는 증거라 역설하였다.[57]

그러나, 그의 과감한 주장을 받아들이기에 앞서 전근대 동아시아 세계의 외교무대에서 정치체 간 교류·접촉의 방식, 즉 프로토콜Protocol로서 조공·책봉·수직 이외의 방식을 상상하기 어려웠다는 점을 염두에 둘 필요가 있다.[58] 이러한 방식의 전례가 고려에 이미 있었다는 점, 조선과 여진 중·소 부족 간 국력·위상의 차이가 명백히 존재했다는 점 등을 떠올려 본다면 박정민의 논지를 그대로 수용하기는 쉽지 않아 보인다. 요컨대 프로토콜로서 조공·책봉·수직 의례의 기능을 고려한다면 '여진인의 접촉·내조에 당시 조선이 다른 방식을 적용할 여지가 있었는가'라는 반문이다.

박정민은 정다함의 연구를 참고하여 조선 중심의 외교질서를 상정했다고 밝혔다.[59] 정다함의 주장대로 명의 흠차관欽差官을 차용한 조선의 경차관敬差官 파견 사례가 "야인과 대마도에 대한 우위를 확인하면서도 동시에 명의 신하로서 사사로이 다른 세력과 교류할 수 없다는 명 중심의 동아시아 질서를 거스르지 않는 외교적 기민함을 발휘"한 것이라 보아야 하는지,[60] 아니면 최종석의 견해에 입각하여 '제후국의 분의分義를 자발적으로

56 위의 책, 47쪽.

57 위의 책, 261쪽.

58 최종석, 「현종대 고려 - 거란 관계와 외교 의례」, 『동국사학』 60, 동국역사문화연구소, 2016b, 2~7쪽 참조.

59 박정민, 앞의 책, 2015, 89쪽.

준수하는 차원에서 시행되었다'고 보아야 하는지에 대해서는 좀 더 숙고가 필요하다. 최종석이 밝힌 대로 원간섭기 이후 이루어진 조하의례朝賀儀禮 정비의 과정과 최종 결과물(수조하受朝賀 → 망궐례望闕禮+수조하受朝賀)을 고려하면,[61] 여진인의 조하의례 참석을 조선 중심 외교질서 실현의 논거로 온전히 볼 수 있는지도 의문이다. 이전에 없던 명 황제에 대한 망궐례가 조선의 조하 의식에 추가되었기 때문이다.

이규철의 문제의식은 박사학위논문을 수정하여 출간한 그의 첫 학술서 『정벌과 사대 - 15세기 조선의 정벌과 대명의식』(2022)이란 제명題名에 잘 드러나 있다.[62] (지성)사대(至誠)事大 속에 수차례 시행된 여진 정벌의 전후 맥락을 구명究明하고자 한 것이 핵심 내용이다. 여진 지역은 명목상 명의 영역에 포함되어 있는 지역이므로, 조선전기 사대인식의 양면성을 보여주는 핵심 주제 중 하나를 여진 정벌로 그가 판단했기 때문이다. 석사학위논문을 조선 초기의 대외정보수집 활동으로 작성한 그는 이러한 정보 활동이 대외정벌과 연결된다는 점에 착안하여 박사학위논문의 주제를 정했다고 밝혔다.[63] 그 역시 박정민과 마찬가지로 기존의 (기미)교린(羈縻)交隣이라는 틀이 조선 - 여진 관계를 설명하는 데 문제가 있다고 보았다. '14~15세기의 조선은 여진을 교류의 상대라기보다 지배의 대상으로 파악했다'고 보는 그의 입장 때문이다.

이상의 문제의식 하에 그는 태조 · 태종 · 세종 · 세조 · 성종대 대외정

---

60 정다함, 「朝鮮初期 野人과 對馬島에 대한 藩籬 · 藩屛 認識의 형성과 敬差官의 파견」, 『동방학지』 141, 연세대 국학연구원, 2008, 264쪽.

61 최종석, 「고려시대 朝賀儀 의례 구조의 변동과 국가 위상」, 『한국문화』 51, 서울대학교 규장각한국학연구원, 2010.

62 이규철, 『조선초기의 對外征伐과 對明意識』, 가톨릭대학교대학원 국사학과 박사학위논문, 2013; 『정벌과 사대 - 15세기 조선의 대외정벌과 대명의식』, 역사비평사, 2022.

63 이규철, 「조선 초기(태종대~세종대)의 대외정보 수집활동」, 가톨릭대학교대학원 국사학과 석사학위논문, 2006.

벌 정책의 추진과 시행 과정을 대명인식의 변동 및 조선 국내 정치와의 연관 속에서 총정리하고 그 역사적 의미를 탐구했다. 아울러 조선전기의 국왕들이 국정 주도권 장악을 위해 사대명분을 자의적으로 해석하고 정치적으로 활용하는 모습을 보였다는 점을 강조했다. 연관하여 이러한 대외 정벌의 모델이 다름 아닌 공민왕대 정책이었다는 점도 고려-조선의 연속성이라는 측면에서 새로이 부각하였다.[64]

그의 연구는 무엇보다 조선전기 여진 정벌에 대한 통시대적 고찰로서 정벌과 관련된 정치 · 외교적 상황과 맥락을 상세하게 정리했다는 점에서 중요한 의미가 있다. 세종대 추진된 대마도 정벌이 명의 일본 원정을 막기 위한 선제적 조치였다는 해석도 흥미롭다. 이규철은 여진 정벌을 침략에 대한 수세적 대응, 혹은 정당한 응징이었다는 기존의 관점을 벗어나 영토 확장과 자체의 정치적 목표에 따라 치밀하게 기획되고 준비된 무력 행사였다고 역설하였다. 나아가 이 시기의 여진 정벌은 국왕권 강화, 국가체제의 확립, 대외영향력의 확대와 영역 확보 등 국가 운영의 중요한 문제들과 밀접한 관련을 가졌던 문제였다고 주장하였다.[65]

다만, 계승범의 해외파병 연구에서 필자가 이미 언급했듯이, 여진 정벌이 과연 사대의 명분에 명백히 충돌 · 위배되는 것인지에 대한 검토가 좀 더 필요하다. 명의 실효 지배가 미치거나 명의 영역에 확실히 속하는 여진을 정벌하는 것과 그렇지 않은 지역의 여진을 정벌하는 것은 사대의 명분에 있어 큰 차이가 있다. 조선전기 정벌의 대상이 된 여진은 조 · 명 변경에 거주하였던 양속적兩屬的 존재, 그리하여 어디에도 속하지 않을 수 있는

64 이규철, 「전쟁과 지도의 변화」, 『고려에서 조선으로 - 여말선초, 단절인가 계승인가』, 정요근 외 공저, 역사비평사, 2019.

65 이규철, 「나의 책, 나의 논문: 조선의 정벌과 사대를 통해 보는 15세기 국제관계 - 정벌과 사대, 역사비평사, 2022.3」, 『조선시대사학보』 103, 조선시대사학회, 2022, 610쪽.

유동적 존재가 아니었던가? 두 개의 대명인식이란 틀로 조·명 관계를 바라보는 필자의 입장에서는 조선이 "명에 대한 사대 자체를 부정하거나 정면충돌을 야기할 수 있는 행동은 자제하면서도, 국익을 위한 대외정책을 유지하는"[66] 것은 양면적 태도라기보다 매우 자연스러운 행위이다. 따라서 "성종대를 중심으로 조선의 사대의식은 명분과 국익이라는 두 가지 가치를 모두 얻고자 하던 태도에서 점차 명분과 국익이 하나가 되는 방향으로 변하게 되었다"[67]는 저자의 결론에도 동의하기 힘들다.

장정수의 박사학위논문은 기존의 사대와 교린 혹은 중국적 세계질서라는 틀이 조선의 대외관계를 균형감 있게 서술하는 데 실패했다는 문제의식에서 출발했다.[68] 외교적 행위자로서 조선의 역할이 수동적으로 평가될 수밖에 없었던 한계를 지적한 것이다. 이러한 연유로 그는 조청관계의 수립 과정이 명청 교체, 명분 대 실리, 청의 입관전사入關前史라는 틀로 선행 연구에서 서술된 것에 대한 문제를 제기했다. 그리하여, 조청관계는 조명관계로부터의 연장이 아닌 여진 → 후금에 대한 관계의 연속적 측면에서 살펴보아야 한다는 점을 역설했다. 아울러, 조선 - 후금 관계를 맹약체제나 형제관계로 설명하는 연구의 한계도 예리하게 지적했다. 전자는 규정력이 없었다는 점에서, 후자는 그 개념이 매우 애매모호하다는 점에서 문제였다. 이러한 문제의식에서 그는 『17세기 전반 朝鮮과 後金·淸의 국교 수립 과정 연구』(2020)라는 박사학위논문을 제출했다.[69] 이를 통해 대여진

---

66 이규철, 앞의 책, 2022, 282쪽.

67 위의 책, 284쪽.

68 이하 서술한 장정수의 문제의식은 장정수, 「나의 학위논문 - 17세기 전반 조선(朝鮮)과 후금(後金)·청(淸)의 국교 수립 과정 연구」, 『웹진 역사랑』 17, 한국역사연구회 홈페이지, 2021; 「저항과 타협의 역사, 조선과 여진·후금·청의 관계 - 『17세기 전반 朝鮮과 後金·淸의 國交 수립 과정 연구』, 고려대학교 한국사학과 박사학위논문, 2020.8」, 『조선시대사학보』 101, 조선시대사학회, 2022 참조.

69 장정수, 『17세기 전반 朝鮮과 後金·淸의 국교 수립 과정 연구』, 고려대학교대학원 한국

對女眞 정책과 번호규례藩胡規例의 성립, 대명對明 · 대후금對後金 이중외교二重外交의 전개, 대후금對後金 국교國交의 수립과 대청對淸 관계의 적용이란 주제를 탐구했다.

그의 연구는 무엇보다 17세기 전반 조선과 청의 국교 수립 과정을 조선-여진 관계부터 추적하고 전례 없는 밀도로 재구성했다는 점에서 높이 평가할 만하다. 이를 위해 저자는 꼼꼼한 자료의 정리와 분석, 신사료新史料의 발굴과 해석이라는 수고를 마다하지 않았다. 특히 조선과 후금 · 청 사이에 오간 서신 · 국서 교환의 사례와 추이를 복원해 낸 것은 연구사적 의미가 작지 않다. 조선의 외교 파트너였던 명 조정, 요동 아문衙門, 동강진東江鎭 등의 입장과 자세를 구분해서 보려한 시도도 현 시점에서는 소략하게 서술되었으나 발전 가능성이 큰 부분이다. 조선 · 후금 국교의 정례화 과정을 살피면서 국서國書의 작성과 '위정이덕보爲政以德寶'의 날인, 사신 파견의 정례화, '금차金差' 접대 방식의 정례화, '세폐歲幣'의 발송 등을 정리한 내용도 선행 연구의 공백을 메우는 좋은 시도였다고 생각한다. 요컨대 장정수의 연구는 각 시기 교섭 과정의 실상과 현안을 전례 없이 상세히 정리했다는 특장점이 있다.[70]

그러나, 개별 사실의 정밀한 논증에도 불구하고 이를 종합한 전체적 논지의 차별성이 선명하지 않은 점은 다소 아쉽다. 그는 박사학위논문의 결론에서 다섯 가지 점을 강조했다.[71] ① 조선의 대외정책은 외교정책과 변경정책으로 구분해서 살필 필요가 있다. ② 조선이 청과의 관계를 수립, 조

사학과 박사학위논문, 2020.

70 장정수는 대여진 · 대청 관련 군사사 분야의 논문도 다수 제출했다. 장정수, 「병자호란시 조선 勤王軍의 남한산성 집결 시도와 활동」, 『한국사연구』 173, 한국사연구회, 2016; 「병자호란 이전 조선의 對後金(淸) 방어전략의 수립 과정과 그 실상」, 『조선시대사학보』 81, 조선시대사학회, 2017 등.

71 장정수, 앞의 논문, 2020, 447~448쪽.

정해가는 과정에서 고려해야 할 '여진' 집단으로 건주여진 외에도 홀룬, 그리고 번호에 주목해야 한다. ③ 조선과 명, 청의 관계를 논함에 있어 다소 추상적으로 설정된 '명'을 명 조정과 요동아문으로 구분해야 한다는 점을 밝혔다. ④ 조선이 대응방식을 명분과 현실로 양분하기보다 상경常經에 대한 고수와 권도權道의 사용이라는 점에서 살펴본 것도 이 글의 특징이라 할 수 있다. ⑤ 조선과 후금의 국교 그리고 이를 변용시킨 병자호란 당시의 대응방침을 면밀히 검토함으로써 조청관계가 비록 '군신의리'라는 외피를 썼지만, 본질적으로는 두 국가의 관계이다. 다만 이러한 시각으로 보았을 때 새로이 포착되는 당대의 역사상이 아직은 모호하다는 인상을 받았다. 후속 연구를 통해 보완될 것이라 믿는다.

4. 한중 외교의 속살 파헤치기

본 장에서는 주로 외교제도와 교섭에 대한 치밀한 고증을 바탕으로 새로운 조선시대 대외관계 역사상의 구축을 시도하는 정동훈, 이재경, 이명제, 김창수의 연구를 검토해보고자 한다.[72] 이들 4인의 연구자는 페어뱅크 Fairbank가 주창한 Chinese World Order와 조공시스템론, 니시지마 사다오西嶋定生가 제기한 동아시아세계론과 책봉체제론이 포착하지 못한 조선시대 대외관계사의 제도 · 관행 · 교섭 · 사건 등을 일국사적 시야를 탈

72 이들 외에 김경록 역시 외교제도와 관련하여 주목할 만한 다수의 연구를 선구적으로 발표한 바 있다. 김경록, 「朝鮮時代 使臣接待와 迎接都監」, 『한국학보』 117, 일지사, 2004; 「조선시대 事大文書의 생산과 전달체계」, 『한국사연구』 134, 한국사연구회, 2006; 「조선시대 대중국 외교문서의 접수 · 보존체계」, 『한국사연구』 136, 한국사연구회, 2007a; 「조선초기 『吏文』의 편찬과 對明외교문서의 성격」, 『이화사학연구』 34, 이화사학연구소, 2007b 등.

피하여 심층적으로 재검토했다는 공통점이 있다. 아울러 이러한 체제의 전형적·이상적 모델로 조선을 설정하는 견해에 대해서도 매우 비판적일 뿐더러, 이를 반박하는 실증적 연구도 꾸준히 제출하고 있다. 이들이 대체로 외교 관련자의 사상이나 심성보다 외교 현장의 구체적 사건·제도·관행을 중시한다는 점도 주목된다.

정동훈은 이러한 경향을 선도한 연구자 중 하나로서, 그의 연구를 관통하는 문제의식과 외교사가外交史家로서의 지향은 다음 자료에서 엿볼 수 있다.

> 그렇다면 여기서 제안하고자 하는 외교사란 구체적으로 무엇을 의미하는가. 기존에 국제관계를 연구하는 데에는 대척점에 위치한 두 가지 극단의 경향이 존재했던 것 같다. 하나는 극단적인 형세론形勢論이다. 전쟁이나 왕조교체와 같이 국제정세가 긴박하게 전개되었던 시점을 주된 연구대상으로 삼으며 그것을 정치사·사건사 위주로, 단편적으로 서술하는 방식이다. 이러한 방법으로는 장기적인 국제관계의 흐름을 파악해내는 것이 어렵다. 다른 하나는 극단적인 형식론形式論이다. 조공 - 책봉의 문법과 논리를 설정해두고 이를 경직되게 적용하는 방식이다. 이러한 접근은 몇몇 이론·시스템의 틀에 갇힌 채 현실의 유동적인 국면을 설명해내지 못한다는 한계가 있다.…
>
> 본고에서 제안하는 외교사란 이와 같은 문제의식에서 시작한다. 즉 국제관계를 연구함에 단일한 이론을 적용하여 정치와 경제, 외교와 무역을 통합하여 총체적으로 설명하려는 시도를 어느 정도 포기하고 실제 국가간 관계의 현장에서 이루어진 교섭의 모습과 그 틀을 제공한 외교의 제도들에 주목하자는 것이다.
>
> 여기서 외교의 제도란 단순히 중국 정사에 등장하는 빈례 관련 조항이나 조선의 『통문관지通文館志』 등에 기록된 외교업무 처리의 매뉴얼만을 말하는 것은 아니다. 법제나 규정의 유무를 떠나서 외교의 현장에서 장기간에 걸쳐

반복되었거나 혹은 규범으로 인정되었던 관습 내지는 규칙을 통칭하여 외교 제도라고 부르고자 한다.… 따라서 여기서 말하는 제도사 연구란 법전의 조문과 현실의 운영 사이의 변증법적인 관계를 아울러 추적하는 작업이 되어야 할 것이다.[73]

그는 석사학위논문에서 외교문서의 서식書式 검토를 통해 14세기 후반 고려 - 명 관계의 성격과 변동을 예리하게 포착한 바 있다.[74] 그는 이러한 방법론을 확대 · 적용하여 『高麗時代 外交文書 硏究』(2016)란 제목의 박사학위논문을 제출한 뒤 2022년에는 동일한 제목의 학술서로 출간했다.[75] 이 책은 고려가 중국 왕조들과의 외교에서 주고받은 외교문서를 분석하는 것을 목표로 삼아 대중국 관계에서 의사소통의 문제, 구체적으로는 사신 왕래와 외교문서를 둘러싸고 어떠한 제도와 관행이 성립되고 운영되었는지 고찰했다. 이를 통해 양국 의사 전달의 주체는 누구였는지, 어떤 창구를 통해 소통이 이루어졌는지, 그리고 그 과정에서 어떠한 문서가 사용되었는지 등을 중점적으로 검토함으로써 고려시대 대외관계사의 변동과 성격을 추적했다. 아울러, 고려 - 명 외교관계의 제도는 원간섭기에 새로이 성립된 관행을 계승한 것으로서 명 국내의 관료제적 운영원리가 강하게 적용되는 방식으로 설정되었으며, 이것이 조선 - 명 외교관계에도 그대로 적용되었다는 점을 강조했다.

박사학위논문 제출 이후에도 정동훈은 외교제도 · 관행 · 상식에 대한 기존의 통념과 오류를 수정하거나 공백을 메우는 논저論著를 꾸준히 발표

---

73 정동훈, 「외교제도사 연구 제언」, 『역사와 현실』 89, 한국역사연구회, 2013, 27~29쪽.

74 정동훈, 「高麗 - 明 外交文書 書式과 왕래방식의 성립과 배경」, 서울대학교대학원 국사학과 석사학위논문, 2009.

75 정동훈, 『高麗時代 外交文書 硏究』, 서울대학교대학원 국사학과 박사학위논문, 2016; 『고려시대 외교문서 연구』, 혜안, 2022.

하고 있다.[76] 아울러, 거시적인 틀에서 조선 - 명 관계의 성격과 구조를 탐색한 논문 역시 함께 출간했다.[77] 이를 통해 명 · 청대 외교 관행의 다수는 명대 원 - 고려의 경험을 기반으로 새로이 생긴 것으로서, 고전古典에 연원을 두고 한漢 · 당唐 · 송宋을 거치면서 유지되었다가 명에 의해 확고하게 '부활'한 것이 아니라 오랜 시간이 흐른 뒤 『대명회전大明會典』 등에 분식粉飾된 것을 후대의 연구자가 착각한 것일 뿐이라는 점을 강조했다. 즉, '명질서' 혹은 '명 중심의 일원적 국제질서'란 애초 기획된 적도, 명이 그 기획을 위해 정진한 적도 없었다는 주장이다. 아울러 양국 관계의 향배를 가른 것은 정치사상이나 교역시스템 등이라기보다 황제 개인의 성격이 '결정적인' 이유였다고 강조하였다.[78] 한중 자료를 자유로이 구사하고 미시적 접근과 거시적 접근을 아우르는 그의 연구는 외교제도사 연구를 한 단계 도약시켰을 뿐만 아니라, 대외관계사의 오랜 통념에도 커다란 균열을 일으켰다고 생각한다. 정확한 사실관계가 밑바탕 되어야 거시적 해석도 유효하다는 역사학의 정언명령을 떠올리면, 그의 연구는 그 자체로도 이미 충분한 의미가 있다.

그러나 이상 그의 연구를 일별했을 때 의문이라기보다 약간의 아쉬움을 느꼈다. 우선 사실관계의 오류를 바로잡는 성격의 개별 연구를 집적했을 때 그가 새로이 그리고자 하는 조선전기의 새로운 역사상이 무엇인지

---

76 정동훈, 「永樂帝의 말과 글 - 영락 연간 조선 - 명 관계의 두 층위」, 『한국문화』 78, 서울대학교 규장각한국학연구원, 2017; 「正統帝의 등극과 조선 - 명 관계의 큰 변화 - 조선 세종대 양국 관계 안정화의 한 배경」, 『한국문화』 90, 서울대학교 규장각한국학연구원, 2020; 『황제의 말과 글-조선을 대하는 명나라 황제의 두 얼굴』, 푸른역사, 2023 등.

77 정동훈, 「명대의 예제 질서에서 조선국왕의 위상」, 『역사와 현실』 84, 한국역사연구회, 2012; 「明과 주변국의 外交關係 수립 절차의 재구성 - 이른바 '明秩序' 논의에 대한 비판을 겸하여」, 『명청사연구』 51, 명청사학회, 2019a; 「명초 외교제도의 성립과 그 기원 - 고려 - 몽골 관계의 유산과 그 전유(專有)」, 『역사와 현실』 113, 한국역사연구회, 2019b 등.

78 정동훈, 앞의 책, 2023, 217쪽 참조.

아직 모호하다. 일국사적 시야를 탈피한 그의 거시적 연구 성과도 마찬가지이다. 예컨대, 명이 대조선외교에서 관료제적 문서식文書式에 기반한 제도를 운영했다면 이것이 조선에 어떤 영향을 미쳤고 어떤 역사적 의미가 있었는지에 대한 설명은 부족하다. 명이 고려와의 공명共鳴 속에 새로운 외교제도와 관행을 만들었다면, 이러한 사실을 당대 조선인이 어떻게 인지했는지, 그리고 새로운 외교제도와 관행이 이후 조선시대 대외관계사의 전개에 어떤 영향을 미쳤는지에 대한 설명 역시 소략하다. 물론 이것은 그의 주된 관심 시기가 조선이 아닌 고려라는 점에서 비롯된 측면 또한 없지 않았을 것이다.

양국 간 외교 현장과 제도 · 관행에 천착하는 귀납적 접근법의 장점에 대해서는 재론의 여지가 없다.[79] 다만 이러한 방식의 연구가 다른 정치 · 사상 · 경제 · 사회 · 문화 등의 영역과 어느 정도 접점을 유지하며 설명될 필요는 있다고 생각한다. 제도와 이념이 불가분의 관계라는 점, 상부구조를 통해 조선을 접근하는 것이 유효한 방법론이라는 것을 인정한다면 더욱 그러하다. 정동훈은 명대 새로이 생겨난 외교제도나 관행이 경전經典에 억지로 근거하여 후대에 분식된 것이라는 점을 강조했지만, 필자의 경우 더욱 눈길이 간 것은 이런 식으로 윤색할 수밖에 없었던 당대인의 심성心性 구조였다.

조선시대를 경과하면서 조공 - 책봉이라는 그릇에 새로운 제도와 관행이 생겨나 담긴 것은 분명한 사실이다. 그러나 천자天子의 천하天下 통치라는 천명天命 사상에 근거한 제도와 시스템이 약간의 변주는 있었지만, 외교의 프로토콜로서 동아시아에서 오랜 동안 존속했던 사실과 함께 당대

79 15세기 조 · 명 관계의 전개를 그의 시각에서 정리한 연구 성과로는 다음 논문이 있다. 정동훈, 제3장 「15세기 조명 관계와 조선의 대응」, 『한국의 대외관계와 외교사 - 조선 편』, 동북아역사재단 한국외교사편찬위원회 편, 2018.

인들에 의해 불변의 모델로 이상화되었던 점 또한 조명 양국의 사상사를 조금만 들춰보아도 부정하기 어렵다. 이러한 역사적 현상의 함의가 무엇인지도 함께 살펴볼 필요가 있다. 더불어 명 황제의 변덕스러운 정책적 결정 역시 위와 같은 인식론적 자장磁場 아래 이루어졌던 것이고, 그렇기 때문에 조명 관계도 초기의 대립과 파열을 극복하고 점차 안정적 방향으로 수렴된 것이 아닌가라고 반문해볼 수 있겠다.

이재경은 조선시대 대명사대對明事大의 핵심 제도 가운데 하나인 사신 접대에 주목하여 『조선시대 명 사신에 대한 외교경비 연구』(2022)라는 박사학위논문을 제출했다.[80] 명 사신의 빈번한 파견은 조·명 양국의 밀접한 관계를 상징하는 지표였지만, 사신 접대를 위한 경비 지출은 그 대가였다. 그는 '조선의 대명사대를 종합적으로 고찰하면서 명대 조공-책봉 관계가 조공국에 어떠한 손익을 안겨주었는가'라는 핵심 문제를 검토하기 위해 위의 주제를 선택했다고 한다.[81]

이 논문에서는 명 사신에 대한 외교경비의 규모와 구성, 시대에 따른 변화 추이, 조선 정부가 치러야 했던 재정적 부담의 산출이란 문제에 중점을 두고 조선의 명 사신 접대 양상 전반이 정리되었다. 관련하여 임진왜란 이전 명 사신에 대한 외교경비의 구성과 추이, 임진왜란 이후 명 사신에 대한 외교경비의 양적·질적 변화, 임진왜란 이후 외교경비 급증의 배경과 재정적 부담 등이 고찰되었다. 특히 '임진왜란을 계기로 화폐의 성격을 띤 은과 인삼이 외교경비에 편입되어 그 부담이 폭증한 현상'을 정리하고 그 의미와 원인을 다각도로 분석한 점이 주목된다.

아울러 이재경은 '명 사신에 대한 외교경비는 조선이 상국上國인 명과의 관계를 원히 유지하기 위해 치러야 했던 부담이자 필요악'이며, '명과의

80 이재경, 앞의 논문, 2022b.

81 위의 논문, 4~5쪽.

"조공 - 책봉" 관계가 조선에 경제적 이득을 가져왔을 것이라는 추측은 재고될 필요가 있다'는 묵직한 결론을 내렸다.[82] 다만 그는 '조선이 막대한 외교경비를 부담한 사실에 기반해 대명사대의 본질을 명의 경제적 수탈로 환원하는 설명 방식'에 대해서는 동의하지 않았다. 정치적 안정, 군사적 위협의 감소, 문화적 수혜와 같은 반대급부도 같이 살펴보아야 한다는 취지였다. 아울러 임진왜란 이후 급증한 외교경비가 재조지은과 직접적 인과관계를 갖는 것은 아니라고 주장했다. 이러한 설명은 한명기의 해석과는 차별성을 갖는 것이다.[83]

이현종과 한명기의 선행 연구[84]를 발전적으로 계승한 그의 박사학위논문은 조공 - 책봉과 관련된 조선시대 대외관계사와 경제사에 견고한 주춧돌을 놓았다고 평가할 만하다. 그의 연구는 명 사신에 대한 외교경비를 예물禮物, 구청求請, 회증回贈, 무역貿易의 네 가지 요소로 분류한 뒤 명의 건국부터 병자호란까지 통시대적으로 고찰하여 일목요연하게 제시하는 데 성공했다. 그는 남겨진 과제로는 청 사신 접대를 위해 지출된 외교경비에 관한 고찰 및 17세기 중기까지의 조선의 국제무역 실상에 대한 추적을 제시하였다.[85] 이와 더불어 이러한 외교경비를 부담한 조선의 정치사상사적 배경, 조선 사신에 대한 명 · 청의 외교경비 부담과 같은 주제들이 향후 구명究明되어 보완된다면 이 연구의 완결성은 더욱 제고提高될 것이다.

한편, 그는 시야를 조선이 아닌 청으로 변경하여 청의 의처議處 · 벌은罰

82 이재경, 「나의 책, 나의 논문: "칙사 대접"에 대한 역사학적 고찰 - 조선시대 명 사신에 대한 외교경비 연구, 서울대학교 국사학과 박사학위논문, 2022.8」, 『조선시대사학보』 105, 조선시대사학회, 2023, 543쪽.

83 위의 논문, 385쪽.

84 이현종, 「明使接對考」, 『향토서울』 12, 서울역사편찬원, 1961; 한명기, 「17세기 초 銀의 유통과 그 영향」, 『규장각』 15, 서울대학교 규장각, 1992 등.

85 이재경, 앞의 논문, 2023, 544~545쪽 참조.

銀 제도를 통해 조선국왕의 법적 위상과 조청관계의 특수성을 검토했다.[86] 그 결과 조선국왕의 법적 지위는 대청제국체제大淸帝國體制 내에서 다른 조공국이나 외번몽고의 왕공王公과 구분되는 애매한 것이었으며, 원대나 명대의 고려 · 조선국왕도 구별되는 유일한 사례였다는 점을 강조했다. 이어서 명의 고려 · 조선에 대한 조서詔書 반포 상황을 시기별로 정리했다.[87] 그리하여 우리의 선입견과 달리 원대 · 청대와 비교하여 명이 조서 반포라는 의례적 영역에서 가장 소극적이었으며, 고려 · 조선을 국내와 별개의 구역으로 인식하려는 경향이 강했다는 것을 논증했다. 크게 보면 두 연구 모두 조공 - 책봉 체제의 전형적 모델이 조선이란 통설에 강력한 반기를 든 것이다. 다만 정동훈과 유사하게 이러한 차별점을 당대 조선인이 인지하고 여기에 영향받았는지에 대해서는 설명하지 않았는데, 이러한 사실이 조선시대사에서 차지하는 함의가 무엇인지 궁금하다. 필자의 섣부른 판단일지도 모르지만, 명과 청의 시각에서 접근하는 최근의 연구 경향이 공유하는 한계로도 보인다.

이재경과 유사하게 이명제도 신청사新淸史의 영향 아래 조청관계의 특수성에 주목하여『17세기 청 · 조선 관계 연구』(2021)라는 박사학위논문을 제출했다.[88] '조선 · 청'이 아닌 '청 · 조선'이라는 제명題名에서도 볼 수 있듯이 그는 이 시기 양국 관계를 청의 내륙아시아적 특징을 고려하면서 재구성하고자 했다. 그리하여 다음과 같은 문제를 제기했다.[89] 청 · 조선 관

86 이재경, 「大淸帝國體制 내 조선국왕의 법적 위상 - 국왕에 대한 議處 · 罰銀을 중심으로」, 『민족문화연구』 83, 고려대학교 민족문화연구원, 2019.

87 이재경, 「명대 고려 · 조선에 대한 詔書 반포와 그 추이 - 洪武 연간에서 임진왜란 이전까지」, 『한국문화』 98, 서울대학교 규장각한국학연구원, 2022a.

88 이명제, 『17세기 청 · 조선 관계 연구』, 동국대학교대학원 사학과 박사학위논문, 2021a.

89 이명제, 「나의 학위논문 - 17세기 청 · 조선 관계 연구」, 『웹진 역사랑』 15, 한국역사연구회 홈페이지, 2021b.

계가 전형적 조공·책봉 관계라기보다는 특수한 관계에 가까웠다면 새로운 질서는 어떠한 방식으로 형성되었으며 이를 추동하였던 주체는 누구였는가?, 그리고 조선과 청 관계는 변화 없이 지속되었는가? 변화가 발생했다면 그 동인은 무엇이었는가? 어느 순간 변화가 중단되고 일정한 방식이 유지되었다면, 그것은 언제였으며 그 계기는 무엇이었는가?

이러한 문제의식 아래 그는 청·조선 사행의 양상, 정축체제丁丑體制의 구축과 호부戶部 외교체제의 성립, 도르곤의 집권과 조선의 외번화, 순치順治 친정기親政期 예부禮部 중심 외교체제로의 전환 등을 검토했다. 결론에서는 명제明制의 부활로 귀결되었다고 알려진 청·조선 관계가 병자호란 종전 이후의 시점부터 확실한 좌표로 입력된 것이 아니라, 청 내부 권력투쟁에 따라 얼마든지 변동 가능한 것이었음과 그 계기로서 도르곤 집권 및 실각이 조청 관계에 미친 심대한 영향을 강조하였다. 이 논문의 의의는 청 내부 정치사에 긴밀히 연동된 청·조선 외교 관계의 역사상, 그리고 그 변화의 시점 및 계기 등을 포착하려고 노력한 점이다. 이러한 시도의 산물로 부록에 첨부된 사신 파견 관련 데이터 역시 향후 대청관계사 서술에 큰 도움을 주리라 확신한다.[90]

다만, 저자가 강조한 정축체제와 호부 중심 외교체제의 경우 '체제'라 부를 만한 규정력과 지속성을 가졌다고 평가할 수 있을지는 의문이다. 특히 호부 중심 외교체제는 잉굴다이, 마푸타, 정명수 등이 호부에 소속됨으로써 발생한 일시적이고 우연적 현상으로 볼 여지는 없는지 궁금하다. 아울러 '삼번의 난 진압(1681)보다 조선의 조총 진상(1691)에 중점을 두어 청·조선 관계가 초기의 긴장·갈등 관계에서 예제적禮制的 질서로 확립되었다'는 저자의 새로운 설명 역시 다소 결과론적 해석으로 보인다. 삼번의 난

90 최근에는 소현세자에 대한 대중의 환상과 오해를 불식하는 수준 높은 교양서를 출간하기도 하였다. 이명제, 『소현세자는 말이 없다-독살설에서 영웅신화까지』, 푸른역사, 2024.

진압이 없이 조총 진상의 조치만으로 양국 관계의 변화가 추동될 수 있다고 가정하기 어렵기 때문이다. 조총 진상이 변화의 계기이자 변곡점이라 볼 수 있을지 모르겠지만 변화의 근본 원인 그 자체라 보기는 어렵다.

김창수의 관심 주제는 '청으로 간 조선 사신'이었다. 조청관계가 조선후기의 핵심적 대외 변수였으며, 그 관계 유지의 주인공이 바로 조선 사신이기 때문이다. 그는 사대事大와 인신무외교人臣無外交라는 관념의 영향으로 '전근대 조선의 사신은 전권이 없는 메신저에 불과하다'는 인상을 주지만, 이것은 당대 사료에 부합하지도 않고 외교 현장에서도 실현 불가능한 것이라는 점을 역설했다.[91] 아울러 전근대 조선의 외교를 근대의 그것과 정확히 비교하기 위해서는 조선이 중국과 교섭할 때 자신의 이익을 주장할 수 있는 주체성을 가지고 있었는지, 동시에 외교관에 해당하는 조선 사신이 대표권을 갖고 교섭활동을 했는지의 여부를 따져 보아야 한다고 강조했다. 조선시대 외교의 보편성과 특수성을 함께 살펴보아야 한다는 문제제기이다. 아울러 500여년에 걸친 조청관계의 전반적 파악을 위해서는 임진왜란이나 병자호란 시기와 같은 갈등기뿐만 아니라, 안정기와 평화기에 대한 심도 있는 고찰이 필요하다는 점도 강조했다.[92]

그는 이러한 문제의식에 기반해 『19세기 朝鮮 · 淸 관계와 使臣外交』(2016)라는 박사학위논문을 제출한 뒤,[93] 보완하여 2023년 학술서로 출간하였다.[94] 19세기의 마지막 무렵까지 계속된 사신 파견을 통해 조청 양국 관계의 지속과 변용이라는 역사성을 부각하고자 한 시도였다. 그 결과, 청

---

91 김창수, 「조선후기 사신의 외교활동」, 『한국사 한걸음 더』, 한국역사연구회 편, 푸른역사, 2018c; 「조선과 청 관계의 외교적 특징」, 같은 책, 2018d.

92 김창수, 「조선시대 對중국 관계사 연구의 변수들」, 한국역사연구회 홈페이지, 2010.

93 김창수, 『19세기 朝鮮 · 淸 관계와 使臣外交』, 서울시립대학교대학원 국사학과 박사학위논문, 2016.

94 김창수, 『조선 · 청 관계와 사신외교』, 전남대학교출판문화원, 2023.

의 요구와 관계없이 조선의 필요성에 의한 사신도 파견되었다는 점, 외교 현안의 해결을 위해 조선 사신들이 공식 · 비공식의 모든 수단을 동원했다는 점, 중앙 정부가 이를 지원하기 위한 비용을 마련해주었다는 점 등을 부각했다. 아울러 정조대 진하외교進賀外交 이후 인신무외교의 관념에 균열이 가는 양상, 19세기의 위기 상황 속에 조청관계가 밀착되는 양상, 개항기 사신 파견과 문인 교류의 양상도 정리했다.

이와 같은 그의 연구는 '전형적' 조공책봉 관계라는 페어뱅크의 틀에서 탈피하여 그동안 산발적으로만 다루어져 공백으로 남았던 조선후기 대청 외교와 조선 사신의 교섭 · 교류 양상을 통시대적으로 정리했다는 점에서 중대한 의의가 있다. 아울러 대청관계에서 근대적 외교 개념과 유사한 영역이 존재한다는 점도 사료에 기반하여 설득력 있게 논증했다. 다만, 조선시대 외교사신의 (근대와 일치하는) 보편성을 강조하다 보니, 반대로 그 특수성 · 역사성은 다시 희미해진다는 느낌을 받았다. 앞으로 조선외교 · 조선사신의 역사성과 함의를 한국사의 전체 맥락에서 밝히는 후속 연구가 나온다면, 이러한 궁금증은 해소될 것이다. 관련하여, 그가 강조한 '조선시대 외교사신의 전권全權[95]은 베스트팔렌조약(1648) 이후 성립한 서구근대 외교의 그것과는 구체적으로 어떻게 다른가'라는 궁금증도 생겨났다.

마지막으로 그가 본 장에서 검토한 다른 연구자에 비해 다채로운 방법론적 지향을 보인다는 점을 언급해 두고 싶다. 청의 조서詔書 반포 사신과 성경예부盛京禮部를 다룬 논문에서는 신청사적新清史的 문제의식에 기반한 제도사 연구자로서의 면모를 보였지만,[96] 화서華西 학파와 홍양호洪良

---

95 위의 논문, 188쪽.

96 김창수, 「청의 조서(詔書) 반포 사신을 통해 본 조선의 지위」, 『역사와 현실』 89, 한국역사연구회, 2013; 「조선 · 청 외교문서의 교섭경로와 성경의 역할」, 『역사와 현실』 107, 한국역사연구회, 2018a 참조.

浩의 화이관을 다룬 논문에서는 사상사에 기반한 접근법이나 주제도 꺼리지 않는 모습을 보였다.[97]

5. 예禮 그리고 지성사知性史와의 조우

본 장에서 검토할 4인의 연구자, 구도영, 윤승희, 최종석, 허태구는 모두 예禮 또는 의례儀禮를 자신의 연구주제이자 핵심 키워드로 삼고 있다. 4인 모두 그동안 대외관계사 분야에서 후진성 또는 몰주체성의 지표로 연상되어 기피되던 예와 사대의례事大儀禮 관련 사료를 중심에 놓고 새로운 역사상을 그리려 시도했다는 공통점이 있다. 그러나 이들이 예를 중시하는 맥락과 동기에는 상당한 차이가 있다.

구도영은 김창수와 마찬가지로 기존의 대외관계사 연구가 지나치게 갈등·대립기에만 치우쳐 있음을 지적하면서, 대명관계의 안정기인 16세기에 주목했다.[98] 그는 전지구적 교역망의 발달과 은의 유통으로 인하여 혼돈에 빠져 있던 동아시아에서 유독 조선만 무역 네트워크에서 고립되어 있다는 통설에 문제를 제기했다. 그리하여 대명무역사對明貿易史의 공백으로 있던 이 시기 조·명 무역의 실체 규명과 새로운 개념 정립이 필요하다는 점을 역설했다. 그는 이러한 문제의식을 발전시켜 2018년 『16세기 한중무역 연구 - 혼돈의 동아시아, 예의의 나라 조선의 대명무역』을 출간했다.[99] 관련하여, 조선전기 대명무역의 유형과 운영제도, 조선의 대명무역

97 김창수, 「19세기 후반, 지방 지식인의 대외인식 지형 - 華西 학파의 華夷觀과 청 인식을 중심으로」, 『한국사학보』 72, 고려사학회, 2018b; 「耳溪 洪良浩의 華夷觀과 청 인식의 두 층위」, 『사림』 69, 수선사학회, 2019 참조.

98 구도영, 「나의 책을 말한다 - 『16세기 한중무역 연구 - 혼돈의 동아시아, 예의의 나라 조선의 대명무역』」, 한국역사연구회 홈페이지, 2019.

여건과 '예의지국禮義之國'의 함수, 문금門禁 발생과 사무역私貿易의 정책 방향, 무역이 폭증한 16세기의 대안모색, 사행무역使行貿易의 수출과 수입, 비사행무역非使行貿易(불법무역)의 확대와 의의, 동아시아 내 조선 대명무역의 특징과 위상이란 주제를 고찰했다. 그리하여 다음과 같은 결론을 제시했다.

> 조선 조정은 명과 지리적으로 인접하여 안정된 외교관계가 무엇보다 중요했던 만큼, 15세기 이래 명과의 관계에서 무역의 '이익利'을 중시하지 않았으나, 그랬기 때문에 16세기 사무역 수행자들이 '이익利'을 얻게 되었다. 물론 조선 조정은 사무역을 한사코 통제하고자 했지만, 조선 조정의 통제 원칙에도 조선인의 무역규모가 성장할 수 있었던 것은 예의지국 후광효과에 힘입어 조선인의 명 내 무역 여건이 상대적으로 예우받고 있었기에 가능했다. 조선인의 대명무역 규모는 '예의지국'의 품격을 위해 자기 제어하는 조정의 정책적 움직임과, 그럼에도 무역 이익을 추구하려는 조선인의 욕구, 그 사이에서 결정되었다. 16세기 조선과 명 사이 군사적 충돌이나 갈등 없이 조선의 대명무역 규모가 성장한 점은 당시 동아시아 교역 질서에서 특수한 점이라고 할 수 있다.⋯조선의 '예의지국禮義之國' 지향은 조선과 여타 국가들과의 외교 방식, 무역 정책, 무역 규모 등의 차이를 만들었다.[100]

위와 같은 그의 연구는 세계사적 시야 속에서 16세기 한중무역의 당대적 맥락을 조명하여 한중관계의 특수성을 제시하고자 하는 야심 찬 시도라 하기에 손색이 없다. 조선과 명을 비롯한 동아시아 전반의 상황을 시야

99 구도영, 『16세기 한중무역 연구 - 혼돈의 동아시아, 예의의 나라 조선의 대명무역』, 태학사, 2018.

100 위의 책, 410쪽.

에 담으면서도 예의지국이라는 키워드로 자신의 논지를 일관되게 구축해 나가는 책의 구성도 인상적이다. 조영헌은 이 책의 의의를 높이 평가하면서도 세 가지 문제를 지적했다. 첫째 저자가 새로이 정립한 사무역 개념의 모호한 범주, 둘째 1522년(중종 17) 명 문금門禁 조치의 주도 세력을 명의 회동관 상인으로만 보는 설명, 셋째 조선의 대명무역에 대한 명의 관대함이 예의지국 담론과 연관된 조선 조정의 선제적 자정 능력에 기인한다는 해석이다.[101] 세 번째가 특히 중요하다고 생각되는데, '16세기 조 · 명무역의 규모 자체가 명의 안보나 지역경제에 큰 영향을 주지 않았을 가능성을 배제한 설명이 아닌가'라는 질문이었다.

필자 또한 예의지국과 관련해 다음과 같은 생각이 들었다. 첫째, 구도영의 해석은 '예禮를 기능론적인 관점으로만 파악한 것이 아닌가'라는 의문이다. 당대 조선인이 인간다움을 추구하기 위해 예를 고수했는지, 아니면 예의지국 담론의 효과를 고려해 추구했는지 이와 대한 저자의 설명이 모호하다. 둘째, '말업론末業論 또는 무역 제한론에서 비롯된 16세기 조선의 폐쇄적 상황을 안정과 평화의 측면만 부각해 설명한 것은 아닌가'라는 질문이다. 물론 이 시기 해외무역에는 폭력과 약탈도 수반되었지만, 또 다른 양상 - 번영과 안정, 국부國富의 증진, 국방력 강화 등 - 이 존재했다. 조선의 선택을 당대적 맥락에서 이해하자는 문제의식에는 십분 동의하지만, 그 결과를 반드시 긍정 일변도로 평가해야 하는 것은 아니라고 생각한다. 임진왜란 이후 군비 증강에 고심하던 군신君臣이 조선의 가난함을 한탄하는 맥락도 함께 생각해볼 필요가 있다.[102]

---

101 조영헌, 「【서평】무역으로 재조명된 16세기 한중관계사의 외교적 레토릭, "예의지국" : 『16세기 한중무역 연구 - 혼돈의 동아시아, 예의의 나라 조선의 대명무역』(구도영, 태학사, 2018)」, 『역사비평』 128, 역사비평사, 2019, 483~485쪽 참조.

102 『宣祖實錄』 권97, 선조 31년 2월 15일 경오 "史臣曰 我國土地磽薄 一畝所産 不及中原十分之二 桑田絶無 一國養蠶 不滿中原萬分之一 以不敷之穀粟 貿至鮮之布帛 而又無中原銀山銅穴

윤승희의 관심 주제는 고려 말~조선 초에 이루어진 대명 외교의례對明外交儀禮의 정비 과정이다. 여기에서 대명 외교의례는 문서와 사신을 매개로 하는 외교 관계에서 문서를 받들고 온 사신이 참여하는 모든 의례를 의미한다. 국교를 맺는 양국의 관계성은 외교의례의 구체적 분석을 통해서 해석 가능하다. 이러한 전제 하에 그는 고려와 조선에서 명 황제의 국서를 맞이할 때 어떠한 의례를 거행하였고, 그 과정에서 명례明禮와의 조율은 어떻게 이루어졌는지 또는 합의되지 않은 고려 · 조선만의 독자적인 의례 요소는 무엇이고, 그것은 어떠한 의미에서 창안되었는지를 밝히기 위해 『여말선초 對明 外交儀禮 연구』(2021)라는 박사학위논문을 집필했다.[103]

이 논문은 고려 말~조선 건국 초 외교의례의 모색과 제정, 태종~세종대 외교의례의 정비과정, 『오례의五禮儀』 편찬과 외교의례 확립, 여말선초 대명 외교의례의 특징 등을 다루고 있다. 그 결과, 고려와 조선이 원의 유산遺産과 명례明禮를 준용했다는 점, 조선이 명의 강요나 지적 없이도 필요에 따라 자발적으로 의주를 마련하거나 정비한 점, 『오례의』에 편제된 의주가 절대적인 것이 아니라 상황에 따라 변용가능한 것이었다는 점을 부각했다. 이 연구는 대명 외교의례라는 주제에 집중하여 관련 의주를 전례없이 상세히 분석하고 집대성했다는 점만으로도 작지 않은 의미가 있다. 향후 대명사대와 연관된 사신 접대, 대명의례, 국가위상 등의 주제를 탐색하는 연구자들은 그의 논문을 발판삼아 한 걸음 더 나아갈 수 있을 것이다. 아울러 조선초 의주 수용의 맥락과 의미를 독자성을 부각하여 설명하려

之流泉 國計安得而不匱 生民安得而不乏 雖在平時尙然 況此兵興之時乎"; 『宣祖實錄』 권191, 선조 38년 9월 28일 기해 "上曰…古人云 富國强兵 雖不可主於富强 必有蓄積然後 事可成矣 天下安有如此貧國 恰似閭閻窮乏之家 營一鎭堡 亦甚不易 予觀前朝 甚爲富足 未知我國 緣何而若是耶 我國地方數千里 而山川居多 亦無所産 山只有樹 水只有石而已 比中原 不及一道 中原之一道 極爲富盛 我國物力 安能及之 倭國亦不似我國之貧矣 未知倭國 分爲幾道也".

103 윤승희, 『여말선초 對明 外交儀禮 연구』, 숙명여자대학교대학원 역사문화학과 한국사전공 박사학위논문, 2021.

고 했다.

다만, 영조칙례迎詔勅禮가 가례嘉禮에 편성된 것을 두고 '조선이 나름의 중심으로 상정된' 의례만 골라 빈례賓禮에 수록하였기 때문이라는 해석은 좀 더 보완이 필요하다.[104] 명 황제의 조서와 칙서를 휴대하지 않은 명 使臣의 접대 의례의 경우 가례보다 빈례에 포함시키는 것이 더 자연스러워 보이기 때문이다. 관련하여 「수인국서폐의受隣國書幣儀」에서 일본국왕사日本國王使가 북향北向하여 조선 국왕에게 신례臣禮를 행하는 절차를 근거로 하여 '조선 나름의 외교 질서를 구축하려 한 것'이라고 본 견해[105] 역시 조선의 독자적 질서를 굳이 고려하지 않아도 예禮의 명분상名分上 자연스러운 조치라고도 볼 수 있으므로 좀 더 검토가 필요할 듯하다. 위와 같이 그는 고려~조선 전환기 대명 외교의례의 정비 과정에서 드러나 의주의 독자성을 강조하였는데, 반대로 이전 시기보다 조선이 더 원론적으로 명의 의주를 공유하려고 노력한 경향에 대해서는 어떤 입장인지 궁금하다. 조선 초 문물제도의 정비 과정에서 유교儒教 또는 중화中華라는 보편 가치와 함께 제후국의 분의分義를 자발적으로 추구한 사례도 많이 남아 있기 때문이다.[106]

최종석은 원래 고려시대 치소성治所城과 여말선초 읍성邑城의 변화를 통해 당대 지역사회의 역사상을 추적한 사회사 연구로 본격적 학문 경력을 쌓기 시작했다.[107] 이후 고려 말~조선 초 문물제도 정비 과정 및 관련 담

---

104 위의 논문, 212~213쪽 참조.

105 윤승희, 「조선초 對日賓禮의 정비와 '受隣國書弊儀'」, 『조선시대사학보』 70, 조선시대사학회, 2014, 34쪽.

106 문중양, 「세종대 과학기술의 '자주성', 다시 보기」, 『역사학보』 189, 역사학회, 2006; 최종석, 「중화, 보편, 딜레마, 창의의 메카니즘 - 조선초기 문물제도 정비 성격의 재검토」, 『조선시대 예교담론과 예제질서』, 소명출판, 2016a 참조.

107 최종석, 『한국 중세의 읍치와 성』, 신구문화사, 2014.

론을 다룬 일련의 논문을 발표하면서[108] 자신의 관심 분야를 확장하여 아래와 같은 문제의식을 갖게 되었다.

> 고려 말기와 조선 초기의 역사상은 원 복속기를 분수령으로 한 사회구조적, 인식론적 전환의 자장 내에서 전개되었다고 파악한 문제의식 아래 연구 작업을 진행해왔기 때문이다. 왕조 교체가 크고 작은 변화들을 야기했으며 조선 개창 이후 각 방면에서 문물제도의 정비가 이루어졌음은 논란의 여지가 없는 사실이기는 하다. 필자는 그런 변화들을 간과하거나 과소평가하지 않되 거시적이고 통시대적인 관점에 그 변화들이 원 복속기를 분기점으로 하여 전환된 사회구조와 세계관 내에 발생했다고 보아왔다. 이 글은 그간 연구 작업의 연장선상에서 중국적 천하질서(화이질서) 아래 국가가 자기정체성을 설정하는 방식이 원 복속기를 새로운 분기점으로 하여 변화해간 양상과 그 맥락을 추적해볼 것이다.[109]

위의 "사회구조적, 인식론적 전환의 자장" 또는 "전환된 사회구조와 세계관"이란 표현에서 볼 수 있듯이 그는 여말선초 역사상의 변동을 당대인의 인식론적 틀 또는 세계관의 질적 전환을 통해 탐구하려는 지향을 드러내고 있다. 관련하여 그는 원 복속기를 미셸 푸코의 용어를 차용하여 '인식론적 단절epistemological break'이라 명명했다.[110] 최종석의 많은 연구는 시왕지제時王之制와 같은 중화 관련 담론 분석에 기대고 있다.[111] 게다가 대명

---

108 그 성과는 최종석, 앞의 논문, 2016a에 정리되어 있다.

109 최종석, 「13~15세기 천하질서와 국가 정체성」, 『고려에서 조선으로 - 여말선초, 단절인가 계승인가』, 정요근 외 지음, 역사비평사, 2019, 214~215쪽.

110 위의 논문, 223쪽.

111 최종석, 「조선초기 '時王之制' 논의 구조의 특징과 중화 보편의 추구」, 『조선시대사학보』 52, 조선시대사학회, 2010 등.

사대와 관련된 의례가 연구주제로 선정되었다는 점까지 염두에 두면,[112] 그를 지성사적 문제의식을 가진 대외관계사 연구자라 불러도 큰 무리는 없을 것 같다.[113] 이러한 문제의식과 접근법 아래 발표된 그의 연구는 헤아릴 수 없이 많다. 아래 인용문은 조선시대 대외관계사와 관련하여 음미할 만한 그의 주요 논지를 전재轉載하다시피 한 것으로 독자의 이해를 돕기 위해 필자가 약간의 축약과 수정을 가한 것이다.[114]

> ① 원 복속기의 충격은 국가의 자기 정체성 설정 방식에 큰 변화를 야기했다. 몽골 임팩트 이전 제후국의 국왕은 대외적으로는 황제의 신하이면서 동시에 자신의 영토와 신민을 보유한 군주(신하+군주)였지만, 대내적으로 군주의 위상만 지녔다. 즉 중국 왕조와의 교섭을 위해 제한된 시공간에서만 신하의 위상을 부득이 감수한 것이라 할 수 있다. 국내에서조차 제후 위상의 구현은 몽골 임팩트 이래로 피동적으로 나타나기 시작한 것인데, 조선에서는 국내에서조차 제후(신하+군주)의 위상이 자발적 그리고 자기 신념적으로 견지·구현되었다.
>
> ② 이러한 면모는 조선 건국을 주도한 세력의 이념적 성향에서 비롯되었다. 이들은 조선이 종족과 공간의 측면에서 이적夷狄에 해당하기는 해도 여타 이적들과 달리 예禮와 덕德이 구현되는 문명세계라고 하는 세계관을 지니고 있었다. 그리고 이들은 그 일환으로 제후의 명분을 철저히 지키고자 했다. 다시 말해 제후국 명분의 견지 배후에는 명에 의한, 혹은 명을 의식한 외향적 성격의

112 최종석, 「조선초기 迎詔禮 운영과 『蕃國儀注』」, 『역사와 담론』 86, 호서사학회, 2018a 등.

113 지성사의 개념에 대해서는 리처드 왓모어 지음, 이우창 옮김, 『지성사란 무엇인가 - 역사가가 텍스트를 읽는 방법』, 오월의 봄, 2020 참조.

114 다음 ①~⑤의 인용문은 다음 두 논문에서 발췌한 구절을 바탕으로 필자가 재구성했다. 최종석, 제2장 「태조대 대명관계의 양상과 성격」, 『한국의 대외관계와 외교사 - 조선 편』, 동북아역사재단 한국외교사편찬위원회 편, 2018b, 75~77쪽; 앞의 책, 2019, 242~245쪽.

행위가 아니라, 동국東國(동이東夷)에 자리함에도 중화문명을 보편적인 것으로 여기는 세계관 속에서 중화 문명을 '온전히' 구현하고자 하는 내적 동인動因이 있었다.

③ 보편으로 간주된 '문명 중화'의 세계를 추구 · 구현하고자 하고 그 일환으로 제후(국)의 명분, 즉 분의分義를 자발적으로 견지한다고 해서, 종족 · 공간의 측면에서 중국(중화)과 구별되는 독자성이 소홀히 여겨진다거나 부정되는 것은 결코 아니었다. 종족 · 공간의 측면에서 독자성이 희생된 문명 중화의 추구는 아무 의미가 없다고까지 말할 수 있다. 어디까지나 보편적 가치로서 중화의 추구는 동인東人이 주체가 되어 동국東國에서 이루어져야 하는 일이었다.

④ 그러하기에 조선은 문명 중화 구현의 일환으로 제후(국)의 명분을 견지하면서도 이와 차원을 달리하여 동국 · 동인의 이해, 곧 국가 · 왕조의 이해를 추구했다. 그 과정에서 천자국인 명과 이해를 다투기도 했고, 경우에 따라서는 조선의 의도대로 이익 추구가 관철되지 않기도 했다. 그러나 이것은 결코 당대인들에게 명의 정당한 행위로 받아들여지지 않았다.

⑤ 조선 건국 후 대명 관계의 기본틀은 제후국 분의分義의 견지 차원에서 자발적으로 사대事大의 예禮를 다하는 한편, 이와 차원을 달리하면서 국가 · 왕조의 이해를 추구하는 것이었다. 자기 신념적으로 사대의 예를 다하는 행위는 유자 관료들 사이에서 선택이나 논란의 대상이 아니었다. 다만 그것이 국가 · 왕조의 이해 추구와 공존하기 어려워지는 딜레마적 상황으로 빠져들 경우, 지성사대至誠事大를 공유하는 자장 내에서 변례 · 임기응변의 차원으로 명조와의 갈등(극단적으로는 군사적 충돌까지)을 감수하면서 국가왕조의 이해를 추구해야 한다는 측과 성급하게 그러해서는 곤란하다는 측 사이에 대립이 일어났다. 이와 같은 대명 관계의 기조는 태조대에 이미 뚜렷하게 확인되며, 그 이후로도 기본적으로 지속되었다.

그는 위와 같은 주장을 바탕으로 통설과 다른 파격적 방식으로 고려 말~조선 초의 역사상을 새로운 방식으로 설명하는 연구를 속속 제출했다.[115] '성리학 도입 또는 성리학 이해의 심화' 대신 '중화 인식의 질적 전환'을 원간섭기 이래 역사발전의 중요한 동인動因으로 보았으며, 조하의朝賀儀를 비롯한 대명의례 또는 『고려사高麗史』 편찬과 같이 문물제도 정비의 과정에서 나온 담론을 통해 당대의 심성과 국가 정체성을 탐구하는 새로운 논증 방식을 제시했다.

그러나 당대인의 메타적 인지에 초점을 맞추는 그의 지성사적 접근법에 대해서는 입증 불가능하다는 비판이 제기될 수 있다. 의례는 의례로 국한해 보아야지 이에 대한 고찰 결과를 국가 운영 혹은 자기 정체성까지 확대하여 해석하는 것은 무리라는 반론도 나올 수 있다. 그의 구조적 · 연역적 입론이 '조선 건국 이래의 역동적 변화를 어떻게 포착하여 서술할 것인가'라는 문제 제기도 가능하다. 그의 견해에 대해서는 원간섭기~여말선초 중화 인식의 전환과 성리학 수용 사이의 상호 작용에 대한 설명이 미흡하다는 반론이 나왔으며,[116] 조 · 명 관계에서의 사교私交 문제와 중화中華에 내장된 제국 이데올로기로서의 측면을 간과했다는 반론도 제기되었다.[117]

허태구의 주된 관심사는 호란기 척화론에 표출된 17세기 조선시대 사람들의 신념과 심성, 그리고 병자호란의 치욕적 참패에 대한 후대인의 비판

115 최종석, 앞의 논문, 2016a; 「고려후기 '자신을 夷로 간주하는 화이의식'의 탄생과 내향화 - 조선적 자기 정체성의 모태를 찾아서」, 『민족문화연구』 74, 고려대학교 민족문화연구원, 2017; 「고려후기 '전형적' 제후국 외교의례의 창출과 몽골 임팩트 - '전형적인' 조공 책봉 관계의 이해 심화를 겸하여」, 『한국 문화의 정체성』, 김형찬 외 10인 공저, 고려대학교 출판문화원, 2021 등.

116 나종현, 「조선시대 '중화' 인식 연구의 성과와 제언」, 『한국학연구』 68, 인하대학교 한국학연구소, 2023, 86쪽.

117 조일수, 「몽골 제국의 유산으로서의 조명관계(朝明關係)와 중화주의 문제 재고(再考)」, 『역사학보』 256, 역사학회, 2022, 156~162쪽.

및 반성에 가려진 당대적 맥락이었다.[118] 그의 병자호란 연구는 다음 두 가지 질문에서 출발했다. ① 외교 · 군사적 대안으로서의 성격이 부재不在했던 척화론斥和論이 공론公論의 압도적 지지를 받은 이유는 무엇인가?, ② 일방적 참패에도 불구하고, 척화론의 계승자들이 조선후기 역사의 주인공이 된 원동력은 무엇인가?

이러한 그의 문제의식이 담긴 『병자호란과 예禮, 그리고 중화中華』(2019)의 핵심 내용은 다음과 같다.[119] 이 책은 병자호란 이전 조선의 종합적 군사력과 국방 태세, 병자호란의 발발 과정과 강화講和 협상의 추이와 쟁점, 전후처리 과정과 조선후기 척화론의 함의라는 주제를 다룬다. 이를 통해, 우선 청과의 무력 충돌이 충분히 예고되었음에도 불구하고 적절한 군비軍備 증강이 이루어지지 못한 당대 조선사회의 구조적 원인을 밝히고자 했다. 그리고, 전쟁의 발발 과정과 강화 조건을 분석함으로써 병자호란 당시 조청 양국의 갈등이 중화 의식과 관련된 '예禮의 실천'이라는 사안에 집중되었음을 밝혔다.

책의 결론부에서는 조선의 조야朝野가 전력의 열세를 분명하게 인지하였음에도 불구하고 척화론이 팽배하였던 당대의 사회 분위기를 자주自主-사대事大의 이분법적 시각이 아닌 '대명對明 인식의 이중적 구조'란 틀을 통해 설명했다. 전자는 '특정 국가로서 명明에 대한 인식'이고 후자는 '보편 문명인 중화를 상징하는 명明에 대한 인식'이다. 병자호란을 전후한 시기에 제기된 대명의리론對明義理論과 척화론은 국제정세에 대한 오판 또는 명이라는 특정 국가에 대한 맹목적 종속 의식에서 기인한 것이 아니라

118 김창수, 「【서평】 '당대적 맥락'이라는 연구의 실천 - 『병자호란과 예, 그리고 중화』(허태구, 소명출판, 2019)」, 『역사비평』 131, 역사비평사, 2020 참조.

119 이하 서술한 이 책의 내용은 허태구, 「나의 책을 말한다 - 『병자호란과 예(禮), 그리고 중화(中華)』(2019, 소명출판)」, 『웹진 역사랑』 2, 한국역사연구회 홈페이지, 2020 참조.

명이 상징하는 중화 문명에 대한 가치를 당대의 조선의 군신君臣과 사대부士大夫가 모두 공유하였기 때문이라고 설명했다. 그리고 척화론자가 진정 우려하였던 것은 명의 문죄問罪나 보복이 아니라 대명의리의 포기를 통한 윤리와 문명의 붕괴, 그리고 천하인天下人의 비난과 후세인後世人의 평가라는 점을 강조했다. 아울러, 기존의 주화主和-실리實利, 척화斥和-명분名分이란 시각에서 탈피하여 주화 · 척화론의 본질과 성격을 대명의리의 차원에서 재규정했다.

이상의 논지에 대해서는 군비강화 실패의 본질을 구조적 원인에 초점을 맞추어 보기 때문에 기득권층에게 면죄부를 주었다는 비판이 있다. 역사를 당대적 맥락으로만 접근한 시각의 문제점도 함께 지적되었다.[120] 또 한편에서는 병자호란 당시 척화론과 대명의리론으로 표출된 중화주의적 세계관의 깊이와 순도純度에 대한 문제 제기도 있었다. 우경섭은 '문명과 야만, 인간과 짐승을 선택하는 실존적 고민'으로서 중화주의적 세계관이 과연 조선시대 전 시기에 걸쳐 과연 얼마나 전일하고 균질적으로 관철되었는지 고민해 볼 여지가 여전히 남아 있다는 점을 지적했다. 관련하여, 척화와 대명의리의 당위성을 주장하면서도 그 현실적 효용성도 함께 거론한 김상헌의 사례를 언급하였다.[121] 도덕적 당위로서 대명사대의 필연성을 설명하는 방식의 중화주의적 세계관이 병자호란 당시 정립되었다고 하기에는, '의리의 순수함'이라는 송시열적 기준에서 볼 때 아직 미흡한 점이 많다는 취지의 비판이었다.

120 계승범, 앞의 논문, 2019, 326~328쪽, 334~335쪽.

121 우경섭, 「자초한 전쟁이 아닌, 피할 수 없었던 전쟁 - 병자호란의 성격과 역사적 의미에 대한 새로운 해석 [서평] 허태구(2019), 『병자호란과 예, 그리고 중화』, 소명출판, 387쪽」, 『인문논총』 76-4, 서울대학교 인문학연구원, 2019, 402~410쪽; 「청음 김상헌의 현실 인식과 척화론」, 『한국사상사학』 67, 한국사상사학회, 2021, 332~342쪽 참조.

6. 결론: 조선시대 한중관계사 연구의 남겨진 과제

필자가 대학원에 입학할 즈음인 1998년 전후만 하더라도 한국사에서 대외관계사가 차지하는 비중은 별로 높지 않았다. 2000년대에 들어 포스트모더니즘과 탈민족주의의 사조가 학계를 풍미하기 시작하면서, 일국사적 관점을 탈피해 동아시아 혹은 지구사적 차원에서 한국사를 다시 바라보아야 한다는 열풍이 학계에 일어났다. 더불어, 대외관계사 연구도 폭발적으로 증가했다. 이러한 분위기 속에서 대학원을 다녔던 여러 세대의 대외관계사 연구자들이 속속 배출되면서 다양한 접근과 주제로 조선시대 한중관계사 연구를 더욱 풍요롭게 만들었다.

위의 본문에서는 14인의 연구 성과를 검토함으로써 21세기 조선시대 한중관계사 연구의 다채로운 동향과 문제의식을 점검해보았다. 아래에서는 이러한 고찰을 바탕으로 향후의 과제와 전망을 제시하고 글을 맺으려 한다.

첫 번째, 새로운 연구에 기초한 조선시대 외교사의 전면적 재검토가 필요하다. 본문에서 보았듯이 조선전기의 연구자들은 물론이고 필자를 비롯한 조선후기 연구자 대부분 조선시대 외교의 주체성과 역동성을 부인하지 않은 입장인 것 같다. 왜란과 호란의 이미지가 가로막은 이와 같은 역사상은 추후 교정될 필요가 있다. 이를 위해서는 다음과 같은 문제가 먼저 해결되어야 한다. 조선전기 외교질서의 중심성과 실용성을 강조하는 연구자 그룹은 이러한 역사상이 고려시대와 비교하여 볼 때 어떤 함의와 특징을 갖는지에 대해서도 관심을 기울여야 한다. 조선 중심적 질서라는 설명도 고려시대의 이른바 팔관회적八關會的 질서, 해동천자론海東天子論, 다원사회론多元社會論 등과의 비교가 추가되어야 설득력이 배가될 것으로 보인다.

대외관계를 연구하는 조선후기 연구자들은 자신의 입론에 입각한 조선후기 대외관계사의 전체적 재구성을 시도할 필요가 있다. 기왕의 연구를 발판 삼아 조선후기 사대론, 중화론, 북벌론, 북학론, 대보단, 대청종계변무對淸宗系辨誣, 위정척사파衛正斥邪派의 화이론과 대외인식 등에 대한 새로운 설명을 제시할 수 있게 된다면 그들의 주장도 더욱 설득력을 얻게 될 것이다.

남겨진 핵심 문제는 바로 조선전기의 대외인식 및 외교의 성격을 바라보는 연구자들 사이의 의견 불일치이다. 한성주, 박정민, 이규철, 장정수, 윤승희 등 조선 중심적 (외교)질서론을 강조하거나 한명기, 계승범, 이규철, 정동훈, 구도영 등 조선중기 대외인식의 질적 변동 또는 변화를 주장하는 입장은 최종석, 허태구 등 여말선초 '중화보편 추구론'을 견지하는 입장과 작지 않게 배치되는데, 정합적 설명과 결론 도출을 위한 상호 간의 활발한 비판과 토론이 필요하다.

두 번째, 새로운 한중관계사 서술은 서로 다른 지향의 연구와 접점을 유지하도록 노력해야 한다. 1그룹에서 검토한 한명기, 계승범과는 달리 다른 그룹에 속한 후속 세대의 연구자들은 역사적 · 외교적 교훈보다 당대 역사상의 실체적 이해에 더욱 집중한다. 이들 가운데에서도 최종석, 허태구, 김창수를 제외한 대다수는 대외관계사의 주요 동력으로 거대 담론이나 연역적 구조보다 정치 · 외교 현장의 구체적 사건이나 계기, 관행 및 제도의 변화에 관심을 기울이고 주목한다. 그 결과 한성주, 박정민, 이규철, 장정수, 정동훈, 이재경, 이명제, 구도영 등 외교(제도)사 연구를 계승하는 그룹의 귀납적 접근과 최종석, 허태구 등 지성사 그룹의 연역적 접근은 시너지 효과를 내지 못하고 양자의 괴리가 다소 심화되는 느낌이다.

국내외 동양사학계의 명청사 연구를 흡수하여 외교제도사의 수준을 격상시킨 전자의 연구 성과는 그 의미가 결코 작다고 할 수 없다. 그러나 이런 성향의 연구는 조선이 아닌 명 · 청의 시각에서 접근하는 한계 또한 지닌다. 즉 명 · 청의 대조선 인식에는 탁월한 성과를 내지만, 조선의 대명 · 대청 인식에는 기여하는 바가 아직 크지 않은 것 같다. 더불어 당대 조선인이 원 · 명 · 청의 제국 질서를 어떻게 인식했고 받아들였는지에 대한 설명은 여전히 부족하다. 명 · 청대 외교질서와 관행의 특수성을 해명하는 것도 중요한 문제이지만, 이런 점이 명 · 청-조선 관계 그리고 당대 조선인에게 미친 영향과 함의는 무엇인지는 앞으로 좀 더 고민해야만 한다.

후자 역시 전자의 연구 성과를 적극적으로 소화하고 이에 대응함으로써 자신의 연구를 보완함과 동시에 그 비판의 목소리에 귀를 기울일 필요가 있다. 건전한 학술 비판을 전제로 한 양자의 상호 작용이 축적되어 임계치에 달할 때 비로소 새로운 조선시대 대외관계사상對外關係史象의 구축이 가능해질 것이며, "조선시대를 이해하는 데 중국은 어떠한 요소였는지"라는 묵직한 질문[122]에 대한 좀 더 심화된 차원의 답변도 가능해지리라 믿는다.

이상 선후배 · 동료 연구자의 수준 높은 연구 성과를 정리하면서 많은 지적 자극을 받았다. 반면 필자는 얼마나 여기에 기여하고 있는지 의심되어 심한 자괴감마저 느꼈다. 더구나 평자로서의 부담감에 의욕만 넘쳐 설익은 논평과 오독, 거친 표현과 해석을 미처 다 걸러내지 못했다. 독자 여러분의 아낌없는 질정叱正을 바라며 글을 마친다.

122 필자의 학회 발표(2022.11.5.)에 대한 지정토론자였던 전남대학교 사학과 김창수 교수의 토론문 중에서 인용.

| 참고문헌 |

1. 사료

『宣祖實錄』(https://sillok.history.go.kr)

2. 저서

계승범, 『조선시대 해외파병과 한중관계』, 푸른역사, 2009.

______, 『정지된 시간 - 조선의 대보단과 근대의 문턱』, 서강대학교출판부, 2011a.

______, 『우리가 아는 선비는 없다 - 조선을 지배한 엘리트, 선비의 두 얼굴』, 역사의 아침, 2011b.

______, 『중종의 시대 - 조선의 유교화와 사림운동』, 역사비평사, 2014.

______, 『모후의 반역 - 광해군대 대비폐위논쟁과 효치국가의 탄생』, 역사비평사, 2021.

______, 『아버지의 그림자 - 삼전도 항복과 조선의 국가정체성 문제』, 사계절, 2024.

구도영, 『16세기 한중무역 연구 - 혼돈의 동아시아, 예의의 나라 조선의 대명무역』, 태학사, 2018.

김창수, 『조선 · 청 관계와 사신외교』, 전남대학교출판문화원, 2023.

리처드 왓모어 지음, 이우창 옮김, 『지성사란 무엇인가 - 역사가가 텍스트를 읽는 방법』, 오월의 봄, 2020.

박정민, 『조선시대 여진인 내조 연구』, 경인문화사, 2015.

손승철, 『朝鮮時代 韓日關係史研究』, 지성의 샘, 1994.

오항녕, 『광해군, 그 위험한 거울』, 너머북스, 2012.

이규철, 『정벌과 사대 - 15세기 조선의 대외정벌과 대명의식』, 역사비평사, 2022.

이명제, 『소현세자는 말이 없다-독살설에서 영웅신화까지』, 푸른역사, 2024.

이상백, 진단학회, 『韓國史 近世前期篇』, 을유문화사, 1962.

______, ________, 『韓國史 近世後期篇』, 을유문화사, 1965.

전해종, 『韓中關係史研究』, 일조각, 1970.

정동훈, 『고려시대 외교문서 연구』, 혜안, 2022.

최종석, 『한국 중세의 읍치와 성』, 신구문화사, 2014.

한명기, 『임진왜란과 한중관계』, 역사비평사, 1999.

______, 『광해군』, 역사비평사, 2000.

______, 『정묘 · 병자호란과 동아시아』, 푸른역사, 2009.

______, 『역사평설 병자호란』 1 · 2, 푸른역사, 2013.

______, 『최명길 평전』, 보리, 2019.

______, 『원치 않은 오랑캐와의 만남과 전쟁』, 동북아역사재단, 2020.

______, 『황제의 말과 글-조선을 대하는 명나라 황제의 두 얼굴』, 푸른역사, 2023.

한성주, 『조선전기 수직여진인 연구』, 경인문화사, 2011.

______, 『조선시대 藩胡 연구』, 경인문화사, 2018.

허태구, 『병자호란과 예(禮), 그리고 중화(中華)』, 소명출판, 2019.
稲葉岩吉, 『光海君時代の滿鮮關係』, 大阪屋號書店, 1933.
鈴木開, 『明清交替と朝鮮外交』, 刀水書房, 2021.
田川孝三, 『毛文龍と朝鮮との關係について』(靑邱說叢 권3, 靑邱學會), 彙文堂書店, 1932.

3. 논문

계승범, 「조선감호론 문제를 통해 본 광해군대 외교 노선 논쟁」, 『조선시대사학보』 34, 조선시대사학회, 2005.
______, 「광해군대 말엽(1621~1622) 외교노선 논쟁의 실제와 그 성격」, 『역사학보』 193, 역사학회, 2007.
______, 「계해정변(인조반정)의 명분과 그 인식의 변화」, 『남명학연구』 26, 경상대학교 남명학연구소, 2008.
______, 「조선시대 동아시아 질서와 한중관계 – 쟁점별 분석과 이해」, 『한중일 학계의 한중관계사 연구와 쟁점』, 동북아역사재단, 2009.
______, 「임진왜란 중 조명관계의 실상과 조공책봉관계의 본질」, 『한국사학사학보』 26, 한국사학사학회, 2012.
______, 「광해군, 두 개의 상반된 평가」, 『한국사학사학보』 32, 한국사학사학회, 2015a.
______, 「동아시아 국제질서에서 임진왜란이 갖는 의미와 그 현재성」, 『한반도의 운명을 결정한 전쟁』, 주명건 외 7인 공저, 세종연구원, 2015b.
______, 「삼전도항복과 조선의 국가정체성 문제 – 허태구, 『병자호란과 예, 그리고 중화』(소명출판, 2019)에 대한 종합비평」, 『조선시대사학보』 91, 조선시대사학회, 2019.
______, 「조선시대 한중관계 이해의 몇 가지 문제」, 『동아시아사 입문』, 동북아역사재단 편저, 2020.
구도영, 「나의 책을 말한다 – 『16세기 한중무역 연구 – 혼돈의 동아시아, 예의의 나라 조선의 대명무역』」, 한국역사연구회 홈페이지(http://www.koreanhistory.org/7125), 2019.
김경록, 「朝鮮時代 使臣接待와 迎接都監」, 『한국학보』 117, 일지사, 2004.
______, 「조선시대 事大文書의 생산과 전달체계」, 『한국사연구』 134, 한국사연구회, 2006.
______, 「조선시대 대중국 외교문서의 접수 · 보존체계」, 『한국사연구』 136, 한국사연구회, 2007a.
______, 「조선초기 『吏文』의 편찬과 對明외교문서의 성격」, 『이화사학연구』 34, 이화사학연구소, 2007b.
김종원, 「서평 : 전근대 외교사 연구의 새로운 모색 – 『임진왜란과 한중관계』(한명기, 역사비평사)」, 『역사비평』 50, 역사비평사, 2000.
김창수, 「조선시대 對중국 관계사 연구의 변수들」, 한국역사연구회 홈페이지, 2010. (http://www.koreanhistory.org/2100)
______, 「청의 조서(詔書) 반포 사신을 통해 본 조선의 지위」, 『역사와 현실』 89, 한국역사연구회, 2013.
______, 『19세기 朝鮮 · 淸 관계와 使臣外交』, 서울시립대학교대학원 국사학과 박사학위논문, 2016.

______, 「조선 · 청 외교문서의 교섭경로와 성경의 역할」, 『역사와 현실』 107, 한국역사연구회, 2018a.
______, 「19세기 후반, 지방 지식인의 대외인식 지형 – 華西 학파의 華夷觀과 청 인식을 중심으로」, 『한국사학보』 72, 고려사학회, 2018b.
______, 「조선후기 사신의 외교활동」, 『한국사 한걸음 더』, 한국역사연구회 편, 푸른역사, 2018c.
______, 「조선과 청 관계의 외교적 특징」, 『한국사 한걸음 더』, 한국역사연구회 편, 푸른역사, 2018d.
______, 「耳溪 洪良浩의 華夷觀과 청 인식의 두 층위」, 『사림』 69, 수선사학회, 2019.
______, 「【서평】 '당대적 맥락'이라는 연구의 실천 – 『병자호란과 예, 그리고 중화』(허태구, 소명출판, 2019)」, 『역사비평』 131, 역사비평사, 2020.
나종현, 「조선시대 '중화' 인식 연구의 성과와 제언」, 『한국학연구』 68, 인하대학교 한국학연구소, 2023.
노영구, 「공신선정과 전쟁평가를 통한 임진왜란 기억의 형성」, 『역사와 현실』 51, 한국역사연구회, 2004.
______, 「서평논문 : 동아시아 차원의 정묘 · 병자호란 이해와 새로운 출발점 – 한명기의 『정묘 · 병자호란과 동아시아』를 읽고」, 『역사비평』 90, 역사문제연구소, 2010.
동양학학술회의, 「座談會鈔」, 『동양학』 27-1, 단국대 동양학연구원, 1997.
문중양, 「세종대 과학기술의 '자주성', 다시 보기」, 『역사학보』 189, 역사학회, 2006.
송웅섭, 「중종대 사대의식과 유교화의 심화 – '『중종의 시대』'의 사대와 유교화에 대한 이해」, 『조선시대사학보』 74, 조선시대사학회, 2015.
오수창, 「청과의 외교 실상과 병자호란」, 『한국사시민강좌』 36, 일조각, 2005.
______, 「오해 속 병자호란, 시대적 한계 앞의 인조」, 『내일을 여는 역사』 26, 서해문집, 2006.
______, 「반정, 조선시대 군주 축출의 논리와 성격」, 『한국정치연구』 28-2, 서울대학교 한국정치연구소, 2019.
우경섭, 「朝鮮中華主義에 대한 학설사적 검토」, 『한국사연구』 159, 한국사연구회, 2012.
______, 「자초한 전쟁이 아닌, 피할 수 없었던 전쟁 – 병자호란의 성격과 역사적 의미에 대한 새로운 해석 [서평] 허태구(2019), 『병자호란과 예, 그리고 중화』, 소명출판, 387쪽」, 『인문논총』 76-4, 서울대학교 인문학연구원, 2019.
______, 「청음 김상헌의 현실 인식과 척화론」, 『한국사상사학』 67, 한국사상사학회, 2021.
윤승희, 「조선초 對日賓禮의 정비와 '受隣國書弊儀'」, 『조선시대사학보』 70, 조선시대사학회, 2014.
______, 『여말선초 對明 外交儀禮 연구』, 숙명여자대학교대학원 역사문화학과 한국사전공 박사학위논문, 2021.
이규철, 「조선 초기(태종대~세종대)의 대외정보 수집활동」, 가톨릭대학교대학원 국사학과 석사학위논문, 2006.
______, 『조선초기의 對外征伐과 對明意識』, 가톨릭대학교대학원 국사학과 박사학위논문, 2013.
______, 「전쟁과 지도의 변화」, 『고려에서 조선으로 – 여말선초, 단절인가 계승인가』, 정요근 외 공저, 역사비평사, 2019.

______, 「나의 책, 나의 논문: 조선의 정벌과 사대를 통해 보는 15세기 국제관계 – 정벌과 사대, 역사비평사, 2022.3」, 『조선시대사학보』 103, 조선시대사학회, 2022.
이명제, 『17세기 청 · 조선 관계 연구』, 동국대학교대학원 사학과 박사학위논문, 2021a.
______, 「나의 학위논문 – 17세기 청 · 조선 관계 연구」, 『웹진 역사랑』 15, 한국역사연구회 홈페이지, 2021b. (http://www.koreanhistory.org/8494)
이재경, 「大淸帝國體制 내 조선국왕의 법적 위상 – 국왕에 대한 議處 · 罰銀을 중심으로」, 『민족문화연구』 83, 고려대학교 민족문화연구원, 2019.
______, 「명대 고려 · 조선에 대한 詔書 반포와 그 추이 – 洪武 연간에서 임진왜란 이전까지」, 『한국문화』 98, 서울대학교 규장각한국학연구원, 2022a.
______, 『조선시대 명 사신에 대한 외교경비 연구』, 서울대학교대학원 국사학과 박사학위논문, 2022b.
______, 「나의 책, 나의 논문: "칙사 대접"에 대한 역사학적 고찰 – 조선시대 명 사신에 대한 외교경비 연구, 서울대학교 국사학과 박사학위논문, 2022.8」, 『조선시대사학보』 105, 조선시대사학회, 2023.
이현종, 「明使接對考」, 『향토서울』 12, 서울역사편찬원, 1961.
장정수, 「병자호란시 조선 勤王軍의 남한산성 집결 시도와 활동」, 『한국사연구』 173, 한국사연구회, 2016.
______, 「병자호란 이전 조선의 對後金(淸) 방어전략의 수립 과정과 그 실상」, 『조선시대사학보』 81, 조선시대사학회, 2017.
______, 『17세기 전반 朝鮮과 後金 · 淸의 국교 수립 과정 연구』, 고려대학교대학원 한국사학과 박사학위논문, 2020.
______, 「나의 학위논문 – 17세기 전반 조선(朝鮮)과 후금(後金) · 청(淸)의 국교 수립 과정 연구」, 『웹진 역사랑』 17, 한국역사연구회 홈페이지, 2021. (http://www.koreanhistory.org/8656)
______, 「저항과 타협의 역사, 조선과 여진 · 후금 · 청의 관계 – 『17세기 전반 朝鮮과 後金 · 淸의 國交 수립 과정 연구』, 고려대학교 한국사학과 박사학위논문, 2020.8」, 『조선시대사학보』 101, 조선시대사학회, 2022.
정다함, 「朝鮮初期 野人과 對馬島에 대한 藩籬 · 藩屛 認識의 형성과 敬差官의 파견」, 『동방학지』 141, 연세대 국학연구원, 2008.
정동훈, 「高麗 – 明 外交文書 書式과 왕래방식의 성립과 배경」, 서울대학교대학원 국사학과 석사학위논문, 2009.
______, 「명대의 예제 질서에서 조선국왕의 위상」, 『역사와 현실』 84, 한국역사연구회, 2012.
______, 「외교제도사 연구 제언」, 『역사와 현실』 89, 한국역사연구회, 2013.
______, 『高麗時代 外交文書 硏究』, 서울대학교대학원 국사학과 박사학위논문, 2016.
______, 「永樂帝의 말과 글 – 영락 연간 조선 – 명 관계의 두 층위」, 『한국문화』 78, 서울대학교 규장각한국학연구원, 2017.
______, 「15세기 조명 관계와 조선의 대응」, 『한국의 대외관계와 외교사 – 조선 편』, 동북아역사재단 한

국외교사편찬위원회 편, 2018.
______, 「明과 주변국의 外交關係 수립 절차의 재구성 - 이른바 '明秩序' 논의에 대한 비판을 겸하여」, 『명청사연구』 51, 명청사학회, 2019a.
______, 「명초 외교제도의 성립과 그 기원 - 고려 - 몽골 관계의 유산과 그 전유(專有)」, 『역사와 현실』 113, 한국역사연구회, 2019b.
______, 「正統帝의 등극과 조선 - 명 관계의 큰 변화 - 조선 세종대 양국 관계 안정화의 한 배경」, 『한국문화』 90, 서울대학교 규장각한국학연구원, 2020.
정해은, 「서평 : 정묘 · 병자호란 연구의 새로운 지평, 그리고 남아있는 문제 - 한명기, 『정묘 · 병자호란과 동아시아(푸른역사, 2009)』」, 『역사와 현실』 77, 한국역사연구회, 2010.
조영헌, 「【서평】무역으로 재조명된 16세기 한중관계사의 외교적 레토릭, "예의지국" : 『16세기 한중무역 연구 - 혼돈의 동아시아, 예의의 나라 조선의 대명무역』(구도영, 태학사, 2018)」, 『역사비평』 128, 역사비평사, 2019.
조원래, 「明軍의 出兵과 壬亂戰局의 推移」, 『한국사론』 22, 국사편찬위원회, 1992.
조일수, 「몽골 제국의 유산으로서의 조명관계(朝明關係)와 중화주의 문제 재고(再考)」, 『역사학보』 256, 역사학회, 2022.
최소자, 「壬辰亂時 明의 派兵에 대한 論考(一) - 派兵의 背景과 軍事活動에 대한 評價」, 『동양사학연구』 11, 동양사학회, 1977.
최종석, 「조선초기 '時王之制' 논의 구조의 특징과 중화 보편의 추구」, 『조선시대사학보』 52, 조선시대사학회, 2010.
______, 「중화, 보편, 딜레마, 창의의 메카니즘 - 조선초기 문물제도 정비 성격의 재검토」, 『조선시대 예교담론과 예제질서』, 소명출판, 2016a.
______, 「현종대 고려 - 거란 관계와 외교 의례」, 『동국사학』 60, 동국역사문화연구소, 2016b.
______, 「고려후기 '자신을 夷로 간주하는 화이의식'의 탄생과 내향화 - 조선적 자기 정체성의 모태를 찾아서」, 『민족문화연구』 74, 고려대학교 민족문화연구원, 2017.
______, 「조선초기 迎詔禮 운영과 『蕃國儀注』」, 『역사와 담론』 86, 호서사학회, 2018a.
______, 「태조대 대명관계의 양상과 성격」, 『한국의 대외관계와 외교사 - 조선 편』, 동북아역사재단 한국외교사편찬위원회 편, 2018b.
______, 「13~15세기 천하질서와 국가 정체성」, 『고려에서 조선으로 - 여말선초, 단절인가 계승인가』, 정요근 외 지음, 역사비평사, 2019.
______, 「고려후기 '전형적' 제후국 외교의례의 창출과 몽골 임팩트 - '전형적인' 조공 책봉 관계의 이해 심화를 겸하여」, 『한국 문화의 정체성』, 김형찬 외 10인 공저, 고려대학교 출판문화원, 2021.
한명기, 「17세기 초 銀의 유통과 그 영향」, 『규장각』 15, 서울대학교 규장각, 1992.
______, 「명청교체기 동북아 질서와 조선 지배층의 대응」, 『역사와 현실』 37, 한국역사연구회, 2000.
______, 「'再造之恩'과 조선후기 정치사 - 임진왜란~정조대 시기를 중심으로」, 『대동문화연구』 59, 성균관대학교 대동문화연구원, 2007.

______, 「조선시대 대외관계와 외교사 총론」, 『한국의 대외관계와 외교사 - 조선 편』, 동북아역사재단 한국외교사편찬위원회 편, 2018.

허태구, 「丁卯 · 丙子胡亂 전후 主和 · 斥和論 관련 연구의 성과와 전망」, 『사학연구』 128, 한국사학회, 2017.

______, 「나의 책을 말한다 - 『병자호란과 예(禮), 그리고 중화(中華)』(2019, 소명출판)」, 『웹진 역사랑』 2, 한국역사연구회 홈페이지, 2020. (http://www.koreanhistory.org/7725)

瀧澤規起, 「批評と紹介 - 韓明基著 『壬辰倭亂と韓中關係』」, 『千葉大学大学院社会文化科学研究科研究プロジェクト報告書』 37, 2003.

Seung B. Kye, “In the Shadow of the Father : Court Opposition and King Kwanghae in Early Seventeenth-Century Chosŏn Korea”, Doctoral Dissertation, Seattle : University of Washington, 2006.

9

2000년대 이후 임진왜란 연구의 새로운 경향과 과제*

김경태
전남대학교 역사교육과 부교수

1. 머리말

임진왜란은 조선시대에 일어난 가장 중요한 사건 중 하나이다. 건국 후 200년이 지난 조선이 겪은 이 미증유의 사건은 조선의 모든 체제를 흔들었다. 따라서 이 사건은 조선을 전기와 후기로 구분하는 시간적 기준으로 사용되었고, 일종의 '사건사'임에도 주요한 연구 분야 중 하나로 인식되기에 이르렀다. 그러나 임진왜란이 조선시대의 시대상 내지 문제의식을 담은 하나의 독립된 연구 분야로서 정립되었는지 묻는다면 확답을 내리기 어려울 수 있다.

임진왜란 연구사에 대한 분석에 따르면, 연구의 주제가 전투, 의병, 이순신에 집중되어 있다는 한계가 늘 지적되고 있다.[1] 임진왜란 연구 중에서

---

* 이 글은 2024년『朝鮮時代史學報』108집에 게재된「2000년대 이후 임진왜란 연구의 새로운 경향과 과제」의 내용을 수정 · 보완한 것임.

1 2000년 이후 임진왜란 연구사를 다룬 연구는 다음과 같다. 조원래,「임진왜란사 연구의 추이와 과제」,『조선후기사 연구의 현황과 과제』, 창작과비평사, 2000; 박제광,「임진왜란 연구의 현황과 과제」,『임진왜란과 한일관계』, 경인문화사, 2005; 노영구,「임진왜란

는 전투사가 높은 비중을 차지하고 있으나, 조선시대 군사사에서 임진왜란이 가지는 의미를 고려하지 않고 단일 전투에만 집중한 연구가 적지 않았다는 한계도 있다. 동료 연구자의 심사를 거치는 논문에 비해 저서의 비중이 낮지 않은 분야였다는 점(따라서 비전문가에 의한 출판물이 전문 연구자의 연구를 가리게 되는 결과로 이어질 수 있다는 것), 전문 연구자의 폭이 넓지 않다는 점(한정된 전문 연구자가 많은 연구 성과를 내는 형태라는 점)도 연구의 다양성을 방해하는 요인이었다.

이러한 양상이 전개되던 중, 새로운 전문 연구자의 유입도 정체되면서, 임진왜란은 2000년대 초반 무렵 이미 '오래된', 나아가 '연구가 끝난' 분야라는 평가가 있을 정도였다. 그러나 2000년대는 임진왜란 연구가 전통적 연구를 발전적으로 계승하여 새로운 경향으로 전환하는 시기이기도 했다. 이는 2000년대 이래 일국사적 관점을 탈피하자는 문제의식과 함께 대외관계사 연구가 증가했던 추세[2]와 연동된 것으로 보인다.

한국학술지인용색인(KCI) 검색 결과 2000년~2024년 11월까지, "임진왜

의 학설사적 검토」, 『동아시아 세계와 임진왜란』, 경인문화사, 2010; 정해은, 「임진왜란 의병 연구의 성과와 전망」, 『임란의병사의 재조명』, 임진란정신문화선양회, 2013; 한명기, "A Study of Research Trends in Korea on the Japanese Invasion of Korea in 1592(Imjin War)", *International Journal of Korean History* 18, 2013; 허남린, "Works in English on the Imjin War and the Challenge of Research", *International Journal of Korean History* 18, 2013; 김강식, 「임진왜란을 바라보는 한국과 일본의 시각」, 『지역과 역사』 38, 2016; 김경록, 「임진왜란 연구의 회고와 제안」, 『군사』 100, 2016; 조인희, 「정유재란사(丁酉再亂史) 연구에 관한 한일학계 연구의 현황」, 『학림』 46, 2020; 박현규, 「한국에서의 임진왜란 연구 동향과 문물 사료」, 『이순신연구논총』 34, 2021; 劉寶全, 「중국학계의 임진왜란사 연구 현황과 과제」, 『한국사학보』 45, 2011; 손해룡 · 공미희, 「중국에서의 임진전쟁 연구 현황과 제언」, 『한국학연구』 57, 2020. 그 외 연구사에 대한 문제제기와 제언은 하우봉, 「임진전쟁에 대한 재검토」, 『건지인문학』 5, 2011; 조원래, 「임진왜란사 인식의 문제점과 연구과제」, 『한국사학사학보』 26, 2012; 정구복, 「임진왜란사 연구와 한 · 중 · 일 중요 사료」, 『한국사학사학보』 34, 2016.

2 허태구, 「21세기 조선시대 한중관계사 연구의 성과와 전망」, 『조선시대사학보』 105, 2023, 131~132쪽.

란"이라는 키워드로 작성된 논문은 총 2,712편이었다(임진전쟁은 765편). 정유재란을 키워드로 한 논문은 2006년 등장하여 2024년까지 258편이 발표되었다. 이 기간 동안 학위논문은 108편(박사학위논문은 17편)이 발표되었다. 이 검색 결과는 역사학 외 다양한 전공 분야를 포함하며, 임진왜란이라는 주제가 간접적으로만 연관된 연구도 있다. 역사학 분야 외의 논문이 양적으로 차지하는 비중이 높은 경향은 임진왜란의 특징 중 하나이다.

2000년대 초까지 임진왜란 연구는 다소 정체된 상태에 머물러 있었다. 앞의 KCI 검색에 의하면 2000년과 2001년 매년 1편에 불과했고 2002년 10편, 2003년 15편으로 증가하였을 뿐이다. 그러나 2004년부터는 41편, 2008년에는 92편, 420주년을 맞이하는 2012년에는 160편으로 급증한 이후, 매년 150편 이상의 논문이 게재되고 있다.

연구가 활발해진 계기는 대외관계(국제관계)에 대한 관심이 높아진 것과 함께, 전통적인 연구 주제(의병, 이순신)가 보다 전문화되고, 기존 학설에 대한 재검토 제안이 공감을 얻는 한편으로, 국제적 시야를 도입한 연구(한중관계, 한일관계, 문헌학, 한일역사공동위원회의 활동)가 활발히 이루어졌던 것에 있다. 이러한 분위기 속에 한국사학계에서 이전까지 독립된 분류사 분야로 여겨지지 못하던 군사사, 전쟁사, 외교사를 전문으로 하는 연구자도 등장하여 학계에서 인정받기 시작했다. 그 외에도 2012년 임진왜란 발발 420주년(7주갑)을 계기로 많은 연구가 발표되고,[3] 지역별로 지방 자치 단체 및 가문의 인물 연구도 활발하게 이루어진 점을 빼놓을 수 없다. 이는 임진왜란 연구의 활성화에 큰 기여를 했다.

전쟁의 명칭에 대한 논의도 본격화되었다. 임진왜란이라는 명칭은 국제전쟁의 성격이 잘 드러나지 않고, 전쟁의 규모나 조선이 입은 피해를 축

---

3 임진왜란 7주갑(420주년)을 계기로 조직된 사단법인 임진란정신문화선양회의 활동은 임진왜란 연구가 양적으로 성장하고 지역적으로 확대되는 데 큰 역할을 하였다.

소할 수 있다는 한계가 지적되었다. 대안으로는 '임진전쟁'이 제안되었는데, 이 용어는 한 · 중 · 일 역사에서 공통적으로 사용할 수 있으리라는 기대를 받았으며,[4] 현재 중국과 일본에서도 사용 사례가 보이고 있다. 다만 한국에서 그 외의 대안에 대해서 논의가 이루어지지 않고 있다는 점은 아쉽다.[5]

요컨대 임진왜란은 현재 역사학계에서 가장 활성화된 분야 중 하나로 여겨진다. 이것이 단지 양적 성장에 불과한 것인지, 질적인 성장도 함께하고 있는 것인지, 2000년대의 24년이 넘어가는 현시점에서 돌아볼 필요가 있다. 이 글에서는 지난 24년간 한국학계에서 이루어진 임진왜란 연구의 동향을 살펴보고자 한다. 다만 축적된 연구의 양이 방대하기에 모든 연구를 다루지는 못했다. 또한 특정 연구자가 유사한 주제로 발표한 연구가 비교적 많을 경우, 대표적인 연구를 위주로 인용하는 방식을 택했다. 그 과정에서 의도치 않게 빠트린 연구도 있을 것이다. 이 글에서는 여러 제약상 2000년 이후 임진왜란 연구를 모두 다루기보다는 새로이 나타난 경향 및 주제에 집중하였다.[6] 나아가 임진왜란이라는 연구 분야가 조선시대사 -

---

4 전쟁의 명칭에 대한 고민을 담은 연구로는 다음과 같은 글이 대표적이다. 김문자, 「전쟁과 평화의 근세 한일 관계—임진왜란과 통신사」, 『기억의 전쟁 현대 일본의 역사인식과 한일 관계』, 이화여자대학교출판부, 2003; 박수철, 「15 · 16세기 일본의 전국시대와 도요토미 정권-'임진왜란'의 재검토」, 『전쟁과 동북아의 국제질서』, 일조각, 2006; 한명기, 「'난동', '정벌', '원조'를 넘어-'임진왜란'을 부르는 동아시아 공통의 용어를 위하여」, 『역사비평』 83, 2008; 하우봉, 「동아시아 국제전쟁으로서의 임진전쟁」, 『韓日關係史硏究』 39, 2011; 김기봉, 「1592년 전쟁을 어떻게 부를 것인가-문명사적 관점에서의 성찰」, 『한국사학사학회』 26, 2012.

5 한편, 최근 '임진전쟁'이라는 용어가 친일적인 용어라며 매도의 대상이 된 사건이 있었다. 역사 용어에 대한 논의는 환영할 일이다. 그러나 학문적 논의의 맥락을 무시한 무분별한 공격은 오랜 기간 이루어진 학계의 고민을 순식간에 허사로 만드는 행위라 하지 않을 수 없다. 동북아역사지도, 전라도천년사 사태는 언제든 재연될 수 있고, 곧 특정 시대사와 분야사를 넘어설 것이다. 역사학계가 이러한 반지성적인 공격에 계속해서 쓰러지기만 하다가 다시 일어날 힘을 잃게 될까 두렵다.

한국사 - 동아시아 역사를 위해 긍정적인 역할을 하기 위한 방안을 모색해보도록 하겠다.

2. 관군과 의병은 대립되는 존재인가

임진왜란 초기 전투에서 조선의 관군은 연이은 패배를 경험했다. 전쟁이 일어난 지 20일 만에 한성이 점령당했고, 조선 조정은 의주까지 피란했다. 조선군의 빠른 퇴각은 명으로부터 의심을 살 정도였다. 참담한 기억은 강렬하게 남았다. 반성의 심상과 함께 전쟁 이전 조선의 내정을 비판하는 서사가 만들어졌다. 그리고 전쟁 이후 정파와 가문을 중심으로 의병에 대한 기억이 확대되었다. 두 가지의 기억은 하나가 되어 무능한 관군과 유능한 의병이라는 구도가 생겨났고, 장절함이 더해지면서 전형적인 서사가 직조되었다.[7]

그동안 이러한 전형적 서사 아래 의병의 활약, 이순신의 영웅적 활동, 조정의 내외적 혼란상 등을 전제한 연구들이 양적으로 많은 부분을 차지했다. 물론 그러한 서사를 완전히 부정할 수는 없다. 다만 강고한 서사에 의해 임진왜란에 관한 다양한 주제가 개발되거나 새로운 시각들이 등장할 길이 막히는 경향이 있었으며, 시간이 흐를수록 각각의 서사에 대한 엄

6 따라서 2000년 이래 한국에서 발표된 모든 임진왜란 관련 연구를 분석 대상으로 삼지 못했으며, 분석할 논문을 선정하고 분류한 기준은 필자가 한국의 임진왜란 연구에 대해 가지고 있는 문제의식에 의거하였음을 밝힌다. 이에 대해 양해를 요청드린다.

7 예를 들면 다음과 같은 서사이다. 조선의 기강은 흔들리고 있었다. 조정에서는 당파들이 당쟁을 반복하고 있었고, 군대는 허설화되었다. 전쟁 직전 일본의 침략 경보도 당쟁 속에 가려졌다. 전쟁이 일어나자 관군은 무너졌으나, 나라를 구하기 위해 의병이 일어났고, 조정의 견제에도 불구하고 이순신이 활약하여 나라를 구했다. 명군은 자국 이익을 위해 활동하여 조선에 도움이 되지 않았고, 적군보다 더 조선을 괴롭히기도 했다.

밀한 검증 없이 이들 서사가 한 덩어리로 전개되기도 했다는 점을 지적하고 싶다.

전형적 서사에 대한 의문과 재검토의 필요성은 일찌감치 제기된 바 있다. 허선도는 전쟁이 조선의 일방적 패배가 아니었다는 점, 전쟁에 대한 분석과 이해는 전쟁사적 시야(당쟁이나 전쟁 준비 소홀로 단순화하지 않고 군제·군수·무기·전술·관방·정보 등을 분석해야 한다)에서 행해져야 한다는 것, 그리고 국난극복사적 시각에서 특정 인물만을 영웅적으로 찬양하거나, 전술에 대한 이해 없이 사투만을 높이 사는 경향(성웅사관, 순국사관)을 지양하자는 것이었다.[8]

그러나 당시에는 이 문제 제기에 대한 호응이 눈에 띄지 않았다.[9] 임진왜란 연구는 이와 같은 재검토를 딛고 다음 단계로 나아갔어야 하나, 첫 단계를 넘어서는 일도 쉽지 않았던 것이다. 임진왜란 연구자의 범주가 넓다 보니, 이러한 연구사적 진전이 반영되지 않고 이미 극복된 시각들이 반복되는 사례가 적지 않았다. 이는 현재도 마찬가지이다.

노영구는 강고한 임진왜란 인식에 대해 다시금 재검토를 제안했다.[10] 이 논문에서는 의병에 대한 과도한 해석으로 인해 조선 정부와 관군의 역

---

8 허선도, 「임진왜란론 -올바르고 새로운 인식」, 『(千寬宇先生還曆紀念) 韓國史學論叢』, 正音文化社, 1985; 허선도, 「임진왜란론 -올바르고 새로운 인식」, 『동양학』 15, 1985. 이 글에서는 조선의 후퇴와 피란도 전략·전술적 개념에서 보아야 한다는 것, 『징비록』에 대한 비판적 독해가 필요하다는 점, 패배한 요인을 당시 정치와 외교에만 돌리고 승리의 요인을 영웅에만 두는 설명의 부적절성 등도 지적했다.

9 노영구, 「임진왜란의 학설사적 검토」, 『동아시아 세계와 임진왜란』, 경인문화사, 2010; 임진왜란이 400주년을 맞이하는 90년대에 이르러 자료 활용 범위의 확대, 의병의 구성원에 대한 재검토 등의 경향이 나타나기 시작했고, 2000년대 이후 이러한 문제의식을 반영한 연구가 본격적으로 등장했다.

10 노영구, 「壬辰倭亂 초기 양상에 대한 기존 인식의 재검토」, 『한국문화』 31, 2003. 의병의 구성에 대한 견해는 다음의 논문에서도 나타난다. 노영구, 「임진왜란 초기 경상우도 의병의 성립과 활동 영역」, 『역사와 현실』 64, 2007.

할이 낮게 평가되는 경향의 위험성을 지적했다. 이는 임진왜란의 역사상을 만드는 데 지장을 줄 뿐만 아니라, 전쟁에 대처하지 못한 조선의 무능으로 연결되어 이후 일본의 조선 침략을 합리화하는 왜곡으로 이어질 수도 있다는 것이었다. 그는 『실록』 외, 임진왜란의 초기 대응 양상을 담은 여러 사료를 분석하여, 조선군의 초기 대응과 동원 체제는 적절했으나 전술적인 면이 취약하여 패배가 불가피했던 것으로 이해하였다. 의병의 구성에 대해서도, 사림 주도 아래에서 향촌 주민과 하층민이 참여한 것으로 보았던 시각에서 탈피해, 낙오된 관군인 이른바 '산졸散卒'이 주력이었던 사례를 소개했다. 즉, 의병이 준관군적 성격을 띠고 있었다는 것이다.

이 연구는 비로소 반향을 불러일으켰다. 정해은은 지방군의 지휘관이기도 했던 수령들의 동향을 수치적으로 분석하여, 수령들이 초기의 혼란을 수습하고 곧 복귀하여 임무를 수행했다는 것과 의병 결성 및 활동도 지원했다는 점을 밝혔다.[11] 이선희는 지방관의 임용실태와 수행업무를 통해 전쟁 중에도 각 지역의 행정이 이들을 매개로 유지되고 있었던 사례를 소개했으며, 도망의 이유를 목숨을 부지하기 위한 것으로 단순화할 수 없다고 하였다.[12] 이후 지역의 사례를 통해 관군의 활동에 주목한 연구도 지속적으로 이루어졌다.[13] 김진수는 이와 같은 선행 연구를 기반으로, 전국적

11 정해은, 「임진왜란 초기 경상도 수령의 동향과 의병 지원 활동」, 『조선시대사학보』 70, 2014; 같은 문제의식에 입각한 연구는 다음과 같다. 정해은, 「임진왜란 초기 경상좌도 안집사 김륵의 역할과 활동」, 『영남학』 28, 2015; 정해은, 「임진왜란기 대구 수령의 전쟁 대응과 사족의 전쟁 체험」, 『역사와 경계』 98, 2016.

12 이선희, 「임진왜란 시기 咸陽 守令의 전란대처 -『孤臺日錄』을 중심으로」, 『진단학보』 110, 2010; 이선희, 「임진왜란기 경상좌도 지역 청도군수의 임용실태와 전쟁대응」, 『한국학논총』 49, 2018.

13 하태규, 「임진왜란 초기 전라도 관군의 동향과 호남방어」, 『한일관계사연구』 26, 2007; 하태규, 「임진왜란 초 호남지방의 실정과 관군의 동원실태」, 『지방사와 지방문화』 16, 2013; 이왕무, 「임진왜란기 안동 지역 지방관과 관군의 전쟁 수행」, 『민족문화연구』 91, 2021; 장준호, 「임진왜란기 경주의 동향과 경주부윤 박의장의 전시행정」, 『국학연구』 36,

인 범위에서 조선의 관군 재편 과정과 의병과의 협력 양상을 살폈다. 그리고 조선이 빠른 시간에 군사력을 재편할 수 있었던 것은 강력한 행정력과 임진왜란 전 자기 방어의 경험에 있었다고 보았다.[14] 조선의 전쟁 대응을 조정의 중심에서 책임지고 있었던 류성룡柳成龍에 주목한 연구도[15] 조선의 행정 체계의 작동 방식에 주목했다는 점에서 이러한 연구사적 흐름과 함께 하고 있다. 이와 같은 일련의 연구는 기존의 강고한 관군-의병 구도를 흔들었다.

한편 의병은 임진왜란 연구사에서 이순신과 함께 가장 많은 비중을 차지하는 분야라고 해도 과언이 아닐 것이다. 관군과 의병에 대한 새로운 시각의 연구가 제출되고 있으나, 의병에 대한 전통적인 방식의 연구도 계속되고 있다. 의병 연구의 여전한 인기의 배경에는 지역과 가문이라는 요소도 영향을 주고 있을 것이다. 의병 연구는 지역과 가문의 사료에 도움을 받지 않을 수 없다. 따라서 사료 비판이 매우 중요하다. 사료 중에는 다소 과장된 경우, 사실 관계가 착종 된 경우, 나아가 타인의 기록을 전재한 경우 등이 있어 주의가 필요하나, 지역이나 가문의 열띤 관심은 이를 방해하는 경우도 있다. 전문적인 연구와 그렇지 않은 연구를 구분하는 중요한 기준점은 바로 사료 비판에 있을 것이다.

연구자들 역시 의병 연구가 빠질 수 있는 함정에 대한 경계를 늦추지 않으려 노력하고 있다. 김강식은 광범위한 자료 찾기와 읽기, '문중사학' 극복하기, 의병 중심 지양하기와 참여 인물 객관화, 전문 연구자에 의한 연구의 천착을 통해 연구의 한계를 넘어서야 할 것이라 했다.[16] 한편, 이 글에

2018; 장준호, 「임진왜란기 慶尙右道 방위의 實狀과 地域의 동향 -경상우도 陜川지역을 중심으로-」, 『동양고전연구』 74, 2019.

14 김진수, 「임진왜란 초 官軍의 재편과 성격에 대한 재인식」, 『한일관계사연구』 63, 2019.

15 김한신, 『임진전쟁기 柳成龍의 군사 · 외교활동 연구』, 고려대학교 박사학위논문, 2020.

16 김강식, 「임진전쟁 극복에서 의병의 역할은 어디까지인가」, 『지역과 역사』 46, 2020.

서는 관군의 위상 회복을 지향한 연구가 그 의도와 달리 '의병의 위상 깎기'로 나아가는 결과로 이어지고 있다는 점을 지적하였다. 관군-의병에 대한 대비적 시각에 균열을 만드는 과정에서 평가의 역전이 발생하기에 이른 것은 적절치 않다는 것이다. 관군-의병 연구가 지속적으로 발전하기 위해서는 기존 인식의 역전에 그치지 않고, 전쟁 중 의병의 위상, 그리고 조선후기의 인식 변화와 후대에 미친 영향도 종합적으로 살펴야 할 것이다.[17]

임진왜란 시기에는 관군과 상대되는 의병 외에, 또 다른 의병으로 의승병이 존재했다. 유명 승군 지도자에 집중되었던 연구가 의승병 전체로 넓어진 것도 대략 2000년대 이후였다.[18] 임진왜란 시기 의승병의 활동을 통해 불교가 존립을 모색했다는 사실이 주목을 받았고,[19] 조선후기 승군 조직과 승역(의승)으로 이어지는 과정도 상세히 밝혀졌다.

3. 전쟁사 연구 분야의 전문화 경향

2000년대 이래 임진왜란 연구자가 늘어나고, 인접 분야에서의 관심도 고조되면서, 특정 분야를 전문적으로 다루는 연구자에 의한 연구가 등장

---

17 김강식, 위의 논문, 297쪽.

18 양은용, 「조선시대의 국난과 의승군의 활동」, 『한국 호국불교의 재조명 1』, 대한불교조계종 불교사회연구소, 2012; 이종수, 「조선후기의 승군 제도와 그 활동」, 『한국 호국불교의 재조명 1』, 대한불교조계종 불교사회연구소, 2012; 이장희, 「조선시대 전란사에서의 의승군의 위상과 역할」, 대한불교조계종 불교사회연구소 편, 『한국 호국불교의 재조명 2』, 대한불교조계종 불교사회연구소, 2013; 황인규, 「임진왜란 의승군의 봉기와 전란의 충격」, 『한국불교사연구』 2, 2013.

19 김용태, 「임진왜란 의승군 활동과 그 불교사적 의미」, 『보조사상』 37, 2012; 김용태, 「조선 중기 의승군 전통에 대한 재고: 호국불교의 조선적 발현」, 『동국사학』 61, 2016; 조기룡, 「청허 휴정과 의승군의 활동과 역할에 대한 재조명」, 『원불교사상과 종교문화』 6, 2016.

하고 있다. 이순신에 대한 높은 관심과 방대한 관련 저작에도 불구하고, 지나친 영웅화와 순국사관은 정확한 역사적 이해와 접근을 방해하는 면이 있었다. 이민웅의 연구[20]는 사료를 바탕으로 이순신의 해전 전체를 꼼꼼히 재구성하여 이순신 연구의 기준점을 마련해주었다. 이순신의 비범한 영웅성을 부각하며 '리더십'을 '증명'하려는 연구가 수적인 우위를 차지하고 있는 상황이지만, 임진왜란 당시 조선 수군이 위기를 극복하고 조직을 정비하여 전투를 수행한 과정을 조선의 군제 및 행정 체계와 연동하여 밝혀내려는 연구 역시 학계에서 자리를 잡고 있다.[21]

조선의 군제에 대한 전문적인 연구가 등장한 것도 새로운 경향으로 볼 수 있다. 먼저 조선의 지방 군제가 진관체제에서 제승방략으로 전환한 것이 패배의 원인이라는 류성룡의 지적에서 비롯된 오해를 불식해야 한다는 요구가 있다. 김종수는 조선의 지휘체제를 평시체제와 전시체제로 구분하면서, 진관체제는 평시체제이며 류성룡이 패전의 원인으로 지목한 '제승방략'이란 조선의 전시체제를 오해한 것으로 보았다.[22]

김병륜은 임진왜란 이전 제승방략의 형성과정을 추적하여 선행연구를 보완하였다. 그는 진관체제를 '자전자수'로 이해하거나, 제승방략을 '병력을 일제히 징발해 국경에 결집시키는 것'으로 이해하는 것은 타당하지 않다면서, 제승방략은 새로운 방위체제의 명칭이라기보다 분군법과 작전계획을 포괄하는 지역별 전시대비 규정 등을 모은 문서의 명칭이라고 보았다.[23] 요컨대 진관체제에서 제승방략으로의 단선적 변화, 변화가 패배

20 이민웅, 『임진왜란 해전사』, 청어람미디어, 2004.

21 신윤호, 『임진왜란 시기 三道水軍 연구』, 경상대학교 박사학위논문, 2019; 제장명, 『정유재란 시기 해전과 조선 수군 운용』, 부산대학교 석사학위논문, 2014; 제장명, 「임진왜란 시기 조선의 수군정책과 이순신의 수군 운용」, 『이순신연구논총』 31, 2019; 한성일, 「임진왜란 시기 수군 동원 방식의 실태와 변화」, 『지역과 역사』 51, 2022.

22 김종수, 「임진왜란 초기 방어실태와 성주 전투」, 『군사』 111, 2019.

의 원인이라는 오랜 고정관념에 대한 변화의 계기가 마련되고 있는 것이다. 이는 관군-의병의 이분법적 이해가 재검토되는 과정과도 연동하는 2000년대 임진왜란 연구의 성과 중 하나이다.

무기와 전술에 대한 연구도 전문성을 더하고 있다. 임진왜란을 거치며 화약 무기,[24] 전술과 무기의 관계,[25] 기병 전술,[26] 성곽과 축성[27]에 나타난 변화에 주목하는 연구이다. 최근 발굴 유물에 대한 분석도 활발히 발표되고 있는데,[28] 문헌 자료에 기반한 연구와 공동 연구가 이루어진다면 상승

23 김병륜, 「절제방략과 제승방략」, 『(육군사관학교 육군박물관) 학예지』, 2012; 김병륜, 「『節制方略』으로 본 南道制勝方略 주요 특징의 형성과정과 '4運체제'」, 『역사와 실학』 46, 2017.

24 박제광, 「임진왜란기 朝 · 明 · 日 삼국의 무기체계와 교류 -火藥兵器를 중심으로」, 『군사』 51, 2004; 국립진주박물관; 노영구, 「16~17세기 鳥銃의 도입과 조선의 軍事的 변화」, 『한국문화』 58, 2012; 김진수, 「조선후기 鳥銃 연구의 현황과 과제」, 『군사연구』 139, 2015; 노영구, 「순천 왜교성 전투에 보이는 정유재란 참전국의 무기체계」, 『남명학연구』 77, 2023.

25 최형국, 「朝鮮後期 倭劍交戰 변화 연구」, 『역사민속학』 25, 2007; 허대영, 「임진왜란 전후 조선의 전술 변화와 군사훈련의 전문화」, 『한국사론』 58, 2012; 장정수, 「선조대 對女眞 방어전략의 변화 과정과 의미」, 『조선시대사학보』 67, 2013; 김병륜, 「임진왜란기 조선 수군의 전술 -무기 운용을 중심으로」, 『이순신연구논총』 31, 2019.

26 최형국, 「朝鮮時代騎兵의 戰術的운용과 馬上武藝의 변화 -壬辰倭亂期를 中心으로」, 『역사와 실학』 28, 2009.

27 윤용출, 「조선후기 벽돌성의 축조」, 『지역과 역사』 42, 2018; 라경준, 「조선후기 성곽 축조 기법의 변화」, 『한국중세고고학』 8, 2020; 심승구, 「임진왜란 중 독산성의 축성과 성곽사적 의미」, 『백산학보』 119, 2021; 왜성에 관한 연구도 주목된다. 임진왜란에서의 경험은 일본의 축성방식에도 변화를 가져왔고, 왜성 축성술이 조선의 축성 방식에도 영향을 주었기 때문이다. 왜성에 관한 최근의 연구는 다음과 같다. 나동욱, 「구포왜성과 그 축조수법」, 『문물연구』 24, 2013; 최인선, 「순천왜성 발굴조사 내용과 16세기 조선과 일본 성곽의 축성법 비교」, 『남도문화연구』 33, 2017; 이동주, 「구포왜성 지성부 출토 임진왜란기 유물에 대하여」, 『문물연구』 34, 2018; 김달효, 「부산 연안에 위치한 왜성들의 실태와 발전과제」, 『아시아연구』 23, 2020 등.

28 이재성 · 백승희, 「임진왜란기 화약 무기의 제작기술 검토 -성분분석 및 미세조직 분석 사례를 중심으로」, 『고문화』 82, 2013; 국립진주박물관, 『국립진주박물관 조선무기 조사연구 보고서 I : 소형화약무기』, 국립진주박물관, 2019; 국립진주박물관, 『(2021 조선무

효과를 기대할 수 있을 것이다.

시선을 돌려보면, 영웅담론에서 벗어난, 개인-집단의 전쟁 경험에 대한 관심이 활발해지고 있다는 점이 눈에 띈다. 이러한 경향은 사회경제사 분야에 관심을 가지던 연구자들이 이끌고 있는 것으로 보인다. 연구 주제는 전쟁 중 양반(사족)의 사회상[29]과 경제 생활[30]이 주류를 차지하고 있다. 이는 고전적인 임진왜란 연구가 미처 눈길을 주지 못한 모습들을, 새로운 자료, 혹은 기존에 주목받지 못하던 자료를 토대로 세상 밖으로 드러낸 가치 있는 성과들이다. 다만 이러한 연구 중에는 개인, 혹은 개인의 자료(주로 일기류)에만 집중하여 임진왜란이라는 전쟁의 맥락을 충분히 고려하지 않은

기 특별전) 화력조선』 국립진주박물관, 2021; 허일권 · 김해솔, 「조선시대 중완구의 제작 기술」, 『박물관보존과학』 26, 2021.

29 전경목, 「日記에 나타나는 朝鮮時代 士大夫의 일상생활 -오희문의 『쇄미록』을 중심으로」, 『정신문화연구』 65, 1996; 노영구, 「전쟁과 일상 - 孤臺日錄을 통한 임진왜란 이해」, 『역사와 현실』 64, 2007; 신병주, 「16세기 일기 자료 『瑣尾錄』 연구 -저자 吳希文의 피난기 생활상을 중심으로」, 『조선시대사학보』 60, 2012; 원창애, 「『고대일록』을 통해본 함양 사족층의 동향」, 『남명학연구』 33, 2012; 장경남, 「『고대일록』으로 본 정경운의 전란 극복의 한 양상」, 『퇴계학과 유교문화』 57, 2015; 정해은, 「임진왜란기 대구 수령의 전쟁 대응과 사족의 전쟁 체험」, 『역사와 경계』 98, 2016; 우인수, 「임진왜란시 소년 柳袗의 피란 경험과 그 전승」, 『민족문화논총』 66, 2017; 김성우, 「임진왜란과 1593~1594년 계갑대기근 -경상도 성주 도세순 집안을 중심으로」, 『한국사연구』 188, 2020; 김소연, 「『쇄미록』에 나타난 오희문의 전란 체험과 가족애」, 『가족과 커뮤니티』 4, 2021; 김경태, 「임진전쟁과 여성의 삶 -『쇄미록』을 중심으로」, 『한일관계사연구』 78, 2022; 김정운, 「조정(趙靖)의 일기를 통해 본 전쟁 속 일상과 가족」, 『영남학』 76, 2021; 김연수, 「『쇄미록』에 나타난 16세기 혼맥(婚脈)과 친족관계」, 『한국민속학』 75, 2022; 김종구, 「정유재란기 정경운의 호남 체험과 그 의미 -『고대일록』을 중심으로」, 『영남학』 80, 2022; 신진혜, 「임진왜란기 경상도지역 사족의 상,제례 시행양상과 의미」, 『국학연구』 27, 2022.

30 이성임, 「조선중기 오희문가의 상행위와 그 성격」, 『조선시대사학보』 8, 1999; 이성임, 「16세기 양반사회의 "膳物經濟"」, 『한국사연구』 130, 2005; 최주희, 「16세기 양반관료의 선물관행과 경제적 성격」, 『역사와 현실』 71, 2009; 정성미, 「조선시대 사노비의 사역영역과 사적영역 -『瑣尾錄』에 나타나는 사례를 중심으로」, 『전북사학』 38, 2011; 이성임, 「임진왜란기 해주 오씨 집안의 官屯田과 차경지 경작 -吳希文의 『瑣尾錄』을 중심으로」, 『조선시대사학보』 101, 2022.

경우도 있다. 그러나 이는 갓 등장한 연구 분야로서의 한계로도 볼 수 있으며, 기존의 임진왜란 전문 연구자와의 적극적인 협업을 통해 극복할 수도 있을 것이다.

임진왜란에서 가려진 존재, 혹은 사건으로는 반란 활동이 있다. 김만호의 일련의 연구는 임진왜란의 전통적 설명 방식의 이면에 있던 백성들의 반왕조적 움직임을 상세히 분류하여 분석하고 있다. 그는 백성들의 반왕조 활동은 전쟁 중 조선의 통제책, 그리고 전쟁 이후 지배층이 성리학적 질서 회복으로 대변되는 다양한 정책을 구사하는 데 영향을 주었다고 하였다.[31] 각자 다른 입장에 있던 여러 인물들의 일본 인식에 주목한 연구도 있다.[32]

최근에는 임진왜란을 다룬 단행본의 출간이 이어지고 있다.[33] 다만 비전문 연구자에 의한, 나아가 지나친 흥미 위주의 서적이 양질의 연구서를 양적으로 압도하고 있다. 그러한 출간물과 양서를 구분할 필요가 있다.

4. 임진왜란을 국제적으로 바라보기

임진왜란 연구가 시작된 이래 전쟁의 국제성이 부정된 일은 없다. 다만 내적인 위기와 영웅적 극복이 강조되다 보니, 국제성을 언급하더라도 단순히 세 나라가 참전했다든가, 명이 시암과 류큐에 출진을 요구했다든가, 다양한 인종의 용병이 참전했다는 이유를 드는 정도에 그치는 경우가 대

---

31 김만호, 『壬辰倭亂期 民人의 反王朝 活動』, 전남대학교 박사학위논문, 2015; 김만호, 「임진왜란 시기의 유언비어와 사회상의 변화」, 『역사학연구』 54, 2014.

32 방기철, 「壬辰倭亂期 朝鮮 官僚가 바라본 日本軍 -平昌郡守 權斗文을 중심으로」, 『군사』 60, 2006; 방기철, 「정경운의 전쟁 체험과 일본 인식」, 『한국사상과 문화』 68, 2013 등.

33 김영진, 『임진왜란 -2년 전쟁 12년 논쟁-』, 성균관대학교출판부, 2021; 김문자, 『임진전쟁과 도요토미 정권』, 경인문화사, 2021; 이계황, 『임진왜란 -동아시아 국제전쟁-』, 혜안, 2023.

부분이었다. 명과 일본을 다룰 때는 몰개성적인 단순화(침략자와 기만자의 모습으로 일체화된 일본, 자국 방어를 우선하여 오히려 조선을 괴롭힌 명)가 이루어질 때가 많았다. 전쟁의 결과는 '전쟁의 영향으로 명과 도요토미 정권은 멸망했으나 조선은 왕조가 유지되었다' 정도에서 멈추기도 했다. 침략과 파병에 이른 요인, 세 나라의 만남이 만들어낸 국제적 변화를 천착한 연구는 보기 어려웠다.

변화의 계기는 90년대 중반 이후에 발생했다. 한명기는 명군의 참전이 자국방어를 우선한 것이었기에 전투와 강화講和 양면에서 조선의 의견을 수용하지 않은 일방적인 모습을 보였고, 이에 저항하는 조선을 제어하려 했다고 보았다. 전쟁 이후에도 후금(청)이 성장하는 와중에 '재조지은'을 명분으로 삼아 조선에 대한 지배력을 강화하려는 명과 이에 대응하는 조선이라는 구도를 제시했다.[34] 이 연구는 선조-광해군-인조 대에 이르는 시간과 조선 - 명 - 후금(청)이라는 공간을 설정하여 조선의 대외정책을 구조적 · 인과적으로 살펴보았다는 면에서, 그리고 중국(명, 청)의 사료를 직접 활용하여 논증해낸 성과라는 의의를 지닌다.

이계황은 일본의 침략 의도와 명의 전쟁 전략을 설정하고, 그 사이에 놓인 조선이 외교적 자주성을 획득하기 위한 노력이라는 구도를 만들었다.[35] 김문자는 강화교섭에 주목하여 세 나라의 관계를 풀어냈다.[36] 일본의 사료와 연구성과를 적극적으로 활용한 최초의 연구였다고 할 수 있다. 이러한 연구에서는 전쟁을 보는 시각을 동아시아로 넓히려는 노력과 함께 외국 사료를 적극적으로 이용하는 모습을 공통적으로 보여주었고,

---

34 한명기, 『임진왜란과 한중관계』, 역사비평사, 1999.

35 李啓煌, 『文祿 · 慶長の役と東アジア』, 臨川書店, 1997. 이 저서와 일련의 임진왜란 관련 연구는 이계황, 『임진왜란 -동아시아 국제전쟁-』, 혜안, 2023으로 번역 · 출간되었다.

36 김문자, 『文祿 · 慶長期に於ける日明講和交涉と朝鮮』, お茶の水女子大學博士學位論文, 1995. 이 논문은 김문자, 앞의 책, 2021로 번역 · 출간되었다.

2000년대 이후의 연구 경향에 영향을 주었다.

임진왜란 이후 조선과 명의 간섭이 강화되는 모습을 두고, 이를 기존 관계의 변질이 아닌 책봉관계의 본질로 본 연구[37]에서는 조선의 외교적 자주성을 강조한 전통적인 조명관계 해석에 의문을 던지고 있다. 이 연구는 명의 제어 의도를 부각했다는 면에 한해 한명기 등의 문제의식과 맥락이 닿아 있다.

물론 전쟁 중 조선과 명의 대립구도를 강조하는 관점에 대한 의문도 제기되고 있다. 이정일은 조선과 명의 전쟁 전략에 차이가 있었던 것은 사실이나, 그 사이에서 끊임없이 협력을 모색하였다는 사실을 밝히고자 했다.[38] 조선과 명의 관계가 일방적인 관계가 아닌 밀고 당김의 관계였다는 시각이다. 김영진은 중국 사료를 광범위하게 활용하여 임진왜란기 조선과 명 사이의 정치·외교적 논쟁을 촘촘히 재구성했다.[39] 이를 통해 전통적인 국가 관계 아래 실제로 작동하는 냉혹한 국제관계를 잘 드러내 주었다.

임진왜란 시기 국제관계에 주목한 연구는 지정학적 개념을 원용하는 예가 자주 보인다. 대개 현재의 동북아시아 구도를 임진왜란에 투영하기도 한다. 이는 연구자 자신의 이론을 강조하고 독자의 이해를 돕기 위해 유효한 방법이나, 당시의 국제관계를 당대적으로 이해하는 데 방해요소가 될 수 있다는 사실을 항상 경계해야 할 것이다.

---

37 계승범, 「임진왜란 중 조명관계의 실상과 조공책봉관계의 본질」, 『한국사학사학보』 26, 2012.

38 이정일, 「임진왜란 전반기 조선의 對명 전략」, 『역사와 실학』 66, 2018; 이정일, 「임진왜란 초기 조명 군사 협력의 양상 -벽제관 전투 전후를 중심으로」, 『한국사학보』 75, 2019; 이정일, 「임진왜란 전반기 조명 군사 협력의 일단 -함경도 일본군 퇴각과 관련하여」, 『한일관계사연구』 66, 2019; 이정일, 「임진왜란 시기 조명 관계와 명일 교섭 - 나이토 조안의 조선 경유를 중심으로」, 『조선시대사학보』 106, 2023; 김한신, 「임진전쟁기 조선조정의 對明 일본재침 경보와 양국 공조」, 『역사학보』 253, 2022.

39 김영진, 앞의 책, 2021.

한편, 강화교섭에 대한 관심도 높아졌다. 전투만이 아니라 교섭의 측면에서도 전쟁을 바라보려는 시도였다. 참전국 세 나라에서 강화교섭은 당시에는 물론, 전쟁 이후, 그리고 근대 역사학에서 이를 다루게 된 이후에도 부정적인 이미지로 그려졌다. 따라서 강화교섭에 대한 독립적인 연구는 매우 드물었다. 강화교섭을 담은 다양한 사료도 일차원적으로 해석되곤 했고(조선은 반대로 일관했다. 교섭은 심유경과 고니시 유키나가가 주도한 기만 행위였다), 교섭의 실상이 드러나는 외교문서 등 주요 사료들은 주목을 받지 못했다. 세 나라의 각기 다른 입장을 담은 사료를 교차 검증하는 작업도 원활히 이루어지지 않았다.

김문자는 강화와 교섭을 분석틀로 삼아, 전쟁 전야, 임진왜란의 발발과 명-일 간의 교섭, 교섭의 결렬과 정유재란, 그리고 일본군의 철수 교섭까지의 과정을 재구성하였다. 교섭을 중심에 둔 시각, 교섭에 참여한 인물들에 대한 구체적 접근은 이후의 연구에 많은 영향을 주었다.[40] 이후 문제의식을 유지하면서 조선과 일본 사료의 엄밀한 사용을 통해 강화교섭의 외교적 과정에 접근하고 있다. 이계황은 권력 유지를 위해 대내 · 대외적인 긴장 관계를 필요로 하여 침략전쟁을 시작한 일본(교섭이 시작된 이후 명일 교섭과 조일 교섭을 분리)과 자국의 동아시아 전략에 입각해 원병을 보낸 명(따라서 조선과 일본의 화의를 강요하고 일본을 책봉)이라는 구도를 세웠으며, 조선은 그 사이에서 군사 · 외교 자주성을 회복하려 노력했다고 보았다. 그리고 이처럼 각자의 입장이 강고했기에 교섭은 미봉책으로 일관된 '강화 없는 강화교섭'일 수밖에 없었다고 하였다.[41]

김경태는 박사학위논문과 이후의 연구를 통해, 강화 교섭이 전쟁 상황

40 金文子, 앞의 논문, 1995; 김문자, 앞의 책, 2021.

41 이계황, 「임진왜란과 강화교섭 - 쓰시마번과 고니시 유키나가를 중심으로」, 『동북아문화연구』 1-34, 2013; 이계황, 앞의 책, 2023.

에 따라 벽에 부딪히기도 하고, 교섭에 참가한 주체들이 각자의 목표를 바꾸기도 했지만(즉 각자 양보할 수 없는 부분도 있었으나), 각 주체들이 교섭 성사를 위해 끊임없이 움직이고 있었다는 사실에 초점을 맞추었다. 그리고 교섭 주체들이 교섭 정보를 얻기 위해, 교섭을 방해하기 위해, 혹은 독자적 교섭을 진행하기 위해 보여주었던 다양한 움직임을 살폈다. 조인희는 임진왜란기 강화교섭의 가장 중요한 장면으로 명군 지휘관 고양겸의 책봉 주청 사건에 주목했다. 그는 교착상태에 빠진 일본 책봉 문제가 조선의 개입으로 해결된 장면을 재조명하여, 조선이 외교적 상황을 자신에게 유리하게 이끌 외교적 능력이 있었으며, 조선이 관철하고자 한 예의와 신의라는 원칙은 유효하게 작동한 것으로 보았다.[42]

한편 최근 정유재란이 임진왜란과는 다른 전쟁으로서의 성격을 부여받고 있는 점도 주목할 만한 변화이다. 정유재란은 도요토미 히데요시가 재침 직전 내걸었던 조건, 재침을 감행한 목적, 조선과 명의 판단 및 대응, 일본군의 전략과 전술 등에서 이전과 여러 차이를 보였다. 그러나 강화교섭이 결렬된 직후에서 정유재란에 이르는 시기는 연구사적으로 주목을 받지 못했던 것이 사실이다. 시기적으로 정유재란기에 속하는 연구도 남원성 전투, 울산성 전투와 순천 왜교성 공방전 및 사천 전투, 명량 · 노량 해전 등 개별 전투의 분석에 집중된 편이었다.[43]

임진왜란에 대한 통사적 서술은, 초기의 패전→의병과 이순신의 활약과 전세의 역전→그럼에도 강화교섭을 택한 명군과 이에 반대한 조선→기만적인 강화교섭과 예상되었던 결렬이라는 단락 이후 흐지부지되는 양상

42 조인희, 『임진왜란기 조선의 대외교섭과 조일 국교 회복에 대한 연구』, 연세대학교 박사학위논문, 2022.

43 김경태, 「정유재란 직전 조선의 정보수집과 재침 대응책」, 『한일관계사연구』 59, 2018, 231쪽.

을 보였다. 요컨대 개별 전투를 제외하고, 정유재란 연구에는 빈 부분이 적지 않을 수밖에 없다는 것이다. 따라서 정유재란의 구체적인 움직임에 천착한 연구가 이루어지고 이러한 연구가 종합된다면, 보다 국제적이고 구조적인 시야를 갖춘 결과물로 이어질 수 있을 것이다.

그러한 시도가 이미 이루어지고 있다. 정유재란 420주년을 전후하여 국제적인 공동 연구를 통해 두 편의 단행본이 출간되었고, 특별전이 개최되기도 했다.[44] 정유재란 연구의 양적인 성장과 더불어 임진왜란과 강화교섭, 그리고 정유재란 발발에 이르는 과정을 유기적으로 연결하려는 시도가 일부 연구자들에 의해 꾸준히 진행되고 있다는 사실은[45] 고무적이다.

도요토미 히데요시는 임진왜란을 일으키며 명 정복이라는 '과대한' 목표를 내세웠다. 그러나 한번의 '실패'를 거친 후, 정유재란의 목적은 왜소해졌다. 타국의 영토 등 실질적 전리품을 약속하기 어려웠던 만큼 참전한 일본군의 폭력성은 더해질 수밖에 없었고 일본으로 납치당한 조선인의 수도 급증했다. 정유재란의 특수성을 드러내는 상징 중 하나인 '피로인被虜人'은 2000년대 이래 더욱 주목받고 있는 분야 중 하나이다.[46]

---

44 조원래 외, 『(한중일공동연구) 정유재란사』, 범우사, 2018; 국립진주박물관 엮음, 『처음 읽는 정유재란 1597』, 푸른역사, 2019; 국립진주박물관, 『2017년 특별전 정유재란 1597』, 국립진주박물관, 2017.

45 차혜원, 「丁酉再亂期 明朝의 派兵 決定과 '公議' -『文興君控于錄』을 中心으로」, 『中國史研究』 69, 2010; 김문자, 「豊臣秀吉의 冊封問題와 壬亂期의 講和交涉 -정유재란의 원인을 중심으로」, 『중앙사론』 36, 2012; 이계황, 「임진왜란과 강화교섭 -쓰시마번과 고니시 유키나가를 중심으로」, 『동북아문화연구』 34, 2013; 김경록, 「정유재란기 파병 明軍의 구성과 朝·明聯合軍」, 『韓日關係史研究』 57, 2017; 조영헌, 「明 後期 月港 開港과 壬辰倭亂」, 『史叢』 90, 2017; 김경태, 「정유재란 직전 조선의 정보수집과 재침 대응책」, 『한일관계사연구』 59, 2018; 김문자, 「임진왜란 연구의 제 문제 -임진·정유재란 발발 원인에 대한 재검토」, 『한일관계사연구』 67, 2020; 조인희, 「정유재란사 연구에 관한 한일학계 연구의 현황」, 『학림』 46, 2020; 노영구, 「정유재란 시기 전라도 지역 일본군 동향과 조선의 대응」, 『전북사학』 65, 2022.

46 김문자, 「임진·재란기의 조선 피로인 문제」, 『중앙사론』 19, 2004; 민덕기, 「임진왜란에

2000년 이후, 임진왜란을 주제로 한 국제적 연구가 활성화되었다. 그중 국제학술회의를 거쳐 2007년 발간된 공저는[47] 연구기획의 의도대로 임진왜란의 국제성에 주목하는 계기를 마련하였다. 2000년대 이래 중국과의 공동 연구도 활발히 진행되었고 일본의 새로운 연구도 전문 연구자들에 의해 꾸준히 소개되고 있다. 그러나 2024년 현재 임진왜란에 관한 국제적 연구는 연구자의 세대교체와 그로 인한 인적 네트워크의 단절 가능성, 동북아시아의 정치적 갈등과 역사분쟁, 그리고 감염병 사태 등으로 인해 소원해진 상황인 것으로 보인다. 이같이 어려운 상황에도 불구하고 온라인 매체를 통해 이루어지고 있는 '임진전쟁 연구회'의 활동과 공동 연구의 결과물이[48] 주목된다.

5. 자료에 대한 관심의 고조

임진왜란 연구에서 가장 중요한 사료를 하나만 꼽는다면 바로 조선의

납치된 조선인의 귀환과 잔류로의 길」, 『한일관계사연구』 20, 2004; 민덕기, 「임진왜란기 납치된 조선인의 일본 잔류 배경과 그들의 정체성 인식」, 『한국사연구』 140, 2008; 유채연, 「임진왜란기 피로인들과 그들의 기록 -강항 · 정희득 · 노인을 중심으로」, 『인문과학연구』 33, 2012; 남미혜, 「정유재란기 被虜人 趙完璧의 家系와 삶」, 『이화사학연구』 50, 2015; 민덕기, 「정유재란에 납치되어 간 조선 사람들」, 『(한중일공동연구) 정유재란사』, 범우사, 2018; 김경태, 「일본에 끌려간 조선 여성들의 삶」, 『(한중일공동연구) 정유재란사』, 범우사, 2018 ; 류미나 · 허지은, 「사쓰마번(薩摩藩) 나에시로가와(苗代川) · 조선인(朝鮮人) 연구의 현황과 과제」, 『한일관계사연구」 83, 2024. 피로인으로서 스스로의 사정을 기록할 수 있었던 피로인은 양반 남성 중에서도 일부에 한정되었다. 따라서 이들이 처한 상황과 이력을 알려주는 자료는 한정적이다. 최근 호적 데이터를 이용한 새로운 연구 방법이 시도되기도 했다. 한상우, 「임진왜란 被擄人과 逃還人들의 흔적을 찾아서 -17세기 초 호적으로부터」, 『대동문화연구』 110, 2020.

47 정두희 · 이경순 엮음, 『임진왜란 동아시아 삼국전쟁』, 휴머니스트, 2007.

48 川西裕也 外編, 『壬辰戦争と東アジア』, 東京大學出版會, 2023.

『실록』일 것이다. 양적인 면에서도 다른 사료를 압도한다. 외국의 연구자도 임진왜란을 연구하기 위해서는 반드시 조선의 『실록』을 읽어야 한다. 그러나 이러한 『실록』의 높은 위상은 역설적으로 한국의 연구자들이 외국의 사료에 관심을 적게 두는 결과로 이어졌다. 최근까지도 외국의 사료는 접근이 어려운 경우가 많았고, 한국의 연구자들은 익숙하지 않은 자료의 성격을 파악하는 일에도 어려움을 겪었다. 따라서 불분명한 전거자료에 근거하거나, 재인용을 반복하는 경우가 많았고, 외국사료 자체의 가치를 폄하하는 사례도 나타났다.

그러나 새로운 연구는 '새로운' 사료를 통해 힘을 얻었다. 먼저 중국의 사료는 한명기의 연구 이래 적극적으로 사용되고 있다. 관련 사료가 중국에서 영인 · 간행되고, 한국에서 명 『실록』이 웹서비스 되면서 이용의 편의성을 제공해주었다. 김경록은 한국의 연구에서 구조화되지 못했던 명의 군사 조직 및 파병 과정을 분석한 연구를 꾸준히 발표하고 있다.[49] 김영진은 명의 연대기 자료, 명 측 인사들의 문집 및 명군 지휘관 송응창의 『경약복국요편經略復國要編』과 형개의 『경약어왜주의經略禦倭奏議』를 적극적으로 활용했다. 박현규는 명측 사료와 조선에 남겨진 문헌, 유적을 통해 명군 장수들의 활동을 재연하는 작업을 계속하고 있다.[50]

이문吏文이라는 문체로 인해 독해에 난점이 있었던 외교 문서도 선행 연구에서의 활용[51]과 『사대문궤』 영인본 간행[52] 이래, 임진왜란 연구의 기본

49 김경록, 「명대 監軍제도와 임진왜란시 파병 明軍의 監軍」, 『동양사학연구』 137, 2016; 김경록, 「정유재란기 파병 明軍의 구성과 朝 · 明聯合軍」, 『한일관계사연구』 57, 2017; 김경록, 「임진전쟁기 명의 참전과 전쟁전략」, 『지역과 역사』 50, 2022.

50 박현규, 『임진왜란 중국 사료 연구』, 보고사, 2018; 박현규, 『임진왜란 남원성 전투와 명군 문물』, 보고사, 2021.

51 한명기, 앞의 책, 1999; 이계황, 앞의 책, 2023.

52 韓明基 · 李相薰 共編, 『壬辰倭亂 史料叢書-對明外交』, 亞細亞文化社, 2002.

사료로 자리 잡고 있다. 관심의 고조는 외교 문서 및 외교 관련 사료의 번역본 간행으로 이어졌다.[53] 임진왜란 연구자의 적극적인 활용과 새로운 연구자의 진입으로 이어지기를 기대한다.

일본 사료는 한국과 중국의 사료와는 차이를 보이는 부분이 많기에 한국 연구자들이 활용하기에 어려움이 적지 않았다. 『실록』과 같은 권위를 지닌 연대기 자료가 사실상 존재하지 않으므로 일본의 임진왜란사를 시계열적으로 일괄하기 위한 기준을 만들기가 어렵다. 가장 주요한 1차 사료는 장수들이 서로 주고 받은 서장書狀인데, 원본은 대체로 가문별, 지역별로 흩어져 소장되어 있고, 분류 기준을 정해 정리하기가 어렵기에, 한국사 연구자의 감각으로 접근한다면 어려움을 겪을 가능성이 높다.

일본 사료의 특징과 대표 사료를 소개한 연구가 발표[54]되었음에도 불구하고, 임진왜란 연구자 사이에서 일본 사료의 특징과 이용 방법은 아직 널리 공유되지 않은 것으로 보인다. 그러한 사실은 여전히 『참모본부 일본전사 조선역參謀本部 日本戰史 朝鮮役』(1924) 등에서 일본 사료를 재인용하는 양상에서 엿보인다. 편찬 의도나 인용 사료의 선정 의도는 차치하고, 이 간행물에 인용되어 있는 사료 중 상당수가 현재 원 사료에 접근이 가능한

53 『사대문궤』는 이정일 편, 『편역 事大文軌』, 동북아역사재단, 2019~2022, 『경략복국요편』은 구범진 외 역주, 『명나라의 임진전쟁』 1~5, 사회평론아카데미, 2020, 『경략어왜주의』는 구범진 외 역주, 『명나라의 정유전쟁』 1~4, 사회평론아카데미, 2024로 번역되었다. 그리고 『吏文謄錄』과 『槐院謄錄』은 다음의 보고서에서 목록이 만들어졌다. 鈴木開, 「韓國學中央研究院藏書閣所藏 『吏文謄錄』 目錄 -附 『國書草綠』 『槐院謄錄』 目錄」, 『2019~ 2022年度 科學研究費補助金研究成果報告書』, 2023. 외교 사료는 아니나 임진왜란 직후 만들어져 이후 중국의 임진왜란 인식에 영향을 준 『兩朝平攘錄』, 일본 근대 임진왜란 서술에 영향을 준 『征韓偉略』은 군사편찬연구소에서 번역본이 간행되었다. 『경략복국요편』의 자료적 성격에 대해서는 박민수 · 김영진, 「임진왜란을 보는 '새로운' 창 -『經略復國要編』의 재조명과 사례 분석」, 『군사』 127, 2023을 참조.

54 김문자, 「壬辰倭亂期 일본사료연구」, 『한일관계사연구』 30, 2008; 김문자, 「임진전쟁기의 일본자료 연구 -모리게(毛利家) 문서의 자료적 성격을 중심으로」, 『한국사학사학회』 44, 2021; 김문자, 「'정한위략(征韓偉略)'과 임진전쟁」, 『한일관계사연구』 82, 2023.

상황에서,[55] 단순히 사료 인용을 위해 편의적으로 사용되고 있는 상황은 아쉬움을 준다. 마찬가지 이유로 원 자료에 대한 확인 없이 『임진전란사』[56]에서 일본군 관련 내용을 무비판적으로 인용하는 방식도 지양해야 할 것으로 생각한다.

일문학계의 임진왜란 관련 문헌 연구도 빼놓을 수 없다. 임진왜란 관련 일본 문헌의 해제,[57] 문헌에 대한 분석,[58] 그리고 번역 작업[59]은 한국의 임진왜란 연구자들이 일본의 임진왜란 관련 문헌[60]에 대한 이해를 높이는 데 큰 역할을 했다. 관련 문헌의 계열을 분류하고, 문헌 간의 영향(전수) 관계를 확인하는 연구 방법 역시 한국 학계에 자극을 주었다. 더불어 우리말로 전문을 번역하는 시도를 했다는 점도 특기할 만하다.

조선 사료의 경우, 일기류의 번역 및 역주 작업이 활발히 이루어지고 있다는 점이 특징이다.[61] 이는 임진왜란에 대한 관심이 전투사에서 각종 분

---

55 일본의 東京大學 史料編纂所의 데이터베이스에서는 근대 이래 수집한 여러 가문 소장 서장(書狀)류의 활자본 및 사본을 제공하고 있다. 연도별, 주제어, 가문문서별 검색도 가능하다. 名古屋市博物館編의 『豊臣秀吉文書集』 1~8에서는 도요토미 히데요시가 발급한 문서를, 기타지마 만지[北島万次]의 『豊臣秀吉朝鮮侵略関係史料集成』은 참전 장수들의 서장을 비롯한 주요 자료를 모았으며, 이를 시간순으로 정리하여 이용에 편의를 주고 있다.

56 李炯錫, 『壬辰戰亂史』, 新現實社, 1975.

57 최관 · 김시덕, 『임진왜란 관련 일본 문헌 해제』, 문, 2010.

58 김시덕, 『일본의 대외 전쟁』, 열린책들, 2016; 김시덕, 『전쟁의 문헌학』, 열린책들, 2017; 김시덕, 「완본(完本) 『고니시 일행기(小西一行記)』의 발견이 임진왜란 문헌군 연구에서 지니는 의의에 대하여」, 『일본어문학』 92, 2021; 김준배, 「도쿠토미 소호(德富蘇峰) 저(著) 『근세 일본 국민사 조선역(近世日本国民史朝鮮役)』 속 이순신(李舜臣)」, 『일어일문학』 85, 2020; 노영구, 「19세기 일본의 임진왜란 海戰과 李舜臣 이해」, 『한국인물사연구』 24, 2015; 김태훈, 「에도시대 초기 일본의 임진왜란 인식 : -林羅山의 『豊臣秀吉譜』를 중심으로」, 『한국사학사학보』 34, 2016.

59 『문헌과 해석』에 실린 김시덕의 임진왜란 관련 일본 문헌인 『서정일기』, 『기요마사 고려진 비망록』, 『와키사카기』 등에 대한 번역.

60 서장으로 대표되는 1차 사료가 아닌 문헌류를 연구 대상으로 삼았다.

61 정경운, 남명학연구원 옮김, 『고대일록』, 태학사, 2009; 오희문, 국립진주박물관 역주, 『쇄미록』 1~8, 사회평론아카데미, 2018. 신해진은 정경달의 『(반곡)난중일기』, 조정의 『(검

야사로 넓어진 현상과 연동되는 현상으로 보인다. 이와 같은 일기류 번역은 임진왜란 연구가 다양성을 확보하는 데 주요한 역할을 하고 있다. 일기는 『실록』 등의 자료가 전해주지 못하는 임진왜란 당시 지역의 여러 모습과 사족의 활동(관직자, 혹은 예비(퇴직) 관직자로서의 활동, 의병 활동, 피란 생활, 양반 외 신분층의 모습 등)을 담고 있다. 번역과 간행이 활성화되면서 각 개인의 움직임과 생각을 종합적으로 파악할 수 있게 되었고, 3장에서 소개한 사회 · 생활사의 연구의 활성화로 이어졌다. 일기자료는 민간 차원의 정보 유통을 파악하는 자료로도 활용되고 있다.[62]

전쟁 실기는 문학적 성격으로 인해 사료로서 이용에 어려움이 있었다. 근래의 연구에서는 실기를 서술의도, 서술시점, 서술주체의 인식태도에 따라, 그리고 인물, 배경, 사건별로 분류하여 실기의 활용 방법을 논했다.[63] 일기와 실기 외에도 그동안 임진왜란 연구에서 사용하지 않던 개인자료인 간찰에 주목한 연구,[64] 격문을 주제로 한 연구도[65] 눈에 띈다.

간)임진일기』, 이정암의 『(사류재 이정암) 서정일록』, 이여빈의 『(취사 이여빈) 용사록』, 류팽로의 『(월파 류팽로) 임진창의일기』, 정탁의 『(약포 정탁) 피난행록』, 조익의 『(가휴) 진사일기』 등의 역주서를 출간하였다. 한국국학진흥원의 일기자료 번역사업 결과물 중에도 임진왜란 시기를 포함한 일기가 다수 포함되어 있다. 임진왜란 일기자료의 현황에 대해서는 다음의 논문을 참조. 이성임, 「16~17세기 일기의 傳存 양상」, 『조선시대사학보』 89, 2019; 최은주, 「조선시대 임진왜란 일기자료의 현황과 傳存 양상」, 『한국민족문화』 77, 2020; 정수환, 「임진전쟁과 일상, 기록 그리고 텍스트 검토」, 『한국사학사학보』 44, 2021.

62 김문자, 「정보 · 통신과 임진왜란」, 『한일관계사연구』 22, 2005; 한명기, 「『고대일록』에 나타난 명군의 모습」, 『남명학』 15, 2010; 민덕기, 「임진왜란기 정경운의 『孤臺日錄』에서 보는 아래로부터의 聞見정보」, 『한일관계사연구』 45, 2013; 전경목, 「임진왜란 초기 장수현에 떠돌던 소문과 전달된 문서」, 『『쇄미록』 번역서 발간 기념 학술심포지엄 자료집』, 국립진주박물관, 2018; 김경태, 「『쇄미록』에 나타난 임진왜란 관련 정보의 전달 양상」, 『역사와 담론』 99, 2021.

63 최재호, 「戰爭實記의 새로운 분류방법 모색 試論 -壬亂 戰爭實記를 中心으로」, 『퇴계학과 유교문화』 46, 2010; 최재호, 『南冥學派의 壬辰倭亂 戰爭實記 硏究』, 경북대학교 박사학위논문, 2011; 이 연구에서는 일기도 넓은 의미의 실기 속에 포함하고 있다.

문학계의 연구는 사료에 대한 고정된 시각을 탈피하여 다양한 시도를 보여주고 있다.[66] 사료에 대한 폭넓은 관심은 그간의 연구가 발견하지 못했던, 혹은 의도적으로 관심을 기울이지 않았던 요소의 발견으로 이어질 수 있을 것이다. 전공 분야의 벽을 뛰어넘은 공동 연구가 이루어지기를 기대한다.

2000년대 임진왜란 연구에서 자주 등장한 키워드 중 하나는 '기억'일 것이다. 주목되는 부분은 일차원적인 기억이 아니라, 이른바 기억이 만들어지는 배경과 과정에 대한 관심이 확산된 점이다. 노영구는 조선 수군과 의병, 명군을 임진왜란 극복의 주체로 파악하는 기억이 형성되는 과정을 분석하였는데, 이 기억이 집권층의 정치적 정당성 확보 노력 이래 민간에도 영향을 주었다고 하였다. 그리고 이 인식이 일제 강점기를 거쳐 지금까지 영향을 주고 있다는 점을 강조했다. 관군 - 의병 대립구도에 대한 의문을 표한 논지와도 연결이 된다.[67]

하영휘의 논문은[68] 화왕산성 방어전 이후 137년이 지난 1734년에 『화왕

64 이상훈, 「임진왜란 연구에서 간찰의 활용 -최경희 간찰을 통한 의병 연구의 보완과 사실 접근」, 『고문서연구』 33, 2008; 김영 · 장고은, 「임진왜란 시기에 작성된 〈양호당이덕열 언간〉의 내용과 가치」, 『구결연구』 46, 2021; 이래호, 「〈이덕열언간〉을 통해 본 신하와 가장의 한 모습」, 『어론문집』 86, 2021.

65 박정민, 「임진왜란기 檄文에 구현된 공포와 격정의 미학」, 『동방한문학』 94, 2023.

66 최근의 연구 경향은 다음과 같다. 특정 작품(군)을 표면적으로 분석하는 방식을 넘어, 다양한 해석, 연구 방법이 시도되고 있다(신해진, 「임진왜란 속에서 작동한 전통적 공동체의 특징 -〈선양정 진사일기〉를 대상으로」, 『용봉인문논총』 60, 2022; 윤인선, 「임진왜란 의병 실기에 나타나는 전란 경험 글쓰기 -정경운의 『고대일록』을 대상으로」, 『리터러시 연구』 13, 2022; 정출헌, 「야담의 口演 현장과 敍事雜錄으로의 전환 -임진왜란 평민의병 諸沫의 일화를 중심으로」, 『한문학보』 46, 2022; 김강은, 「조선 후기 민간 역사물의 서술 방식과 그 의미 -임진왜란에 대한 서술을 중심으로」, 『반교어문연구』 64, 2023).

67 노영구, 「공신 선정과 전쟁평가를 통한 임진왜란 기억의 형성 과정」, 『역사와 현실』 51, 2004.

68 하영휘, 「화왕산성의 기억」, 『임진왜란 동아시아 삼국전쟁』, 휴머니스트, 2007.

입성동고록』이 출간된 다음, 화왕산성 수비 이야기가 재생되어 문집에 실리게 되는 과정을 시대적 배경과 함께 흥미롭게 풀어냈다. 이러한 아이디어는 이후 임진왜란의 '기억'이 만들어지는 기제가 분석되는 계기를 마련했다.[69] 일본으로 잡혀갔던 이들이 자신들의 기억을 일정한 방향으로 '포장' 혹은 '변형'하는 모습도 분석되었다.[70] 지역에 남겨진 전쟁 기억의 양상,[71] 참전 명군에 대한 기억 및 현창 사업에 담긴 의도[72] 등에 접근한 연구도 있었다.

아울러 임진왜란 관련 문헌 및 역사서 속 임진왜란 서술에 대한 사학사적 연구도 꾸준히 이루어지고 있다.[73] 단일 문헌에 대한 구체적 연구와 문헌 간의 계승 - 영향관계가 함께 연구된다면 임진왜란 연구를 위한 거대

---

69 정호훈, 「임진왜란과 17세기 조선 사회의 기억 -元豪의 戰功과 조선 사회의 褒奬을 중심으로」, 『역사와 실학』 39, 2009; 김강식, 「조선후기의 임진왜란 기억과 의미」, 『지역과 역사』 31, 2012; 임선빈, 「만경노씨 三義士의 '역사적 實在'와 '記憶된 역사'」, 『역사민속학』 47, 2015; 임선빈, 「행주대첩에 대한 當代의 기록과 평가」, 『조선시대사학보』 75, 2015; 박홍갑, 「홍순언 행적과 기억과정」, 『청계사학』 23, 2021.

70 장경남, 「壬辰倭亂 포로 기억의 敍事化와 그 意味」, 『지역과 역사』 31, 2012; 정출헌, 「임진왜란과 전쟁포로, 굴절된 기억과 서사적 재구」, 『민족문화』 41, 2013 ; 한의숭, 「공통의 경험에 대한 기록과 기억의 거리- 『호구일록(虎口日錄)』과 『평창일기(平昌日記)』를 중심으로」, 『어문론총』 97, 2023.

71 김만호, 「조선후기 長城 지역의 南門倡義 기억과 그 의미」, 『역사학연구』 67, 2017; 이욱, 「정유재란기 구례 의병의 활동과 그 기억 전승」, 『남도문화연구』 47, 2022.

72 윤혜민, 「조선후기 石星에 대한 인식 변화와 그 의미」, 『조선시대사학보』 70, 2014; 우경섭, 「17-18세기 임진왜란 참전 명군에 대한 기억」, 『한국학연구』 46, 2017.

73 정구복, 「임진왜란 사료에 대한 사학사적 검토 -『宣祖實錄』과 安邦俊의 역사기술을 중심으로」, 『전북사학』 35, 2009; 김경수, 「『懲毖錄』에 대한 사학사적 고찰」, 『한국사학사학보』 26, 2012; 박인호, 「임진왜란의 경험과 역사 정리 작업 -신석겸의 『선묘중흥지』를 중심으로」, 『한국사학사학보』 26, 2012; 장준호, 「柳成龍의 『亂後雜錄』 저술과 史學史的 의의」, 『韓國史學史學報』 37, 2018; 장준호, 「懲毖錄의 사학사적 검토」, 『진단학보』 133, 2019; 김경수, 「박동량의 『기재사초』」, 『한국사학사학보』 44, 2021; 장준호, 「『西征日錄』의 사학사적 고찰」, 『한국사학사학보』 43, 2021; 정해은, 「『징비록』의 서술 중점과 후대 영향력」, 『국학연구』 46, 2021; 장준호, 「『避難行錄』의 史學史的 고찰」, 『한국사학사학보』 47, 2023.

한 데이터베이스로서 역할을 할 수 있을 것이다. 임진왜란은 한중일 삼국이 함께 경험한 역사이다. 세 나라의 임진왜란 서술은 밀접하게 연관되어 있다. 일본문헌학의 연구 성과 및 중국의 연구 성과와 공동 연구가 이루어지기를 기대한다.[74]

6. 임진왜란의 원인에 대한 재검토

임진왜란을 다룬 연구는 서두에서 전쟁이 일어나는 모습을 묘사한다. 전쟁을 일으킨 이와 시작한 시점은 모두 알고 있다. 그러나 왜 일어났는지에 대해, 즉 전쟁의 원인에 대해 임진왜란을 연구하는 연구자들이 근거를 갖춘 확고한 이론을 지니고 있는지는 의문이다. 우선 전쟁의 원인은 일본에서 찾아야 할 것이다. 그러나 일본사의 흐름을 파악하기 어려웠던 한국에서는 일본의 원인론을 피상적으로(대체로 내부 불만을 외부로 돌리기 위한 것이라는 견해를) 원용하는 사례가 적지 않았다. 임진왜란을 설명하기 위해서는 기존 원인론에 대한 엄밀한 분석과 비판이 필요하다는 지적이 있다.[75]

이계황은 임진왜란 원인에 대한 학설을 ① 쓰루마쓰鶴松 사망설, ② 공명심설, ③동란외전설, ④ 영토확장설, ⑤ 감합무역설, ⑥ 국내 집권화설(제한 없는 군역설), ⑦ 국내통일 연장설, ⑧ 동아시아 신질서론, ⑨ 기타(기독

74 일본문헌에 대한 연구는 아니나, 현존『寄齋雜記』중 원전에 가까운 텍스트가 서울대학교 규장각본과 국립고궁박물관본임을 파악한 후, 임진왜란 직전 일본의 침략 정보와 통신사 파견 사실 보고를 두고 벌어진 논쟁의 전말에 접근한 기무라 타쿠(木村拓)의 연구가 주목된다. 그는 명에 대한 보고에서 통신사 파견 사실 숨긴 이유가 “일본과의 공모” 의심을 피하기 위한 것이 아닌, “私交” 문제에 대한 배려와 “從輕奏文”의 실행 때문인 것으로 보았다. 木村拓,「豊臣秀吉の侵攻予告に対する朝鮮の対応 -通信使派遣の明への秘匿」,『壬辰戦争と東アジア』, 東京大學出版會, 2023.

75 이계황,「임진왜란 원인론」,『임진왜란 -동아시아 국제전쟁-』, 혜안, 2023.

교 다이묘 배척설, 원침략 복수설 등)으로 나누고, 각 이론의 입장과 배경을 설명하였다.[76] 즉, 일본 학계의 원인론은 일본에서 이르는 전전戰前과 전후戰後(1945년 8월 15일 이후)로 크게 나뉜다. 현시점에서 사실상 폐기된 이론도 있다.[77] 각 원인론의 주장은 서로 모순되는 면이 존재할 수 있으며(따라서 여러 원인론을 함께 제시하기 어려울 수 있으며), 동아시아 지역사에 입각하여 전쟁을 '왜구적 상황'의 결정판으로 보는 시각이 내포한 위험성[78]을 놓쳐서도 안 된다. 이러한 일본사의 연구사적 맥락을 염두에 두지 않은 채, 편의적으로 사용하는 방식은 경계해야 할 것이다.

이계황의 원인론은 다음과 같다. 히데요시 권력은 국가화를 지향한 중앙정권임은 분명했다. 그러나 정권의 구조를 보면 완전한 중앙집권체제로 보기가 어려웠다. 이를 '전국 규모의 대명연합정권'으로 지칭한다. 히데요시는 유력 영주들을 압도하지 못했다. 그리고 통제할 제도 장치나 국가 제도도 불완전했다. 따라서 그는 '권력 유지'를 위해서 대내·대외적인 긴장 관계를 필요로 했고, 마침내 침략전쟁을 시작했다고 보았다. 그의 권력이 압도적 영지와 군사력을 확보하고 이어서 영주를 통제할 수 있는 제도적 장치를 확보하지 못하는 한, 계속된 긴장 관계가 필요했으며, 이 조건을 확보하지 못하는 한 강화교섭도 결렬될 수밖에 없었다는 것이다.[79]

박수철은 공명심을 개인적인 차원이 아닌 무사집단의 구조적 산물로 규정하고, 이와 필연적으로 연동되는 영토 확장 욕구가 원인이었다는 학

---

76 이계황, 『일본 근세의 새벽을 여는 사람들 II』, 혜안, 2019, 389~400쪽.

77 공명심론, 영토확장설, 동아시아 무역 장악설 등은 도요토미 히데요시의 영웅성을 부각하기 위한 용도로 사용된 바 있음을 염두에 두어야 한다.

78 조선 침략을 필연적인 결과로 이해하거나 정당화, 조선을 국제질서, 지정학적 질서에 수동적으로 끌려가는 존재로 규정하는 경향으로 이어질 수 있기 때문이다.

79 이계황, 「임진왜란 원인론」, 『임진왜란 -동아시아 국제전쟁-』, 혜안, 2023; 김경태, 「(서평) 한국의 임진왜란 연구는 어디로 가야 할 것인가 - 이계황, 『임진왜란 동아시아 국제전쟁』(서울, 혜안, 2023)」, 『역사학보』 258, 2023.

설을 제시했다.[80] 김문자는 히데요시가 군역 동원을 통해서 자신의 기반을 공고히 하여 집권적인 권력 편성을 최상위 목표로 한 뒤, 명까지 정복하여 자신의 공명심과 명예욕을 높이면서 영토를 확장하는 것을 목표로 삼았다고 하였다. 그리고 강화교섭의 결렬과 정유재란의 발발 원인은 명분적인 '조선왕자의 來日 문제'가 아니라 당시 일본의 권력구조와 무역환경과 연관된 '조선 남부 경상도 지역의 영토 확보와 무역재개'에 있었다고 보았다.[81]

김경태는 도요토미 히데요시가 망상적 공명심으로 전쟁을 시작했으나, 명의 구원병 파견과 조선의 저항에 부딪히자 자신의 오판을 깨닫고 노선을 변경하게 되었다는 의견이다. 히데요시는 명으로부터는 책봉을 받고, 조선의 사절을 받아들여 전쟁을 끝내려 했으나, 지진과 조선 사절에 대한 소문 등으로 생각을 바꾸게 되었고, 조선으로부터 더 큰 전리품을 받아 '실추된' 명예를 되찾기 위해 다시 전쟁을 일으키게 되었다고 보았다.[82]

조영헌은 기존의 원인론(국내모순을 해외로, 히데요시의 공명심)도 인정하면서, 무역원인론을 제기하였다. 1567년 명은 월항月港을 개항하여 해상무역을 허용하였으나, 일본의 무역선은 배제하였다. 그러나 포르투갈, 예수회, 스페인 등 다양한 국제적 매개자를 통해 명과 일본의 무역은 오히려 활성화되었고, 결국 직접 교역을 하지 못하는 상황에 대한 일본의 불만을 누적시켰다. 이러한 상황이 임진왜란이 발생하는 국제적 계기로 작용했다는 것이다.[83]

---

80 박수철, 「15 · 16세기 일본의 전국시대와 도요토미 정권 -'임진왜란'의 재검토」, 『전쟁과 동북아의 국제질서』, 일조각, 2006.

81 김문자, 「임진왜란 연구의 제 문제 -임진 · 정유재란 발발 원인에 대한 재검토」, 『한일관계사연구』 67, 2020.

82 김경태, 『임진전쟁기 강화교섭 연구』, 고려대학교 박사학위논문, 2014.

83 조영헌, 「明 後期 月港 開港과 壬辰倭亂」, 『사총』 90, 2017.

원인론이 하나로 명확히 정립되지 못하고 있는 가장 큰 이유는 전쟁을 일으킨 장본인인 도요토미 히데요시의 의도를 분명하게 파악하기 어렵다는 데 있다. 그의 의도는 그가 발급한 명령서나 주변인의 전언으로 접근해야 하는데, 그의 메시지가 시기와 수신자 등에 따라 달라지기에 일관된 모습으로 구성하기는 용이하지 않다. 그러나 논쟁은 학문 분야와 연구 주제에 생명력을 줄 수 있다. 한국 학계에서도 원인론 논의가 더욱 활성화되기를 기원한다.

한편, 본문 첫머리에서 소개한 바와 같이, 기존의 연구가 취해 온 고전적 서사에 대해 근본적 재검토가 필요하다는 인식은 공감을 얻고 있다. 오랜 노력에 의해 관군-의병 구도로 대표되는 이원론적 구도는 새로운 단계에 접어들었다. 따라서 조선의 군사적 대응 체제가 '오랜 평화'와 '당쟁'과 '척신정치'에 의해 무너졌다는 선입견 혹은 오인은 학계의 노력에 의해 상당 부분 극복이 되었다.

그러나 그러한 서사가 만들어지기에 이른 과정을 사학사적으로 살피는 연구는 많지 않았다. 극복을 했다면, 혹은 극복하는 과정이라면, 그러한 일종의 오인이 조선시대와 근대를 거쳐 최근까지 통념화되어 있었던 이유가 무엇인지, 그 과정은 어떠했는지 추적할 필요가 있다. 연구자들의 노력에도 불구하고 여전히 검증되지 않은 고전적 선입견을 전제한 서술이 많기 때문이다.

최근의 연구에서는 이 같은 전형적 서사 중에서 근대 이후 일본 연구자들이 의도적으로 사료를 조합하여 만들어낸 것이 적지 않다는 사실에 접근했다.[84] 조선의 군사제도는 일본의 대군을 막기는 어려웠다. 조선에는

---

84 김경태, 「하야시 다이스케[林泰輔]의 『朝鮮近世史』와 玄采의 『東國史略』에 나타난 임진왜란 서술 검토」, 『역사교육연구』 36, 2020; 김경태, 「동경대학(東京大學) 사료편찬소(史料編纂所) 소장 「사료고본(史料稿本)」의 임진왜란 초기 서술에 대한 비판적 검토」, 『한국사연구』 194, 2021; 김경태, 「임진왜란기 조선의 이미지에 대한 인식과 그 변화」, 『역사학

당파 간의 갈등이 존재했다. 외교에서 유연하지 않은 모습이 보이기도 했다. 그러나 이러한 역사적 사실은 각각 엄밀하게 논증이 되어야 할 것이다. 그러한 논증을 도외시한 채, 당쟁과 척신정치로 인해 조선의 정치, 외교, 군사, 사회 등의 모든 분야가 무너지고 있었다는 묘사, 무능한 정부와 대비하여 영웅들의 비범성만을 부각하는 서사는 문제가 있다. 따라서 이와 같은 강렬한 묘사와 끈끈한 인과적 구성이 의도적으로 만들어지는 과정에 주목하여 그간의 사학사적 궤적을 되짚어 볼 필요가 있을 것이다.

7. 맺음말

2000년대 이래 임진왜란 연구는 이전의 연구 성과에서 제기한 문제, 그리고 이전의 연구가 미처 다루지 않았던 부분에 관심을 가지며 다양성과 구체성을 보여주었다. 가장 눈에 띄는 것은 조선의 군제가 작동하지 못하여 관군이 무너졌고, 의병이 일어나 군사적 역할을 대신했다는 오랜 구도에 의문이 제기되었다는 사실이다. 연구는 새로운 방법론에 입각하여 활성화되었고 연구자들의 유입도 늘어났다. 전통적 주제를 전문적으로 연구하는 연구자 그룹이 생겼고, 관련 자료에 대한 접근이 원활해지면서 자료에 대한 이해가 높아졌으며, 활용 방법도 다양하게 고안되었다. 임진왜란 연구는 2000년 이래 상당히 성장했다.

그러나 한국의 임진왜란 연구가 발전하기 위해서는 극복해야 할 부분이 적지 않다. 관군-의병 구도에 대한 연구 외에 학문적 논쟁이 보이지 않는다. 연구의 양은 많으나 정체된 감이 있는 것은 그 때문이기도 하다. 문

연구』 87, 2022; 김준배, 『일본 문헌 속의 이순신 표상 연구』, 고려대학교 박사학위논문, 2020.

제 제기는 허공에 흔드는 손짓과 같이 느껴질 때가 있다. '국제 전쟁'을 외치지만, 외국 사료의 이용은 아직 활발하지 않다. 원인론에 대한 논의가 요청되었으나 호응은 저조하다. 공동의 연구주제에 의한 공동의 연구는 정체되어 있다. 가장 심각한 것은 새로운 연구자의 부족 현상이다. 현재 학위과정에서 조선시대를 전공하는 연구자 중 임진왜란을 주제로 삼은 연구자는 과연 몇 명일까. 이는 연구 분야가 현재성을 잃고 있다는 인상을 줄 수 있으며, 임진왜란이라는 주제의 위기를 재촉할 수 있다.[85]

전쟁을 사람이 일으키는 것이며, 전쟁에 동원되거나 전쟁에 휩쓸려 죽임을 당하는 주요한 대상도 사람이다. 그리고 전쟁을 막기 위해 노력하는 것도 사람이다. 따라서 전쟁의 실상을 이야기할 때 사람을 도외시해서는 안 될 것이다. 체제와 구조에 대한 거시적인 관점도 중요하지만, 사람에 대한 연구가 병행되지 않는다면 역사적 사실과 거리가 생길 수밖에 없을 것이다. 궁극적으로는 두 차원의 작업이 함께 이루어져야 할 것이고, 한 개인 연구자가 할 수 없는 일이라면, 연구자들 사이의 협업이 필요할 것이다.

역사학 외 인접 분야의 임진왜란 연구는 꾸준히 활발한 편이다. 다양한 전공 분야의 연구자들이 임진왜란을 공통의 주제로 삼아 함께 상승효과를 낼 수 있는 방법을 찾을 수도 있을 것이다. 새로운 자료와 그에 기초한 새로운 연구 방법, 인접 전공 연구자와 외국 연구 성과에 대한 개방적 자세 내지 새로운 분야에 대한 도전적 자세는, 연구 분야가 새로운 생명력을 가지기 위해 반드시 필요하다. 다만 우려가 되는 것은 연구사적 기반을 갖추지 않은 어설픈 교훈론, 군사 이론을 임진왜란에 단순히 끼워 맞추는 수준의 양산형 '군사학' 결과물, 흥미 위주로 만들어진 대중서의 범람이다. 이

---

85 또한 다량의 연구 결과물이 자의 · 타의로 요구되는 학계의 특성상, 임진왜란 전공자의 연구 중에서도 충분한 사료 검토를 거쳐 작성되어 독자적 연구 의의를 가지는 논문에 비해 양산형 논문이 차지하는 비중이 적지 않으며, 필자 역시 여기서 자유롭지 못하다.

들 저작물이 양적으로 "임진왜란"이라는 연구 주제를 압도하면서, 자국 중심적 배타주의와 교훈론으로 무장한 자기 비하의 역사관을 동시에 뿜어내고 있다. 연구자들은 이를 비학문 분야로 치부하여 재껴 두어서는 안 될 것이며, 보다 엄밀한 연구를 통해 경계해야 할 것이다.

| 참고문헌 |

1. 단행본

구범진 외 역주, 『명나라의 임진전쟁』 1~5, 사회평론아카데미, 2020.

______, 『명나라의 정유전쟁』 1~4, 사회평론아카데미, 2024.

국립진주박물관, 『2017년 특별전 정유재란 1597』, 국립진주박물관, 2017.

______, 『조선무기 조사연구 보고서 I : 소형화약무기』, 국립진주박물관, 2019.

______, 『(2021 조선무기 특별전) 화력조선』 국립진주박물관, 2021.

______ 엮음, 『처음 읽는 정유재란 1597』, 푸른역사, 2019.

김문자, 『임진전쟁과 도요토미 정권』, 경인문화사, 2021.

김시덕, 『일본의 대외 전쟁』, 열린책들, 2016.

______, 『전쟁의 문헌학』, 열린책들, 2017.

김영진, 『임진왜란 -2년 전쟁 12년 논쟁-』, 성균관대학교출판부, 2021.

名古屋市博物館編, 『豊臣秀吉文書集』 1~8, 吉川弘文館, 2015~2023.

박현규, 『임진왜란 중국 사료 연구』, 보고사, 2018.

______, 『임진왜란 남원성 전투와 명군 문물』, 보고사, 2021.

北島万次, 『豊臣秀吉朝鮮侵略関係史料集成』, 平凡社, 2017.

오희문, 국립진주박물관 역주, 『쇄미록』 1~8, 사회평론아카데미, 2018.

이계황, 『文禄・慶長の役と東アジア』, 臨川書店, 1997.

______, 『일본 근세의 새벽을 여는 사람들 II』, 혜안, 2019.

______, 『임진왜란 -동아시아 국제전쟁-』, 혜안, 2023.

이민웅, 『임진왜란 해전사』, 청어람미디어, 2004.

이정일 편, 『편역 事大文軌』, 동북아역사재단, 2019~2024.

정경운, 남명학연구원 옮김, 『고대일록』, 태학사, 2009.

정두희・이경순 엮음, 『임진왜란 동아시아 삼국전쟁』, 휴머니스트, 2007.

조원래 외, 『(한중일공동연구) 정유재란사』, 범우사, 2018.

川西裕也 外編, 『壬辰戦争と東アジア』, 東京大學出版會, 2023.

최관・김시덕, 『임진왜란 관련 일본 문헌 해제』, 문, 2010.

한명기, 『임진왜란과 한중관계』, 역사비평사, 1999.

韓明基・李相薰 共編, 『壬辰倭亂 史料叢書-對明外交』, 亞細亞文化社, 2002.

2. 논문

계승범, 「임진왜란 중 조명관계의 실상과 조공책봉관계의 본질」, 『한국사학사학보』 26, 2012.

김강식, 「조선후기의 임진왜란 기억과 의미」, 『지역과 역사』 31, 2012.

______, 「임진왜란을 바라보는 한국과 일본의 시각」, 『지역과 역사』 38, 2016.

______, 「임진전쟁 극복에서 의병의 역할은 어디까지인가」, 『지역과 역사』 46, 2020.
김강은, 「조선 후기 민간 역사물의 서술 방식과 그 의미 -임진왜란에 대한 서술을 중심으로」, 『반교어문연구』 64, 2023.
김경록, 「임진왜란 연구의 회고와 제안」, 『군사』 100, 2016.
______, 「명대 監軍제도와 임진왜란시 파병 明軍의 監軍」, 『동양사학연구』 137, 2016.
______, 「정유재란기 파병 明軍의 구성과 朝·明聯合軍」, 『韓日關係史硏究』 57, 2017.
______, 「임진전쟁기 명의 참전과 전쟁전략」, 『지역과 역사』 50, 2022.
김경수, 「『懲毖錄』에 대한 사학사적 고찰」, 『한국사학사학보』 26, 2012.
______, 「박동량의 『기재사초』」, 『한국사학사학보』 44, 2021.
김경태, 『임진전쟁기 강화교섭 연구』, 고려대학교 박사학위논문, 2014.
______, 「정유재란 직전 조선의 정보수집과 재침 대응책」, 『한일관계사연구』 59, 2018.
______, 「하야시 다이스케[林泰輔]의 『朝鮮近世史』와 玄采의 『東國史略』에 나타난 임진왜란 서술 검토」, 『역사교육연구』 36, 2020.
______, 「동경대학(東京大學) 사료편찬소(史料編纂所) 소장 「사료고본(史料稿本)」의 임진왜란 초기 서술에 대한 비판적 검토」, 『한국사연구』 194, 2021.
______, 「『쇄미록』에 나타난 임진왜란 관련 정보의 전달 양상」, 『역사와 담론』 99, 2021.
______, 「임진왜란기 조선의 이미지에 대한 인식과 그 변화」, 『역사학연구』 87, 2022.
______, 「임진전쟁과 여성의 삶 -『쇄미록』을 중심으로」, 『한일관계사연구』 78, 2022.
______, 「(서평) 한국의 임진왜란 연구는 어디로 가야 할 것인가 - 이계황, 『임진왜란 동아시아 국제전쟁』(서울, 혜안, 2023)」, 『역사학보』 258, 2023.
김기봉, 「1592년 전쟁을 어떻게 부를 것인가 -문명사적 관점에서의 성찰」, 『한국사학사학회』 26, 2012.
김달효, 「부산 연안에 위치한 왜성들의 실태와 발전 과제」, 『아시아연구』 23, 2020.
김만호, 「임진왜란 시기의 유언비어와 사회상의 변화」, 『역사학연구』 54, 2014.
______, 『壬辰倭亂期 民人의 反王朝 活動』, 전남대학교 박사학위논문, 2015.
______, 「조선후기 長城 지역의 南門倡義 기억과 그 의미」, 『역사학연구』 67, 2017.
김문자, 『文祿·慶長期に於ける日明講和交涉と朝鮮』, お茶の水女子大學博士學位論文, 1995.
______, 「전쟁과 평화의 근세 한일 관계 —임진왜란과 통신사」, 『기억의 전쟁 현대 일본의 역사인식과 한일관계』, 이화여자대학교출판부, 2003.
______, 「임진·재란기의 조선 피로인 문제」, 『중앙사론』 19, 2004.
______, 「정보·통신과 임진왜란」, 『한일관계사연구』 22, 2005.
______, 「壬辰倭亂期 일본사료연구」, 『한일관계사연구』 30, 2008.
______, 「豊臣秀吉의 冊封問題와 壬亂期의 講和交涉 -정유재란의 원인을 중심으로」, 『중앙사론』 36, 2012.
______, 「임진왜란 연구의 제 문제 -임진·정유재란 발발 원인에 대한 재검토」, 『한일관계사연구』 67,

2020.
______, 「임진전쟁기의 일본자료 연구 -모리게(毛利家) 문서의 자료적 성격을 중심으로」, 『한국사학사학회』 44, 2021.
______, 「'정한위략(征韓偉略)'과 임진전쟁」, 『한일관계사연구』 82, 2023.
김병륜, 「절제방략과 제승방략」, 『(육군사관학교 육군박물관) 학예지』, 2012.
______, 「『節制方略』으로 본 南道制勝方略 주요 특징의 형성과정과 '4運체제'」, 『역사와 실학』 46, 2017.
______, 「임진왜란기 조선 수군의 전술 -무기 운용을 중심으로」, 『이순신연구논총』 31, 2019.
김성우, 「임진왜란과 1593~1594년 계갑대기근 -경상도 성주 도세순 집안을 중심으로」, 『한국사연구』 188, 2020.
______, 「임진왜란 시기 관군은 왜 약했는가?」, 『역사와 현실』 87, 2013.
김소연, 「『쇄미록』에 나타난 오희문의 전란 체험과 가족애」, 『가족과 커뮤니티』 4, 2021.
김시덕, 「완본(完本) 『고니시 일행기(小西一行記)』의 발견이 임진왜란 문헌군 연구에서 지니는 의의에 대하여」, 『일본어문학』 92, 2021.
김연수, 「『쇄미록』에 나타난 16세기 혼맥(婚脈)과 친족관계」, 『한국민속학』 75, 2022.
김영 · 장고은, 「임진왜란 시기에 작성된 <양호당이덕열언간>의 내용과 가치」, 『구결연구』 46, 2021.
김용태, 「임진왜란 의승군 활동과 그 불교사적 의미」, 『보조사상』 37, 2012.
______, 「조선 중기 의승군 전통에 대한 재고: 호국불교의 조선적 발현」, 『동국사학』 61, 2016.
김정운, 「조정(趙靖)의 일기를 통해 본 전쟁 속 일상과 가족」, 『영남학』 76, 2021.
김종구, 「정유재란기 정경운의 호남 체험과 그 의미 -『고대일록』을 중심으로」, 『영남학』 80, 2022.
김종수, 「임진왜란 초기 방어실태와 성주 전투」, 『군사』 111, 2019.
김준배, 「도쿠토미 소호(德富蘇峰) 저(著) 『근세 일본 국민사 조선역(近世日本国民史朝鮮役)』 속 이순신(李舜臣)」, 『일어일문학』 85, 2020.
______, 『일본 문헌 속의 이순신 표상 연구』, 고려대학교 박사학위논문, 2020.
김진수, 「조선후기 鳥銃 연구의 현황과 과제」, 『군사연구』 139, 2015.
______, 「임진왜란 초 官軍의 재편과 성격에 대한 재인식」, 『한일관계사연구』 63, 2019.
김태훈, 「에도시대 초기 일본의 임진왜란 인식 : -林羅山의 『豊臣秀吉譜』를 중심으로」, 『한국사학사학보』 34, 2016.
김한신, 『임진전쟁기 柳成龍의 군사 · 외교활동 연구』, 고려대학교 박사학위논문, 2020.
______, 「임진전쟁기 조선조정의 對明 일본재침 경보와 양국 공조」, 『역사학보』 253, 2022.
나동욱, 「구포왜성과 그 축조수법」, 『문물연구』 24, 2013.
남미혜, 「정유재란기 被虜人 趙完壁의 家系와 삶」, 『이화사학연구』 50, 2015.
노영구, 「壬辰倭亂 초기 양상에 대한 기존 인식의 재검토」, 『한국문화』 31, 2003.
______, 「공신 선정과 전쟁평가를 통한 임진왜란 기억의 형성 과정」, 『역사와 현실』 51, 2004.
______, 「임진왜란 초기 경상우도 의병의 성립과 활동 영역」, 『역사와 현실』 64, 2007.

______, 「전쟁과 일상 - 孤臺日錄을 통한 임진왜란 이해」, 『역사와 현실』 64, 2007.
______, 「임진왜란의 학설사적 검토」, 『동아시아 세계와 임진왜란』, 경인문화사, 2010.
______, 「16~17세기 鳥銃의 도입과 조선의 軍事的 변화」, 『한국문화』 58, 2012.
______, 「19세기 일본의 임진왜란 海戰과 李舜臣이해」, 『한국인물사연구』 24, 2015.
______, 「정유재란 시기 전라도 지역 일본군 동향과 조선의 대응」, 『전북사학』 65, 2022.
______, 「순천 왜교성 전투에 보이는 정유재란 참전국의 무기체계」, 『남명학연구』 77, 2023.
라경준, 「조선후기 성곽 축조 기법의 변화」, 『한국중세고고학』 8, 2020.
류미나 · 허지은, 「사쓰마번(薩摩藩) 나에시로가와(苗代川) · 조선인(朝鮮人) 연구의 현황과 과제」, 『한일관계사연구』 83, 2024.
민덕기, 「임진왜란에 납치된 조선인의 귀환과 잔류로의 길」, 『한일관계사연구』 20, 2004.
______, 「임진왜란기 납치된 조선인의 일본 잔류 배경과 그들의 정체성 인식」, 『한국사연구』 140, 2008.
______, 「임진왜란기 정경운의 『孤臺日錄』에서 보는 아래로부터의 聞見정보」, 『한일관계사연구』 45, 2013.
박민수 · 김영진, 「임진왜란을 보는 '새로운' 창 -『經略復國要編』의 재조명과 사례 분석」, 『군사』 127, 2023.
박수철, 「15 · 16세기 일본의 전국시대와 도요토미 정권 -'임진왜란'의 재검토」, 『전쟁과 동북아의 국제질서』, 일조각, 2006.
박인호, 「임진왜란의 경험과 역사 정리 작업 -신석겸의 『선묘중흥지』를 중심으로」, 『한국사학사학보』 26, 2012.
박정민, 「임진왜란기 檄文에 구현된 공포와 격정의 미학」, 『동방한문학』 94, 2023.
박제광, 「임진왜란기 朝 · 明 · 日 삼국의 무기체계와 교류 -火藥兵器를 중심으로」, 『군사』 51, 2004.
______, 「임진왜란 연구의 현황과 과제」, 『임진왜란과 한일관계』, 경인문화사, 2005.
박현규, 「한국에서의 임진왜란 연구 동향과 문물 사료」, 『이순신연구논총』 34, 2021.
박홍갑, 「홍순언 행적과 기억과정」, 『청계사학』 23, 2021.
방기철, 「壬辰倭亂期 朝鮮 官僚가 바라본 日本軍 -平昌郡守 權斗文을 중심으로」, 『군사』 60, 2006.
______, 「정경운의 전쟁 체험과 일본 인식」, 『한국사상과 문화』 68, 2013.
손해룡 · 공미희, 「중국에서의 임진전쟁 연구 현황과 제언」, 『한국학연구』 57, 2020.
신병주, 「16세기 일기 자료 『瑣尾錄』연구 -저자 吳希文의 피난기 생활상을 중심으로」, 『조선시대사학보』 60, 2012.
신윤호, 『임진왜란 시기 三道水軍 연구』, 경상대학교 박사학위논문, 2019.
신해진, 「임진왜란 속에서 작동한 전통적 공동체의 특징 -<선양정 진사일기>를 대상으로」, 『용봉인문논총』 60, 2022.
심승구, 「임진왜란 중 독산성의 축성과 성곽사적 의미」, 『백산학보』 119, 2021.
신진혜, 「임진왜란기 경상도지역 사족의 상,제례 시행양상과 의미」, 『국학연구』 27, 2022.

鈴木開,「韓國學中央研究院藏書閣所藏『吏文謄錄』目錄 -附『國書草綠』『槐院謄錄』目錄」,『2019~2022年度 科學研究費補助金研究成果報告書』, 2023.
양은용,「조선시대의 국난과 의승군의 활동」,『한국 호국불교의 재조명 1』, 대한불교조계종 불교사회연구소, 2012.
우경섭,「17~18세기 임진왜란 참전 명군에 대한 기억」,『한국학연구』 46, 2017.
우인수,「임진왜란시 소년 柳袗의 피란 경험과 그 전승」,『민족문화논총』 66, 2017.
원창애,「『고대일록』을 통해본 함양 사족층의 동향」,『남명학연구』 33, 2012.
劉寶全,「중국학계의 임진왜란사 연구 현황과 과제」,『한국사학보』 45, 2011.
유채연,「임진왜란기 피로인들과 그들의 기록 -강항 · 정희득 · 노인을 중심으로」,『인문과학연구』 33, 2012.
윤용출,「조선후기 벽돌성의 축조」,『지역과 역사』 42, 2018.
윤인선,「임진왜란 의병 실기에 나타나는 전란 경험 글쓰기 -정경운의『고대일록』을 대상으로」,『리터러시 연구』 13, 2022.
윤혜민,「조선후기 石星에 대한 인식 변화와 그 의미」,『조선시대사학보』 70, 2014.
이계황,「임진왜란과 강화교섭 -쓰시마번과 고니시 유키나가를 중심으로」,『동북아문화연구』 34, 2013.
이동주,「구포왜성 지성부 출토 임진왜란기 유물에 대하여」,『문물연구』 34, 2018.
이래호,「〈이덕열언간〉을 통해 본 신하와 가장의 한 모습」,『어론문집』 86, 2021.
이상훈,「임진왜란 연구에서 간찰의 활용 -최경희 간찰을 통한 의병 연구의 보완과 사실 접근」,『고문서연구』 33, 2008.
이선희,「임진왜란 시기 咸陽 守令의 전란대처 -『孤臺日錄』을 중심으로」,『진단학보』 110, 2010.
______,「임진왜란기 경상좌도 지역 청도군수의 임용실태와 전쟁대응」,『한국학논총』 49, 2018.
이성임,「조선중기 오희문가의 상행위와 그 성격」,『조선시대사학보』 8, 1999.
______,「16세기 양반사회의 "膳物經濟"」,『한국사연구』 130, 2005.
______,「16~17세기 일기의 傳存 양상」,『조선시대사학보』 89, 2019.
______,「임진왜란기 해주 오씨 집안의 官屯田과 차경지 경작 -吳希文의『瑣尾錄』을 중심으로」,『조선시대사학보』 101, 2022.
이왕무,「임진왜란기 안동 지역 지방관과 관군의 전쟁 수행」,『민족문화연구』 91, 2021.
이　욱,「정유재란기 구례 의병의 활동과 그 기억 전승」,『남도문화연구』 47, 2022.
이장희,「조선시대 전란사에서의 의승군의 위상과 역할」, 대한불교조계종 불교사회연구소 편,『한국 호국불교의 재조명 2』, 대한불교조계종 불교사회연구소, 2013.
이정일,「임진왜란 전반기 조선의 對명 전략」,『역사와 실학』 66, 2018.
______,「임진왜란 초기 조명 군사 협력의 양상 -벽제관 전투 전후를 중심으로」,『한국사학보』 75, 2019.
______,「임진왜란 전반기 조명 군사 협력의 일단 -함경도 일본군 퇴각과 관련하여」,『한일관계사연구』

66, 2019.

______, 「임진왜란 시기 조명 관계와 명일 교섭 - 나이토 조안의 조선 경유를 중심으로」, 『조선시대사학보』 106, 2023.

이재성 · 백승희, 「임진왜란기 화약 무기의 제작기술 검토 - 성분분석 및 미세조직 분석 사례를 중심으로」, 『고문화』 82, 2013.

이종수, 「조선후기의 승군 제도와 그 활동」, 『한국 호국불교의 재조명 1』, 대한불교조계종 불교사회연구소, 2012.

임선빈, 「만경노씨 三義士의 '역사적 實在'와 '記憶된 역사'」, 『역사민속학』 47, 2015.

______, 「행주대첩에 대한 當代의 기록과 평가」, 『조선시대사학보』 75, 2015

장경남, 「壬辰倭亂 포로 기억의 敍事化와 그 意味」, 『지역과 역사』 31, 2012.

______, 「『고대일록』으로 본 정경운의 전란 극복의 한 양상」, 『퇴계학과 유교문화』 57, 2015.

장정수, 「선조대 對女眞 방어전략의 변화 과정과 의미」, 『조선시대사학보』 67, 2013.

장준호, 「임진왜란기 경주의 동향과 경주부윤 박의장의 전시행정」, 『국학연구』 36, 2018.

______, 「柳成龍의 『亂後雜錄』 저술과 史學史的 의의」, 『韓國史學史學報』 37, 2018.

______, 「임진왜란기 慶尙右道 방위의 實狀과 地域의 동향 -경상우도 陜川지역을 중심으로-」, 『동양고전연구』 74, 2019.

______, 「懲毖錄의 사학사적 검토」, 『진단학보』 133, 2019.

______, 「『西征日錄』의 사학사적 고찰」, 『한국사학사학보』 43, 2021.

______, 「『避難行錄』의 史學史的 고찰」, 『한국사학사학보』 47, 2023.

전경목, 「日記에 나타나는 朝鮮時代 士大夫의 일상생활 -오희문의 『쇄미록』을 중심으로」, 『정신문화연구』 65, 1996.

______, 「임진왜란 초기 장수현에 떠돌던 소문과 전달된 문서」, 『『쇄미록』 번역서 발간 기념 학술심포지엄 자료집』, 국립진주박물관, 2018.

정구복, 「임진왜란 사료에 대한 사학사적 검토 -『宣祖實錄』과 安邦俊의 역사기술을 중심으로」, 『전북사학』 35, 2009.

______, 「임진왜란사 연구와 한 · 중 · 일 중요 사료」, 『한국사학사학보』 34, 2016.

정성미, 「조선시대 사노비의 사역영역과 사적영역 -『瑣尾錄』에 나타나는 사례를 중심으로」, 『전북사학』 38, 2011.

정수환, 「임진전쟁과 일상, 기록 그리고 텍스트 검토」, 『한국사학사학보』 44, 2021.

정출헌, 「임진왜란과 전쟁포로, 굴절된 기억과 서사적 재구」, 『민족문화』 41, 2013.

______, 「야담의 口演 현장과 敍事雜錄으로의 전환 -임진왜란 평민의병 諸沫의 일화를 중심으로」, 『한문학보』 46, 2022.

정해은, 「임진왜란 의병 연구의 성과와 전망」, 『임란의병사의 재조명』, 임진란정신문화선양회, 2013.

______, 「임진왜란 초기 경상도 수령의 동향과 의병 지원 활동」, 『조선시대사학보』 70, 2014.

______, 「임진왜란 초기 경상좌도 안집사 김륵의 역할과 활동」, 『영남학』 28, 2015.

______, 「임진왜란기 대구 수령의 전쟁 대응과 사족의 전쟁 체험」, 『역사와 경계』 98, 2016.
______, 「『징비록』의 서술 중점과 후대 영향력」, 『국학연구』 46, 2021.
정호훈, 「임진왜란과 17세기 조선 사회의 기억 -元豪의 戰功과 조선 사회의 褒奬을 중심으로」, 『역사와 실학』 39, 2009.
제장명, 『정유재란 시기 해전과 조선 수군 운용』, 부산대학교 석사학위논문, 2014.
______, 「임진왜란 시기 조선의 수군정책과 이순신의 수군 운용」, 『이순신연구논총』 31, 2019.
조기룡, 「청허 휴정과 의승군의 활동과 역할에 대한 재조명」, 『원불교사상과 종교문화』 6, 2016.
조영헌, 「明 後期 月港 開港과 壬辰倭亂」, 『史叢』 90, 2017.
조원래, 「임진왜란사 연구의 추이와 과제」, 『조선후기사 연구의 현황과 과제』, 창작과비평사, 2000.
______, 「임진왜란사 인식의 문제점과 연구과제」, 『한국사학사학보』 26, 2012.
조인희, 「정유재란사(丁酉再亂史) 연구에 관한 한일학계 연구의 현황」, 『학림』 46, 2020.
______, 『임진왜란기 조선의 대외교섭과 조일 국교 회복에 대한 연구』, 연세대학교 박사학위논문, 2022.
차혜원, 「丁酉再亂期 明朝의 派兵 決定과 '公議' -『文興君控于錄』을 中心으로」, 『中國史研究』 69, 2010.
최은주, 「조선시대 임진왜란 일기자료의 현황과 傳存 양상」, 『한국민족문화』 77, 2020.
최인선, 「순천왜성 발굴조사 내용과 16세기 조선과 일본 성곽의 축성법 비교」, 『남도문화연구』 33, 2017.
최재호, 「戰爭實記의 새로운 분류방법 모색 試論 -壬亂 戰爭實記를 中心으로」, 『퇴계학과 유교문화』 46, 2010.
______, 『南冥學派의 壬辰倭亂 戰爭實記 研究』, 경북대학교 박사학위논문, 2011.
최주희, 「16세기 양반관료의 선물관행과 경제적 성격」, 『역사와 현실』 71, 2009.
최형국, 「朝鮮後期 倭劍交戰 변화 연구」, 『역사민속학』 25, 2007.
______, 「朝鮮時代騎兵의 戰術的운용과 馬上武藝의 변화 -壬辰倭亂期를 中心으로」, 『역사와 실학』 28, 2009.
한성일, 「임진왜란 시기 수군 동원 방식의 실태와 변화」, 『지역과 역사』 51, 2022.
하우봉, 「임진전쟁에 대한 재검토」, 『건지인문학』 5, 2011.
______, 「동아시아 국제전쟁으로서의 임진전쟁」, 『韓日關係史研究』 39, 2011.
하태규, 「임진왜란 초기 전라도 관군의 동향과 호남방어」, 『한일관계사연구』 26, 2007.
______, 「임진왜란 초 호남지방의 실정과 관군의 동원실태」, 『지방사와 지방문화』 16, 2013.
한명기, 「'난동', '정벌', '원조'를 넘어 -'임진왜란'을 부르는 동아시아 공통의 용어를 위하여」, 『역사비평』 83, 2008.
______, 「『고대일록』에 나타난 명군의 모습」, 『남명학』 15, 2010.
______, "A Study of Research Trends in Korea on the Japanese Invasion of Korea in 1592(Imjin War)", *International Journal of Korean History* 18, 2013.

한상우, 「임진왜란 被擄人과 逃還人들의 흔적을 찾아서 -17세기 초 호적으로부터」, 『대동문화연구』 110, 2020.
한의숭, 「공통의 경험에 대한 기록과 기억의 거리- 『호구일록(虎口日錄)』과 『평창일기(平昌日記)』를 중심으로」, 『어문론총』 97, 2023.
허남린, 「Works in English on the Imjin War and the Challenge of Research」, 『International Journal of Korean History』 18, 2013.
허대영, 「임진왜란 전후 조선의 전술 변화와 군사훈련의 전문화」, 『한국사론』 58, 2012.
허선도, 「임진왜란론 -올바르고 새로운 인식」, 『(千寬宇先生還曆紀念) 韓國史學論叢』, 正音文化社, 1985.
______, 「임진왜란론 -올바르고 새로운 인식」, 『동양학』 15, 1985.
허일권 · 김해솔, 「조선시대 중완구의 제작 기술」, 『박물관보존과학』 26, 2021.
허태구, 「21세기 조선시대 한중관계사 연구의 성과와 전망」, 『조선시대사학보』 105, 2023.
황인규, 「임진왜란 의승군의 봉기와 전란의 충격」, 『한국불교사연구』 2, 2013.

3부

사회와 경제

10

조선 후기 신분 변동론 그 이후*

권내현
고려대학교 역사교육과 교수

1. 머리말

조선시대 신분제 연구는 크게 구조, 변화, 존재 양상을 다룬다. 지금까지 주요 논쟁은 양천제, 4신분제, 반상제와 같은 신분 구조의 문제, 변동론과 안정론으로 대변되는 신분제의 변화 문제에 있었다. 논쟁 과정에서 개별 신분 집단의 특징과 존재 양상에 관해서도 많은 연구가 축적되었다.[1] 문제는 신분제나 그 구조에 대한 이론적 논의가 정체된 가운데 신분 변동론이 통설적 지위를 유지하고 있다는 데 있다.

개설서나 교과서류는 대개 16세기 이후 양반, 중인, 평민, 노비라는 4신분의 형성을 전제로 조선의 신분제를 서술한다. 이들 신분은 18~19세기에

* 이 글은 2023년 『朝鮮時代史學報』 105집에 게재된 「조선 후기 신분 변동론 그 이후」의 내용을 수정 · 보완한 것임.

1 조선시대 신분제와 그 변화에 관한 연구를 정리한 2000년 이후의 논문으로 다음을 참고할 수 있다. 정진영, 「향촌사회에서 본 조선후기 신분과 신분변화」, 『역사와 현실』 48, 2003; 宮嶋博史, 「조선시대의 신분, 신분제 개념에 대하여」, 『대동문화연구』 42, 2003; 송양섭, 「조선후기 신분 · 직역 연구와 '직역체제'의 인식」, 『조선시대사학보』 34, 2005.

양반의 증가, 평민의 감소, 노비의 실질적 소멸이라는 커다란 변화를 겪는다고 이해한다. 신분 변동론으로 규정하는 이러한 관점은 식민지 시대 초석이 놓인 이래 내재적 발전론의 확산과 함께 오랫동안 많은 연구자에게 수용되었다.[2]

그런데 신분 변동론의 기본 자료였던 호적에 대한 근래의 재해석은 역설적으로 변동론에 균열을 가져오기 시작했다. 호적 연구자들은 조선 후기 호적이 부세 운영을 위해 편제된 자료라는 점에 주목하여 직역 편제와 그 변화에 부수된 현상으로 신분 문제를 이해하였다.[3] 곧 국가의 부세 정책과 지방 관청의 운영, 이에 대한 민의 대응이 결합한 호적의 기록에서 신분 변화의 흔적과 실상을 추적한 것이다.

한편으로 고문서나 일기류를 활용한 연구는 다양한 신분 집단 혹은 개인의 구체적인 존재 양상이나 생활상에 대한 이해를 높여 주었다. 이들 연구는 신분 구조나 그 변동에 대한 파악에서 다소 비켜나 있지만 양반의 일상, 여성이나 하층민의 억압 양상과 극복 과정에 관한 많은 정보를 제공하였다. 특히 평민이나 노비들의 청원, 소송처럼 신분 상승을 위한 직접적인 노력과 구분되는 하층민의 또 다른 행위 방식에 관한 많은 사례가 확인되었다.[4]

이 글에서는 2000년대 이후 발표된 이들 연구 성과를 필자의 관점으로

---

2 권내현, 「한국사 교과서 조선시대 신분제 서술의 함의와 오류」, 『역사교육논집』 81, 2022.

3 2000년대 이후 조선시대 호적 연구의 성과를 정리한 것으로는 다음을 참고할 수 있다. 노영구, 「朝鮮後期 戶籍大帳 硏究現況과 電算化의 一例」, 『대동문화연구』 39, 2001; 심재우, 「조선후기 사회변동과 호적대장 연구의 과제」, 『역사와 현실』 62, 2006; 권내현, 「조선 후기 호적, 호구의 성격과 새로운 쟁점」, 『한국사연구』 135, 2006; 권내현, 「조선후기 호적에 대한 이해 - 논쟁과 과제」, 『한국사연구』 165, 2014; 권기중, 「조선후기 호적 연구의 현재와 향후 과제」, 『대동문화연구』 100, 2017.

4 개별 논문의 내용에 대한 소개는 본문에서 서술한다.

정리하였다. 특히 신분 변동론을 어떻게 재해석할 것인가 하는 문제에 초점을 맞추었다. 조선 후기 신분제는 사실상 변동과 안정의 요소가 공존하였다. 필자는 변동과 안정이라는 기존의 관점을 넘어 양반 권리의 비 양반층으로의 확산, 비 양반층의 양반 모방, 위계와 차별의 지속, 노비의 성장이라는 현상에 주목해 보았다.

2. 양반 권리의 확산

신분 변동론, 나아가 해체론의 주요 논거는 양반 인구의 급증에 있다. 양반의 증가로 양반 중심 신분사회가 변동했다는 이 논리에서 양반 인구의 실제 비율은 검증되지 않았다. 19세기 호적에 나타나는 유학幼學호의 통계적 급증 양상만 제시되었을 뿐이다. 이는 모든 유학이 양반인가라는 기존의 비판과 더불어 누락호를 포함한 실제 호구 수를 어떻게 추정할 수 있을 것인가라는 또 다른 문제에 답해야만 유효한 논리가 될 수 있다.

첫 번째 비판과 관련하여 양천제라는 법제적 신분과 달리 반상제나 4신분제의 양반은 사회 통념적 신분이라는 점을 명확히 해야 한다. 조선 후기 호적에 등장하는 모든 유학을 양반으로 간주하는 사회 통념이 존재했다면 양반 증가론은 인정받을 수 있다. 하지만 비 양반 유학은 지역 사회에서 양반으로 대우받지 못하였다. 1832년 진주의 전통 양반층은 자신들을 원유元儒로 구분했는데, 그 호수는 전체의 11.5%였다.[5] 기록에서 빠진 호를 포함하면 이 비율은 10% 아래로 떨어질 수밖에 없다.

누락호를 포함했을 때 실제 양반호를 추정해 볼 수도 있다. 1846년 단성

5 李海濬, 「朝鮮後期 晋州地方 儒戶의 實態 - 1832년 晋州鄕校修理記錄의 分析」, 『진단학보』 60, 1985.

현 법물야면 호적의 유학호는 전체의 절반을 넘었다. 이 유학호의 주호 직역을 장기간 추적하고 빠진 호구를 감안하여 계산할 결과 전통 양반호는 8~13% 수준이었다.[6] 19세기 중엽에도 실제 양반의 수는 10% 내외에 불과하였던 것이다. 이는 신분 변동론의 핵심 논지에 대한 부정이며, 양반의 급증을 근대 이행의 전제로 간주한 선험적 근대 이행론에 대한 비판의 근거가 될 수 있다.

내재적 발전론의 분석 모델 지역이었던 18세기 말 서부나 중부 유럽의 귀족 인구는 1% 내외에 지나지 않았다.[7] 부르주아 일부가 귀족으로 전환하기도 하였지만 그 수가 급증하지는 않았다. 오히려 유럽의 중요한 변화는 귀족 중심의 신분사회가 부르주아의 성장에 따라 계급사회로 바뀌었다는 점에 있다. 유럽 모델의 보편적 적용에 대한 한국 학계의 비판이 거세지는 상황이기는 한데, 이를 따를 경우에도 유학을 포함한 비 양반층의 성장이 새로운 계급사회로의 전환을 촉진했는지는 의문이다.

급증한 유학의 사회 경제적 위상에 대한 탐구는 아직 부족하기는 하지만 근래 호적 연구자들은 국가의 부세, 직역 운영 체계를 통해 유학을 이해하고 있다. 부세 운영을 위한 기초 자료였던 호적에서는 일정한 직역 집단을 확보해야 했다. 직역은 신분과 연관되어 있었지만 부세 운영 방식에 따라 그 관계는 변화할 수밖에 없었다. 18세기 후반 이후 유학에 전통 양반과는 다른 부류들이 다수 포함될 무렵, 부세 운영에서 총액제와 공동납의 관행은 강화되고 있었다.

군역 역시 총액제의 형태로 운영되면서 개별 직역 파악의 엄밀성은 떨어졌다.[8] 이는 신분과 직역 사이의 연관성 약화를 초래하였다. 반상의 관

6 權乃鉉, 「19세기 조선 사회의 계층 이동 양상 - 유학호와 비유학호의 비교를 중심으로」, 『대동문화연구』 103, 2018.

7 이영림 외, 『근대 유럽의 형성, 16-18세기』, 까치, 2011, 301~302쪽.

념 하에서 양반은 군역 면제의 특권을 가진 자들이었다. 하지만 비 양반 유학의 증가와 이들의 군역 탈피로 군역 면제자가 바로 양반인 것은 아닌 사회로 바뀌었다. 비 양반층의 유학 지향은 신분으로서의 양반 그 자체라기보다는 양반이 가진 특권의 하나인 면역에 접근하는 것이었다.

유학은 이제 양반임을 보장하는 직역이 아니라 양반이기 위한 조건의 하나에 불과했다.[9] 물론 비 양반층은 유학이 되어 양반으로 대우받을 수 있는 조건 하나를 획득한 셈이었다. 이 점에서 신분과 직역의 불일치, 비 양반 군역 면제자인 유학의 증가는 신분 변동으로 해석할 여지가 있다. 하지만 이들이 실질적인 양반 대우를 받지 못했다는 사실은 신분 변동의 의미를 축소시킨다. 오히려 신분 상승이 아닌 양반 권리의 비 양반층으로의 확산이라는 전혀 다른 측면에 주목해 볼 수 있다.

양반 신분의 범주와 권리는 법적으로 명확하게 규정되지 않았다. 양반은 관직의 획득이나 경제력 축적에서 다른 신분에 비해 상대적으로 유리하였고 형정 운영에서도 우대받았다. 하지만 원론적으로 관직은 양인 대다수에게 개방되었고, 토지와 노비의 소유는 모든 신분에 열려 있었다. 노비의 토지나 노비 소유도 문제 될 것이 없었다. 관직 획득이나 토지 소유에 있어서 양반에게 세습되는 특권은 거의 존재하지 않았다.[10]

국가가 양반에게 세습되는 특권을 부여하기에는 사실 그들의 수가 너무 많았다. 상층 양반인 관료는 과거를 통해 선발하였고, 그 수는 전체 양반 남성의 극히 일부에 지나지 않았다. 한 가문에서 관직 진출자가 대대로

---

8 손병규, 「戶籍大帳 職役欄의 軍役 기재와 '都已上'의 통계」, 『대동문화연구』 39, 2001.

9 김성우도 유학을 양반이 되기 위한 조건 가운데 하나로 간주하였다. 金盛祐, 「18~19세기 '지배양반' 되기의 다양한 조건들」, 『대동문화연구』 49, 2005.

10 미야지마 히로시는 앞의 논문과 「유교의 제민사상과 소농사회론 - 조선후기 대구 조암방의 사례」, 『국학연구』 14, 2009 등에서 양반의 제약된 특권과 신분화의 한계에 대해 지적한 바 있다.

이어지기도 어려운 구조였다. 그런데도 양반의 사회적 지위는 서유럽의 귀족과는 달리 모든 자녀에게 세습되었다. 서유럽의 귀족은 정치, 경제적 권리를 장남에게 대부분 독점 상속하여 가문의 지위를 영속시키려 하였다.

반면 조선의 양반은 세습할 수 있는 정치권력이 존재하지 않았으며, 개별적으로 축적한 경제력을 17세기까지 자녀에게 골고루 분배하였다. 그리하여 관직 획득을 위한 양반 내부의 치열한 경쟁과 장기적인 경제력 약화에 직면한 다수의 양반은 주로 유교적 의례를 통해 가문이 이어지기를 기대하였다. 전반적으로 조선은 특권이 강하지 않은 많은 수의 양반이 지배층을 이룬 사회였다.

더구나 양반의 지배력은 국왕에서 수령으로 이어지는 행정, 사법, 군사 체계의 하위에 놓여 있었다. 지역의 피지배민에 대한 물리력을 동원한 직접적인 지배가 어려웠으므로 양반은 사회적 명망과 학식, 덕성을 내세워야 했다.[11] 따라서 양반들은 스스로 특권을 형성하고 유지하기 위해 노력할 수밖에 없었다. 서얼과 향리들에 대한 차별, 지역 사회 운영 조직의 장악, 부계 친족의 결속 등이 그것이다.

특히 부계 친족 집단은 양반 개개인이 사회적 신분을 확인, 보장받는 중간 매개체로 기능하였고, 이는 일상에서 국가가 규정한 직역보다 때로는 더 큰 영향력을 발휘하였다.[12] 반면 비 양반층은 자신들의 신분 상승을 보장해 줄 친족 집단이 뒤늦게야 형성되었다. 그들 일부에게 친족 집단은 신분상의 한계를 오히려 명확하게 할 뿐이었다.

비 양반층은 유학으로 상승하기도, 그것을 장기간 유지하기도 쉽지 않았지만 양반에게 태생적으로 부여된 권리는 바로 이 유학 직역이었다. 그

---

11 유승원, 「조선시대 '양반' 계급의 탄생에 대한 시론」, 『역사비평』 79, 2007.

12 백광렬, 「한국 근대전환기 '신분'(身分)·'신분제'(身分制) 용어의 성립과 변천」, 『개념과 소통』 22, 2018.

들이 유학에서 탈피하여 관료로 나가기는 어려웠으나 군역 면역자인 유학 직역의 유지는 지역 사회와 친족 공동체에서 이탈하지 않는 한 보장되었다. 친족을 매개로 신분을 보장받고 적어도 군역에서는 면제된 유학이 곳곳에 동성촌락을 형성하여 집거하였던 것이 조선 후기 양반 사회의 특징이었다. 그들은 전통적인 신분 관념을 유지하고 사회적 위상을 고수하기 위해 비 양반층의 성장을 인정하지 않았다.

양반층의 차별과 배제, 비 양반층의 성장 노력이 동시에 작동하는 상황에서 신분 상승보다는 양반이 가진 권리가 타 집단으로 확산하는 양상이 두드러졌다. 우선 비 양반층의 과거 급제 기회가 점차 늘어났다. 무과에 급제한 하천민은 일찍부터 있었지만 문과에 진출하는 이들도 생겨났다. 1867년 단성의 역리 가계 출신 강영수는 문과에 급제한 뒤 1880년대 사헌부 장령을 역임하였다.[13] 소과와 다른 지역을 포함하면 강영수와 같은 이들이 여럿 확인될 것이다.

과거 급제자의 지역적 확산도 확인되는데, 전통 양반 세력이 약했던 평안도의 19세기 문과 급제자는 전체의 15.8%로 서울의 뒤를 이었다.[14] 비록 고위 관료의 배출은 여전히 힘들었지만 경기나 삼남 지역을 뛰어넘는 급제자 비율은 주목할 만하다. 다만 평안도에서 늘어난 급제자의 가문적, 신분적 배경에 대해서는 더 많은 분석이 필요하다. 더불어 비 양반층 급제자에 대한 사회적 대우나 인식에서 어떠한 변화가 나타났는지도 살펴보아야 한다.

여전히 차별을 극복하지는 못하였지만 제도적인 면에서 양반의 권리에 가장 가깝게 접근한 이들은 양반의 서얼들이었다. 1625년 허통사목許通事目이 제정된 이래 1708년에는 서얼 자손의 유학 직역 사용, 과거에서의 유

13 權乃鉉, 「성장과 차별, 조선 후기 호적과 신분」, 『대동문화연구』 110, 2020.

14 박현순, 『조선 후기의 과거』, 소명출판, 2014, 261쪽.

학 녹명錄名이 허용되었다. 1777년에는 정유절목丁酉節目으로 실직 허용 범위를 확대하였고, 수임首任외 향임직을 맡는 것도 허용하였다. 1823에는 다시 계미절목癸未節目을 통해 통청을 허용하고 한품을 종2품으로 상향하였으며, 유임儒任과 향임의 수임을 모두 허용하였다.[15] 1851년에는 승문원承文院과 선천宣薦에 허통하여 양반 적계의 권리 대부분을 획득하였다.

서얼은 집단적이고 지속적인 요구로 자신들의 권리를 제도적으로 보장받았다. 나머지 신분 집단은 이들처럼 조직적이고 지속적으로 움직일 수 없었다. 더구나 평민 군역자들의 기대는 정치 권리의 획득이 아닌 군역의 면제에 있었다. 그들은 교생, 원생, 군관이 되어 군역에서 일시적으로 벗어났지만 보다 안전한 길은 유학이 되는 것이었다.[16] 19세기 유학의 전국적인 확산 동인은 여기에 있었다.

19세기에는 일부 양반들도 유학 직역의 유지에 관심을 기울였다. 동성촌락에서 이탈하거나 경제적으로 몰락한 양반은 군역 부과에 노출될 수 있었기 때문이다. 그들을 보호해 준 것은 다른 지역에 집거한 친족 집단이었다.[17] 평민들의 경우 지방의 부세 운영에 편승하여 유학이 될 수 있었지만 그것은 국가에 의해 제도적으로 보장된 직역이 아니었다. 따라서 그들은 부계 친족의 결속을 통한 집단적인 직역 상승을 시도하고는 했다. 이 역시 유학 확산의 배경이었다.

유학이 증가하면서 부족해진 군역은 호적에서 빠진 호, 노비에서 평민으로 상승한 호에 부과하거나 공동납 등의 방식으로 해결하였다. 이때 비양반 유학의 면역 혜택이 얼마나 장기간 지속되었는지에 관해서는 확인

15 裵在弘, 「조선후기 향촌사회에서 庶孼의 존재양태와 鄕戰」, 『경북사학』 15, 1992.

16 김준형, 「19세기 진주의 신흥계층 '幼學'호의 성격」, 『조선시대사학보』 47, 2008.

17 김준형, 「몰락 양반층의 軍役侵奪에 대한 대응양상 - 19세기 진주권 지역을 중심으로」, 『고문서연구』 25, 2004.

이 필요하다. 그럼에도 불구하고 16세기 이후 양반이 획득한 군역 면제의 특권이 타 신분으로 확산하였다는 사실에는 변함이 없다. 다시 말하지만, 이는 비 양반층의 신분 상승이 아닌 양반의 권리가 아래로 확산하는 과정이었다.

3. 비 양반층의 양반 모방

양반 권리의 확산과 함께 일상에서 양반의 생활 문화를 타 신분 집단이 모방하는 현상도 점증하였다. 양반을 타 신분과 구분 짓는 주요한 요소 가운데 하나는 그들이 독서와 학문을 통해 지식인의 삶을 영위한다는 데 있었다. 유학 직역 획득은 군역 면제라는 직접적인 효과를 목적으로 한 것이지만 생활 문화의 모방은 양반층 따라잡기나 그들과의 장기적 동질화를 추구하는 과정이었다.

양반의 삶에 근접할 수 있는 이들은 우선 학문과 교육의 기회를 얻을 수 있었던 중인, 서얼들이었다. 서울의 기술직 중인이나 지방의 향리들은 양반들의 관직 경쟁과 마찬가지로 내부의 직임을 둘러싼 치열한 경쟁 상태에 놓여 있었다. 그들 다수의 목표는 양반으로의 신분 상승이 아닌 내부의 경쟁에서 안정적인 직임을 확보하는 데 있는 것으로 보인다. 이 경쟁에서 결과적으로 소수의 가계만이 장기간 지속해서 영향력을 확보할 수 있었다.

다수의 중인에게는 사회 경제적인 지위가 유지되는 한 양반 직역에 도전할 필요가 없었다. 그들에게 군역이 부과되는 것도 아니었다. 이는 세습되는 별도의 직임이 없어 되도록 빨리 양반의 세계에 흡수될 필요가 있었던 서얼들과는 다른 입장이었다. 하지만 중인, 향리 내부의 분화 과정에서 일부는 이들과 다른 길을 걷기 시작했다. 양반의 삶을 모방해 나간 것이다.

18세기 호남감영의 영리營吏 출신 이덕구李德龜는 읍내에서 벗어난 곳에 토지를 마련하였다. 그는 서당을 열어 독서하고 유학을 칭하며 과장科場에도 출입하였다.[18] 영리가 아닌 양반 지식인의 삶을 추구한 것이다. 이러한 양상은 여러 지역의 향리들에게서도 확인된다. 단성의 유력 향리 가계 구성원 일부도 읍내를 벗어나 외곽 촌락으로 이주하였다. 그들 역시 향직을 포기하고 유학 직역을 획득한 뒤 독서로 소일하였다. 이들의 삶은 군역 면제를 목적으로 유학이 된 평민들보다 좀 더 양반에 가까워졌다고 할 수 있다.

평민 중에도 유학이 되는 것에서 멈추지 않고 양반 지식인의 삶에 도전하는 이들이 서서히 나타났다. 일부 평민은 주변의 유력 사족에게 유교 경전에 관해 질문하거나 스스로 탐구하는 모습도 보였다. 단성의 강영수와 마찬가지로 구례의 김녕 김씨 평민 출신 한 인물은 유교적 소양을 익히고 문과에 응시하여 급제하였다.[19] 이러한 활동이 얼마나 활발하였는지는 다양한 사례 분석을 통해 확인해야겠지만 유학으로 성장한 일부 평민들은 19세기 들어 본격적으로 양반화를 추구하였다.

기존의 양반들이 지식인과 관료의 삶을 좇던 비 양반 출신에게 직분이나 명분에 어긋난다고 노골적으로 비판하지는 않은 것으로 보인다. 과거 급제는 자신들도 넘기 힘든 장벽이기도 하였지만 아직 그 수가 위협적이지는 않아서이기도 했다. 더구나 전통 양반들은 이들을 무시하거나 외면할 만큼 가문의 위상에서 큰 차이가 있었다. 비 양반층의 상향 이동을 위한 모방과 동화는 대한제국을 거쳐 식민지 시기까지 활발하게 이어져 나갔다.[20]

---

18 김현영, 「조선후기 한 營吏의 일생 - 李德龜(1701~1774)의 「石泉遺稿」를 중심으로」, 『사학연구』 82, 2006.

19 전경목, 「조선말기 어느 饒戶富民家의 身分上昇을 위한 노력 - 全羅道 求禮縣의 '절골김씨' 고문서를 중심으로」, 『호남문화연구』 31, 2002.

20 근대 시기 비 양반층 출신의 성장 양상에 대해서는 황경문, 백광렬 역, 『출생을 넘어서』, 너머북스, 2022 참고.

학문의 영역과는 비교가 되지 않을 만큼 비 양반층의 모방 행위가 적극적으로 이루어진 영역은 부계 가족, 친족 질서였다. 종법에 근거한 부계 가족, 친족 질서는 양반들의 이상이었으며, 일상에서 그들은 스스로 이를 실천하고 주변을 독려하였다. 이러한 행위는 유교적 이념의 확산과 의례를 통해 비 양반층으로 전이되었다. 상층 문화의 모방이 평민들에게는 자신들의 존재 가치를 높이거나 생활에 더 유리한 측면도 있었다.

양반들은 이미 탈피하였지만 평민들에게 오랫동안 잔존했던 결혼 형태로 문제가 된 것은 동성동본혼이었다. 동성동본혼은 국가에서 규제하였지만 평민들의 경우 부계 친족 집단의 미발달, 성관 획득 과정의 모호성 때문에 주변의 동성동본 구성원이 모두 같은 혈연 집단이라고 인식하지는 않았다. 이 때문에 동성동본혼이 일부 남아 있었지만 부계 친족 관념의 확산으로 소멸하여 나갔다.

나아가 여러 평민 가계에서 부계 가족, 친족 집단이 형성되는 모습을 확인할 수 있다. 양반의 시집살이와 마찬가지로 호적을 보면 평민 부부도 혼인 후 남성의 거주지에서 생활하는 빈도가 높아졌다. 그뿐만 아니라 남성 배우자의 형제나 부계 친족이 같은 촌락에 집거해 나가는 양상도 나타난다. 이는 부계 친족 집단 형성과 결속의 밑바탕이 되었다.

더욱 진전된 현상은 평민들이 안정적인 가계 계승에 의한 가계의 장기 존속을 기대하였다는 점이다. 이는 계후繼後 입양의 수용에서 확인된다. 종법을 안정적으로 실천하기 위해 대다수 양반들은 18세기 이후 적장자 부재 시에 양자를 들였다. 계후 입양은 양반의 뒤를 이어 그들의 서계나 중인층에도 수용되었다. 이들 다음으로 입양 수용의 준비가 되어 있던 이들은 평민이었다.

단성 호적을 보면 한 명이라도 양자를 들인 성관은 모두 62개였다. 이 가운데 30개는 18세기 말 이후에 등장하였다. 입양을 수용한 새로운 성관의 등장은 바로 평민들의 계후 입양과 연관되어 있었다.[21] 양반들의 입양이 가계 계승을 목적으로 이루어진 뒤에도 평민이나 천민들의 입양은 노후 봉양이나 노동력 확보 등 다양한 이유로 시행되었다. 하지만 종법은 이들에게도 영향을 주어 입양의 목적을 가계 계승으로 바뀌게 하였다.

한 가지 흥미로운 점은 평민들이 계후 입양을 수용할 당시 그들의 직역은 대부분 유학으로 상승해 있었다는 사실이다. 평민의 유학 직역 획득과 양반 부계 문화의 수용이 비슷한 시기에 이루어지고 있었던 것이다. 이는 일정한 재력을 가진 평민이 유학으로 성장해 군역을 면제받고, 다시 유학 직역의 유지가 안정되면 양반의 생활 문화를 모방해 나간 것으로 추정할 수 있다. 물론 개별 가계마다 그 선후에 차이가 있겠지만 평민의 유학화는 이런 점에서도 의미가 있었다.

부계 친족 집단의 발달과 집거로 18세기 이후 양반들의 동성촌락이 형성되어 나갔다. 뒤이어 양반 적계와 서계의 분화에 따라 서계 동성촌락도 만들어졌다. 이러한 현상은 평민들에게 영향을 주어 민촌에서 특정 성씨가 집거하는 경향 나타나고 19세기에는 이 가운데 일부가 동성촌락으로 발전하였다.[22] 식민지 시대 조사된 수많은 동성촌락 중에는 이들 평민 촌락이 섞여 있었다.

평민들의 부계 친족 결합은 그들의 성장 동력이 되기도 하였다. 동성촌락 내부의 친족 집단은 특정 평민 가계가 동약이나 면리 행정 운영에서 영향력을 발휘할 수 있도록 하였다. 그들은 개별적인 성장보다 집단적인 이익의 실현을 위해 부계 친족을 활용하기도 하였다. 유력 본관으로 개관을 시도하거나 직역의 상향 이동을 추진할 때 부계 친족이 동시에 움직이

---

21 권내현, 「조선후기 입양의 확산 추이와 수용 양상」, 『역사와 현실』 73, 2009.

22 권내현, 「조선 후기 평민 동성촌락의 성장」, 『민족문화연구』 52, 2010; 김경란, 「조선후기 평민 同姓마을의 형성과 특징 - 大丘府 解北村 廣里의 丹陽 禹氏 사례」, 『사학연구』 128, 2017.

고 있었던 것이다.

평민들의 부계 친족 결합은 종법의 영향과 양반 생활 문화의 모방이 주요한 배경이었다. 그런데 이는 개인과 사회를 연결하는 중간 매개 집단의 미발달, 미분화에도 영향을 받았다. 평민들에게는 공동의 노동 조직이 존재했지만, 자신들의 이익을 대변할 수 있는 중간 매개체가 거의 없었다. 이런 빈자리를 파고든 것이 부계 친족 집단이었다. 지금까지의 가족, 친족 연구가 주로 양반에게 집중되었지만 향후 이러한 측면에 대해서도 새로운 접근이 필요하다.

4. 위계와 차별

조선 양반의 대다수는 비 관직자였으며, 과거 급제의 행운을 잡기는 무척 어려웠다. 이는 대다수 양반이 평생 유학에 머물러 있어야 함을 의미하였다. 설령 급제한다고 하더라도 당색이나 문벌에 따라 고위직 진출에는 한계가 있었다. 더 문제가 된 것은 시간이 지나면서 4대조 안에 관직이나 학문으로 명망을 얻은 현조顯祖를 두지 못한 양반들이 계속 늘어난다는 점이었다. 조상도 자신도 때로는 후손들도 유학에서 벗어나지 못하면서 다수의 양반은 이미 정치적 권위를 상실한 상태였다.

그렇다고 해서 경제력이 지속적으로 확대되기도 어려웠다. 토지 개간은 한계에 부딪혔고 노비의 수는 갈수록 감소했다. 오랜 균분 상속의 여파로 종가나 일부 가문을 제외하면 양반 다수의 경제력은 축소되어 나갔다. 위기를 느낀 양반들은 17세기 후반 이후 적장자 우대 상속으로 방향을 틀었지만 단독 상속으로 경제력을 집중시키지는 않았다. 양반 적자녀는 모두 신분적 지위를 부모로부터 상속받아 적어도 양반에서 도태되지는 않았다. 하지만 정치 경제적 영향력은 갈수록 축소되었다.

조선 후기에는 국가의 정책도 지역 양반들에게 유리하지 않아 수령의 지배력은 점차 확대되었다. 오가통사목五家統事目, 양역변통절목良役變通節目을 시행하는 과정에서 국가는 양반 사족을 실무자인 면리임에 차정하려 하였다. 이는 지방 행정의 하부 단위에 양반들을 포진시키려는 것으로, 그들의 위상 약화를 초래할 수 있었다. 이와 동일선상에서 수령은 향회와 향임을 통한 부세 운영을 강화하였다. 반면 지역민에 대한 양반의 사적 형벌 시행에 대해서는 제재가 확대되었다. 결국 지역 사회에서 양반의 위상은 약화하고 있었다.

전반적으로 도시가 발달하지 못했고 시장 경제가 미성숙했던 조선에서 양반들이 새로운 돌파구를 찾기는 어려웠다. 그들은 부계 혈연 공동체, 동성촌락 공동체에 의존하며 자신들의 영향력을 유지할 수밖에 없었다. 양반들의 부계 친족 결속과 문중 활동은 지역 사회에서 약화된 권위를 회복하고 영향력을 온존하기 위한 노력의 일환이었다. 비 양반층의 성장을 인정할 수 없었던 그들은 혈통상의 우위를 내세워 차별을 유지하고자 했다. 양반의 지위 하락을 우려한 정약용은 양반과 민의 구분, 양반 내 특권층의 존재를 긍정하여 그러한 흐름을 되돌리려는 견해를 드러내기도 했다.[23]

유학에 머물렀던 다수의 양반은 유학에 진입한 중서층, 상층 평민과의 구분을 시도하였다. 유학은 군역 면제, 과장科場 출입, 향권 참여의 전제가 되는 직역이었지만 전통 사족 외에도 향족, 중서, 상층 평민의 유학 진입이 갈수록 늘어났기 때문이다. 이에 따라 창녕의 양반들은 유학을 향내유학(士夫), 향외유학(鄕品官, 閑散), 모칭유학으로 구분하였다. 진주에서는 원유元儒와 별유別儒를 나누고, 민호유학民戶幼學을 따로 설정하였다.[24]

---

23 김진우, 「조선 후기 사회 기본 구조의 특징과 그 의의 - 家, 宗, 族을 중심으로」, 『한국학논총』 52, 2019.

24 김준형, 앞의 논문, 2008; 「18세기 향촌사회 신분구조의 혼효」, 『역사와 경계』 103, 2017.

이러한 차별화는 관료 사회로의 진입이 어려웠던 양반들이 성장하고 있던 비 양반층을 배제하여 자신들의 지위를 유지하려는 전략으로 시도되었다. 차별과 구분 짓기는 특정 신분 집단에 하위 신분 구성원들이 진입할 때 더 적극적으로 이루어졌다. 이는 양반에게만 해당하는 것은 아니었다. 양반 사족은 향족과 중서층이 자신들의 영역에 진입하는 것을 막으려 했고, 중서층은 부유한 평민이 교생, 군직 등을 통해 자신들에게 접근하는 것을 억제하고자 했다.

하지만 결과적으로 유학이 늘어나는 것 자체를 막을 수는 없었기 때문에 차별화가 시도된 것이다. 이 과정에서 유학 내부의 위계도 만들어진 것으로 보인다. 비 양반 유학의 경우 향권 참여를 넘보았던 유학과 군역 면제에 만족했던 유학이 구분되었고, 안정적이고 장기적인 군역 면제 대상이 된 유학과 군역에 다시 차정될 위험에 노출된 유학이 구분되었기 때문이다. 양반들에게 일차적으로 위협이 된 것은 향외유학이나 별유였지만 모칭유학이나 민호유학이 이들의 일부로 성장할 가능성은 얼마든지 있었다.

양반들의 차별과 배제 전략은 지역 내에서 일정한 성과가 있었다. 그들은 비 양반 출신 유학과의 통혼을 거부하였고, 양반으로 인정하지도 않았다. 수령의 영향력에 편승하여 향권에 도전하는 이들이 있었지만 양반들의 세계에 진입하기는 어려웠다. 양반 출신이 아닌 관직자는 양반들의 이러한 차별 때문에 자신의 가계를 유력 양반 가문으로 윤색하기도 하였다.[25] 양반들도 어려웠던 관직에 진출하고서도 혈통상의 한계를 극복하기는 쉽지 않았던 것이다.

차별과 배제, 위계의 온존 양상은 어떤 현상에 주목하느냐에 따라 신분 변동 혹은 안정으로 전혀 다르게 해석될 수 있다. 비 양반층의 성장이나 유

25 권내현, 앞의 논문, 2020.

학 구성의 혼효는 신분 변동으로 이해할 수 있지만 양반층의 차별과 배제, 비 양반층 성장의 한계는 신분 안정론과 연결되기 때문이다. 중요한 점은 유학의 증가가 양반의 증가를 의미하지는 않지만, 여기에서 파생된 제반 양상은 양반 중심 신분 질서에 일정한 균열을 일으키고 있었다는 사실이다.

양반들이 집착했던 혈통상의 위계는 중인들에게서도 확인된다. 중인들은 양반과 마찬가지로 자신의 서계를 차별하여 중인 적계와 서계 사이의 혼인은 쉽지 않았다. 더구나 중인 적계는 서계의 잡과 입격도 배제하였다.[26] 양반의 관직 경쟁처럼 중인 내부의 경쟁도 치열하여 특권 독점을 위한 위계 장치를 확립하고 있었던 것이다. 이는 타 신분의 진입을 막는 데에도 효과를 발휘할 수 있었다.

평민들도 적서를 구분했을 가능성은 있지만 충분한 자료적 근거가 없다. 하지만 평민 내부의 사회 경제적 위상 차이는 확인할 수 있다. 평민의 직역 변동을 추적하면 중간층을 거쳐 유학으로 상승하는 부류, 평민 군역자에 머무는 부류, 노비에서 평민으로 새롭게 진입하는 부류로 구분된다. 단성현 법물야면 호적에서 17~18세기 평민 가계 출신이 1846년 어떤 직역으로 바뀌었는지를 살펴보니 유학으로 상승한 이들이 41.7%, 중간층으로 상승한 이들이 23.1%, 평민 직역을 줄곧 유지한 이들이 35.2%였다.[27]

이 가운데 유학으로 상승한 가계는 여러 세대에 걸쳐 납속직 획득이나 노비 소유 경험이 많고 그 시기도 빨랐다. 경제력의 확보가 직역 상승에 유리하게 작용한 것이다. 한편으로 부계 친족이 응집할수록 유학으로의 성장에 유리했던 측면도 발견된다. 혈연 집단의 결속이 사회적 성장에 활용

---

26 김두헌, 「조선후기 중인의 庶類 및 첩에 대한 차별 - 牛峯金, 漢陽劉, 井邑李 중인 가계를 중심으로」, 『조선시대사학보』 13, 2000; 「조선 후기 기술직 중인 庶流의 혼인과 과거 합격 및 관직 진출」, 『민속학연구』 14, 2004.

27 권내현, 앞의 논문, 2018.

된 것이다. 그런데 유학으로 성장한 부류와 그렇지 못한 부류 사이의 내부 분열이 있었는지, 전자가 후자의 유학 진입을 막고 있었는지는 알기 어렵다. 이는 유학의 범주와 성격에 대한 다양한 분석이 이루어져야만 해명될 수 있을 것이다.

다만 노비에서 해방된 이들과 원래의 평민들이 구분되는 양상은 일부 확인된다. 평민 신분을 획득한 속량 노비들은 상위 직역으로 이동한 평민들의 빈자리를 채워나갔다. 이 과정에서 해방된 노비들은 평민들이 기피하는 직역에 배정되거나 더 이상의 직역 상승이 어렵기도 했다. 실제로 직계 조상에 노비가 포함된 평민의 경우 직역 상승이 어렵거나, 상승하더라도 다시 하향할 가능성이 상대적으로 높았다.

조상의 신분이나 직역이 자손의 성장에 영향을 주는 일은 수군水軍이나 역민驛民에게서도 나타났다. 평민의 직역에는 그 부담의 강약에 따라 천역으로 기피되는 부류가 있었다. 국가의 통제나 세습성이 강한 수군이나 역민이 대표적이었다. 호적에서 직역 이동 양상을 살펴보면 수군이나 역민, 노비가 직계에 포함될 때 성장에 제약이 있었다. 따라서 평민들이 사회적 성장을 추구할 때 경제력의 확보와 함께 기피 직역에서의 탈피가 우선되어야 했다.

아마도 중간층이나 유학으로 성장 과정에 있었던 상층 평민과 천시받던 기피 직역에 머문 하층 평민 사이에는 다양한 간극이 존재했을 것이다. 하지만 그들 사이의 구분이 확대된다고 하더라도 이는 신분 질서를 강화하는 것이 아니었다. 노비에서 해방된 이들이나 수군, 역리 등에 대한 차별은 존재했지만, 이들 가운데에서도 결국 유학으로 성장한 가계는 계속 출현하고 있었다. 위계와 구분, 차별은 사회적 계층화와 계층 간 이동 과정에서 나타난 현상이었다.

5. 노비의 성장

노비 신분과 관련하여 근래 논쟁이 된 것은 조선 노예제사회론이다. 먼저 James B. Palais는 11~19세기 한국 사회를 노예제사회로 규정한 적이 있다. 노예제는 인간이 인간을 동산으로 소유하는 법제적 관계인데 매매, 상속, 증여의 대상이었던 노비 인구가 한국 사회에서는 30% 수준에 달했다는 것이다.[28] 하지만 노비가 법적으로 무권리, 무보호 상태에 있었던 것은 아니었다. 외거노비의 경우 사회 경제적 지위는 일반 농민과 큰 차이가 없었다. 더구나 그의 주장처럼 노비 인구가 장기간 30% 이상을 차지했다는 실증적 근거도 없다.

팔래의 주장에 대해 한국 역사학계는 별다른 반응을 보이지는 않았지만, 최근 이영훈은 그와 유사한 논리를 펼쳤다. 이영훈은 15~17세기를 노비제의 대확장기로 간주하였다. 특히 16~17세기에는 전 인구의 40%가 노비였던, 세계사적으로 유례가 없는 노비제가 정착하였다고 한다. 조선왕조는 백성에게 토지 분배 없이 조세, 공물, 군역을 수취하였으며, 양반 주인은 베푸는 것 없이 납공노비에게 신공을 수취하였는데, 이러한 조선은 '동의와 계약' 또는 '지배와 보호'의 원리가 작동하지 않은 노예제사회로 볼 수 있다는 것이다.[29]

---

28 James B. Palais, *Confucian statecraft and Korean Institutions : Yu Hyŏngwŏn and the late Chosŏn Dynasty*, University of Washington Press, 1996; *Views on Korean Social History*, Institute for Modern Korean Studies, Yonsei University, 1998.

29 이영훈은 팔래의 노예제사회론에 대해 비판적으로 검토했는데, 최근에는 세종의 정책을 비판하면서 노예제사회론을 내세우고 있다. 이영훈, 「제임스 팔래의 奴隸制社會說 검토」, 『한국문화』 52, 2010; 『세종은 과연 성군인가』, 백년동안, 2018; 「朝鮮은 '동의와 계약' 원리 작동 안 해…넓은 의미에서 노예제사회」, 한국경제신문, 2018.10.20. https://www.hankyung.com/life/article/2018101942921. 이에 대한 비판으로는 소순규, 「사회경제사로 윤색된 뉴라이트 '유교망국론' - 이영훈, 『세종은 과연 성군인가』의 노비제론 비판」, 『역사비평』 136, 2021을 참고할 수 있다.

노비 수 증가의 주요 계기는 세종대 종모법으로 인한 양천교혼의 활성화에서 찾았다. 그는 태종대에는 종부법으로 노비 수가 억제되었다며 세종의 정책을 비판하였다. 하지만 양천교혼 소생의 종량 문제는 오랫동안 논쟁을 일으킨 복잡한 사안이었다. 태종대에는 노취양녀奴娶良女 소생 종량법을 먼저 실시하다 정지하였다. 이후 비가양부婢嫁良夫 소생에 대한 종량을 시행하였다가 세종대 관료들의 요청에 따라 관원과 관원 후보자 등의 천처첩 소생 종량으로 제한하였다. 다만 세종은 노취양녀 소생이 아버지의 신분을 따라 천인이 되어야 한다는 건의는 수용하지 않았다.[30] 이러한 변화에는 국왕, 관료, 일반 양인과 노비들의 이해관계가 복잡하게 얽혀 있어서 태종의 종부법과 세종의 종모법으로 단순화하여 평가를 할 수 없다.

더구나 그가 말한 종모법이 양천교혼으로 인한 노비 수 증가를 가져왔다면 현실에서 양인 남성과 천인 여성의 혼인이 급증해야 하지만 이 또한 명확하지 않다. 현재 분석된 자료를 보면 양천교혼은 천인 남성과 양인 여성 사이에서 주로 이루어졌다. 15~16세기 광산김씨 예안파 분재기를 검토한 연구를 보면 노취양녀의 형태가 계속 늘어난다. 1606년 단성호적에서는 노취양녀가 73.6%로, 26.4%인 비가양부에 비해 압도적으로 많았다.[31] 혼인 형태와 상관없이 일천칙천一賤則賤의 원리에 따라 결국에는 양천교혼 자체가 노비 수를 증가시켰다.

이영훈은 원래 납공노비를 서구의 농노와 유사한 존재로 파악하여 팔래를 비판했으나 근래에는 이들도 노예로 간주하였다. 하지만 납공노비는 농노 혹은 일반 농민에 더 가까웠다. 때로는 상전의 위세까지 향유하는

---

30 박경, 「重父 관념을 통해 본 조선 전기의 從良 정책」, 『조선시대사학보』 70, 2014.

31 김영나, 「15~16세기 光山金氏 禮安派의 分財記에 나타난 奴婢의 存在樣相」, 『조선사연구』 17, 2008; 鄭鉉在, 「朝鮮初期의 奴婢에 관한 一考察: 奴婢人口 문제를 中心으로」, 『경상사학』 4 · 5, 1989.

경우도 있었다. 반면에 그의 노비제 비판은 조선을 낮은 경제 발달 수준에 더해 인간에 대한 예속적 지배가 만연한 사회로 인식하게 한다. 식민지근대화론에서 19세기 위기론으로, 다시 조선 노예제사회론으로 확장하면서 조선 사회에 대한 부정적 인식을 강화하고 있는 것이다.

노예제사회론과 달리 한국 역사학계의 관심은 주로 고문서나 호적 자료를 활용하여 노비의 구체적 존재 양상과 사회적 지위 변화를 검토하는 데 있었다. 그 대상은 주로 사노비들이었다. 사노비는 전통적으로 거주 형태와 호적 기재 방식에 따라 솔거노비와 외거노비로 구분되었다. 연구자에 따라서는 입역노비, 앙역노비, 사환노비, 납공노비 등의 개념을 사용하여 새로운 구분 방식을 제시하기도 한다.

노예제사회론에 대한 비판 근거가 될 수 있는 외거노비, 즉 납공노비의 비율도 일부 확인할 수 있다. 16세기 인물인 이문건이 성주에서 유배 생활을 할 때 기록된 노비 가운데 납공노비는 68.3%를 차지하였다. 진천의 평산 신씨가문 납공노비 비율은 17세기 91.6%, 18세기 64.1%, 19세기 74.5% 수준에 이르렀다. 18세기 중엽 대구의 경주 최씨가문 납공노비도 전체의 80% 이상이었다.[32] 일부 유력 가문의 사례에 해당하지만 전반적으로 외거 납공노비의 비율이 월등하게 높았다는 사실을 알 수 있다.

납공노비는 상대적으로 독립성이 강한 반면 노주의 통제력은 약하였다. 이문건의 재경 관료 재직 시에 납공노비 신공 수취율은 23%에 머물렀다. 18세기 안동의 의성 김씨가에서도 노비 신공율이 높을 때 46.2% 수준이었다.[33] 많은 외거노비가 신공 납부에서 비켜나 있었던 것이다. 이들

---

32 안승준, 「16세기 李文楗家의 奴婢使喚과 身貢收取 - 『默齋日記』를 중심으로」, 『고문서연구』 16 · 17, 2000; 김의환, 「17~19세기 진천 평산 신씨의 노비 소유와 노비의 존재양상」, 『한국학논총』 44, 2015; 정진영, 「부자들의 빈곤2 - 18세기 중반 영남 한 향촌 양반지주가의 경제생활」, 『대구사학』 129, 2017.

33 김소은, 「李文楗家의 경제 운영과 지출 - 槐山入鄕을 관련하여」, 『고문서연구』 21, 2002;

은 노예는 고사하고 노주의 완전한 통제를 받는 예속민으로 규정할 수 있는지도 의문이다.

그런데 대다수의 가계에서 노비 수는 18세기부터 크게 줄어들다 19세기에는 급감하는 양상을 보인다. 소수의 노비를 소유한 많은 가계에서는 이때 솔거노비의 비율이 오히려 높아졌을 가능성이 있다. 한 조사에 의하면 19세기 후반 비의 평균 매매가는 60냥으로 노의 5배나 되었다.[34] 노와 비교한 비의 가치 급등은 가내 사역 노동으로 노비의 역할이 변화하였음을 보여주는 것이기도 하다. 다수의 노비가 도망하거나 신분 상승 과정에 들어가면 지주의 토지 경작은 병작 외에도 고공 활용이 늘어나게 된다. 19세기에도 여전히 많은 노비와 토지를 보유한 가계가 아니라면 소유 노비는 주로 가내 사역에 동원되었을 가능성을 고려해 볼 수 있다.

노비의 신분적 억압이나 예속 상황에 대해서는 이미 많이 언급되었지만 근래에는 이들의 권리에 대해서도 활발하게 연구가 이루어지고 있다. 노비는 법적 보호에서 비켜난 존재거나 노주의 제한 없는 착취가 가능한 존재는 아니었다. 노비는 상언과 격쟁의 주체로서 법적, 제도적 권리를 보유하였고 형추 운영에서의 차별도 제한적으로 적용되었다. 도망노비의 추쇄 과정에서 저항이 심할 경우 소송과 같은 공적 절차가 필요하다는 사실도 확인되었다.[35]

고문서 분석 사례를 보면 일부 노비는 양반과의 소송에서 법과 제도를 적극적으로 활용하였고, 사노비가 공노비로 투속하거나 혈역을 찾아 주

김건태, 「18세기 중엽 사노비의 사회, 경제적 성격 - 慶尙道安東金溪里義城金氏家사례」, 『대동문화연구』 75, 2011.

34 이정수 · 김희호, 「조선후기 奴婢賣買 자료를 통해 본 奴婢의 사회 · 경제적 성격과 奴婢價의 변동」, 『한국민족문화』 31, 2008.

35 김경숙, 「17세기 소송 현장과 노비의 소송 전략 - 1635년 宜寧縣 決給立案을 중심으로」, 『한국사연구』 187, 2019.

인을 바꾸는 등 적극적인 생존전략을 펼치기도 하였다.[36] 그들은 다양한 방식으로 재산을 증식하기도 하였는데, 1720년 용궁현에서 1~5결의 토지를 소유한 노비는 모두 24명으로 1개면 평균 3명 내외나 되었다.[37] 노비주는 자기 노비에게 재산 기상記上을 강요하기도 하였지만, 노비들은 재산을 사전 방매하거나 후손 대에 소송으로 대처하였다.[38] 조선왕조는 자식이 있는 노비의 재산을 침탈하는 주인에게 그 자손이 소송하는 것을 허용하였다.

19세기 홍성의 기계유씨 일기를 보면 관행 이상의 노동력을 제공한 노비에게 임금을 지급한 사례가 확인된다. 이러한 현상이 얼마나 보편적이었는지는 검토해 보아야 하겠지만 노주와 노비의 관계가 일방적, 무조건적 착취에 기반을 둔 것은 아니었다. 그들의 관계는 상호 의존적이거나 호혜적인 측면이 있었던 것이다. 실제 한말 선교사의 관찰을 보면 노주가 노비에게 인간적으로 대우한다거나 노비의 생활이 고용 노동자보다 나쁘지 않다고 인식하기도 하였다.[39] 노비제 유지의 일차적 배경은 국가의 재정 확보, 노주의 현물이나 노동력 확보에 있지만 경제적 독립이 어려운 노비들의 선택, 노주의 후원과 보호도 하나의 배경이 되었다고 할 수 있다. 이러한 상호 관계가 약한 외거노비는 노주로부터 독립할 가능성이 더 컸다.

조선 후기에는 국가의 정책도 노비 보호를 강화하고 양인화를 추동하

36 이혜정, 「17세기 奴婢陳告를 통한 投屬 행위와 壓公爲私 - 1685년 노비결송입안을 중심으로」, 『인문학연구』 40, 2019; 이광우, 「17세기 어느 校奴婢 일가의 奴婢訟을 통해 본 몇 가지 사회상」, 『영남학』 70, 2019.

37 김건태, 「17-18세기 전답 소유규모의 영세화와 양반층의 대응」, 『한국사학보』 9, 2000.

38 李在洙, 「16 · 17세기 奴婢의 田畓 所有와 賣買 實態」, 『조선사연구』 9, 2000; 李正守, 「16세기 奴婢의 記上田畓과 性格」, 『역사와 경계』 59, 2006; 김경숙, 「소송을 통해 본 조선후기 노비의 記上抵抗 - 1718년 求禮縣 決訟立案을 중심으로」, 『역사학연구』 36, 2009.

39 김현숙, 「19세기 중반 양반가 일기에 나타난 노비와 노비노동 - 호서지역 김호근 가를 중심으로」, 『조선시대사학보』 67, 2013.

는 방향으로 나아갔다. 자의적으로 이루어졌던 노주의 노비 체벌에 대해 18세기에는 부정적인 사문용형私門用刑으로 간주하기 시작하였다. 영조대 반포된 남형금단사목濫刑禁斷事目에서는 노비의 반주叛主 행위에 대해서도 함부로 형벌을 가하지 말고 관에 고발해 처벌이 이루어지도록 하였다.[40] 노비에 대한 자의적인 처벌을 규제해 나갔던 것이다.

더불어 천인의 종량을 정부에서 통제하였던 조선 전기의 방침은 점차 완화되었다. 정부의 재정 확보를 위한 잦은 납속책으로 노비의 합법적 속량이 확대되었을 뿐만 아니라 17세기 중후반 이후 민간에서의 사노비 속량 사례도 늘어났다.[41] 공노비의 저항에 따른 신공 감소와 양인화 정책은 사노비에게도 영향을 주었고, 종모법 시행과 내시노비의 혁파로 양인의 수는 갈수록 늘어났다.

이 과정에서 사노비에 대한 국가의 통제와 역 부과도 확대되었다. 단성호적의 분석에 따르면 노주가 단성 밖에 거주하는 외거노 가운데 군역자는 17세기 말 20%에서 19세기 초 40%로 증가하였고, 노주가 단성에 거주하는 외거노 군역자는 20%에서 80%로 급증하였다. 속오군에서 시작된 사노 군역자의 비율이 많이 늘어나고 있었던 것이다. 지방 관아에서 사역하는 노비도 증가하였는데, 이는 노주가 자기 노비를 읍소속으로 제공하였기 때문이다.[42]

외거노비만이 아니라 솔거노비에게도 점차 국가나 지방 관청에서 역을 부과하였다. 사노비에 대한 국가의 영향력 확대는 노주의 권한을 침해하

---

40 沈羲基, 「16세기 李文楗家의 奴婢에 대한 體罰의 實態分析」, 『국사관논총』 97, 2001; 전경목, 「18세기 奴 · 主 紛爭의 한 사례 연구 - 조선후기 변화된 사회상과 관련하여」, 『고문서연구』 26, 2005.

41 박경, 「속량 문서를 통해 본 17세기 조선 정부의 사노비 통제 양상의 변화」, 『역사와 현실』 87, 2013.

42 손병규, 「18세기 지방의 사노군역 파악과 운영 - '경상도단성현호적대장'의 기재 상황」, 『한국사학보』 13, 2002.

는 것이었으며, 선초에 확립된 양천제의 기본 원리를 파괴하는 것이었다. 이는 현상적으로는 국가나 지방 권력에 대한 노주의 부담 강화로 보인다. 하지만 노비에 대한 노주와 국가의 이중적 지배는 점차 국가와 사노비의 관계 강화, 즉 사노비의 양인화 방향으로 힘이 작용할 가능성을 크게 한다는 점에서 주목된다.

양반 사족의 노비가 군역이나 읍소속에 충정되지만 그 반대급부는 명확하지 않다. 오히려 국가나 관권의 영향력이 사족에게 깊숙이 침투하고 있었다. 반면에 노주가 자기 노비 관리에 관권을 활용하기는 갈수록 어려워졌다. 원래 노비의 추쇄나 신공 수취를 원활하게 하기 위해서는 관권의 협조가 필요했다. 하지만 지방 사족과 수령 사이의 연결 고리는 점차 줄어들어 청탁 자체가 곤란해지고 있었다.[43]

이와 함께 노비의 태업이나 신공 거납, 도망, 자기 경리 치중 현상으로 노주의 관리 비용은 계속 증가하였다. 반면에 노비의 실질 가격은 하락하여 사유 재산으로서의 가치는 떨어졌다.[44] 토지에 비해 노비 소유의 실익이 줄어들고 있었던 것이다. 일부 노주는 잦은 자연재해와 경제력 축소로 생계를 책임져야 하는 솔거노비를 유지하기도 어려웠다. 이러한 상황에서는 노비를 속량하거나 노비 대신 고공을 이용하는 것이 더 경제적이었다. 노비 수의 감소 배경에는 노주가 처한 조건의 변화도 있었던 것이다.

노비 수의 감소 과정에서 늘어나고 있었던 도망노비의 향방도 주요한 분석 대상이다. 일기류에는 여러 번 도망하고 추쇄되는 노비들이 기재되고 있는데, 『역중일기曆中日記』의 경우 300여 명의 노비 중 한 번 이상 도망한 이들이 84명이나 되었다. 그들은 며칠에서 몇 년 뒤에 추쇄되거나 궁핍

43 전경목, 「도망노비에 대한 새로운 시선」, 『전북사학』 40, 2012.

44 이정수 · 김희호, 「조선후기 奴婢價 변동의 원인 - 생산성과 노비관리비용을 중심으로」, 『지역과 역사』 23, 2008.

때문에 자발적으로 돌아왔다.[45] 설령 도망에 성공한다고 하더라도 새 거주지의 호강인에게 침학받을 가능성도 있었다. 따라서 일부 노비는 권세가에 투탁하여 생존을 모색하기도 하였다.

노비의 도망이 신분 상승으로 직결되었는지에 대해서는 충분한 자료가 없다. 그들의 열악한 처지와 도시의 미발달, 생계 수단 확보의 어려움으로 신분 상승이 곤란했다고 보기도 한다. 그러나 도망 노비의 증가와 노비 수의 감소가 맞물렸던 상황을 고려해야 한다. 18~19세기 재령이씨가의 호구단자에서 도망 노비는 전체의 53%나 되었는데[46] 이는 다른 가문에서도 유사한 흐름을 보였다.

호적에서도 급증이 확인되는 도망 노비가 다른 지역에서 다시 노비로 살아갔는지는 의문이다. 일부는 여전히 노비로 생계를 유지하는 경우가 있었겠지만, 그 수가 노비 수 감소의 방향을 돌려놓지는 못했다고 판단된다. 도망 노비에 대한 처분도 바뀌어 노상추가의 경우 처벌은 점차 약해졌고 고공으로의 전환을 허락하기도 하였다.[47] 다만 도망 노비의 향방과 그들의 생존 방식에 대한 규명은 여전히 미흡한 편이다. 호적에서 도망한 곳으로 기재된 지역의 실체도 확인되지 않았다. 신공을 납부하지 않는 외거노비와 도망한 노비의 차이가 무엇인지도 확인해 볼 필요가 있다.

호적에 등장하는 가계들을 장기간 추적하면 노비의 성장과 신분 상승 과정을 살펴볼 수 있다. 노비에서 해방된 이들은 일반적으로 성관을 획득하고, 한글 이름을 한자 이름으로 바꾸며, 본인과 사조의 직역 및 처의 사조 직역을 양인으로 윤색하였다.[48] 유학 직역 획득이 양반화의 한 과정

---

45 정진영, 「18세기 일기자료를 통해본 사노비의 존재형태 - 百弗庵 崔興遠의 ≪曆中日記≫(1735~1786)를 중심으로」, 『고문서연구』 53, 2018.

46 문숙자, 「18~19세기 載寧李氏家 호구단자를 통해 본 노비 家系」, 『장서각』 21, 2009.

47 이정수, 「조선후기 盧尙樞家 奴婢의 역할과 저항」, 『지역과 역사』 34, 2014.

48 권내현, 『노비에서 양반으로, 그 머나먼 여정 - 어느 노비 가계 2백년의 기록』, 역사비평

이라면 성관 획득과 개명, 조상의 가계에서 노비 흔적 지우기는 양인화의 필수 조건이었다.

노비들은 속량 이후 평민 군역자에 머물기도 하나 일부는 끊임없이 직역 상승을 시도하였다. 1846년 단성 법물야면 주호 가운데 54명은 원래 노비 가계 출신이었다. 이들 가계의 직역 변동을 추적해 보면 노비에서 유학으로 성장한 이가 7명(13%), 노비에서 중간층으로 올라간 이가 14명(26%), 노비에서 평민층으로 상승한 이가 33명(61%)이었다.[49] 노비 다수는 평민층으로 상승하였고, 일부는 유학 직역을 획득하는 데 성공하였다. 이들은 다른 지역으로 떠나거나 도망하지 않고 단성에서 장기간 거주하며 신분 상승을 이루었다.

지역에 따라 차이가 있겠지만 단성을 떠난 노비들도 유사한 성장 과정을 거쳤을 것으로 추정된다. 다만 양반 세력이 비교적 강한 단성에서는 노비 후손이 유학으로 성장하더라도 향권에 접근하기는 쉽지 않았다. 반면 동래의 노비였던 영양천씨가의 경우에는 18세기 초 하급 무임직을 얻고 18세기 중반에는 중급 무임직에 올랐다. 다시 18세기 후반에는 유학으로 상승하였다가 19세기에는 마침내 향반 사회에 편입되었다. 이들은 서원의 재임에 천거되었을 뿐만 아니라 향교에도 참여하였다.[50] 이러한 사례는 소수에 불과하겠지만 관료로 진출한 평민 가계, 향반에 편입된 노비 가계가 존재하였다는 사실도 큰 변화라고 할 수 있다.

마지막으로 검토가 필요한 부분은 19세기 호적에 등장하는 노비의 성격 문제이다. 19세기 언양이나 단성 호적에 등장하는 노비 호는 급감하지만

사, 2014.

49 권내현, 앞의 논문, 2018.

50 손숙경, 「조선후기 東萊 石臺洞 下里의 穎陽 千氏 家系의 사회 지위와 그 이동 - 非鄕班에서 鄕班으로의 사회 이동과 변경 지역 사회의 역동성」, 『고문서연구』 35, 2009.

노비 인구는 지속되거나 부분적으로 증가하였다. 그런데 단성의 경우 19세기에는 점차 호당 1명의 노비가 기재되는 추세를 보인다. 이들 다수는 실재하지 않았던 가공의 인물일 가능성이 제기되고 있다. 반호班戶는 오랫동안 노비의 이름으로 포를 납부했던 관행이 존재했고, 가난한 자들은 노비가 없어 허명虛名을 기재한다는 당대의 기록도 있기 때문이다.[51] 호적에 기재된 노비의 성격에 대해서는 더 검토가 필요하지만 19세기 후반 호적의 주호 다수가 유학이었다는 사실을 이와 연관 지어 볼 수 있다. 이 시기의 유학은 국가의 각종 부세 운영에 조응하며 가공의 노비를 보유한 균질화된 공민公民으로 파악해 볼 수 있는 것이다.

6. 맺음말

조선시대의 신분 구조에 대해서는 양천제, 4신분제, 반상제 등 다양한 논쟁이 전개되었다. 반면 후기의 변화에 대해서는 신분 변동론(해체론) 중심으로 논의가 단순화하였다. 신분 변동론은 지주제 변동과 함께 근대사회를 전망하는 논리였다. 하지만 신분제의 변동, 해체가 근대 이행의 선행 조건이나 그 지표인 것은 아니다. 더구나 양반의 수적 증가에 근거한 신분 변동론은 근래 호적 연구를 통해 부정되고 있는 만큼, 신분제 변화에 대한 새로운 접근이 필요하다.

양반을 중심으로 한 지배 질서가 장기간 안정적으로 유지되었다는 관점 역시 어떤 사회에서나 나타나는 차별과 배제 현상에 대한 지나친 의미 부여일 수 있다. 오히려 양반의 특권이 모호하거나 강하지 않았다는 시각

51 宋亮燮, 「19세기 幼學戶의 구조와 성격 - 『丹城戶籍大帳』을 중심으로」, 『대동문화연구』 47, 2004.

에 주목할 필요가 있다. 일반 양반이 관료 사회에 진입하기 위한 경쟁은 너무나 치열했던 반면 사회 경제적 지위는 갈수록 약화하였다. 장기적으로 그 수가 증가하고 있던 양반의 적계 자손 모두가 신분상의 권리를 공유하였고, 관권은 지역 사회 깊숙이 침투하였다.

이 과정에서 양반들이 독점했던 권리 일부가 비 양반층으로 확산하여 나갔다. 평민은 물론 노비의 후손까지 유학 직역을 획득하였으며, 양반 문화를 모방하면서 양반과의 사회적 간격을 좁혀나갔다. 양반들은 같은 신분 집단 내부의 경쟁은 물론 그들에게 접근하는 새로운 세력에 대한 차별과 배제 전략에도 관심을 기울여야 했다. 차별과 배제는 중인은 물론 평민층 내부에서도 확인된다.

노예제 사회론은 노비들의 법적 권리나 사회적 지위에 대한 일면적 이해에서 비롯된 것이지만 해방된 노비들의 성장에 제약이 뒤따르는 측면도 확인된다. 노비의 해방과 급감으로 조선의 법적 신분은 양인 중심으로 재편되었다. 통념상의 양반은 굳건하게 존재했지만 그들의 권리나 문화는 아래로 계속 확산하였다. 이는 반상적 신분 질서의 약화와 양인 내부의 계층적 질서 강화를 전망하게 한다. 조선시대의 신분과 신분제에 대해서는 더 많은 이론적, 실증적 검토가 필요한데, 특히 그 구조나 변화의 성격에 관한 심도 있는 논의가 진행되어야 할 것이다.

| 참고문헌 |

권내현, 『노비에서 양반으로, 그 머나먼 여정 - 어느 노비 가계 2백년의 기록』, 역사비평사, 2014.

박현순, 『조선 후기의 과거』, 소명출판, 2014.

이영림 외, 『근대 유럽의 형성, 16-18세기』, 까치, 2011.

이영훈, 『세종은 과연 성군인가』, 백년동안, 2018.

황경문, 백광렬 역, 『출생을 넘어서』, 너머북스, 2022.

James B. Palais, *Confucian statecraft and Korean Institutions : Yu Hyŏngwŏn and the late Chosŏn Dynasty*, University of Washington Press, 1996.

James B. Palais, *Views on Korean Social History*, Institute for Modern Korean Studies, Yonsei University, 1998.

권기중, 「조선후기 호적 연구의 현재와 향후 과제」, 『대동문화연구』 100, 2017.

권내현, 「조선후기 입양의 확산 추이와 수용 양상」, 『역사와 현실』 73, 2009.

______, 「조선 후기 평민 동성촌락의 성장」, 『민족문화연구』 52, 2010.

______, 「19세기 조선 사회의 계층 이동 양상 - 유학호와 비유학호의 비교를 중심으로」, 『대동문화연구』 103, 2018.

______, 「성장과 차별, 조선 후기 호적과 신분」, 『대동문화연구』 110, 2020.

______, 「한국사 교과서 조선시대 신분제 서술의 함의와 오류」, 『역사교육논집』 81, 2022.

김건태, 「17-18세기 전답 소유규모의 영세화와 양반층의 대응」, 『한국사학보』 9, 2000.

______, 「18세기 중엽 사노비의 사회, 경제적 성격 - 慶尙道安東金溪里義城金氏家사례」, 『대동문화연구』 75, 2011.

김경란, 「조선후기 평민 同姓마을의 형성과 특징 - 大丘府 解北村 廣里의 丹陽 禹氏 사례」, 『사학연구』 128, 2017.

김경숙, 「소송을 통해 본 조선후기 노비의 記上抵抗 - 1718년 求禮縣 決訟立案을 중심으로」, 『역사학연구』 36, 2009.

______, 「17세기 소송 현장과 노비의 소송 전략 - 1635년 宜寧縣 決給立案을 중심으로」, 『한국사연구』 187, 2019.

김두헌, 「조선후기 중인의 庶類 및 첩에 대한 차별 - 牛峯金, 漢陽劉, 井邑李 중인 가계를 중심으로」, 『조선시대사학보』 13, 2000.

______, 「조선 후기 기술직 중인 庶流의 혼인과 과거 합격 및 관직 진출」, 『민속학연구』 14, 2004.

金盛祐, 「18~19세기 '지배양반' 되기의 다양한 조건들」, 『대동문화연구』 49, 2005.

김소은, 「李文楗家의 경제 운영과 지출 - 槐山入鄕을 관련하여」, 『고문서연구』 21, 2002.

김영나, 「15~16세기 光山金氏 禮安派의 分財記에 나타난 奴婢의 存在樣相」, 『조선사연구』 17, 2008.

김의환, 「17~19세기 진천 평산 신씨의 노비 소유와 노비의 존재양상」, 『한국학논총』 44, 2015.

김준형, 「몰락 양반층의 軍役侵奪에 대한 대응양상 - 19세기 진주권 지역을 중심으로」, 『고문서연구』 25, 2004.
______, 「19세기 진주의 신흥계층 '幼學'호의 성격」, 『조선시대사학보』 47, 2008.
______, 「18세기 향촌사회 신분구조의 혼효」, 『역사와 경계』 103, 2017.
김진우, 「조선 후기 사회 기본 구조의 특징과 그 의의 - 家, 宗, 族을 중심으로」, 『한국학논총』 52, 2019.
김현숙, 「19세기 중반 양반가 일기에 나타난 노비와 노비노동 - 호서지역 김호근 가를 중심으로」, 『조선시대사학보』 67, 2013.
김현영, 「조선후기 한 營吏의 일생 - 李德龜(1701~1774)의 「石泉遺稿」를 중심으로」, 『사학연구』 82, 2006.
노영구, 「朝鮮後期 戶籍大帳 硏究現況과 電算化의 一例」, 『대동문화연구』 39, 2001.
문숙자, 「18~19세기 載寧李氏家 호구단자를 통해 본 노비 家系」, 『장서각』 21, 2009.
宮嶋博史, 「조선시대의 신분, 신분제 개념에 대하여」, 『대동문화연구』 42, 2003.
미야지마 히로시, 「유교의 제민사상과 소농사회론 - 조선후기 대구 조암방의 사례」, 『국학연구』 14, 2009.
박 경, 「속량 문서를 통해 본 17세기 조선 정부의 사노비 통제 양상의 변화」, 『역사와 현실』 87, 2013.
______, 「重父 관념을 통해 본 조선 전기의 從良 정책」, 『조선시대사학보』 70, 2014.
裵在弘, 「조선후기 향촌사회에서 庶孼의 존재양태와 鄕戰」, 『경북사학』 15, 1992.
백광렬, 「한국 근대전환기 '신분'(身分) · '신분제'(身分制) 용어의 성립과 변천」, 『개념과 소통』 22, 한림과학원, 2018.
소순규, 「사회경제사로 윤색된 뉴라이트 '유교망국론' - 이영훈, 『세종은 과연 성군인가』의 노비제론 비판」, 『역사비평』 136, 2021.
손병규, 「戶籍大帳 職役欄의 軍役 기재와 '都已上'의 통계」, 『대동문화연구』 39, 2001.
______, 「18세기 지방의 사노군역 파악과 운영 - '경상도단성현호적대장'의 기재 상황」, 『한국사학보』 13, 2002.
손숙경, 「조선후기 東萊 石臺洞 下里의 潁陽 千氏 家系의 사회 지위와 그 이동 - 非鄕班에서 鄕班으로의 사회 이동과 변경 지역 사회의 역동성」, 『고문서연구』 35, 2009.
宋亮燮, 「19세기 幼學戶의 구조와 성격 - 『丹城戶籍大帳』을 중심으로」, 『대동문화연구』 47, 2004.
______, 「조선후기 신분 · 직역 연구와 '직역체제'의 인식」, 『조선시대사학보』 34, 2005.
沈羲基, 「16세기 李文楗家의 奴婢에 대한 體罰의 實態分析」, 『국사관논총』 97, 2001.
심재우, 「조선후기 사회변동과 호적대장 연구의 과제」, 『역사와 현실』 62, 2006.
안승준, 「16세기 李文楗家의 奴婢使喚과 身貢收取 - 『默齋日記』를 중심으로」, 『고문서연구』 16 · 17, 2000.
유승원, 「조선시대 '양반' 계급의 탄생에 대한 시론」, 『역사비평』 79, 2007.
이광우, 「17세기 어느 校奴婢 일가의 奴婢訟을 통해 본 몇 가지 사회상」, 『영남학』 70, 2019.
이영훈, 「제임스 팔래의 奴隸制社會說 검토」, 『한국문화』 52, 2010.
李在洙, 「16 · 17세기 奴婢의 田畓 所有와 賣買 實態」, 『조선사연구』 9, 2000.

李正守, 「16세기 奴婢의 記上田畓과 性格」, 『역사와 경계』 59, 2006.
______, 「조선후기 盧尙樞家 奴婢의 역할과 저항」, 『지역과 역사』 34, 2014.
이정수 · 김희호, 「조선후기 奴婢價 변동의 원인 – 생산성과 노비관리비용을 중심으로」, 『지역과 역사』 23, 2008.
______________, 「조선후기 奴婢賣買 자료를 통해 본 奴婢의 사회 · 경제적 성격과 奴婢價의 변동」, 『한국민족문화』 31, 2008.
李海濬, 「朝鮮後期 晋州地方 儒戶의 實態 – 1832년 晋州鄕校修理記錄의 分析」, 『진단학보』 60, 1985.
이혜정, 「17세기 奴婢陳告를 통한 投屬 행위와 壓公爲私 – 1685년 노비결송입안을 중심으로」, 『인문학연구』 40, 2019.
전경목, 「조선말기 어느 饒戶富民家의 身分上昇을 위한 노력 – 全羅道 求禮縣의 '절골김씨' 고문서를 중심으로」, 『호남문화연구』 31, 2002.
______, 「18세기 奴 · 主 紛爭의 한 사례 연구 – 조선후기 변화된 사회상과 관련하여」, 『고문서연구』 26, 2005.
______, 「도망노비에 대한 새로운 시선」, 『전북사학』 40, 2012.
정진영, 「향촌사회에서 본 조선후기 신분과 신분변화」, 『역사와 현실』 48, 2003.
______, 「부자들의 빈곤2 – 18세기 중반 영남 한 향촌 양반지주가의 경제생활」, 『대구사학』 129, 2017.
______, 「18세기 일기자료를 통해본 사노비의 존재형태 – 百弗庵 崔興遠의 ≪曆中日記≫(1735~1786)를 중심으로」, 『고문서연구』 53, 2018.
鄭鉉在, 「朝鮮初期의 奴婢에 관한 一考察; 奴婢人口 문제를 中心으로」, 『경상사학』 4 · 5, 1989.

11

大同法 실시와 '三政體制'의 성립: 役에 의한 지배에서 재정에 의한 지배로*

송양섭
고려대학교 한국사학과 교수

1. 들어가며

조용조租庸調의 이념을 표방한 조선왕조의 수취체제에서 조調에 해당하는 공납제貢納制는 국가재정의 주요 구성부문으로 확고한 위상을 가지고 있었다. 대동법은 공납제에 대한 대대적인 개혁을 통해 공물의 상당 부분을 토지에 부과함으로써 부세 · 재정 구조의 전면적인 재편을 불러왔을 뿐만 아니라 사회 전반에도 커다란 영향을 미쳤다는 점에서 동 시기 여러 제도개혁 가운데 특별하고도 중요하게 다루어져 왔다. 대동법의 의의는 대체로 ① 공평과세의 원칙에 의한 정률세주의를 통해 ② 세원을 토지로 단일화하여 세납과 직결시킴으로써 ③ 종래 자의적 · 가렴적 재정운영을 극복하고 양출정입量出定入의 예산제도를 마련하여 근대적 재정질서로의 발전에 기여하였는데 이는 ④ 조세금납화의 기초를 마련하고 ⑤ 공인貢人의 출현으로 상징되는 상업의 발달로 상품화폐경제의 성장에 이바지한

* 이 글은 2023년『朝鮮時代史學報』107집에 게재된「大同法 실시와 '三政體制'의 성립 - 役에 의한 지배에서 재정에 의한 지배로 -」의 내용을 수정 · 보완한 것임.

데 있다고 정리된다.[1]

조선후기사 연구의 진전에 따라 대동법에 대한 성과도 적지 않게 축적되었고 이에 대한 이해의 폭도 크게 넓어졌다. 하지만 이러한 가운데에서도 통설적 대동법 이해가 여전히 시야에서 놓치거나 주목하지 못했던 영역도 적지 않은 것이 아닌가 생각된다. 여기에서 우선적으로 고려해야 할 것은 공납제의 변화와 대동법 시행이 가능해진 사회적 조건, 그리고 그것이 몰고 온 제도적 파장이 어떠한 의미를 가지는지 장기적인 시야를 확보할 필요가 있다는 점이다.

대동법이 불러온 변화 가운데 가장 중요하게 꼽을 수 있는 것이 바로 전정田政·군정軍政·환정還政을 중심으로 한 이른바 '삼정체제三政體制'의 성립이다. 현물 중심의 수취체계는 이제 새로운 국면을 맞이했고 이는 국가재정 구조는 물론 사회 전반에 걸친 대대적인 변화를 예고했다. 삼정체제의 성립이라는 변화의 중심에 놓인 대동법은 그러한 점에서 보다 거시적인 안목을 통한 집중적인 탐구가 필요하지 않은가 생각된다. 여기에는 대동법을 바라보는 이른바 '상품화폐경제의 발달'을 통한 '근대적 재정질서의 확립'이라는 관점이 구체적으로 어떠한 내용을 담고 있는지에 대한 검토도 포함된다.

대동법의 실시가 공납제 변화의 중요한 계기였던 것은 분명하지만 공납제 자체의 폐지를 의미하는 것은 아니었다. 공납제의 긴 역사 속에서 대동법은 새로운 전신이자 하나의 국면일 뿐이었다. '대동'의 추세는 이전은 물론 이후에도 이어지면서 재정운영과 지배체제에 많은 변화를 불러왔거니와 그러한 점에서 적폐의 온상으로서 공납제와 개혁의 상징으로서 대동법이라는 관점은 문제의 본질을 흐릴 우려가 있다.

1 한영국, 「대동법의 시행」, 『한국사』 30, 국사편찬위원회, 2002.

이 글이 특별히 주목하고자 하는 점은 공납제의 운영과 관련된 역役의 문제이다. 공물은 재화 그 자체도 중요하지만 이를 조달하기 위해 소요되는 인간의 노동력을 전제하지 않으면 의미를 가지기 힘들다. 재화와 노동력의 결합이야말로 공물이 공물로서 가치를 가질 수 있는 본원적인 조건이었던 것이다. 따라서 공물납부를 위한 노동력의 동원과 수급방식의 변화에 대한 검토는 대동법의 제도적 성격을 이해하기 위한 중요한 경로로 보다 깊숙이 들여다볼 필요가 있다. 이 글은 이상의 몇 가지를 염두에 두고 공납제 개혁의 중요한 변곡점으로서 대동법이 몰고 온 파장이 가지는 의미를 부세·재정 구조 전반의 흐름 속에서 살펴보고자 한다. 시론에 불과하고 선행연구에 많은 빚을 지고 있지만 향후 연구의 진전을 위한 조그마한 디딤돌이 되기를 기대해 본다.

2. 공납제의 변화와 대동법: 공물 지세화의 조건

공납제는 정치체의 수장이 천신天神이나 농업신에 대한 제사에 수확한 곡물을 바치던 전통에서 비롯되었고 공여된 공납물은 원칙적으로 공동체의 재생산에 필요한 공공의 비용으로 소비되었다.[2] 삼면이 바다인 데다가 대부분 산악지대로 이루어졌고 토질 또한 척박한 지역으로 분류되는 한반도의 자연환경을 감안한다면 낮은 수준의 생산력 단계에 조응하여 국가가 필요로 하는 물자의 조달은 산림천택山林川澤의 비농업 부문에 크게 의존할 수밖에 없었다. '우리나라는 토지가 척박해서 세입稅入이 매우 적은데 생민들의 고혈은 공부貢賦로 모두 거두어진다'[3]는 말과 같이 공납제

2 박찬흥, 「국가재정과 수취제도」, 『한국고대사2-사회운영과 국가지배』, 한국역사연구회, 2016.

에 입각한 현물납이 수취제도로서 당위성을 가질 수밖에 없었던 조건이었던 것이다. 장구한 기간 이어져 온 공납제의 역사는 이를 잘 보여준다.

공물의 채취 · 가공 · 보관 · 운반 등에 소요되는 노동력은 신역 · 요역 등 복잡한 역 체계를 통해 이루어졌다. '구체적 노동'을 투입하여 각종 수요품의 사용가치를 실현하는 형태로 공물은 자연상태의 생물 · 원료나 반제품 등에 노동력이 결합됨으로써 의미를 가질 수 있었다. 공물의 조달은 그 안에 포함된 인간의 노동력이 본질적 내용을 구성했던 것이다. 따라서 공납제는 그 안에 숨어있는 국가의 복잡한 역 체계의 조직과 운영을 빼놓고는 이해하기 힘들다. 어찌 보면 공납제 자체가 거대한 노역동원 체제라 해도 과언이 아니다. 대동법을 두고 '대동균역大同均役'이라고 한 것도 그 궁극적인 지향이 대동을 통한 균역의 실현이었음을 보여준다.[4]

조선전기 공물은 분정 원칙이 모호하고 복잡했다. 관전官田 · 과원果園 · 목장 · 수공업장 등 관청의 시설이나 소所와 같이 특정 직역자를 지역 단위로 묶어 물품을 생산토록 하였다. 간干 · 한漢 등 개별 직역자나 민호民戶에 부과하여 조달하는 형태도 커다란 비중을 차지하였다. 공물을 확보하기 위한 원료나 반제품 등도 대부분 영 · 진 · 읍 등 지방의 각급기관에서 직접 공급하였다.[5] 어떠한 경우건 공물납부를 위해 투입되는 노동력을 여하히 동원할 것인지의 문제는 핵심적인 사안일 수밖에 없었다.

한편, 14~15세기를 거치면서 휴한농법의 극복과 연작상경連作常耕의 실현, 그리고 강남농법의 도입과 함께 한전이년삼작식旱田二年三作式 · 수전건경법水田乾耕法의 확립 등 농업상의 변화는 공납제 운영에 영향을 미친

---

3 『광해군일기』 권79, 광해군 6년 6월 19일 경자.

4 李敏求, 「金堉大同均役萬世不忘碑」(평택 소재).

5 田川孝三, 『李朝貢納制の硏究』, 東洋文庫, 1964; 윤용출, 『조선후기의 요역제와 고용노동』, 서울대출판부, 1998.

중대한 요인이었다.[6] 수리시설의 확충과 시비기술의 진전 등 농업생산력의 발달로 소출의 안정성이 확보됨에 따라 과세대상으로서 토지의 중요성은 크게 높아졌다. 이러한 변화는 토지소유권과 관련된 문제에도 영향을 미쳐 매매허용 등 경지처분의 제한이 크게 완화되었고 상속·양도·매매 등으로 성립한 소유권이 높은 수준의 법적 보호를 받게 되었다.[7] 토지에 대한 물권의 대표자가 분명해짐에 따라 토지에 대한 과세도 점차 용이해졌다. 농업생산력의 발달과 토지소유권의 성장을 배경으로 과세대상으로 더욱 부각된 토지는 이제 국가재정의 가장 큰 비중을 차지하고 있는 공물을 감당해낼 정도의 위상을 갖게 되었다.

동 시기 진행된 인구증가의 요인도 무시할 수 없다. 시기별 호구의 성격이나 국가의 파악력 등 감안해야 할 요소가 많지만 전쟁으로 인한 일시적 감소를 예외로 한다면 왕조의 호총戶摠과 구총口摠은 18세기 정점에 도달할 때까지 가파른 상승세를 멈추지 않았다.[8] 인구의 증가는 노동력의 저변이 크게 넓어지는 결과를 가져왔고 이는 굳이 신역·부역을 통하지 않더라도 용이하게 노동력을 수급할 수 있는 조건이 만들어지고 있음을 의미했다. 아울러 수렵·채집·가공 등과 같은 어느 정도의 숙련이 필요한 공

---

6 이 시기 농업상의 변화에 대해서는 다음의 논고를 참조. 宮嶋博史, 「朝鮮農業史上における十五世紀」, 『朝鮮史叢』 3, 1980; 이태진, 「14·15세기 농업기술의 발달과 신흥사족」, 『동양학』 9, 1979; 이태진, 「15·16세기 신유학 정착의 사회경제적 배경」, 『규장각』 5, 1982.

7 이헌창, 「조선시대 경지소유권의 성장」, 『경제사학』 58, 2015.

8 口摠의 경우 702,870(1432) → 4,162,121(1543) → 2,851,192(1663) → 5,922,510(1702) → 6,995,400(1726) → 7,328,867(1750) → 7,903,167(1814) → 6,470,730(1850)로, 호총은 207,561(1432) → 836,669(1543) → 809,365(1663) → 342,486(1702) → 1,614,598(1726) → 1,783,044(1750) → 1,637,108(1814) → 1,529,356(1850) 등으로 나타난다(정연식, 『조선후기 '역총'의 운영과 양역변통』, 서울대학교 박사학위논문, 1993, 45쪽; 이영훈, 「조선사회경제사 연구의 현황과 과제」, 『조선시대연구사』, 한국정신문화연구원, 1999, 136~144쪽; 許元寧, 『19세기 제주도의 호구와 부세운영』, 한국학중앙연구원 박사학위논문, 2005, 240쪽).

물역貢物役보다는 상대적으로 수월하면서도 공물과 비슷하거나 그 이상의 가치를 창출할 수 있는 농업으로의 노동력 유입은 필연적이었다. 현물공납의 효용은 크게 낮아질 수밖에 없었다. 계절주기에 입각해 이루어지는 농업노동은 부정기적이고 산발적인 형태의 공납역과 비교해 수익에 대한 일정한 기대가 보장될 수 있다는 점에서 보다 안정적이기도 했다. '사민이시使民以時'의 명분은 한층 강조되어 민에 대한 무분별한 노역징발은 더욱 금기시되었다.

이상의 여러 요인이 복합적으로 작용하면서 사회적 노동력은 앞 시기에 비해 더욱 긴밀하게 농업 중심으로 재편되어 갔던 것이다. 노동력을 구매할 수 있는 매개체로는 사용가치와 교환가치를 동시에 실현할 수 있는 미포류米布類가 최적의 자격을 갖추고 있었다.

공물의 조달을 위해 왕조 정부는 부과 물종과 지역의 산물産物을 맞추기 위해 끊임없는 조정을 가해야만 했다. 바로 임토작공任土作貢의 원칙에 입각한 공안개정貢案改定이었다. 하지만 불산공물不産貢物의 문제는 끊이지 않았고 이로 인한 긴장과 모순은 공납제의 가장 약한 고리라 할 만했다. 방납防納·점퇴點退 등의 문제는 근본적으로 현물납의 모순에서 비롯되는 것으로 거의 통시대적 현상이라 해도 좋았다.[9] 1666년(효종 7) 여성제呂聖齊는 함경도 이성 지역에 공물로 분정된 배[貢梨]의 문제를 논하면서 다음과 같이 말하고 있다.

> 이성利城의 공리貢梨는 원정가元定價가 1개介에 사승포四升布 1필인데 가정가加定價는 2개에 총 1필이었습니다. 이미 토산土産이 아니기 때문에 포布로

9 田川孝三, 앞의 책, 784~791쪽; 박종진, 「충선왕대 재정개혁책과 그 성격」, 『한국사론』 9, 1983; 김진봉, 「조선초기 공물대납제」, 『사학연구』 22, 1973; 강제훈, 「조선세조대 공물대납정책」, 『조선시대사학보』 36, 2006; 소순규, 『조선초기 공납제 운영과 공안개정』, 고려대학교 박사학위논문, 2017.

대납代納하였습니다만 원정가와 가정가가 그 값이 또한 다릅니다. 조가朝家의 정식定式은 반드시 이와 같지 않음에도 (이는) 해사該司의 주인이 중간에 농간을 부린 결과이니 어찌 매우 터무니없는 일이 아니겠습니까?…… 토산읍에 이정移定하기 어렵다면 불가불 원정가元定價를 일체 개정改正하여 민폐를 조금이라도 완화시켜야 합니다.[10]

이성의 공리貢梨는 토산이 아니기 때문에 이미 포납布納의 형태로 이루어지고 있었는데 원정가가 개당 1필인데 반해 가정가는 2개에 1필에 불과했다. 정부는 이를 통일하고자 했지만 이는 현실적으로 쉽지 않은 일로 공물가의 책정은 이 같이 각양각색으로 이루어지고 있었던 것이다. 여성제는 공안개정이 힘든 현실에서 일단 공물가의 통일이 우선이라고 말하고 있는데서 보듯 대동법의 논의와 시행과정에서 가장 핵심적인 사안은 재화에 들어가는 노동력을 비롯한 각종 비용에 대한 가치 산정일 수밖에 없었다. 공물의 방납防納·대납代納과 사대동·읍대동의 전개는 공물가의 국지적 형성과정으로 이이·유성룡·이원익 등의 대공수미代貢收米에 대한 논의는 이에 대한 제도화를 꾀한 것이었다.[11]

좀 더 시야를 넓혀 국역체계 전반의 변동양상을 살펴보면 이러한 공납제 개혁이 어떠한 흐름 속에서 진행되고 있는지 짐작케 해준다. 동 시기 신역제·부역제는 크게 동요하여 노동력의 수급은 대립代立·고립雇立 등의

---

10 『雲浦遺稿』 卷1, 「司諫辭免兼陳北路弊瘼疏」.

11 고석규, 「16·17세기 공납제 개혁의 방향」, 『한국사론』 12, 1985; 김덕진, 「16~17세기 사대동에 대한 일고찰」, 『전남사학』 10, 1996; 박현순, 「16~17세기 공납제 운영의 변화」, 『한국사론』 38, 1997. 대동법 전후 공납제 개혁논의에 대해서는 다음의 논고를 참조. 한영국, 「대동법의 시행」, 『한국사』 30, 국사편찬위원회, 2002; 김윤곤, 「대동법의 시행을 둘러싼 찬반 양론과 그 배경」, 『대동문화연구』 8, 1971; 이정철, 『대동법 - 조선최고의 개혁』, 역사비평사, 2010; 이성임, 「16세기 양반사족의 공납제 참여방식」, 『사학연구』 105, 2012; 이성임, 「16~17세기 '공역호'와 호수」, 『역사연구』 24, 2013.

형태로 급속히 전환하고 있었다. 신역의 가장 대표적 형태인 군역의 방군수포放軍收布와 군적수포법軍籍收布法의 제정이 그 예이다. 과도한 군액확충과 개편된 보법保法의 폐단, 번상병의 역졸화, 서울의 미가등귀 등의 요인으로 군역의 대립이 진행되었고 대립가는 한때 50~100필까지 치솟았다. 군역자의 도산이 이어지고 심각한 군사력의 약화가 초래되자 정부는 군적수포법(1541)으로 월 5승 면포 3.5필[조포粗布의 경우 4필]로 대립가를 공정하였다. 이후 군역은 화폐납이 급격히 진행된다.[12]

공노비의 경우 16세기 무렵 대부분 납공노비로 전환되고 있었다. 선상選上·입역立役에 의해 운영되던 궐내차비闕內差備, 각사의 차비노差備奴·근수노跟隨奴 등뿐 아니라 내수사의 입역入役·사환노자使喚奴子를 비롯하여 수시로 필요한 노비노동력은 급가고립給價雇立에 의해 충당하는 방식으로 바뀌고 있었던 것이다.[13]

농업경영에서도 비슷한 변화가 포착된다. 부역제적 노동지대를 중심으로 운영되던 지주제는 병작제로 전환되어 물납지대화했다. 국가가 관할하는 대표적 토지인 둔전의 경우 종래 신역의 일환이나 국역편제의 예비단계로 존재하는 경작민을 통한 경영에서 일반민인이 차경借耕하는 병작제로 변화하였다.[14] 민간부문의 농업경영도 마찬가지였다. 노비신역을 토대로 경영되었던 작개제적作介制的 농장경영은 노비들의 노동의욕 저하와 저항 등으로 사실상 소멸되고 병작제로 전환되어 갔다.[15] 이러한 점을 염두에 두고 대동법의 공물납부 방식을 군역의 수취과정과 비교해보자.

---

12 이태진, 「군역의 변질과 납포제의 실시」, 『한국군제사』, 육군본부, 1968; 방기중, 「조선후기 군역세에 있어서 금납조세의 전개」, 『동방학지』 50, 1986.

13 전형택, 「조선후기 노비노동에 있어서 고립제의 전개」, 『변태섭박사화갑기념사학논총』, 1985; 지승종, 『조선전기노비신분연구』, 일조각, 1995.

14 송양섭, 『조선후기 둔전 연구』, 경인문화사, 2006.

15 김건태, 『조선시대 양반가의 농업경영』, 역사비평사, 2004.

- **공물** 작미作米 · 방납防納 → 대동법 : 작미가作米價의 통일과 공물의 공인무납貢人貿納
- **군역** 방군수포放軍收布 → 군적수포법軍籍收布法 : 군포가軍布價의 상정詳定과 병력의 급료제給料制 · 급가고립給價雇立

공물납부가 방납 · 대납되어 작미作米 · 작포作布되는 형태는 군적수포가 군역의 상번上番 · 부방赴防을 멈추고 군포로 물납화되어 지방관에 의해 납부된 방식과 본질적으로 동일한 흐름이었다. 작미화하여 대납된 공물과 수포군화한 군역의 역가役價는 일종의 방납을 통해 각각 무납貿納과 고립雇立의 방식으로 그 제도적 목적을 달성했다. 하지만 공물의 방납가와 군역의 대립가는 통제되지 않은 채 자의적으로 책정되어 많은 문제를 불러왔고 이에 대한 다음 수순은 당연하게도 적정한 방납가의 산정일 수밖에 없었다. 공물은 지역 차원의 사대동을 거쳐 대동법으로 작미가의 표준화가 진행되었고 군역은 군적수포법으로 군역의 대립가代立價가 정해진 후 각종 역가의 산정이 뒤따랐다. 국가수요품은 공인에게 공가貢價를 지급하여 납품하도록 하였으며 실병력의 상당 부분은 급료제나 고립의 방식으로 충당되었다.

강한 인신적 속박을 수반하면서 신역자 스스로의 재생산을 위한 필요노동과 국가나 지주에 납부하는 잉여노동이 분리된 방식으로 운영되었던 신역제는 노동력의 물납화가 진전됨에 따라 필요노동과 잉여노동이 하나로 통합되어 신역담당자는 물납의 형태로 잉여노동에 해당하는 몫을 지불하는 방식으로 변화하였다.[16] 대동법이 공물에 포함된 재화와 노역을 미포납米布納으로 바꿀 수 있었던 이면에는 신역전반의 물납화와 노동력

16 중세장원에서의 지대납부와 노동지불 형태에 대해서는 芝原拓自, 『경제사총론 - 소유와 생산양식의 역사이론』, 일월서각, 1984, 84~90쪽 참조.

수급방식의 변화라는 사회적 변화가 놓여 있었던 것이다. 대동법은 노동력의 물납화가 가져온 결과이기도 했지만 이를 추동하는 요인으로도 작용했다. 다음의 사례를 보자.

> 당초에 각사조예各司皂隷는 외읍에서 선상選上했다. 대동법을 시행한 이후에는 모두 혁파하여 보병步兵으로 삼았고, 서울에서 급가給價하여 고립雇立했다. 그러나 미포米布가 없는 아문의 인배引陪는 호조와 선혜청이 배분하여 맡는다. 1년 가운데 4삭朔은 호조가, 8삭은 선혜청이 하되, 윤달이 있으면 원삭元朔의 규례에 의거하여 분급하고, 대·소삭 역시 헤아려 지급한다.[17]

중앙 각사의 실무와 잡역을 담당했던 조예皂隷는 원래 외방에서 선상選上하는 방식으로 운영되었는데 대동법을 계기로 서울 거주자를 급가고립하는 방식으로 변화하였던 것이다. 호조와 선혜청은 고립비용을 지원하였다. 조예를 포함한 나장羅將·제원諸員 등도 연 1개월 입역立役 대신 1인당 포 2필을 거두어 그것으로 서울 거주민을 고립雇立하는 형태로 변화하였다.[18]

고립제와 급료제의 확산은 군제 운영에도 포착된다. 장번급료병長番給料兵을 중심으로 조직된 훈련도감이 창설되고 기존의 번상제에 급료제가 절충된 번상급료제番上給料制를 채택한 어영청·금위영의 등장이 바로 그것이다. 왕조의 최정예 부대였던 중앙 삼군문의 운영에 기존의 번상제와 함께 급료제가 새롭게 채택된 것은 의미심장한 변화였다. 수군역水軍役도 각 지역에 산재한 수군들에게 수포收布하여 수군진 밑에 거주하는 사람들

---

17 『續大典』 兵典 京衙前 各司 皂隷自外方選上.

18 강만길, 「관업에서의 임금노동제 발달」(1)·(2), 『조선시대상공업사연구』, 한길사, 1984.

을 고립하는 급대군給代軍의 방식으로 변화하였다. 군역의 물납화와 실병력의 고립은 하나의 추세로 광범위하게 전개되었던 것이다. 일종의 병농분리적 양상이라고 할 만했다.[19]

대동법으로 공물·진상·잡물 조달과 관련된 요역의 물납화도 가속화하였다. 공납의 지세화는 그와 관련된 각종 요역도 대동에 흡수되는 결과를 가져왔던 것이다. 이러한 현상은 이미 대납·방납의 관행에서 나타난 바로 이제 각종 요역은 국가적 승인하에 전결세의 한 부분으로 수용되어 갔다.[20] 특히 각도 대동사목에 규정된 역가役價 항목은 이러한 추세를 구체적으로 보여준다. 응사역鷹師役의 경우 1703년(숙종 29) 계인契人을 정하여 양남兩南 대동청에서 급가給價하도록 하였다가 마침내 혁파되었고(1716) 초난예취草亂刈取의 역을 맡은 선공감의 압도평직鴨島坪直도 예취가刈取價·편결가編結價·부운가負運價 등을 받게 되면서 사실상 공인의 역할을 하게 된다. 어부漁夫·기인其人·경주인京主人·방자房子 등도 마찬가지였다.[21] 한편, 호남 대동법의 연읍沿邑 10석당 선가船價가 상도上道 6읍 1석 8두, 지차상도之次上道 9읍 1석 10두, 중도中道 6읍 2석, 하도下道 9읍 2석 5두 등으로 운송비가 책정된 데서 보듯[22] 공물에 대한 물류비 역시 별도의 비용으로 산정되고 있었다. 대동에 포함되지 못한 비용도 나름의 기준에 따라 그 비용이 공식화되어가는 추세였다.

---

19 이와 관련해서는 김종수, 『조선후기 중앙군제연구』, 혜안, 2003; 김현동, 「17세기 어영청 창설과 번상급료제의 성립」, 『한국사연구』 192, 2021; 송기중, 『조선후기 수군연구 - 정책·재정·훈련에 관하여』, 역사비평사, 2019; 송양섭, 「반계 유형원의 병농일치론과 군사제도 개혁안」, 『한국실학연구』 40, 2020; 李健命, 『寒圃齋集』 卷4, 「論軍制疏」(1703) 등을 참고할 것.

20 윤용출, 앞의 책, 45~49쪽.

21 德成外志子, 「조선후기 貢物貿納制와 貢人役價 - 관부와의 관계를 통해 본 공인의 성격」, 고려대학교 석사학위논문, 1983, 13~15쪽.

22 『湖南廳事例』 沿邑船價.

17세기 급격하게 증가하는 역총役摠도 실제로는 대부분 군포軍布·신포身布 납부자들로 1677년(숙종 3) 대략 60만 필이었던 수포총수가 1723년(경종 3) 무렵 대략 100만 필을 넘어가고 있었다.[23] 2필역이 대종을 이루는 가운데 정로위보定虜衛保·어부보漁夫保와 같은 1필역에서 수군水軍·조군漕軍·입방기병入防騎兵·유청군有廳軍 등 3필역에 이르기까지 역종에 따른 역가가 책정되고 있는 것이다.[24] 공인貢人이 받은 역가役價도 따지고 보면 각사의 잡역, 즉 하예下隷나 역인役人의 대립가代立價(雇價)의 성격이 강했다.[25] 비슷한 시기 유형원이 국가재정 운영에 대동법의 원칙을 적용하면서 예산의 반 이상을 인건비성 경비에 배정한 것은 이러한 현실을 수용한 결과였다. 대동법, 그리고 이와 맞물린 신역의 물납화라는 추세를 염두에 두고 국가가 필요로 하는 인력을 녹봉·급가제를 통해 수급하는데 방점을 찍고 있었던 것이다.[26]

대동법 전후로 상당수 신역에 대한 물납화·계량화가 진행되었으나 역가는 역종이나 소속처에 따라 각양각색이었다. 대동법 시행의 다음 수순은 당연하게도 신역 전반에 걸친 역총 조정과 역가의 통제일 수밖에 없었다. 17세기 후반 활발히 제기된 양역변통 논의와 함께 각종 역총의 감수정액減數定額이 추진되고 역가役價의 조정작업을 통해 감필균일減匹均一로 마무리한 균역법은 이를 잘 보여준다. 지방차원의 복잡한 잡역과 사모속私募屬까지 손대지는 못했지만 대동법을 거치면서 진행된 신역·부역의 문제는 일단 균역법으로 일단락되었다.[27] 노동력의 조직과 동원체계의 전

23 『英祖實錄』卷71, 26年 6月 癸巳.

24 『各營釐整廳謄錄』「軍布均役節目」.

25 德成外志子, 앞의 논문, 1983.

26 송양섭, 「반계 유형원의 국가재정개혁구상과 녹봉제 실시론」, 『한국실학연구』 36, 2018.

27 정만조, 「조선후기의 양역변통논의에 대한 검토 - 균역법 성립의 배경」, 『동대논총』 7, 1977; 정연식, 『조선후기 役摠의 운영과 良役變通』, 서울대학교 박사학위논문, 1993; 송양

반적인 변화의 중심에서 공납은 그 중요한 원인이자 결과였고 균역법은 그러한 장기변화의 제도적 마무리였던 것이다.

3. '삼정체제'의 성립과 부세 · 재정구조의 재편

대동법의 실시가 오랜 기간을 요했던 만큼 그 영향도 점진적으로 나타났다. 바로 국초 이래 조용조를 모델로 한 부세운영 방식과 재정체계의 대대적인 개편이었다. 대동법으로 공납(調)의 대부분이 지세화하여 기존의 전세(租)와 함께 전정田政의 범주로 인식되기에 이른다. 신역에 해당하는 용庸은 군정軍政 부문으로 이어지면서도 재정적 성격을 더욱 노골화하거니와 균역법의 감필과 관련하여 복잡하게 진행된 재정보전 방안에 대한 논의는 이제 역의 범주가 상당 부분 재정의 문제로 넘어갔음을 극명하게 보여준다. 결전結錢이 급대재원에서 가장 큰 비중을 차지하고 있음은 매우 상징적이다. 군역의 납포화가 광범위하게 전개된 상황에서 결전의 징

섭, 「균역법 시행과 균역청의 재정운영 - 급대재원의 확보와 운영을 중심으로」, 『영조의 국가정책과 정치이념』, 한국학중앙연구원출판부, 2012. 균역법을 전후하여 公奴婢 · 義僧 · 巫女 등과 같은 신역들이 양역가로 수렴하는 현상은 이를 더욱 뒷받침해준다. 예컨대 공노비의 경우, 노 2필, 비 1.5필이었던 身貢價가 노 1.5필, 비 1필로 감액된 뒤(1677) 종모법(1731)을 거쳐 노 1필, 비 0.5필로 줄어들고(1755) 마침내 婢貢을 全減하여(1774) 奴만이 양인남정과 마찬가지로 1필의 부담을 지게 되었다(平木實, 『朝鮮後期奴婢制研究』, 지식산업사, 1982; 전형택, 『조선후기 노비신분연구』, 일조각, 1989). '공노비 해방'은 이미 오랜 기간 전개된 選上制의 해체로 인한 납공노비화의 진전과 신공액의 良役價로의 수렴이라는 추세의 최종 결과였다(도주경, 「18세기 내시노비 비총제의 시행과 운영」, 『조선시대사학보』 88, 2019). 비슷한 시기 대동법과 직접적인 관련이 있는 貢物主人의 役에 대해서도 조치가 취해지고 있음은 매우 의미심장하다. 이들이 공물가 · 역가를 받고 부담하는 科擧應辦役에 대한 균역조치, 依幕役의 부담감면, 斜付役의 부담조정, 藏氷米 부담 대상 확대 등의 조치 등이 그것이다(『비변사등록』 영조 28년 8월 29일; 영조 29년 2월 4일; 영조 38년 7월 5일; 정조 4년 2월 18일; 영조 5년 7월 3일; 『秋官志』 卷10, 掌隷部 公隷 附斜付).

수는 역에 의한 인신지배가 토지에 대한 과세의 형태로 대거 변화하고 있음을 의미했다. 더구나 균역법의 결전부과는 소강상태였던 동전의 발행을 촉발시키는 계기적 요인으로도 작용했다.[28] 노역동원에 바탕한 현물경제는 이제 미 · 포 · 전의 등가물을 기축으로 한 재정지배의 면모를 본격적으로 드러내기 시작했던 것이다.

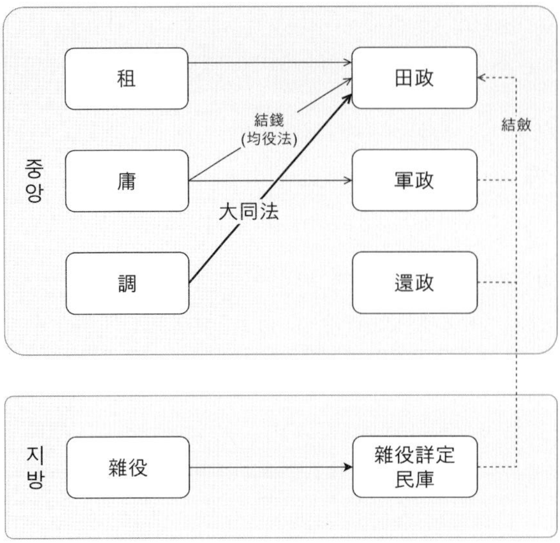

〈그림 1〉 '租庸調'의 변화와 '三政'으로의 수렴

한편 전정 · 군정과 함께 새롭게 '삼정'의 한 축을 차지한 것은 종래 진휼제도에서 사실상 부세화한 환곡이었다. 조선후기 '취모보용取耗補用' 수단으로 변질된 환곡은 18세기 중엽부터 비총제에 따른 전세 · 대동세 수입의

28 최주희, 『조선후기 선혜청의 운영과 중앙재정구조의 변화 - 재정기구의 합설과 지출정비를 중심으로』, 고려대학교 박사학위논문, 2014; 임성수, 「18세기 전반 폐전론의 전개와 주전 재개」, 『역사문화연구』 83, 2022.

경직화와 균역법 감필에 대한 미비한 급대책이 겹치면서 재정적 보완재로 확고하게 자리를 잡아갔다.[29]

대동법은 이와 같이 조용조를 모델로 한 국가의 부세 · 재정체계가 전정 · 군정 · 환정의 삼정체제로 전환되는 중대한 계기로 작용했다. 이러한 변화의 핵심적 내용은 단연 공물(調)의 지세화였다. 균역법으로 신역(庸)의 상당부분이 결전結錢의 형태로 토지에 부과되어 전정田政으로 통합되었고 환곡도 임술민란(1862) 이후 '파환귀결罷還歸結' 조치로 결세화하였다.[30] 후술하겠지만 지방차원에서 추진된 잡역상정雜役詳定도 상당부분 결렴結斂의 형태로 수렴되어 갔다. 이를 두고 정약용은 다음과 같이 말하고 있다.

> 옛날의 전수田收는 1/9을 거두고 부賦는 호산戶産에 근거를 두었으니, 하나는 토지에서 나오고 다른 하나는 사람에게서 나오는 것으로 두 갈래가 쌍립雙立하여 서로 섞이지 않았다.……우리나라의 전세田稅는 본래 가벼웠는데 중세 이후로 토지에서 부賦를 징수하여 마침내 상례가 되었다. 대동도 전부田賦이

---

29 송찬식, 「이조시대 환자취모보용고」, 『역사학보』 27, 1965; 오일주, 「조선후기 재정구조의 변동과 환곡의 부세화」, 『실학사상연구』 3, 1992. 환곡이 부세의 성격을 띠게 된 계기로 지적된 常平廳의 三分耗 會錄도 역의 물납화 추세와 직접 연동되고 있었다. 호조의 삼분모 회록은 병자호란 직후 淸使의 왕래에 따른 접대 경비를 판출하기 위해 시행되었다. 효종 1년 청사 방문이 급증하고 체류 기간이 늘어나면서 호조에서 회록하던 삼분모를 상평청에서 회록하여 경기 지역 '站上의 役'을 보조하는 기능을 수행하도록 하였던 것이다. 경기 各站에서 부담하는 공궤와 수요를 상평청의 재원으로 충당하고 군현에서는 站을 왕래하는 夫馬만 담당하게 하도록 조정되었다. 상평청 삼분모 회록은 경기 각참에서 지는 역을 보조하게 되면서 이루어진 조치였다(송찬식, 위의 논문, 49~54쪽). 광해군대 경기에 집중된 民役을 견감하고자 실시되었던 경기선혜법은 칙사 방문 시 역을 포괄하지 않았으며(『승정원일기』 120책, 효종 2년 8월 14일) 상평청의 회록은 경기선혜법을 일정하게 보완하고 있었다. 상평청은 고정적인 재원을 확보함에 따라 재정아문이자 상설아문으로 자리하게 된다(문용식, 『조선후기 진정과 환곡운영』, 경인문화사, 2001, 26~27쪽).

30 송찬섭, 『조선후기 환곡제 개혁 연구』, 서울대출판부, 2002.

고, 균역도 전부이고 삼수미三手米도 전부이고 모량미毛糧米도 전부이고 치계미雉鷄米도 전부니 이들 항목은 조정에서 아는 바다. 경저미京邸米도 토지에 부과하고 영저미營邸米도 토지에 부과하고 삭선공가미朔膳貢價米도 토지에 부과하고 공이각가미公移脚價米도 토지에 부과하고 신관쇄마전新官刷馬錢도 토지에 부과하고 구관쇄마전舊官刷馬錢도 토지에 부과한다. 수령이 이미 깨끗하지 못하니 아전도 따라 움직여서 서원고급조書員考給租도 토지에 부과하고 저졸근수조邸卒勤受租도 토지에 부과한다. 환자還上의 폐단이 이미 극에 달해 백성들이 곡식은 구경도 못하고 해마다 몇 섬의 곡식을 갖다 바치는데 이 몇 섬의 곡식도 토지에 부과한다. 표류선이 도박到泊하면 수만금의 돈을 거두는데 이 수만의 돈도 토지에 부과하니, 농민들은 날로 곤궁해져 쓰러져 구렁을 메울 지경이다. 이것은 모두 부賦이지 토지세가 아닌데 이미 토지에 부과하고 있다.[31]

고제古制에 따르면 국가의 수취는 토지를 대상으로 하는 '전수田收'와 인간에 대해 호산戶産을 기준으로 매기는 '부賦'로 구분되어 운영되었는데 대동을 필두로 결전 · 삼수미 · 모량미 · 치계미 등 공식 세목이 토지에 징수되면서 이것이 상례가 되었다는 것이다. 그 외에도 지방차원의 경저미 · 영저미 · 삭선공가미를 비롯한 잡다한 항목들도 모조리 지세화하고 환곡조차 토지에 부과되고 있다는 것이다. 이들 항목은 본래 인신人身과 호戶를 대상으로 하는 '부賦'에 해당하는 것임에도 모두 토지로 넘어가고 있다는 언급은 대동법을 획기로 한 삼정체제의 성립을 압축적으로 표현한 것에 다름 아니었다. 애초 전세를 중심으로 했던 토지세는 점차 공납(調) · 군역(庸) 부문이 대거 들어오고 환곡과 잡역이 새로이 편입되어 가면서 결

31 『牧民心書』卷6, 戶典6條 平賦 上.

당 조 100두가 결세結稅의 표준형으로 자리를 잡아갔다. 삼정체제의 내적 변화 또한 재정화한 부세가 토지와 호구를 대상으로 단순화하는 과정을 걷고 있었다. 갑오개혁의 결호세結戶稅 제도 전 단계였다.[32]

대동법의 실시와 삼정체제의 성립이 가져온 변화는 이뿐 아니었다. 국가의 공무 · 국역 부문에 광범위하게 확산된 고립제는 막대한 재정수요를 불러왔고 이는 대동법의 확대시행에 따라 더욱 늘어날 수밖에 없었다. 신역제가 어느 정도 작동하던 앞 시기와는 다른 양상이다. 노동력 수급이 용이해지고 그 저변이 넓어짐에 따라 노동과 재화가 서로 통용할 수 있는 표준적 가치나 지불의 편의성에 대한 요구는 더욱 높아졌고 이는 일반적인 등가물로 화폐의 수요를 불러왔다. 주전鑄錢으로 발생하는 재정적 이익도 무시할 수 없었다. 17세기 대동법이 확대 시행되던 시기 행전론行錢論이 활발하게 전개되고 마침내 상평통보의 전국적 유통이 실현되고 있었음은 우연이라 하기 힘들다. 당시 정부는 화폐유통을 위해 행정체계를 통한 동전의 분송 · 판매, 각종 재정지출에 동전혼용, 행전의 거점으로 포자鋪子 활용 등의 방식이 채택되었다. 유포된 동전은 각종 신역 · 조세의 대전납代錢納을 통해 다시 중앙으로 환입還入되었다.[33]

---

32 갑오개혁의 결호세 제도에서 결세는 지방에서 토지에 附加하던 잡다한 명목을 금지하고 중앙에서 거두던 전세 · 대동 · 삼수미 · 포량미 · 결작미 등 5종을 통합하여 결당 陸運邑 30냥, 山郡 25냥으로 확정하였다. 호세 역시 각영각사에 납부하던 군보와 신포를 호세 명목으로 단일화하여 호당 3냥씩 탁지부에 납부하도록 하였다. 결호세제는 삼정의 명목으로 부과되던 갖가지 항목의 부담을 결세와 호세로 통합하여 화폐로 납부하도록 하였고 그 외의 外方進貢, 포구세 · 시장세 등 잡세 항목은 일체 금지되었다(윤정애, 「한말 지방제도 개혁의 연구」, 『역사학보』 105, 1985; 유정현, 「1894~1904년 지방재정제도의 개혁과 이서층 동향」, 『진단학보』 73, 1992; 김태웅, 「1894~1910년 지방세제의 시행과 일제의 조세수탈」, 『한국사론』 26, 1991; 왕현종, 「한말(1894~1904) 지세제도 개혁과 성과」, 『한국사연구』 77, 1992).

33 대표적 行錢論者인 유형원의 화폐유통론은 당시 정책을 보다 가다듬은 형태로 동전의 유통경로를 강구해 기축통화로서 동전이 공신력을 가질 수 있도록 하는데 주안점이 있었다. 그는 재정지출과 녹봉지급을 통해 화폐를 지출하고 도별 조세액수를 계산하여 그에 걸맞

가령 1655년(효종 6) 동전량 부족으로 황해도와 평안도의 연로제읍沿路諸邑에만 동전을 유통시키고 경기 지역에는 작미 결당 8두 중 1~2두의 대전代錢을 허용하고 있는데[34] 공교롭게도 이들 세 도는 수미법收米法·대동법이 시행되던 지역이었다. 1736년(영조 12) 송인명에 따르면 당시 풍년으로 미가가 크게 하락한 상황에서 심각한 전황錢荒으로 공인에게 지급할 동전의 잔고가 크게 부족한 형편이었다. 하지만 미곡으로 공가를 지급할 경우 공인은 크게 손해를 볼 수밖에 없었다. 송인명은 서울 전황의 요인을 평안도와 황해도에 동전이 적체되어 있기 때문이라고 하면서 그 이유를 두 지역이 삼남과 달리 전세·대동·신포를 상납하지 않기 때문에 내려간 동전이 다시 서울로 돌아오지 않는 데서 찾고 있다.[35]

은 액수의 동전을 都會와 鋪子·站店 등을 통해 민에게 판매하도록 하였다. 이같이 유포된 동전은 總首가 수합, 代錢納의 형태로 서울로 올려 보내도록 하였다. 총통화량의 산정은 세수총액을 기준으로 하였다. 화폐의 유포와 회수는 조세·재정 물류를 기본경로로 거대한 순환체계를 이루었던 데서 보듯 유형원 화폐론은 화폐의 국가지불수단으로서의 성격을 강하게 띠고 있었다(송양섭, 「반계 유형원의 화폐유통론과 상업인식」, 『한국사상사학』 69, 2021). 이러한 점을 감안할 때 行錢의 시도가 대동의 물류에 편승하는 방식으로 이루어졌으리라는 점은 어느 정도 짐작이 가능하다. 삼도대동청을 설치하고 강원·충청·전라도에 대동법을 실시하기로 한 인조 즉위년(1623) 「행전사목」이 반포되어 收贖·米麪·作紙 등에 동전을 쓰도록 하였고 삼도대동청이 폐지되고 강원도 대동법만 존속시키기로 한 인조 3년(1625) 다음 해에 「행전사목」을 통해 錢 1文=米 1升의 錢價가 책정되었다. 인조 24년(1646) 西糧米를 폐지하면서 양서지역에 收米法를 적용할 때도 행전시도가 있었고 효종 2년(1651) 충청도 대동법이 실시되던 해는 京中行錢을 추진하면서 收贖·許通·免賤·老職空名帖에 納錢을 허용하도록 하였다. 숙종 4년(1678) 상평통보의 전국유통이 시작된 해는 경상도 대동법이 실시된 때이기도 했다. 직접적인 연관관계를 찾기는 쉽지 않지만 당시 행전의 추진이 조세·재정 물류를 통한 공신력 확보에 주력하는 과정에서 '대동'과 같은 대규모 미곡 운송이 모종의 관계를 가지고 있었을 개연성은 충분하다. 行錢과 行錢論에 대해서는 다음과 같은 논고가 있다. 송찬식, 『이조의 화폐』, 한국일보사, 1975; 원유한, 『조선후기화폐사연구』, 한국연구원, 1975; 정수환, 『조선후기 화폐유통과 경제생활』, 경인문화사, 2013; 유현재, 『조선후기 주전정책과 재정활용』, 서울대학교 박사학위논문, 2014; 임성수, 『조선후기 호조의 재정운영 연구』, 고려대학교 박사학위논문, 2019.

34 『효종실록』 15권, 효종 6년 12월 13일 계해.

행전의 추진과정에서 대동과 같은 대규모 조세물류는 동전의 공신력을 확보하고 유통을 원활히 하기 위한 수단으로 적극 활용되었던 것이다.[36] 실패를 거듭하던 행전이 성공한 데는 초기 유통경로로서 대동법으로 대표되는 표준화된 부세·재정물류의 등장에 크게 힘입었을 가능성이 크다. 행전론의 전개와 행전의 시도는 기본적으로 화폐 그 자체의 수요가 전반적으로 높아졌기 때문이었지만 한편으로는 새롭게 재편된 재정구조에 부응하기 위한 또 다른 국가적 지불수단의 필요성 때문이기도 했던 것이다. 1683년(숙종 9) 특진관 민유중은 다음과 같이 말하고 있다.

> 대동법은……시행한 지 수십 년 만에 크게 효과와 이익이 있었습니다. 그러나 다만 각종 공물의 환산가가 지나치게 많아서 1년에 거두어 상납하는 쌀로는 겨우 1년의 수요를 지탱할 수 있으나, 농사에 흉년이 들어서 세수가 감축되거나 일상경비 외에 갑자기 불시의 수요가 있는 경우에는 번번이 부족하여 대출받아 보충하는 수밖에 없습니다. 계속 이와 같이 한다면 폐단이 점점 발생하여 오래도록 시행될 수 있다고 보장하기 어렵습니다. 신이 우려하는 바는 늘 이 점에 있습니다.[37]

민유중의 말은 대동이 흉년으로 인한 수입감소나 불시의 수요증가로 재정적으로 곤란한 상황에 빠질 위험이 있음을 지적한 것으로 전세액을 크게 상회하는 대동이 토지에 부과됨에 따라 당해년의 작황이 국가재정

35 『승정원일기』 826책, 영조 12년 5월 30일.

36 행전과정에서 錢價는 미가 기준 미 1석당 전 1.5냥(1626) → 전 3냥(1633) → 전 6냥=은 1냥(1655)으로 점차 하락하는 경향을 보인다. 숙종 4년(1678) 상평통보는 석당 전 6냥의 가치를 그대로 적용한 대신 銀價를 은 1냥당 4냥으로 조정하였다. 화폐가격은 미가를 기준으로 포목·은과의 환산가가 정해졌으며 이는 재정운영과 유통과정의 혼란을 막기 위함이었다.

37 『비변사등록』 37책, 숙종 9년 4월 29일.

을 좌우할 수 있는 요소로 더욱 부각될 수밖에 없었던 사정을 전하고 있다. 화폐는 흉년기 부족한 물자를 조달하고 물화를 유통시킬 또 하나의 매개체로 흉년이나 재해가 닥쳐 미곡·포목의 수급에 차질이 생길 경우 미포의 부족분을 메울 수 있는 유력한 대안이었다. '종민원從民願' 차원에서 전목참반錢木參半·미전참반米錢參半·순전純錢 등의 방식으로 허용된 화폐납은 흉년기 대민구호책의 일환이기도 했다.[38] 다만 왕조정부의 입장에서는 미곡이나 포목과 같이 사용가치를 가진 등가물의 비율을 일정하게 유지해야 했기에 화폐납을 무한정 허용할 수는 없었다. 이 같이 재정적 가변성·불안정을 완충시킬 수 있는 하나의 보전재이자 흉년기 민에 대한 구휼책으로서 대전납代錢納은 정부의 곡물·포목류의 수요를 감안하여 허용되었다.

한편, 과세대상으로서 토지의 부각과 풍흉에 따른 재정의 불안정성은 농지에 대한 보다 면밀한 작황파악과 합리적인 급재給災를 필요로 했다. 17세기 후반 '재실분등장계災實分等狀狀啓'로 지칭되는 군현별 재해 현황이 매년 작성·보고되기 시작한 것은 이러한 추세와 관련된 것이 아닌가 생각된다. 군현별 재해의 등급을 우심尤甚·지차之次·초실稍實로 나누어 부세감면이나 연기조치를 취해주었는데 이후 우우심尤尤甚·최우심最尤甚 등의 등급이 추가되고 범위도 면리단위까지 세분화되어 가는 추세였다.

특히 전세 비총제의 실시로 감사 중심의 급재가 진행되는 상황에서 재실분등장계는 각종 신역·대동·환곡·잡세 등의 감면기준으로 중요한 기능을 수행하게 된다.[39] 이같이 각종 부세항목의 토지집중 추세에서 보

38 조세 금납화와 관련된 이상의 문제에 대해서는 다음의 논고를 참조할 것. 방기중, 「17·18세기 전반 금납조세의 성립과 전개」, 『동방학지』 45, 1984; 김한빛, 「17세기 조선의 동전 유통정책」, 『한국사론』 64, 2018; 임성수, 앞의 논문, 2019.

39 전세비총제에 대해서는 이철성, 「18세기 전세비총제의 실시와 그 성격」, 『한국사연구』 81, 1993 참조.

다 정밀한 재해실태 조사와 급재의 시행은 국가재정과 직접 연관되는 중요한 문제로 이는 전결세 뿐 아니라 신역 · 환곡을 비롯한 다른 항목의 감면기준으로 폭넓게 적용되어 갔다.[40]

다음, 대동 가운데 지방재정의 재원으로 배정된 것이 유치미留置米이다. 유치미는 중앙재정의 일부를 지방에 교부한 것으로 이를 주관하는 권한은 어디까지나 중앙정부에 있었다. 1796년(정조 20) 정릉직장靖陵直長 신사준愼師浚은 다음과 같이 말하고 있다.

> 신이 듣건대 우리나라는 전세가 가볍고 공물이 무거웠으나 대동청을 설치한 이래 구폐舊弊를 모두 개혁하여 양입위출量入爲出하니 용도用度에 절도가 있기 때문에 대동법을 창행創行한 후 백여 년간 선혜 두 창고는 넘쳐서 노적露積하고 태농太農의 수입도 모두 묵어 썩어날 정도로 풍족했습니다.……근년에 재용이 점차 고갈되어 태창太倉이 텅 비고 선혜청도 남은 것이 없는데 상부常賦는 전과 같음에도 전에 남던 것이 지금은 부족한 것은 무엇 때문이겠습니까? 어찌 경비 외의 용도를 절약함이 혹 조종의 때와 같지 않아서 그러한 것이 아니겠습니까? 격례格例 외에 나누어 주는 것과 긴급하지 않은 비용은 절약해야 함에도 절약하지 않는다면 작은 것이 합쳐져 큰 것이 되고 작은 돈이 쌓여 큰돈이 되어 끝내 반드시 커다란 낭비가 될 것입니다.[41]

대동법 시행 후 일정 기간 국가재정은 어느 정도 건전성을 회복한 것으로 평가되었으나 이 시기에 접어들어 상황이 악화되어 호조와 선혜청의

---

40 환곡운영과 災實分等에 대해서는 양진석, 「17세기 후반 재실분등과 환곡의 환수책」, 『규장각』 25, 2002가 있으며 災實分等狀啓 자체에 대한 본격적인 분석으로는 박범, 「19세기 전라도 재실분등의 추세와 자연재해의 지역성」, 『조선시대사학보』 97, 2021을 참고할 수 있다.

41 『승정원일기』 1760책, 정조 20년 3월 7일.

비축재정이 대부분 고갈되고 있다는 것이다. 신사준은 그 이유를 갖가지 형태의 불필요한 지출과 부가비용, 뇌물 등을 거론하면서 '절용節用'을 강조하고 있으나 신역의 고립화로 인해 재정수요가 갈수록 증가할 수밖에 없는 현실에서 재정수지의 악화는 필연적일 수밖에 없었다. 지방 유치미는 중앙정부의 방침에 따라 언제라도 변동될 수 있었던 것으로 대동법은 중앙에 대한 지방재정의 예속이 더욱 심화되는 계기가 되고 있음을 보여준다.

4. 지방재정과 잡역雜役의 대동화大同化

대동법은 공납제의 개혁의 획기였지만 그 자체로 제도적 완결이라고 할 수는 없었다. 바로 지방재정의 문제였다. 수취와 분배를 담당하는 부세 운영의 중추이자 독자적 재정단위로 지방관청에게 대동법은 매우 중요한 재정상의 변화를 가져왔다.[42] 대동大同의 명목으로 확보된 재정은 다음과 같이 인식되었다.

> 대동법은 원래 공물의 폐단을 바로잡기 위해 시작한 것인데, 상납하면 공가貢價가 되고, 제류除留하면 저치儲置가 되고, 이를 획급하면 관수官需가 되어 그것을 나누면 세 가지 명색이 되고, 통합해서 총괄하여 말하면 대동이 된다.[43]

대동이 왕실·각사의 공물가로 지출되는 상납분, 그리고 지방에 유치

42 국가재정 전반에서 지방재정의 위상에 대해서는 손병규, 「조선시대 지방의 재정운영」, 『역사와 현실』 72, 2009 참조.

43 『弘齋全書』 卷12, 序引五 大同引.

된 비축재정(저치)으로 나누어지고 비축재정 가운데 다시 관수官需 항목이 지방재정분으로 분리된다는 것이다. 종래 관둔전 · 아록전 등 토지의 분급과 민역동원을 통해 운영되었던 지방재정은 이제 대동을 통해 영수營需 · 관수官需 · 사객지응使客支應 · 유청油淸 · 지지紙地 · 쇄마가刷馬價 등 유치미의 명목으로 배정되었던 것이다.

하지만 대동유치미에서 지출되지 않고 수령의 재량에 맡겨져 운영되는 항목도 꽤나 있었다. 대표적인 것이 시초柴草 · 곡초穀草 · 빙정氷丁 · 치계雉鷄 등으로 이들 항목은 잡역雜役으로 통칭되면서 대동법 이후에도 가호나 토지에 주로 부과되었다.[44] 잡역의 온존은 과외징수를 원칙적으로 금하는 대동법의 취지를 무색케 하기에 충분했다. 국왕 정조가 '고상신故相臣 김육金堉이 대동법을 시행할 때 오로지 잡역조雜役條 한 가지 일만 미처 변통하지 못해' '근래 여러 민막民瘼이 모두 잡역에서 비롯된다'[45]고 한 것은 이 때문이었다.

1751년(영조 27) 부제조 이일제는 대동 12두 외에 지방관청에서는 치계 · 시초 · 잡물 등의 명목으로 3 · 4~6두까지 거두는데 이같이 대동법에 포괄되지 못하거나 부족한 부분을 하나로 묶어 작미作米를 통해 충당하는 것을 '사대동私大同'으로 지칭하고 있다.[46] 이는 대동에 포괄되지 못한 잡역에 관한 한 여전히 대동화大同化가 진행 중이었음을 보여준다. 물론 이러한 방식으로도 지방재정의 수요를 충족하기에는 여러모로 부족한 점이 많았다. 지방관청에서는 나름의 대책을 강구해야만 했다. 정약용의 다음과 같은 언급은 저간의 사정을 잘 요약하고 있다.

44 잡역에 대한 집중분석은 김덕진, 『조선후기 지방재정과 잡역세』, 국학자료원, 1999 참조.

45 『승정원일기』 95책, 정조 22년 9월 27일.

46 『승정원일기』 1070책, 영조 27년 6월 21일.

> ① 대동법 실시 초기에 국가에서 민에게 약속하기를 '각사의 구청求請을 일체 정지한다. 이 쌀만 한 번 납부하면 1년 동안 편히 누워 있을 수 있다'라고 하였는데, ② 근년에 와서 각사의 구색求索이 날로 심해져서 그 중에는 유치미로 회감會減하는 것도 있고 직접 가서 求乞하는 것도 있으니 ③ 군현에서는 이를 빙자하여 민고民庫란 것을 만들어 전세와 대동 이외에 또 다시 전결에서 전곡錢穀을 횡렴橫斂하니, 그 수가 몇 배가 된다.[47]

① 대동 이외의 더 이상의 추가 징수가 없을 것이라고 천명한 대동법의 제도적 취지와는 달리 재정수요의 증대로 ② 각사가 유치미 등 지방재정에 손을 대기 시작하자 ③ 군현 차원에서는 이에 대한 대응으로 민고民庫를 만들어 별도의 수취를 행하고 있다는 것이다. 민고의 등장은 대동법 이후 지방재정 변화의 내용을 상징적으로 보여주는 장면이다.

1821년(순조 21) 관서위유사 정원용鄭元容은 대동고大同庫로 명명된 평안도 지역의 민고가 중앙의 선혜청과 동일한 위상을 가진 군현 차원의 기구임을 지적하고 지방관청의 각종 비용이 이를 바탕으로 이루어지고 있다고 말하고 있다.[48] 민고를 두고 '경대동법京大同法을 모방한 것으로 지출에 액수가 있고 조례가 매우 상세하다'라고 한 데서도[49] 드러나듯 민고는 지방차원의 각종 관수품과 노동력을 조달하기 위해 만든 군현 차원의 방납기구였다. 민고의 비중은 어느 정도였을까? 〈그림 2〉는 정약용이 호남지역의 사례를 통해 작성한 결당 결세수취 내역이다.[50]

---

47 『經世遺表』 卷11, 地官修制, 賦貢制7, 邦賦考.

48 『승정원일기』 2147책, 순조 21년 11월 17일.

49 『승정원일기』 2031책, 순조 13년 8월 10일.

50 정창렬, 「조선후기 농민봉기의 정치의식」, 『한국인의 생활예술과 민중예술』, 성균관대 대동문화연구원, 1983, 28~30쪽의 '結役表'를 토대로 작성하였다.

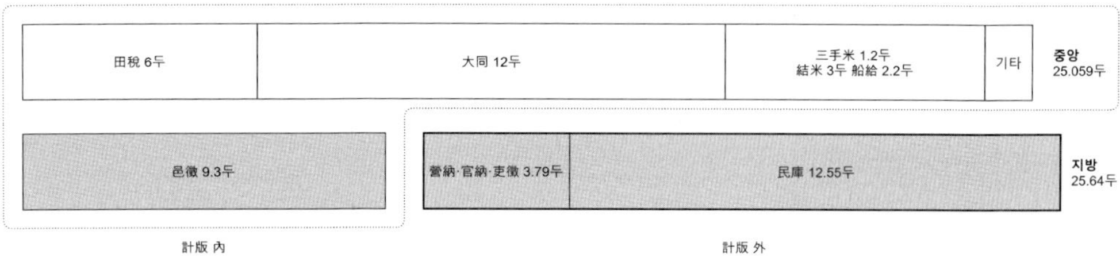

〈그림 2〉 호남지역 결당 수취액의 내역

결당 결세 수취액 미米 50.699두에서 중앙상납분(25.059두)과 지방분(25.64두)은 엇비슷한 액수를 보이는 가운데 중앙상납분에서 대동은 12두로 나머지 전세 · 삼수미 · 결미 · 선급을 합한 액수에 맞먹는다.[51] 중앙상납분은 모두 계판 내에 포함된 반면 지방재정분은 계판내計版內와 계판외計版外로 구분되는데 계판내는 대부분 중앙상납분과 관련된 잡비와 대동유치미에 포함되지 않은 치계시탄가와 관련된 항목으로 채워졌다. 계판외는 지방관의 재량에 의해 운영된 항목으로 생각되는데 여기에서 주목되는 것이 바로 민고이다. 그림에서 보는 바와 같이 민고항목의 액수는 12.55두로 지방재정분의 49% 정도, 계판 외의 77% 정도를 차지할 정도로 비중이 컸다. 이러한 수치는 당시 광범위하게 나타나는 민고가 차지하는 지방재정 내 위상이 어떠한 것인지 단적으로 보여준다.

18세기말 공주목의 재정구조를 예로 들면 대동유치미 항목이 전체의 11.8% 정도인 649.7석, 균역법의 잡역상정미가 전체의 32.6%의 비중인 1,790석에 민고 재원이 총 1,634석으로 전체의 29.8%의 비중을 차지하는 것으로 나타난다.[52] 목민관의 입장에서 본다면 수령은 중앙으로의 부세완

51 대동 12두 중 6두는 지방유치분으로 지방재정에 지출되었지만 회계상으로는 어디까지나 중앙정부의 관할 하에 있었다. 대동 6두를 지방재정으로 분류하면 지방분의 비중은 더 높아질 것이다. 計版內와 計版外의 구분은 아마도 공식적인 수취항목과 지방내부에서 이루어지는 비공식적 부문을 나눈 것으로 판단된다.

납 책임과 함께 군현 재정과 관련된 제반 문제에도 대처하지 않을 수 없는 처지였다. 민고의 대부분이 지방관에 의해 만들어지는 이유이다. 물론 암행어사와 같이 중앙에서 파견된 관원이나 지역민이 자체적으로 출연하여 조성한 경우도 있었다.

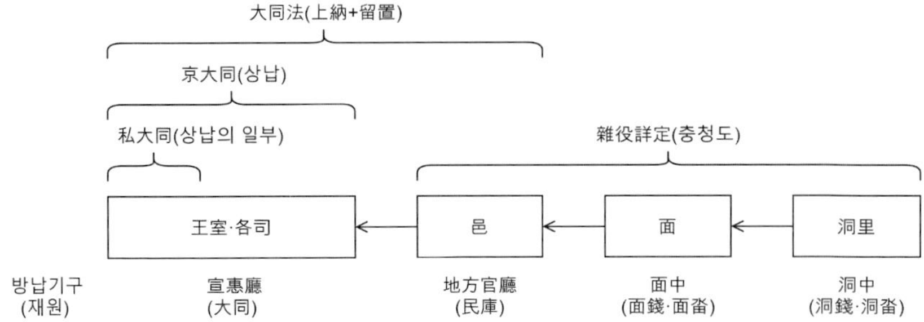

〈그림 3〉 大同化의 진전과 大同法

이러한 추세는 대동법 시행의 전체적인 흐름에서 보면 그 맥락이 보다 분명하게 드러난다. 공물의 현물납 체제가 가진 모순은 방납을 가져왔고 이는 사대동私大同 · 읍대동邑大同 형태로 국지적인 작미가作米價의 산정으로 이어졌다. 사대동은 점차 지역과 대상을 넓혀가면서 마침내 상납분 전체로 확장되었다. 초기에 '경대동京大同' · '반대동半大同'으로 지칭되는 경기 · 강원에 실시된 대동법이 바로 그 예이다. '대동'은 여기에서 한 걸음 더 나아가 지방재정분까지 포괄하기에 이른다. 바로 우리가 알고 있는 전형적인 형태의 대동법이다.

방납防納 → 사대동私大同 → 경대동京大同 등을 거쳐 마무리된 대동법의 수순은 방납의 관행을 국가적 차원에서 받아들여 제도화하는 과정을 그

52 송양섭, 「18~19세기 공주목의 재정구조와 민역청의 운영 - 『민역청절목』 · 『견역청(추)절목』을 중심으로」, 『동방학지』 154, 2011.

대로 담고 있다. 방납가=대동은 결당 12두가 표준으로 정해졌고 방납을 담당한 공식 기구로 선혜청이 설치되었다. 공인貢人은 국가의 통제 하에 놓인 방납인이었다. 대동법은 기존에 관속이나 토호 · 상인 등이 행하던 방납의 권한을 선혜청이 장악하고 방납가를 통제하여 공가貢價로 만들어 공인을 통해 국가수요품을 조달하도록 한 것이었다.

하지만 여기에서 끝난 것이 아니었다. 앞서 언급한 바와 같이 군현차원의 잡역은 여전히 미완의 과제였다. 행정조직을 통해 할당된 부세총량은 면리面里의 층위별로 어느 정도 액수가 정해졌고 이를 납부하기 위한 조직과 관행이 복잡하게 나타났다. 민의 공동납적 대응을 비롯해 양호방결養戶防結 · 도결都結 · 동포洞布 · 군포계軍布契 · 계방契房 · 군역전軍役田 · 사창社倉 등이 그것으로 주로 관 · 민간 협의를 통해 다양한 형태로 운영되었다. 민고를 비롯한 각종 응세應稅 · 응역應役 조직은 대부분 읍 차원은 물론 면 단위(면전面錢 · 면답面畓)와 동 단위(동전洞錢 · 동답洞畓)에서 식리운영과 지주경영을 통한 수입을 바탕으로 각종 잡역충당과 부세납부를 원활히 하고 예측하지 못한 상황에 대응하기 위한 일종의 완충장치였다.[53] 면리 차원의 방납과 대동화의 진전이라 할 만했다.

이 과정에서 관민 간 타협과 동의의 절차는 매우 중요했다. 면리제의 행정 조직이 동계 · 촌계 · 향약 등 촌락 수준의 자율적 조직을 강하게 규정하는 가운데 '향중공론鄕中公論'은 그 중요한 매개로 여기에서는 부세운영 문제가 중요한 안건으로 다루어졌다. 재원의 원천이 대체로 관이었던 만

53 이와 관련해서는 다음 연구를 참조할 것. 김용섭, 「조선후기의 民庫와 民庫田」, 『동방학지』 23 · 24합집, 1980; 장동표, 「조선후기 民庫 운영의 성격과 운영권」, 『벽사이우성교수정년퇴직기념논총』 상, 1990; 김덕진, 「조선후기 지방관청의 민고설립과 운영」, 『역사학보』 133, 1992; 송양섭, 「18~19세기 동래부 동하면의 '면중'과 잡역운영」, 『역사와 현실』 112, 2019; 송양섭, 「19세기~20세기 초 거제 구조라리의 洞中과 洞錢의 운영」, 『한국문화』 94, 2021; 김건태, 「민고, 계, 그리고 왕토사상」, 『대동문화연구』 121, 2023.

큼 면리 단위까지 관의 입김이 깊숙이 스며드는 것은 당연했다. 면리제에 더해 오가통五家統·향약鄕約·면계面契·면약面約·동계洞契·동약洞約 등의 조직·결사가 새롭게 강조되고 '면중面中'·'리중里中'·'동중洞中' 등 향촌내 논의구조나 향회鄕會·민회民會와 같은 협의체가 활성화된 것도 이와 무관치 않을 것으로 생각된다.[54]

이제 재정·부세 문제의 소재는 주로 군현 내부로 옮겨가고 있었다. 19세기 빈발하는 민란의 이슈도 상당 부분 이와 관련된 것이었다. 지방차원의 복잡한 재정운영에서 추세로 나타나는 잡역의 대동화와 민고의 등장은 이 시기 지방재정의 변화를 상징적으로 보여준다. 하지만 민고가 마냥 지역의 자율에 맡겨진 것은 아니었다. 중앙정부도 이에 대해 적극적인 관심을 가지기 시작했다. 바로 지방차원에서 진행되는 대동화의 추세를 표준화하고자 하는 움직임이었다.[55] 이는 중앙의 대동법과 별도로 지방차원에서 진전된 대동화에 대한 규범화 시도였다. 균역법 실시를 계기로 충청도에서 추진된 잡역상정은 잡역가를 결당 3두로 통일하여 이러한 문제를 해결하고자 한 시도 중 하나였고 민고에 대한 중앙차원의 정식화 작업도 이러한 움직임의 대표적 사례였다. 19세기 접어들어 전국적으로 나타나는 '읍사례邑事例'도 이러한 추세가 더욱 탄력을 받아 구체화하고 있음을 잘 보여준다.[56]

---

54 배항섭, 「19세기 후반 민중운동과 公論」, 『한국사연구』 161, 2013; 송양섭, 「19세기 부세운영과 '향중공론'의 대두」, 『역사비평』 116, 2016.

55 『승정원일기』 1803책, 정조 23년 1월 19일; 『승정원일기』 2250책, 순조 30년 2월 2일.

56 정연식, 「18세기 결포론의 대두와 결미절목의 제정」, 『국사관논총』 47, 1993; 김덕진, 앞의 책, 1999; 송양섭, 앞의 논문, 2010; 김태웅, 「조선후기 읍사례의 계통과 활용」, 『고문서연구』 15, 1999 참조.

5. 정리와 남은 과제

이 글은 그간의 연구를 바탕으로 거칠게나마 대동법으로 표상되는 대대적인 공납제 개혁이 가능할 수 있었던 역사적 조건과 그것이 몰고 온 국가적 · 사회적 영향에 대한 장기 조망을 시도한 것이다. 지금까지의 논의를 요약해보자. 대동법의 실시는 오랜 기간 진행된 사회경제적 변화와 이를 객관적 조건으로 한 공납제의 변화라는 밑으로부터의 흐름을 공식적으로 추인한 결과였다. 공물의 조달은 인간 노동력의 징발과 동원을 전제하고 있는 만큼 공납제 변화의 전체상은 그 안에 숨어있는 복잡한 역 체계의 조직과 운영은 물론 국역체제 전반의 변동을 함께 고려하지 않으면 안 된다.

대동법의 실시는 이러한 광범위한 신역의 물납화가 초래한 결과로 여기에는 14~15세기 이래 연작상경連作常耕의 보급, 강남농법의 도입 등 농업상의 진전과 꾸준한 인구의 증가로 과세대상으로서 토지의 부각, 그리고 노동력의 저변이 크게 넓어진 점이 기저적 요인으로 작용했다. 동 시기 군역 · 노비역 등은 물론 농업경영상 병작지주제 확산, 그리고 공물 내부에 포함된 각종 인건비 · 물류비 · 잡비 등 각종 비용의 가치산정과 이를 바탕으로 한 노동력의 물납화 추세의 한복판에 대동법이 놓여 있었던 것이다.

공물이 가지는 가치는 신역과 요역제를 통하지 않으면 형성될 수 없었고 그러한 점에서 대동법은 국역체계와 관련된 거대한 변화를 상징적으로 보여주는 제도개혁이었다. 공물에 포함된 재화와 노동력은 일종의 미米 · 포布 · 전錢의 표준적 등가물로 전화되었고 이는 공납제의 운영이 신역 · 요역이 아닌 재정의 문제로 옮겨가는 것을 의미했다.

조용조의 모델을 차용한 국가재정은 이제 공물(調)의 토지부과로 전정田政에 편입되면서 전정田政 · 군정軍政 · 환정還政의 삼정三政을 골간으로 하는 구조로 재편되어 가기에 이른다. 이는 부세부문별로 복잡한 변화를 몰고 왔다. 군역(庸) 또한 균역법으로 대거 토지세로 전환되었고(결전) 그 밖에 수많은 세목들이 토지로 집중되어 갔다. 조調·용庸에 해당하는 부문과 함께 이를 보완할 수 있는 새로운 재정원으로 환곡이 떠올라 부세화함으로써 삼정의 한 축을 차지하게 되었다.

토지로부터의 수입이 국가재정에서 절대적인 비중을 차지함에 따라 농형農形은 국가재정을 좌우할 수 있는 결정적 요인으로 떠오른다. 재실분등장계의 등장과 급재방식의 변화 등은 이제 보다 세심한 작황파악과 정밀한 부세감면책이 요구되었음을 보여준다. '대동'이라는 표준화된 재정물류는 행전의 경로로 상평통보의 전국적 유통을 가능케 했다. 한편으로는 흉년기 대민구휼의 일환이자 수입의 유동성을 보완·완충하기 위한 재정적 수단으로 화폐는 중요한 기능을 하기에 이른다.

대동법은 신역의 물납화와 고립화를 더욱 추동하였다. 이는 다양한 역가의 산정으로 이어졌고 균역법에 의한 역가의 균일화·표준화로 마무리된다. 이러한 변화의 물밑에서는 지방차원에서 잡역 부문이 여전히 문제로 남아 있었는데 지방재정의 입장에서 본다면 대동법은 여전히 갈 길이 멀었다. 지방재정분으로 배정된 유치미는 그리 넉넉하다고 할 수 없었고 대동에 포괄되지 못한 잡역은 여전히 많은 문제를 안고 있는 제도적 뇌관이기도 했다.

대동법은 국지적으로 진행되던 방납=사대동의 추세를 국가 차원에서 승인하여 작미가=방납가를 결당 미 12두로 통일한 후 선혜청이 이를 수합, 공가貢價를 지급하여 공인貢人으로부터 수요품을 조달하도록 한 것이었다. 선혜청은 공식적인 방납기구였고 공인의 상당수는 기존의 방납배들이 전신한 존재였다. 초기에 반대동半大同·경대동京大同의 형태에서 지방차원까지 대상을 넓혀간 데서 보듯 대동법의 시행은 복잡한 경로와 오랜 기간을 거치지 않으면 안 되었다.

민고의 등장은 여전히 대동에 포괄되지 못한 잡역 문제에 대한 지방차원의 대응을 보여주는 상징적인 예이다. 민고로 대표되는 잡역에 대한 조치는 군현과 면리 차원에서 광범위하게 취해졌으며 이는 군현내부에서 또 다른 대동화가 진행되고 있음을 보여준다. 대동의 대상과 범주는 꾸준히 확장되어갔고 면리 차원에서는 재정적 완충지대로서 복잡한 방납기구와 조직이 만들어졌다. 중앙차원에서도 잡역상정, 민고의 정식화, 읍사례의 반포 등 '대동' 추세의 제도화 시도가 이어졌다. 하지만 제한된 재정 여건과 여러 가지 제도적 난점으로 지방차원의 대동화가 정식화되기에는 여러 가지 한계가 있을 수밖에 없었다.

이상에서 살핀 바와 같이 대동법은 '살아 움직이는' 인간을 인신이나 호 단위로 파악하여 조달하던 공물의 상당부분을 '고정된' 토지를 대상으로 옮겨가는 결정적 계기가 되었다. 〈그림 4〉에서 보는 바와 같이 재화와 노동력이 결합되어 곧바로 사용가치의 실현으로 이어지던 공납제는 토지를 매개로 확보한 미米·포布·전錢에 의한 수요품 조달로 이어지는 방식으로 전환되어 갔다. 이는 대동법이 왕조의 지배방식이 인격적 형태에서 재정을 매개로 한 익명적 형태로 나아가는 중대한 변곡점이 되고 있음을 보여준다. 과세와 수입 또한 어느 정도 예측 가능한 형태로 변모하였다는 점에서 상대적으로 안정을 기할 수 있었다.

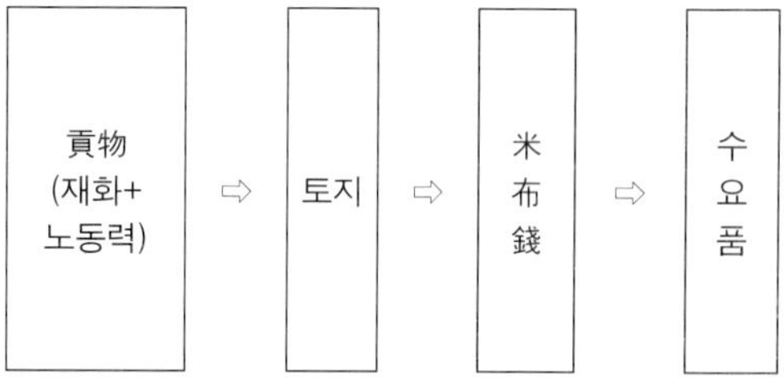

〈그림 4〉 대동법으로 인한 공물의 재정화

공물의 대대적인 지세화는 여타 신역·요역체계 변화의 결과이자 이를 추동하는 요인으로 신역제에 의한 노역의 무상수취는 고가雇價를 통한 유상노동으로 전환되어 갔고 재정화된 노역으로 수취의 규범성이 상대적으로 높아지는 결과를 가져왔다. 재정수요의 증가는 필연적이라 해도 좋았다. 미포전 중심의 재정은 일정한 기준에 의해 범주화하여 운영되었고 이와 관련하여 새로운 비축 · 운용 체계, 분배시스템이 수반되었다. 특히 상평통보의 전국적 유통은 재정운영의 유연성과 탄력성을 높이는 중요한 촉매로 기능하였다.[57]

하지만 노동력 동원의 고립화와 역제 해체의 광범위한 전개과정에서도

57 조선후기 재정사에 대해서는 중국 명청대의 그것과 몇 차례 비교사적 검토가 이루어진 바 있으나 대동법과 관련해서는 별다른 시도가 보이지 않는다. 789년 당의 재상 楊炎이 실시한 兩稅法은 口分田의 점유에 기초하여 균등한 세역부과를 원리로 하는 均田 · 租調役制를 폐기하고 현재의 墾田 소유에 기초하여 같은 비율로 세역부담을 하는 것을 과세원리로 하는 세제개혁이었다. 양세법은 租調役의 징세총액을 穀額의 物納인 斛斗와 錢額의 錢納制인 兩稅錢으로 나누어 징수하는 이원적 세제였다. 조선의 지식인들은 대동법을 양세법과 비슷하거나 취지가 같은 개혁으로 인식하는 경향이 있는데 두 제도는 시간의 격도 크고 구체적인 내용도 다르다. 무엇보다도 역사적 조건이 판이하다는 점에서 평면적인 비교는 위험할 수 있다. 하지만 이러한 점을 감안하더라도 당송변혁기(750~1250) 조용조 체제의 해체 이후 나타난 거대한 사회 변화상은 대동법과의 비교사적 모델로 새로운 시야를 확보할 수 있는 가능성을 안고 있다고 생각된다. 가령 재정의 재분배 기능과 관련하여 唐의 조용조 체제는 인두적 과세원리가 과세대상자의 경제역량에 대응하지 않았다는 점에서 빈부격차를 조정하는 소득의 재분배 기능은 낮은 수준에 머물렀다는 한계가 지적된다. 반면 양세법은 자산에 대한 과세라는 점에서 소득 재분배 기능은 보다 높은 수준에 도달했고 병농분리적 양상의 전개와 조용조 세제를 일체화하여 재화로 납입하는 등 재정운영은 전 시기 보다 고도로 전개되었다고 평가된다(宮澤知之, 「中國專制國家財政の展開」, 『世界歷史』 3, 岩波書店, 1999). 조용조를 모델로 한 15세기 조선의 재정 · 부세체계는 唐과는 매우 달랐지만 공납의 토지세화와 신역 · 요역의 물납화를 통한 공물(調)과 신역(庸)의 재정화는 새로운 국면의 전개를 알리는 것으로 특히 공물을 시작으로 각종 부세의 지세화 현상은 과세의 안정성이라는 측면 외에도 농업사회의 가장 중요한 자산인 토지에 대한 과세라는 점에서 사회적 재분배 효과의 중요한 진전이라 할 만한 것이었다. 家戶의 경제력이 중요해짐에 따라 가호 단위의 경제력을 판단할 수 있는 정보가 집중 기재되어 있는 가좌책이 등장하게 된 것은 송대와 마찬가지의 현상이다. 다만 실시 직후 대동은 곧바로 作人에게 부담이 전가되는 경우가 대부분으로 이 점 별도의 검토를 요한다. 당송변혁기의 문제는 여러 가지 측면이 있지만 이러한 점만 보더라도 대동법 실시를 전후한 사회변화 양상은 비교사의 대상으로 올려놓기에 충분하지 않은가 생각된다. 양세법과 그 영향, 그리고 당송변혁기를 둘러싼 제설에 대해서는 다음과 같은 논고가 있다. 김규호, 「양세법소고」, 『동국사학』 15 · 16, 1981; 島居一康, 『宋代稅政史研究』, 汲古書店, 1993; 船越泰次, 『唐代兩稅法研究』, 汲古書店, 1996; 신성곤, 「당송변혁기론」, 『강좌중국사』 III, 지식산업사, 1989.

신역 · 요역제는 여전히 병존하거나 중간적 단계로 존재하는 경우가 많았다. 진상제進上制는 현물납의 원칙을 마지막까지 포기하려 하지 않았지만 이를 고수하기란 쉽지 않은 일이었다. 왕조정부는 역제의 복원과 강화를 시도하였지만 이미 재정화한 이들 항목을 되돌리는 것은 불가능에 가까웠다. 이 때문에 한편으로는 고립제의 추세를 인정하고 그 합리적 운영을 위한 논의도 전개되었다. 하지만 고립제의 승인과 제도개혁은 여기에 소요되는 막대한 예산의 뒷받침이 없으면 실현되기 어려웠다. 역제의 재정화에 걸맞은 전면적인 제도개편이 실현되지 못한 이유이다. 이러한 상황에서 예측하지 못한 사유로 재정수요가 갑자기 늘어나거나 흉년 · 재해가 닥칠 경우 고려할 수 있는 선택지는 그리 많지 않았다. 새로운 재원의 창출을 기대하기 힘든 상황에서 취할 수 있는 대책이란 환곡운영 · 동전주조 · 식리운영 등에 지나지 않았고 이는 장기적으로 물가의 앙등과 잡다한 비정규 세목의 등장을 불러올 수밖에 없었다. '절용節用'의 이념이 소환되어 끊임없이 강조되는 이면에는 이러한 구조적 문제가 놓여 있었다.[58]

한편, 대동법은 수시로 가해지는 추가징수, 운영의 자의성 등 현물중심의 공납제가 가지는 문제를 상당 정도 극복하고 공물을 미 · 포 · 전 등 환산이 가능한 표준가치로 대거 전환시키는 결정적인 계기로 작용하였다. '대동大同'으로 통합된 공물가는 호조의 전세수취량을 압도하는 규모로 선혜청을 중심으로 운영되었다.[59] 여기에서 신역 · 요역의 물납을 통한 재정화가 중요한 내용을 구성했다. 18세기 중엽~19세기 초 호구수 · 토지결수 · 군액 · 곡물총수 등 각종 재원에 대한 광범위한 조사를 바탕으로 체계적인 재정 관련서의 편찬이 본격화한 것은 이러한 흐름과 관련된 것이었

---

58 節用의 재정이념에 대해서는 손병규, 『19세기 지방재정 운영』, 경인문화사, 2018 참조.

59 선혜청의 위상과 운영에 대해서는 다음의 논고를 참조할 것. 박기주, 「선혜청의 수입과 지출」, 『서울학연구』 32, 2008; 최주희, 앞의 논문, 2014.

다.[60] 국가재정은 스스로 규모를 갖추면서 '국용國用'으로 범주화되었고 그 운영도 계량화된 수치를 통해 수지를 파악하고 조절하는 방식으로 나아갔다. 재정의 이동 · 대출 · 보완 등도 보다 용이해졌다. 관서별로 회계책이 작성되고 이는 호조 · 선혜청 · 균역청 등 주요 재정아문에 의해 관리되기 시작했다.

복잡한 현물납의 재정화는 양입위출의 이상에 다가가기 위한 재정수입의 정량화와 지출의 통제라는 측면에서 고제古制에도 부합하는 것으로 정당화되었다. 유형원은 대동법을 두고 국가의 공물수요를 감안하여 지출을 산정하고 대동미를 통해 이를 지불함으로써 별도의 수취를 행하지 않도록 한 대동법이 '양출위입量出爲入'의 형태를 띠고 있지만 수취가 제도에 입각해 이루어지고 별도의 수취를 가하지 않는다는 점에서 자신이 구상한 '양입위출量入爲出'의 취지를 어느 정도 담고 있다고 평가하였다. 재정운영의 이상적 모델로 간주되고 있는 '양입위출'은 대동법을 계기로 한층 뚜렷한 지향을 드러내고 여기에 다가가기 위한 노력도 꾸준히 이어졌다.[61]

하지만 국가재정의 범주화는 유치미를 통해 지방재정까지 미쳐 지방관청에 대한 중앙의 재정적 통제가 더욱 강화되는 결과를 가져왔다. 이는 중앙재정이 수요팽창이나 예산부족 등의 이유로 유치분을 빨아들여 지방재정이 더욱 어려운 지경까지 내몰릴 수 있음을 의미했다. 강해진 중앙의 입김으로 지방관청의 재정적 독자성은 점차 약화되어갈 수밖에 없었다. 이는 지방차원의 대동화의 진전과정에서도 잘 드러난다. 가령 균역법 결미

60 당시 만들어진 재정서로는 『양역총수』(1743) · 『양역실총』(1748) · 『호구총수』(1789) · 『곡부합록』(1776) · 『곡총편고』(1797) · 『탁지지』(1788) · 『탁지전부고』 · 『탁지정례』류(1749~1752) · 『부역실총』(1794) 등이 대표적이다. 이들 재정서에 대한 구체적 소개와 분석은 손병규 · 송양섭 편, 『통계로 보는 조선후기 국가경제 - 18~19세기 재정자료의 기초적 분석』, 성균관대 출판부, 2013 참조.

61 『磻溪隨錄』 卷3, 田制後錄 上 經費. 양입위출 이념의 이상과 현실은 송양섭, 『18세기 조선의 공공성과 민본이념 - 손상익하의 정치학, 그 이상과 현실』, 태학사, 2015 참조.

부과를 계기로 추진된 충청도 잡역상정의 경우 잡역가는 3두로 통일되었고 그 운영은 각읍의 여미餘米를 균역청에 회록하여 해당 읍에 유치해두는 대신 균역청에 납부하는 결전의 일부를 부족한 읍에 이획移劃하는 방식으로 여유가 있는 읍과 부족한 읍의 액수가 항상 동일하게 맞추어지도록 운영되었다.[62] 지방의 잡역미조차도 각읍 저치미와 균역청 구관 상진곡이 연계되면서 중앙의 통제하에 놓이게 되었던 것이다.

상업의 문제도 지적하지 않을 수 없다. 대동법 실시 이후 이른바 '상품화폐 경제 발달'의 근거로 꼽히는 것이 바로 공인貢人의 등장이었다. 하지만 공인은 처음부터 상인이라고 할 수 없었다. 이들은 각사의 사역인使役人이 국가수요품 조달을 지속적으로 담당하는 과정에서 서서히 상인적 색채를 띠게 된 것이었다. 공인의 상당수는 오랫동안 사적·비공식적으로 물자 조달을 담당했던 창고색이노倉庫色吏奴 및 사고이노私庫吏奴·각사주인各司主人 등 방납인이 대동법을 계기로 전신하여 국가공인 하에 적정의 공가貢價를 받고 제도에 입각해 국가수요품을 공급한 부류였다. 각사가 공인으로 임명한 자들은 대부분 서원書員과 같은 하속下屬이었다. 이들에 대한 고가雇價·역가役價의 규정범위가 각사에 따라 다르고 애매했기 때문에 이들은 각사의 잡역에 시달리는 경우가 많았다.

공가를 기준으로 본다면 각사의 하인에 가까운 유공물아문有貢物衙門 소속 공인의 비중이 가장 컸고 상대적으로 예속도가 떨어지는 무속사無屬司의 원공계인元貢契人이나 각사各司의 별무전別貿廛·계인契人은 소수에 불과했다. 국가를 거래처로 했기에 어느 정도 성장이 가능했지만 이들은 정부의 재정상황에 크게 영향을 받을 수밖에 없었다. 19세기 후반 정부 재정의 악화로 막대한 공가가 미봉未捧·지불遲拂 상태가 되자 공인의 파산

62 송양섭, 앞의 논문, 2010.

이 속출했던 것이다.[63] 대동법은 민간상업의 발달을 자극하는 계기가 되기도 했지만 이 때 등장한 공인층이 순수한 상인적 성격을 가지는지는 더 따져 봐야 할 부분이 있고 상행위 자체도 국가재정에 종속되어 이루어질 수밖에 없었던 점은 커다란 한계였다. 오히려 상업부문이 국가적 물류와 더욱 밀착 · 예속되는 쪽으로 나아간 것이 대동법 이후 상업의 중요한 변화양상이 아닌가 생각된다.

마지막으로 대동법의 공간성 및 범주와 관련된 문제이다. 경기 지역을 시작으로 전국적 시행에 이르기까지 대동법은 100년이 넘는 시간을 필요로 했다. 〈표 1〉에서 보는 바와 같이 경기 · 삼남의 대동법을 중심으로 상정법詳定法(황해 · 함경), 수미법收米法(평안), 대동법 · 상정법의 병행(강원) 등과 같이 복잡한 변형을 보이면서 점진적으로 시행되었다.[64] 공안貢案을 통해 정해진 도별 공물총액은 복잡한 현물납부의 질과 양을 확정하여 미포전米布錢의 형태로 일괄수취하고 그 외의 추가적인 징수는 허용하지 않는 것이 원칙이었다.

---

63 德成外志子, 앞의 논문. 국역부담의 반대급부로 상행위를 인정받은 시전상인과 같은 부류들의 경우, 대동법의 실시로 상인조직과 국역 편성에 많은 변화를 가져왔을 것으로 생각된다. 禁亂廛權의 강화도 대동법과 관련되었을 확률이 크다(河原林靜美, 「18 · 9세기에 있어서 廛人과 私商에 대하여」, 『봉건사회해체기의 사회경제구조』, 청아, 1988).

64 한영국과 김옥근의 선구적인 연구 이래 최근 대동법 · 상정법 · 수미법 등을 중심으로 도 단위 재정연구가 본격적으로 제출되고 있는 점은 매우 고무적이다. 도별 대동법 연구에 대한 대표적 연구를 제시하면 다음과 같다. 한영국, 「호서에 실시된 대동법」(상) · (하), 『역사학보』 13 · 14, 1960 · 1961; 한영국, 「호남에 실시된 대동법」(一) · (二) · (三) · (四), 『역사학보』 15 · 20 · 21 · 24, 1961 · 1963 · 1963 · 1964; 김옥근, 『조선왕조재정사연구』 III, 일조각, 1988; 六反田豊, 「『嶺南大同事目』と慶尙道大同法」, 『朝鮮學報』 131, 1989; 문광균, 『조선후기 경상도 재정연구』, 민속원, 2015; 최주희, 「광해군대 경기선혜법의 시행과 선혜청의 운영」, 『한국사연구』 176, 2017; 전상욱, 「17세기 함경도지역 공물수취체계와 상정법 시행」, 『한국문화』 82, 2018; 전상욱, 『조선후기 강원도지역의 공납제 개혁과 대동 · 상정법 시행』, 고려대학교 박사학위논문, 2022; 엄기석, 『조선후기 황해도 상정법 시행과 지방재정』, 동국대학교 박사학위논문, 2023.

〈표 1〉 대동 · 상정 · 수미법의 시행과정

	경기	강원	충청	전라	경상	황해	평안	함경
광해즉위(1608)	선혜							
인조 1(1623)		대동	대동	대동				
인조 3(1625)			폐지	폐지				
인조 24(1646)						수미	수미	
효종 2(1651)			대동					
효종 9(1658)				대동(연읍)				
현종 3(1662)				대동(산군)				
현종 5(1664)	대동							
현종 7(1666)				산군 폐지				상정
현종 8(1667)				산군 재실시				
숙종 4(1678)					대동			
숙종 34(1708)						상정		
영조 30(1754)		상정						
영조 40(1764)								常平都納

'도道'는 감사 관할 군현이 하나의 수취체계로서 광역단위를 이루고 있다는 점에서 권역 내에서는 가급적 균질적인 제도의 적용을 기하고자 했지만 전라도와 같이 산군山郡과 연읍沿邑이 축차적으로 적용되는 데서 보듯 그것이 그리 용이한 일은 아니었다. 평안도와 황해도는 관향곡을 매개로 서로 보완적인 형태로 연계되어 상정법과 수미법이 실시되었다. 여기에는 공물의 지세화 방식, 토지파악 수준이나 전결수, 토지비옥도 등은 물론 도내의 여타 잡역까지 감안되었다. 이 점 대동법의 전국적 시행이 점진적이었던 이유이기도 했다. 어쨌든 대동법은 공물의 토지부과 원칙을 지역별 특성에 따라 최소한 도 단위에서는 통일적인 제도로 운영하여 균평함을 기하고자 한 것이었음을 알 수 있다.

대동법 · 수미법 · 상정법은 노역을 중심으로 운영되었던 공납제를 토지를 매개로 미포전의 재정으로 전환시키고자 했다는 점에서 공통의 특성을 가진다. 수미법 · 상정법과 같이 경기 · 삼남과는 다른 형태의 공납제 개혁은 대동법의 전형성을 관철하기 어려운 하나의 변형으로 제도의 변방이자 외곽으로 치부될 수도 있지만 오히려 불리한 여건에도 제도의 원칙을 끝까지 관철하고자 했다는 점에서 이들 지역이야말로 제도의 본질이 보다 적나라하게 드러날 가능성이 있다. 상정 · 수미를 포함한 광의의 대동법이 도 단위의 특수성을 어떠한 방식으로 반영하고 있는지 보다 심화된 연구를 통해 대동법으로 표상되는 공납제 개혁의 원리적 특성을 재규정하고 이를 바탕으로 그 보편적 성격을 추출하는 단계까지 나아감으로써 그러한 제도개혁이 조선후기 사회에 미친 영향을 다각도로 밝히는 것이야말로 또 하나의 중요한 과제가 아닌가 생각된다.[65]

65 대동법을 두고 한영국은 봉건적 지배체제를 지속 · 강화하는 역할을 하였지만 사회 · 경제면에서는 봉건적 질서와 체제의 이완 · 해체를 촉진시킨 하나의 계기를 마련하여 주었다고 한 반면, 최완기는 봉건체제의 모순을 은폐하고자 한 미봉적 편법이라고 평가했다. 이헌창은 대동법이 근세적 조세국가로 전환되는 계기가 되었으나 개항전 상공업의 비중이 낮고 공채 등 금융시장을 통한 재정효율화를 꾀하지 못함으로써 재정국가로 나아가지 못했다고 하였다(한영국, 앞의 논문; 최완기, 「대동법 실시의 영향」, 『국사관논총』 12, 1990; 이헌창, 「조선왕조 경제통합체제와 그 변화에 대한 연구」, 『조선후기 재정과 시장』, 서울대출판문화원, 2010; 김윤곤, 「대동법의 시행을 둘러싼 찬반 양론과 그 배경」, 『대동문화연구』 8, 1971). 이 같이 대동법에 대한 평가는 상당부분 개혁과 보수의 관점이나 서구식 근대의 잣대를 바탕으로 하고 있다는 점에서 비슷한 시기 내재적 발전론에 입각한 연구와 흐름을 같이 하고 있음을 알 수 있다. 이러한 연구는 상당한 성과를 거두어 대동법의 제도적 실체나 운영양상에 대해 많은 부분을 밝혀냈지만 여전히 대동법 자체가 가지는 독자성과 보편성을 시대상황 속에서 온전히 맥락화하는 데까지는 이르지 못한 것이 아닌가 생각된다. 여기에는 서구식 근대모델과의 직접 대비가 쉽지 않은 제반 문제가 복잡하게 얽혀 있었다. 대동법과 이를 둘러싼 논의는 善不善이나 개혁 · 보수로 간단히 나눌 만큼 단순한 내용을 가진 것이 아니었다. 대동법에 대한 연구의 진전을 위해서는 공납제의 제도적 보편성에 대한 광범위한 검토를 바탕으로 조선왕조 공납제가 가지는 특수성과 대동법 시행 이후 나타난 사회변화의 방향성, 그리고 이와 관련된 제도적 자원에 대한 폭넓은 시야의 확보를 통해 보다 심화된 이론적 · 실증적 작업이 이루어져야 하지 않을까 생각된다.

배항섭, 「19세기 후반 민중운동과 公論」, 『한국사연구』 161, 2013.
손병규, 「조선시대 지방의 재정운영」, 『역사와 현실』 72, 2009.
송양섭, 「균역법 시행기 잡역가의 상정과 지방재정 운영의 변화 - 충청도 지역을 중심으로」, 『한국사학보』 38, 2010.
______, 「18~19세기 공주목의 재정구조와 민역청의 운영 - 『민역청절목』 · 『견역청(추)절목』을 중심으로」, 『동방학지』 154, 2011.
______, 「균역법 시행과 균역청의 재정운영 - 급대재원의 확보와 운영을 중심으로」, 『영조의 국가정책과 정치이념』, 한국학중앙연구원출판부, 2012.
______, 「19세기 부세 운영과 '향중공론'의 대두」, 『역사비평』 116, 2016.
______, 「반계 유형원의 국가재정개혁구상과 녹봉제 실시론」, 『한국실학연구』 36, 2018.
______, 「18~19세기 동래부 동하면의 '면중'과 잡역운영」, 『역사와 현실』 112, 2019.
______, 「반계 유형원의 병농일치론과 군사제도 개혁안」, 『한국실학연구』 40, 2020.
______, 「19세기~20세기 초 거제 구조라리의 洞中과 洞錢의 운영」, 『한국문화』 94, 2021.
______, 「반계 유형원의 화폐유통론과 상업인식」, 『한국사상사학』 69, 2021.
송찬식, 「이조시대 환자취모보용고」, 『역사학보』 27, 1965.
신성곤, 「당송변혁기론」, 『강좌중국사』 III, 지식산업사, 1989.
양진석, 「17세기 후반 재실분등과 환곡의 환수책」, 『규장각』 25, 2002.
오일주, 「조선후기 재정구조의 변동과 환곡의 부세화」, 『실학사상연구』 3, 1992.
왕현종, 「한말(1894~1904) 지세제도 개혁과 성과」, 『한국사연구』 77, 1992.
유정현, 「1894~1904년 지방재정제도의 개혁과 이서층 동향」, 『진단학보』 73, 1992.
윤정애, 「한말 지방제도 개혁의 연구」, 『역사학보』 105, 1985.
이성임, 「16세기 양반사족의 공납제 참여방식」, 『사학연구』 105, 2012.
______, 「16~17세기 '공역호'와 호수」, 『역사연구』 24, 2013.
이영훈, 「조선사회경제사 연구의 현황과 과제」, 『조선시대연구사』, 한국정신문화연구원, 1999.
이철성, 「18세기 전세비총제의 실시와 그 성격」, 『한국사연구』 81, 1993.
이태진, 「군역의 변질과 납포제의 실시」, 『한국군제사』, 육군본부, 1968.
______, 「14 · 15세기 농업기술의 발달과 신흥사족」, 『동양학』 9, 1979.
______, 「15 · 16세기 신유학 정착의 사회경제적 배경」, 『규장각』 5, 1982.
이헌창, 「조선왕조 경제통합체제와 그 변화에 대한 연구」, 『조선후기 재정과 시장』, 서울대출판문화원, 2010.
______, 「조선시대 경지소유권의 성장」, 『경제사학』 58, 2015.
임성수, 「18세기 전반 폐전론의 전개와 주전 재개」, 『역사문화연구』 83, 2022.
장동표, 「조선후기 民庫 운영의 성격과 운영권」, 『벽사이우성교수정년퇴직기념논총』 상, 1990.
전상욱, 「17세기 함경도지역 공물수취체계와 상정법 시행」, 『한국문화』 82, 2018.
전형택, 「조선후기 노비노동에 있어서 고립제의 전개」, 『변태섭박사화갑기념사학논총』, 1985.

정연식, 「18세기 결포론의 대두와 결미절목의 제정」, 『국사관논총』 47, 1993.

정창렬, 「조선후기 농민봉기의 정치의식」, 『한국인의 생활예술과 민중예술』, 성균관대 대동문화연구원, 1983.

최완기, 「대동법 실시의 영향」, 『국사관논총』 12, 1990.

최주희, 「광해군대 경기선혜법의 시행과 선혜청의 운영」, 『한국사연구』 176, 2017.

河原林靜美, 「18 · 9세기에 있어서 廛人과 私商에 대하여」, 『봉건사회해체기의 사회경제구조』, 청아, 1988.

한영국, 「호서에 실시된 대동법」(상) · (하), 『역사학보』 13 · 14, 1960 · 1961.

______, 「호남에 실시된 대동법」(一) · (二) · (三) · (四), 『역사학보』 15 · 20 · 21 · 24, 1961 · 1963 · 1963 · 1964.

______, 「대동법의 시행」, 『한국사』 30, 국사편찬위원회, 2002.

12

『목민심서』와 조선시대 수령 연구의 과제*

권기중
한성대학교 크리에이티브인문학부 교수

1. 머리말

다산 정약용 선생은 수령의 역할과 업무, 목민관으로서의 자세 등에 관해 당대와 후대의 사람들에게 귀감이 될 만한 최고의 저서인 『목민심서』를 남겼다. 정약용은 대한민국 사람이라면 누구나 존경하지 않을 수 없는 위대한 학자이기 때문에 우리는 그가 저술한 『목민심서』를 통해 조금의 의심도 없이 19세기 사회상을 재현하거나 수령의 모습을 상상해왔다. 실학자로서의 그의 진면목을 밝힌 글들은 너무나 많고,[1] 애독되고 있기 때문에 본 글에서는 굳이 이와 관련해서는 언급하지 않을 것이다.

하지만 그의 위대함과는 별개로 정약용의 학문과 저서는 시대의 요청에 따라, 혹은 현재 사회를 질타하기 위해 다양한 방식으로 변용되어 읽혀

* 이 글은 2024년 『朝鮮時代史學報』 108집에 게재된 「『목민심서』와 조선시대 수령 연구의 과제」의 내용을 수정 · 보완한 것임.

1 정호훈, 「근 · 현대 한국의 실학연구와 다산-연세 학통에서의 논의를 중심으로」, 『다산과 현대』 8, 2015; 김용흠, 「『목민심서』에서 무엇을 볼 것인가」, 『내일을 여는 역사』 73, 2018.

지고 있다는 것도 부인할 수 없는 사실이다. 정약용은 자신의 경세서가 목민관들의 구체적인 행정 지침서로 활용되기를 바랐을 것이다. 하지만 근대성을 발견하려는 욕망들로 인해 오해되기 일쑤였다.[2] 그러다보니 이를 경계하는 논저들이 다양한 학문 분야에서 괄목한 만한 성과를 내고 있다.

안승택은 유교 이념과 조선후기 현실에 입각한 전근대적 실용서인 『목민심서』가 그와는 다른 근대초기의 맥락에서 근대사회를 위한 처방을 담은 근대적 고전으로 수용되었다는 인식 아래, 이 재탄생의 과정을 '약이면서 독이라는 이중적 속성의 발현'이라는 관점에서 분석했다.[3] 『목민심서』는 19세기 조선의 병폐상태에 대한 진단과 더불어 그 개혁방안을 가지고 있었음에도, 식민학자들에게 식민화의 당위성, 조선멸망의 당위성을 증명하는 먹이감이 되기 십상이었다는 것이다. 일제 강점기 계몽주의 · 민족주의 지식인들이 약으로 사용하려 했던 『목민심서』가 오히려 식민통치를 정당화 시키는 독으로 작용했던 것이다.[4]

송양섭은 『목민심서』「호전」을 중심으로 대동법 이후 지방재정의 모순을 정약용이 어떤 방식으로 해결하려고 했는지에 대해 구체적으로 분석하였다. 그에 따르면, 『목민심서』에서 정약용이 지방재정을 해결하려는 방안은 무조건적인 원칙론의 적용이 아닌 정약용 특유의 현실감각을 바탕으로 강구해낸 '인시순속因時順俗'의 방안이었다는 것이다.[5] 손병규는 『목민심서』에서 정약용이 당시 재정의 중앙집권화 과정에 대응하여 지방재

2 김호, 「새로운 중세인가 혹은 포스트모던인가-20세기 초 주자학자 조긍섭의 정약용 비판」, 『한국실학연구』 32, 2016, 429~433쪽.

3 안승택, 「근대초기 『목민심서』의 수용과 전근대 실용서의 근대적 고전 되기」, 『영남학』 68, 2019, 233쪽 재인용.

4 안승택, 위의 논문, 255~256쪽.

5 송양섭, 「『목민심서』에 나타난 다산 정약용의 '인시순속(因時順俗)'적 지방재정 운영론」, 『다산과 현대』 7, 2014.

정이 어떻게 대응해야 하는지에 관해 구체적인 방안을 제시하고 있음을 밝혔다.[6] 심재우는 조선후기 형벌권 행사의 실상을 『목민심서』을 통해 구체적으로 밝혀 사법 행정의 실현과 관련하여 정약용이 이상으로 생각했던 수령의 모습을 제시하고 있다.[7] 이영훈과 백민정, 김문용은 『목민심서』에서 제시한 변등론을 두고 입장차를 보이고 있지만, 정약용의 신분관과 정치철학에 대한 의미 있고, 수준 높은 성과를 도출하였다.[8] 홍해뜸은 조선후기 다양한 목민서와 『목민심서』를 비교 분석하면서 조선후기 수령정치론을 깊이 있게 정리하였다.[9] 정약용의 사상에서 근대주의적 발상을 걷어낸 실증적인 논문들이라 할 수 있다. 이외에도 다양한 분야에서 『목민심서』에 대한 연구가 활발하게 이루어지고 있다. 주목할 만한 성과들이 많음에도 언급하지 못함을 양해 바란다.

이러한 연구 성과에도 불구하고 굳이 글을 쓰는 이유는 정약용이 『목민심서』에서 말하고자 하는 수령제 개혁의 본질적인 문제와는 동떨어진 문제이나, 동시대를 너무 냉혹하게 평가하면서 개혁의 방안을 찾다보니 일반 독자들로 하여금 19세기 조선사회를 바라보는데 있어 오해의 소지를 줄 수 있다고 생각하였기 때문이다.

---

6 손병규, 「정약용의 재정개혁론-지방재정에 대한 현실인식을 중심으로」, 『한국실학연구』 27, 2014.

7 심재우, 「조선후기 수령의 법적 지위와 형벌권 행사의 실상-『목민심서』를 중심으로」, 『한국문화』 91, 2020.

8 이영훈, 「다산의 인간관계 범주구분과 사회인식」, 『다산학』 4, 2003; 백민정, 「정약용 정치론에서 권력의 정당성에 관한 물음-帝命과 侯戴 논의에 대한 재성찰을 중심으로」, 『철학사상』 29, 2008; 김문용, 「정약용의 변등론과 유교 사회윤리의 확장 가능성」, 『국학연구』 26, 2015.

9 홍해뜸, 『조선후기 목민서 편찬과 수령정치론 연구』, 연세대학교 박사학위논문, 2022.

2. 19세기 사회를 바라보는 시선

현재 19세기 역사상에 대해서 학계에서는 두 가지 입장이 선명하게 대립하고 있다. 19세기 위기론과 그에 대한 반론이 그것이다.[10] 이영훈은 쌀농사의 생산성 감소, 산림의 황폐, 시장의 감소 등을 근거로 '19세기 위기'론을 주장하였고, 배항섭은 이영훈의 위기론에 대해 인구, 토지생산성, 시장과 국제 무역에 관한 역사학계의 성과를 바탕으로 위기론이 과장되었음을 주장하고 있다. 역사의 진실은 두 견해 사이의 어느 한 지점에 있을 것 같지만, 이에 대해서 가능한 중립적 입장에 서고자 한다. 필자는 위기론이 식민사학과 동일하다고 생각하지는 않는다. 이영훈 역시 식민사학자들의 정체론을 비판하고 있다. 하지만 스스로 왕조 말기에 자멸로 가는 역사상은 오해받기 십상이다. 역사학계의 주류적 입장인(?) 자본주의 맹아론 역시 그러한 점에 있어서 자유롭다고 말할 처지는 아니다. 서민의식의 성장이나 중인문화의 발흥과 관련된 괄목할만한 연구 성과를 제외하면 과연 어떤 차이가 있는지 의문이다. 특히 당대의 정치세력과 양반사회를 바라보는 입장은 냉혹하기 그지없다.

이러한 문제 의식하에서 역사학계에서는 실증적인 연구를 통해 세도정치기를 다시 보는 연구 성과들을 선보이고 있다. 최주희는 1826년(순조 26)에 호조 전례방에서 작성한 『예식통고』를 분석해 19세기 전반 중앙정부 차원에서 왕실재정의 증대를 차단하는 추가 조치를 취하였음을 밝혀냈다.[11] 나영훈 역시 순조대 명온공주의 혼례를 검토해 왕실의례에 지출되

10 이영훈, 「19세기 朝鮮王朝 經濟體制의 危機」, 『조선시대사학보』 43, 2007; 배항섭, 「19세기를 바라보는 시각」, 『역사비평』 101, 2012.

11 최주희, 「1826년 『예식통고(例式通攷)』의 편찬과 왕실재정의 정비 노력」, 『역사와 현실』 107, 2018.

는 경비가 전례와 정례를 준수하고 있었음을 입증했다.[12] 이러한 중앙재정의 긴축 양상은 19세기 들어 수세실결이 줄어드는 양상과 연동한다고 할 수 있는데, 이에 대해 임성수는 『탁지전부고』를 분석해 19세기 수세실결이 감소하는 추세와 이를 해결하기 위해 관서 간 재원 이획과 가입을 늘리는 경향성을 분석했다.[13] 19세기 중앙정부 역시 재정 긴축을 위한 다양한 노력이 있었음을 보여주는 성과들이라 할 수 있다. 위의 연구들을 통해 19세기 부세문란의 원인을 세도정치, 왕실의 사치, 각사의 경비 증대에서 찾는 방식을 재고할 수 있다고 생각한다.

이러한 성과들을 염두에 두고 19세기를 바라본다면, 기존과 다른 시선으로 19세기사를 서술할 수 있지 않을까 생각한다. 19세기가 위기의 시대이자, 세도정치기라고 규정하더라도 이전 시기의 사람과 마찬가지로 개혁을 위해 노력하는 관료나 사족들이 있었을 것이고[14](-탐관오리도 여전했을 것이고-), 가족들을 먹여 살리기 위해 몸부림치던 다양한 인간 군상들의 노력이 있었을 것이다. 또한 19세기 수령들과 향리들이 그 이전 시기에 비해 특별히 더 악당이 되었거나, 포악해진 것 같지 않다. 그들 중 일부는 어느 시기할 것 없이 민들을 착취해왔다.

그럼에도 불구하고 당대를 살았던 정약용이 바라보는 19세기상은 암울

---

12 나영훈, 「순조대 明溫公主 婚禮의 재원과 前例 · 定例의 준수」, 『조선시대사학보』 83, 2017.

13 임성수, 「18세기 후반~19세기 전반 호조의 수입 구조 변화와 그 영향」, 『역사와 현실』 90, 2013.

14 "비록 조선후기의 국가나 양반이 급속한 경제 발전을 이루기 위해 지도력을 제공하지는 못했다고 하더라도, 이들이 그렇게 하지 않은 것을 비난할 수는 없다. 왜냐하면 이들은 나름대로 보다 높은 삶의 가치기준들을 인식하고 있었기 때문이다. 개인 행동에 있어서 완전한 도덕적 성취, 家長에서부터 온 가족에 이르기까지 더 나아가 전 국가에까지 미치는 개인의 도덕적 청렴성, 또 덕을 숭상하고 세계적으로 존경받는 사회를 만드는 것을, 이들 유교적 양반들은 자신들의 가장 이상적인 목표로 삼고 있었다."(James B. Palais, 「조선왕조의 관료적 군주제」, 『동양 삼국의 왕권과 관료제』, 조선시대사학회, 1999, 115~116쪽).

하기만 하다. 몇 개의 사례를 제시하면 다음과 같다.

내가 암행어사로 적성현積城縣의 시골 마을에 이르러 시를 지었다. 『시냇가 찌그러진 집은 뚝배기 엎어놓은 것 같은데, 북풍 몰아쳐 이엉을 벗겨내니, 서까래만 앙상하네. 묵은 재 위에 흰 눈은 내리는데, 아궁이 차디차다. 무너진 벽 틈으로 별빛은 스며드는데 대로 엮은 간살이 넓게 뚫렸구나. 방안의 살림도구 너무도 쓸쓸하여, 팔아보아도 기껏해야 7 · 8푼, 삽살개 꼬리처럼 걸려있는 세 가닥 조이삭, 닭창자같이 비틀어진 고추 한 꼬지. 깨어진 항아리를 베로 발라 새는 곳을 막았고, 부엌 선반 새끼로 얼기설기 떨어지지 않도록 하였다. 구리수저는 옛날에 이정里正에게 빼앗기고, 가마솥마저 이제 이웃 토호에게 빼앗겼네. 푸른 무명의 떨어진 이불 한 채 뿐이니, 부부유별 이 집엔 통하지 않네. 어린 아이 적삼 해어져 어깨와 팔꿈치 드러나고, 날 때부터 지금까지 바지도 버선도 알지를 못하네. 다섯 살 된 큰 애기는 기병騎兵으로 병적에 오르고, 세 살 된 작은애기 군관이 쓸어가네. 두 아들의 군포軍布가 한해에 5백 푼이니 하루 빨리 죽기를 원하는 마당에 하물며 옷가지 걸치기를 바라겠느냐. 세 마리 강아지는 애기와 뒤섞여 자는데 호랑이는 밤마다 울 밖에서 으르렁거린다. 남편은 나무하러 산으로 가고, 아내는 방아 품팔이 가버리니, 대낮에 싸리문 닫혀 쓸쓸하고 슬프기 짝이 없네. 낮에는 두 끼 굶고 밤에 돌아와 밥 짓고 여름에는 해어진 겨울옷 겨울엔 해어진 베 옷 입네. 들냉이 싹은 묻혀 있으니 땅 풀리기만 기다리고, 마을의 술지게미는 술 거르기를 기다려야 얻어먹지. 지난 봄에 향미餉米 닷 말을 꾸어 먹었는데 이 일로 금년에는 살아남을지 모르겠다. 나졸이 대문에 이르는 것만은 겁나지만 동헌에 나아가 매맞는 것은 걱정도 않네. 아! 슬프다. 이런 집 온 세상에 가득한데 구중궁궐이 바다 끝같이 아득히 멀어 어찌 다 살피리오. 한漢나라 때 관리인 직지사자直指使者는 지방 수령을 마음대로 처분했네. 병폐의 근원과 문란의 근본이 바로잡히지 않으면, 공수龔遂 · 황패黃霸 다시 나도 제대로 일하지 못하리라. 멀리 정협鄭俠의 유민도流民

圖를 본떠서, 새로운 詩 한 수를 지어 임금님께 드릴까 하노라.』 이 시는 건륭 갑인년(1794) 겨울에 내가 지은 것이다.[15]

근래 부세가 무겁고 관리가 탐학하여 백성들이 편안히 살 수 없어서 모두가 난리나기를 바라고 있기 때문에 요망스러운 말들이 동쪽에서 부르짖고 서쪽에서 화답하니 이들을 법률에 따라 죽인다면, 백성으로서 살아남을 자가 한 사람도 없을 것이다.[16]

과거科擧에는 향거鄕擧의 법이 없는 까닭에 무람없고 잡스러운 자들이 모두 과장科場에 출입하며 이로 말미암아 유학幼學을 모칭하는데, 비록 공천公賤 · 사천私賤일지라도 모두 다 모칭할 수 있다.[17]

정약용이 그려놓은 19세기 사회상대로라면 조선은 당장 망해도 이상하지 않다. 온 백성이 난리나기를 바라며, 힘 있는 자들의 온갖 횡포로 백성들의 삶은 피폐하기만 하다. 그런 와중에 신분질서도 문란하기 그지없고 국가 기강도 엉망진창이다. 한 마디로 말해 "털끝 하나도 병들지 않음이 없다. 지금 당장 고치지 않으면 필히 나라가 망할 것이다[18]"라는 그의 인식이 그대로 반영되었다고 볼 수 있다. 위의 사례들은 다산이 현실을 목도하고 작성한 것이긴 하나, 다소 의아한 측면이 있다. 아래의 글을 보자.

적성 현감 이세윤李世胤은 정치를 순후하고 신중하게 하고 몸가짐을 소탈하

---

15 정약용, 다산연구회 역, 『역주목민심서』 「兵典」 簽丁, 창작과 비평사, 1979(이하 『역주목민심서』로 표기).

16 『역주목민심서』 「兵典」 應變.

17 『역주목민심서』 「戶典」 戶籍.

18 정약용, 『經世遺表』 序, "一毛一髮無非病耳 及今不改 必亡國而後已."

게 하며, 송사訟事를 결단함에서는 비록 강직한 면이 부족하지만, 백성을 무마하는 데는 갈수록 더 부지런하게 하였습니다. 초호抄戶는 재차 실시하는 수고를 꺼리지 않아 처음에는 착오가 있었지만 끝내는 공평하게 하였고, 표재俵災는 자신의 재량으로 2결을 삭감하고, 과다한 데에서 덜어내어 적은 데에 보태었습니다. 기장을 환곡還穀 받으면서 잉여분을 취한 것은 그것을 사용한 곳이 사사로운 데가 아니었으므로 용서할만합니다.[19]

위의 글은 암행어사 정약용이 적성지방을 다녀온 후 임금에게 보고한 암행어사 서계이다. 적성현감 이세윤을 그럭저럭 선치善治를 행한 수령으로 평가하고 있다. 임금님에게는 적성현이 그런대로 잘 다스려졌다고 보고하고, 막상 암행어사로 적성현을 다녀온 후 쓴 위의 시에서는 도저히 살 수 없는 동네로 적성현 사회를 묘사하고 있다. 한시漢詩 속의 적성현의 사정과 당시 그곳을 다스렸던 현감에 대한 서계 내용이 너무 다른 것 아닌가. 비록 시적 표현이라고 하더라도 수령은 선치를 하는데 백성은 죽을 지경이다.

두 번째 사례와 세 번째 사례에서도 약간의 모순이 느껴진다. 온 백성이 관리의 탐학에 민란을 꿈꾸며 못살겠다고 하는 와중에 가장 빈한하고 침학을 받았을 공사천들이 과거장에 출입하면서 유학을 모칭하고 있다. 그런데 유학층幼學層의 증가와 관련된 최근 연구에 따르면, 19세기 평천민의 직역을 가진 가계가 점진적으로 상위직역(=유학)을 획득함으로서 '신분을 상승시켜가는'경우는 예외적인 현상에 불과하다고 한다.[20] 이는 유학의

19 『日省錄』 정조 18년 11월 16일 경자.

20 송양섭, 「18 · 19세기 단성현의 군역 파악과 운영-『단성호적대장』을 중심으로」, 『대동문화연구』 40, 2002; 송양섭, 「19세기 유학층(幼學層)의 증가양상」, 『역사와 현실』 55, 2005.

증가가 기존의 해석처럼 상민호가 신분상승이나 모칭을 통한 군역 면제의 결과가 아니라는 것을 의미한다. 일반 상민호조차 유학을 칭하는 경우가 많지 않았다는 사실을 생각한다면 공사천이 유학을 칭하며 과거장에 출입하는 것은 지극히 예외적인 일이지 일반적인 상황은 아니었을 것이다.

정약용이 이러한 사실을 알지 못했다거나, 거짓말을 했다고 생각하는 사람은 없을 것이다. 이러한 다소 과장되거나 은유적 표현들은 다수의 학자들이 사용하는 일반적인 글쓰기 방식의 하나일 뿐이다. 하지만 식민학자들은 『목민심서』에서 행정문란의 폐단 부분과 나라가 망할 수밖에 없는 요소를 끄집어내었다.[21] 『목민심서』의 구체적이면서도 '인시순속因時順俗'적인 개혁방안이 빠져버린다면 모순에 가득한 사회상만이 남는다. 현재도 많은 학자들이나 정치인들이 『목민심서』를 이런 방식으로 읽고 있음을 본다. 수령을 바라보는 시선 역시 그러한 측면이 강하다.

3. 수령을 바라보는 시선

옛날에 상공上公은 그 영역이 100리, 후백侯伯은 사방 70리, 자남子男은 사방 50리였고, 50리가 되지 못하는 것은 부용附庸이라고 일컬었는데, 이들 모두가 제후였다. 지금 큰 주는 그 영역이 상공에, 중읍中邑은 후백에, 하읍下邑은 자남에 각각 준하고, 잔소읍殘小邑은 부용과 같다. 벼슬 이름은 비록 다르지만 수령의 직책은 옛날의 제후이다. 옛날의 제후에게는 상相이 있었고 삼경三卿이 있었으며 대부大夫와 백관百官이 갖추어져 있어 각기 자기 일을 수행하였기 때문에 제후 노릇하기가 어렵지 않았다. 지금의 수령은 만백성 위에 홀로 외롭게 있으면서 간민奸民 3인으로 좌佐를 삼고 교활한 아전 6·70인으로 보補를 삼고 거칠

21 안승택, 앞의 논문, 2019, 251~252쪽.

고 거센 자 몇 명으로 막빈幕賓을 삼고 성격이 패악한 자 수십 인으로 복례僕隸를 삼고 있는데, 이들은 서로 패거리를 지어 굳게 뭉쳐서 수령 1인의 총명을 가려 기만하고 무롱하며 만백성을 괴롭힌다. 그뿐 아니라 옛날의 제후는, 아비가 전하고 아들이 계승하여, 대대로 그 자리를 세습하고 있으므로 제후의 신하와 백성이 죄를 지으면 평생토록 등용되지 못하거나 혹은 대대로 떨치지 못하였으니, 그만큼 명분과 의리가 지극히 무거웠던 것이다. 때문에 비록 악인이 있다 하더라도 감히 두려워 복종하지 않을 수 없었다. 지금의 수령은 그 임기가 길어야 혹 2년 가고, 그렇지 않으면 몇달 만에 바뀌게 되니, 그 됨됨이가 주막에 지나가는 나그네와 같은데, 저들 좌佐·보輔·막빈幕賓·복례僕隸 등은 모두 아비가 전하고 자식이 이어받아 옛날의 세습하는 경卿과 같다.[22]

오늘날의 수령은 오래 있어야 3년이요 짧으면 1년이니 이것은 과객이다. 한 세대 지난 후에야 인仁이, 백 년 지난 후에야 예악이 일어나는 것인데 교민은 과객이 할 수 있는 일이 아니다. 그러나 이미 수령이 되었으니 백성이 오랑캐나 짐승의 지경으로 빠져들어가는 것을 서서 보기만 하고 구할 생각을 않는다면 이 또한 이른바 - 일지책日之責이 아니니니 예속을 권장하여 실행케 하고 향약을 힘써 닦는 일을 또한 어찌 그만둘 수 있겠는가.[23]

아전의 무리가 마치 여관의 주인처럼 나그네 겪어 보기에 이력이 나서 성위誠僞와 허실을 환히 눈에 익혀두고 어깨를 가지런히 하여 관정官庭에 엎드려서는 서로 더불어 킥킥거리며 몰래 웃다가 관문을 나서기만 하면 만 가지로 비웃는 줄을 수령이 알지 못한다.[24]

---

22 『역주목민심서』「赴任」除拜.

23 『역주목민심서』「禮典」教民.

24 『역주목민심서』「吏典」束吏.

늘 보면 수령의 고을살이가 여관에 머무는 것 같아서 그 봉름俸廩의 나머지를 반드시 가객家客에게 주어 급급히 서울로 수송하는데, 돌아가서 찾으면 제대로 남아 있는 경우가 드물다.[25]

6년으로 임기를 정해야 한다. 수령이 먼저 오래 그 자리에 있은 후에 가히 고공을 의논할 수 있다. 그렇지 못하면 오직 신상필벌하여 백성들에게 슈을 미덥게 해야 할 것이다. 20년 이래 수령들이 자주 교체되어 오래가봐야 2년이요 나머지는 혹 1년에 끝나기도 한다. 이 법이 고쳐지지 않으면 이민吏民들이 항구적인 계책이 없고 고공의 법도 웃음을 살 뿐이다.[26]

정약용은 19세기 수령의 임기가 길어야 2년이고, 그렇지 않으면 몇 달 만에 바뀌기 때문에 그 위상이 여관의 나그네와 같다고 했다. 수령은 나그네에 불과하니 주인격인 향리나 향임들을 다스리고 통제할 수 없다라고 당대 사회를 진단하고 있다. 그런데 정약용의 위의 글을 읽다보면 19세기에 와서 수령 임기가 짧아지고, 그것이 19세기 지방 통치 문란의 주요 원인 중 하나로 진단하고 있다. 그런데 수령의 재임기간은 19세기에 와서 갑자기 짧아진 것이 아니고, 조선시대 내내 비슷한 양상을 보인다. 오히려 19세기에 와서 약간이나마 더 길어지는 양상을 보이고 있다.

25 『역주목민심서』「賑荒」備資.

26 『역주목민심서』「吏典」考功.

〈표 1〉 조선시대 전남 지역 수령의 재임기간[27]

시기	개월수	인원수	%	시기	개월수	인원수	%
	0~5	10	6.3		36~41	34	2.5
	6~11	24	15.1		42~47	36	2.6
	12~17	21	13.2		48~53	17	1.2
	18~23	19	11.9	17C	54~59	32	2.3
	24~29	35	22.0		60~65	12	0.9
	30~35	28	17.6		66이상	1	0.1
15C	36~41	4	2.5		소계	1377	100
	42~47	5	3.1		0~5	231	14.6
	48~53	4	2.5		6~11	349	22.1
	54~59	4	2.5		12~17	316	20.0
	60~65	4	2.5		18~23	243	15.4
	66이상	1	0.6		24~29	223	14.1
	소계	159	100		30~35	97	6.1
	0~5	104	17.0	18C	36~41	38	2.4
	6~11	119	19.5		42~47	22	1.4
	12~17	116	19.0		48~53	19	1.2
	18~23	65	10.7		54~59	39	2.5
	24~29	60	9.8		60~65	2	0.1
	30~35	73	12.0		66이상	2	0.1
16C	36~41	24	3.9		소계	1581	100
	42~47	13	2.1		0~5	85	8.0
	48~53	9	1.5		6~11	187	17.7
	54~59	12	2.0	19C	12~17	204	19.3
	60~65	12	2.0		18~23	201	19.0
	66이상	3	0.5		24~29	169	16.0
	소계	610	100		30~35	83	7.8

27 권기중, 「조선시대 전라도 수령의 출신성분과 재임실태-전남 지역을 중심으로」, 『조선시대사학보』 94, 2020, 21~22쪽, 〈표 7-1〉 재인용.

17C	0~5	201	14.6	19C	36~41	62	5.9
	6~11	297	21.6		42~47	33	3.1
	12~17	273	19.8		48~53	18	1.7
	18~23	179	13.0		54~59	16	1.5
	24~29	176	12.8		60~65	1	0.1
	30~35	119	8.6		소계	1059	100

위의 〈표 1〉은 당시 정약용이 살았던 전라도 남부지역의 28개 군현의 수령 선생안을 분석한 것이다.[28] 28개 군현에서 재임기간이 확인되는 전라남도의 수령은 총 4,786명이다. 이들의 재임기간은 평균 19개월이었다. 우선 법으로 정해진 수령 재임기간인 60개월을 채우는 경우를 시기별로 살펴보면,[29] 15세기는 3.1%, 16세기에는 2.5%, 17세기에는 1%, 18세기에는 0.2%, 19세기에는 0.1%에 불과했다. 구간을 좀 더 넓혀서 3년 이상을 범위로 하더라도 전 시기에 걸쳐 10%내외에 불과했다. 이는 당시 법적 재임기간의 의미가 현재와 달랐음을 보여준다.

36개월 이상의 재임기간을 가진 자들을 포함하여 시기별로 2년 이상의 재임기간의 비중을 살펴보면, 15세기에는 53.5%, 16세기에는 33.8%, 17세기에는 31.0%, 18세기에는 28.0%, 19세기에는 36.1%였다. 법적 재임기간이 확정된 15세기를 제외하면, 19세기의 수령들이 가장 오랜 재임기간을 가졌음을 알 수 있다.[30]

정약용은 6년 임기를 주장하지만, 이미 『경국대전』에서 수령의 임기는 5년을 보장하고 있었다.[31] 그럼에도 불구하고 정약용도 『목민심서』「해관

28 조선시대에는 전라남도라는 명칭을 사용하지 않았으나, 여기에서는 현재의 명칭에 준하여 편의상 전라남도라는 명칭을 사용하고자 한다.

29 60개월 이상의 재임기간을 포함하였다.

30 권기중, 앞의 논문, 2020, 21쪽.

31 『經國大典』「吏典」外官職, "守令仕滿一千八百 堂上及未挈家守令 訓導仕滿九百乃遞."

解官」 체대遞代조에서 언급하듯이 수많은 이유로 임기를 채우지 못했던 것이다. 정약용의 주장처럼 19세기에 와서 재임기간이 짧아진 것도 아니고, 이러한 재임기간 때문에 나그네의 처지였다면, 조선 5백년 전체의 행정시스템이 잘못되었다고 봐야 한다.

다음으로는 무능한 수령, 간교한 향리들과 관련된 사례를 살펴보고자 한다.

> 오늘날의 수령은 망령되이 스스로를 존중히 여겨 대체만을 지키기에 힘쓰고 모든 상납의 일은 전적으로 아전의 손에 내맡겨 온갖 침학이 자행되어도 들은 척도 하지 않으니 수령의 직임이 어찌 진실로 이와 같은 것일까.[32]

> 내륙지방에서 세곡을 바치는 백성들이 지게로 지거나 수레에 싣고 산을 넘고 골짜기를 지나 조창에 도달하면 사나운 창노倉奴와 간활한 창이倉吏들이 뱃사공들과 짜고 말질이 이미 양에 넘치고, 저이邸吏의 침해는 더욱 악독하여 채찍 맞고 발에 차여 울부짖는 소리가 골목을 메워도 차원으로 나온 수령은 기생을 끼고 노래를 들으면서 이 울부짖는 소리는 못들은 척하니 그 직분을 능히 다한다고 할 수 있겠는가.[33]

> 수령이 농간질하여 남긴 이익을 훔치니 아전의 농간질은 말할 것도 없다. 수령의 농간질은 그 구멍 또한 많다. 법을 어긴 것만을 대강 추려도 그 이름이 여섯 가지가 있다. 첫째는 번질〔反作〕이요, 둘째는 가분加分이요, 세째는 허유虛留요, 네째는 입본立本이요, 다섯째는 증고增估요, 여섯째는 가집加執이다.[34]

32 『역주목민심서』「奉公」貢納.

33 『역주목민심서』「奉公」往役.

34 『역주목민심서』「戶典」穀簿.

아전들이 흉년을 만나면 겉으로는 근심하는 체하면서 속으로는 기뻐하며, 상인은 흉년을 만나면 때를 타서 모이謀利한다. 무릇 읍내 백성, 창촌의 백성, 시장의 백성, 부촌의 백성들은 혹은 곡물을 판매하고, 혹은 소금을 판매하고, 혹은 벌목해서 이익을 엿보고, 혹은 물화를 사재어서 때를 기다리고, 혹은 술과 단술을 만들고, 혹은 떡을 만들어 당장에도 잘 살 뿐 아니라 평생 걱정이 없다. 그럼에도 기민 명부를 작성함에 매양 『읍내에서는 집집마다 등록되고 창촌의 호구는 하나도 빠진 집이 없다』고 한다. 수령은 눈앞의 소만 보고 양을 잊어버렸으며 아전들이 사슴을 가리켜 말이라고 하는 농간에 넘어가서 아전과 일가붙이가 되면 8식구가 모두 관곡을 타먹으며 창고를 구실로 삼아 혹 삼대가 곡식을 받아먹고, 노기老妓, 방물장수, 호노豪奴, 간사한 하인에 이르기까지 함부로 진희賑餼를 받게 되어, 취하고 배부른 것으로 낙을 삼는다.[35]

수십년 이래로 수령 된 자가 전혀 일을 돌보지 아니하니 아전의 횡포와 농간이 끝간데를 모르게 되었는데, 호적은 그 중에서도 우심한 것이다.[36]

오늘날의 군자가 배우고 익히는 것은 곧 항우 · 패공沛公을 소재로 하는 시로써 그 극치라 생각하며, 한가로이 거처할 때에는 마조강패馬弔江牌 놀이로서 절세의 기예로 생각하고 있으므로 『대명률』 한 부, 『속대전』 및 『세원록』 몇 권을 일찌기 보지도 못하고 겨우 6품에 오르면 우선 군현의 수령 자리를 구한다. 갑자기 큰 옥사를 만나게 되면, 드디어 생사의 권한을 잡고서도 옥사를 심의할 때에는 서리의 입만 쳐다보며, 판결의 번복이 총애하는 기생의 손에 달려서 남을 억울하게 한 일이 이미 쌓이고 복록이 꺾이니 심히 슬픈 일이다.[37]

---

35 『역주목민심서』「賑荒」規模.

36 『역주목민심서』「戶典」戶籍.

37 『역주목민심서』「刑典」斷獄.

위의 글들을 대체로 19세기의 수령은 향리들에게 일을 맡기고 군자연君子然하거나, 기생에게 현혹되거나, 농간질하는 자들이다. 또한 향리들은 반드시 사심을 가진다. 정약용은 과연 그렇게 생각하고 위의 글을 작성했을까?

정약용이 암행어사 시절에 작성한 서계를 보면 반드시 그렇게 생각하지는 않았다는 것을 알 수 있다. 정약용은 1794년(정조 18)에 경기 적성 · 마전 · 연천 · 삭녕 등 4개 고을을 다녀와 서계와 별단을 바쳤는데, 여기에는 추생지역의 전 · 현직 수령 및 연로에 있던 양주 · 파주 · 고양 수령에 대해 상세한 정보를 담고 있다. 몇 개의 사례를 보자.

> 마전 군수 남이범南履範은 송사訟事의 심리를 강직하고 분명하게 하며, 일처리는 본말을 종합하여 면밀하게 하였습니다. 간사한 무리를 죄주고 도태시키니 백성들은 통쾌하다고 칭찬하였고, 창고지기를 곤장으로 다스리면서 먼저 되와 말을 간혹 함부로 많이 받은 것을 먼저 살폈습니다. 납세를 거부하는 부잣집 무리에게 조세의 상납을 독촉하면서 흉년이 들었다고 봐주지 않았고, 피폐하고 가난한 백성을 초록하는 것은 실상과 합치하도록 공을 들였습니다. 병적兵籍에 기록된 인원수가 실제 인구보다 과다한 묵은 폐단을 제거하려고 하였고, 환곡은 반드시 곱게 찧고 잘 까불게 하여 미리 새봄의 식량을 대비하였습니다. 부임한 지 2년 만에 정사가 이룩되고 법이 정착되었습니다.[38]

> 연천 현감 이가운李可運은 조심스럽게 마음을 가다듬고 부지런히 공무를 집행하였습니다. 애초의 평판은 큰 추위가 쉽게 봄날씨로 변하는 것과 같았습니다. 직접 눈에 가득한 민우民憂를 보고는 그 여독 속에서 백성이 회생하기

38 『日省錄』 정조 18년 11월 16일 경자.

어렵지 않을까 두려워하였습니다. 빈 가마니 값을 거두어들이는 법을 비루한 습속이라 하여 영구히 혁파하였고, 조적 곡식을 담는 포를 땔나무로 보충하는 사례는 또한 가난한 집에서는 덜어내어 주었습니다. 양반들이 포흠한 것을 거두지 못한 것은 비록 권세를 억누르는 힘이 못 미쳤기 때문이지만 족징族徵에 원망이 많은 것에 대해서는 지금 한창 그에 대처할 방책을 고려하고 있습니다. 보따리를 싸고 장차 사방으로 흩어지려는 백성을 기필코 안집시키려 하고, 뇌물을 상납하고서 하리下吏에 임명된 무리는 병정兵丁에 보충할 것을 요청하기도 하였습니다. 만일 스스로 보다 진작하고 쇄신하는 노력을 가한다면 뒤섞여 있는 것을 가려낼 수 있을 것입니다.[39]

별단別單

표재俵災하는 일입니다. 삭령朔寧은 각각 그 전민田民과 유사 면임이 함께 공동으로 재해 상태를 조사하여 기록하고, 관에서는 단지 이것에 근거하여 감영에 보고합니다. 만약 보고한 숫자대로 승인하여 내려주거나 혹은 조금 삭감함이 있다고 하더라도 등분에 따라서 균등하게 재결災結로 나누어주는 것을 줄이므로 예전부터 별다른 농간을 부리는 폐단이 없었습니다. 나머지 세 고을의 경우 비록 이런 규칙은 없지만 금년에는 재해를 담당한 본관이 모두 직접 살피면서 정밀히 초호抄戶하여 숫자에 근거하여 재결災結을 나누어주었기 때문에 실로 중간에서 훔쳐 먹어버리는 폐단이 없었습니다.[40]

이 서계에는 정약용은 아래 〈표 2〉와 같이 수령 9명을 평가하고 있다.

39 『日省錄』 정조 18년 11월 16일 경자.
40 『日省錄』 정조 18년 11월 16일 경자.

〈표 2〉 암행어사 정약용의 수령 평가

관직	성명	善政 여부	전정,공물,표재,포흠	환정,창고	진휼,황정	군정,호정,신역	형정	복지,학업,농업	잡역,잡세,장시,민고,양호,계방	아전,면임,장교,향임,
적성현감	이세윤	y	y	m		y	y			
마전군수	남이범	y	y	y		y	y	y		
연천현감	이가운	y							y	y
연천 전현감	김양직	n	n	n		n				
삭녕군수	박종주	y	y			y	y			y
삭녕 전군수	강명길	n	n				n		n	n
양주목사	한광근	y		y		y	n			y
파주목사	조택진	n			n	n				
고양군수	왕도상	y						y		y

*비고 : y=善治, n=惡治, m=中間

〈표 2〉에서 보듯이, 정약용은 수령 6명은 선치善治, 3명은 악치惡治로 평가한다. 또한 별단을 통해서도 4개 고을 모두 재해에 대처를 잘하고 있는 모습을 보고하고 있다. 이러한 사정을 볼 때, 『목민심서』의 서술이 수령들에게 악치를 경계하고자 쓴 글이지, 당대 수령들이 모두 탐관오리이기 때문에 그리 쓴 것이 아님을 알 수 있다.

정약용뿐만 아니라 조선후기 암행어사들의 서계를 분석해 보면, 19세기의 수령이 이전 시기에 비해 특별히 악치를 행한 것 같지는 않다.

〈표 3〉 암행어사의 수령 善治 여부에 대한 시기별 종합평가[41]

평가	17c후반~18c전반		18c후반~19c전반		19c중 · 후반	
	인원수	%	인원수	%	인원수	%
善治	61	46.6	319	52.6	241	62.4

41 권기중, 「조선후기 수령의 업무 능력과 부세 수취의 자율권-조선후기 暗行御史 書啓를 중심으로」, 『역사와 담론』 67, 2013, 232쪽, 〈표 3〉 참조.

惡治	39	29.8	123	20.3	62	16.0
無能	10	7.6	35	5.8	16	4.2
中間	15	11.5	89	14.7	23	6.0
평가 제외	6	4.5	40	6.6	44	11.4
전체	131	100	606	100	386	100

대상이 된 수령들은 『수의록』, 『일성록』, 『해서암행일기』에 기재된 일반 군현 수령 1,123명이다. 자료의 작성 시기를 보면, 『해서암행일기』는 1696년이고, 『수의록』은 1708~1717년, 『일성록』은 1794~1878년이다. 파견된 암행어사의 수는 각각 1명, 14명, 35명이다.

〈표 3〉을 통해 중요한 하나의 사실이 확인된다. 그것은 암행어사의 수령에 대한 평가가 시기가 지날수록 긍정적으로 변했다는 사실이다. 17세기 후반~18세기 전반에 수령에 대한 긍정적인 평가는 46.6%인데 반해 시기가 지날수록 52.6%, 62.4%로 수령에 대한 평가가 점점 더 긍정적으로 변하였다. 반면 부정적인 평가는 29.8%에서 20.3%, 16.0%로 감소하고 있다. 정약용은 당대 수령이 가장 무능하다고 서술하고 있지만, 암행어사의 평가 결과는 꼭 그렇지 않다는 것을 보여준다. 어느 시기에나 자신의 시대가 가장 문제가 많다는 평가는 늘 있어왔다.

그런데 수령 평가와 관련하여 정약용과 중앙 정부의 미묘한 입장차가 드러나는 흥미로운 사건이 『목민심서』와 『승정원일기』에서 확인된다. 그것은 정약용이 직접 보고 서술했다는 해남현감 이복수에 대한 『목민심서』의 내용과 『승정원일기』에 기재된 조만영의 서계 내용이다.

> 해남현감 이복수李馥秀는 가을 추수철에 먼저 넉넉한 민호에 대해서 징수하여 나라에 내는 부세의 액수를 충당하고 영을 내려 「내가 집행한 것에는 아전이 방결防結할 수 없고, 백성도 방납防納할 수 없다」라고 하였다. 다음해 봄에

창고니 한 달이 못되어 북을 치며 세곡 실은 배를 띄워 보내게 되었다. 이에 아전들이 앙심을 먹고 공모하여 그를 중상하였던 바 드디어 어사에게 파직되었는데, 오호라 애석한지고![42]

이조 계목에, 이번 전라도 암행어사 조만영趙萬永의 서계를 보니, 암행 대상 고을 가운데 전前해남 현감 이복수는 작년 봄 진휼하고 남은 조租 2,463석 남짓과 전錢 421냥을 모두 귀속하지 않았고, 또 세미의 대전代錢 4,124냥을 어렵지 않게 환롱 하여 상납하는 기일을 어기게 되었으니 이미 체직되었다고 하여 그대로 두고 논하지 않아서는 안 된다고 하였습니다.[43]

우선 확인할 수 있는 사실은 해남현감 이복수는 정약용이 서술한 내용과는 달리 어사에게 파직당한 것이 아니라, 세곡선이 치폐되었기 때문에 전라감사 김계온의 장계에 의해 1815년(순조 15)에 파직되었다.[44] 이복수는 『해남현선생안』에도 기재되어 있는데, 그는 무과출신으로 1813년(순조 13) 5월 4일에 부임하여 1815년(순조 15) 6월에 파직되었는데, "以稅船致敗事罷職"이라 기록되어 있다. 암행어사에게 파직되었다는 것은 위의 조만영의 서계에서 보는 바와 같이 1816년 전라도 암행어사 조만영이 이미 체직된 전해남군수 이복수에 대한 가중 처벌을 주장한 내용을 착각한 것이다. 그런데 이러한 사소한 실수는 차치하고 왜 이복수의 군현 행정에 대해 정약용과 조만영의 입장에 차이가 났을까. 이 부분은 당시 수령의 재정 운영에 대한 중앙 정부와 통치의 일선에 있었던 수령과의 견해 차이, 그리고 수령

---

42 『역주목민심서』「奉公」貢納.

43 『承政院日記』 순조 16년 6월 13일 신유.

44 『承政院日記』 순조 15년 6월 6일 경신, "以全羅監司金啓溫狀啓 海南縣稅船致敗 裝載官該縣監李馥秀 致敗地方官古群山僉使朴宗文 竝罷黜."

의 자율권 행사에 대한 개별 암행어사의 견해 차이에 기인하는 것이다.[45]

주지하다시피 조선후기에 들어와 대동법을 비롯한 부세제도의 개혁은 수많은 의의에도 불구하고 지방재정에 대한 배려가 부족했다. 대동법은 재원의 중앙상납분에 비해 지방유치분이 부족했기 때문에 지방재정을 궁핍화시켰다. 균역법은 감필減匹로 인한 각급 기관으로의 재정 지원책인 급대給代가 중앙기관에 집중됨으로써 지방재정을 더욱 부족하게 만들었다. 당시 균역법의 시행으로 은여결, 어염선세 등 지방재원으로 활용했던 부세원의 차단도 지방재원의 부족을 가속화시켰다. 이러한 상황에서 군현의 수령들은 문제의 해결을 위해 각종 명목의 무명잡세를 추가로 만들어 재정문제를 해결하고자 하였다.[46] 이는 중앙 정부의 관리도 충분히 인지하고 있었다고 생각된다.

정약용은 이 문제의 해결에서 국제國制보다 인시순속因時順俗를 중시했고,[47] 어느 정도 중앙 정부로부터 수령의 자율성이 보장되는 상황으로 인지했을 것이다.[48] 그가 보기에 이복수의 재정 운영은 불법적 요소가 있더라도 그 행위들은 해남현의 백성을 위한 것으로 파악했을 것이다. 하지만 이것도 국제를 적용한다면 명백히 불법이었고, 향리들은 이점을 파고들어 암행어사에게 이복수의 행위를 보고했을 것이다. 조만영은 인시순속보다는 엄격한 법 적용을 선호했던 것 같다. 하지만 이와 같이 평가가 엇갈리는 경우, 그 대상이 되는 수령은 관직에 복귀하는 것이 일반적이었다. 이복수 역시 1821년(순조 21)에 이미 종4품 무관직인 금위영 파총의 일을 담

---

45 권기중, 앞의 논문, 2013.

46 김덕진, 『朝鮮後期 地方財政과 雜役稅』, 국학자료원, 1999; 송양섭, 「조선시대 관권과 사족, 타협과 충돌」, 『역사비평』 65, 2003; 권기중, 「향리에 대한 기억과 편견, 그리고 역사교육」, 『사림』 32, 2009.

47 송양섭, 앞의 논문, 2014.

48 손병규, 앞의 논문, 2014.

당하고 있다가 병으로 개차되고 있었다.[49] 국가는 수령의 행위가 국제와 어긋나더라도 백성을 위한 공적 행위였다면, 파직을 당한 수령이라도 현직에 복귀시키고 있었던 것이다. 즉 19세기 수령들도 지방 재정의 운영에 있어서 보편적 윤리에 맞는 공명정대성을 확보할 수 있다면, 조정의 의지에 반하더라도 스스로 당당함을 유지하는 경우가 많았다.[50] 국가가 백성을 위한 탈법적인 수령의 행위는 어느 정도 인정하고 있었음을 알았기 때문일 것이다.

4. 맺음말

이것으로써 큰 난리가 장차 발생할 적에는, 사람은 비록 깨닫지 못하더라도, 조짐으로 나타남이 한 가지가 아님을 알 수 있다. 흰 무지개가 해를 꿰뚫고, 금성이 하늘을 지나간 것이 어느 해든지 없을 때가 없었으나, 사람들은 예사로 보고 있었다. … 하늘이 사람에게 경고함은 매우 간절하다 하겠으나, 다만 사람들이 능히 살피지 못할 뿐이었다. … 우리 나라는 태평 세월이 백년 동안이나 계속되어 백성들이 전쟁을 알지 못했으므로, 졸지에 왜병이 이르렀다는 말을 듣고, 어찌할 바를 모르고 엎어지고 넘어져서, 원근 지방이 바람에 쓰러지듯이 모두 넋을 잃었는데, 왜병은 멈출 수 없는 기세를 타서 열흘 동안에 바로 서울에 이르렀다.[51]

49 『承政院日記』 순조 21년 12월 2일 무인, "李寅溥 以禁衛營言啓曰 本營把摠李馥秀身病猝重勢難察任 改差 何如 傳曰 允."

50 권기중, 「조선후기 수령의 지방재정 운영과 公私 관념-경상도 암행어사 서계를 중심으로」, 『사림』 48, 2014.

51 유성룡, 이재호 역, 『국역 징비록』, 서애선생기념사업회, 2001, 224~228쪽.

위의 글은 유성룡의 『징비록』 내용의 일부이다. 하늘은 일본의 침략에 대비하라고 알려 주었는데, 조선의 위정자들은 이를 알아차리지 못하고 태평세월에 젖어 엄청난 재난을 맞게 되었다는 논리이다. 이러한 징비론적 왜란관은 전쟁을 일으킨 일본에 대한 비난보다는 전쟁을 막지 못한 조선의 잘못으로 우리들의 각성을 촉구하고 있다. 이러한 영향 때문인지 기존 연구 중 상당수는 우리가 무사안일 했다던가, 문약하고 기강이 해이했다던가 하는 식으로 임진왜란 전야를 설명하고 있다. "그랬으니 당했지"라는 논리이다. 일본의 침략에 의해 시작된 전쟁을 우리가 잘못해서 맞이한 것으로 이해해도 될 것인가? 분명 그러한 측면이 있었겠지만, 임진왜란 전에 이미 니탕개의 난(1583), 녹둔도 전투(1587), 시전부락 소탕작전(1588) 등 半戰時 상태에 있었다. 전쟁을 모르는 태평세월이 아니었으며, 왜군의 침략에 대비하여 전라도와 경상도의 성곽을 보수하고, 전라 · 경상도의 수령들을 문관에서 무관으로 대체 임용하고 있었다.[52] 유성룡은 당시 중앙관료로서 이러한 일들에 직 · 간접 관여하며 훤히 알고 있었을 것이다. 그럼에도 위와 같이 서술한 것은 후세 사람들을 경계하기 위함이지 일본의 사정을 전혀 몰랐거나 무사안일에 빠져 있었기 때문은 아닐 것이다.

『징비록』에 관한 최초의 학술 논문은 그 유명한 일인학자 이나바 이와키치[稻葉岩吉]에 의해 쓰여지고 있다. 그는 온갖 미사여구를 동원하여 징비록과 유성룡에 대한 찬사를 보낸다.[53] 『목민심서』를 찬양하고 정약용을 최고의 학자로 치켜세우던 일인학자와 일제 관료들이 머릿속에 스쳐지나간다. 조선의 위대한 학자들이 자신들이 벌인 끔찍한 만행에 대해 우리 잘못이라 하니 얼마나 좋았을까. 정약용은 다른 이유 때문이겠지만, 1808년

52 민덕기, 「임진왜란 지기전 조선의 국방 인식과 대응에 대한 재검토:동북방 여진에 대한 대응을 중심으로」, 『역사와 담론』 57, 2010.

53 이종각, 「근 · 현대 영국 · 일본인 역사가들이 본 『징비록』」, 『서애연구』 2, 2020.

(순조 8)에 아들 정학연에게 보낸 편지에서 『고려사』, 『반계수록』 등과 함께 『징비록』을 읽고 요점을 기록하라고 권유하고 있다.[54] 당대의 필독서였기 때문이었다고 생각된다.

『목민심서』와 『징비록』의 위대함은 여기에서 거듭 말할 필요가 없을 것이다. 그리고 그러한 사실들을 밝힌 수많은 명저와 논문들도 이루 말할 수 없을 정도로 많다. 하지만 이러한 사실들과는 다른 문제로 여전히 많은 사람들은 임진왜란 전야의 상황을, 대한제국 멸망 전야의 상황을 위의 두 저서가 서술한 대로 인식하고 있다. 우리나라가 망한 것은 일본 때문이 아니라 이미 19세기에 망조가 들었다는 어느 정치인의 인식이 그만의 인식인 것 같지는 않다. 알게 모르게 그 정치인에 대해서는 엄청나게 비난하면서 막상 비난을 한 당사자는 19세기 시대상을 어떻게 생각하고 있는지 궁금하다. 조선의 멸망에 대한 철저한 반성은 반드시 필요하다. 하지만 그것 역시 그 시대상에 대한 철저한 연구에 기반하여야 한다고 생각한다.

어떤 학자들은 『목민심서』를 통해 근대성을 발견하고, 다른 학자들은 조선멸망의 원인을 발견하기도 하고, 또 다른 어떤 학자는 망해가는 사회의 지식인의 고뇌를 읽기도 한다. 『목민심서』 가 정약용이 「자서自序」에서 언급한 바와 같이 그의 의도대로 읽히길 바란다.

『목민심서』와 관련된 수령연구는 전술했듯이, 이미 정약용의 의도를 정확히 파악한 수준 높은 연구들이 축적되어 있다. 그럼에도 불구하고 은연중에 19세기 시대상을 선험적으로 인식하는 경향이 있다. 19세기와 수령을 바라보는 시선을 약간만 달리한다면 19세기를 살았던 우리 선조들의 치열했던 삶을 좀 더 새롭게 조명할 수 있지 않을까 생각된다.

54 정해은, 「『징비록』의 서술 중점과 후대 영향력」, 『국학연구』 46, 2021, 204쪽.

| 참고문헌 |

『經國大典』

『經世遺表』

『承政院日記』

『日省錄』

김덕진, 『朝鮮後期 地方財政과 雜役稅』, 국학자료원, 1999.

유성룡, 이재호 역, 『국역 징비록』, 서애선생기념사업회, 2001.

정약용, 다산연구회 역, 『역주목민심서』, 창작과 비평사, 1979.

권기중, 「향리에 대한 기억과 편견, 그리고 역사교육」, 『사림』 32, 2009.

______, 「조선후기 수령의 업무 능력과 부세 수취의 자율권-조선후기 暗行御史 書啓를 중심으로」, 『역사와 담론』 67, 2013.

______, 「조선후기 수령의 지방재정 운영과 公私 관념-경상도 암행어사 서계를 중심으로」, 『사림』 48, 2014.

______, 「조선시대 전라도 수령의 출신성분과 재임실태 - 전남 지역을 중심으로」, 『조선시대사학보』 94, 2020.

김문용, 「정약용의 변등론과 유교 사회윤리의 확장 가능성」, 『국학연구』 26, 2015.

김용흠, 「『목민심서』에서 무엇을 볼 것인가」, 『내일을 여는 역사』 73, 2018.

김 호, 「새로운 중세인가 혹은 포스트모던인가-20세기 초 주자학자 조긍섭의 정약용 비판」, 『한국실학연구』 32, 2016.

나영훈, 「순조대 明溫公主 婚禮의 재원과 前例 · 定例의 준수」, 『조선시대사학보』 83, 2017.

민덕기, 「임진왜란 지기전 조선의 국방 인식과 대응에 대한 재검토: 동북방 여진에 대한 대응을 중심으로」, 『역사와 담론』 57, 2010.

배항섭, 「19세기를 바라보는 시각」, 『역사비평』 101, 2012.

백민정, 「정약용 정치론에서 권력의 정당성에 관한 물음-帝命과 侯戴 논의에 대한 재성찰을 중심으로」, 『철학사상』 29, 2008.

손병규, 「정약용의 재정개혁론-지방재정에 대한 현실인식을 중심으로」, 『한국실학연구』 27, 2014.

송양섭, 「18 · 19세기 단성현의 군역 파악과 운영-『단성호적대장』을 중심으로」, 『대동문화연구』 40, 2002.

______, 「조선시대 관권과 사족, 타협과 충돌」, 『역사비평』 65, 2003.

______, 「19세기 유학층(幼學層)의 증가양상」, 『역사와 현실』 55, 2005.

______, 「『목민심서』에 나타난 다산 정약용의 '인시순속(因時順俗)'적 지방재정 운영론」, 『다산과 현대』 7, 2014.

심재우, 「조선후기 수령의 법적 지위와 형벌권 행사의 실상-『목민심서』를 중심으로」, 『한국문화』 91,

2020.

안승택, 「근대초기 『목민심서』의 수용과 전근대 실용서의 근대적 고전 되기」, 『영남학』 68, 2019.

이영훈, 「다산의 인간관계 범주구분과 사회인식」, 『다산학』 4, 2003.

______, 「19세기 朝鮮王朝 經濟體制의 危機」, 『조선시대사학보』 43, 2007.

이종각, 「근 · 현대 영국 · 일본인 역사가들이 본 『징비록』」, 『서애연구』 2, 2020.

임성수, 「18세기 후반~19세기 전반 호조의 수입 구조 변화와 그 영향」, 『역사와 현실』 90, 2013.

정해은, 「『징비록』의 서술 중점과 후대 영향력」, 『국학연구』 46, 2021.

정호훈, 「근 · 현대 한국의 실학연구와 다산-연세 학통에서의 논의를 중심으로」, 『다산과 현대』 8, 2015.

James B. Palais, 「조선왕조의 관료적 군주제」, 『동양 삼국의 왕권과 관료제』, 조선시대사학회, 1999.

최주희, 「1826년 『예식통고(例式通攷)』의 편찬과 왕실재정의 정비 노력」, 『역사와 현실』 107, 2018.

홍해뜸, 『조선후기 목민서 편찬과 수령정치론 연구』, 연세대학교 박사학위논문, 2022.

13

조선시대 생활사 연구와 일기 자료*

이성임
서울대학교 법학연구소 책임연구원

1. 머리말

조선시대 생활사 연구는 1990년 중후반부터 본격적으로 시작되었다. 이는 연구 경향에도 그대로 반영되어 자본주의 맹아론에 집중하던 연구들은 대폭 줄어들고 생활사로 방향 전환이 이루어졌다. 그리하여 생활사는 이제 하나의 분야사로 자리 잡게 되었다. 70, 80년대에 자본주의 맹아론이 학계를 주도하였다면, 지금은 생활사가 주도하게 된 것이다.

생활사 연구에는 다양한 자료가 활용될 수 있지만, 이 중에 활용도가 높은 것은 고문서와 일기라고 하겠다. 고문서는 사건의 과정과 결과를 보여주는 스냅사진에, 일기는 일의 연속적인 진행 과정을 보여주는 비디오테이프에 비유되기도 한다. 그러한 의미에서 이들 자료를 모두 살펴야 하나[1] 여기서는 일기에 한정하여 논의를 진행하기로 한다. 지금과 같이 생활사

---

* 이 글은 2023년 『朝鮮時代史學報』 107집에 게재된 「조선시대 생활사 연구와 일기 자료」의 내용을 수정 · 보완한 것임.

1 김경숙, 「고문서를 활용한 생활사 연구의 현황과 과제」, 『嶺南學』 10, 2006.

연구가 양산되는 상황에서 관련 연구를 모두 살펴보기는 어렵다. 그러므로 여기서는 생활사의 개념 문제와 일기의 활용 가능성에 한정하여 논지를 전개해 나가기로 하겠다.

먼저 기왕의 연구 성과를 바탕으로[2] 조선시대 생활사의 개념과 연구 현황을 점검하고, 여기에 활용되는 일기 자료의 성격에 대해 살펴보기로 하겠다. 사실 일기가 없었다면 생활사 연구는 불가능했을 것이다. 일기는 일제강점기 조선사편수회에서 간행되기 시작하였고, 지금은 국학 연구기관은 물론 지방 자치단체 및 각지의 대학을 중심으로 간행되고 있다. 일기는 조선시대 이외에 근현대를 망라한 연구 주제로 떠오르고 있다. 2007년에 조사한 결과에 따르면 당시까지 알려진 일기가 1,600여 종이 넘으며 그중에 내용이 파악되는 것이 1,200여 종이라고 하니,[3] 앞으로의 활용 가능성도 적지 않다고 할 것이다.

일기의 활용 가능성을 타진하기 위해서는 일기가 갖는 자료적 성격을 살펴볼 필요가 있다. 그동안 일기는 현장성과 즉시성을 갖는 자료라고 인식되었고, 이러한 시각이 연구에 그대로 반영되었다. 일기라는 자료에 대한 일상적인 시각이 그대로 반영된 것이다. 그러나 일기가 본래의 모습대로 전해진 경우도 있지만, 상당수의 일기는 집안에 전해오는 과정에서 후

2 지금까지 생활사에 대한 연구 성과를 점검한 결과가 적지 않은데, 이를 제시하면 다음과 같다.
우인수, 「조선시대 생활사 연구의 현황과 과제」, 『역사교육논집』 23 · 24, 1999.
이해준, 「생활사 연구의 역사민속학적 모색」, 『역사민속학』 13, 2001.
곽차섭, 「'새로운 역사학'의 입장에서 본 생활사의 개념과 방향」, 『역사와 경계』 45, 2002.
김성윤, 「조선시대 정치생활사 연구의 현황과 전망」, 『嶺南學』 13, 2008.
손숙경, 「사회사와 생활사의 조우」, 『嶺南學』 15, 2009.
정연식, 「한국 생활사 연구의 현황과 과제 - 조선시대 생활사 연구를 중심으로」, 『역사와 현실』 72, 2009.

3 황위주, 「조선시대 일기자료의 현황과 활용방안」, 『국역 조선시대 서원일기』, 한국국학진흥원, 2007.

손들에게 노출되었고 이러한 까닭에 변개 될 가능성이 열려 있었다. 이는 일기 자료의 활용 가능성을 타진할 수 있는 중요한 문제이다. 후손들의 입장에서는 선대의 일기를 통하여 입지를 확보할 가능성이 있었기 때문이다.

2. 생활사의 개념과 논의

1) 생활사의 개념

생활사 연구는 주로 고문서와 일기를 중심으로 진행되었다. 지금은 생활사라는 용어가 아주 익숙해 고대부터 현대까지 시대사를 불문하고 그 어디에 붙여도 이상하지 않은 상황이 되었다.

그러나 생활사 연구가 시작된 지 30여 년이 지난 상황인데도 아직까지 생활사에 대한 '정론'이 없을 뿐만 아니라 이를 위한 토론의 장도 마련되지 못한 실정이다. 그러한 의미에서 생활사 연구는 여전히 지향점이 분명하지 못하고, 자료의 발굴과 연구자의 관심에 따라 산발적으로 진행되는 측면이 없지 않다. 연구 성과도 개별적이고 분산적일 뿐만 아니라 학제 간에도 공감대가 형성되어 있지 못하다. 연구 성과는 쏟아져 나오고 있으나 개념이 정립되지 않아 정치사 · 경제사처럼 연구 분야의 하나인지, 구조사 · 미시사처럼 연구방법론인지가 모호한 실정이다.

그러한 의미에서 지금까지 개별적으로 제기된 생활사 개념을 종합하여 개념화할 필요가 있다. 우선 생활사에 대한 그동안의 성과를 점검해 보기로 하겠다.

한국고문서학회는 1996년부터 2013년까지 『조선시대생활사』를 시리즈로 간행하였는데, 1권과 2권의 서문에 생활사에 대한 이해가 반영되어 있다. 먼저 박병호는 "생활사는 정확하고 객관적인 역사 인식을 위한 근본적 일차 사료인 고문서를 통해서 우리 선인들의 생활사를 생생하게 그려보자는 것"이라고 하였다. 생활사를 '선인들의 정신적 기질, 풍류, 풍격, 사유'라고 본 것이다.[4] 다음 이수건은 "생활사가 학문적으로 독자성을 지니기 위해서는 영웅호걸 중심의 제도사적인 역사서술에서 벗어나 사회구성원 다수를 차지하는 일반인들의 살아가는 모습을 생생하게 복원하면서도 그 시대의 전체적인 시대상을 보여주는 것을 생활시대사"라고 하였다.[5] 이들이 파악한 생활사는 선인들의 정신적 기질, 풍류, 풍격, 사유로 사회구성원 다수를 차지하는 일반인들이 살아가는 모습을 복원하는 것이다. 그러면 이제 좀 더 구체적으로 생활사를 연구사적으로 정리한 경우는 그 내용이 어떠한지 살펴보도록 하겠다.

먼저 우인수는 생활사가 "인간의 일상적인 생활 모습과 생활 양식 및 그 변화상을 추구하는 역사 연구의 한 분야"라면서, 개인이나 계층의 구체적인 삶, 혹은 어떤 생활 문화의 구체적 모습들을 종합적으로 분석 정리함으로써 삶의 실체를 좀 더 생생하게 전달해 줄 수 있는 분야라고 하였다.[6] 그는 생활사를 정치사, 경제사 등과 함께 나란히 거론되는 역사 연구의 한 분야로 보았다.

다음 김경숙은 생활사를 "한 사회의 체제와 운영방식 등 사회적 특성을 바탕으로 그 속에서 인간이 어떠한 삶의 방식으로 보이는가에 대하여 탐구하는 학문이라고 하면서 사회 자체보다는 그곳에서 삶을 꾸려나간 사람 중심의 학문"이라고 하였다. 아울러 지금까지의 생활사 연구가 개인의 전공과 관심사에 따라 산발적으로 이루어 졌음을 지적하였다.[7]

4 한국고문서학회, 『조선시대 생활사』, 역사비평사, 1996, 3~5쪽.
5 한국고문서학회, 『조선시대 생활사 2』, 역사비평사, 2000, 5~7쪽.
6 우인수, 앞의 논문, 825쪽.
7 김경숙, 앞의 논문, 303~306쪽.

이해준은 생활사는 역사상 보편적인 사람들의 삶과 문화라고 하면서 역사를 일구었던 인간들의 생활 양식 및 그 변화상을 추구하는 학문 분야라고 보았다. 즉 영웅적 인간 중심, 혹은 지배층 중심의 구조와 제도적 변천에 익숙한 기존의 역사학 연구에서 한 단계 나아가 우리의 역사 · 문화를 다른 측면에서 이해할 수 있게 해 줄 수 있다고 하였다.[8]

다음 곽차섭은 한국사에서 생활사를 굳이 표현한다면 '일상생활사 history of everyday life'에 해당 된다고 하면서 그 개념을 다음과 같이 정의하였다. ① 보통 사람들이 일상적으로 살아가는 모습을 생생하게 그려내면서 반복되는 일상의 저변에 존재하는 구조나 패턴을 연구 대상으로 삼는다. ② 국가적 · 공적 측면보다는 개인의 사적 측면에 초점을 둔다. ③ 사례연구를 지양한다. ④사료의 범위를 관찬 자료나 규범적 성격의 자료를 넘어서 일기 · 문집 · 잡기 · 소설 · 야사류 등 문학 자료, 나아가서는 서화류까지 망라한다. ⑤분석적인 방법보다는 이야기체를 지향한다는 것이다.[9] 곽차섭의 개념 정의는 다소 장황하기는 하지만 타당한 측면도 적지 않다.

정연식은 한국의 생활사란 ① 다른 영역에 있다가 생활사로 옮겨온 사회사적 생활사, ② 개인의 사적 영역에서의 활동을 다룬 생활사, ③ 되풀이되는 일상 또는 구조사로서의 생활사가 있다고 하였다. 그는 대부분의 사람이 매일매일 반복되는 자잘한 일상사 속에 파묻혀 살고 있는데, 이러한 "반복되는 사소한 것의 역사"가 곧 생활사라는 것이다. 역사학의 궁극적인 연구 대상은 인간의 삶이며, 생활사는 개인 또는 집단의 일상 행위나 일상 생활의 조건만이 아니다. 또한 굳이 심성사를 거론하지 않더라도 생활사는 과거 사람들의 의식 세계까지 지평을 넓힐 필요가 있으며, 생활사와 전통적인 역사학은 서로 대체되어야 하는 것이 아니라 서로 보완되어야

---

8 이해준, 앞의 논문, 34~35쪽.

9 곽차섭, 앞의 논문, 166~167쪽.

할 학문 분야라고 하였다.[10]

이상을 통해 볼 때 인식의 차이가 있으나 보통 사람들의 일상적 삶과 행동 양식 및 그들의 의식 세계를 연구하는 학문 분야라는 데에 공감하는 것으로 보인다. 그러한 의미에서 생활사는 인간들이 어떠한 삶의 방식을 추구했는가를 탐구하는 학문 분야이면서 연구방법론이라고 하겠다.

2) 생활사에 대한 논의

생활사는 1990년대 중후반부터 본격화되었다. 그러나 1980년대 중반에 발표된 구완회의 연구가 생활사 연구의 시작을 알리고 있다.[11] 그는 『미암일기眉巖日記』를 통하여 유희춘의 얼녀에 대한 자료를 통하여 그들이 양인화 되는 과정과 혼인 양태를 분석하였다. 당시 서얼차대에 대한 제도사적인 연구가 진행되던 상황에 비춰 본다면, 이는 당시의 연구와는 결이 다른 것이다. 그러나 이 연구도 사회사인지 생활사인지 그 경계가 분명하지는 않다.

다음 이성임은 양반 관료의 경제생활에 주목하였는데, 여기에서 처음으로 생활이라는 용어를 사용하였다.[12] 여기서는 일기라는 자료를 통해 양반 관료의 경제생활 전반을 다루고 있다. 유희춘이 사림파 관료임에도 경제 운용이 그리 투명하지 않다는 문제의식하에 관직 생활로 인한 수입의 정도를 파악하고, 그가 소유한 토지 경영과 노비 사환 문제를 다루었다.[13] 이 연구는 자본주의 맹아론을 염두에 두고 장시 활용에 주목하였으

10 정연식, 앞의 논문, 298~299쪽, 302~305쪽.

11 구완회, 「朝鮮 中葉 士族孽子女의 贖良과 婚姻 : 『眉巖日記』를 통한 사례검토」, 『경북사학』 8, 1985.

12 이성임, 「朝鮮 中葉 兩班官僚의 經濟生活에 대한 一硏究 - 柳希春의 『眉巖日記』를 분석을 중심으로」, 인하대학교 석사학위논문, 1990.

나 실제는 선물이 훨씬 유효한 물자획득 방식이었다는 결론에 도달하였다.[14] 일기를 활용한 선구적인 연구지만, 이 논문도 생활사를 염두에 두고 작성되었다고 보기는 어렵다. 다만 일기를 연구자료로 활용하면서 사회 구조와 경제운용 방식을 보다 유연하게 밝혀냈다는 점에서 의미를 찾을 수 있다.

당시의 생활사 연구는『미암일기』·『쇄미록瑣尾錄』·『계암일록溪巖日錄』등 조선사편수회에서 간행한 16~17세기의 몇몇 일기에 집중되었는데, 당시에는 활용 가능한 일기가 많지 않았기 때문이다. 그러한 상황에서도 일기를 활용한 연구가 확산된 것은 자료가 갖는 고유의 특성 때문이다. 일기에는 수많은 인물이 등장하는데, 그들의 행동 양식과 사유 체계가 연구자의 공감을 이끌어 내기에 충분했다.

생활사 연구가 시작된 지 30여 년이 지난 만큼 그동안 몇 차례에 걸쳐 연구사 정리가 이루어졌다. 그러면 여기에서 지금까지 논의된 결과를 통하여 생활사 연구의 성과와 과제를 점검해 보기로 하겠다.

먼저 우인수는 비교적 이른 시기에 연구 성과를 검토하였다.[15] 여기에서 150여 편에 이르는 논문과 저서가 소개되었으나 실제 일기를 대상으로 진행된 연구는 그리 많지 않으며, 사용되던 일기도 극히 제한적이다. 그의 연구사 정리는 생활사 연구가 본격화되기 이전의 연구에 집중된 것이다. 그러한 의미에서 곽차섭은 우인수가 제시한 논저 중에 생활사라는 개념을 염두에 두고 작성된 경우는 거의 없다고 평가하였다.[16] 그러나 생활사

---

13 이성임,「16세기 조선 兩班官僚의 仕宦과 그에 따른 收入 : 柳希春의『眉巖日記』를 중심으로」,『歷史學報』145, 1995;「朝鮮中期 어느 兩班官僚의 農地經營과 奴婢使喚 : 柳希春의『眉巖日記』를 중심으로」,『震檀學報』80, 1995.

14 이성임,「16세기 양반사회의 '膳物經濟'」,『韓國史硏究』129, 2005.

15 우인수, 앞의 논문.

16 곽차섭, 앞의 논문, 162쪽.

를 처음으로 주목하였다는 점에서 의미가 있다고 하겠다.

이해준은 생활사가 역사를 주도한 인간의 생활 모습과 양식, 그리고 그 변화상을 추구하는 학문 분야라는 측면에서 역사학보다는 민속학 분야의 성과를 강조하였다.[17] 민속학이나 인류학 분야의 성과에 주목하면서 역사학의 연구 방식의 구태의연함에 일침을 가하였다. 민속학이 현장에서 자료를 수집 정리하는 동안 역사학은 현장성에 둔감하면서도 억지로 학문적 권위만을 지탱해 왔다는 것이다.[18]

이해준은 생활사를 ① 생활일기 등 특정 사료 중심의 계층별, 혹은 사회적 역할별 일상생활사를 재구성하는 접근 시도(관료생활 · 군대생활 · 경제생활 · 여성생활 등), ② 조선시대 사람들은 어떻게 살았는가와 '조선시대 생활사'로 대표되는 대중 · 교양서류, ③ 전체 생활사의 구조가 되는 가족규모나 혼인연령 · 평균수명 · 경제생활 · 의료생활 등 구체적 사안들을 규명한 연구, ④ 생활사 자료의 발굴과 자료 소개 등으로 분류하고 있다.

그는 역사 연구가 중앙 · 지배세력 · 고급문화 중심이어서 사실 생활사 연구는 민속학이나 인류학 분야에서 주도한 것이라고 보았다. 또한 서양에서 말하는 일상생활사와 그 현상을 설명하는 데 있어서 동원되는 서구의 제 이론(기능주의, 구조주의, 상징주의, 미시사 등)들은 우리의 생활사를 구성하는데 적절하지 못한 측면이 적지 않음을 유의해야 한다고 하였다. 그는 이러한 연구 방식이 각기 해당 지역들의 자료 유형과 축적량에 따라 창안된 이론이라는 점에서 인식하고 우리 식의 생활사 설명 틀을 만드는 일이 필요하다고 보았다.[19] 서구의 제 이론의 수용보다 우리식의 생활사 이론의 정립을 강조한 것은 상당히 설득력이 있다. 지금은 우리식의 생활사

---

17 이해준, 「생활사 연구의 역사민속적 모색」, 『역사민속학』 13, 2001.

18 이해준, 앞의 논문, 38쪽.

19 이해준, 앞의 논문, 34쪽.

적 논리와 구조를 만드는 과정이 필요하기 때문이다.

이해준은 생활사를 위한 여러 가지 과제를 제시하였다. 생활사 연구는 개별적이고, 분산적이며, 학제 간에도 이렇다 할 공감대가 마련되지 않아 분야별 연구 대상, 분류 방식, 범위, 연구방법론이 모두 다르고, 관심 영역도 천차만별이라서 민속학적 방법이 오히려 효과적이라고 보았다.[20] 그러나 현 단계에서 과거의 민속학적 물질문화와 생활사적 연구 성과를 통합적으로 파악할 수는 없다.

곽차섭은 생활사 연구와 구미의 새로운 역사학과의 관련성에 주목하였다.[21] 그는 먼저 우인수가 제시한 논저 중에 생활사라는 개념을 염두에 두고 작성된 경우는 많지 않다는 사실을 지적하였다. 여기서 제시된 논문의 상당수는 민속학 · 복식사 · 제도사 · 경제사 · 사회사 등 기존의 학제와 전통에서 해오던 방식을 따르고 있다는 것이다. 그러한 의미에서 이러한 논문을 생활사라는 독립적인 분야에 포함시키기 어렵다고 보았다. 아울러 생활사가 어떠한 개념 하에 독립적인 분야가 될 수 있는지, 나아가서는 하나의 분과에 머물지 않고 역사 전체를 아우르는 새로운 패러다임이 될 가능성이 존재하는 지를 물었다. 강만길이나[22] 이이화의 연구[23]에서 생활사라는 용어를 사용하고 있으나 내용에서 생활사가 무엇인지 말하고 있지 않으며, 내용 면에서 생활사의 내용을 다루면서도 생활사란 말 자체를 정의할 아무런 필요성을 느끼지 않았다. 사회사의 전통이라는 시각 안에서 서술하고 있으므로 한국역사연구회의 '~는 어떻게 살았을까[24]'부터 고

20 이해준, 앞의 논문, 34쪽.

21 곽차섭, 앞의 논문.

22 강만길, 『일제시대 빈민생활사 연구』, 창작사, 1987.

23 이이화, 『우리 겨레의 전통생활』, 여강출판사, 1990.

24 한국역사연구회, 『조선시대 사람들은 어떻게 살았을까』 1, 2, 청년사, 1996; 『우리는 지난 100년 동안 어떻게 살았을까』 1, 2, 역사비평사, 1998.

문서학회의 『조선시대 생활사』에 선행하는 정도라고 보았다. 이러한 연구는 생활사의 개념이 불분명한 상황에서 생활사를 표방한 것이라고 하였는데, 이는 어느 정도 공감되는 것이다. 제목에서 생활사라는 타이틀을 달고 있다고 하여도 연구 성과가 엄밀한 의미의 생활사에 해당 되는 것이 아니라면 결국 자신들이 해오던 방식에 물질생활 상의 소재를 이야기식으로 덧칠한 정도에 불과하다는 것이다. 그렇게 따지면 이성임의 경우도 마찬가지라고 하겠다. 그가 논문에서 처음으로 제목에서 생활이라는 용어를 사용하였지만, 그의 논문에서 생활이 무엇인지 고민한 흔적은 찾아지지 않는다. 그러나 연구자가 생활사를 의식했는가 보다는 그 결과물이 내용에 부합되는가 하는 문제로 판단해야 할 것이다.

서양사 연구자의 판단은 이후에도 확인되고 있다. 먼저 곽차섭은 정연식의 연구는 일상이라는 키워드로 생활사에 접근하고 있다는 점에서 나름의 의미가 있다고 보았다.[25] 그러나 이 연구도 대중을 의식하여 에피소드로 흐르고 있다고 보았다. 곽차섭의 견해는 공감되는 바가 적지 않지만, 서양사 연구자의 특징은 한국사 연구 성과에 대한 이해가 부족하다는 사실이다. 당시 정연식의 경우만 해도 이미 주식, 끼니, 탈 것, 수레 등의 연구 성과를 제출하였으나,[26] 곽차섭은 이에 대한 이해 없이 그의 생활사 연구를 평가하고 있다. 서양사 연구자가 한국에서의 연구를 섣부르게 판단한 배경에는 한국사 연구 성과를 숙지하지 못한 점이 일정하게 작용하였다.

곽차섭은 서양에서의 일상 · 미시 · 문화사는 독일 · 미국 · 이탈리아에서 최근 30여 년에 걸쳐 이룬 새로운 역사학의 성과물이라고 보았다. 이는

---

25 정연식, 『일상으로 본 조선시대 이야기』 1, 2, 청년사, 2001.

26 정연식, 「조선후기의 主食에 관한 試論」, 『인문논총』 4, 서울여대 인문과학연구소, 1997; 「조선시대 탈것에 대한 규제」, 『역사와현실』 27, 1998; 「조선시대의 끼니」, 『韓國史研究』 112, 2001.

남성 · 위인 · 엘리트 위주의 정치적 사건사를 거부하고 인간을 고정적이고 불변적인 사회적 범주가 아니라 시공간으로 끊임없이 변하는 역사적 존재로 파악한 것이다. 그러한 의미에서 한국의 역사학계에서도 이러한 연구 방향에 동참하기를 요청하였다. 같은 문제라도 시각을 달리하여 볼 필요가 있으며, 시각을 달리하면 문제의 설정도 달라지고 다른 해결책이 나타날 것이라고 하였다. 곽차섭의 지적은 시사하는 바가 적지 않다. 서양의 새로운 역사학 성과물을 공유하면서 연구를 진행할 필요가 있다는 사실에는 공감이 된다. 그러나 사실 일기 자료가 워낙 방대하여 이를 읽어나가는 과정과 당대의 사회구조를 파악하는 데도 일정한 시간이 필요하다. 그러한 까닭에 한국사 연구자가 서구의 제 이론을 숙지하기가 쉽지 않은 상황이다.

안병직도 한국의 생활사 연구 성과에 대해 비판적이다. 그는 조선의 생활사 연구 성과와 구미 사학계의 일상사 연구 경향을 비교 검토하였다.[27] 문제는 그가 비교 대상으로 삼은 것이 2009년에 간행된 송기호의 논저에 한정되고 있다는 사실이다.[28] 그는 송기호가 왕조실록을 생활사 저술의 주요 자료로 활용하고 있다는 점에서 한국 생활사 연구에도 사료 읽기의 새로운 전략이 필요하다고 하였다. 아울러 한국의 생활사가 구태의연할 뿐만 아니라 문화사는 고사하고 사회사 연구조차 제대로 자리 잡지 못하였다고 하였다. 그러나 서양사 연구자가 한국 생활사의 수준을 올바르게 평가하기 위해서는 이 분야의 성과를 충분히 숙지할 필요가 있다. 서양사

27 안병직, 「한국 생활사 연구의 성과와 과제 - 구미학계의 일상사 연구 경향과 비교의 관점에서」, 『역사학보』 213, 2012.

28 여기서 대상이 된 연구 성과는 송기호의 일련의 연구 성과이다.
송기호, 『이 땅에 태어나서 - 한국인의 삶과 죽음』, 서울대학교출판문화원, 2009; 『시집가고 장가가고 - 가족과 의식주』, 서울대학교출판문화원, 2009; 『말타고 종부리고 - 신분세계와 유토피아』, 서울대학교출판문화원, 2009. 이후 송기호는 3권을 저서를 추가하여 2014년까지 모두 6권으로 생활사 연구를 완성하였다.

연구자가 한국 생활사 성과를 제대로 이해하지 못한 상황에서 평가절하하는 것은 지나친 측면이 없지 않다.

정연식은 본격적으로 실질적인 생활사 연구 성과를 검토하였다.[29] 그는 검토에 앞서서 생활사에 대한 성과가 지속적으로 제출되고 있지만 마찬가지로 생활사에 대한 정론이 없다는 사실을 지적하였다. 사실 생활사 연구자가 많지 않고 연구도 개별적인 관심사에 따라 산만하게 이루어졌으며, 생활사 연구가 이전과는 다른 독특한 연구방법론을 제시하지 않고 있다는 것이다. 그는 생활사의 필요성을 적극 강조하였다. 즉 예나 지금이나 인간의 삶은 거의 대부분 일상으로 채워지며, 역사학의 연구 대상은 인간의 삶이므로 일상적인 삶에 대한 연구는 지속되어야 한다. 다만 생활사와 전통 역사학이 대체되는 것이 아니라 보완되어야 한다는 것이다. 또한 생활사가 매력을 갖는 것은 생생한 현실을 전해 주기 때문이라고 하면서, 지금까지 일기를 바탕으로 이루어진 연구 성과를 제시하였다. 아울러 생활사가 역사학에 공헌한 중요한 점 중 한 가지가 민중 생활의 실체에 가까이 갈 수 있게 한 점이라는 사실을 지적하였다. 이는 누구나 공감할 수 있는 사안이다.

정연식은 가장 적극적으로 생활사 연구를 진행하기도 하였다. 그러면서 그는 “그걸 왜 연구하느냐?”, “그래서 어쨌다는 거냐?”라는 투의 핀잔을 들으면서 조선시대 한 엘리트의 토지제도 개혁에 대한 구상이 조선시대를 살다 간 수억명의 배를 채워야 할 곡식의 양보다 더 연구 가치가 있다는 데에 동의하기 어렵다고 하였다. 지금은 생활사에 대한 인식의 전환이 필요한 시기이다. 그리고 역사 기록은 지배층의 기록이며 승자의 기록이므로 민중들은 자신들의 기록을 만들지 못했으나 생활사의 진전으로 민

29 정연식, 「한국 생활사 연구의 현황과 과제 - 조선시대 생활사 연구를 중심으로」, 『역사와 현실』 72, 2009.

중의 모습이 점차 드러나게 되었다. 그는 노비의 사례를 들어 설명하고 있는데, 예전에는 노비공, 양천교혼, 종양법 등의 연구가 집중되었지만 생활사 연구가 진행되면서 노비가 주체가 되어 주인과의 갈등, 노비 도망, 노비 노동의 실제 등을 소개하였다.[30] 그러나 이러한 연구도 역사적 사실[팩트]에서 벗어나서는 안될 것이다.

정연식은 생활사 자료의 폭을 패관잡기 · 민담 · 전설 · 민요 등도 포함시켜야 하며, 생활사의 영역을 심성사라고 할 수 있는 사람들의 의식 세계로까지 넓힐 필요가 있다고 하였다. 아울러 생활사가 인류학 · 민속학 · 의류학 · 건축학 등 인접 학문과의 소통을 통하여 사회사적인 시각에서 벗어나기 위한 노력을 경주할 필요가 있음을 지적하였다.[31]

이제 일기를 활용한 생활사 연구가 시작된 지도 30여 년이 흘렀다. 시간이 갈수록 연구 성과는 증가하고 있지만, 아직 생활사에 대한 정론이 없는 실정이다. 생활사에 대한 이론적 바탕이 성립되어야 연구 방식의 설정도 가능하게 될 것이다. 초기에 생활사는 사회사와 맥을 같이 하였지만 이제는 갈래가 다른 분야임이 분명해 졌다. 그러한 의미에서 생활사가 무엇인가 하는 토론의 장이 만들어질 필요가 있다.

초창기 연구자들이 생활사를 의식하지 않았더라도 그 결과물은 민속학이나 사회사와는 차별성이 있었다. 연구자별로 인식의 차이를 보이기는 하지만, 생활사는 전통 시대를 살아간 다양한 사람들의 반복되는 일상적 삶과 행동 양식 뿐만 아니라 그들의 의식 세계를 연구하는 학문 분야이다.

---

30 노비의 자기주도성을 강조한 연구로 다음과 같은 것이 있다.
李憲汀, 「16세기 가내사환노비의 同類意識과 저항 - 『默齋日記』를 중심으로」, 『조선시대사학보』 54, 2010; 『16세기 노비의 삶과 의식세계 : 『묵재일기』를 중심으로』, 경희대학교 박사학위논문, 2012; 「16세기 어느 도망노비 가족의 생존전략 - 1578년 노비결송입안(奴婢決訟立案)을 중심으로」, 『인문논총』 72-4, 서울대학교 인문학연구원, 2015.

31 정연식, 위의 논문, 302쪽.

구체적인 대상으로는 남성 위주의 상층보다는 역사의 주변부에 위치한 하층 · 노비 · 여성 · 기생 · 승 등이 되어야 한다. 특히 주변부 인물의 행동 양식과 사유체계를 파악하기 위해서는 일기나 고문서 이외에 생활사 자료의 폭을 확대할 필요성이 있다.

생활사의 이론적 바탕을 성립하기 위해서 서양의 새로운 역사학의 성과를 공유하는 것이 절실하며, 이 과정에서 서양사 연구자의 역할이 적지 않다. 그러나 기본적으로는 조선이라는 사회구조에서 펼쳐진 우리식의 생활사 이론을 정립하는 것이 필요하다.

3. 일기 자료의 조사와 연구

1) 일기 자료 조사

일기는 관찬 자료가 보여주지 못하는 생생한 기록이라는 점에서 일찍부터 주목받았다. 이 자료에는 살아 움직이는 인간의 모습이 등장하고, 양반 남성뿐만이 아니라 그동안 역사의 주변부에 위치한 여성이나 하층민도 적지 않게 등장하여 생활사 · 문화사 · 여성사 등 다양한 분야의 연구자들이 관심을 갖게 되었다.

황위주는 일기를 "특정 개인이나 기관 단체 등에서 그들의 생활 경험과 업무에 관련된 여러 가지 사항을 날짜 순서에 따라 정리해 놓은 기록물을 총괄적으로 가리키는 말"로 정의하고 "여러 사람의 손을 거쳐 가공 출판된 문집이나 저술과 달리 그날그날 경험한 사실을 가감 없이 그대로 기록해 둔 현장 자료라는 점에 중요한 가치가 있다"고 하였다.[32]

일기의 간행은 비교적 이른 시기부터 시작되었다. 조선사편수회에서는 1930년대 후반부에 『미암일기』를 간행하였다. 그들은 원본을 빌려다가 간행한 뒤에 자료는 돌려주는 방식을 취하였다.[33] 『미암일기』의 해제 방식은 이후 진행된 작업에 영향을 미쳤다.[34] 조선사편수회에서는 『쇄미록』[35]과 『계암일록』[36]에 대한 탈초도 진행하였으나 이들 일기는 해방이 된 뒤에야 간행되었다.

그러나 일기 연구의 도화선은 『묵재일기默齋日記』[37]를 간행하면서 시작되었다. 이 일기는 상당히 비중 있는 일기임에도 1998년에야 발굴되어 간행되었다. 『묵재일기』가 간행된 이후로 여기저기 독회 모임이 생겨났으며, 이를 계기로 연구자층이 두터워 졌다. 그 결과 현재 『묵재일기』를 대상으로 한 연구만도 100여 편에 이르게 되었다. 또한 한국연구재단과 한국학진흥사업단에서 일기와 관련된 연구를 지속적으로 지원하였는데,[38] 이것이 일기를 체계적으로 연구할 수 있는 계기로 작용하였다.

---

32 황위주, 「조선시대 일기자료의 현황과 활용방안」, 『국역 조선시대 서원일기』, 한국국학진흥원, 2007.

33 柳希春, 『眉巖日記草』, 朝鮮史編修會, 1936~1938. 이 자료는 보물 260호로 지정되어 미암박물관에 소장되어 있다.

34 조선사편수회는 유희춘과 『미암일기』에 대해 충분히 숙지한 상태에서 일을 진행하였다. 우선은 탈초와 교열 등의 과정에 책임자와 담당자를 기재하게 하여 오류를 최소화 하였다. 이들은 『미암일기』 중에 『미암집』에서 보충된 것을 표기하고, 또한 실록과 대조하여 『선조수정실록』에 등재된 내용은 ★로 표시하였다. 그리고 두주를 달아서 내용 파악이 용이하도록 하였다.(조선사편수회, 「眉巖日記草解說」, 『眉巖日記草』 5권, 1938.)

35 국사편찬위원회, 『瑣尾錄』 上 · 下, 1962.

36 국사편찬위원회, 『溪巖日錄』 上 · 下, 1997.

37 李文楗, 『默齋日記』 上 · 下, 국사편찬위원회, 1998.
이에 대해서는 金炫榮의 해제 참조(「《默齋日記》 해제」, 『默齋日記』 下, 737~752쪽; 「16세기 한 양반의 일상과 재지사족」, 『朝鮮時代史學報』 18, 2001).

38 일기 연구를 지원한 대표적인 지원 사업을 들면 다음과 같다.
경북대 영남문화연구원, HK사업 '영남지역 고문서 아카이브 구축과 계층별 생활사 연구 – 미시세계의 리얼리티와 공존의 패러다임', 2007~2010.
서울대학교 법학연구소, 한국학기초사업 '16세기 역사상의 재해석 : 『묵재일기(默齋日記 : 1535~1567)』 교감(校勘) 및 역주(譯註) 사업', 2013~2015.
경북대 영남문화연구원, 한국학기초사업 '경상도 일기자료 목록 및 해제', 2019~2022.

생활사 연구가 진전되면서 일기에 대한 조사도 본격적으로 진행되었다. 일기의 조사와 연구는 국사편찬위원회 · 한국학중앙연구원 · 한국국학진흥원과 같은 국학연구기관과 지방 자치단체 및 대학의 연구기관에서 담당하였다. 그리고 한국국학진흥원의 유교넷과 호남기록문화유산 홈페이지에서 일기 자료 항목을 두고 각종 일기의 이미지 자료나 텍스트 번역 등을 제공하고 있다. 2007년대 조사된 결과에 따르면 지금까지 알려진 일기가 1,600여 종이 넘으며 그중에 내용이 파악되는 것이 1,200여 종이라고 하니[39] 앞으로의 활용 가능성도 적지 않다고 할 것이다.

일기류 현황조사와 더불어 중요한 것이 국역작업이다. 일기의 국역은 연구자의 저변 확대에 공헌을 하였다. 그러나 일기의 국역이 긍정적인 측면만을 갖는 것은 아니다. 번역물은 연구자가 원본을 직접 대면할 기회를 축소하였고, 그리하여 번역상의 오류는 연구 결과에 그대로 반영되었다. 그러므로 오류를 최소화하기 위해서는 역주 과정에 시대사 전공자의 참여가 필요하며, 아울러 결과물에 대한 검수가 필수적이다.

국역작업은 국학 연구기관과 지방 자치단체를 중심으로 진행되었는데, 2010년까지 250여 종에 대한 국역이 이루어졌다.[40] 특히 한국국학진흥원이 중심이 되어 역주를 진행한 결과 현재 100여 종의 일기가 번역되었다.[41] 최근에는 다른 기관에서도 일기 번역을 진행하였는데, 『묵재일기』,[42] 『쇄미록』,[43] 『노상추일기』[44] 등이 주요 성과물이다.

39 황위주, 「조선시대 일기자료의 현황과 활용방안」, 『국역 조선시대 서원일기』, 한국국학진흥원, 2007.

40 황위주, 「日記類 資料의 國譯 現況과 課題」, 『고전번역연구』 1, 2010.

41 한국국학진흥원 발간 고전국역서 목록(2010~2022).

42 이문건 지음, 김인규 역, 『역주 묵재일기』 1~4, 민속원, 2018.
이문건 지음, 정긍식 외 역, 『국역 묵재일기』 1~6, 경인문화사, 2019.
이 중에 후자는 역주 및 표점작업을 진행하고 인물사전까지 첨부하여 일기 독해에 편의를 제공하고 있다.

문집에 등재된 일기의 성격에 대해서도 논의가 진행되었다. 먼저 박현순은 문집에 등재된 일기의 분석을 통하여 일기가 개인의 내밀한 기록이라기보다는 가족이나 후손들과의 공유를 의식한 기록이라는 사실을 지적하였다.[45] 이정철도 이러한 견해를 적극 수용하여 일기가 갖는 즉시성과 현장성의 관계는 완화될 필요가 있으며, 지역성이 훨씬 중요한 일기의 특성이라고 하였다.[46] 김미선은 문집에 등재된 562편 일기를 대상으로 하여 시기별 현황과 그 가치를 분석하였다. 문집에 등재된 일기의 56%가 기행일기로 나타나는데, 기행 일기는 완결성이 있어 문집수록에 용이하다고 하였다.[47] 이정철은 15세기 후반 8종의 일기체 자료를 검토하여 15세기 후반부터 일기 형태가 형성되었다는 사실을 지적하였다.[48] 아울러 김정운은 2020년 일기를 활용한 연구 성과를 종합적으로 검토하여 점검하기도 하였다.[49] 처음 몇몇 일기에 한정되던 일기 연구는 시기가 지나면서 대폭 증가하였는데, 이는 일기 자료에 대한 관심이 증대되고 자료의 발굴과 조사 및 정리 작업이 진행된 결과이기도 하다. 그러나 활용되고 있는 일기는 여전히 생활 일기에 한정되고 있다.

2) 전존 과정의 문제들

일기 연구가 본격화되면서 자료 조사도 동시에 진행되었다.[50] 당시에는

43 오희문 지음, 전주대학교 한국고전연구소 역, 『쇄미록』 1~8, 사회평론아카데미, 2019.
44 노상추 지음, 정해은 외 역, 『국역 노상추일기』 1~12, 국사편찬위원회, 2017~2020.
45 박현순, 「문집을 통해 본 조선시대의 일기와 일기쓰기」, 『朝鮮時代史學報』 79, 2016.
46 이정철, 「조선시대 일기자료 특성들에 대한 재검토」, 『嶺南學』 72, 2020.
47 김미선, 「호남문집 소재 일기류 자료의 현황과 가치」, 『국학연구』 31, 2016.
48 이정철, 「여행일기, 일기의 등장 - 15세기 후반 일기체 기록의 등장에 대해서」, 『嶺南學』 76, 2021.
49 김정운, 「조선시대 일기자료와 연구동향」, 『嶺南學』 72, 2020.

일기가 자신의 내밀한 문제를 기록한 것으로 현장성과 즉시성이라는 특성을 갖는다고 평가하였다. 즉시성이란 사건이 발생한 지 얼마 지나지 않아 일기가 작성되었다는 것이다. 그러한 의미에서 일기가 갖는 자료적 가치가 높이 평가되었으며,[51] 이후의 연구에 이러한 시각이 그대로 반영되었다.

그러나 여기서 우리가 주목할 점이 있다. 일기는 문집과 달리 유일본 형태로 가문에 전해 내려오는 경우가 대부분이었다. 그러므로 전해 내려오는 동안에 후손들에게 그대로 노출되었고, 이로 인해 자료가 후손들에 의해 변개 될 가능성이 열려 있었다. 일기의 전존 과정은 가문에 따라 차이가 있다. 이문건 집안에서는 선대의 유묵을 그대로 두었지만, 오희문이나 김령 집안에서는 지속적으로 고쳐나갔다.[52]

그러한 까닭에 하나의 사건에 여러 판본의 일기가 존재하는 경우도 있고,[53] 후손들이 선대의 일기를 자신들의 입맛에 맞게 고쳐 나갔다. 이는 구체적으로 김령의 『계암일록』을 통해 확인할 수 있다. 현재 국사편찬위원회에서 간행된 『계암일록』은 김령의 친필일기가 아니라 19세기 전반에 후손들이 전사한 일기이다.[54] 김령이 작성한 일기는 다 유실되고, 그중에 1년 치 만 남아 있다. 현재 친필일기는 『정미일록丁未日錄』(1607) 뿐이며, 나머지 일기는 후손들이 전사한 것이다. 후손들은 선대의 일기를 오랜 기간에 걸쳐 지속적으로 지워나갔으며 나중에는 일기 전체를 전사하여 보관

---

50 정구복, 「朝鮮朝 日記의 資料的 性格」, 『한국학(구 정신문화연구)』 65, 1996; 염정섭, 「조선시대 일기류 자료의 성격과 분류」, 『역사와현실』 24, 1997.

51 정구복, 앞의 논문, 3~4쪽.

52 이성임, 「16~17세기 일기의 傳存 양상」, 『조선시대사학보』 89, 2019.

53 최은주, 「好古窩 柳徽文이 쓴 기행일기의 傳存 양상과 사료적 가치」, 『국학연구』 48, 2022.

54 이성임, 「『溪巖日錄 : 1603~1641』에 대한 자료적 검토」, 『韓國史學報』 57, 2014.

하였다. 전사본 일기는 7~8명의 인원이 나눠서 작성하였으며, 원본에는 이들의 필체가 서로 다른 것으로 나타나 있다.[55]

김령 가문에서는 선대의 일기를 지속적으로 수정해 나갔다. 그리하여 2종이 남아 있는 1607년의 일기를 비교해 본 결과 원본 형태를 그대로 유지하는 것은 6일에(1.7%) 불과하고 나머지는 삭제되거나 축약하였다. 일기 전체가 삭제된 경우가 245일(63.8%)이고, 일부만 남은 경우가 132일(34.4%)이다. 그나마 다행인 것은 후손들이 일기를 삭제만 하였을 뿐 후손들이 별도로 추기한 내용은 없다는 사실이다. 이를 통해 남아 있는 일기의 활용 가능성을 타진해 볼 수 있다.

정치적으로 예민한 인물에 대한 평가에 있어서 상반된 모습을 보이는데, 정구鄭逑가 대표적인 사례이다. 원본에서는 정구에 대하여 치졸할 정도로 비판적인 시각을 보이고 있으나[56] 전사본에서는 그의 행적만을 간단히 소개하고 있다.[57] 이는 후손들이 한강 정구와 그의 후손을 의식하여 관련된 부분을 삭제하였기 때문이다. 그러므로 전사본만으로는 김령과 정구의 관계를 올바르게 평가하기 어렵다.[58]

---

55 장필기, 「『溪巖日錄』해제」, 『溪巖日錄』 上, 1997.

56 원본과 전사본 사이에는 내용상에 차이가 많다. 그 중에 문제가 되는 원본 일기의 일부를 제시하면 다음과 같다.
"한강은 일찍이 두터운 명망이 있었고 師道로 스스로 높은 체하였다. 제자라고 일컬음이 있었으면 혹은 籃輿를 들었고, 혹은 밥을 짓고 죽을 끓였다. 蔡夢硯 무리들의 경우에는 변소의 오줌통을 다 직접 올려서 평소 똥 싸고 오줌 눌 때 일찍이 땅에 떨어뜨리지 않게 하였다. 오줌을 누려 하면 사람을 시켜 오줌통을 들고 서서 그 통에다가 누었고, 똥을 눌 때는 변기통 주변에 장막을 치게 하여 일찍이 변소에 들어간 적이 없었다. 또 늘 걸터앉아서 사람을 시켜 물을 받들게 하여 곧장 항문 주변을 더듬어 닦게 하였다."(『丁未日錄』(1607) 11월 6일조)

57 鄭逑는 유성룡과 이황의 제자이다. 김령은 정구가 자신의 부친인 金富倫과 더불어 퇴계 이황의 제자임에도 불구하고 퇴계가 사망한 이후에 한번도 안동을 찾지 않았다는 사실에 상당한 불만을 갖고 있었다. 그러한 의미에서 정구의 안동부사 시절의 치적 및 그의 행동거지를 낱낱이 비난했다.

다음 『계암일록』을 통해 제사 운영 방식을 연구한 경우도 있다. 원본에서는 윤회봉사의 방식으로 제사가 운영되었으며, 누구의 제사이며 제물을 담당하는 인물이 누구인지가 표시되어 있다. 그러나 전사본에서는 누구의 제사인지 만 기재하고 나머지 부분은 삭제되었다. 그러므로 실제 제사 전체를 김령이 제사를 주관한 것으로 파악된다. 그러한 의미에서 『계암일록』을 통해 광산 김씨의 제사 설행 실태를 분석한 연구에서 이 지역은 다른 지역보다 유교화가 100년 이상 앞선다는 결론에 도달하였다.[59]

『계암일록』은 그나마 친필본이 남아 있어 자료의 성격이 밝혀질 수 있었다. 문제는 대부분의 일기의 경우 그 전승 과정을 파악하기가 어렵다는 사실이다. 그러나 일기에 서문이나 발문이 있는 경우는 대개 후손들이 수정한 것이라고 보아야 할 것이다.

현재의 일기가 원본 그대로의 것인가를 판별하는 것은 상당히 어려운 문제이다. 이들 일기는 전존 과정에서 후손들에게 노출되었고, 그들의 필요에 따라 변개될 가능성이 열려 있었다.[60] 그러면 선대의 일기는 후손들에게 어떠한 의미를 갖는 것일까? 후손 중에는 선대의 일기를 자신들의 입지를 확보하는 데에 활용하기도 하였다. 선대의 일기를 후손이 정리하였다면, 이를 1차 자료라고 보기는 어렵다. 그러한 의미에서 자료를 활용하기 전에 자료의 전존 과정에 대해 주목할 필요가 있는 것이다. 이것이 일기의 활용성을 판단하는 주요한 기준이 되기 때문이다. 후손들에 의해 산삭된 자료를 통해 생활사를 복원하는 것은 쉽지 않은 일이다. 그러한 의미에서 일기 활용에 앞서 철저한 사료 비판이 요구된다고 하겠다.

---

58 김학수, 「정구의 학자, 관료적 삶과 안동부사 재임」, 『嶺南學』 17, 2010.

59 김명자, 「『溪巖日錄』을 통해 본 17세기 전반 祭祀의 실태와 그 특징」, 『안동사학』 9 · 10, 2005.

60 이성임, 앞의 논문, 2019.

선대의 일기를 활용하여 자신들의 입지를 확보하고자 한 모습은 유희춘의 경우에서도 확인된다. 선산 유씨는 유성춘柳成春과 유희춘 대에 크게 번창한 이후 쇠락하여 과거 급제자를 배출하지 못하고, 겨우 양반으로 명맥만 유지하였다. 그들은 명현의 후손, 호남화족이라는 신분 의식을 유지하기 위해 선대의 현창 사업에 몰두하였다.[61] 이는 담양뿐만 아니라 곡성의 후손에게도 그대로 나타난다. 곡성에 세거한 유복삼柳復三은 평생의 숙원사업으로 유희춘의 문묘 배향과 문집 및 일기의 간행에 몰두하였다. 이러한 모습은 연운당에서 발견된 『삼한당일기三恨堂日記』[62]와 관련 고문서를 통해 확인 된다.[63] 유복삼은 『미암일기』를 전사하는 한편 일기 중에 특히 『경연일기』 부분을 뽑아서 베껴 놓았는데, 지금까지는 이러한 것이 선대의 현창 사업이라고 평가하였다.[64] 그러나 이는 단순한 위선 사업이라고 하기는 어렵다. 유복삼은 과거를 보기 위해 상경할 때마다 『미암일기』에 등장하는 인물의 후손을 찾아가 그들과 유희춘이 세의世誼[65]가 있었음을 강조하였다. 선대의 일기 내용을 활용하여 가문의 위상을 높이고 자신의 사회적 입지를 확보하고자 한 것이다.

유복삼은 오랜 기간 일기의 간행을 위해 노력한 것으로 보인다. 일기를 베낀 뒤에는 교정작업을 진행했는데, 이 작업을 위해 여러 인물을 찾아다

---

61 최주희, 「19세기 재지사족층의 친족결집 노력과 내적 균열양상 - 호남지역 善山 柳氏家의 친족활동을 중심으로」, 『韓國史學報』 38, 2010.

62 柳福三 지음, 권수용 역, 『三恨堂日記』, 심미안, 2014.

63 선산류씨 곡성종회, 『眉巖 柳希春 후손家 연운당 고문서 - 고문서로 본 선비들의 생활세계』, 심미안, 2009.

64 권수용, 「眉巖 후손 柳復三의 위선활동」, 『국학연구』 23, 2013.

65 黃胤錫도 金元行과 관계를 맺는 데 있어서 아버지 황전과 김원행의 사촌형인 金文行이 舊誼가 있음을 강조하였다. 옛적에 교유가 있었던 사실을 강조하는 것은 조선시대 교유 방식의 하나였다(박현순, 「지방 지식인 黃胤錫과 京華士族의 교유」, 『韓國史研究』 163, 2013, 304쪽).

녔다. 유복삼과 화순 현감 유순柳詢 사이에 왕래한 편지를 통해 구체적인 사실이 확인된다. 유순은 선산 유씨로서 화순 현감으로 부임해 있으면서 발췌본의 교정을 담당하였다. 유순은 유복삼에게 편지를 보냈는데, 거기에서 글씨 자체가 흐릿할 뿐만 아니라 잘못 쓴 글씨가 절반을 넘어서 고쳐 쓸 형편이 아니라고 하였다. 이로 미루어 유복삼이 베낀 일기 중에 잘못된 곳이 적지 않았음을 알 수 있다.

유복삼은 윤광안尹光顔에게도 일기의 교정을 부탁하였다. 윤광안은 순천부사를 지내면서 유복삼과 친밀한 관계를 유지하였다.[66] 그는 편지를 통해 이전에 보내준 일기의 발췌본으로는 내용 파악이 어려우니 다시 원본을 가져다 달라는 뜻을 전하고 있다. 유복삼은 윤광안 이외에 채제공蔡濟恭에게도 『미암일기』의 교정과 아울러 서문 작성을 부탁하였다. 유복삼은 정동의 이정운李鼎運을 찾아가 『경연일기』 4권과 초록된 일기 1책을 가져다 보여주고는 채제공을 만날 수 있게 주선해 달라고 하였다. 그러나 유복삼은 끝내 채제공으로부터 서문을 받지는 못하였다. 유복삼은 또 낙안에 적거 중인 조진택趙鎭宅을 찾아가 그의 선조인 조정기趙廷機가 유희춘과 옥당의 동료임을 알리고, 유희춘이 조정기를 위해 지은 만사가 종택에 전해진다는 사실을 전하였다.

유복삼은 어교의 황갑산댁을 찾아가서 「선조동조관요책先祖同朝官僚冊」

66 유순이 유복삼에게 보낸 편지의 내용은 다음과 같다.
"眉巖 선생의 일기를 교정하는 일은 어찌 감히 수고롭기를 사양하겠습니까? 그러나 저번에 맡기신 책은 모두 발췌한 것으로, 원본이 아니더군요. 글을 빼내 버린 것이 비록 모두 쓸데없는 것이라고 하지만, 그런 가운데도 또한 좋은 곳이 있을 수 있습니다. 퇴계 선생이 주자 편지를 뽑아 엮을 때 李仲久에게 답장했던 편지내용도 진실로 이것을 가지고 말한 것입니다. 지금 반드시 원본의 전질을 모두 보고서 이것을 남겨두거나 깎아낼 것을 선택한 연후에야 좋은 부분이 빠진 경우가 없을 것입니다. 다만 전사본이 착오가 많은 것뿐만 아니니, 임의대로 고칠 수 없습니다. 이미 일기를 인쇄해서 후손에게까지 물려주고자 했으니, 이 일을 대충할 수는 없습니다. 다시 그 원본을 거두어서 가져올 수는 없는지요?"(선산류씨 곡성종회, 앞의 자료집, 400~402쪽).

을 보여주면서 선대에 세의가 있음을 확인하였다. 이 자료는 유희춘이 함께 관직 생활을 함께 한 동료의 명부이다. 또한 화순의 조경태曹景泰를 찾아가 선조의 일기 중에 경오년의 일기가 있는 지를 묻고 있다. 1791년(정조 15) 조경태가 와서 일기를 가져간 사실이 있기 때문이다. 이를 통해 유복삼이 유희춘의 일기 원본을 가지고 다니면서 다른 사람에게 빌려주기도 하고, 그러한 과정에서 일기의 일부가 유실되었음을 알 수 있다. 유복삼은 일기를 활용하여 쇠락해 가는 가문을 바로 세우고 자신의 입지를 확보하고자 한 것이다.

이는 이유간李惟侃의 『우곡일기愚谷日記』[67]와 18세기 중반 이광려李匡呂가 간행한 『세구록世舊錄』[68]을 통해서도 확인된다. 선대가 세의가 있었다는 사실은 후대인이 교유할 수 있는 방식 중의 하나였다.[69] 이유간은 전주이씨 종친으로 정종의 10남인 덕천군德泉君의 후손이다. 그는 종친이기는 하지만 생원시를 거친 뒤 추천을 받아 관직에 진출하여 사대부로서의 기반을 마련하였다. 이유간에게는 3명의 아들이 있었는데, 경직景稷 · 경설景卨 · 경석景奭이 그들이다. 둘째 경설은 일찍 죽고 경석은 아직 어려서 『우곡일기遇谷日記』에는 이유간과 이경직의 관직 생활이 주로 그려져 있다. 이 집안은 3~4대 연속으로 문과 급제자를 배출할 정도로 명문가였으나 소론의 핵심 세력이 되어 숙종 후반의 과옥과 영조대 괴서사건 등 노론과의 정쟁으로 인하여 멸문지경에 이르렀다.[70]

현재 남아 있는 『우곡일기』는 1609년부터 1618년까지 10여 년의 기록으

67 李惟侃 · 吳淵, 『愚谷日記 · 野言記略』, 국사편찬위원회, 2001.

68 李匡呂 저, 이성주 역, 『世舊錄』, 수서원, 2014.

69 조선 후기에는 『世誼譜』의 존재도 보이며, 김선주는 『箕城儒林名家世誼報』를 분석하여 평양의 사족집단을 분석하였다(김선주, 「조선후기 평양의 사족」, 『국학연구』 27, 2015).

70 원창애, 「조선 왕실 종친가문에서 사대부로의 변모 - 덕천군파 이유간 가계를 중심으로」, 『남명학연구』 48, 2015.

로[71] 여기에는 이유간이 천안 군수를 역임하는 모습이 그려져 있다. 그러한 의미에서 이 자료는 수령의 업무를 파악하는 자료로 활용되었다.[72] 주목되는 사실은 일기의 원본에 일정한 표식이 있다는 사실이다. 일기 중의 일부는 묵삭으로 지워진 경우도 있으며, 이름에는 ○이나 ●으로 표식을 하고, 꺽세(ㄱ)로 특정 항목의 시작 을 표시하였다. 이에 대해 이선희는 후일에 개인의 관심에 따라 검색할 수 있도록 한 것이라고 보았다.[73] 그러나 이를 단순히 개인의 관심을 검색하기 위한 것으로 볼 수는 없다. 이는 『세구록』 작성 과정의 표식으로 보아야 할 것이다. 이근호는 『세구록』을 통하여 덕천군파 가문의 인적 연망을 살피고 있다.[74] 여기에 이유간과 이경직이 교유한 인물 404명이 등장하기 때문이다. 그러나 무엇보다도 이광려가 『세구록』을 작성하는 데 있어서 『우곡일기』을 적극적으로 활용하였다는 사실을 주목해야 한다. 이광려는 일기에 등장하는 인물을 분류하여 연망을 파악하고자 했던 것이다. 여기에는 대체적인 사안은 물론 사소한 일화까지 기록되었다.[75] 『세구록』은 단순히 선조를 추숭하기 위한 것이라고

71 현재 남아 있는 『우곡일기』는 1609년에서 1618년까지 10여 년의 기록이다. 그러나 『세구록』이 작성될 당시까지만 해도 1608년부터 1634년까지의 일기가 남아 있었는데, 그 중에 경신년 임술년, 병인년의 일기는 일실되고, 무신년 이전의 일기는 그 유무를 상고할 길이 없다고 하였다(『세구록』 서문). 그렇다면 『세구록』이 작성된 1764년 이후에 1619년 이후부터 1634년까지 절반 이상의 자료가 유실되었던 것이다. 이는 『우곡일기』가 그리 간단한 일기가 아니었다는 사실을 보여준다. 어쨌든 이를 통해 『세구록』 편찬 단계에도 상당히 많이 남아 있던 일기가 1764년 이후에 상당 부분 유실되었다는 사실을 확인할 수 있다.

72 이선희, 「『愚谷日記』를 통해 본 17세기 수령의 일상업무」, 『역사민속학』 18, 2004a; 「17세기 수령의 接賓客과 그 성격」, 『史學硏究』 75, 2004b.

73 이선희, 앞의 논문, 2004a, 167쪽.

74 이근호, 「17세기 전반 京華士族의 인적 관계망 - 『세구록』의 분석을 중심으로」, 『서울학연구』 39, 2010.

75 이는 세구록의 서문을 통해 확인할 수 있다.
"同樞公日記에는 옛 친구들과의 여러 가지 일이 자세히 기록되어 있어 자손들이 읽어 보면 의리를 숭상하고 仁愛로써 친화하며 지내던 옛날 일들을 두루두루 돌아볼 수 있다. 이제 그분들을 모두 열거하고 교제하면서 있었던 일들을 기록하여 『세구록』이라 이름 한다."

보기 어렵다. 이는 선대가 지닌 세의를 활용하여 자신들의 입지를 확보하려는 후손들의 의도가 담겨진 것이다. 후손들이 정쟁에서 실패한 위급한 상황에서 자신들의 안위를 지키기 위한 방편이었다.

이상을 통해 후손들이 선대의 일기 자료를 충분히 숙지하고 있었음을 확인할 수 있다. 이들은 선대의 일기를 활용하여 위선사업을 진행하는가 하면 자신들의 입지를 확보하기 위한 방편으로 활용하였다. 후손의 입장에서 선대의 유묵을 활용하는 것은 이들에게 주어진 권리였다. 그들은 선대의 일기를 통해 자신들의 기회를 만들어 나갔다.

일기의 상당수는 전해오는 과정에서 후손들에게 노출되었고, 그 과정에서 내용의 산삭되어 변개될 가능성이 열려 있었다. 그러한 의미에서 일기의 활용 가능성은 축소될 수밖에 없다. 다만 후손들이 내용을 추기하지 않았다는 점에서 활용 가능성을 타진할 수 있다. 여기에서 일기 해제의 중요성을 다시 한번 강조할 필요가 있다. 지금까지의 해제는 일기의 내용 파악에 중심을 두었으나 그것보다 중요한 것이 전존 과정에 대한 이해이다. 전존 과정이란 일기가 어떠한 과정을 통해 전해져 왔는가 하는 문제이다. 이를 위해 서지학 등 주변 학문 연구자의 도움을 받아 일기의 지질 및 서체 등을 면밀히 검토할 필요가 있다.

4. 맺음말: 생활사를 위한 제언

조선시대 생활사는 이제 하나의 분야사이며 연구방법론이다. 그러나 일기를 활용한 생활사 연구가 시작된 지도 30여 년이 흘러 일기 연구가 확산되고 있지

(李匡呂 저, 이성주 역, 『世舊錄』 序文)

만, 아직까지 생활사에 대한 정론이 없는 실정이다. 생활사의 개념이 설정되어야 연구 방향이 정해질 것이다. 그러한 의미에서 생활사 개념 확립을 위한 토론의 장이 마련되어 구체적인 연구 항목이나 방법론을 제시해야 한다.

초창기 연구자가 연구를 진행하는 과정에 있어서 생활사 문제를 깊이 숙지하지는 않았더라도 그 결과물이 내용에 부합되는 지를 가지고 평가해야 할 것이다. 현재는 연구자별로 인식의 차이를 보이기는 하지만, 생활사는 전통 시대를 살아간 다양한 사람들의 반복되는 일상적 삶과 행동 양식 및 그들의 의식 세계를 연구하는 학문 분야라고 하겠다. 구체적인 대상으로는 남성 위주의 상층보다는 하층 · 노비 · 여성 · 기생 · 승 등 역사의 주변부가 중심이 될 것이다. 이들의 행동양식과 사유체계를 파악하기 위해서 일기나 고문서 이외에 생활사 자료의 폭을 확대할 필요성이 있다.

한국의 생활사 분야에서 구미의 역사학 방법론을 수용하는 것이 절대적으로 필요하다고 하겠다. 그러한 의미에서 한국의 생활사 연구자도 서구의 연구동향(기능주의, 구조주의, 상징주의, 미시사 등)에 귀기울이며 그들의 견해를 수용할 필요가 있다. 그러나 조선시대라는 사회구조 안에서 펼쳐진 우리식의 생활사 이론을 정립하는 과정이 필요하다.

한국 생활사 연구는 기본적으로 고문서와 일기 자료를 바탕으로 하고 있다. 고문서도 마찬가지이지만 일기는 철저한 사료 비판이 요구되는 자료이다. 후손들 중의 일부는 선대의 일기를 통하여 선대를 현창하고 자신들의 입지를 확보하고자 하였기 때문이다. 그러한 의미에서 일기의 해제 작업이 무엇보다도 중요하다. 여기서는 일기의 내용 파악 못지않게 전존 과정에 주목해야 한다. 일기의 전존 과정이 사료적 가치를 결정하는 요소이기 때문이다. 이를 위하여 역사학 이외에 서지학 등 주변 학문의 도움이 절실하게 필요하다. 자료의 내용과 별도로 서체나 지질 등에 대한 검토가 필요한 것이다.

최근 생활사 연구에서는 서구의 미시사나 일상사의 연구방법론을 도입하여 거꾸로 읽기, 작은 것을 통해 보기 등의 방식으로 연구가 진행되었다. 기존의 방법론에서 탈피하여 노비의 주체적 삶에 주목한 연구가 있으나, 이러한 논의도 기본적으로 역사적 사실[팩트]에서 벗어나서는 안될 것이다.

현재 일기 조사는 다양한 국학 연구기관과 지방 자치단체 및 대학을 중심으로 이루어지고 있다. 특히 한국국학진흥원이 중심이 되어 일기 조사와 연구를 진행하고 있다. 그러나 일기 자료 연구는 남한 지역만의 문제는 아니다. 북한 지역에도 적지 않은 일기 자료가 남아 있을 것이며, 이것이 본격적으로 발굴되면 생활사 연구가 더욱 활성화될 것이다. 그러한 의미에서 앞으로 북한 지역의 일기 자료를 입수하여 활용할 방안을 모색할 필요가 있다. 일례로 북한에는 『현은산일기玄恩山日記』가 존재하는데, 이 자료는 이문건의 『묵재일기』와 비견될 정도의 가치가 있다고 한다. 이 일기는 현적복玄積福이 1558년부터 1600년까지 작성한 것으로, 이를 통해 황해도 지역의 벼 이양방식, 임진왜란 당시의 재정 상황 및 이몽학李夢鶴 난의 전개, 임꺽정과 길삼산 등의 행적 및 당시 주민들의 생활상을 확인할 수 있을 것이다.

| 참고문헌 |

1. 자료

金 坽, 『溪巖日錄』 上 · 下, 국사편찬위원회, 1997.

노상추 지음, 정해은 외 역, 『국역 노상추일기』 1~12, 국사편찬위원회, 2017~2020.

선산류씨 곡성종회, 『眉巖 柳希春 후손家 연운당 고문서 - 고문서로 본 선비들의 생활세계』, 심미안, 2009.

吳希文, 『瑣尾錄』 上 · 下, 국사편찬위원회, 1962.

오희문 지음, 전주대학교 한국고전연구소 역, 『쇄미록』 1~8, 사회평론아카데미, 2019.

柳福三 지음, 권수용 역, 『三恨堂日記』, 심미안, 2014.

柳希春, 『眉巖日記草』, 朝鮮史編修會, 1938.

李匡呂 저, 이성주 역, 『世舊錄』, 수서원, 2014.

李惟侃 · 吳淵, 『愚谷日記 · 野言記略』, 국사편찬위원회, 2001.

李文楗, 『默齋日記』 上 · 下, 국사편찬위원회, 1998.

이문건 지음, 김인규 역, 『역주 묵재일기』 1~4, 민속원, 2018.

__________, 정긍식 외 역, 『국역 묵재일기』 1~6, 경인문화사, 2019.

2. 논저

강만길, 『일제시대 빈민생활사』, 창작사, 1987.

곽차섭, 「미시사 - 줌렌즈로 당겨본 역사」, 『역사비평』 46, 1999.

김미선, 『미시사란 무엇인가?』, 푸른역사, 2000.

______, 「'새로운 역사학'의 입장에서 본 생활사의 개념과 방향」, 『역사와 경계』 45, 2002.

곽차섭 · 임병철, 『역사속의 소수자들』, 푸른역사, 2009.

권내현, 「조선시대 일상 연구의 모색」, 『영남학』 89, 2024.

권수용, 「眉巖 후손 柳復三의 위선활동」, 『국학연구』 23, 2013.

구완회, 「朝鮮 中葉 士族孽子女의 贖良과 婚姻 : 『眉巖日記』를 통한 사례검토」, 『경북사학』 8, 1985.

김경숙, 「고문서를 활용한 생활사 연구의 현황과 과제」, 『嶺南學』 10, 2006.

김기봉, 『역사란 무엇인가를 넘어서』, 푸른역사, 2000.

김명자, 「『溪巖日錄』을 통해 본 17세기 전반 祭祀의 실태와 그 특징」, 『안동사학』 9 · 10, 2005.

김미선, 「호남문집 소재 일기류 자료의 현황과 가치」, 『국학연구』 31, 2016.

______, 「조선시대 한문 기행일기의 현황과 가치」, 『한국민족문화』 71, 2019.

______, 「호남지역 일기자료 조사 · 정리의 사례와 그 활용 가치 - 일기자료 조사 · 정리 방안 모색과 관련하여」, 『嶺南學』 72, 2020.

김선주, 「조선후기 평양의 사족」, 『국학연구』 27, 2015.

김성윤, 「조선시대 정치생활사 연구의 현황과 전망」, 『嶺南學』 13, 2008.

김정운, 「조선시대 일기자료와 연구동향」, 『嶺南學』 72, 2020.
김학수, 「정구의 학자, 관료적 삶과 안동부사 재임」, 『嶺南學』 17, 2010.
金炫榮, 「《默齋日記》 해제」, 『默齋日記』, 1998.
______, 「16세기 한 양반의 일상과 재지사족」, 『朝鮮時代史學報』 18, 2001.
박현순, 「지방 지식인 黃胤錫과 京華士族의 교유」, 『韓國史研究』 163, 2013.
______, 「문집을 통해 본 조선시대의 일기와 일기쓰기」, 『朝鮮時代史學報』 79, 2016.
백승종, 「한문학과 미시사의 풍요로운 만남」, 『동양한문학연구』 24, 2007.
손숙경, 「사회사와 생활사의 조우」, 『嶺南學』 15, 2009.
안병직, 「포스트모더니즘 역사론을 위한 변론」, 『역사비평』 58, 2002.
______, 「한국 생활사 연구의 성과와 과제 - 구미학계의 일상사 연구 경향과 비교의 관점에서」, 『역사학보』 213, 2012.
염정섭, 「조선시대 일기류 자료의 성격과 분류」, 『역사와현실』 24, 1997.
원창애, 「조선 왕실 종친가문에서 사대부로의 변모 - 덕천군파 이유간 가계를 중심으로」, 『남명학연구』 48, 2015.
우인수, 「조선시대 생활사 연구의 현황과 과제」, 『역사교육논집』 23 · 24, 1999.
이근호, 「17세기 전반 京華士族의 인적 관계망 - 『세구록』의 분석을 중심으로」, 『서울학연구』 39, 2010.
이선희, 「『愚谷日記』를 통해 본 17세기 수령의 일상업무」, 『역사민속학』 18, 2004a.
______, 「17세기 수령의 接賓客과 그 성격」, 『史學研究』 75, 2004b.
______, 『17~18세기 충청지역 수령의 일상업무』, 중앙대학교 박사학위논문, 2005.
이성임, 「朝鮮 中葉 兩班官僚의 經濟生活에 대한 一研究 - 柳希春의 『眉巖日記』를 분석을 중심으로」, 인하대학교 석사학위논문, 1990.
______, 『16세기 兩班의 經濟生活 연구』, 인하대학교 박사학위논문, 2003.
______, 「16세기 양반사회의 '膳物經濟'」, 『韓國史研究』 129, 2005.
______, 「『溪巖日錄 : 1603~1641』에 대한 자료적 검토」, 『韓國史學報』 57, 2014.
______, 「16~17세기 일기의 傳存 양상」, 『조선시대사학보』 89, 2019.
______, 『16세기 미암 유희춘의 경제생화』, 세창출판사, 2023.
이성임 · 차미희 · 최은주 · 이근호, 『일기를 통해 본 조선후기 사회사』, 새물결, 2015.
이이화, 『우리 겨레의 전통생활』, 여강출판사, 1990.
이정철, 「조선시대 일기자료 특성들에 대한 재검토」, 『嶺南學』 72, 2020.
______, 「여행일기, 일기의 등장 - 15세기 후반 일기체 기록의 등장에 대해서」, 『嶺南學』 76, 2021.
이해준, 「생활사 연구의 역사민속학적 모색」, 『역사민속학』 13, 2001.
정구복, 「朝鮮朝 日記의 資料的 性格」, 『한국학(구 정신문화연구)』 65, 1996.
정연식, 『일상으로 본 조선시대 이야기』 1, 2, 청년사, 2001.
______, 「조선후기의 主食에 관한 試論」, 『인문논총』 4, 서울여대 인문과학연구소, 1997.

______,「조선시대 탈것에 대한 규제」,『역사와현실』 27, 1998.
______,「조선시대의 끼니」,『韓國史硏究』 112, 2001.
______,「한국 생활사 연구의 현황과 과제 - 조선시대 생활사 연구를 중심으로」,『역사와현실』 72, 2009.
최은주,「생활사의 시각에서 본 조선시대 한문학연구의 성과와 과제」,『嶺南學』 13, 2008.
______,「조선시대 임진왜란 일기자료의 현황과 傳存 양상」,『한국민족문화』 77, 2020.
______,「한국국학진흥원 소장 유배일기 자료의 현황과 활용 가치」,『안동학』 19, 2020.
______,「好古窩 柳徽文이 쓴 기행일기의 傳存 양상과 자료적 가치」,『국학연구』 48, 2022.
최주희,「19세기 재지사족층의 친족결집 노력과 내적 균열양상 - 호남지역 善山 柳氏家의 친족활동을 중심으로」,『韓國史學報』 38, 2010.
한국고문서학회,『조선시대 생활사』 1, 2, 3, 4, 역사비평사, 1996~2013.
한국역사연구회,『조선시대 사람들은 어떻게 살았을까』 1, 2, 청년사, 1996.
______________,『우리는 지난 100년 동안 어떻게 살았을까』 1, 2, 역사비평사, 1998.
황위주,「조선시대 일기자료의 현황과 활용방안」,『국역 조선시대 서원일기』, 한국국학진흥원, 2007.
______,「日記類 資料의 國譯 現況과 課題」,『고전번역연구』 1, 2010.

14

조선시대 여성사 연구에 대한 몇 가지 질문: 2000년대 이후 연구 성과를 중심으로*

정해은
한국학중앙연구원 책임연구원

1. 머리말

한국에서 여성사 연구의 출발점은 일제강점기인 1927년에 국학자 이능화(1869~1943)가 펴낸 『조선여속고』에서 찾을 수 있다. 그는 "우리에게 조선 여속에 관한 역사서가 없다는 것은 조선 사람의 과오다."[1]라는 자성의 뜻으로 이 책을 집필하였다. 비록 제목은 '여속女俗'이라 하였으나, 내용은 여성의 노동과 사회적 역할, 그리고 지식인 여성까지 폭넓게 다루었다. 같은 해 펴낸 『조선해어화사朝鮮解語花史』에서는 기녀를 역사적 탐구의 대상으로 처음 제시하였다.

이로부터 2023년 현재 96년이 흘러 조만간 한국 여성사 연구는 1세기의 역사를 가지게 될 것이다. 일각에서는 여성사가 더 이상 '프론티어'의 학문이 아니라고 우려하기도 하지만, 이러한 우려를 불식시킬 만큼 여성사

---

* 이 글은 2023년 『朝鮮時代史學報』 105집에 게재된 「조선시대 여성사 연구에 대한 몇 가지 질문-2000년 이후 연구성과를 중심으로」의 내용을 수정 · 보완한 것임.

1 이능화 저, 김상억 옮김, 『조선여속고』, 동문선, 2009, 37쪽.

연구는 예상을 뛰어넘어 확장되는 추세다. 대표적으로 1945~2013년까지 한국 여성 연구의 성과를 종합적으로 검토한 『한국 여성사 연구 70년』의 출간이 이러한 확대와 발전의 증표라 할 수 있다.[2]

그동안 한국 여성사 연구자들은 역사학계 내에서 '시민권'을 확보하기 위해 부단히 노력해왔다. 이러한 노력의 성과로 '여성'과 '젠더'는 이제 학계에서 더 이상 낯설지 않은 연구 주제가 되었다. 실제로 2022년에는 『대동문화연구』 제118집이 "젠더하기+동아시아 미술사와 여성"을 특집으로 다루었으며, 한일관계사학회가 주최한 창립 30주년 학술대회 또한 "'여성'과 '젠더'를 통해 본 한일관계사 - 혼인, 이주, 교육을 중심으로"(2022. 10.15)라는 주제로 개최되었다.

이와 같은 연구 확산의 흐름 속에서, 이 글은 2000년대 이후 조선시대를 중심으로 21세기 여성사 연구의 현장을 찾아가고자 한다. 조선시대 여성사 연구의 발자취를 따라가면서 주요 연구 흐름을 짚어보고 몇몇 논점을 정리하였다. 이 작업을 위해 2000~2022년까지 조선시대를 대상으로 한 연구 성과를 조사했으며, 그 결과 대략 저서 140여 책과 논문 540여 편을 만날 수 있었다. 논저의 규모가 예상보다 훨씬 많았는데, 이 수치만으로도 여성사 연구가 확장일로에 있음을 짐작할 수 있다.[3]

연구 성과의 선별 기준은 조선시대 여성의 관점과 입장에서 역사상을 재구성한 성과물이었다. 이 중에는 소재로서 여성을 다룬 논문들도 있으나, 여성의 삶과 태도를 다양한 관점에서 보여주므로 이 역시 귀중한 성과

---

2 강영경 · 권순형 · 이순구 · 박정애 · 김은경 · 윤정분 · 송연옥 · 박경 · 이성숙, 『한국 여성사 연구 70년』, 한국학중앙연구원출판부, 2017.

3 필자의 조사에서 일부 누락된 논저가 있으리라고 생각한다. 다만 본고에서 검토한 680여 편의 연구 성과는 『한국 여성사 연구 70년』(1945~2013년)의 408건을 크게 상회한다. 양자의 조사 기간이 14년 정도 겹치고, 본고에서는 자료집을 제외했음을 고려하면 전체 연구사의 흐름을 파악하는 데 지장이 없다고 판단하였다.

로서 포함하였다. 또한 여성사가 학제 간 연구를 중시하면서 학문 분과의 벽을 허물고 있으므로, 한국사뿐만 아니라 국어학, 국문학, 한문학, 교육학, 철학, 의학 방면에서 나온 논저들도 포괄하였다.[4]

그리고 여성사 논저들을 분석하고 그 안에서 문제의식을 포착하는 관점으로 '젠더'를 중요하게 보았다. 1980년대 초반부터 사용되기 시작한 이 용어는 1986년에 조앤 스콧이 「젠더 : 역사 분석의 유용한 범주」라는 논문을 발표하면서 여성사가 젠더사로 전환하는 이론적 기초가 마련되었다.

미국의 역사학자 거다 러너의 말대로 역사란 배열된 과거라 할 수 있다. 여성사는 권력을 가진 남성이나 엘리트 위주로 배열된 역사에 도전하는 학문이다. 여성사는 과거의 여러 사건 중 왜 특정한 내용만 역사가 되었는지, 그것을 배열하는 일을 누가 결정했는지 묻는다. 또한, 이러한 결정에 누구의 이해관계가 반영되었는지 탐구한다.[5]

젠더의 개념은 이러한 여성사 연구를 이끄는 핵심적인 역할을 하였다. 조앤 스콧은 젠더를 "성차에 관한 지식"으로 정의하며, 남성과 여성의 관계를 사회 · 문화적 맥락에서 이해하는 것을 의미한다고 설명하였다.[6] 그녀에 따르면, 여성사를 연구하는 것은 단지 소외된 여성을 역사에 포함시키는 작업을 넘어서, 인간 사이에서 간과되어 온 다양한 관계를 새롭게 발견하는 데에 의미가 있다.[7] 다시 말해 여성사란 고립되어 온 여성에 관한 관심을 넘어 궁극적으로는 사람들 사이에서 발생하는 다양한 관계성을 더 주목해야 한다는 의미라고 할 수 있다.

---

4 다만 여성을 주제로 다루었으나 「서사적 규방가사의 구조연구」, 「임윤지당의 성리(性理) 철학과 수행론」 등 주요 논점이 철학 · 문학 등에 맞춰진 저서나 논문은 제외하였다.

5 거다 러너 지음, 강정하 옮김, 『왜 여성사인가』, 푸른역사, 2006, 275쪽.

6 조앤 W. 스콧 지음, 정지영 · 마정윤 · 박차민정 · 정지수 · 최금영 옮김, 『젠더와 역사의 정치』, 후마니타스, 2023, 65~101쪽.

7 정현백, 「'여성사 쓰기'에 대한 (재)성찰」, 『역사교육』 102, 2007, 164쪽.

이 글은 이러한 관점에서 2000년대 이후의 연구 성과를 토대로 먼저 전체 연구 동향을 일별하고, 여성사를 추동한 세 가지 요소를 제시하였다. 이어서 전체 연구를 가족사, 여성 인물, 사회 · 문화와 규범, 정치와 왕실 의례, 경제 활동과 특수직 여성 등 주제별로 나누어 주요 연구 성과를 살펴보았다. 끝으로 여성사의 쟁점과 질문으로는 여성의 주체성과 유학, 가족사 연구에서 비부계적 요소 찾기, 여성의 노동과 경제 활동에 대한 시각, 열녀 문제를 짚어보았다.

현재 조선시대 여성사 연구의 기류는 여성을 피해자로만 접근하는 관점을 경계하면서 사료를 새롭게 독해하는 작업이 활발히 이뤄지고 있다. 위의 네 가지 쟁점의 공통점 역시 대부분 여성의 주체성이나 자의식 측면에서 유교 이데올로기와 부계 가족 질서 속 여성의 삶에 대한 새로운 해석이다. 이는 학문으로서 여성사가 갖는 의미에 대한 성찰과도 맞닿아 있다. 따라서 이 글은 '여성사에 대한 몇 가지 질문'이라는 입장에서 이 사안들을 중심으로 여성사의 쟁점을 살펴보고, 향후 연구 방향을 모색해 보았다.

2. 2000년대 이후 연구 동향

2000년대 이후를 기준으로 조선시대 여성사의 연구 동향을 파악하면서 가장 크게 체감한 변화는 연구의 팽창이었다. 이는 2000년 이후 조선시대 여성사 전공자가 늘어나면서 양적으로나 질적으로나 큰 성과를 거둔 결과로 보인다.

먼저, 여성사 연구의 확대와 활력을 보여주는 시금석으로 2000년 이후 박사학위논문이 끊임없이 배출되는 현상을 꼽을 수 있다. 이는 그만큼 전문 연구자가 증가하는 현실을 반영해주기 때문이다. 연구 분야도 재산상속, 가계 계승, 종부권, 경제생활, 수렴청정, 후궁, 출산문화, 여성 규범과 여훈서, 여성 호주 등 그동안 산발적으로 다루어졌던 주제들을 심층적으로 파고들었다.

구체적으로 소개하면, 2000년의 『조선전기의 상속제도』(문숙자)를 시작으로 『조선후기의 여성 호주 연구 : 『경상도단성현호적대장』의 분석을 중심으로』(정지영, 2001), 『조선후기 『단성현호적대장』의 여성파악실태 연구』(김경란, 2003), 『조선시대 여훈서에 나타난 여성의 정체성 연구』(김언순, 2005), 『조선 전기 수양, 시양의 실태와 입후법의 정착』(박경, 2007), 『17세기전후 양반가 부인의 경제활동 연구』(한효정, 2007), 『19세기 수렴청정 연구』(임혜련, 2008), 『조선 왕실의 출산문화 연구 : 역사인류학적 접근』(김지영, 2010), 『조선시대 후궁 연구』(이미선, 2012), 『17~18세기 경상도 북부지역 사족의 친족관계 연구 - 일기에 나타난 혼인과 제사를 중심으로 - 』(김정운, 2016) 등이 있다. 2022년에도 『조선후기 가계계승과 종부의 역할』(김보람)과 『조선후기 유교 젠더 규범과 양반 여성의 대응』(하여주)이라는 박사학위논문이 배출되었다.

다음으로, 저서와 연구 논문의 배출은 더 괄목할 만한 성장을 보여주었다. 2000~ 2022년까지 조선시대 여성사 관련 저서와 논문을 조사한 결과, 저서가 140여 책, 논문이 540여 편에 달하였다. 먼저 저서의 현황을 살펴보면, 단독 저서가 108책, 공저가 32책이었다. 연구 경향을 파악하기 위해 주제별로 나누어 〈표 1〉로 정리하였다. 왕실 여성을 정치사의 관점에서 다룬 저서는 '정치'로 따로 분류했으며, 공저 중 다양한 주제를 포괄한 단행본은 기타의 '종합'으로 묶었다.

〈표 1〉에서 눈에 띄는 점은 왕실 여성에 관한 저서가 정치 분야의 '왕실 여성'까지 포함해 37책(26.4%)이나 된다는 것이다. 여성 인물을 다룬 저서도 26책(18.6%)으로 확인되었다. 저서를 조사할 때 학술적으로 의미가 있는 대중서도 포함했으므로, 대중에게 쉽게 다가갈 수 있는 왕실 여성이나 여성 인물을 소재로 한 책이 많은 듯하다. 이러한 사정을 감안하더라도 두

주제의 비중이 45%에 달한다는 것은 조선시대 여성사 연구가 왕실 여성과 인물에 치중된 현실을 보여준다.

〈표 1〉 2000~2022년 조선시대 여성사 연구 현황(저서)

주제	책수	세부 주제(책수)
왕실	33	인물(14), 왕비(5), 가족(2), 공주(2), 생활(2), 혼인(2), 후궁(2) 이혼(1), 인물사전(1), 종교(1), 친잠(1)
인물	26	종합(6), 김호연재(5), 신사임당(5), 김만덕(2), 임윤지당(2) 장계향(2), 강정일당(1), 한산이씨(1), 향랑(1), 허난설헌(1)
가족	25	가족(7), 혼인(6), 상속(4), 부부(2), 사랑(2), 이혼(1), 입양(1), 태교(1), 호적(1)
사회 · 문화	16	문학(4), 사회(3), 문화(2), 지식(2), 기록(1), 기술(技術)(1) 음식(1), 종교(1), 문자생활(1)
정치	9	왕실여성(4), 공녀(3), 수렴청정(2)
경제 · 생활	8	생활(4), 경제(4)
규범	8	열녀(6), 여성인식(1), 효녀(1)
특수직	7	궁녀(3), 기녀(2), 여악(1), 의녀(1)
통사	5	통사(5)
기타	3	종합(2), 연구사(1)
합계		140책

또한 표에서 의미 있는 사항으로는 『한국 여성사 깊이 읽기』(2013), 『글로벌시대에 읽는 한국여성사』(2016) 등 통사가 5종이나 출간된 점을 들 수 있다. 가족 관련 저서도 25책(17.9%)이어서 가족이 여전히 각광받는 연구 주제임을 알 수 있다. 생활 분야는 6책으로서 일상사를 향한 관심을 엿볼 수 있다. 이 밖에 경제, 기술技術, 소송, 여성의 지식 및 기록과 관련한 저서들도 주제의 다양성 측면에서 주목을 끈다.

그렇다면 논문 540편의 상황은 어떠할까? 먼저 5년 단위로 논문 배출 규모를 살펴보면, 2000~2004년 85편, 2005~2009년 143편, 2010~2014년 126편, 2015~2019년 123편, 2020~2022년 63편이었다. 2000년대 중반 이후로 논문이 비약적으로 증가하는 추세를 확인할 수 있다.

다음으로 〈표 2〉에서 주제별 논문의 현황을 제시하였다. 논문 540편의 주제를 분류하는 과정에서 어려움을 겪을 만큼 주제가 매우 다양했는데, 이 역시 2000년 이후 여성사 연구가 활기를 띠면서 나타난 특징으로 볼 수 있다.

〈표 2〉 2000~2022년 조선시대 여성사 연구 현황(논문)

주제	편수	세부 주제(편수)
가족	141	혼인(28), 상속(22), 가족(20), 호적(12), 첩(7), 권리(9) 이혼(6), 입양(5) 출산(5), 가부장제(5), 과부(4), 노비(4) 주체성(4), 제사(4), 태교(3), 족보(2), 호칭(1)
왕실	89	혼인(20), 인물(19), 상장례(9), 출산(9), 후궁(7), 친잠(5) 문자생활(3), 생활(3), 의례행사(3), 가족(2), 유모(2), 이혼(2) 천주교(2), 경제(1), 교육(1), 피난(1)
규범	76	열녀(24), 여성인식(17), 정절(10), 성리학(9), 여훈서(9), 규제(7)
인물	61	장계향(7), 강정일당(6), 임윤지당(6), 이빙허각(4), 김삼의당(3) 풍양조씨(3) 신사임당(2), 이사주당(2), 송덕봉(2) 임윤지당 · 강정일당(2) 등[8]
문화	50	기록(16), 문자생활(14), 교육(9), 지식(5), 불교(4), 천주교(2)
정치	40	왕실여성(15), 수렴청정(14), 전쟁(5), 강빈옥사(2), 공녀(2), 외교(2)
경제 · 생활	29	경제(19), 생활(7), 질병(4)
특수직	29	기녀(15), 궁녀(4), 여악(3), 의녀(3), 무녀(2), 잠모(1), 장인(1)
사회	21	범죄(10), 소송 및 상언(7), 사건(4)
기타	3	중등 한국사교과서 분석(2), 통론(1)
합계		540편

8 2편 이상의 논문이 나온 인물만 제시했고, '임윤지당 · 강정일당'은 2명을 함께 다룬 논문이다.

〈표 2〉에서 가족 분야가 141편(26.1%)으로 비중이 가장 높아서 가족에 대한 지대한 관심을 확인할 수 있다. 이어서 왕실(89편), 규범(76편), 인물(62편) 관련 논문의 비중도 높은 편이다. 세부 주제로 눈을 돌리면, '혼인'(28편) 및 '왕실 혼인'(20편), '열녀'(24편), '상속'(22편), '가족'(20편)에서 각각 20편 이상의 논문이 나왔다. 혼인과 가족, 열녀, 상속은 조선시대 여성사의 연구에서 줄곧 다뤄온 오래된 주제로서 여전히 활발히 논의되는 상황이다.

이런 가운데 '문자생활'이나 '지식' 등 여성의 지식과 관련한 논문이 19편이나 되어 흥미롭다. 또한 강정일당, 임윤지당, 장계향, 이빙허각, 김삼의당 등 저서를 남긴 여성들을 다룬 논문이 꾸준히 발표되는 점도 눈길을 끈다. 아울러 경제, 생활, 질병, 과부, 주체성 또는 정체성, 소송 및 상언, 여성 장인匠人, 잠모蠶母, 불교, 천주교, 전쟁과 피난 생활 등으로 주제가 다양하게 확대되는 추세가 관찰된다. 이러한 결과는 여성사의 지형도가 가족사 중심에서 여성의 사회적 성취와 삶에 관한 관심으로 점차 변화하고 있음을 잘 보여준다.

이상으로 저서와 논문의 연구 현황에서 확인한 대로 2000년 이후로 조선시대 여성사 연구는 괄목할 성과를 거두었다. 주요 연구 성과는 다음 장에서 소개할 예정이지만, 일부 주제가 편중되어 있음에도 불구하고 질적으로 새로운 연구 경향을 확인할 수 있었다. 여성사가 이러한 성과를 이루기까지 여러 요인이 영향을 미쳤으나, 그중 중요한 요소로 세 가지를 꼽을 수 있다.

첫째, 한국 사학계에 미시사, 신문화사, 일상사 등 새로운 연구방법론이 수용된 점이 가장 큰 역할을 했다고 볼 수 있다. 대표적으로 2000년이 시작되기 직전인 1998~1999년에 조르주 뒤비 · 미셸 페로가 책임 편집을 맡은 『여성의 역사』 3, 4(총4권, 새물결)의 출간은 여성사의 주제와 관점 및 연구 방법의 측면에서 국내에 큰 반향을 일으켰다.

미시사나 일상사에서는 평범한 사람들이 모두 자신 나름의 목적을 가지고 행동한다고 본다. 이 과정에서 개인은 사회 규범이나 가치관을 자신의 상황에 맞추어 협상 · 수용하거나 충돌하면서 나름의 삶의 전략을 세워나간다. 지배 규범을 톱-다운방식으로 수용하지만, 나름의 저항과 변형, 균열을 가하면서 새로운 사회규범이나 관습을 형성하는 데에 기여하기도 한다. 이 점이 미시사나 일상사가 지배 엘리트를 다루지 않고도 당대 사회를 포착할 수 있는 원동력이 된다. 이 과정에서 이전까지 주목받지 못한 여성 역시 연구의 관심 대상이 될 수 있었다.

둘째, 여성사 관련 자료의 발굴과 확대 역시 21세기 여성사를 견인하는 요소다. 특히 2000년대 이후 한국사 자료의 데이터베이스화가 이러한 성과를 가능하게 한 원동력으로 작용하였다. 1995년에 '조선왕조실록 CD-ROM' 개발을 토대로 2006년에 조선왕조실록의 원문과 국역문의 웹서비스가 시작되었고, 『승정원일기』, 『일성록』, 『비변사등록』, 고문서, 문집, 의궤, 등록, 일기, 편지, 족보, 금석문 등도 웹서비스가 제공되고 있다. 여기에 조선시대 호적대장까지 전산화가 이뤄지면서 여성 관련 자료를 발굴, 확장할 수 있는 길도 활짝 열리게 되었다.

또한 여성사 자료집의 간행도 눈에 띄게 늘었다. 대표적으로 『17세기 여성생활사 자료집』(2006, 4책), 『18세기 여성생활사 자료집』(2010, 8책), 『19세기 · 20세기초 여성생활사 자료집』(2013, 9책)의 간행은 여성 개개인의 삶에 접근할 수 있는 토대를 마련했다는 의의가 있다. 이 외에 『강정일당 : 한 조선 여성 지식인의 삶과 학문』(이영춘, 2002), 『음식디미방』(백두현, 2003), 『은광연세(김만덕자료총서 I)』(2007) 및 『김만덕자료총서 II』(2008), 『역주 김호연재 시집, 법천의 하루』(문희순, 2012), 『현풍곽씨언간 주해』[9] (백두현, 2003) 등도 있다. 왕실 여성 자료집 발간도 활발한 편인데, 『숙빈최

---

9 여성이 쓴 한글 편지의 발굴은 조항범 주해, 『순천김씨묘출토간찰』(태학사, 1998)이 선구적인 역할을 하였다.

씨자료집(1~5)』(2009, 2010)과 『영조비빈자료집(1, 2)』(2011), 『국역 호산청일기』(2007), 『평역 산실청총규』(2015), 『(국역)장렬왕비가례 계제사등록』(2017)을 비롯하여 『명성황후 편지글』(2007), 『순원왕후의 한글편지』(2010) 등이 있다.

끝으로, 한국여성사학회(2004년 9월 창립)와 한국고전여성문학회(2000년 1월 창립)의 존재도 거론하지 않을 수 없다. 두 학회는 여성사 및 여성고전문학의 연구자들을 결집하고 연대하는 구심체로서 조선시대 여성사의 저변을 확대한 주역으로 평가할 수 있다.

한국여성사학회는 한국 최초로 여성사를 표방한 학회로 2004년 12월에 『여성과 역사』 창간호를 발행한 이후 2022년 12월 현재 37호까지 발행하면서 조선시대 여성사 연구의 요람이 되었다. 한국고전여성문학회는 2000년 10월에 『한국고전여성문학』 창간호를 발행한 이후 2022년 12월 현재 45권까지 발행하였다. 이 학회의 본령은 한국 고전 문학이지만 문학과 역사의 경계를 넘나들면서 여성사의 외연을 넓히는 데에 기여하고 있다.

3. 주제별 주요 연구 성과

1) 가족사

조선시대 가족사 연구는 양반가를 중심으로 2000년대 이후에도 활발히 진행되고 있다. 그 배경에는 조선 후기에 양반 남성들이 남긴 일기 자료의 발굴이 기폭제가 되었으며, 혼인과 상속이 여전히 주요 관심사인 가운데 이혼 문제도 다루어졌다.

혼인 연구는 1990년대에 주춤했다가 2000년대에 다시 활기를 띠는 추세다. 2000년 이후 연구 경향은 부계 친족 질서가 정착되었다는 조선 후기에도 『주자가례』에 근거한 친영親迎이 제대로 이뤄지지 못했다는 측면을 강조하는 분위기다. 대표적으로 장병인은 남귀여가혼이 조선 후기까지 유지되었다고 보고 있다.[10]

김정운은 일기 자료를 활용하여 17~18세기 경상도 양반들의 혼례 방식을 탐색하였다. 그 결과 친영례가 아닌 신부의 집에서 교배례를 시행하여 부부 양측의 기반을 활용했다고 주장하였다. 또한 혼인 후 신부가 2년 이상 친정에 거주하고, 우귀于歸 이후에도 일상적인 근친이 이뤄진 실례를 다수 제시하였다.[11] 김연수는 부계 중심의 친영이 조선 사회에 끝내 정착하지 못했고, 한국의 시집살이 문화는 20세기에 정착했다는 시사성 있는 결론을 내렸다.[12]

상속제 연구는 2000년대에도 가족사의 틀 안에서 혼인이나 제사 승계와 함께 다뤄졌다. 분재기를 종합적으로 분석해온 문숙자는 남녀 균분 및 여성의 재산권 행사를 가부장권 위주의 가족제도가 아니어서 가능했던 관행으로 파악하였다. 최근에는 17~19세기 분재기 7건을 분석하여 조선 후기에 장자 위주로 재산상속이 이뤄졌다는 통설에도 의문을 제기하였다.[13]

이와는 다른 입장에서 권내현은 16세기 조선판 '마르탱 게르'의 사건이라 할 수 있는 '유연 사건'의 배경을 역사적 관점에서 분석하여, 종법이 일상에 뿌리내리지 못한 16세기의 소산물로 해석하였다. 그러나 17세기 후

---

10 장병인, 「조선중기 혼인제의 실상 - 반친영의 실체와 그 수용여부를 중심으로」, 『역사와 현실』 58, 2005; 장병인, 『(법과 풍속으로 본) 조선 여성의 삶 : 혼인 · 이혼 · 간통 · 성폭행으로 읽는 조선시대 여성사』, 휴머니스트, 2018.

11 김정운, 『17~18세기 경상도 북부지역 사족의 친족관계 연구 : 일기에 나타난 혼인과 제사를 중심으로』, 경북대학교 박사학위논문, 2016; 김정운, 「18세기 경상도 사족의 혼례 방식」, 『지역과 역사』 44, 2019.

12 김연수, 『전통혼례 제도사와 시집살이 문화의 탄생』, 민속원, 2018.

13 문숙자, 『조선시대 재산상속과 가족』, 경인문화사, 2004; 문숙자, 「조선후기 균분상속의 균열과 그 이후의 상속관행」, 『국학연구』 39, 2019.

반 이후 부계 중심의 친족 질서가 형성되고 경제력이 하락하는 과정에서 종법 이데올로기의 외피가 덧씌워지며 장남 우대 상속이 내면화되었다고 보았다.[14]

이 문제와 관련하여 『경국대전』을 비롯한 법전에는 조선말까지 균분상속의 규정이 폐지되지 않았다는 지적을 유념할 필요가 있다.[15] 이는 법제와 사회 관행이 항상 일치하지 않았음을 보여주며, 당시 사회에서 상속 관행이 실질적으로 어떻게 작동했는지에 대한 재고찰의 필요성을 제기하기 때문이다.

한편, 조선 전기에 사망한 남편 재산에 대한 부인의 권한에 눈을 돌린 한효정의 연구는 부모 재산 중심에서 남편 재산으로 시야를 넓혀주었다.[16] 고려에 비해 남편 재산에 대한 권리가 강해진 처는 법적 테두리 안에서 사용권 · 운영권 · 처분권을 인정받았고, 이것이 양반 여성의 가계 경영 및 가계 계승, 재산권 수호의 밑바탕이 되었다고 진단하였다.

이 외에도 입후, 형망제급兄亡弟及, 총부권冢婦權, 종부권宗婦權 등을 중심으로 한 가계 계승 문제도 중요한 주제로 부상 중이다. 대체로 학계에서는 입후를 양자의 보편적인 형태로 파악해왔다. 그래서 조선 전기의 족보에 입후 기록이 잘 보이지 않는 현상에 대해 부계 중심의 가족 제도가 아직 정착하지 않은 증표로 해석하였다. 이에 대해 박경은 입후 제도의 보급이라는 시각에서 15세기에는 입후 보다 양자녀 입양이 더 성행했으며, 16세기에 들어 유교적 가족 질서가 정착함에 따라 상류층을 중심으로 입후 사례가 증가하는 양상을 띠었다고 분석하였다.[17]

---

14 권내현, 「17~19세기 조선의 재산상속 관행 - 종법과 경제력 변동을 중심으로」, 『한국사학보』 70, 2018; 권내현, 『유유의 귀향, 조선의 상속』, 너머북스, 2021.

15 윤진숙, 「조선시대 균분상속제도와 그 의미」, 『법철학연구』 16-2, 2013.

16 한효정, 「조선전기 사망한 남편 재산에 대한 처의 권한 - 부부재산제의 관점을 중심으로」, 『조선시대사학회』 102, 2022.

'형망제급'이란 형이 죽으면 그 동생이 대를 잇는다는 의미인데 총부가 살아있을 경우 봉사권을 둘러싸고 갈등의 소지가 있었다. 제사를 받드는 일이 재산권과 관련이 있었기 때문이다. 김윤정은 예론의 관점에서 총부권의 문제를 조망하였다. 17세기 무렵 총부를 내치는 행위가 의리에 어긋난다는 비판을 받으면서 형망제급이 설 자리를 잃었고, 총부가 후사를 지목하는 일이 일반화되었다는 논지다.[18]

김보람은 조선 후기의 종부권을 부계 질서가 강화되면서 등장한 역사적 산물이라는 흥미로운 해석을 보여주었다. 종법과 여성의 관계를 대립적으로만 파악하는 것을 경계하면서 종부권을 종법적 논리에서 보장받은 권한으로 보았다. 또한 지자支子의 탈종을 우려하는 분위기에서 종부는 생존과 입지를 위해 종중 · 지손 · 시가 · 첩 등과의 갈등 속에서도 가계 계승 문제에 나섰다고 보았다.[19]

조선 후기의 호적과 족보에 나타난 여성을 분석한 연구 경향도 짚어봐야 한다. 김경란은 『단성현호적대장』에 여호女戶와 양녀良女 등 여성 기재 비율이 절반 이상을 차지하고, 호적 말미에 '여정女丁'이 올라 있는 현상을 흥미롭게 포착하여 여성의 존재 양태에 대한 새로운 접근이 필요함을 환기시켰다.[20] 정지영은 조선 후기 사회를 유교화 사회로 보는 시각에 문제를 던지면서 『경상도단성현호적대장』에 내재된 부계적 위계질서와 여성의 움직임에 관심을 돌리게 하였다.[21]

권기석은 18세기 후반부터 족보에서 며느리의 정보가 늘어나는 변화에

17 박경, 『조선 전기의 입양과 가족제도』, 혜안, 2011.

18 김윤정, 「조선중기 제사승계와 兄亡弟及의 변화」, 『조선시대사학회』 20, 2002.

19 김보람, 『조선후기 가계계승과 종부의 역할』, 서울대학교 박사학위논문, 2022.

20 김경란, 『조선후기 『단성현호적대장』의 여성파악실태 연구』, 고려대학교 박사학위논문, 2003.

21 정지영, 『질서의 구축과 균열 : 조선후기 호적과 여성들』, 서강대학교출판부, 2015.

주목하였다. 이를 여성이 가장의 정처로서 부계 친족 집단의 구성원으로 편입되면서 나타난 현상으로 보고, 혼반婚班을 부각하여 부계 친족 집단 간 혼인 네트워크를 구축할 의도로 파악하였다.[22] 강나은은 양반 신분의 존속을 위해 여성 정보가 중요했다고 보면서도, 비부계적 요소가 여전히 힘을 발휘했기에 이러한 변화가 가능했다는 해석을 더하였다.[23]

이 밖에 인류학적 관점에서 조선 왕실의 출산 문화를 고찰한 연구도 주목된다. 김지영은 17세기에 확립된 조선 왕실의 출산 문화가 생명의 탄생을 다루는 특수성으로 인하여 비非 유교적 요소를 내포하고 있음을 부각하였다. 또한 조선 후기 왕실의 출산력 저하 현상을 처 · 첩 관념의 심화로 인해 간택후궁이 감소된 점과 국왕이 상례나 제례 기간을 엄수하면서 야기된 결과로 해석하였다.[24]

2) 여성 인물

2000년대 이후 여성사 연구에서 눈부신 약진을 보인 부분이 여성 인물의 발굴이다. 신사임당, 허난설헌, 황진이, 인현왕후, 장희빈 등 특정 인물에서 탈피하여 지식인 여성으로 중심축이 옮겨가는 중이며, '조애중'(『병자일기』의 저자), '장계향'(『음식디미방』의 저자), '강지덕'(강정일당)처럼 여성의 이름도 발굴되었다.

2000년대 이후 여성 지식인 연구는 조선 후기의 강정일당, 임윤지당, 이

---

22 권기석, 「조선시대 족보의 여성 등재 방식 변화 - 여성의 부가 귀속과 다원적 계보의식의 축소」, 『조선시대사학보』 90, 2019.

23 강나은, 「조선 후기 족보의 여성 정보 등재 추이와 그 의미 - 安東權氏族譜(1476~1907)를 중심으로」, 『한국사론』 64, 서울대 국사학과, 2021.

24 김지영, 『조선 왕실의 출산문화 연구 : 역사인류학적 접근』, 한국학중앙연구원 한국학대학원 박사학위논문, 2010; 김지영, 「조선시대 왕실 여성의 출산력 - 시기별 변화추이와 사회문화적 함의」, 『정신문화연구』 124, 2011.

빙허각, 김삼의당에 집중되는 경향을 보여준다. 이 중에 강정일당과 임윤지당에 관한 연구가 늘었는데, 여성 성리학자에 관한 관심이 투영된 결과로 보인다.[25] 이빙허각의 저술 중 새로 발굴된 『청규박물지』도 학계에 처음 소개되었다.[26] 이와 함께 이빙허각의 저술인 『규합총서』를 여성이 구축한 살림살이의 '지식'으로 새롭게 접근한 연구도 나왔다.[27]

또한 풍양 조씨의 『자기록』, 해평 윤씨의 『윤씨자기록』, 한산 이씨의 『고행록』 등 새 자료를 발굴해서 여성의 삶에 접근한 연구도 이루어졌다.[28] 그리고 일기나 편지에 등장하는 송덕봉, 이숙희, 신천 강씨에 관한 연구도 진행되었는데, 16세기 청소년인 이숙희가 공부를 통해 자아를 인식하는 과정을 추적한 연구, 신천 강씨의 생애사를 복원한 연구 등이 돋보인다.[29]

한편, 장계향은 『음식디미방』이라는 요리서의 존재로 인해 관련 논문이 7편, 저서가 1책에 이른다. 충청도 인물인 김호연재도 저서만 5책이 출간되었으며, 제주의 인물인 김만덕 또한 자료집 2권이 간행되었다. 이는 1991년 지방자치제 시행 이후 지역의 뿌리와 정체성을 모색하는 '지역학'이 대두되면서 여성 인물의 발굴도 활발히 진행된 결과라 할 수 있다. 아울러 지역에서 활동하는 연구자들 역시 여성 인물의 발굴에 앞장서고 있다. 대표적으로 문희순은 충청도의 여성 인물인 김임벽당, 이옥재, 오청취당, 신부용당 등을 발굴하였다.[30]

---

25 이혜순, 『조선조 후기 여성 지성사』, 이화여자대학교출판부, 2007.

26 박영민, 「빙허각 이씨의 『청규박물지』 저술과 새로운 여성지식인의 탄생」, 『민족문화』 72, 2016.

27 정해은, 「19세기 『규합총서』의 탄생과 가정 살림의 지식화」, 『지역과 역사』 45, 2019.

28 박옥주, 「풍양조씨부인의 『ᄌᆞ기록』 연구」, 『한국고전여성문학연구』 3, 2001; 조혜진, 「해평윤씨 부인의 『윤시ᄌᆞ긔록』 연구」, 『국문학연구』 32, 2015; 김봉좌, 『고행록, 사대부가 여인의 한글 자서전』, 한국학중앙연구원출판부, 2017.

29 김선경, 「공부와 경계 확장의 욕망 : 16세기 여성 이숙희 이야기」, 『역사연구』 17, 2007; 서신혜, 「김훈의 아내 '신천강씨'라는 한 여성의 삶 재구」, 『동양고전연구』 60, 2015.

신사임당의 경우 논문 수는 많지 않으나 저서는 5권에 이른다. 이는 2017년에 방영된 신사임당 드라마의 영향으로 보인다. 2000년대 이후 신사임당을 바라보는 관점은 '이이의 어머니'라는 기존의 틀에서 벗어나 '한국의 어머니'로 자리 잡게 된 역사적 배경을 탐구하거나 예술가로 부각하는 추세다.[31] 여기에 더하여 담론 중심의 신사임당 연구를 지양하고, 다양한 자료를 활용하여 실제 삶에 접근한 저서도 새롭게 출간되었다.[32]

왕실 여성 인물의 연구도 특정 인물에서 벗어나는 추세로 『한국 왕실여성 인물사전』이 중요한 성과물이다.[33] 왕실 여성 중에는 소혜왕후(인수대비), 폐비 윤씨, 장렬왕후, 혜경궁 홍씨, 소현세자빈 강씨 등이 새롭게 떠오르는 인물이며, 종친의 부인인 어우동도 연구되었다. 이 가운데 소현세자빈 강씨에 관한 연구가 두드러진 편이다. 대표적으로 김남윤은 『심양일기』를 이용하여 강빈의 심양 생활과 삶을 천착했으며, 이왕무는 강빈 옥사의 실상과 신원 과정을 추적하였다.[34]

---

30 문희순, 「호서지역 여성 한문학의 사적 전개」, 『한국한문학연구』 39, 2007; 문희순, 「호서지역 사대부가의 여성교육과 여성문인의 배출, 『인문학연구』 88, 충남대 인문과학연구소, 2012.

31 고연희 · 이경구 · 이숙인 · 홍양희 · 김수진, 『신사임당, 그녀를 위한 변명 : 시대와 권력이 만들어낸 신사임당의 이미지 변천사』, 다산기획, 2016; 유정은, 『사임당평전-스스로 빛났던 예술가』, 리베르, 2016; 이숙인, 『신사임당 - 화가로 살고 어머니로 기억된 여인』, 문학동네, 2017.

32 정해은, 『신사임당전 : 역사 속 신사임당, 그녀는 누구인가』, 새문사, 2017.

33 김창겸 · 김선주 · 권순형 · 이순구 · 이성임 · 임혜련, 『한국 왕실여성 인물사전』, 한국학중앙연구원출판부, 2015.

34 김남윤, 「소현세자빈 강씨의 심양관 생활」, 『역사연구』 24, 2013; 이왕무, 「소현세자빈 姜嬪의 옥사와 신원」, 『역사와 담론』 69, 2014.

3) 사회 · 문화와 규범

2000년대 여성사 연구에서 괄목할 만한 성과를 거둔 분야는 여성의 문자 생활이다. 고문서, 일기, 편지를 비롯하여 앞서 언급한 '여성 생활사 자료집'의 출간을 통해 여성의 행장, 묘지명, 제문 등 개인 자료가 확보되면서 다양한 여성의 목소리를 구체적으로 들을 수 있게 된 덕분이다.

학계에 여성의 '문자 생활'이라는 화두를 던진 연구자는 국어학자 백두현이다. 조선왕조실록, 한글 편지, 한글 고문서, 한글 음식조리서 및 여성 교육서를 중심으로 한 일련의 연구를 진행하였다.[35] 한편, 이경하는 440여 편에 달하는 여성 행장과 제문 자료를 분석하여 사족 여성이 한자漢字로 글쓰기 단계까지 도달한 경우는 제한적이었으며, 위계화된 이중 언어사회 속에서 일정한 한계가 있었다고 평가하였다.[36]

또한 여성이 제기한 소송이나 상언 활동도 주목받고 있다. 김경숙은 여성의 정소 활동 및 오늘날 소송 판결문에 해당하는 결송입안을 분석하여 권리침해에 맞서 싸우는 여성들의 모습을 제시하였다.[37] 한효정은 조선 전기에 양반 여성에게 허용된 대송代訟 제도가 여성의 사회 활동을 규제한 동시에 처의 경제적 지위를 보호한 양면성을 가졌다고 평가하였다.[38] 박경도 『일성록』에서 찾아낸 224건의 여성 격쟁 사례를 통해 18세기에 여성들이 본인과 가족의 권익을 확보한 실례를 제시하였다.[39] 김지수는 조선

---

35 대표적으로 백두현, 「조선시대 여성의 문자생활 연구 : 조선왕조실록 및 한글 필사본을 중심으로」, 『진단학보』 97, 2004가 있다.

36 이경하, 「17세기 사족 여성의 한문생활, 그 보편과 특수」, 『국어국문학』 140, 2005.

37 김경숙, 「조선후기 여성의 呈訴活動」, 『한국문화』 36, 2005; 김경숙, 「조선시대 決訟立案과 여성의 소송 주체성」, 『한국사론』 64, 서울대학교 국사학과, 2018.

38 한효정, 「조선전기 사족부녀 대송(代訟)의 성격과 소송 양상」, 『여성과 역사』 32, 2020.

39 박경, 「정조대 여성 격쟁(擊錚)의 실태와 특징」, 『여성과 역사』 35, 2021.

시대 여성들의 법률 활동을 '법 감정'이라는 독창적 관점에서 분석하여, 여성들이 지배 질서나 젠더 규범에 전략적으로 대응한 양상을 생생하게 보여주었다.[40]

17세기 이후 확산된 '유교 젠더 규범' 속에서 살아간 양반 여성의 대응 방식을 분석한 하여주의 연구도 흥미롭다.[41] 하여주는 양반 여성들이 출가외인으로서 유교 젠더 규범을 따르면서도, 친정의 일원으로 살아가기 위해 유교적 효 이념을 전략적으로 활용했다고 보았다. 이러한 분석은 조선시대 여성의 삶을 바라보는 관점에 시사하는 점이 크다. 즉, 사회 규범에 순응하면서도 수동적이지도 않은 여성의 삶의 전략을 구체적으로 보여주기 때문이다.

열녀도 지속적으로 논저가 나오는 주제다. 『조선시대의 열녀 담론』(한국고전여성문학회, 2002), 『조선시대의 여성과 유교문화』(박주, 2008), 『열녀의 탄생 : 가부장제와 조선 여성의 잔혹한 역사』(강명관, 20009), 『정절의 역사』(이숙인, 2014), 『열녀列女×열녀烈女 : 여자는 어떻게 열녀가 되었나』(홍인숙, 2019) 등이 대표적이다.

이 가운데 박주는 역사학계에 열녀의 존재를 부각해온 연구자로, 2000년대 이후에도 경상도의 열녀들을 발굴하는 연구를 지속하였다.[42] 반면, 남편 사망 후 열녀의 길을 걷지 않은 풍양 조씨의 『자기록 : 여자, 글로 말하다』(김경미 번역, 2022)는 전통적 여성 규범에 대한 다른 가능성을 보여주는 사례로 주목된다.

여성의 종교 활동 연구도 눈길을 끈다. 박주는 신유박해(1801) 때 순교하

40 김지수 저, 김대홍 옮김, 『정의의 감정들 - 조선 여성의 소송으로 본 젠더와 신분』, 너머북스, 2020.

41 하여주, 『조선후기 유교 젠더 규범과 양반 여성의 대응』, 부산대학교 박사학위논문, 2022.

42 박주, 『조선시대의 여성과 유교문화』, 국학자료원, 2008이 대표적이다.

거나 유배당한 여성 신자 70여 명의 신분을 밝히고, 왕실 여성 신자도 주목하였다.[43] 왕실 비구니 사찰인 정업원淨業院을 깊이 있게 밝힌 연구도 나왔다. 탁효정은 정업원의 존폐 과정과 역대 주지 7명의 분석하여 정업원이 조선 왕실의 불교 신앙을 이어 나가는 신행 기구이자 몰락한 왕실 여성들의 의지처가 되었다고 보았다.[44]

이 밖에 한양이라는 도시공간 속 여성의 삶을 구체화한 책도 새롭다.[45] 이 연구는 서울이라는 공간을 대상으로 친잠, 출산과 의료, 종교생활, 구료 · 구휼 활동과 활인서, 가계 경영과 상업 활동을 조명함으로써, 지역과 공간을 고려한 여성사 연구의 새로운 가능성을 제시하였다.

4) 정치와 왕실의례

2000년대 이후 왕실 여성에 관한 연구는 전성기라 할 만큼 성과물들이 쏟아졌다. 연구 주제도 정치 권력의 영역으로까지 확장되었으며, 수렴청정과 후궁에 대한 종합적인 이해도 시도되었다.

임혜련은 19세기 정치사의 핵심 주체라 할 수 있는 대비들의 수렴청정을 단순한 일회적 사건이 아니라, 정치 제도이자 정치 운영의 한 형태로 파악하는 진전을 이뤄냈다.[46] 변원림은 왕비에 대한 기초적 이해를 토대로 순원왕후를 중심으로 19세기 정치사를 재구성하였다.[47] 계승범은 인목대비

---

43 박주, 「조선 후기 신유박해와 여성」, 『조선사연구』 11, 2002; 박주, 「조선 후기 순조대의 왕실여성과 천주교」, 『여성과 역사』 8, 2008.

44 탁효정, 「조선 전기 정업원의 성격과 역대 주지 - 조선시대 정업원의 운영실태(1)」, 『여성과 역사』 221, 2015; 탁효정, 「15~16세기 정업원의 운영실태 - 새롭게 발견된 端宗妃 定順王后의 고문서를 중심으로」, 『조선시대사학보』 82, 2017.

45 최주희 · 임혜련 · 김지영 · 양혜원 · 최진아, 『한양의 여성 공간』, 서울역사박물관, 2021.

46 임혜련, 『19세기 수렴청정 연구』, 숙명여자대학교 박사학위논문, 2008; 임혜련, 『정순왕후, 수렴청정으로 영조의 뜻을 잇다』, 한국학중앙연구원출판부, 2014.

의 폐위 문제를 조선왕조가 "효치국가"로 전환되는 계기로 조명하였다.[48]

후궁 연구의 경우, 해방 이후 최근까지 후궁은 궁중 암투의 상징으로 간주되어 왔다. 이에 이미선은 후궁을 국왕의 성적 대상으로 치부하거나 측근에서 권력을 농단하는 존재로 보는 기존 관점에 문제를 제기하고, 175여 명의 후궁을 왕실 구성원이자 공인으로 탈바꿈시켜 놓았다.[49]

한편, 2000년대에 왕실 여성 연구에서 두드러진 분야가 의례다. 의궤와 등록 자료에서 왕실 여성들이 참여한 의례들을 발굴하여 왕비와 후궁, 공주의 가례 및 상례 등을 정리하였다. 그 결과 왕실의례에서 여성의 위상을 구체적으로 가름할 수 있는 토대를 마련했으며 대중의 관심을 높이는 견인차 역할을 하였다.[50]

대표적으로 친잠례는 왕비가 주관하는 국가 의례로서 1477년(성종 8)에 실시한 이후로 1767년(영조 43)까지 8차례 이뤄졌다. 친잠례의 의미와 의례 절차는 한형주, 임혜련, 한희숙에 의해 상세히 밝혀졌는데, 한형주는 친잠례를 정치적 함의가 담긴 의례이자 여성 문화 행사의 하나로 의미를 확장하였다.[51]

왕실 주변부 여성으로 궁녀, 봉보부인奉保夫人 및 왕실 가족의 유모에 관한 연구도 진척되었다. 홍순민은 궁녀의 규모와 선출 방식, 역할, 반대급부를 상세히 분석하여 궁녀에 대한 기초적인 이해를 높였다.[52] 한희숙은

47 변원림, 『조선의 왕후』, 일지사, 2006; 변원림, 『순원왕후 독재와 19세기 조선사회의 동요』, 일지사, 2012.

48 계승범, 『모후의 반역』, 역사비평사, 2021.

49 이미선, 『조선왕실의 후궁 - 조선조 후궁제도의 변천과 의미』, 지식산업사, 2021; 이미선, 『조선 후궁 : 제도화된 지위, 감추어진 일상』, 국학자료원, 2022.

50 심재우 · 임민혁 · 이순구 · 한형주 · 박용만 · 이왕무 · 신명호, 『조선의 왕비로 살아가기』, 돌베개, 2012; 신병주 · 송지원 · 박례경 · 이은주, 『왕실의 혼례식 풍경』, 돌베개, 2013.

51 한형주, 『밭가는 영조와 누에치는 정순왕후』, 한국학중앙연구원출판부, 2013.

봉보부인의 존재를 학계에 소개했으며, 박미선은 봉보부인 및 왕실 유모들을 호조나 선혜청으로부터 정기적인 물품을 받는 '궐내 여성 직무자'로 파악하였다.[53]

5) 경제 활동과 특수직 여성

현재 여성의 경제활동 연구는 다른 주제에 비해 저조하지만 새로운 연구 방향으로 뻗어나가는 중이다. 고문서, 일기, 행장, 제문, 묘지명 등 여성 개인의 삶과 직접 관련된 자료가 가세하면서 여성의 경제 활동이 새롭게 조명되고 논의도 확장되었다. 궁녀, 의녀, 기녀, 무녀 등 특수직 여성에 대한 연구도 각종 절목이나 인명안 등 새로운 자료를 바탕으로 구체성을 확보해가는 중이다.

여성의 경제 활동과 관련하여 주목할 만한 성과로는 남미혜의 양잠 연구가 있다. 남미혜는 조선 초기 잠모蠶母의 존재를 학계에 소개하고, 양잠으로 돈을 모은 전주이씨 사례를 발굴하였다. 또한 『규합총서』에 반영된 여성의 길쌈 기술도 조명하였다.[54]

한효정은 양반가 부인의 경제생활을 전면적으로 다루었다. 가정경제란 부부 공동으로 이뤄졌다는 전제에서 양반 여성들이 농업경영, 토지 · 노비 매매, 개간, 직물 등으로 부를 축적하고, 노비의 추쇄 및 신공 수취, 전답 송사에도 관여한 양상을 살폈다. 또 여성이 공인권을 이용하여 능동적

---

52 홍순민, 「조선시대 궁녀의 위상」, 『역사비평』 68, 2004; 홍순민, 「조선시대 여성 의례와 궁녀」, 『역사비평』 70, 2005.

53 한희숙, 「조선 전기 奉保夫人의 역할과 지위」, 『조선시대사학보』 43, 2007; 박미선, 「18 · 19세기 왕실유모의 범위와 위상 - 『탁지정례』와 『例式通考』를 중심으로」, 『사총』 73, 2011.

54 남미혜, 『조선시대 양잠업 연구』, 지식산업사, 2009; 남미혜, 「『규합총서(閨閤叢書)』를 통해 본 조선후기 사족 여성의 길쌈」, 『동양고전연구』 89, 2022.

으로 상업 활동에 참여한 모습도 제시하였다.[55]

김현숙은 19세기 중반 기계 유씨가 한글로 쓴 『경술일기』를 분석하여 양반 여성의 치산과 가계 경영을 다루었다. 유씨는 노비 43명을 경영하고 자녀 3명을 키웠다. 1년에 손님 133명을 대접하고 30차례의 제사를 지냈으며, 선물의 수수와 인적 교류망도 관리하였다. 또한 비녀, 안경, 노리개, 반지 등을 판매하여 올린 수익으로 고리대에도 투자하는 모습을 보여주었다.[56]

문희순은 조애중이 3년 9개월 동안 한글로 쓴 『병자일기』를 분석하여 양반 여성의 역할을 부각하였다. 분석에 따르면 남평 조씨는 피난 생활과 종전 이후 남편의 부재 상황 속에서 토지와 노비를 확대 재생산하는 주체이자, 선물 수수로 형성되는 인적 교류망도 관리하는 역할을 적극적으로 수행하였다.[57] 이순구는 여성의 노동을 "기술적 실천"의 관점에서 접근하여 농사와 채소 재배, 조리와 식품 보관, 직조와 염색, 주택과 그릇 관리, 의식주 관련 전문기술직 여성 등으로 세분하여 살펴보았다.[58]

2000년대는 행장, 제문, 묘지명 등을 이용하여 양반 여성의 경제 활동에 접근한 연구도 활발해졌다. 김경미는 여성의 가내노동이 국가와 가정 차원에서 권장되면서 국가와 가정경제의 필수 요소가 되었다고 평가하였다. 강혜선은 사족 여성의 경제 활동은 유가 덕목의 하나인 '부공婦功(여성의 일)'에 근거하여 집안일로 제한되었으나, 실제로는 생계 유지와 가정경제 운영의 수단으로서 여성의 가내노동이 중시되었다고 분석하였다.[59]

---

55 한효정, 『17세기전후 양반가 부인의 경제활동 연구』, 성신여대 박사학위논문, 2007; 한효정, 「貢人文記를 통해 본 조선후기 여성의 상업 활동과 소유의식」, 『조선시대사학보』 69, 2014.

56 김현숙, 『조선의 여성, 가계부를 쓰다 : 종부의 치산과 가계경영』, 경인문화사, 2018.

57 문희순, 「남평 조씨 3년 9개월의 家政과 인간경영-병자일기 중심」, 『한국언어문학』 75, 2010.

58 이순구, 「조선시대 여성과 과학기술」, 『한국의 과학기술과 여성』, 들녘, 2019.

59 김경미, 「조선후기 여성의 노동과 경제활동 : 18~19세기 양반여성을 중심으로」, 『한국여

특수직 여성 중에는 기생 연구가 활발한 편이다. 우선 19세기 기생들의 목소리를 들려주는 『소수록』을 발굴하는 값진 성과가 있었다. 이성임은 일기 자료를 활용하여 16세 기녀의 생활상과 수령과의 관계를 보여주었다. 박영민은 「교방절목敎坊節目」과 기생 명단을 이용하여 기생이 처한 현실과 처지에 접근하였다. 김경란은 호적대장을 중심으로 국가 차원에서 이뤄진 기녀의 파악과 편제방식을 분석하였다.[60]

의녀와 장인에 관한 관심도 귀중한 성과다. 한희숙은 의녀를 전문직 여성으로 접근하여 의녀의 역할과 처우를 체계적으로 정리하였다. 장경희는 의궤 자료를 통해 상화장床花匠, 모의장毛衣匠, 양태장涼太匠, 수모首母, 침선장針線匠 또는 침선비 등으로 활동한 여성 장인의 존재를 실증적으로 밝혀냈다.[61]

4. 몇 가지 쟁점과 질문들

1) 여성과 유학 : 여성도 유학의 실행 주체가 될 수 있는가?

2000년대 이후 조선시대 여성사는 여성을 단순한 피해자로 보는 시각

성학』 28-4, 2012; 강혜선, 「조선후기 사족 여성의 경제활동과 문학적 형상화 양상」, 『한국고전여성문학연구』 24, 2012.

60 정병설, 『나는 기생이다 : 『소수록』 읽기』, 문학동네, 2007; 이성임, 「일기를 통해 본 조선시대 妓女의 入役과 運用」, 『대동한문학』 30, 2009; 박영민, 「19세기 지방관아의 교방정책과 관기의 경제현실 - 강계부의 敎坊節目을 중심으로」, 『민족문화연구』 50, 2009; 박영민, 「'妓生案'을 통해 본 조선후기 기생의 公的 삶과 신분 변화」, 『대동문화연구』 71, 2010; 김경란, 「조선후기 국가의 妓女 파악실태와 편제방식 - 慶尙道 大丘府 監營 소재지를 중심으로」, 『남도문화연구』 44, 2021.

61 한희숙, 『의녀 : 팔방미인 조선 여의사』, 문학동네, 2012; 장경희, 「조선후기 여성장인의 장색(匠色)과 직역 연구 - 의궤의 분석을 중심으로」, 『여성과 역사』 20, 2014.

에서 벗어나, 열녀로 대표되는 여성 잔혹사와 어느 정도 거리를 두는 데에 성공하였다. 대신에 가부장제 질서가 절정에 달한 시기에도 여성이 누린 상대적 자율성의 틈새를 찾아내어 여성의 주체성에 주목한 연구들이 등장하기 시작하였다.

특히 여성의 주체성과 관련하여 눈부신 성과를 거둔 분야가 여성과 유학의 상관성이다. 조선시대 유학은 남존여비와 정절 등 여성 윤리관과 밀접하게 연관되어 있다. 그래서 1990년대까지 유학이란 여성을 억압하는 가장 강력한 기제라는 데에 이견이 없었다. 그러나 2000년대 이후에는 부덕을 '덕德'이라는 보편 가치로 파악하고, 여성이 여훈서를 통해 유교적 여성관을 자발적으로 수용하며 성리학 탐구로까지 이어져서 유학을 내면화했다는 새로운 담론이 제기되었다.

1990년대까지 여성과 유학의 관계를 다룬 연구들은 주로 여성의 도덕관이나 교육을 중심으로 진행되었다. 이러한 연구들은 유학이 여성을 남성에게 예속시키는 데 어떤 역할을 했는지, 여성에게 사회가 요구하는 윤리를 주입하기 위해 어떤 교육이 이뤄졌는지에 초점을 맞췄다. 특히 『삼강행실도』로 대표되는 교훈서들이 부도婦道, 정절, 근검 등의 가치를 전파하는 기능을 수행했다고 평가하였다. 이 과정에서 여성은 국가나 사회가 요구하는 가치관을 수동적으로 받아들이는 존재로 간주되었고, 교육은 사실상 '교화'의 다른 이름으로 이해되었다.

그러나 2000년대 이후의 연구에서는 여성과 유학에 대한 관점이 획기적으로 전환되었다. 임윤지당, 강정일당과 같은 여성 성리학자의 출현으로 기존의 관점만으로는 설명할 수 없는 현실이 드러난 것이다. 최근에 이와 관련하여 연구자들이 선호하는 용어는 '여성 정체성'이며, '여중군자女中君子'도 친근한 용어가 되었다. 연구자들은 여성이 유학의 가치와 규범을 내면화하고 성리학자까지 되는 현실에 대해 다각적으로 해부하고 질문하기 시작하였다.

그리고 그 대답은 이러하다. 여성이 지배적 사회 질서에 참여하고 입지를 확보하기 위한 전략으로 유교적 여성관을 자발적으로 수용했다는 해석이다. 비록 이러한 내면화가 가부장제 강화에 기여했을지라도, 여성이 정체성 형성의 주도권을 쥐고 지배 이념과 문화를 수용한 노력 자체를 긍정적으로 평가해야 한다는 주장이다.[62] 여기서 더 나아가 임윤지당과 강정일당을 심성 수련과 도덕 실천을 통해 자의식을 구축한 '여중군자'로 끌어올렸다.[63] 이 지점에서 유학은 여성의 종속과 수동성을 나타내는 상징이 아니라, 여성 스스로 주체성을 확보한 증표로 탈바꿈하였다.

여성의 주체성 문제는 유럽에서도 논쟁을 불러온 사안이다. 내털리 제이먼 데이비스의 『마르땡 게르의 귀향』은 16세기 중엽 프랑스 남부지방에서 실제로 일어난 재판 사건을 토대로 베르뜨랑드라는 평범한 여성의 가치관과 행동 방식을 해석한 연구다. 이 책이 나왔을 때 16세기 여성에게 자기 결정권이 있었는지 회의적인 눈길도 있었으나 저자의 생각은 달랐다. 어느 정도 한계가 있다는 것을 부정하지 않았으나, 베르뜨랑드를 자신의 길을 선택한 독립적인 여성으로 살려냈다.[64]

여성의 관점에서 유학의 내면화라는 문제를 바라볼 때 고려해야 할 사항이 여성이 유학을 공부하여 성리학자가 되거나, 여훈서의 내용을 수용하여 자발적으로 열녀의 길을 걷는 현실을 어떻게 바라볼 것인가이다. 이 질문이 중요한 이유는 여성의 자발성이 가부장제 강화에 일조하는 모양새가 되기 때문이다. 미국 역사학자 거다 러너는 "가부장 체계는 여성의 협조가 있어야 기능을 발휘할 수 있다."라며, 그 요소 중 하나로 "자신들을

62 김언순, 『조선시대 여훈서에 나타난 여성의 정체성 연구』, 한국학중앙연구원 한국학대학원 박사학위논문, 2005.

63 이남희, 「조선 후기의 '女士'와 '女中君子' 개념 고찰」, 『역사와 실학』 47, 2012.

64 곽차섭 엮음, 『다시, 미시사란 무엇인가』, 푸른역사, 2017, 20~21쪽.

종속시키는 가치를 내면화"하는 행위를 지적하였다.[65] 따라서 유교의 내면화 역시 이러한 관점을 고려하면서 논의될 필요가 있다.

이 문제와 관련하여 몇 가지 논의가 시사점을 준다. 먼저 19세기에 강정일당의 문집 간행을 몰락해가는 집안의 위상을 유지하기 위해 문한가의 전통을 과시하려는 욕망의 산물로 해석한 연구이다.[66] 이는 곧 여성 문집의 간행이 여성에 대한 새로운 인식의 성과물이 아니었음을 시사한다. 이와 관련하여 여성과 성리학의 조우를 근대적 여성 자각의 관점에서 남성지배 사회에 대한 도전으로 해석하는 것도 경계하는 분위기다.[67]

한편, 여성의 주체성을 일상적 저항이라는 측면에서 확장한 연구도 존재한다. 가체加髢라는 머리치장을 실마리로 하여 18세기 여성들이 사회적 잣대나 가치관에 밀려 자신의 욕구를 억제하는 수동적인 존재가 아니라, 일상 속에서 저항하면서 나름의 삶의 전략을 펼쳤다는 분석이 이루어졌다.[68]

요컨대, 여성과 유학의 상관성을 파고드는 연구들은 조선시대 여성사에 새로운 담론과 논쟁을 제기했다는 점에서 의의가 크다. 다만, '여중군자' 또는 '여사女士'라는 표현에 담긴 당대의 사회 · 문화적 맥락이나 배경도 함께 주목할 때, 유학의 내면화를 통해 여성의 자각과 주체성을 찾아내려는 관점과 연구도 더 진전될 수 있을 것이다.

65 거다 러너 지음, 강세영 옮김, 『가부장제의 창조』, 당대, 2004, 396쪽, 406쪽.

66 박무영, 「여성시문집의 간행과 19세기 경화사족의 욕망 - 『정일당유고』의 간행을 중심으로」, 『고전문학연구』 33, 2008.

67 김영민, 「형용모순을 넘어서 - 두 명의 조선시대 여성 성리학자」, 『철학』 83, 2005.

68 정해은, 「18세기 조선 여성의 머리치장과 '작은' 저항 : 가체(加髢)를 중심으로」, 『페미니즘연구』 11-2, 2011.

2) 가족사 연구의 돌파구 : 조선 사회는 부계 친족 사회인가?

조선시대 여성사에서 가족사는 결코 빼놓을 수 없는 핵심 주제다. 한국 여성사가 더 앞으로 나아가기 위해서는 가족사에서 독립해야 한다는 주장도 있으나, 한국 여성사에서 여성과 가족은 상호 보완적인 관계에 놓여 있음을 부인하기 어렵다. 특히 조선시대 가족사 연구가 여성 지위에 주목하는 경향을 보이므로, 여성사의 흐름을 읽어낼 수 있는 유용한 영역이기도 하다.

1990년대까지 가족사 연구는 주로 딸의 권리를 중심으로 균분상속과 남귀여가혼이 행해진 조선 전기에 집중되어왔다. 균분상속이 유지된 17세기 전반까지 여성은 상대적 자율성을 누렸고, 남성은 처가나 외가와 폭넓은 유대를 형성한 것으로 파악되었다. 이 시기 문중 조직과 부계 중심의 혈연 의식도 비교적 약했던 것으로 평가되었다,

그러나 2000년대 이후 가족사 연구의 초점은 17세기 중엽 이후로 옮겨갔다. 조선 사회의 '유교화' 논의가 진전되면서 부계 친족 질서의 확립 여부가 주요 관점으로 부각되었기 때문이다. 1970년대 최재석과 이광규의 연구에 힘입어 상속제가 남녀 균분에서 17세기 후반 이후 차등으로 변했다는 통설이 자리 잡았다. 2000년대 이후의 논의는 이 통설에 기반하면서도 종법의 작동과 부계 가족 제도의 정착 여부에 초점을 맞추는 점이 다르다.

조선 사회의 유교화 논의를 이끈 마르티나 도이힐러는 부계 친족 조직의 형성을 조선왕조가 출발한 이래 신유학을 토대로 한 지속적인 변환의 산물로 보았다. 이러한 '유교적 전환'은 17세기에 장자 우대 상속제도와 함께 절정에 달하며, 그 결과 17세기 후반의 사회 성격이 이전과 달라졌다고 주장하였다.[69] 마크 피터슨 역시 입양과 상속의 변화를 근거로 18세기 중반 이후에야 양반 집단에서 성리학적 부계 가족 제도가 정착했다고 보면서, 조선 중기를 1592~1700년으로 설정하였다.[70]

지면 제약으로 여기서 다 소개할 수 없으나, 현재 학계에서는 17세기를 조선 사회가 질적으로 변환하는 터널을 빠져나온 시기로 보는 데에 큰 이견이 없는 것 같다. 곧, 17세기 중엽 이후 종법이라는 강력한 이데올로기 속에서 재산상속 관행이 균분에서 차등으로 바뀌고, 혼례 방식도 남귀여가혼에서 반친영半親迎으로 바뀌면서 부계 질서가 강화되었으며, 여성의 사회적 지위도 점차 낮아졌다는 이해가 지배적이다.

이런 가운데 일각에서 다른 견해가 나오기 시작하였다. 이 견해의 핵심은 조선 사회의 유교화가 조선시대 내내 뿌리내리지 못했다는 주장이다. 부계 친족 질서가 확립되었다고 보는 17~18세기 이후에도 여전히 비부계적 요소들이 존재하며, 친정이나 외가와의 친연성이 유지되었다는 주장이다. 그러면서 조선 후기가 정말 부계 친족 사회가 맞는지 질문하는 중이다.

여러 연구에서 여전히 비부계적 요소가 작동했다는 증거로 제시하는 사항은 대체로 다음과 같다. 조선 후기에도 여전히 사조四祖에 외조가 포함되고, 대가제代加制의 대상에 사위도 변함없이 유지 된 점, 『주자가례』 방식의 친영親迎은 정착되지 못했고, 혼인 이후 신부가 일정 기간 친정에서 거주하는 관행이 유지된 점 등을 근거로 들 수 있다. 또한 여성은 출가외인이라는 규범을 따르면서도 수시로 친정을 왕래하고, 친정의 일원으로 살아가기 위해 유교적 '효' 이념까지 이용하였다. 19세기에도 균분상속이 이뤄진 사례가 있으며, 어머니가 시집가는 딸에게 친정의 세계世系를 알려주고자 한글 독음을 단 친정 족보를 지참하게 한 기록도 존재한다.

이처럼 조선 후기의 사회는 비부계적 요소가 다양한 방식으로 작동하면서 부계와 모계를 아우르는 양측적 가족 제도의 전통이 살아 있었다. 다

---

69 마르티나 도이힐러, 이훈상 옮김, 『한국 사회의 유교적 변환』, 아카넷, 2003, 414~415쪽.

70 마크 피터슨, 김혜정 옮김, 『유교사회의 창출 - 조성 중기 입양제와 상속제의 변화』, 일조각, 2000.

만 이러한 요소가 조선 후기 사회 전체의 성격을 규정할 만큼 보편적이었는지는 여전히 논쟁의 여지가 있다.

그러나 조선 후기의 사회를 부계 친족 사회로 간주하는 주류 시각에 문제를 제기함으로써, 여성사의 지평을 넓히는 데 기여하고 있다는 점에서 의미가 크다. 기존의 견고한 틀에 질문을 던져볼 필요가 있는 것이다.

3) 여성의 "살림살이"를 보는 시각 : 사적 노동인가, 공적 노동인가?

2000년대 이후 여성의 경제력에 관한 연구는 길쌈, 농업과 노비 경영, 상업 활동으로 주제를 넓혀가면서 논의도 풍부해졌다. 특히 2000년 이후 연구의 특징은 여성의 가계 경영권을 부각하는 점이다.

여성의 관점에서 볼 때 여성사의 핵심 테제는 여성의 노동과 경제권이라 할 수 있다. 일반적으로 여성의 지위가 열악해진 배경으로 자주 언급되는 사항이 '공적' 공간, 곧 사회적 노동에서 배제된 여성의 처지였다. 그래서 여성의 지위와 권한을 논할 때 여성의 노동과 경제권은 필수적인 지표가 되었다. 그러나 근대 이전에는 여성의 사회적 노동 참여가 흔치 않았으므로, 여성의 경제력에 대해 논의할 사항이 그리 많지 않은 것이 사실이었다. 조선시대 여성사도 이런 난관에 봉착하자, 여성의 재생산 노동과 농업 노동을 강조하며 가정 내 기여도를 부각하는 방식으로 전개되었다.

2000년대에는 여기서 성큼 나아가 일기나 여성 생애사 기록을 활용해 여성의 가계 경영으로 눈을 돌리기 시작하였다. 이러한 연구 경향은 가정 내 여성의 기여도를 강조한다는 점에서 종래 연구와 유사하지만, 접근 방식과 관점이 사뭇 다르다. 여성의 주체성에 방점을 찍으면서, 가정경제의 보조자가 아닌 가계 경영의 주체로서 논의를 확장해가는 중이다.

다만, 이러한 연구 성과에서 공통으로 보이는 특징이 여성의 일을 사적 영역에서 이뤄지는 '살림살이' 또는 '안살림'으로 이해하는 경향이다. 곧

'가정=사私', '가정 밖=공公'이라는 전통적인 관점에 머물러 있는 것이다.

예컨대, 17~18세기 여성의 행장, 제문, 묘지명에서 여성의 노동과 경제활동을 찾아낸 연구들을 살펴보면, 여성의 노동을 자본주의적 생산노동의 성격으로 평가하면서도 여전히 '가내노동'의 범주로 접근하였다. 19세기 종부 기계 유씨 역시 가계를 경영한 실권자로 높이 평가되었으나, 활동은 안살림의 실권자로 제한되었다. 요컨대, "부인은 이른바 '사적인 영역'으로 인정받고 있는 안살림에 대해서는 가장이나 다른 누구로부터 간섭이나 지시를 받고 있지 않은"[71] 존재로 평가되었다.

미국의 역사학자이자 사회비평가인 크리스토퍼 래쉬는 노동 세계와 가정생활을 엄격히 분리하는 현대의 가정을 19세기의 창조물로 보았다. 즉, 남편은 밖에 나가 일하고 아내는 집에서 아이들과 함께 머무르는 형태는 결코 전통적인 가족의 모습이 아니라고 주장한다. 가내 수공업의 쇠퇴와 급여 노동의 발달이 가정을 사적인 휴식처로 만들었다는 것이다.[72]

이 관점은 조선 후기 여성의 노동이 이뤄지는 가정을 사적 공간으로만 바라보는 시각에 전환이 필요함을 시사해 준다. 이미 1985년에 이효재는 「한국 여성 노동사 연구 서설 - 조선사회와 여성노동」에서 조선 경제의 근간인 면포를 생산한 여성 노동이야말로 국가 경제의 중추였다고 주장하였다. 이 논문은 사적 공간에서 이뤄진 여성의 면업 노동을 사회노동으로 확장하면서 가정이 공/사 개념만으로 포착할 수 없는 공간임을 드러내었다.

실제로 "조선 사회에서 '집'은 이처럼 생산에서 분리된 '사적' 영역이 아니라 그 자체로 하나의 생산 단위의 역할을 수행"[73]했다는 지적이 있다. 이

71 김현숙, 앞의 책, 259쪽.

72 크리스토퍼 래쉬 지음, 엘리자베스 래쉬 퀸 엮음, 『여성과 일상생활 - 사랑, 결혼, 그리고 페미니즘』, 문학과 지성사, 2004, 128~138쪽.

와 관련하여 최근 조선 후기 양반 남성들의 살림살이를 조명하는 연구를 눈여겨볼 필요가 있다. 한 연구자는 조선 후기 양반가의 살림은 대부분 여성의 몫이라는 통념과 달리 남성도 "항상 아내와 함께 갖가지 살림에 참여"했다고 주장하였다. 당시 양반가 규모는 오늘날의 중소기업과 맞먹을 정도로 생활필수품을 생산하고, 자녀 교육, 질병 치료, 종교 활동 등이 모두 집안에서 이뤄졌음을 강조하였다.[74] 곧 조선의 가정은 현대적 의미의 사적 공간이 아니라 생산 현장이었다는 것이다.

결론적으로 현재 공/사 구분에 대한 논의에서 가정과 가족을 공적 영역의 가장 기초적인 장으로 보는 시각이 있을 만큼 공/사에 대한 인식이 달라지고 있다. 조선시대 가정 역시 단순히 사적 공간이 아니라 사회경제적 생산체계 속의 공간으로 확장할 필요가 있다. 이러한 관점의 전환이 있을 때 여성의 노동과 경제 활동을 가정 살림의 보조나 안살림을 이끄는 주체였다는 유사한 결론에서 더 나아갈 수 있을 것이다.

4) 열녀 : 조선 여성의 잔혹사인가, 사회적 성취인가?

조선시대 '열녀'는 출구가 보이지 않는 화두다. 긍정적인 측면을 부각하려고 하면, 일상에서 죽음을 통해 본인 의사를 표현한 방식이 인류 보편 가치인 인간 존엄과 충돌한다. 어떤 가치도 생명보다 소중할 수 없기 때문이다. 반대로 부정적으로 평가하면, 조선의 열녀는 그저 이데올로기의 희생자로 전락하여 여성 수난사의 전형으로 읽히게 된다.

하지만 출구가 보일 것 같지 않은 열녀 연구에도 다른 관점이 나타났다.

---

73 이순구, 앞의 글, 2019, 36쪽, 53~54쪽.

74 정창권, 「추사가 한글편지에 나타난 남성들의 살림참여 양상」, 『국어문학』 70, 2019; 정창권, 『조선의 살림하는 남자들』, 돌베개, 2021.

열녀에서 여성의 주체성을 찾아내려는 시각이다. 열녀의 행적을 가부장제 이데올로기의 여성 억압 구조를 보여주는 사례로 평가하면서도, "남성 중심적 시각에서 규정해낸 열 이념에 헌신했던 열녀들의 내면에 자리하고 있던 사회적 자아 성취 욕구를 발견"[75]할 수 있다는 것이다. 또한 "조선에서 열녀는 이데올로기적 강제와 여성들의 내면화가 묘하게 맞물려 이루어진 결과물"[76]이라 하여 여성의 결정권을 주목하고 있다.

이러한 주장은 조선 후기의 열녀 현상을 여성의 사회적 성취로 해석하려는 관점이다. 즉, 여성이 자의든 타의든 걸어간 열녀의 길이 사회적으로 여성 자신의 존재 의의를 공인받는 방법이 될 수 있었다는 것이다. 성리학이 대중화되면서 남성의 절의와 여성의 정절을 등가 개념으로 바라보면서, 국왕에 대한 절의를 지킨 남성처럼 열녀도 남편에 대한 절의를 지킴으로서 사회적 도덕성을 구현했다는 해석이다.

그러나 이러한 논의는 기존의 통설을 뒤흔드는 전복적인 견해여서 신중한 접근이 필요하다. 조선 후기 여성의 열녀 행위가 결과적으로 가부장제 이데올로기를 전파하는 매개체가 될 수 있기 때문이다. 또한 여성이 도덕적 완성을 실천하기 위해 일상에서 목숨을 내놓은 이유에 대해서도 설득력 있는 답변이 필요하다. 그리고 남성의 관점이 아닌 당대 여성의 입장에서 열녀의 의미가 무엇이었는지 다시 질문할 필요도 있다.

무엇보다도 조선 여성 중에는 정절보다 생명을 지키는 일을 더 소중하게 생각한 사람도 존재하였다. 『동국신속삼강행실도』에는 함경도 길주의 양인 여성인 조합趙合의 이야기가 나온다. 임진왜란 당시 마을 여성들이 모두 왜적에게 욕을 당했으나 조합만 정조를 수호하기 위해 두 딸과 함

75 강진옥, 「열녀전승의 역사적 전개를 통해 본 여성적 대응양상과 그 의미」, 『조선시대의 열녀담론』, 월인, 2002, 116쪽.

76 이순구, 「열녀 : 죽음인가, 죽임인가」, 『한국여성사 깊이 읽기』, 푸른역사, 2013, 190쪽.

께 바다에 몸을 던져 죽은 내용이다. 이 마을 여성들은 사실 여부를 떠나 이 이야기로 인하여 정조를 잃었다는 치욕을 감내해야 하였다. 하지만 이들은 조합의 선택에 동조하지 않고 생존을 택하였다.

18세기 말에 풍양 조씨(1772~1815)는 동갑내기 남편이 스무 살에 사망하자 살아가기로 결심하고, 20여 년 후 열녀의 길을 선택하지 않은 자기 고백서로 『ᄌᆞ긔록』(자기록)을 남겼다. 해평 윤씨(1834~1882)도 그녀 나이 23살에 남편이 사망하자 "모진 목숨을 구차하게 살아낸" 자기 고백서로 『윤시ᄌᆞ긔록』(윤씨자기록)을 남겼다.

한편, 열녀 논의와 관련하여 다양한 관점에서 열녀의 행위를 독해하려는 시도도 주목된다. 먼저 풍양 조씨의 선택에 대해 청상과부가 자결을 피하려고 부모나 시부모에 대한 효성과 봉양 논리를 내세웠다는 독해가 인상 깊다.[77] 또한 18세기 말에 열녀의 덕목으로 유순함이 추가되고, 19세기 초 시부모나 자식을 버리고 죽은 열녀들에 대한 식자층의 비판이 늘어나는 현상에 대해, "여성들이 공동체의 구성원이자 도덕적 주체로 인정받기 위해서 증명해야 할 항목들이 몇 배로 늘어"[78]났다고 해석하기도 한다.

현재까지도 열녀는 여전히 진부한 연구 주제로 간주되는 경향이 있다. 그래서 열녀를 둘러싼 위와 같은 논쟁이 반갑다. 이 논쟁이 더 이어지기 위해서는 열녀의 존재를 조선 사회의 잔혹사냐 여성의 사회적 성취냐로 한정하지 않고, 당대 사회 안에서 열녀의 목소리에 귀 기울이면서 다층적으로 접근하는 방향으로 나아갈 필요가 있다.

---

77 박경, 「『ᄌᆞ긔록』을 통해 본 조선 후기 열부관과 여성의 대응」, 『여성과 역사』 19, 2013.

78 소진형, 「열녀 : 조선 후기 성리학의 대중화와 여성의 욕망」, 『한국정치학회보』 54집 1호, 2020, 42쪽.

5. 맺음말

이상으로 2000년부터 2022년까지 출간된 조선시대 여성사 관련 저서 140여 책과 논문 540여 편을 중심으로 여성사 연구 동향과 쟁점을 검토하였다. 1927년 이능화를 시작으로 2022년 현재까지 한국여성사 연구는 95년의 역사를 갖는다. 이러한 역사 속에서 2000년 이후 조선시대 여성사 연구는 연구자 수의 증가와 함께 양적 · 질적 측면에서 의미 있는 성과를 거두었다.

연구 성과 중에는 주제나 소재가 중복되거나 결론이 유사한 논저도 존재한다. 또 가설이나 통설을 전제하거나, 기존의 역사에 여성이라는 소재 하나를 덧붙인 듯한 인상을 주는 논저도 있었다. 이는 연구의 공백을 메꾸고 논의가 확대되는 과정에서 발생한 측면도 있으나, 엄밀히 말하면 관점의 부재와 사료에 대한 도전적인 해석을 주저한 결과이기도 하다.

지난 20여 년간 축적된 연구 성과가 보여주듯이 조선시대 여성사는 이제 어느 한 방향만을 향해서 가고 있지 않다. 연구자의 관점과 자료의 해석에 따라 다양한 시도가 이뤄지고 있다. 그래서 앞으로 조선시대 여성사가 어떤 방향으로 나가야 한다고 말하는 것이 오히려 연구의 다양성을 제한할 수도 있다. 다만 연구 성과를 검토하는 과정에서 인상 깊었던 점과 아쉬웠던 사항을 중심으로 두 가지 연구 전망을 제안하고자 한다.

첫째, 여성사 연구는 자료 기반을 더 강화해야 한다. 연구 동향을 검토하면서 인상 깊은 점은 자료가 보여준 힘이었다. 앞서 가족사를 둘러싼 쟁점에서 확인한 대로 조선 후기의 비부계적인 요소는 일기와 편지 등 다양한 자료를 통해 밝혀진 성과라 할 수 있다. 또한 여성을 대상으로 한 행장, 행록行錄, 묘지명, 제문, 전기傳記, 유사遺事 등이 정리되면서, 그동안 그림자처럼 존재했던 여성의 얼굴이 역사에 나타났다. 자료가 기존의 담론에 도전하면서 새로운 논의를 이끌고 있다. 새로운 자료를 접하면서 기존의 논지를 수정한 연구자도 있다.

그러나 자료는 그냥 나오지 않았다. 여성에 관심을 가졌더니 그동안 보이지 않던 여성이 자료에서 보이기 시작했으며, 여성에 초점을 맞추자 익숙한 범주와 전제가 깨져 나갔다. 자료는 그 자체로 아무것도 말해주지 않는다. 그래서 여성 자료뿐만 아니라 모든 역사 자료는 '해독解讀'을 동반해야 한다. 해독이란 자료의 진실에 다가가기 위해 "문자외적文字外的" 사실을 밝히고 행간에 숨어있는 맥락을 읽어내어 서사 주체의 의도를 짚어내는 작업이다.

그러므로 자료의 확대는 새로운 자료의 발굴과 함께 여성주의적 관점에서 기존 자료를 새롭게 읽고 해석해내는 과정에서도 발생한다. 따라서 다소 진부하게 들리겠지만 조선시대 여성사 연구는 지속적인 자료 발굴과 함께 기존 자료에 대한 해독을 동반할 때 지평을 더 넓혀갈 수 있을 것이다.

둘째, 여성의 존재를 반드시 사회구조를 전제로 이해할 필요는 없다고 본다. 연구 동향을 검토하면서 필자를 포함한 연구자들이 자주 사용하는 단어가 '가부장제', '유교화', '부계 가족', '종법' 등이었다. 이 용어들은 오랜 논쟁과 연구를 거쳐 학계에 정착되었으므로 조선 후기 사회 성격을 포괄적으로 나타내는 데 적합하다. 그러나 역사를 구조적으로 파악하려다 보면 오히려 견고한 구조물 속에 갇히게 될 위험이 있다. 또한 사료에서 나오는 다양한 현상들을 이러한 틀에 억지로 끼워 넣을 경우 왜곡될 가능성도 존재한다.

이런 측면에서 이제 여성사가 젠더사Gender History로 확장되어야 한다는 지적에 공감한다. 젠더사가 중시하는 인간 사이의 관계는 사회구조 안에서 형성되지만, 각자의 환경이나 사고방식, 가치관과 관습 등에 따라 끊임없이 변화하는 역동성을 띠고 있다. 사회 안에 놓인 인간의 생각과 행동은 정체되어 있지 않고 나름의 삶의 전략과 대응 속에서 끊임없는 변화를 거듭한다는 의미다. 그리고 그 안에서 차이를 발견하고 그 차이가 사회구조나 관습에 부응하는지 균열을 내고 있는지를 주목하게 한다. 따라서 이 역동성에 눈을 돌릴 때 역사 속 여성의 발견이 고립된 개인을 넘어 당대 사회로 향하는 통로가 될 수 있다고 본다.

| 참고문헌 |

1. 단행본

곽차섭 엮음, 『다시, 미시사란 무엇인가』, 푸른역사, 2017.

Gerda H. Lerne 지음, 강정하 옮김, 『왜 여성사인가』, 푸른역사, 2006.

거다 러너 지음, 강세영 옮김, 『가부장제의 창조』, 당대, 2004.

크리스토퍼 래쉬 지음, 엘리자베스 래쉬 퀸 엮음, 『여성과 일상생활 - 사랑, 결혼, 그리고 페미니즘』, 문학과 지성사, 2004.

2. 논문

강영경, 「한국 여성사 연구의 현황과 과제」, 『여성과 역사』 6, 한국여성사학회, 2007.

김경란, 「조선후기 가족제도 연구의 현황과 과제」, 『조선후기사 연구의 현황과 과제』, 창작과 비평사, 2000.

김정원, 「북미에서의 조선시대 여성사 연구 동향」, 『역사와 현실』 91, 한국역사연구회, 2014.

박용옥, 「한국 여성사 연구의 동향」, 『이화사학연구』 9, 이화여대 이화사학연구소, 1976.

이순구 · 한희숙, 「조선시대 여성사 관련 연구의 현황과 과제」, 『한국사학논총』 (상), 수촌박영석교수화갑기념논총, 1992.

이순구, 「전근대 여성사 연구의 현황과 과제」, 『한국사연구 50년』, 혜안, 2005.

______, 「조선시대 여성사 연구 동향」, 『한국 여성사 연구 70년』, 한중연 출판부, 2017.

유소영, 「우리나라 여성사 연구의 서지적 고찰」, 『한국도서관 · 정보학회지』 35(2), 한국도서관 · 정보학회, 2004.

장병인, 「조선시대 여성사 연구의 현황과 과제」, 『여성과 역사』 6, 2007.

정해은, 「조선시대 여성사 연구 동향과 전망, 2007~2013」, 『여성과 역사』 19, 2013.

______, 「조선시대 여성사 연구, 어디로 가고 있는가?」, 『역사와 현실』 91, 2014.

정현백, 「'여성사 쓰기'에 대한 (재)성찰」, 『역사교육』 102, 역사교육연구회, 2007.

최숙경, 「한국 여성사 연구의 성립과 과제」, 『한국사시민강좌』 15, 일조각, 1994.

한희숙, 「조선시대 여성사 연구의 최신동향(1991년 이후)」, 『인문과학연구』 8, 가톨릭대 인문과학연구소, 2003.

______, 「조선시대 여성인물사연구의 현황과 과제」, 『한국인물사연구』 1, 한국인물사연구소, 2004.

찾아보기

ㄹ

ㅁ

ㅈ

ㅊ

ㅋ

ㅌ

ㅍ

조선시대사학회연구총서 **24**

21세기의 눈으로 본
조선시대

초판1쇄 발행 2025년 12월 30일

지은이 배항섭 · 계승범 · 이상국 · 박종희 · 이경구
김지영 · 소진형 · 이왕무 · 허태구 · 김경태
권내현 · 송양섭 · 권기중 · 이성임 · 정해은

주간 조승연
편집 · 디자인 오경희 · 조정화 · 오성현 · 신나래 · 박선주 · 정성희
관리 박정대

펴낸이 홍종화
펴낸곳 민속원
창업 홍기원
출판등록 제1990-000045호
주소 서울 마포구 토정로25길 41(대흥동 337-25)
전화 02) 804-3320, 805-3320, 806-3320(代)
팩스 02) 802-3346
이메일 minsokwon@naver.com
홈페이지 www.minsokwon.com

ISBN 978-89-285-2204-0
SET 978-89-285-0894-5 94380